추천의 글

목회자들에게 성경해석법과 강해설교를 가르치고 나면 좋은 주석을 추천해달라는 부탁을 종종 받곤 한다. 그런 질문을 받으면 마음이 아팠다. 왜냐하면 우리말로 번역된 주석 가운데 선뜻 추천할 만한 것이 떠오르지 않았기 때문이다. 그런데 이번에 디모데를 통해 『존더반 신약주석』이 번역된다는 소식을 듣고 여간 기쁘지 않았다. 이 주석 시리즈야말로 목회자들을 위한 최고의 주석 중 하나가 될 것이기 때문이다.

그동안 여타의 주석들은 매우 학문적이거나 아니면 지나치게 적용에만 치우친 것으로 그 종류가 나뉘어 설교자들은 여러 권의 주석을 한꺼번에 참조해야 했다. 또한 그것을 다시 종합하는 쉽지 않은 과정을 거쳐야 했다. 시간에 쫓기는 목회자에게 이러한 작업은 결코 쉽지 않은 것이다.

『존더반 신약주석』은 성경 각각의 구절을 어느 학문적 주석 못지않게 깊고 정확하게 연구해놓았을 뿐만 아니라, 그 연구 결과를 바탕으로 신학적 진리를 알기 쉽게 추출해놓았다. 책에서는 '석의적 개요'라고 지칭했지만 실제로는 '강해적 개요'에 가깝게 본문의 의미를 잘 강해해놓아 설교자가 곧바로 그 개요를 자신의 설교에 사용할 수 있도록 배려하였다. 거기에 더하여 따로 부문을 할애해 적용까지 충실하게 다루어주었다.

설교자가 반드시 알아야 할 전후 문맥을 잘 연구해놓은 것과 본문의 흐름을 명확하게 알 수 있도록 도표로 본문을 배열해놓은 점 그리고 헬라어에 능숙하지 않아도 충분히 의미를 이해할 수 있도록 배려한 점이 돋보인다. 만일 어느 설교자가 현존하는 우리말 주석 가운데 오직 한 권만 구입해야 한다면 나는 이 주석 시리즈가 될 것이라 확신한다. 신약을 깊고 올바르게 설교하려는 모든 설교자에게 이 시리즈를 추천한다. 설교자라면 반드시 서재에 비치하고 두고두고 보아야 할 주석이다.

박정근 _ 부산 영안침례교회 담임목사

나는 사람들과 나의 서가를 공유하는 것을 마다하지 않는다. 어떤 책이든 좋으니 다 꺼내 읽으라고 초대한다. 그럼에도 주석서만큼은 입장을 허용하지 않는다. 그만큼 설교자에게 주석서는 중요하다. 그럼에도 주석서를 탐구하며 말씀을 바르게 전하기 위해 노력하는 것보다 더욱 중요하게 생각하는 것이 있는데, 그것은 바로 하나님의 마음을 앞서지 않도록 머리가 지식으로 가득 차기 전에 멈추는 것이다. 이번에 한국에 소개되는『존더반 신약주석』은 이런 염려에서 놓여날 수 있도록 해주었던 매우 탁월한 책이다.

주석서들은 보통 단어 해석이 탁월하거나, 배경 설명을 중점으로 하거나, 다양한 해석에 초점이 맞춰져 있는 등 어느 한쪽에 강점이 있기 마련이다. 때문에 준비하는 입장에서는 한 본문을 놓고도 많은 주석서를 참고해야 한다. 하지만 이 책은 관찰, 해석, 적용 이 세 가지 중 어느 하나도 놓치지 않고 있으며, 특히 적용까지 균형을 잃지 않고 담아놓았다. 무엇보다 찾기 쉽고 깔끔한 편집으로 핵심이 무엇인지 한눈에 파악할 수 있도록 배려했다.

통찰력 있지만 단순한 심령에 주님의 마음이 더 잘 담길 수 있다고 생각하는 이들에게 꼭 필요한 단 한 권의 주석서가 무엇인지 묻는다면, 나는 이 책이라고 생각한다. 최소한, 준비의 시작은 이 책이라고 권하고 싶다.

서정인 _ 한국컴패션 대표

교육가로서, 특히 어린이 사역자로서, 또 말씀을 선포하는 설교자로서 주석을 선정하는 기준은 두 가지다. 이 주석은 본문이 의미하는 바를 충분하고 명확한 그림으로 설명해주는가? 이 주석은 그 진리가 오늘 내 문제에 의미하는 바를 볼 수 있도록 분명하게 비추어주는가?

『존더반 신약주석』은 내가 원하는 내 스타일의 주석이다. 보배를 발견한 나의 가슴이 뛴다. 이 주석이 보배인 이유는 다음과 같다.

첫째, 정확한 그림을 보게 해주기 때문이다. 그 본문이 기록된 역사적 배경, 그 본문이 위치한 맥락과 각 단어의 종속관계 등을 면밀하게 살피는 문법적 분석, 성경이 하나님의 말씀이라는 복음주의 신학의 렌즈를 통해 본문이 독자에게 의미하는 바가 무엇인지를 정확히 드러내준다.

둘째, 큰 그림을 보게 해주기 때문이다. 본문을 통해 성경 저자가 말하려는 중심 사상을 한두 문장으로 좁혀줌으로써 이 본문을 통해 내가 들어야 할 성령의 음성을 정확하게 붙들 수 있도록 도와준다.

셋째, 시각적으로 보여주기 때문이다. 성경은 평평한 지면에 검은 잉크로 인쇄되었기 때문에 거기에 사용된 어구의 높낮이나 의미상의 크기가 잘 구분되어 보이지 않는다. 그러나 이 주석은 그것을 입체적으로 시각화해주고 있다. 각 본문의 '번역' 부분은 헬라어의 문법적 구조에 따라 각 단어나 구가 어떻게 연결되고 종속되는지를 보여주는 멋진 그림이다.

단어나 문장의 위치를 통해 그리고 주동사 문장을 굵은 폰트로 강조함으로써, 한눈에 보아도 저자가 말하려는 중심 의도가 강조되고 있다.

넷째, 어떻게 적용해야 할지를 보여주기 때문이다. 성경을 연구하는 이유는 지적 유희를 위해서가 아니다. 그것은 순종하기 위해서다. 바른 진리를 알아야 하는 이유는 바른 삶을 살기 위해서다. 이 주석은 양쪽 언덕을 확고하게 이어주는 다리처럼 우리가 발견한 진리가 어떻게 우리 삶과 연결되는지까지 친절하게 연결해주고 있다. 더욱이 설교 구성이 서툰 설교자나 교사가 자신의 회중이나 학생들의 필요에 맞게 약간 조정만 하면 한 편의 설교안이나 교안이 될 개요까지 친절하게 제공해주고 있다.

『존더반 신약주석』을 통해 한국교회에 말씀의 능력으로 힘을 얻는 축복이 임하길 기대하며 기도한다.

양승헌 _ 세대로교회 담임목사, 파이디온 공동설립자 및 전(前) 대표,
한국해외선교회(GMF) 이사장

『존더반 신약주석』은 하나님이 본문에서 의도하신 뜻을 정확하게 찾아내 청중에게 전달하기 위해 본문을 진지하게 공부하는 이들에게 진정 복음과 같다. 이 시리즈는 주석이 갖추어야 할 모든 요소를 포함하고 있는 탁월한 석의적 주석이다. 철저한 단어 연구, 문법적 세부 사항, 역사적, 문화적 배경, 전후 문맥, 본문 비평적 문제 등의 연구를 통해 본문의 의미를 정확하게 설명하고 있다. 뿐만 아니라 중요한 해석적 쟁점들을 최고의 복음주의 학자들과 최근의 학문적 연구들을 기초로 하여 균형을 추구하면서 본문이 의도하는 뜻을 찾기 위해 최대한의 노력을 기울인다.

주석의 구조 또한 명료하다. 각 장마다 저자가 사고하는 연결성을 강조하는 전후 문맥으로 시작하여 본문의 전체 흐름을 한눈에 볼 수 있는 도해 그리고 본문의 메인 아이디어(주요 개념), 본문의 사고의 흐름을 볼 수 있는 석의적 개요, 세부적인 본문 설명 그리고 적용에서의 신학으로 장을 마치는 자연스러운 구조로 지루하지 않게 본문의 내용을 따라가게 한다. 특히 각 장의 마지막 부분에서 다루는 '적용에서의 신학'은 현 시대를 살아가는 청중에게 본문의 핵심 메시지를 삶에 실제로 적용할 수 있게 다룸으로써 언제나 적용을 고민해야 하는 설교자들에게 큰 유익이 된다.

『존더반 신약주석』은 하나님의 말씀을 정확하고 올바르게 전하기를 소원하는 성경교사나 설교자가 절대로 놓쳐서는 안 될 귀중한 자산이 될 것이다. 정확하게 해석된 말씀으로 성도를 올바로 세울 때 한국교회가 건강하게 세워질 것을 믿음의 눈으로 바라보며, 모든 설교자에게 탁월한 길잡이가 될 『존더반 신약주석』을 강력하게 추천한다.

이재학 _ 디모데성경연구원 원장

존더반 신약주석

강해로 푸는 골로새서, 빌레몬서

옮긴이 **김진선** 한국외국어대학교에서 영어교육을 전공하고 철학을 부전공했다. 옮긴 책으로는『기독교 신앙에 대한 난감한 질문 명쾌한 대답』,『마더와이즈-자유』,『마더와이즈-지혜』,『메인 아이디어로 푸는 예레미야·예레미야애가』,『메인 아이디어로 푸는 출애굽기·레위기·민수기』(이상 디모데),『기도의 골방』(토기장이),『맥아더 성경 주석』(공역, 아바서원) 등 다수가 있다.

ZONDERVAN
Exegetical Commentary on the New Testament Colossians and Philemon

존더반 ZONDERVAN 신약주석

강해로 푸는 골로새서, 빌레몬서

1쇄 발행 2018년 11월 28일

지은이 데이비드 W. 파오
책임편집 클린턴 E. 아놀드
펴낸이 고종율
옮긴이 김진선

펴낸곳 주) 도서출판 디모데 〈파이디온 선교회 출판 사역 기관〉
등록 2005년 6월 16일 제 319 – 2005 – 24호
주소 서울특별시 서초구 서초대로 141–25(방배동, 세일빌딩)
전화 마케팅실 070) 4018–4141
팩스 마케팅실 031) 902–7795
홈페이지 www.timothybook.com

값 50,000원
ISBN 978–89–388–1642–9 04230
ISBN 978–89–388–1578–1 (세트)

존더반 ZONDERVAN 신약주석

강해로 푸는 골로새서, 빌레몬서

데이비드 W. 파오 지음

클린턴 E. 아놀드 책임편집 | **김진선** 옮김

이 책을 크리스탈에게 바칩니다.

차례

시리즈 서론

복되게도 이 세대에는 탁월한 주석이 많다. 어떤 주석은 전문적인 것으로, 평론가들이 제기한 쟁점들을 잘 다룬다. 또 어떤 주석은 단어 용례에 대한 광범위한 정보를 제공하고, 다양한 해석적 문제들에 대한 거의 모든 견해를 나열한다. 또 어떤 주석은 문화적·역사적 배경 지식을 제공하는 데 초점을 맞춘다. 또한 적용을 위한 많은 통찰들을 끄집어내려는 주석도 있다.

문제는 당신이 주석에서 무엇을 찾고 있는가 하는 것이다. 당신이 다음 중 어느 하나에라도 해당된다면 이 주석 시리즈는 당신을 위한 것이다.

- 헬라어를 배웠으며, 자신이 잘 훈련받은 학자라고 생각하지는 않지만 배운 것을 적용하도록 도와줄 주석을 원한다.
- 주석가가 각 본문의 주된 요점으로 제시하는 간결한 한두 문장짜리 진술이 도움이 된다고 생각한다.
- 교회 생활과 관련이 없는 것처럼 보이는 학문적 문제에 얽히지 않으면서 성경에 나오는 말씀을 해석하는 데 도움을 얻고 싶다.
- 각 본문에서 사고의 흐름에 대한 시각적 설명(도해적 표시)을 보고 싶다.
- 원문의 의미를 가능한 명확하게 설명하고 중요한 해석적 쟁점들을 잘 헤쳐나가도록 돕는 견실한 복음주의 학자들의 전문적인 인도를 원한다.
- 본문의 의미를 조명하는 데 도움이 될 만한 최고이자 최근의 학문적 연구 결과와 역사적 정보에서 유익을 얻고 싶다.
- 각 본문에서 수집할 수 있는 핵심적인 신학적 통찰과 이러한 통찰이 오늘날 그리스도인들에게 적절한 것인가에 대한 논의의 요약을 얻기 원한다.

위의 사항들은 이 신약 주석 시리즈의 특징 중 몇 가지만 꼽은 것이다. 이 시리즈에 대한 아이디어는 편집국에서 목사와 교사들이 헬라어 본문에 기초한 주석 시리즈에서 원하는 것이 무엇인지 조사한 후 오랜 시간에 걸쳐 다듬어진 것이다. 이 일에 참여한 사람으로는 필자, 조지 거스리(George H. Guthrie), 윌리엄 마운스(William D. Mounce), 토마스 슈라이너(Thomas

R. Schreiner), 마크 스트라우스(Mark L. Strauss)와 존더반 전체 편집차장 벌린 버브루그(Verlyn Verbrugge)와 전(前) 존더반 원고 검토 편집차장 잭 쿠하섹(Jack Kuhatschek) 등이다. 우리는 또한 교회에 도움이 될 만한 주석 시리즈를 계획하는 과정에서 도움을 받기 위해 목회를 하고 있는 목사, 사역 지도자, 신학교 교수들로 구성된 자문 편집진을 모집했다. 존더반 원고 검토 편집차장 데이비드 프리스(David Frees)가 지금까지 그 과정을 이끌어왔다. 존더반 선임 도서 편집자 카트야 코브렛(Katya Covrett)이 이제 그 과정을 완성까지 이끌어왔으며, 콘스탄틴 캠벨(Constantine R. Campbell)이 위원회에서 섬기고 있다.

이제 각 성경 본문을 다루기 위한 일곱 가지 구성 요소가 포함된 설계도를 보자. 다음은 이 주요 요소들에 대한 간략한 안내다.

문학적 전후 문맥

이 부분에는 본문이 그 책의 광범위한 문학적 전후 문맥 안에서 어떤 역할을 하는지에 대한 간결한 논의가 나온다. 주석가는 그 책에서 앞에 나오는 자료 및 뒤에 나오는 자료와의 연결들을 강조하고, 이 본문의 핵심적 특징들을 관찰한다.

주요 개념

많은 독자는 이것이 이 주석 시리즈에서 대단히 유용한 특징임을 알게 될 것이다. 각 본문에 대해, 주석가는 본문의 큰 개념 혹은 중심 취지를 한두 문장으로 주의 깊게 기술한다.

번역과 도해식 레이아웃

이 시리즈의 또 다른 독특한 특징은 헬라어 본문에 대한 각 주석가의 번역을 도해로 제시한다는 것이다. 이 도해의 목적은 독자들이 본문 안에 나오는 사고의 흐름을 시각화해서 더 잘 이해하도록 돕는 것이다. 번역 자체는 이 주석의 '설명' 부분에서 각 주석가가 내린 해석적 결정들을 반영한다. 다음은 이 책의 구성 방식이다.

1. 구절을 나타내는 숫자 바로 옆에는 성경 본문의 각 절이나 문구의 기능을 나타내는 해석적 분류 표시가 나온다. 본문에서 그에 해당되는 부분은 분류 표시 바로 옆에 배치되었다. 쉽게 이해할 수 있도록 전문적인 특수 용어는 사용하지 않았다.

2. 일반적으로 모든 절(주어와 술어를 포함하는 단어들의 무리)을 별도의 행으로 잡으며, 그것이 어떻게 본문의 주요 주장을 뒷받침하는지 밝힌다(즉, 그것은 언제 행동이 일어났다고, 어떻게 그것이 일어났다고, 혹은 왜 그것이 일어났다고 말하고 있는가). 때로 더 긴 문구나 일련의 항목은 별도의 행으로 놓기도 했다.
3. 종속(혹은 독립)절과 문구들은 들여 써서 그것이 수식하는 단어 바로 밑에 둔다. 이것은 독자들이 본문의 흐름에서 절과 구의 관계의 특질을 더 쉽게 볼 수 있도록 돕는다.
4. 모든 주요 절은 굵은 활자로 되어 있으며, 분명히 알아볼 수 있도록 왼쪽 끝으로 밀어놓았다.
5. 때로 종속되는 말들이 너무 오른쪽에 놓이게 될 때 – 바울의 길고 복잡한 이야기가 종종 그렇듯이! – 이어지는 말들의 위치를 왼쪽으로 옮겨놓았다. 하지만 그렇게 했다는 것을 나타내기 위해 화살표를 사용했다.
6. 우리가 따른 전반적인 과정은 담화 분석 원리 및 이야기 비평(복음서와 사도행전에 대해서는) 원리에서 배운 것이다.

구조

번역 바로 다음에, 주석가는 본문에 나오는 사고의 흐름에 대해 말하고 어떻게 본문에서 각 절의 관계에 관한 해석적 결정들이 이루어졌는지 설명한다.

석의적 개요

상세한 석의적 개요에서는 본문의 전반적 구조를 묘사했다. 이것은 성경을 가르치거나 설교할 때, 본문에 나오는 사고의 흐름을 간결하게 설명할 수 있는 방식을 찾고 있는 사람들에게 특히 도움이 될 것이다.

본문 설명

이 책은 석의적 주석이므로, 본문의 의미를 해석하기 위해 헬라어를 사용한다. 당신의 헬라어가 다소 서툴다 해도(혹은 심지어 어느 정도 제한되어 있다 해도) 너무 염려하지 마라. 모든 헬라어 단어는 우리말 번역 다음에 괄호 안에 인용되어 있다. 우리는 이 주석이 비전문가들에게도 가능한 한 읽기 쉽고 유용한 것이 되도록 최선을 다했다.

이 주석에서 가장 도움을 받을 사람은 대학이나 신학교에서 2년 정도 헬라어 교육을 받은 사람일 것이다. 혹은 한두 학기 정도 중급 문법(Wallace, Porter, Brooks and Winberry 혹은 Dana and Mantey 같은)을 공부한 사람도 포함될 것이다. 저자들은 이 문법서들에 나오는 문법적 용어들을 사용한다. 하지만 본문의 문법에 관한 상세한 사항들은 본문 해석과 관련이 있을 때만 논한다.

본문의 이 부분을 강조하는 것은 의미를 전달하기 위해서다. 주석가들은 단어와 이미지, 문법적 세부 사항, 특정한 개념과 관련된 구약적·유대적 배경, 역사적·문화적 전후 문맥, 중요한 본문 비평적 문제, 표면에 부상하는 다양한 해석적 문제들을 검토한다.

적용에서의 신학

이것 역시 석의 주석 시리즈만의 독특한 특징이다. 우리는 본문이 다양한 세부 사항 속에서 무엇을 의미했는지 묘사하기 위해서뿐 아니라, 또한 그것이 신학적으로 기여하는 바를 성찰하기 위해서도 각 저자에게 이것이 중요하다고 생각했다. 이 부분에서는 본문의 신학적 메시지를 요약한다. 저자들은 본문의 신학을 그 책 안에서 그리고 더 광범위한 성경적-신학적 맥락에서 그것이 차지하는 위치에 비추어 논한다. 마지막으로, 각 주석가들은 본문의 메시지가 오늘날의 교회를 위해 무엇을 말하는지에 대해 몇 가지 제안을 한다. 이 시리즈 각 권 끝부분에는 이 책에서 다룬 신학적 주제 전체에 대한 요약이 나온다.

우리는 이 시리즈가 독자 스스로 신약 본문을 이해하기 위해서뿐 아니라, 하나님의 진리에 굶주린 사람들에게 그 말씀을 가르치고 설교하는 일에도 도움이 되기를 진심으로 바라고 기도한다.

클린턴 E. 아놀드(Clinton E. Arnold), 책임편집자

저자 서문

바울의 두 옥중 서신에 대한 이 책을 저술하게 된 데는 여러 가지 이유가 있다. 트리니티 복음주의 신학교(Trinity Evangelical Divinity School)에서 10여 년 넘게 헬라어 주석 시리즈 특강의 한 과정으로 골로새서를 가르친 후였기에, 이 저술 작업은 그동안 가르치고 연구하면서 결실을 맺은 수많은 주석상의 결론을 글로 쓸 수 있는 좋은 기회였다. 한편 빌레몬서에 대한 본격적인 관심은, 20년 전 하버드 대학에서 한 학기 동안 대학원생을 대상으로 열린 이 짧은 서신에 대한 강의를 들었을 때 생겼다. 1980년대에 여러 중요한 빌레몬서 연구서가 출간되면서 바울의 이 편지를 세세하게 재검토하는 작업이 학계에서 탄력을 받게 되었다. 나는 그 강의에서 담당 교수인 엘렌 칼라한(Allen Callahan)에게 많은 가르침을 받았다. 그분은 빌레몬서의 배경에 관한 최종 결론을 두고 여전히 반신반의하는 수많은 학생을 대상으로 유익한 가르침을 베풀어주었다.

존더반 주석 시리즈의 책임 편집장으로서 이 시리즈에 기고할 기회를 준 클린트 아놀드(Clinton Arnold)에게 감사한다. 본문의 다양한 주석학적 작업을 하며 씨름하는 일이 무척 즐거웠고, 이 시리즈는 성경 본문이 현대의 신자에게 주는 의미를 깊이 묵상할 수 있는 시간을 마련해주었다. 이 시리즈의 편집 자문으로서, 나는 헬라어 본문 연구와 그 연구의 목회적 적용의 간격을 메우려 하는 존더반 주석 시리즈의 목적에 깊이 공감하며 지지를 보낸다. 또한 주석 작업에 필요한 적절한 평가와 도표로 도움을 준 조지 거스리(George Guthrie)와 캐런 좁스(Karen Jobes)에게도 감사를 전하며, 뛰어난 실력으로 이 주석의 편집을 맡아준 벌린 버브루그(Verlyn Verbrugge)와 그의 팀원들에게도 감사한다.

이 책을 연구하고 집필할 수 있도록 안식년을 허락하고 이 프로젝트에 지지를 보내준 트리니티 복음주의 신학교 이사회와 타이트 티엔누(Tite Tienou) 학장에게도 감사를 전한다. 또한 학과 동료이자 이 주석 시리즈에 함께 참여하며 주석 작업 과정의 경험을 공유해준 그랜트 오스본(Grant Osborne)과 에크하르트 슈나벨(Eckhard Schnabel) 교수에게도 감사를 전하고 싶다.

이 책을 집필하는 데 여러 연구 조교의 도움을 받았다. 산드라 스터러(Sandra Storer)와 니콜라스 보트(Nicholas Bott)는 도표 작성에 도움을 주었고, 벤저민 수튼(Benjamin Sutton), 루이 한

지아오(Rui Han Jiao), 스티븐 무어(Stephen Moore), 치잉 왕(Chi-ying Wang), 신디 우(Cindy Ou)는 이 책을 집필하는 동안 여러 분야에서 지원을 아끼지 않았다. 이 원고를 한 번 이상 읽고 건설적인 조언과 제안을 해준 트렌트 로저(Trent Rogers)에게 특별히 감사한다.

조금만 지나면 곧 열두 살이 될 쌍둥이 딸 채리스(Charis)와 세레나(Serena)가 이 책을 읽고 두 바울 서신에 나타난 복음의 능력을 확신할 날이 오기를 바란다. 아직 어린 나이지만 구김살 없는 웃음을 통해 그리고 말과 글을 통해 수많은 격려와 사랑을 아낌없이 전해준 두 딸 덕분에 이 책을 집필할 때 많은 힘을 얻을 수 있었다.

무엇보다, 신앙과 인생의 동반자로서 늘 신실함을 잃지 않는 아내 크리스탈(Chrystal)에게 감사의 마음을 전한다. 그녀는 바울 서신 전공자는 아니지만, 이 서신들이 강조하는 그리스도 중심적 복음을 삶으로 드러낼 수 있는 방법에 대해 늘 나의 귀감이 되어주니 감사할 따름이다. 이 책을 나의 아내에게 바친다.

솔리 데오 글로리아(*Soli Deo gloria*)

데이비드 파오(David W. Pao)

약어표

AB	Anchor Bible
ABD	*Anchor Bible Dictionary*. Edited by D. N. Freedman. 6 vols. New York, 1992.
ABR	*Australian Biblical Review*
ABRL	Anchor Bible Reference Library
AGJU	Arbeiten zur Geschichte des antiken Judentums und des Urchristentums
AnBib	Analecta biblica
ANQ	*Andover Newton Quarterly*
ANRW	*Aufstieg und Niedergang der römischen Welt: Geschichte und Kultur Roms im Spiegel der neueren Forschung*. Edited by H. Temporini and W. Haase. Berlin, 1972–.
ANTC	Abingdon New Testament Commentaries
ASV	American Standard Version
AUSS	*Andrews University Seminary Studies*
b. Ḥag.	*Ḥagigah* (Babylonian Talmud)
b. Moᶜed Qaṭ.	*Moᶜed Qaṭan* (Babylonian Talmud)
b. Yebam.	*Yebamot* (Babylonian Talmud)
BDAG	W. Bauer, F. W. Danker, W. F. Arndt, and F. W. Gingrich. *Greek-English Lexicon of the New Testament and Other Early Christian Literature*. 3rd ed. Chicago, 2000.
BDF	F. Blass, A. Debrunner, and R. W. Funk. *A Greek Grammar of the New Testament and Other Early Christian Literature*. Chicago, 1961.
BGU	*Aegyptische Urkunden aus den Königlichen Staatlichen Museen zu Berlin, Griechische Urkunden*. 15 vols. Berlin, 1895–1983.
Bib	*Biblica*
BIS	Biblical Interpretation Series

BJRL	*Bulletin of the John Rylands University Library of Manchester*
BLG	Biblical Languages: Greek
BN	*Biblische Notizen*
BR	*Biblical Research*
BSac	*Bibliotheca Sacra*
BT	*The Bible Translator*
BTB	*Biblical Theology Bulletin*
BZNW	Beihefte zur Zeitschrift für die neutestamentliche Wissenschaft
CahRB	Cahiers de la Revue biblique
CBET	Contributions to Biblical Exegesis and Theology
CBQ	*Catholic Biblical Quarterly*
CEV	Contemporary English Version
CGTC	Cambridge Greek Testament Commentary
ChrCent	*Christian Century*
ConBOT	Coniectanea biblica: Old Testament Series
CRINT	Compendia rerum iudaicarum ad Novum Testamenum
CTM	*Concordia Theological Monthly*
CurTM	*Currents in Theology and Mission*
DPL	*Dictionary of Paul and His Letters*. Downers Grove, IL, 1993.
EBib	Etudes bibliques
ECC	Eerdmans Critical Commentaries
EFN	Estudios de filología neotestamentaria. Cordova, Spain, 1988 – .
EKKNT	Evangelisch-Katholischer Kommentar zum Neuen Testament
ESV	English Standard Version
ETL	*Ephemerides theologicae lovanienses*
EuroJTh	*European Journal of Theology*
EvQ	*Evangelical Quarterly*
ExAud	*Ex auditu*
ExpTim	*Expository Times*
FRLANT	Forschungen zur Religion und Literatur des Alten und Neuen Testaments
GNB	Good News Bible
GNS	Good News Studies
GTJ	*Grace Theological Journal*
HCSB	Holman Christian Standard Bible
HNT	Handbuch zum Neuen Testament
HTR	*Harvard Theological Review*
HTS	Harvard Theological Studies
ICC	International Critical Commentary
Int	*Interpretation*
ITQ	*Irish Theological Quarterly*

JBL	*Journal of Biblical Literature*
JBMW	*Journal of Biblical Manhood and Womanhood*
JETS	*Journal of the Evangelical Theological Society*
JGRChJ	*Journal of Greco-Roman Christianity and Judaism*
JOTT	*Journal of Translation and Textlinguistics*
JRS	*Journal of Roman Studies*
JSNT	*Journal for the Study of the New Testament*
JSNTSup	Journal for the Study of the New Testament: Supplement Series
JSOT	*Journal for the Study of the Old Testament*
JSOTSup	Journal for the Study of the Old Testament: Supplement Series
JTS	*Journal of Theological Studies*
JTSA	*Journal of Theology for Southern Africa*
KEK	Kritisch-exegetischer Kommentar über das Neue Testament (Meyer-Kommentar)
KJV	King James Version
LCL	Loeb Classical Library
LEC	Library of Early Christianity
LNTS	Library of New Testament Studies
Louw and Nida	*Greek-English Lexicon of the New Testament: Based on Semantic Domains.* Edited by J. P. Louw and E. A. Nida. 2nd ed. New York, 1989.
LSJ	H. G. Liddell, R. Scott, H. S. Jones, *A Greek-English Lexicon.* 9th ed. with revised supplement. Oxford, 1996.
LNTS	Library of New Testament Studies
LXX	Septuagint
m. Ber.	*Berakot* (Mishnah)
m. Ḥul.	*Ḥullin* (Mishnah)
m. Qidd.	*Qiddušin* (Mishnah)
MM	J. H. Moulton and G. Milligan. *The Vocabulary of the Greek Testament.* London, 1930. Reprint, Peabody, MA, 1997.
NA	Nestle-Aland, *Novum Testamentum Graece*
NAB	New American Bible
NASB	New American Standard Bible
NCB	New Century Bible
NEB	New English Bible
Neot	*Neotestamentica*
NET	New English Translation
NewDocs	*New Documents Illustrating Early Christianity.* Edited by G. H. R. Horsley and S. Llewelyn. North Ryde, N.S.W., 1981–.
NHC	Nag Hammadi Codices
NICNT	New International Commentary on the New Testament

NIDNTT	*New International Dictionary of New Testament Theology*. Edited by C. Brown. 4 vols. Grand Rapids, 1975–1985.
NIGTC	New International Greek Testament Commentary
NIV	New International Version
NIVAC	NIV Application Commentary
NJB	New Jerusalem Bible
NKJV	New King James Version
NLT	New Living Translation
NovT	*Novum Testamentum*
NovTSup	Novum Testamentum Supplements
NRSV	New Revised Standard Version
NSBT	New Studies in Biblical Theology
NTL	New Testament Library
NTS	*New Testament Studies*
P.Cair.Zen.	*Zenon Papyri*. Edited by C. C. Edgar et al. Cairo, 1925–.
P.Eleph.	*Aegyptische Urkunden aus den Königlichen Museen in Berlin*. Edited by O. Rubensohn. Berlin, 1907.
P.Grenf II.	*New Classical Fragments and Other Greek and Latin Papyri*. Edited by B. P. Grenfell and A. S. Hunt. Oxford, 1897.
P.Lond.	London Papyri
P.Mert.	*A Descriptive Catalogue of the Greek Papyri in the Collection of Wilfred Merton*. Edited by H. I. Bell et al. London, 1948–.
P.Mich.	*Michigan Papyri*. Edited by C. C. Edgar et al. Ann Arbor 1931–.
P.Oxy.	*Oxyrhynchus Papyri*. Edited by B. P. Grenfell, A. S. Hunt, et al. London, 1898–.
P.Sarap.	*Les archives de Sarapion et de ses fils*. Edited by J. Schwartz. Cairo, 1961.
P.Tebt.	*The Tebtunis Papyri*. Edited by B. P. Grenfell, A. S. Hunt, J. G. Smyly, et al. London, 1902–.
PNTC	The Pillar New Testament Commentary
Presb	*Presbyterion*
PRSt	*Perspectives in Religious Studies*
PTMS	Pittsburgh Theological Monograph Series
PzB	*Protokolle zur Bibel*
R&T	*Religion and Theology*
RB	*Revue biblique*
REB	Revised English Bible
ResQ	*Restoration Quarterly*
REV	Revised English Version
RevExp	*Review and Expositor*
RevScRel	*Revue des sciences religieuses*

RSV	Revised Standard Version
RTR	*Reformed Theological Review*
SBLDS	Society of Biblical Literature Dissertation Series
SBLMS	Society of Biblical Literature Monograph Series
SBLSP	*Society of Biblical Literature Seminar Papers*
SBS	Stuttgarter Bibelstudien
SBT	Studies in Biblical Theology
ScEs	*Science et esprit*
SD	Studies and Documents
SE	*Studia evangelica*
Sel.Pap.	*Select Papyri.* Edited by A. S. Hunt and C. C. Edgar. Cambridge, MA, 1871–.
SJT	*Scottish Journal of Theology*
SNT	Studien zum Neuen Testament
SNTSMS	Society for New Testament Studies Monograph Series
SP	Sacra Pagina
ST	*Studia theologica*
TaJT	*Taiwan Journal of Theology*
TDNT	*Theological Dictionary of the New Testament.* Edited by G. Kittel and G. Friedrich. Translated by G. W. Bromiley. 10 vols. Grand Rapids, 1964–1976.
TEV	Today's English Version
THNTC	The Two Horizons New Testament Commentary
TJ	*Trinity Journal*
TNIV	Today's New International Version
TNTC	Tyndale New Testament Commentaries
TTZ	*Trierer theologische Zeitschrift*
TynBul	*Tyndale Bulletin*
UBS	United Bible Society *Greek New Testament*
UNT	Untersuchungen zum Neuen Testament
USQR	*Union Seminary Quarterly Review*
VE	*Vox evangelica*
VTSup	Supplements to Vetus Testamentum
WBC	Word Biblical Commentary
WMANT	Wissenschaftliche Monographien zum Alten und Neuen Testament
WTJ	*Westminster Theological Journal*
WUNT	Wissenschaftliche Untersuchungen zum Neuen Testament
WW	*Word and World*
ZNW	*Zeitschrift für die neutestamentliche Wissenschaft und die Kunde der älteren Kirche*

골로새서 서론

골로새서의 의미는 핵심 주제에 있다. "이 서신은 한 마디로 거짓 그리스도와 참 그리스도를 구분한다"[1]라는 칼빈의 말은 핵심 주제를 정확히 드러낸다. 바울은 그리스도의 주재권의 중요성을 강조함으로써 그리스도에 대한 청중의 이해를 다양한 각도에서 수정하고 도전한다. 하나님은 그리스도의 죽음과 부활을 통해 구원 계획을 성취하셨다. 바울은 그리스도를 중심으로 두지 않는 종교 관습에 집착하는 모든 사람을 가리켜 '사람의 전통과 세상의 초등학문을 따름이요 그리스도를 따름이 아닌 철학과 헛된 속임수'(2:8)의 포로라고 단언한다.

비교적 짧은 이 편지에는 감사와 기도문, 찬송, 악덕과 미덕의 목록, 가정 규약, 일반적인 권면 등 다양한 문학 형식과 장르가 등장한다. 저자는 이런 다양한 문학적 도구를 사용하여 우주의 창조주이시자 하나님의 계획을 성취하시는 분으로서, 따라서 새 피조물의 주 되신 분으로서 그리스도의 절대적 권위를 선포한다. 그러므로 그리스도는 사람들의 개인적 행동 방식, 사람들이 속한 공동체와 가정, 외부인들과의 관계를 위시한 인간 실존의 모든 영역뿐 아니라 우주의 주로서 인정받으신다. 바울은 기독론적 고백대로 살아야 할 필요성을 강조함으로써 이론적 부분과 실제적 부분을 긴밀히 연결한다. 이 편지는 신약에서 가장 중요한 기독론적 논의 중 하나를 소개하며 기독론, 신론, 구원론, 교회론, 종말론, 윤리학의 심층적 상호 관계를 보여준다. 건성으로 읽는 독자에게는 이 편지가 어렵게 느껴지겠지만, 그 메시지와 기꺼이 씨름하고 고민할 준비가 된 사람에게는 신학적으로나 실제적으로 중요한 영향을 미칠 것이다.

이 풍성한 잔치에 참여하기 전에 먼저 다루어야 할 몇 가지 주제를 소개하겠다. 이런 주제들에 대한 개인의 입장이 골로새서에서 바울이 강조하는 메시지의 다양한 면을 이해하는 데 영향을 주기 때문이다.

---

1. John Calvin, *Commentaries on the Epistles of Paul the Apostle to the Philippians, Colossians, and Thessalonians* (trans. John Pringle; Grand Rapids: Baker, 2003), 134.

저자와 수신자, 저술 장소 및 시기

저자

골로새서는 서두에서 "그리스도 예수의 사도 된 바울"(1:1)을 저자로 밝힌다.[2] 그리고 기독교계는 초기 수세기 동안 바울 저작설을 확고히 인정했다. 19세기 초반부터 바울 저작권에 대한 도전이 처음으로 표면화되었고, 20세기 중반 이후 이 서신의 진정성을 의심하는 비평 학자의 수가 지속적으로 늘어났다. 바울 저작권을 의심하는 근거는 다음과 같다. (1) 독특한 어휘와 문장 구조의 사용, (2) 상대적으로 발전된 기독론과 실현된 종말론의 이른바 과도한 강조를 비롯한 독특한 신학적 강조점,[3] (3) 저자가 반박하는 거짓 교훈이 바울 시대에 실제로 존재했는지 현대 학자가 확인하기 어려운 점, (4) 에베소서와의 관계와 경미하게는 빌레몬서와의 관계에 대한 논란.[4]

그러나 골로새서의 진정성을 의심하는 주장들은 여전히 많은 부분에서 설득력을 얻지 못한다. 첫째, 어휘와 문장 구조에 관해서는 "언어와 표현 방식의 특이함은 바울이 거짓 교훈을 논박하는 단락에서 그리고 찬송가 형식(1:10–20; 2:16–23)으로 자신의 사상을 제시할 때 두드러진다는 점"[5]을 지적해야 한다. 따라서 골로새서에 특이한 표현이 등장하는 것은 골로새 교회의 독특한 상황 때문이라고 설명할 수 있다. 나아가 바울의 전집 중 짧은 한 서신을 평가할 수 있는 확실한 통계 자료로 사용할 실제적인 규모의 자료가 있는지도 의문스럽다.[6] 마지막으로, 골로새서나 다른 바울 서신에서 대필자를 세웠을 가능성이 있으므로(참고. 4:18) 저작권에 관해 판단할 공정한 비교 자료를 제시하기가 쉽지 않다.[7]

---

2. 골로새서는 또한 "디모데"를 공동 저자로 포함시키지만, 편지 본문에서는 단일 저자임을 분명히 밝힌다. 1:1에 대한 설명을 보라.

3. 어떤 이들은 또한 골로새서, 에베소서와 다른 초기 바울 서신들에 사용된 "몸"의 비유의 용례가 다르다는 점을 지적한다. Hanna Roose, "Die Hierarchisierung der Leib–Metapher im Kolosser–und Epheserbrief als 'Paulinisierung': Ein Beitrag Zur Rezeption paulinischer Tradition in Pseudo–paulinschen Briefen", *NovT* 47 (2005): 117–41.

4. 이런 도전을 깔끔하게 요약 정리한 내용은 특별히 Mark Kiley의 *Colossians as Pseudegraphy* (Biblical Seminar; Sheffield: JSOT, 1986), 37–107을 참고하라. 이런 전통적인 주장에 대해 Kiley는 이전의 (확실한) 바울 서신과 달리 골로새서에서는 재정 문제를 언급하지 않는다고 지적한다. 그러나 이런 지적은, 바울이 3차 선교 여행 때 시도한 헌금 모금 활동이 로마서를 쓴 이후 예루살렘으로 최종 귀환하면서 공식적으로 종료되었다는 사실을 간과한다(참고. 롬 15:30–32). 빌레몬서에 이런 언급이 없다는 점 또한 이 주장이 설득력이 없음을 보여준다.

5. Werner Georg Kümmel, *Introduction to the New Testament* (rev. ed.; trans. Howard C. Kee; Nashiville: Abingdon, 1975), 341.

6. Kenneth J. Neuman, *The Authenticity of the Pauline Epistles in the Light of Stylostatistical Analysis* (SBLDS 120; Atlant: Scholars, 1990), 194–99를 보라. 그는 골로새서와 다른 바울 서신들의 통계적 유사성을 지적한다. 골로새서의 진정성을 인정하지 않는 이들조차 다른 신약 성경에는 나타나지만 바울 전집에는 나타나지 않는 단어의 수(46개) 역시 상당하다는 사실과 더불어 순수한 바울 서신으로 인정되는 빌립보서가 골로새서보다 하팍스 레고메나(*hapax legomena*, 34개 대신 36개)가 더 많다는 사실에 관심을 기울였다. Vincent A. Pizzuto, *A Cosmic Leap of Faith: An Authorial, Structural and Theological Investigation of the Cosmic Christology in Col 1:15-20* (CBET 41; Leuven: Peeters, 2006), 20.

7. Eduward Schweizer, *The Letter to the Colossians* (trans. Andrew Chester; Minneapolis: Augsburg, 1982), 15–24는 디모데(1:1)가 이 편지의 저자라고 주장한다. 로마서 16:22은 "더디오"가 로마인에게 보내는 편지를 기록하고 있다고 명시한다.

신학적 측면에서는, 바울이 이 서신에서 그리스도의 우주적 중요성을 체계적으로 강조하고 소개하는 것이 사실이지만, 이런 강조는 그리스도를 모든 영적 세력보다 뛰어난 절대적 권위자로 묘사하는 바울의 다른 진술들과 모순되지 않는다(참고. 롬 8:38; 고전 2:6-8; 4:9; 빌 2:10). 골로새 공동체의 특별한 상황 때문에 바울은 그리스도의 우월성과 그분의 죽음과 부활의 최종성을 체계적으로 제시해야만 했다. 종말론적 측면에서는, 앞으로 성취되어야 할 일들에 대한 언급이 이 서신에서 중요한 역할을 한다(참고. 1:23; 2:18-19; 3:4, 6, 24).[8] 혹자는 심지어 "종말론적 심판이 이 서신의 핵심 주제"라고 주장하기도 한다.[9] 기독론의 경우와 같이 바울의 사고에 일정한 발전이 있었음을 배제할 수 없다.[10] 다시 말하지만, 이 서신의 역사적 상황을 고려해야 한다. 언급했다시피 유대적 관심사가 논의의 중심일 때(예를 들어, 갈라디아서)는 때로 실현된 종말론이 강조된다. 미래적 종말론은 종종 "성령에 대한 열정"을 확인할 수 있을 때 나타난다(예를 들어, 고린도전후서, 빌립보서).[11] 그러므로 이것은 골로새서에서 종말론적 소망의 현재적 성취를 강조한 이유를 설명해줄 수 있다.[12]

바울이 논박하는 거짓 교훈에 관해서는 뒤에서 더 자세히 논의할 것이다. 여기서는 그런 거짓 가르침이 일반적으로는 제2성전기 말 유대 사상의 발전과 구체적으로는 1세기 소아시아라는 배경에서 전적으로 설득력이 있었음을 지적하는 것으로 충분하다. 그러나 현존하는 1세기 문서의 양이 제한되어 있기 때문에 바울이 활동하는 동안 그리스 동방에서 전파된 다양한 유형의 가르침을 다 파악할 수 있으리라고 생각해서는 안 된다.

거짓 교사들의 정체 외에 이 서신의 진정성을 확인해주는 여러 증거를 본문에서 확인할 수 있다. 첫째, 저자는 자신이 논박하는 거짓 가르침을 청중이 이미 알고 있다고 전제한다. 이것은 골로새서를 바울이 실제로 쓴 편지라고 보는 우리의 해석과 부합한다. "거짓 편지의 한 가지 특징은 가상의 수신인의 상황을 상세히 기술한다는 점이다. 그렇게 해야만 실제 독자들이 수신인의 형편을 알 수 있을 것이다."[13] 둘째, 이 편지의 문체에서 "아시아적 수사학의 특징"이 드러난다는 지적이 있다.[14] 이 역시 골로새서가 1세기 소아시아의 상황과 잘 부합하는 것을 보여준다. 셋째, 이 서신을 "가짜 바울"이 "가짜 수신인"에게 쓴 것이라고 주장하는 사람들이 있지만,[15] "가짜 바울"이 주후 60년 혹은 61년에 일어난 지진 후 폐허가 된 도시(참고.

---

8. Todd D. Still, "Eschatology in Colossians: How Realized Is it?" *NTS* 50 (2004): 125-38을 보라. 로마서 6장과 골로새서 2:12과 3:1-4의 세례 비유의 용례에 대한 관계는 다음을 보라. W. Yates, *The Spirit and Creation in Paul* (WUNT 2.251; Tübingen: Mohr Siebeck, 2008), 161.

9. Thomas J. Sappington, *Revelation and Redemption at Colossae* (JSNTSup 53; Sheffield: JSOT, 1991), 227.

10. 참고. Leopold Sabourin, "Paul and His Thought in Recent Research (I)," *Religious Studies Bulletin* 2 (1982) : 62-73. 그는 저자의 사고 체계에서 그런 사고 흐름이 가능하다고 보고 사고의 발전이 있었음을 인정한다.

11. George E. Cannon, *The Use of Traditional Materials in Colossians* (Macon, GA : Mercer Univ. Press, 1983), 198.

12. 이 편지의 다양한 신학적 강조점들에 대한 더 상세한 논의는 '골로새서의 신학'을 보라.

13. Richard Bauckham, "Pseudo-Apostolic Letters," *JBL* 107 (1988): 490.

14. Ben Witherington III, *The Letters to Philemon, the Colossians, and the Ephesians: A Socio-Rhetorical Commentary on the Captivity Epistles* (Grand Rapids : Eerdmans, 2007), 18.

15. Outi Leppä, *The Making of Colossians : A Study on the Formation and Purpose of a Deutero-Pauline Letter* (Publications of the Finnish Exegetical Society 86 : Göttingen Vandenhoeck & Ruprecht, 2003), 13.

Tacitus, *Annals* 14.27)를 선택한 이유를 설명해주지 못한다. 더욱이 이 서신에서 지진을 암시하는 듯한 언급들(참고. 1:23; 2:5, 7, 14, 19; 4:12)은 AD 70년 이전 기원설에 힘을 실어주는 것 같다.[16] 간단히 말해, "골로새서의 어떤 것도 명백하게 그 시대적 특징과 어긋나지 않는다."[17]

마지막으로, 이 서신과 에베소서와 빌레몬서의 관계 역시 언급할 필요가 있다. 골로새서와 에베소서의 내용이 상당 부분 중첩된다는 점은 잘 알려져 있다. 에베소서와 골로새서가 "자유롭고 창의적인" 의존 관계에 있다고 주장하는 일부 학자는, 바울 서신을 모방한 후대인이 에베소서 저자라고 생각한다. 골로새서라는 바울의 친서를 바탕으로 편지를 지어냈다는 것이다.[18] 반면 두 서신이 그 반대의 관계라고 주장하는 이들도 있다. 곧, 골로새서 저자가 에베소서를 모방했다는 것이다.[19] 그러나 두 편지 모두 후대 "바울 학파"의 작품이라고 보는 견해도 있다.[20] 문학적 의존 관계를 주장하는 학자들 중에서는 골로새서가 먼저 쓰인 편지라는 주장이 가장 많은 지지를 받으며, 따라서 에베소서 저자가 골로새서를 참고했으리라는 주장은 골로새서의 진정성을 입증해줄 것이다. 그러나 골로새서의 바울 저작권을 인정한다고 해서 에베소서의 진정성을 포기할 필요는 없는 것 같다. 두 서신의 차이가 적지 않다는 사실은 두 서신의 문학적 의존 관계를 기계적으로 적용해서는 안 된다는 것을 의미한다. 한 저자가 동일한 시기에 유사한 신학적 언어와 구조를 사용해 두 편지를 쓰는 것은 흔한 일이다. 또한 둘 중 어느 편지가 먼저 쓰였는지에 대해 학자들의 합의가 여전히 이루어지지 않는다는 사실은 두 서신의 유기적 관계를 입증한다.

바울이 쓴 편지라는 데 이견의 여지가 없는 빌레몬서와 관련해서, 두 서신 간의 평행 구절, 특히 인사 단락의 유사성은 공동 저자설로 가장 잘 설명할 수 있다. 골로새서 저자가 빌레몬서를 참고해 편지를 썼다는 소수의 강경한 주장에도 불구하고,[21] 내적 증거는 두 서신의 인위적인 문학적 의존성을 지지하지 않는다.[22] 빌레몬서에서는 오네시모의 노예라는 지위가 중심 주제인 반면, 골로새서 4:9은 오네시모를 '종'으로 특정하지 않는다.[23] 이것은 바울의 모방자가 골로새서를 썼다는 가정을 지지하는 데 실패한 세부 사항 중 하나이다.

여러 가능성이 있지만 바울을 골로새서의 저자로 보는 것은 여전히 이 책이 채택할 수 있는 가장 설득력 있는 가정이다.

---

16. Larry J. Kreitzer, "Living in the Lycus Valley: Earthquake Imagery in Colossians, Philemon and Ephesians," in *Testimony and Interpretation: Early Christology in Its Judeo-Hellenistic Milieu, Studies in Honour of Petr Pokorý* (ed. Jirí Mrázek and Jan Roskovec; JSNTSup 272; London: T&T Clark, 2004), 87–89, 92–93.

17. John M. G. Barclay, *Colossians and Philemon* (Sheffield: Sheffield Academic, 1997), 24.

18. 예를 들어, 다음을 보라. Andrew T. Lincoln, *Ephesians* (WBC 42; Dallas: Word, 1990), lv.

19. Ernst Theodor Mayerhoff, *Der Brief an die Colosser mit vornehmlicher Berücksichitigung der drei Pastoralbriefe* (Berlin: Hermann Schultze, 1838), 72–106.

20. 특히 Ernst Best, "Who Used Whom? The Relationship of Ephesians and Colossians," *NTS* 43 (1997): 72–96을 보라.

21. Angela Standhartinger, "Colossians and the Pauline School," *NTS* 50 (2004): 574.

22. Barclay, *Colossians and Philemon*, 24는 "골로새서를 후대의 바울의 제자가 썼다면 사건을 세세한 부분까지 세련되게 각색함으로 위작이라는 흔적을 전혀 남기지 않았다는 면에서 전례가 없는 일이다"라고 정확히 지적한다.

23. 이 지적의 중요성에 대해서는 4:9에 대한 설명을 보라.

기록 연대와 기록 장소

골로새서의 저작 장소는 이 서신의 저작 연대와 직접적으로 관련된다. 골로새서와 빌레몬서의 안부 인사가 중첩되는 것을 볼 때, 두 서신은 같은 곳에서 쓰인 것으로 보인다. 바울이 죄수의 신분으로 편지를 쓴 것은 분명하다(1:24; 4:3, 10, 18; 참고. 몬 1:1, 9, 10, 13, 23). 하지만 바울이 투옥된 장소가 정확히 어디인지는 명시되지 않는다. 바울의 투옥 장소에 대해서는 가이사랴, 에베소, 로마 세 곳이 제시되었다. 누가가 가이사랴에서 바울과 동행했음을 암시하면서 1인칭 복수를 사용했고(행 27:1-2),[24] 골로새서 4:14과 빌레몬서 1:24에서 누가가 언급된 것으로 보아 가이사랴에 투옥되어 있었을 가능성도 있다. 하지만 바울의 옥중 서신에 가이사랴가 등장하지 않으며, 고대 증거는 이 가이사랴설을 전혀 지지하지 않는다.

에베소 기원설은 고린도전서 15:32을 근거로 한다. 다만 바울은 여기서 자신이 투옥된 사실을 명시적으로 언급하지는 않는다. 에베소가 골로새와 인접한 곳에 있었고 오네시모가 바울에게 도망가기 쉬웠으리라는 점을 감안할 때[25] 에베소 기원설 역시 가능성이 있다. 그런데 이것은 오네시모가 제한적 수단을 가진 도망 노예였고, 따라서 소아시아 이외 지역으로 갈 수 없다는 것을 전제로 한다.[26] 나아가 바울이 에베소에 투옥되어 있었다 하더라도 사도행전과 바울의 전도 여행에 관한 언급을 비추어볼 때(예를 들어, 롬 15장; 고전 16장; 고후 1-9장) 그가 죄수로서 에베소에 오랜 기간 투옥되어 있었을 가능성은 거의 없다.[27]

바울이 로마에 투옥되어 있었다는 설명이 이 (두) 옥중 서신을 읽기 위한 가장 좋은 틀이 된다. 초기 사본상의 증거[28]와 초대 교부들의 글[29]은 이런 해석을 지지하는 가장 초기 자료이다. 그리고 주변 사람들에게 복음을 전할 일정한 자유를 누렸고 비교적 기간이 길었던 바울의 로마 투옥 사건(참고. 행 28:30-31)은 두 옥중 서신(그 외 나머지 두 옥중 서신)에 포함된 증거와 일치한다. 또한 골로새서 4:10과 빌레몬서 1:24에 아리스다고라는 이름이 언급된 것은 그가 바울(그리고 누가)과 로마 여행에 동반했다고 언급한 사도행전 27:2과 일치한다. 로마설을 입증할 절대적 증거가 부족하지만, 이런 전통적인 주장을 반박할 명확하고 확실한 주장은 현재로서는 찾아보기 어렵다.

로마설을 인정한다면 골로새서(그리고 빌레몬서)는 주후 60-62년경에 기록되었다고 추정할

24. E. Earle Ellis, *The Making of the New Testament Documents* (BIS 39; Leiden: Brill, 1999), 271-72를 보라. 그는 또한 로마를 통해 스페인으로 가고자 한 바울의 계획(롬 15:24)이 이 세 옥중 서신의 로마 기원설보다는 가이사랴 기원설과 부합한다고 주장한다.

25. Ralph P. Martin, *Reconciliation: A Study of Paul's Theology* (rev. ed.; Eugene, OR: Wipf & Stock, 1997), 111을 참고하라.

26. '도망 노예' 가설에 대한 논의는 '빌레몬서 서론'을 보라. 이 가설을 지지하는 이들조차 "만국이 공용하는 소굴"이라고 불린 로마(Tacitus, *Ann.* 15.44)를 도망 노예의 "안락한 은신처"라고 생각한다.

27. 특히 Marlis Gielen, "Paulus-Gefangener in Ephesus?" *BN* 133 (2007): 63-77을 보라.

28. 일부 골로새서 사본에 포함된 후기(subscriptions)에는 "로마"라는 도시가 등장한다. B^c K P 82 101 122 431 460 1907 1924; 참고. Bruce M. Metzger, *A Textual Commentary on the Greek New Testament* (2nd ed.; Stuttgart: United Bible Societies, 1994), 560.

29. 예를 들어, Jerome, John Chrysostom, Theodoret; Markus Barth and Helmut Blanke, *Colossians* (trans. Astrid B. Beck; AB 34B; New York: Doubleday, 1994), 127이 여기에 해당한다.

수 있다.

수신자

소아시아 서해안에서 약 200킬로미터 떨어진 곳에 위치한 골로새는 주요 도시인 라오디게아와 약 17킬로미터 떨어진 리쿠스 계곡에 자리잡고 있었다. 이 도시는 한때 "위대한 도시"였지만(Herodotus, *Hist*. 7.30.1), 바울이 이 편지를 쓸 당시 그 영광은 이미 퇴색한 과거의 것일 뿐이었다. 주후 60년 혹은 61년에 일어난 지진으로(참고. Tacitus, *Annals* 14.27) 이 도시는 상당한 피해를 입었던 것으로 보인다. 따라서 주석가들은 종종 "골로새는 후대에 정경으로 포함된 문서들을 받은 비중이 매우 약한 곳 중 하나였다"[30]라고 지적한다.

바울이 골로새 교회(들)를 설립하지 않은 것은 분명하지만(참고. 2:1), 리쿠스 계곡 공동체의 복음 전파에 그의 사역이 간접적으로 기여한 것은 사실로 보인다. 바울이 3년 동안 에베소에서 사역하는 동안(참고. 행 20:31) "아시아에 사는 자는 유대인이나 헬라인이나 다 주의 말씀을" 들었다(19:10). 이들 중에는 에바브라가 있었고, 그는 "복음 진리의 말씀"(골 1:5)의 위력을 직접 체험한 후 골로새, 라오디게아, 히에라볼리에 복음을 전했다(참고. 골 4:13). 바울은 에바브라를 디모데와 함께 "종 된 사랑하는…너희를 위한 그리스도의 신실한 일꾼"(1:7)이라고 밝힌다. 그는 복음 전도자일 뿐 아니라 "항상 너희(골로새인들)를 위하여 애써 기도하여 너희로 하나님의 모든 뜻 가운데서 완전하고 확신 있게 서기를 구하[는]"(4:12) 목회자였다.

골로새 사람들이 복음을 받아들인 후 어려운 문제를 만난 것이 분명했고, 에바브라는 그 때문에 바울에게 돌아가야 했다(참고. 몬 1:23). 그는 바울에게 "성령 안에서 너희 사랑"(1:8)을 알렸을 뿐 아니라 골로새 공동체가 직면한 문제도 보고했다. 에바브라가 아직 함께 있는 동안(4:12–13; 몬 1:23) 바울은 두기고(그리고 오네시모)를 리쿠스 계곡으로 돌려보냈다. 두기고는 돌아가는 길에 이 편지를 가지고 갔고, 또한 골로새 교인들에게 바울의 형편을 알리는 책임을 맡았다(4:7).

주전 3세기 소아시아에 거주하는 유대인은 2천 가구 정도였으므로(Josephus, *Ant*. 12.3.4), 리쿠스 계곡과 주변 지역의 유대인 인구는 상당히 많은 편이었다.[31] 당연히 골로새 공동체에 대한 유대인들의 영향력이 상당했을 것이다. 그럼에도 이 편지에서 바울은 이방인을 일차적 독자로 삼고 있다. 그들은 이제 "빛 가운데서 성도의 기업의 부분을 얻[은]"(1:12) 이방인 그리스도인이다. 이방인이 복음을 받을 수 있었다는 사실은 종말론적 시대에 하나님의 신비가 계시되었다는 증거이다(1:27). 이 그리스도인들은 유대인과 달리 "손으로 하지 아니한 할례를 받았

30. Barth and Blanke, *Colossians*, 10. 이 진술은 명시적으로 언급하지는 않았지만 Lightfoot, *St. Paul's Epistles to the Colossians and Philemon*, 16의 비판과 유사한 면이 있다.

31. F. F. Bruce, "Colossian Problem, Part I: Jews and Christians in the Lycus Valley," *BSac* 141 (1984): 5–6을 보라. 그는 라오디게아에만 약 9천 명의 남성 유대인이 있었다고 말한다.

[다]"(2:11).

골로새서에 나타나는 유대적 관습과 관례에 대한 많은 언급을 무시해서는 안 된다(참고. 2:16–23). 이런 언급들은 바울이 반박하는 가르침을 설파하는 이들 중 유대인이 있었음을 암시한다. 이제 이런 가르침들을 살펴보겠다.

본문의 배경

골로새서를 작성하게 된 배경을 논의하기 위해서는 이 서신의 목적을 다루어야만 한다. 로마서 같은 서신과 달리 골로새서에서 바울의 논증은 독자의 특정한 상황이 더 결정적인 역할을 하는 것으로 보인다. 빌립보서에서는 후반부에 갑자기 거짓 교사들이 거론되고 바울이 직접적으로 반응한다(빌 3:2–4). 이와 달리 골로새서는 이름이 특정되지 않은 파당이 퍼뜨리는 일련의 거짓 가르침이 시종일관 집중적 관심사로 등장한다. 그러나 갈라디아서와 달리 바울의 수사는 비교적 절제되어 있다. 하지만 밀접한 관련이 있는 서신인 에베소서와 비교할 때, 바울은 골로새서에서 특정한 한 가지 교훈을 집중적으로 반박하는 것으로 보인다. 이것은 바울이 청중에게 "교묘한 말"(2:4)과 "철학과 헛된 속임수"(2:8)에 속지 말 것과, "장래 일의 그림자"(2:17)에 비판받지 말 것 그리고 특정한 종교 제의적 관습(2:18)을 강요하는 이들에게 정죄당하지 말라는 경고에 반영되어 있다.

바울이 한 분야의 특정 교훈을 다룬다는 점은 그가 일관되게 강조하는 한 가지 해결책에서 드러난다. 즉, 그리스도의 중심성과 그분의 권위의 최종성이다. 바울은 골로새 교인들을 오도하는 자들을 "그리스도를 따름"이 아니라 "사람의 전통"을 따르는 교훈을 조장한다고 비판한다(2:8). 이런 교훈은 "장래 일의 그림자"에 불과하며, 진정한 실체(개역개정에는 "몸"–역주)는 "그리스도의 것"(2:17)이다. 여기서 그리스도의 높아지신 지위를 시작으로(1:15–20) 그리스도의 중심성을 집중적으로 부각하는 이유를 볼 수 있다. 골로새 교인들은 이미 '그리스도와 함께 죽었고'(2:20; 참고. 2:12) 또한 '그리스도와 함께 살리심을'(3:1; 참고. 2:12) 받았기에, 권세와 능력에 대한 그분의 승리에 동참할 수 있다는 사실을 기억해야 한다. 심지어 바울은 권면 단락에서도 "그리스도는 만유시요 만유 안에"(3:11) 계시며 "무엇을 하든지 말에나 일에나 다 주 예수의 이름으로"(3:17) 해야 한다고 주장한다.

그러나 이런 본문상의 단서에도 불구하고 골로새 공동체에 거짓 교훈이 전해진 적이 없다고 주장하는 학자들이 있다. 어떤 이들은 골로새 교인들의 믿음을 격려하여 혹시 있을 외부의 위협에 노출되지 않게 하는 것이 바울의 의도라고 주장한다.[32] 또 다른 이들은 거짓 교훈

32. Morna D. Hooker, "Were There False Teachers in Colossae?" in *Christ and Spirit in the New Testament: Studies in Honour of Charles Francis Digby Moule* (ed. Barnabas Lindars and Stephen S. Smalley; Cambridge: Cambridge Univ. Press, 1973), 316. "거짓 가르침이 존

의 존재를 인정하지만, 그것이 바울이 이 서신을 쓴 주된 이유는 아니라고 주장하기도 한다.[33] 그들은 바울이 잘못된 믿음을 교정하는 일보다 행동 변화에 더 관심이 있었을 것이라고 생각한다.[34] 하지만 바울이 그리스도의 중심성에 도전하는 주장에 일관되게 반응한 것으로 보아, 골로새 교인들이 원래 받아들였던 복음과 어긋나는 특정 교훈이 실제로 존재한 것은 분명하다. 또한 이렇게 한 가지를 일관되게 강조하는 것은, 골로새 교인들이 특정 이데올로기로 말미암아 실제 종교적 관습에까지 영향받았음을 암시한다. 나아가 갈라디아 교회들과 달리 바울이 골로새 교회(들)의 설립자가 아니라는 사실은, 이 두 서신이 보이는 어조상의 차이를 이해하는 데 부분적으로 도움을 줄 수 있다. 그러므로 "철학과 헛된 속임수"(2:8)의 존재와 영향을 무시해서는 안 된다. 물론 이런 철학을 부추기는 자들이 공동체의 일원이었는지의 여부는 확인하기 어렵다. 이 철학을 '거짓 교훈'으로 가정하면 골로새서의 여러 단락을 해석할 수 있는 실제적인 틀이 생긴다.

많은 사람이 골로새 공동체에 '거짓 교훈'이 실제로 문제가 되었음을 인정한다. 하지만 그 정체가 무엇인지는 명확하지 않다. 골로새서에는 거짓 교훈의 유대적 성격을 암시하는 듯한 진술이 나타난다.

골 2:11 "그 안에서 너희가 손으로 하지 아니한 할례를 받았으니."

골 2:16 "먹고 마시는 것과 절기나 초하루나 안식일을 이유로 누구든지 너희를 비판하지 못하게 하라."

골 2:20–21 "어찌하여 세상에 사는 것과 같이 규례에 순종하느냐 (곧 붙잡지도 말고 맛보지도 말고 만지지도 말라 하는 것이니)."

그러나 유대 신앙과 관습의 범위를 넘어서는 것으로 보이는 진술도 나온다.

골 2:15 "통치자들과 권세들을 무력화하여 드러내어 구경거리로 삼으시고 십자가로 그들을 이기셨느니라."

골 2:18 "아무도 꾸며낸 겸손과 천사 숭배를 이유로 너희를 정죄하지 못하게 하라 그가 그 본 것에 의지하여."

골 2:23 "이런 것들은 자의적 숭배와 겸손과 몸을 괴롭게 하는 데는 지혜 있는 모양이나 오

재한다면 성격상으로나 중요도에서 그렇게 심각한 가르침일 리가 없다. 갈라디아서를 보면 바울이 그리스도에 대한 믿음이 훼손당한다고 생각할 때 어떤 반응을 하는지 알 수 있다."

33. 예를 들어, Thomas H. Olbricht, "The Stoicheia and the Rhetoric of Colossians: Then and Now," in *Rhetoric, Scripture and Theology: Essays from the 1994 Pretoria Conference* (ed. Stanley E. Porter and Thomas H. Olbricht; JSNTSup 131; Sheffield: Sheffield Academic, 1996), 310–23을 참고하라. 이 점에 있어서 그는 골로새서가 갈라디아서보다는 데살로니가전서와 더 가깝다고 주장한다.

34. 참고. Harold van Broekhoven, "The Social Profiles in the Colossian Debate," *JSNT* 66 (1997): 73–90. 그는 바울이 개인주의적 행동 양식을 반대하고 있다고 주장한다.

직 육체 따르는 것을 금하는 데는 조금도 유익이 없느니라."

1세기 소아시아에서 이런 진술들이 암시하는 가르침을 유포했을 실제 집단이 누구인지 확인하기 어렵기 때문에, 거짓 교훈의 정체를 "풀리지 않고 해결이 어려운 미스터리"라고 단정하는 이들도 있다.[35] 어떤 학자들은 이런 진술들이 "저자가 특정한 이단을 염두에 두지 않았음"을 암시한다고 생각한다.[36] 그리고 실제로 저자의 입장이 이러하다면, 이런 구체성의 결여는 "부분적으로는 상황에 대한 바울의 정보가 제한적이었기" 때문일 수 있다.[37] 골로새서의 진정성을 의심하는 이들은, 명확성의 결여와 관련하여 바울 이후 교회의 전반적 상황을 암시하는 허구적 문제라고 보면 가장 잘 설명할 수 있다고 주장한다.[38] 그러나 성급하게 이런 결론을 내리기 앞서 1세기 소아시아의 전반적 상황과 특정 지역교회의 구체적 상황에 대한 우리의 지식이 제한적이라는 사실을 인정해야 한다. 지역적, 시간적으로 유사한 상황을 배경으로 둔 문헌의 평행 본문이 부족하기는 하지만, 많은 학자는 골로새서의 본문상 단서들을 통해 바울이 이 서신에서 펼친 변증의 배경으로서 특정 교훈의 존재를 상정하기에 충분하다고 생각한다.

이방 철학

일부 학자는 전형적인 유대 관습의 범위를 벗어나는 것으로 보이는 요소들을 집중적으로 부각하며, 거짓 교훈에 확실한 이교적 배경이 있다고 주장한다. 우주론적 사색들과 금욕주의적 관습들의 강조는 중기 플라톤주의와 다른 지역 전통, 즉 지혜를 추구하는 특정한 방식을 권장하는 전통이 전반적으로 뒤섞여 있었다는 뜻일 수 있다.[39] 혹은 일종의 냉소주의 철학을 반영한 것으로 그 추종자들이 골로새 교인들의 음식법과 절기를 비난했다고 본다.[40] 중기 플라톤 사상의 평행 구절들로 이 서신의 일부 구절과 표현을 설명할 수 있지만, 앞에서 지적한 대로 유대적 요소의 중요성을 무시해서는 안 된다. 냉소주의와 같은 철학의 특정 학파[41]를 확인하고자 할 경우 그러한 관련성을 확보해줄 언어학적 평행 구절이 없다는 문제가 있다.

---

35. Barclay, *Colossians and Philemon*, 54.

36. Charles M. Nielsen, "The Status of Paul and His Letters in Colossians," *PRSt* 12 (1985): 106.

37. Markus Bockmuehl, *Revelation and Mystery in Ancient Judaism and Pauline Christianity* (Grand Rapids: Eermans, 1997), 180.

38. Angela Standhartinger, *Studien zur Entstehungsgeschichte und Intention des Kolosserbriefs* (NovTSup 94; Leiden Brill, 1999), 16–25.

39. Richard E. DeMaris, *The Colossian Controversy: Wisdom in Dispute at Colossae* (JSNTSup 96; Sheffield: JSOT, 1994), 16–17, 131–33. 또한 George H. van Kooten, *Cosmic Christology in Paul and the Pauline School: Colossians and Ephesians in the Context of Graeco-Roman Cosmology, with a New Synopsis of the Greek Texts* (WUNT 2. 171; Tübingen: Mohr Siebeck, 2003), 143을 보라. 그는 골로새서가 "중기 플라톤주의의 철학 사상을 내부적으로 수정한 것"이라고 주장한다.

40. Troy W. Martin, *By Philosophy and Empty Deceit: Colossians as Response to a Cynic Critique* (JSNTSup 118; Sheffield, Sheffield Academic, 1996).

41. 또한 Schweizer, *Letter to the Colossians*, 126–36을 보라. 참고. A. J. M. Wedderburn, "The Theology of Colossians," in Andrew T. Lincoln and A. J. M. Wedderburn, *The Theology of the Later Pauline Letters* (Cambridge: Cambridge Univ. Press, 1993), 3–12.

유대 율법주의

또 다른 한 극단에는 거짓 가르침이 엄격한 유대적 성격을 지녔다고 주장하는 이들이 있다. 특별히 다른 바울 저작들에 암시된 일종의 유대 율법주의가 이 거짓 가르침이라고 주장한다. "세상의 초등 학문"(τὰ στοιχεῖα τοῦ κόσμου, 2:8; 참고. 2:20)은 갈라디아서 4:3, 9에 이미 나온 표현이다. 갈라디아서 본문에서 그것은 "명확하게 유대 율법과 관련되고, 노예 후견인이나 보호자처럼 이스라엘을 책임지고 관리하는 일종의 권력으로 이해되었으므로"(갈 3:23-25; 4:1-3, 9-10),[42] 혹자는 바울이 골로새서에서 거론하는 거짓 교훈이 갈라디아서에서 논박한 교훈과 유사한 것이라고 주장한다.[43] 이외 다른 유사한 내용들은 두 서신의 관련성을 더욱 강화해 준다. 할례, 안식일, 절기, 음식법, 포괄적 용어로 하나님의 백성을 정의하는 부분이 특별히 그렇다.[44]

거짓 교훈의 유대적 요소를 부정할 수는 없다. 하지만 유대 율법주의는 이 개념의 틀을 벗어나는 듯한 2:16-23의 다른 요소들을 설명할 수 없다. 더욱이 "골로새서를 바울의 편지인 동시에 갈라디아서에서 언급한 것과 동일한 문제에 대한 논박이라고 주장하는 이들은 가장 가능성이 없는 입장을 선택한 것이다. 이런 입장으로는 골로새서의 논증과 갈라디아서의 논증이 다른 이유를 설명하지 못한다."[45] 갈라디아서에서 "율법"(νόμος)이 30번 이상 등장하는 반면, 골로새서에는 전혀 사용되지 않는다는 사실 역시 중요하다. 그러므로 유대 율법주의는 골로새서에서 바울이 논박하는 일차적 목표라고 보기 어렵다.

유대 신비주의

거짓 가르침의 배후로 지적되어온 또 다른 형태의 유대적 영향력은 유대 신비주의이다. 최근 몇 년 동안 이 해석을 지지하는 이들이 계속 증가했다.[46] 이 입장을 주장하는 학자들은, 2:23

42. James D. G. Dunn, *The Epistles to the Colossians and to Philemon* (NIGTC; Grand Rapids: Eermans, 1996), 150.

43. Christopher A. Beetham, *Echoes of Scripture in the Letter of Paul to the Colossians* (BIS 96; Leiden: Brill, 2008), 261. 또한 Gregory K. Beale, "Colossians," in *Commentary in the New Testament Use of the Old Testament* (ed. G. K. Beale and D. A. Carson; Grand Rapids: Baker, 2007), 860. 그는 거짓 가르침이 "신적 계시의 전형으로서 그리스도 대신 율법을 부각시키는 거짓된 유대 교리로 보인다"라고 주장한다.

44. 특히, Allan R. Bevere, *Sharing in the Inheritance: Identity and the Moral Life in Colossians* (JSNTSup 226; London: Sheffield Academic, 2003), 59-121을 참고하라.

45. Barclay, *Colossians and Philemon*, 54.

46. 예를 들어, 다음을 참고하라. Fred O. Francis, "Humility and Angelic Worship in Col 2:18," in *Conflict at Colossae: A Problem in the interpretation of Early Christianity Illustrated by Selected Modern Studies* (ed. F. O. Francis and W. A. Meeks ; Missoula, MT: Scholars, 1975), 163-195; Caig A. Evans, "The Colossian Mystics," *Bib* 63 (1982): 188-205; Christopher Rowland, "Apocalyptic Visions and the Exaltation of Christ in the Letter to the Colossians," *JSNT* 19 (1983): 73-83; Roy Yates, "'The Worship of Angels' (Col 2:18)," *Exp Tim* 97 (1985): 12-15; Sappington, *Revelation and Redemption at Colossae*; Ian K. Smith, Heavenly Perspective: A Study of the Apostle Paul's Response to a Jewish Mysterical Movement at Colossae (LNTS 326; London: T&T Clark, 2006).

의 금욕주의적 관습이 환상 체험에 '참여하여'(2:18) 천사들과 함께 예배를 드리기 위한 제의적 행위를 가리킨다고 해석한다. 따라서 2:18의 "천사 숭배"(θρησκείᾳ τῶν ἀγγέλων)라는 구절은 천사들의 중재로 하나님을 예배하는 것을 가리키는 주격 소유격으로 해석한다. 지혜와 묵시 전승과의 밀접한 관계도 1:15-20의 기독론적 찬송시의 배경을 이룬다고 이해한다.

이런 해석은 천사나 금욕주의적 관습과 관련된 전통들이 연관성이 있음을 지적할 뿐 아니라[47] 제의적 행위로서 금욕주의적 관습의 의미를 강조한다.[48] 그러나 이런 해석은 이 본문이 암시하는 거짓 교훈과 관련된 다양한 요소를 충분히 설명해주지 않는다. 첫째, 하나님의 존전에 서 있는 선한 영적 존재로서 천사의 역할을 강조함으로써 2:15이 말하는 악한 천상의 권세들을 무시한다.[49] 1:15-20의 기독론적 찬송시만 보더라도 유대 신비주의의 틀로 지혜를 해석할 경우 찬송시의 내용 전체를 제대로 설명할 수 없다.[50] 더 중요한 점은 "천사 숭배"라는 표현을 주격 소유격으로 볼 증거가 부족하다는 사실이다.[51]

거짓 가르침의 유대 신비주의적 색채를 강조하는 이들은, 종종 '유대 신비주의'의 개념을 가장 포괄적 의미로 규정하여 유대 묵시 사상을 넘어서는 부분도 이 개념에 포함한다.[52] 그러므로 이런 해석을 지지하고자 묵시 문학을 자주 인용한다. 유대 메르카바(*Merkabah*) 신비주의의 본문들처럼 후대의 확실한 신비주의 본문에는 수많은 중요한 묵시 문학 모티브가 빠져 있기 때문에 이런 접근 방식은 문제가 있다. 또한 유대 묵시 사상은 성격상 혼합주의적 색채가 강하다는 사실도 중요하다. 그러므로 골로새서의 거짓 가르침 중 하나인 신비주의는 '유대교'에 포함되며 "거짓 선생의 정체를 확인하기 위해 굳이 유대교 외부까지 살펴볼 필요가 없다"[53]라는 주장은 오해의 소지가 있다. 특별히 이런 주장을 하면서 "골로새 교회의 거짓 교훈이 명백히 유대교를 배경으로 하더라도 헬레니즘과 심지어 이교 신앙의 영향도 받았다"[54]는 점을 인정해야 할 때는 문제가 생긴다. 그러므로 유대 묵시 전통과 신비주의 전통의 중요성을 인정하되 이 거짓 가르침에 대한 다른 영향력의 존재도 인정하는 것이 합리적이다.

---

47. Rachel Elior, *The Three Temples: On the Emergence of Jewish Mysticism* (trans. David Louvish; Oxford: Littmann, 2004), 190-91의 유익한 논의를 참고하라.

48. Gershom Scholem, *Major Trends in Jewish Mysticism* (New York: Schocken, 1954), 49도 참고하라.

49. Clinton E. Arnold, *The Colossian Syncretism: The Interface between Christianity and Folk Belief at Colossae* (WUNT 2.77; Tübingen: Mohr Siebeck, 1995), 97-98.

50. Jarl Fossum, "Colossians 1.15-18a in the Light of Jewish Mysticism and Gnosticism," *NTS* 35 (1989): 183-201.

51. Arnold, *Colossian Syncretism*, 91. "θρησκεία의 용례를 조사해보면, 소유격으로 쓰인 θρησκεία와 관련해 주격 소유격으로 해석해야 하는 신적 존재나 전형적인 예배 대상(예를 들어, '우상')의 사례를 하나도 찾을 수 없다."

52. 어떤 이들은 골로새 거짓 교훈의 정체를 이렇게 협소한 범주로 해석하기를 선호할 것이다. 참고. Robert M. Royalty Jr., "Dwelling on Visions: On the Nature of the So-Called 'Colossians Heresy,'" *Bib* 83 (2002): 329-57.

53. Smith, *Heavenly Perspective*, 33, 38.

54. 같은 책, 143.

혼합주의

골로새서의 거짓 가르침이 유대적 요소뿐만 아니라 전통적인 유대적 개념과 부합하지 않는 요소들까지 포함한다는 사실에 비추어 볼 때, 이 거짓 가르침은 일종의 혼합주의적 성격을 띠는 것으로 보인다. 유대 신비주의가 배경이라고 주장하는 이들조차 "브루기아의 일부 유대인들의 관습은 혼합주의적 성격을 지녔다"[55]라고 기꺼이 인정한다. 다양한 형태의 유대 신비주의는 혼합주의적 성격을 띠는 경우가 많았다. "우주 기원론과 우주론, 인류학과 심리학은 한편으로는 마술을 또 다른 한편으로는 할라카(*halakhah*)와 토라 연구를 엮어서 이 신종 영적 신앙의 구성 요소로 삼았다."[56] 나아가 1세기 그리스-로마 세계는, 종종 서방 종교와 결합하여 새롭고 복합적인 제의적 관례와 신앙을 만든 동방 종교 못지않게 혼합적 성격이 강했다. 비교 종교를 연구하는 현대 학자들은 종종 이 헬레니즘적 로마(Hellenistic-Roman)라는 현상과 관련하여 혼합주의라는 용어를 사용하지만,[57] 혼합주의(syncretism)라는 용어는 둘 이상의 사고 체계가 상호 영향을 미치는 다양한 정도를 가리켜 폭넓게 사용될 수 있다. 이 문맥에서는 단순히 한 문맥 안에 개념적 틀이 다른 요소가 공존한다는 의미로 이 용어를 사용한다. 이때 가장 일차적인 개념적 틀은 확인할 수 있지만, 서로 이질적 요소가 어느 정도 뒤섞여 있는지는 고려되지 않는다.

이렇게 포괄적인 의미로 혼합주의라는 용어를 사용하더라도, 혼합주의를 대하는 입장은 크게 두 진영으로 분류할 수 있다. 첫 번째 진영은 이교도의 종교적 신앙과 관습이 지배적 구조로 작동하고 그 안에 유대적 요소들이 흡수되었다고 생각한다. 이 입장을 주장하는 학자들은 이 지역에서 브루기아 대중 종교나[58] 신비주의 종교(mystery cults)[59]의 득세를 지적한다. 그들은 골로새서의 거짓 가르침의 이교적 요소를 강조한다. 일부 학자는 심지어 "그가 그 본 것에 의지하여"(2:18)라는 구절이 이 제의적 종교의 입회식에 참여하는 것을 구체적으로 표현한 것이라고 생각한다. 거짓 교훈에 이교도적 요소가 있음을 부정할 수는 없지만, 이런 해석은 거짓 교훈의 두드러진 유대적 성격을 무시한다. 더욱이 2:18은 굳이 이교도의 입회 의식을 가리키는 전문 용어로 볼 필요가 없다.[60]

그러므로 증거는 유대적 요소가 지배적 구조로 작동하는 혼합주의를 지지하는 것으로 보인다. 많은 학자가 과거 수십 년 동안 이런 일반적인 입장을 견지했다.[61] 하지만 이런 체제의

55. 같은 책, 5.

56. Joseph Dan, "The Religious Experience of the Merkavah," in *Jewish Spirituality: From the Bible through the Middle Ages* (ed. Arthur Green; New York: Crossroad, 1986), 306.

57. 예를 들어, John B. Carman, "Syncretism: Historical Phenomenon and Theological Judgment," *ANQ 4* (1964): 30-43을 보라.

58. Arnold, *Colossian Syncretism*, 103-244.

59. Barth and Blanke, *Colossians*, 10-16.

60. Jerry L. Sumney, "Studying Paul's Opponents: Advances and Challenges," in *Paul and His Opponents* (ed. Stanley E. Porter; Pauline Studies; Leiden: Brill, 2005), 55. 그는 이 거짓 가르침의 배후에 대중 종교와 신비 종교가 있다고 주장하는 이들을 반박한다. 두 종교의 신자는 서로 이질적인 집단이기 때문이다.

61. Lightfoot, *St. Paul's Epistles to the Colossians and to Philemon*, 73-113; Stanislas Lyonett, "Paul's Adversaries in Colossae," in *Conflict at Colossae* (ed. F. O. Francis and W. A. Meeks; Missoula, MT:

존재를 인정할 수 있는 구체적인 내용들은, 오히려 브루기아 지역 종교의 중요성을 강조하는 이들과 더불어 유대 신비주의설을 주창하는 학자들이 제공한다.[62] 이 입장은 이 짧은 서신에서 천사 숭배(2:18)와 그와 관련된 종교적 관행(2:23)의 존재뿐 아니라 할례(2:11), 안식일 준수(2:16), 의식적 순결(2:20–21)과 같은 유대적 정체성을 가리키는 표현의 중요성을 고려한다. 이것을 혼합주의적 교훈으로 부른다면 1세기 브루기아의 현실도 인정하는 셈이다. 현재로서는 이런 거짓 가르침을 더 정확히 명명하기는 어려울 것이다. 하지만 골로새서에 담긴 다양한 요소를 이해하고자 하는 우리에게는 이 정도의 일반적인 구조로 충분하다.

골로새서의 의의

골로새서는 일종의 혼합주의의 도전을 받고 있는 회중에게 쓴 편지로서 다원주의와 관용이라는 '덕목'을 최고의 미덕으로 여기는 현대 사회에 중요한 적용점을 제공한다. 바울은 단순히 거짓 교사들이 유포한 다양한 관습과 신앙의 거짓됨을 지적하는 데 그치지 않고, 신자의 삶의 토대로서 그리스도를 집중적으로 부각하는 것으로 시작하고 마무리한다. 그 결과 기독론에 대한 이론적이고도 실제적인 강력한 논증을 볼 수 있다. 이 편지는 그리스도의 특별한 정체성과 최종적 권위를 세밀하게 묘사하는데, 이것은 바울의 다른 서신에서도 볼 수 있는 고등 기독론을 풍성하게 해준다. 기독론적 고백을 근거로, 하나님이 그리스도를 통해 이루신 사역의 충분성에 도전하는 관습과 행위는 비판의 대상이 된다. 이런 비판 과정을 통해 현대 독자 역시 기독론적 고백과 어긋나는 현대적 관행을 분석하는 법을 배워야 한다.

또한 바울은 거짓 교사들이 유포하는 관습을 비판하는 데서 한 걸음 나아가 성도가 그리스도 안에서 그들의 신앙을 삶으로 체현하는 방식에 관심을 집중한다. 우주의 주 되신 그리스도를 섬긴다는 것은 신앙고백과 일치하는 삶을 사는 것이다(참고. 3:15–17). 바울은 악덕(3:5, 8–9)과 미덕(3:12–14) 목록으로 우상 숭배의 삶을 버리고 하나님 백성의 공동체 건설에 참여하라는 부르심으로 기독교 윤리가 구성된다는 것을 보여준다. 또한 그리스도의 주 되심을 인정하는 것 자체가 그리스도의 종으로 자신을 인식해야 하는 과제를 내포한다는 점을 인상적인 방식으로 예시해준다(참고. 3:15–4:1). 독립과 개인의 자유를 최고의 가치로 숭상하는 시대에 바울의 메시지는 십자가 복음에 끝까지 충실하고자 하는 현대 교인들을 위한 유익한 처방전이 된다.

Scholars, 1975), 147–61; Wedderburn, "The Theology of Colossians," 10–11; R. McL. Wilson, *Colossians and Philemon* (ICC; Edinburgh: T&T Clark, 2005), 219.

62. 최근 저작에서 Clinton Arnold는 또한 이 거짓 가르침에 유대적 요소가 미친 중요성을 주장하며 이것을 "대중적 민중 유대교"라고 부른다. 참고. Clinton E. Arnold, "Review of Sharing in the Inheritance: Identity and the Moral Life in Colossians," *EvQ* 77 (2005): 274–76.

마지막으로, 바울은 그리스도 안에서 하나님의 역사가 최종 완성(참고. 3:1-4)될 것을 알려준다.[63] 오늘날의 교인은 늘 깨어 있어야 할 뿐 아니라(4:2), 공동체 밖의 사람들에게 복음을 증언하도록 부르심을 받는다(4:3-6). 그러므로 기독론과 종말론이 교차하는 단락에 선교의 권면이 배치된 것은 적절하다. 마찬가지로 하나님의 구속 역사의 완성을 사모하며 기다려온 신자들 역시 이런 종말론적 긴장을 견지하도록 요청받는다. 바울의 어떤 서신에서도 골로새서만큼 예배, 윤리학, 구원론, 종말론, 그리스도의 사역과 지위에 기반한 선교를 통합적으로 제시하는 경우는 볼 수 없을 것이다.

개요

바울 서신에서 전개되는 논증의 흐름을 분석하면서 이 서신들에 고대 수사학의 범주들을 적용하는 작업에 관심이 커지고 있다.[64] "수사학적 분석으로 의미와 의의, 의도와 전략과 같은 실제로 중요한 문제들을 훨씬 더 심도 있게 다룰 수 있다"라는 주장이 꾸준히 제기되었다.[65] 바울의 수사학 기법에 대한 이런 인식은 그의 서신을 고대 비문학적 파피루스 편지에 비추어 읽어야 한다는 해석의 유익한 대안이 되었다.[66] 골로새서의 경우에는 주로 독자가 거짓 교사들의 교훈을 따르지 않도록 설득하는 데 일차 목표가 있으므로,[67] "심의적 수사학"의 범주에 포함된다는 데 대부분 의견을 같이한다.[68]

그러나 이런 구분이 이 편지를 읽는 데 얼마나 유용한지는 분명하지 않다. 먼저 고대 수사학 교본의 통제를 받는 수사학적 분석은, 바울 서신의 본문에 주로 집중하면서 서두와 마무리의 의미를 무시할 때가 있다. 이런 분석의 문제점은 이 책에서 골로새서의 서두와 마무리 단락의 의미를 탐색하는 과정에서 더 분명하게 드러날 것이다. 바울 서신을 서간학적으로 읽는 것이 그의 저작에 대한 수사학적 분석에 기여한 점 역시 공식적으로 강조되어야 할 것이다.[69]

63. 많은 사람은 미래 종말론의 부재를 골로새서의 두드러진 특징이라고 생각할 것이다(참고. Hans Conzelmann, *An Outline of the Theology of the New Testament* [trans. John Bowden; New York: Harper & Row, 1969], 314-15). 그러나 이런 생각은 영적 훈련의 지향점을 현 시대에 두는 거짓 교사들을 반박하는 이 서신에서 바울이 강조하는 한 가지 중요한 주장을 놓치고 있다. 이 점에 대한 더 자세한 논의는 뒷부분의 '골로새서의 신학'에서 종말론에 대한 설명을 보라.

64. '수사학적 바울의 연구'에 대한 유익한 자료로는 Frank W. Hughes, "The Rhetoric of Letters," in *The Thessalonians Debate: Methodological Discord or Methodological Synthesis* (ed. Karl P. Donfried and Johhannes Beutler; Grand Rapids: Eerdmans, 2000), 199-215를 보라.

65. Charles A. Wanamaker, "Epistolary vs. Rhetorical Analysis: Is a Synthesis Possible?" in *The Thessalonians Debate: Methodological Discord or Methodological Synthesis* (ed. Karl P. Donfried and Johhannes Beutler; Grand Rapids: Eerdmans, 2000), 286.

66. 참고. Stanley K. Stowers, *Letter Writing in Greco-Roman Antiquity* (LEC 5; Philadelphia: Westminster, 1986), 17-26.

67. 예를 들어, Ben Witherington III, *Letters to Philemon, the Colossians, and the Ephesians* (Grand Rapids: Eerdmans, 2007), 104를 보라.

68. 종종 수사학은 세 가지 유형, 즉 심의적(권면이나 설득의 목적), 법정적(고소나 변호의 목적), 제의적(칭송이나 비난의 목적) 수사학으로 분류된다.

69. 최근의 논의에 대해서는 Stanley E. Porter and Sean A. Adams, eds., *Paul and the Ancient Letter Form* (Pauline Studies 6; Boston/Leiden: Brill, 2000)을 보라. 더 균형잡힌 해석은 Hans-Josef Klauck, *Ancient*

더 중요한 사실은, 고대 수사학 핸드북이 구술 논증의 전개에 집중한 반면 바울 서신은 문학적 편지이므로 그 성격에 맞추어 읽도록 의도되었다는 주장이 반복적으로 제기되었다는 것이다. 신약 수사 비평의 초기 제안자 중 한 사람은 "아무 활기 없는 종이 쪽지에 불과한 (이 편지는) 수사학적 구술 전달의 가장 중요한 무기 하나를 제거한다"라고 이미 지적한 바 있다.[70] 나아가 고대 수사학 핸드북을 볼 때, 이 편지 형식은 웅변 형식과 명백히 대조를 이룬다. 그래서 어떤 이들은, "그러므로 수사학의 종류와 구조를 바울 서신 분석에 형식적으로 적용할 수 있는 이론적 정당성은 고대 핸드북에서 거의 발견하기 어렵다"[71]라고 결론을 내렸다.

마지막으로, 실제로 고대 웅변술이 고대 이론가가 구성한 이상적 형태와 완벽히 부합하는지 의문스럽다. 많은 사람은 바울 서신의 경우 혼합된 형태의 유형으로 이해하는 것이 가장 적합하다고 인정했다.[72] 이것을 고대 관행의 탈피로 보기보다는 "용인되는 양식들을 바꾸어 특정 상황과 자신의 특수한 의도에 맞게 응용하는" 탁월한 웅변가의 모습을 반영하는 것으로 볼 수 있다.[73] 그러므로 바울 서신을 읽을 때 고대 수사학 핸드북이 소개한 범주에 좌우될 필요는 없다. 특정한 역사적, 문헌적 문맥에서 바울이 직접 제시한 논증에 분석의 초점을 맞추어야 한다.

그러므로 이 책은 바울이 사용한 수사학적 기술을 언급하는 동시에 논증의 전개 자체에 초점을 맞출 것이다. 골로새서의 전개 과정은 여러 단락으로 나누어 진행될 논의의 서두에서 자세히 다룰 것이다. 여기서는 전반적인 개요를 소개하는 것으로 시작해서 성부, 성자, 사도 본인, 신자들, 세상의 순서로 진행되는 바울의 논증의 흐름을 드러내는 것으로 만족한다.[74]

I. 서두 인사(1:1–2)

II. 성부 하나님의 지속적 사역(1:3–14)

  A. 감사(1:3–8)

Letters and the New Testament: A Guide to Context and Exegesis (trans. Daniel P. Bailey; Waco, TX: Baylor Univ. Press, 2006), 225에서 볼 수 있다. 그는 "서간 문학을 통해 이해한 이 편지 장르의 독특한 특징을 무시하고 수사학적 분석에만 매달려서는 안 된다"는 점을 인정한다.

70. Hans Dieter Betz, "The Literary Composition and Function of Paul's Letter to the Galatians," *NTS* 21 (1975): 377.

71. Stanley E. Porter, "The Theoretical Justification for Application of Rhetorical Categories to Pauline Epistolary Literature," in *Rhetoric and the New Testament: Essays from the 1992 Heidelberg Conference* (ed. Stanley E. Porter and Thomas H. Olbricht: JSNTSup 90; Sheffield: Sheffield Academic, 1993), 115–16. 그러나 다른 이들은 Cicero(Att. 8.14; 9:10; 12:53)와 Seneca(*Ep.* 75.1)와 같은 고대의 이론가들이 연설로서 편지의 구술적 특징을 인정했다고 지적한다(참고. Brian K. Peterson, *Eloquence and the Proclamation of the Gospel in Corinth* [SBLDS 163; Atlanta: Scholars, 1998], 18).

72. 예를 들어, Duance F. Watson, "The Integration of Epistolary and Rhetorical Analysis of Philippians," in *The Rhetorical Analysis of Scripture: Essays from the 1995 London Conference* (ed. Stanley E. Porter and Thomas H. Olbricht: JSNTSup 146; Sheffield: Sheffield Academic, 1997), 398–426을 참고하라.

73. Carl Joachim Classen, *Rhetorical Criticism of the New Testament* (WUNT 128; Tübingen: Mohr Siebeck, 2000), 27.

74. 일부 학자는 이 편지에서 열 개의 소규모 교차 대구 단락이 있으며 2:6–23과 3:1–7에 집중적으로 나타난다고 지적했다. John Paul Heil, *Colossians: Encouragement to Walk in All Wisdom as Holy Ones in Christ* [Early Christianity and Its Literature 4; Atlanta: Society of Biblical Literature, 2010]. 나는 이 책에서 1:5, 10, 15–20; 3:7, 11과 같은 구절에서 더 작은 규모의 교차 대구 구조를 발견할 수 있지만 사고 흐름은 단선적이라는 입장을 견지한다.

B. 골로새 성도들을 위한 중보기도(1:9–14)

III. 절정에 이른 성자의 사역(1:15–23)

A. 그리스도의 우월성(1:15–20)

B. 그리스도의 사역에 대한 반응(1:21–23)

IV. 바울의 사도적 사명(1:24–2:5)

A. 하나님의 계획 속에 있는 바울의 고난(1:24–29)

B. 지역교회들을 위해 바울이 쏟은 수고(2:1–5)

V. 신자들의 신실함(2:6–4:1)

A. 신실함을 요청함(2:6–7)

B. 그리스도 안에 있는 충분성(2:8–23)

1. 헛된 철학을 반박함(2:8–15)

2. 인간적 제의 의식과 규례를 반박함(2:16–23)

C. 신앙 생활의 방향을 전환함(3:1–4:1)

1. 부활하신 그리스도에 대한 강조(3:1–4)

2. 옛 사람을 벗어버리라(3:5–11)

3. 새 사람을 입으라(3:12–17)

4. 가정의 주(3:18–4:1)

VI. 종말론적 세계 선교(4:2–6)

A. 종말론적 긴장 속의 기도(4:2)

B. 바울과 그의 사명을 위한 기도(4:3–4)

C. 외부인들을 향한 증언(4:5–6)

VII. 마지막 인사(4:7–18)

A. 편지 전달자(4:7–9)

B. 바울의 동역자들의 인사(4:10–14)

C. 다른 사람에게 전하는 인사와 당부(4:15–17)

D. 바울의 서명(4:18)

골로새서의 참고문헌

Aletti, Jean-Noël. *Saint Paul Épître aux Colossiens: Introduction, traduction et commentaire*. EBib 20. Paris: Gabalda, 1993.

Arnold, Clinton E. "Colossians." Pages 370 – 403 in *Zondervan Illustrated Bible Backgrounds Commentary*, vol. 3. Ed. Clinton E. Arnold. Grand Rapids: Zondervan, 2002.

———. *The Colossian Syncretism: The Interface between Christianity and Folk Belief at Colossae*. WUNT 2.77. Tübingen: Mohr Siebeck, 1995.

Barclay, John M. G. *Colossians and Philemon*. Sheffield: Sheffield Academic, 1997.

Barth, Markus, and Helmut Blanke. *Colossians: A New Translation with Introduction and Commentary*. AB 34B. New York: Doubleday, 1994.

Bassler, Jouette M. "Paul's Theology: Whence and Whither? A Synthesis (of Sorts) of the Theology of Philemon, 1 Thessalonians, Philippians, Galatians, and 1 Corinthians." *SBLSP* 28 (1989): 412 – 23.

Bauckham, Richard. *Jesus and the God of Israel*. Grand Rapids: Eerdmans, 2008.

———. "Where Is Wisdom to Be Found? Colossians 1.15 – 20 (II)." Pages 129 – 38 in *Reading Texts, Seeking Wisdom: Scripture and Theology*. Ed. David F. Ford and Graham Stanton. London: SCM, 2003.

Beale, Gregory K. "Colossians." Pages 841 – 70 in *Commentary on the New Testament Use of the Old Testament*. Ed. G. K. Beale and D. A. Carson. Grand Rapids: Baker, 2007.

Beetham, Christopher A. *Echoes of Scripture in the Letter of Paul to the Colossians*. BIS 96. Leiden: Brill, 2008.

Betz, Hans Dieter. "Paul's 'Second Presence' in Colossians." Pages 507 – 18 in *Text and Contexts: Biblical Texts in Their Textual and Situational Contexts: Essays in Honor of Lars Hartman*. Ed. Tord Fornberg and David Hellholm. Oslo/Boston: Scandinavian University Press, 1995.

Bevere, Allan R. *Sharing in the Inheritance: Identity and the Moral Life in Colossians*. JSNTSup 226. London: Sheffield Academic, 2003.

Blumenfeld, Bruno. *The Political Paul: Justice, Democracy and Kingship in a Hellenistic Framework*. JSNTSup 210. London: Sheffield Academic, 2001.

Bock, Darrell L. "'The New Man' as Community in Colossians and Ephesians." Pages 157 – 67 in *Integrity of Heart, Skillfulness of Hands*. Ed. Charles H. Dyer and Roy B. Zuck. Grand Rapids: Baker, 1994.

Bockmuehl, Markus. "A Note on the Text of Colossians 4:3." *JTS* 39 (1988): 489 – 94.

———. *Jewish Law in Gentile Churches: Halakhah and the Beginning of Christian Public Ethics*. Grand Rapids: Baker, 2003.

———. *Revelation and Mystery in Ancient Judaism and Pauline Christianity*. Grand Rapids: Eerdmans, 1997.

Bornkamm, Günther. "The Heresy of Colossians." Pages 123 – 45 in *Conflict at Colossae*. Ed F. O.

Francis and W. A. Meeks. Missoula, MT: Scholars, 1975.

Boyarin, Daniel. "Body Politic among the Brides of Christ: Paul and the Origins of Christian Sexual Renunciation." Pages 459 – 78 in *Asceticism*. Ed. Vincent L. Wimbush and Richard Valantasis. New York: Oxford University Press, 1998.

Bruce, F. F. *The Epistles to the Colossians, to Philemon, and to the Ephesians*. NICNT. Grand Rapids: Eerdmans, 1984.

Campbell, Douglas A. "Unravelling Colossians 3.11b." *NTS* 42 (1996): 120 – 32.

Callow, John. *A Semantic and Structural Analysis of Colossians*. Dallas: SIL International, 2002.

Cannon, George E. *The Use of Traditional Materials in Colossians*. Macon, GA: Mercer University Press, 1983.

Carr, Wesley. *Angels and Principalities: The Background, Meaning and Development of the Pauline Phrase Hai Archai Kai Exousiai*. SNTSMS 42. Cambridge: Cambridge University Press, 1981.

Chester, Andrew. "Jewish Messianic Expectations and Mediatorial Figures and Pauline Christology." Pages 17 – 89 in *Paulus und das antike Judentum*. Ed. Martin Hengel and Ulrich Heckel. WUNT 58. Tübingen: Mohr Siebeck, 1991.

Christopher, Gregory T. "A Discourse Analysis of Colossians 2:16 – 3:17." *GTJ* 11 (1990): 205 – 20.

Clarke, Andrew D. *A Pauline Theology of Church Leadership*. LNTS 362. New York/London: T&T Clark, 2008.

Cohen, Shaye J. D. *The Beginnings of Jewishness: Boundaries, Varieties, Uncertainties*. Berkeley, CA: University of California Press, 1999.

Cole, H. Ross. "The Christian and Time-Keeping in Colossians 2:16 and Galatians 4:10." *AUSS* 39 (2001): 273 – 82.

Cope, Lamar. "On Re-thinking the Philemon-Colossians Connection." *BR* 30 (1985): 45 – 50.

Coppens, Joseph. " 'Mystery' in the Theology of Saint Paul and Its Parallels at Qumran." Pages 132 – 58 in *Paul and the Dead Sea Scrolls*. Ed. J. Murphy-O'Connor and James H. Charlesworth. New York: Crossroad, 1990.

Dan, Joseph. "The Religious Experience of the Merkavah." Pages 289 – 307 in *Jewish Spirituality: From the Bible through the Middle Ages*. Ed. Arthur Green. New York: Crossroad, 1986.

De Boer, Martinus C. "The Meaning of the Phrase τὰ στοιχεῖα τοῦ κόσμου in Galatians." *NTS* 53 (2007): 204 – 24.

DeMaris, Richard E. *The Colossian Controversy: Wisdom in Dispute at Colossae*. JSNTSup 96. Sheffield: JSOT, 1994.

Derrett, J. Duncan M. "Primitive Christianity as an Ascetic Movement." Pages 88 – 107 in *Asceticism*. Ed. Vincent L. Wimbush and Richard Valantasis. New York: Oxford University Press, 1998.

Dibelius, M. "The Isis Initiation in Apuleius and Related Initiatory Rites." Pages 61 – 121 in *Conflict at Colossae*. Ed. F. O. Francis and W. A. Meeks. Missoula, MT: Scholars, 1975.

Dunn, James D. G. *The Epistles to the Colossians and to Philemon*. NIGTC. Grand Rapids: Eerdmans, 1996.

Ehrensperger, Kathy. *Paul and the Dynamics of Power: Communication and Interaction in the Early Christ-Movement*. London: T&T Clark, 2007.

Elior, Rachel. *The Three Temples: On the Emergence of Jewish Mysticism*. Trans. David Louvish. Oxford: Littman, 2004.

Ellis, E. Earle. "Colossians 1:12 – 20: Christus Creator, Christus Salvator." Pages 415 – 28 in *Interpreting the New Testament: Introduction to the Art and Science of Exegesis*. Ed. Darrell L. Bock and Buist M. Fanning. Wheaton, IL: Crossway, 2006.

Fee, Gordon. *God's Empowering Presence: The Holy Spirit in the Letters of Paul*. Peabody, MA: Hendrickson, 1994.

———. *Pauline Christology: An Exegetical-Theological Study*. Peabody, MA: Hendrickson, 2007.

Fitzgerald, John T. "Paul and Paradigm Shifts: Reconciliation and Its Linkage Group." Pages 241 – 62 in *Paul Beyond the Judaism/Hellenism Divide*. Ed. Troels Engberg-Pedersen. Louisville: Westminster John Knox, 2001.

Flemington, W. F. "On the Interpretation of Colossians 1:24." Pages 84 – 90 in *Suffering and Martyrdom in the New Testament: Studies Presented to G. M. Styler by the Cambridge New Testament Seminar*. Ed. William Horbury and Brian McNeil. Cambridge: Cambridge University Press, 1981.

Fletcher-Louis, Crispin H. T. "The Image of God and the Biblical Roots of Christian Sacramentality." Pages 73 – 89 in *The Gestures of God: Explorations in Sacramentality*. Ed. Geoffrey Rowell and Christine Hall. New York: Continuum, 2004.

———. "Wisdom Christology and the Partings of the Ways between Judaism and Christianity." Pages 52 – 68 in *Christian-Jewish Relations through the Centuries*. Ed. Stanley E. Porter and Brook W. R. Pearson. Sheffield: Sheffield Academic, 2000.

Fraade, Steven D. "Ascetical Aspects of Ancient Judaism." Pages 253 – 88 in *Jewish Spirituality: From the Bible through the Middle Ages*. Ed. Arthur Green. New York: Crossroad, 1986.

Francis, Fred O. "Humility and Angelic Worship in Col 2:18." Pages 163 – 95 in *Conflict at Colossae*. Ed. F. O. Francis and W. A. Meeks. Missoula, MT: Scholars, 1975.

Francis, Fred O., and Wayne A. Meeks, eds. *Conflict at Colossae: A Problem in the Interpretation of Early Christianity Illustrated by Selected Modern Studies*. Missoula, MT: Scholars, 1975.

Frank, Nicole. *Der Kolosserbrief im Kontext des paulinischen Erbes: Eine intertextuelle Studie zur Auslegung und Fortschreibung der Paulustradition*. WUNT 2.271. Tübingen: Mohr Siebeck, 2009.

Garland, David E. *Colossians and Philemon*. NIVAC. Grand Rapids: Zondervan, 1998.

Garrett, Susan R. *No Ordinary Angel: Celestial Spirits and Christian Claims about Jesus*. New Haven, CT: Yale University Press, 2008.

Gebauer, Roland. "Der Kolosserbrief als Antwort auf die Herausforderung des Synkretismus." Pages 153 – 69 in *Die bleibende Gegenwart des Evangeliums. Festschrift für Otto Merk*. Ed. R. Gebauer and M. Meiser. Marburger theologische Studien 76. Marburg: Elwert, 2003.

Gielen, Marlis. "Paulus — Gefangener in Ephesus?" *BN* 133 (2007): 63 – 77.

Gordley, Matthew E. *The Colossian Hymn in Context: An Exegesis in Light of Jewish and Greco-Roman Hymnic and Epistolary Conventions*. WUNT 2.228. Tübingen: Mohr Siebeck, 2007.

Goulder, Michael D. "The Visionaries of Laodicea." *JSNT* 43 (1991): 15 – 39.

Gräbe, Petrus J. "Salvation in Colossians and Ephesians." Pages 287 – 304 in *Salvation in the New Testament: Perspectives on Soteriology*. Ed. Jan G. van der Watt. NovTSup 121. Leiden: Brill, 2005.

Harris, Murray J. *Colossians and Philemon*. Exegetical Guide to the Greek New Testament. Grand Rapids: Eerdmans, 1991.

Hartman, Lars. "Humble and Confident: On the So-Called Philosophers in Colossians." *ST* 49 (1995): 25 – 39.

Hay, David M. "All the Fullness of God: Concepts of Deity in Colossians and Ephesians." Pages 163 – 79 in *The Forgotten God: Perspectives in Biblical Theology*. Ed. A. Andrew Das and Frank J. Matera. Louisville: Westminster John Knox, 2002.

———. *Colossians*. ANTC. Nashville: Abingdon, 2000.

———. "Pauline Theology after Paul." Pages 181–95 in *Pauline Theology*, volume 4: *Looking Back, Pressing On*. Ed. E. Elizabeth Johnson and David M. Hay. Atlanta: Scholars, 1997.

Heil, John Paul. *Colossians: Encouragement to Walk in All Wisdom as Holy Ones in Christ*. Early Christianity and Its Literature 4. Atlanta: Society of Biblical Literature, 2010.

Hering, James P. *The Colossian and Ephesian Haustafeln in Theological Context: An Analysis of Their Origins, Relationship, and Message*. American University Studies 7.260. New York: Peter Lang, 2007.

Hooker, Morna D. "Were There False Teachers in Colossae?" Pages 315–31 in *Christ and Spirit in the New Testament: Studies in Honour of Charles Francis Digby Moule*. Ed. Barnabas Lindars and Stephen S. Smalley. Cambridge: Cambridge University Press, 1973.

———. "Where Is Wisdom to Be Found? Colossians 1.15–20 (I)." Pages 116–28 in *Reading Texts, Seeking Wisdom: Scripture and Theology*. Ed. David F. Ford and Graham Stanton. London: SCM, 2003.

Hultin, Jeremy F. *The Ethics of Obscene Speech in Early Christianity and Its Environment*. NovTSup 128. Leiden: Brill, 2008.

Jervis, L. Ann. "Accepting Affliction: Paul's Preaching on Suffering." Pages 290–316 in *Character and Scripture: Moral Formation, Community, and Biblical Interpretation*. Ed. Willam P. Brown. Grand Rapids: Eerdmans, 2002.

Kim, Jung Hoon. *The Significance of Clothing Imagery in the Pauline Corpus*. JSNTSup 268. London: T&T Clark, 2004.

Kleinig, John W. "Ordered Community: Order and Subordination in the New Testament." *Lutheran Theological Journal* 39 (2005): 196–209.

Knight, George W., III. "Husbands and Wives as Analogues of Christ and the Church: Ephesians 5:21–33 and Colossians 3:18–19." Pages 165–78, 492–95 in *Recovering Biblical Manhood and Womanhood: A Response to Evangelical Feminism*. Ed. John Piper and Wayne Grudem. Wheaton, IL: Crossway, 1991.

Knowles, Michael P. "'Christ in You, the Hope of Glory': Discipleship in Colossians." Pages 180–202 in *Patterns of Discipleship in the New Testament*. Ed. Richard N. Longenecker. Grand Rapids: Eerdmans, 1996.

Kreitzer, Larry J. "Living in the Lycus Valley: Earthquake Imagery in Colossians, Philemon and Ephesians." Pages 81–94 in *Testimony and Interpretation: Early Christology in Its Judeo-Hellenistic Milieu. Studies in Honour of Petr Pokorý*. Ed. Jirí Mrázek and Jan Roskovec. JSNTSup 272. London: T&T Clark, 2004.

Kremer, Jacob. "Was an den Bedrängnissen des Christus mangelt Versuch einer bibeltheologischen Neuinterpretation von Kol 1,24." *Bib* 82 (2001): 130–46.

Lamarche, Paul. "Structure de l'épître aux Colossiens." *Bib* 56 (1975): 453–63.

Lemke, Werner E. "Circumcision of the Heart: The Journey of a Biblical Metaphor." Pages 299–319 in *A God So Near: Essays on Old Testament Theology in Honor of Patrick D. Miller*. Ed. Brent A. Strawn and Nancy R. Bowen. Winona Lake, IN: Eisenbrauns, 2003.

Leppä, Outi. *The Making of Colossians: A Study on the Formation and Purpose of a Deutero-Pauline Letter*. Publications of the Finnish Exegetical Society 86. Göttingen: Vandenhoeck & Ruprecht, 2003.

Lieu, Judith M. *Christian Identity in the Jewish and Graeco-Roman World*. New York: Oxford University Press, 2004.

Lightfoot, J. B. *St. Paul's Epistles to the Colossians and to Philemon*. London: Macmillan, 1897.

———. "The Colossian Heresy." Pages 13 – 59 in *Conflict at Colossae*. Ed. F. O. Francis and W. A. Meeks. Missoula, MT: Scholars, 1975.

Lincoln, Andrew T. "Liberation from the Powers: Supernatural Spirits or Societal Structures?" Pages 335 – 54 in *The Bible in Human Society: Essays in Honour of John Rogerson*. Ed. M. Daniel Carroll R., David J. A. Clines, and Philip R. Davies. JSOTSup 200. Sheffield: Sheffield Academic, 1995.

———. *Paradise Now and Not Yet: Studies in the Role of the Heavenly Dimension in Paul's Thought with Special Reference to His Eschatology*. SNTSMS 43. Cambridge: Cambridge University Press, 1981.

Loader, W. R. G. "The Apocalyptic Model of Sonship: Its Origin and Development in New Testament Tradition." *JBL* 97 (1978): 525 – 54.

Lohmeyer, Ernst. *Die Briefe an die Philipper, an die Kolosser und an Philemon*. KEK 9. Göttingen: Vandenhoeck & Ruprecht, 1964.

Lohse, Eduard. *Colossians and Philemon*. Hermeneia. Philadelphia: Fortress, 1971.

Lorenzen, Stefanie. *Das paulinische Eikon-Konzept: Semantische Analysen zur Sapientia Salomonis, zu Philo und den Paulusbriefen*. WUNT 2.250. Tübingen: Mohr Siebeck, 2008.

Luttenberger, Joram. "Der gekreuzigte Schuldschein: Ein Aspekt der Deutung des Todes Jesu im Kolosserbrief." *NTS* 51 (2005): 80 – 95.

Lyonnet, Stanislas. "Paul's Adversaries in Colossae." Pages 147 – 61 in *Conflict at Colossae*. Ed. F. O. Francis and W. A. Meeks. Missoula, MT: Scholars, 1975.

MacDonald, Margaret Y. "Can Nympha Rule This House? The Rhetoric of Domesticity in Colossians." Pages in 99 – 120 *Rhetoric and Reality in Early Christianities*. Ed. Willi Braun. Waterloo, Ontario: Wilfrid Laurier University Press, 2005.

———. *Colossians and Ephesians*. SP 17. Collegeville, MN: Liturgical, 2000.

———. "Slavery, Sexuality and House Churches: A Reassessment of Colossians 3.18 – 4.1 in Light of New Research on the Roman Family." *NTS* 53 (2007): 94 – 113.

Maier, Harry O. "A Sly Civility: Colossians and Empire." *JSNT* 27 (2005): 323 – 49.

Martin, Ralph P. *Colossians and Philemon*. NCB. London: Oliphants, 1974.

———. *Reconciliation: A Study of Paul's Theology*. Rev. ed. Eugene, OR: Wipf & Stock, 1997.

Martin, Troy. "But Let Everyone Discern the Body of Christ (Colossians 2:17)." *JBL* 114 (1995): 249 – 55.

———. "Pagan and Judeo-Christian Time-Keeping Schemes in Gal 4.10 and Col 2.16." *NTS* 42 (1996): 105 – 19.

Meeks, Wayne A. "In One Body: The Unity of Humankind in Colossians and Ephesians." Pages 209 – 21 in *God's Christ and His People: Studies in Honor of Nils Alstrup Dahl*. Ed. Jacob Jervell and Wayne A. Meeks. Oslo: Universitetforlaget, 1977.

———. "'To Walk Worthily of the Lord': Moral Formation in the Pauline School Exemplified by the Letter to the Colossians." Pages 37 – 58 in *Hermes and Athena: Biblical Exegesis and Philosophical Theology*. Ed. Eleonore Stump and Thomas P. Flint. Notre Dame, IN: University of Notre Dame Press, 1993.

Merkel, H. "Der Epheserbrief in der neueren exegetischen Diskussion." *ANRW* 2.25.4 (1987): 3156 – 246.

Moo, Douglas J. *The Letters to the Colossians and to Philemon*. PNTC. Grand Rapids: Eerdmans, 2008.

Moule, C. F. D. *The Epistles of Paul the Apostle to the Colossians and to Philemon*. CGTC. Cambridge: Cambridge University Press, 1957.

Neyrey, Jerome H. "Lost in Translation: Did It Matter if Christians 'Thanked' God or 'Gave God Glory'?" *CBQ* 71 (2009): 1 – 23.

Nielsen, Charles M. "The Status of Paul and His Letters in Colossians." *PRSt* 12 (1985): 103 – 22.

O'Brien, Peter. *Colossians, Philemon*. WBC 44. Waco, TX: Word, 1982.

Parsons, Michael. "The New Creation." *ExpTim* 99 (1987): 3 – 4.

Pate, C. Marvin. *The Reverse of the Curse: Paul, Wisdom, and the Law*. WUNT 2.114. Tübingen: Mohr Siebeck, 2000.

Pizzuto, Vincent A. *A Cosmic Leap of Faith: An Authorial, Structural, and Theological Investigation of the Cosmic Christology in Col 1:15 – 20*. CBET 41. Leuven: Peeters, 2006.

Pokorný, Petr. *Colossians: A Commentary*. Trans. Siegfried S. Schatzmann. Peabody, MA: Hendrickson, 1991.

Porter, Stanley E. *Καταλλάσσω in Ancient Greek Literature, with Reference to the Pauline Writings*. EFN 5. Córdoba: Ediciones el Almendro, 1994.

———. "Paul's Concept of Reconciliation, Twice More." Pages 131 – 52 in *Paul and His Theology*. Ed. Stanley E. Porter. Pauline Studies 3. Leiden: Brill, 2006.

Reumann, John. "Colossians 1:24 ('What Is Lacking in the Afflictions of Christ'): History of Exegesis and Ecumenical Advance." *CurTM* 17 (1990): 454 – 61.

Roose, Hanna. "Die Hierarchisierung der Leib-Metapher im Kolosser- und Epheserbrief als 'Paulinisierung': Ein Beitrag Zur Rezeption paulinischer Tradition in Pseudo-paulinischen Briefen." *NovT* 47 (2005): 117 – 41.

Roth, Robert Paul. "Christ and the Powers of Darkness: Lessons from Colossians." *WW* 6 (1986): 336 – 44.

Royalty, Robert M., Jr. "Dwelling on Visions: On the Nature of the So-Called 'Colossians Heresy.'" *Bib* 83 (2002): 329 – 57.

Rusam, Dietrich. "Neue Belege zu den τὰ στοιχεῖα τοῦ κόσμου (Gal 4,3.9; Kol 2,8.20)." *ZNW* 83 (1992): 119 – 25.

Sappington, Thomas J. *Revelation and Redemption at Colossae*. JSNTSup 53. Sheffield: JSOT, 1991.

Saunders, E. W. "The Colossian Heresy and Qumran Theology." Pages 133 – 45 in *Studies in the History and Text of the New Testament*. Ed. B. Daniels and J. Suggs. SD 29. Salt Lake City: University of Utah Press, 1967.

Scharlemann, Martin H. "The Scope of the Redemptive Task (Colossians 1:15 – 20)." *CTM* 36 (1965): 291 – 300.

Schnabel, Eckhard J. *Law and Wisdom from Ben Sira to Paul*. WUNT 2.16. Tübingen: Mohr Siebeck, 1985.

Schnackenburg, Rudolf. *Present and Future: Modern Aspects of New Testament Theology*. Notre Dame, IN: University of Notre Dame Press, 1966.

Schnelle, Udo. *Theology of the New Testament*. Trans. M. Eugene Boring. Grand Rapids: Baker, 2009.

Schrage, Wolfgang. *The Ethics of the New Testament*. Trans. David E. Green. Philadelphia: Fortress, 1988.

Schweizer, Eduard. "Slaves of the Elements and Worshippers of Angels: Gal 4:3, 9 and Col 2:8, 18, 20." *JBL* 107 (1988): 455 – 68.

———. *The Letter to the Colossians: A Commentary*. Trans. Andrew Chester. Minneapolis: Augsburg, 1982.

Shogren, Gary S. "Presently Entering the Kingdom of Christ: The Background and Purpose of Col 1:12 – 14." *JETS* 31 (1988): 173 – 80.

Smith, Ian K. *Heavenly Perspective: A Study of the Apostle Paul's Response to a Jewish Mystical Movement at Colossae*. LNTS 326. London: T&T Clark, 2006.

Son, Sang-Won Aaron, "Τὸ σῶμα τοῦ Χριστοῦ in Colossians 2:17." Pages 222 – 38 in *History and Exegesis: New Testament Essays in Honor of Dr. E. Earle Ellis for His 80th Birthday*. Ed. Sang-Won Aaron Son. New York: T&T Clark, 2006.

Standhartinger, Angela. "Colossians and the Pauline School." *NTS* 50 (2004): 572 – 93.

———. *Studien zur Entstehungsgeschichte und Intention des Kolosserbriefs*. NovTSup 94. Leiden: Brill, 1999.

———. "The Origin and Intention of the Household Code in the Letter to the Colossians." *JSNT* 79 (2000): 117 – 30.

Sterling, Gregory E. "From Apostle to the Gentiles to Apostle of the Church: Images of Paul at the End of the First Century." *ZNW* 98 (2007): 74 – 98.

———. "Prepositional Metaphysics in Jewish Wisdom Speculation and Early Christian Liturgical Texts." Pages 219 – 38 in *Wisdom and Logos: Studies in Jewish Thought*. Ed. D. T. Runia and G. E. Sterling. Studies in Hellenistic Judaism 9. Atlanta: Scholars, 1997.

Stettler, Christian. "The Opponents at Colossae." Pages 169 – 200 in *Paul and His Opponents*. Ed. Stanley E. Porter. Pauline Studies. Leiden: Brill, 2005.

Stettler, Hanna. "An Interpretation of Colossians 1:24 in the Framework of Paul's Mission Theology." Pages 185 – 208 in *The Mission of the Early Church to Jews and Gentiles*. Ed. Jostein Ådna and Hans Kvalbein. WUNT 127. Tübingen: Mohr Siebeck, 2000.

Still, Todd D. "Eschatology in Colossians: How Realized Is It?" *NTS* 50 (2004): 125 – 38.

Stuckenbruck, Loren T. "Colossians and Philemon." Pages 116 – 32 in *The Cambridge Companion to St Paul*. Ed. James D. G. Dunn. Cambridge: Cambridge University Press, 2003.

Sumney, Jerry L. *Colossians: A Commentary*. NTL. Louisville: Westminster John Knox, 2008.

———. "Studying Paul's Opponents: Advances and Challenges." Pages 7 – 58 in *Paul and His Opponents*. Ed. Stanley E. Porter. Pauline Studies. Leiden: Brill, 2005.

———. "The Argument of Colossians." Pages 339 – 52 in *Rhetorical Argumentation in Biblical Texts: Essays from the Lund 2000 Conference*. Ed. Anders Eriksson, Thomas H. Olbricht, and Walter Übelacker. Harrisburg, PA: Trinity Press International, 2002.

———. "The Function of Ethos in Colossians." Pages 301 – 15 in *Rhetoric, Ethic, and Moral Persuasion: Essays from the 2002 Heidelberg Conference*. Ed. Thomas H. Olbricht and Anders Eriksson. Emory Studies in Early Christianity 11. New York: T&T Clark, 2005.

Talbert, Charles H. *Ephesians and Colossians*. Paideia Commentaries on the New Testament. Grand Rapids: Baker, 2007.

Thompson, Marianne Meye. *Colossians and Philemon*. THNTC. Grand Rapids: Eerdmans, 2005.

Thornton, T. C. G. "Jewish New Moon Festivals, Galatians 4:3 – 11 and Colossians 2:16." *JTS* 40 (1989): 97 – 100.

Thurston, Bonnie. "Paul's Associates in Colossians 4:7 – 17." *ResQ* 41 (1999): 45 – 53.

Tomson, Peter J. *Paul and the Jewish Law: Halakha in the Letters of the Apostle to the Gentiles*. CRINT 3.1. Minneapolis: Fortress, 1990.

Trainor, Michael. "The Cosmic Christology of Colossians 1:15 – 20 in the Light of Contemporary Ecological Issues." *ABR* 53 (2005): 54 – 69.

Van Broekhoven, Harold. "The Social Profiles in the Colossian Debate." *JSNT* 66 (1997): 73 – 90.

Van der Watt, J. G. "Colossians 1:3 – 12 Considered as an Exordium." *JTSA* 57 (1986): 32 – 42.

Van Kooten, George H. *Cosmic Christology in Paul and the Pauline School: Colossians and Ephesians in the Context of Graeco-Roman Cosmology, with a New Synopsis of the Greek Texts*. WUNT 2.171. Tübingen: Mohr Siebeck, 2003.

———. *Paul's Anthropology in Context: The Image of God, Assimilation to God, and Tripartite Man in Ancient Judaism, Ancient Philosophy and Early Christianity*. WUNT 232. Tübingen: Mohr Siebeck, 2008.

Walsh, Brian J. "Late/Post Modernity and Idolatry: A Contextual Reading of Colossians 2:8 – 3:4." *ExAud* 15 (1999): 1 – 17.

Walsh, Brian J., and Sylvia C. Keesmaat. *Colossians Remixed: Subverting the Empire*. Downers Grove, IL: InterVarsity Press, 2004.

Wedderburn, A. J. M. "The Theology of Colossians." Pages 3 – 71 in *The Theology of the Later Pauline Letters*. Ed. Andrew T. Lincoln and A. J. M. Wedderburn. Cambridge: Cambridge University Press, 1993.

Wenham, David. *Paul: Follower of Jesus or Founder of Christianity?* Grand Rapids: Eerdmans, 1995.

Wilson, R. McL. *A Critical and Exegetical Commentary on Colossians and Philemon*. ICC. Edinburgh: T&T Clark, 2005.

Wink, Walter. "The Hymn of the Cosmic Christ." Pages 235 – 45 in *The Conversation Continues: Studies in Paul and John: In Honor of J. Louis Martyn*. Ed. Robert T. Fortna and Beverly R. Gaventa. Nashville: Abingdon, 1990.

Witherington, Ben, III. *The Letters to Philemon, the Colossians, and the Ephesians: A Socio-Rhetorical Commentary on the Captivity Epistles*. Grand Rapids: Eerdmans, 2007.

Witherington, Ben, III, and G. François Wessels. "Do Everything in the Name of the Lord: Ethics and Ethos in Colossians." Pages 303 – 33 in *Identity, Ethics, and Ethos in the New Testament*. Ed. Jan G. van der Watt. BZNW 141. Berlin: de Gruyter, 2006.

Witulski, Thomas. "Gegenwart und Zukunft in den eschatologischen Konzeptionen des Kolosser- und des Epheserbriefes." *ZNW* 96 (2005): 211 – 42.

Wright, N. T. "Adam in Pauline Christology." *SBLSP* 22 (1983): 359 – 89.

———. *The Epistles of Paul to the Colossians and to Philemon*. TNTC. Leicester, UK: Inter-Varsity Press, 1986.

Yates, John W. *The Spirit and Creation in Paul*. WUNT 2.251. Tübingen: Mohr Siebeck, 2008.

Yates, Roy. "A Reappraisal of Colossians." *ITQ* 58 (1992): 95 – 117.

———. "The Christian Way of Life: The Paraenetic Material in Colossians 3:1 – 4:6." *EvQ* 63 (1991): 241 – 51.

Yinger, Kent L. "Translating καταβραβευέτω ['Disqualify' NRSV] in Colossians 2.18." *BT* 54 (2003): 138 – 45.

골로새서 1:1–8

CHAPTER 1

문학적 전후 문맥

바울의 초기 서신들처럼 골로새서는 저자와 공동 저자, 수신자를 밝히고 짧은 인사를 하는 것으로 시작한다(1:1–2). 이런 도입부는 그리스도 예수의 사도로서 바울의 권위를 강조할 뿐 아니라, 두 지도자가 골로새 교회 교인들에게 보내는 서신의 공적 성격을 강화한다. 또한 그리스도 예수와 하나님의 뜻에 대한 언급은 하나님의 광범위한 구원사적 계획의 현재적 관심사가 무엇인지 확인해준다.

바울이 여러 서신에서 서두에 감사 단락(1:3–8)을 배치하여 전형적인 헬라 서신의 형식을 따른다는 주장이 종종 제기되어왔다. 감사 단락은 "편지의 주요 주제를 소개하며"[1] 편지를 쓰게 된 상황에 초점을 맞춘다. 이런 단락들이 그 서신이 강조하려는 신학적 주장의 예고편 역할을 하는 것은 사실이다. 골로새서의 경우 이 단락은 "그리스도 예수 안에 너희의 믿음"(4절), "하늘에 쌓아둔 소망"(5절), "복음"(5절), "사랑"(8절)과 같은 주요 주제를 드러낸다.

그러나 이런 기능이 서간 형식의 전통적인 기능인지는 확실하지 않다. 헬라 시대 편지 형식에 대한 잇따른 연구들은 헬라 파피루스 편지의 전형적인 '감사 단락'의 존재에 대해 의문을 제기해왔다.[2] "건강을 기원하는" 내용은 종종 발견되지만, 이런 서신은 대부분 "감사"를 명시적으로 언급한 경우가 없으므로 감사가 공식적 혹은 전통적 서신 형식에 포함된다고 하는 주장과 배치된다.[3] 바울이 여기서 단순히 당시의 서신 형식을 따르고 있다는 주장은, 독자로

---

1. Paul Shubert, *The Form and Function of the Pauline Thanksgiving* (Berlin: Töpelmann, 1939), 180. 그는 또한 "그 파피루스는 종교적 혹은 비종교적 용도의 서신에서 서론용 감사가 전통적으로 광범위하게 활용되었음을 설득력 있게 입증한다"라고 결론짓는다(180).
2. William G. Doty, *Letters in Primitive Christianity* (Philadelphia: Fortress, 1973), 31–33; Klaus Berger, "Apostel-brief und apostolische Rede: Zum Formular frühchristlicher Briefe," *ZNW* 65 (1974): 219–20.
3. Peter Arzt, "The 'Epistolary Introductory Thanksgiving' in the Papyri and in Paul," *NovT* 36 (1994): 29–46. Arzt의 도전에 대처하는 차원에서 Jefrey T. Reed ("Are Paul's Thanksgivings 'Epistolary'?" *JSNT* 61 [1996]: 87–99)조차 헬라 파피루스 편지에서 '서론용 감사' 부분의 존재를 더 이상 말할 수 없다고 결론 내린다. 감사 단락이 포함된 몇 안 되는 편지는 저자가 특정한 은사와 은혜를 인정할 필요가 있는 실제적 상황을 암시한다. 예를 들어, P. Mich. Inv. 2798을 참고하라. 이런 언급은 편지 본론에 가장 자주 나온다. 예를 들어, P. Mert. I 12.

하여금 골로새서 전반에 드러나는 감사라는 주제의 의미에 집중하지 못하게 한다(참고. 1:12; 2:6–7; 3:15–17; 4:2).[4]

감사 단락(1:3–8)은 이어지는 기도(1:9–14)와 밀접하게 연관된다. 두 단락 모두 하나님께 간접적으로 드리는 말씀이며 이후 골로새서 전반에 걸쳐 강조되는 중요한 주제들의 서론 역할을 한다. 나아가 두 단락은 백성 가운데 나타난 하나님의 역사를 강조한다. 그러나 두 단락이 집중하는 내용은 약간 다르다. 하나의 긴 문장으로 이루어진 감사 단락은 골로새 교인에게 나타난 복음의 능력에 초점을 맞추는 반면, 기도문은 복음이 가르쳐준 지식에 걸맞게 행동해야 할 필요성을 강조한다. 두 단락의 형식과 내용상의 유사성 때문에 두 단락을 하나로 보아야 한다고 주장하는 이들이 있다.[5] 그러나 두 단락의 평행 주제들은 관련성은 있지만 독립된 의미 단위가 존재함을 암시한다(기도문에 대해 더 자세한 내용은 1:9–14의 '문학적 전후 문맥'을 보라).

➡ **I. 서두 인사(1:1–2)**

II. 성부 하나님의 지속적 역사(1:3–14)

A. 감사(1:3–8)

B. 골로새 성도들을 위한 중보기도(1:9–14)

III. 절정에 이른 성자의 사역(1:15–23)

주요 개념

서두 인사 후 나오는 감사 단락은 그리스도 예수의 복음의 중심성을 강조한다. 이 복음은 하늘에 쌓아둔 소망을 가리키며, 성도는 그런 소망이 있기에 그리스도에 대한 믿음과 이웃 사랑을 표현할 수 있다.

4. 더 자세한 논의는 David W. Pao, "Gospel within the Constraints of an Epistolary Form: Pauline Introductory Thanksgiving and Paul's Theology of Thanksgiving," in *Paul and the Ancient Letter Form* (ed. Stanley E. Porter and Sean A. Adams; Pauline Studies 6; Boston/Leiden: Brill, 2010), 101–27을 참고하라.

5. Douglas J. Moo, *The Letters to the Colossians and to Philemon* (PNTC; Grand Rapids: Eerdmans, 2008), 73–74, 80. 또한 Jean–Noël Aletti, *Saint Paul épître aux Colossians: Introduction, traduction et commentaire* (EBib 20; Paris: Gabalda, 1993), 50–53도 참고하라.

번역

골로새서 1:1-8

1a	수단	하나님의 뜻으로 말미암아
b	동격	그리스도 예수의 사도 된
c	발신자	바울과
d	동격	형제
e	공동 발신자	디모데는
2a	수신자	골로새에 있는 성도들…에게 편지하노니
b	동격	곧 그리스도 안에서 신실한 형제들
c	기원	우리 아버지 하나님으로부터 은혜와 평강이 너희에게 있을지어다
3a	동시적 행위	우리가 너희를 위하여 기도할 때마다
b	주장	**하나님…께 감사하노라**
c	관계	곧 우리 주
d	동격	예수 그리스도의
e	동격	아버지
4a	3b의 근거	이는 [1] 그리스도 예수 안에 너희의 믿음과…들었음이요
b	근거	[2] 사랑을
c	4b의 서술	모든 성도에 대한
5a	4a, b의 근거	너희를 위하여 하늘에 쌓아 둔 소망으로 말미암음이니
b	확인	곧 너희가 전에…진리의 말씀을 들은 것이라 복음
6a	서술	이 복음이 이미 너희에게 이르매
b	시기	너희가 듣고 참으로 하나님의 은혜를 깨달은 날부터
c	비교	너희 중에서와 같이
d	비교	또한 온 천하에서도 열매를 맺어 자라는도다
7a	확장	이와 같이…에바브라에게 너희가 배웠나니
b	동격	우리와 함께 종 된 사랑하는
c	서술	그는 너희를 위한 그리스도의 신실한 일꾼이요
8	확장	성령 안에서 너희 사랑을 우리에게 알린 자니라

구조

바울은 자신을 "사도"로 밝힐 뿐 아니라(1b절), 소명의 원천을 명시(1a절)하면서 편지를 시작한다. "하나님의 뜻으로"라는 전치사구는 "사도"(즉, 보내다, 선택하다)라는 칭호에 내포된 의미를 전제로 한다. 바울은 디모데와 공동으로(1e절) 골로새의 성도에게 편지를 보낸다. 또한 바울은 자신의 정체성을 인식할 때와 마찬가지로, 골로새의 교인들에 대해서도 그들과 그리스도가 맺은 관계의 측면에서 바라본다(2b절).

감사 기도는 "하나님 아버지"를 대상으로 하지만(3b, e절) 이 기도에 두드러지는 기독론을 간과해서는 안 된다(참고. 3d, 4a, 7c절). "이는…들었음이요"(ἀκούσαντες)라는 원인의 분사구문에 표현되어 있듯이,[6] 이 기도의 근거는 골로새의 성도들이 삶으로 보여준 "사랑"과 "믿음"이다. "사랑", "믿음", "소망"이 함께 병렬 관계로 표현되는 다른 바울 서신(참고. 고전 13:13)과 달리, 여기서는 성도를 위해 하늘에 쌓아둔 "소망"(5a절)은 신자의 삶에 나타난 "사랑"과 "믿음"의 이유로 소개된다. 이것은 뒤에서 성도들의 종말론적 소망을 강조하는 배경이 된다(1:23, 27; 참고. 3:4).

바울은 "소망"을 설명하면서 "복음"의 의의와 능력을 소개한다(5b절). "복음"이라는 단어는 일련의 종속절에 포함되어 있지만, 이후 이 감사 단락에서 집중적으로 부각된다. 복음은 골로새인들에게 '이른' 능동적이고 강력한 주체로 묘사되며, 온 천하(6d절)에서처럼 골로새 교인 사이에서 "열매를 맺어 자라[고]"(6d절) 있다. 이 단락의 후반부에서는 에바브라가 소개된다. 그는 골로새 교인들에게 복음을 전했고(7절), 바울과 그의 동역자들에게 골로새 교회의 형편을 보고했었다(8절).

석의적 개요

➡ **I. 서두 인사(1:1–2)**
  II. 성부 하나님의 계속된 역사에 감사함(1:3–8)
    A. 기도의 이유(1:3)
    B. 수신자들이 삶으로 보여준 믿음과 사랑(1:4)
    C. 그들이 보인 믿음과 사랑의 근거(1:5–6)
      1. 하늘에 쌓아둔 소망(1:5a)
      2. 강력한 복음으로 나타난 소망(1:5b–6)
    D. 에바브라의 역할(1:7–8)
      1. 복음의 메신저(1:7)
      2. 골로새의 상황을 보고한 사람(1:8)

---

6. 대부분의 최근 영어 번역본은 이것을 원인의 분사구문으로 간주한다(예를 들어, NET, NLT, NRSV, REB, TNIV, NIV). 다만 이것을 시간의 분사구문으로 보는 NJB는 특이하게 예외이다.

본문 설명

1:1 하나님의 뜻으로 말미암아 그리스도 예수의 사도 된 바울과 형제 디모데는(Παῦλος ἀπόστολος Χριστοῦ Ἰησοῦ διὰ θελήματος θεοῦ καὶ Τιμόθεος ὁ ἀδελφός). 바울은 자신과 공동 저자를 밝히는 내용으로 편지를 시작한다. "바울"이라는 이름은 헬라식 이름일 가능성이 높고, 이방 교회 사이에서는 이 이름으로 알려졌을 것이다. 사도행전을 보면 그의 유대식 이름 사울도 사용된다(예를 들어, 행 7:58; 8:1; 9:1; 11:25). 사도(ἀπόστολος)는 서신의 서두(롬 1:1; 고전 1:1; 고후 1:1; 갈 1:1; 엡 1:1; 딤전 1:1; 딤후 1:1; 딛 1:1)와 그 외 바울이 자신을 언급할 때(롬 11:13; 고전 9:1–2; 15:9; 딤전 2:7), 단순히 '메신저'(고후 8:23; 빌 2:25)의 의미로 사용되기도 한다. 그런데 하나님의 계획 속에서 그의 특별한 위치를 가리키는 칭호로도 기능한다. 바울은 자신을 "사도"로 밝힘으로 "이방인의 사도"(롬 11:13; 갈 2:8)로서 자신의 사명을 설명할 뿐 아니라, 그리스도를 대변하는 사람으로서 자신의 특수한 위치를 부각한다.[7] 여기에는 또한 특사가 보낸 사람의 권위를 대변하던 그리스–로마의 문화가 반영되어 있다.[8] "그리스도 예수의"라는 구절은 부활하신 주님의 권위를 가리키며, 뒤이어 나오는 단락에서는 바울의 특별한 역할이 강조된다(1:24–2:5).

"그리스도 예수의"(Χριστοῦ Ἰησοῦ)라는 구문은 관계의 소유격으로 해석해야 가장 확실하다.[9] 골로새 교인들이 참 복음을 외면하도록 왜곡하는 이들에 대한 바울의 반격은 그리스도의 우월성을 근거로 하기 때문에, 골로새서에서 이 구절이 특별히 중요하다.[10] 3절이나 다른 서신의 서두(갈 1:1; 살전 1:1; 살후 1:1)에서 바울이 "예수 그리스도"라고 말하기 때문에, 여기서 "예수 그리스도"가 아니라 "그리스도 예수"로 배열된 것은 신학적으로 중요한 가치가 없어 보인다.[11]

"하나님의 뜻으로 말미암아"(διὰ θελήματος θεοῦ)는 앞의 의미 단위에 함축된 개념을 전제로 한다. "사도"라는 명사에는 '보내다'(ἀποστέλλω)라는 개념이 함축되어 있고, 바울은 고린도전서 1:17에서 그리스도가 복음을 전하도록 그를 '보내셨다'고 명시적으로 언급한다. 사도로서 바울의 정체성은 다메섹에서 한 경험과 불가분의 관계이며, 그는 이 경험으로 복음 사역의 '택함을 받은 그리스도의 도구'가 되었다(행 9:15; 참고. 22:14–15; 26:17–18). 이 본문의 문맥에서 이 구절은 바울이 하는 사역의 배후에 계시는 하나님의 역할을 강조하고, 따라서 그가 전하는 복음의 진정성을 확인해준다.[12]

"디모데"는 선교 여행에 바울과 동행했고(참고. 행 16:1–3; 17:14; 18:5; 19:22), 아마 바울을 통해 회심했을 것이다(참고. 딤전 1:2). 고린도후서, 빌립보서, 데살로니

---

7. 바울이 사용한 "사도"(ἀπόστολος)라는 용어가 어디서 유래했는지는 불확실하다. 특사를 의미하는 용어로 헬라 문헌에 사용되는 경우가 드물기 때문에 유대적 배경을 갖고 있다고 볼 수 있다. 어떤 랍비 자료에는 "어떤 사람이 보낸 자가 그 남자이다"라고 명시적으로 언급한다(*m. Ber*. 5:5). 참고. K. H. Rengstorf, *TDNT*, 1:415.

8. Margaret M. Mitchell, "New Testament Envoys in the Context of Greco–Roman Diplomatic and Epistolary Conventions: The Examples of Timothy and Titus," *JBL* 111 (1992): 644–51을 참고하라.

9. Daniel B. Wallace, *Greek Grammar beyond the Basics: An Exegetical Syntax of the New Testament* (Grand Rapids: Zondervan, 1996), 83–84를 참고하라.

10. 참고. 1:2, 3, 4, 7, 24, 27, 28; 2:2, 5, 6, 8, 11, 17, 20; 3:1, 3, 4, 11, 15, 16, 24; 4:3, 12. 이것은 또한 "그리스도"가 칭호로서 의미를 지니므로 단순히 개인적 이름으로 이해해서는 안 된다는 것을 암시한다.

11. 3절에서는(그리고 다른 바울 서신에서 40번 이상의 용례) "예수 그리스도" 앞에 "주"라는 칭호가 사용되지만, "그리스도 예수" 앞에는 이 칭호가 사용되지 않는다(그러나 롬 1:4; 5:21; 7:25; 고전 1:9의 "예수 그리스도 우리 주"를 보라). 이것은 "그리스도 예수"라는 구문에서 칭호로서 "그리스도"의 중요성을 강조하기 위함으로 보인다.

12. 무관사 "하나님의 뜻"(θελήματος θεοῦ)은 정관사가 사용된 "하나님의 뜻"으로 사용되고 있다. 전치사 뒤에서는 종종 정관사가 생략된다. 참고. BDF §255.

가전후서, 빌레몬서의 서두 인사에도 그의 이름이 등장한다. 그의 등장은 두 가지로 설명할 수 있다. 첫째, 그는 바울의 네 개의 '옥중 서신' 중 세 서신에서 언급되는 것으로 보아, 로마에 투옥되어 있을 때 바울과 함께 있었을 가능성이 있다. 둘째, 골로새서의 경우 서신 말미(4:18)에 친필을 언급하는 것으로 보아 바울이 이 서신을 쓸 때 비서를 고용했을 가능성이 있다. 이 경우 디모데가 그의 비서 역할을 했을 수 있다.[13] 디모데가 골로새 교회와 이전에 접촉한 적이 없었다는 사실 역시 이 가능성을 더욱 공고히 한다. 그러므로 서두 인사에 디모데가 언급되었다는 것은 이 서신이 작성될 때 그가 특정한 역할을 했음을 암시한다.[14]

"[우리] 형제"(ὁ ἀδελφός)라는 번역은 정관사(ὁ)를 '우리의'라는 1인칭 복수 대명사로 해석한 것이다.[15] 디모데를 "우리 형제"(τὸν ἀδελφὸν ἡμῶν)라고 명시한 데살로니가전서 3:2과 달리, 이곳에 인칭 대명사가 없는 것은 "형제"라는 단어가 호칭으로서 '그 형제'(the brother)라는 절대적 의미로 사용되었다는 뜻일 수 있다.[16] 바울 서신의 서두 인사에서 공동 발신자를 "형제"라고 지칭할 때마다 대명사를 사용하지 않은 이유가 이것으로 설명될 것이다. 그러므로 "형제"는 "사도"처럼 칭호로 사용될 수 있다.[17]

1:2 골로새에 있는 성도들 곧 그리스도 안에서 신실한 형제들에게 편지하노니 우리 아버지 하나님으로부터 은혜와 평강이 너희에게 있을지어다(τοῖς ἐν Κολοσσαῖς ἁγίοις καὶ πιστοῖς ἀδελφοῖς ἐν Χριστῷ· χάρις ὑμῖν καὶ εἰρήνη ἀπὸ θεοῦ πατρὸς ἡμῶν). 바울은 청중이 처한 지리적, 신학적 위치를 확인한다. 먼저 "성도들"(ἁγίοις)과 "신실한"(πιστοῖς)의 관계를 살펴보아야 한다. 문제가 되는 것은 ἁγίοις를 형용사적 수식어(성결한)로 해석할 것인가, 명사적 형용사(성도)라고 해석할 것인가이다. 문법적으로는 두 단어 모두 "형제들"(ἀδελφοῖς)을 한정하는 형용사적 수식어로 해석하는 것이 더 자연스럽게 보일 수 있다. '거룩하고 신실한 형제들에게.' 관사(τοῖς)가 하나만 사용된 것으로 보아 두 형용사는 하나의 대상을 수식하는 것일 수 있으며, 바울은 골로새서 다른 부분에서 골로새 교인들에게 '거룩하라'고 권면한다(1:22; 3:12).[18]

그럼에도 바울의 다른 인사말에 사용된 이 용어의 용례에 비추어보면(롬 1:7; 고전 1:2; 고후 1:1; 엡 1:1; 빌 1:1), 이 형용사를 명사적 의미로 해석하는 것이 가장 적절해 보인다. "성도들과 신실한 형제자매들에게"(NRSV; 참고. NET, NLT, TNIV).[19] 이 명사적 의미는 골로새서의 다른 여러 구절의 지지를 받는다(1:4, 12, 26). 골로새 교인들을 '거룩하다'(ἅγιοι)고 묘사한 3:12에서도 이 형용사는 '하나님이 택하신'(ἐκλεκτοὶ τοῦ θεοῦ) 자로서 그들의 지위를 설명하는 데 사용된다. 하나님이 택하신 자라는 표현은 이스라엘 전통에서 "성도"의 의미를 설명하는 구절이다(참고. 출 22:30, LXX). 이 단어를 명사적 의미로 해석하면 두 부분을 연결하는 접속사(καί)는 설명을 위

13. 편지를 작성할 때 서기를 이용하는 고대의 관례에 대한 논의는 E. Randolph Richards, *The Secretary in the Letters of Paul* (WUNT 128; Tübingen: Mohr Siebeck, 1991)을 보라. 바울의 비서 중 한 명인 더디오의 이름이 로마서 16:22에 나온다.

14. Witherington, *Letters to Philemon, the Colossians, and the Ephesians*, 116은 나아가 디모데가 "아시아 지역 출신이 아니고 그의 부친이 헬라인이기 때문에 그가 이런 편지 작성에 익숙함으로 아시아어로 이 서류를 작성하는 데 더 적극적인 역할을 했다"라고 주장한다.

15. Barth and Blanke, *Colossians*, 137-38을 참고하라.

16. Reidar Aasgaard, *"My Beloved Brothers and Sisters!" Christian Siblingship in Paul* (JSNTSup 265; London: T&T Clark, 2004), 297.

17. Andrew D. Clarke, *A Pauline Theology of Church Leadership* (LNTS 362; New York/London: T&T Clark, 2008), 93도 참고하라. 그는 그리스-로마 문화라는 맥락에서 "형제"라는 용어의 기능이 이 용어가 바울의 평등주의 사상을 가리킨다고 보는 시각과 상충된다고 지적한다.

18. 이 해석에 대한 최근의 주장은 Thomas B. Slater, "Translating ἁγίοις in Col 1, 2 and Eph 1,1," *Bib* 87 (2006): 52-54를 참고하라.

19. 이 문맥에서는 "형제들"(ἀδελφοῖς)이라는 단어를 '형제자매들'이라는 포괄적 의미로 이해해야 맞다.

한 보어로 사용되었다고 보아야 한다. '골로새의 성도들 (다시 말해) 그리스도 안에 신실한 형제들에게.'

골로새의 신자를 "성도들"이라고 부른 것은, "그의 사랑의 아들의 나라"(1:13)로 옮겨진 자라는 그들의 지위를 알려준다. 이런 확인은 금욕주의적 관행이 하나님 앞에서 그들의 지위에 기여할 것이 없다는 바울의 논증(2:16-23)을 예비한다. 그들이 '신실하다'고 하는 것은 또한 그들이 복음에 신실해야 함을 일깨워준다(2:6). 이 편지에서 바울은 "신실한" 형제들의 대표 인물로 세 사람, 곧 에바브라, 두기고, 오네시모(1:7, 4:7, 9)를 언급할 것이다.

"골로새에 있는…그리스도 안에서"(ἐν Κολοσσαῖς…ἐν Χριστῷ)라는 병행구는 논증의 본론에서 제시될 신학적 지형을 예비한다. 역사적, 지리적으로 수신자들은 "골로새에" 있는 사람들로서, 헤로도토스(Herodotus)는 주전 5세기에 골로새를 "브루기아의 위대한 도시"라고 주장했다(*Hist.* 7.30.1). 그러나 로마 제국 시대에 이 도시의 위치와 역할이 무엇인지는 확실하지 않다. 스트라보(Strabo)는 골로새를 아프로디시아스와 같은 다른 인근 소도시들과 함께 묶어 취급하지만(*Georg.* 12.8.13), 본문의 허점 때문에 이런 해석이 확실한지는 의심스럽다. 그러나 골로새가 리쿠스 계곡의 주요 도시인 라오디게아와 경합을 겨룰 수준이 아니라는 점은 분명하다. 이 사실은 골로새서에서 라오디게아가 여러 차례 언급된 이유를 설명한다(2:1; 4:13, 15, 16). 또한 중요한 제국 종교를 자랑하던 도시, 곧 "아프로디테, 신성한 아우구스투스, 제국의 백성"에게 바쳐진 아프로디시아스와 비교하더라도 골로새는 상대적으로 열등한 도시라는 증거가 있다.[20]

바울이 골로새 교인들을 "그리스도 안에" 있다고 확인하는 것 역시 중요하다. 첫째, "성도"는 하나님이 택하신 사람들을 가리키고 "형제들"은 하나님의 가정에서 새롭게 얻은 정체성을 가리키는 반면, "그리스도 안에서"는 그리스도의 주권 아래 있는 하나님 백성의 새로운 정체성을 강조한다. 하나님의 백성은 더 이상 혈연 관계로 규정되지 않는다. 그들의 정체성은 이제 그리스도 안에 뿌리내리고 있다. 둘째, "그리스도 안에서"라는 관용 표현은 그리스도가 하신 사역의 충분성에 대한 바울의 논증(참고. 1:27-28)을 예비한다. 한 개인의 영적 지위를 측정할 수 있는 유일한 기준은 오직 그리스도밖에 없다. 셋째, "골로새에 있는"과 "그리스도 안에"라는 병행구는 나아가 "그리스도 안에서"라는 관형 표현의 공간적 중요성을 보여준다. 3:1-4에서 수신자들은 "하나님 우편에"(3:1) 앉아 계신 그리스도와 함께 다시 살리심 받았음을 확인받는다. 그러므로 "위에 것"(3:1)을 찾으라는 구절을 영적 훈련을 통해 추가적 공적을 이루고자 노력하라는 의미로 해석해서는 안 된다. 오히려 모든 것을 다 이루신 그리스도께 초점을 맞추어야 한다.[21]

다른 바울 서신처럼 골로새서의 인사말에는 당대의 헬라식 편지 양식이 반영되어 있다. 헬라식 서신에서 흔히 볼 수 있듯, 이 인사 관형 표현에는 '…이 있기를'(may…be, εἴη)이라는 동사가 종종 생략된다.[22] 헬라 서신의 전형적인 인사말에는 안부와 건강을 기원하는 표현이 담기며 기도가 생략되기도 한다. 여기서 바울은 '문안'(χαίρειν)에 해당하는 전형적인 헬라어 단어 대신 그의 저작에서 중요한 신학 용어인 "은혜"(χάρις)를 사용

20. 아프로디시아스가 인근 대도시에 미친 영향에 대해서는 D'Andreia Francesco, "Hierapolis of Phrygia: Its Evolution in Hellenistic and Roman Times," in *Urbanism in Western Asia Minor: New Studies on Aphrodisias, Ephesos, Hierapolis, Pergamon, Perge and Xanthos* (ed. David Parrish; Portsmouth, RI: Journa of Roman Archaeology, 2001), 96-115를 참고하라.

21. 바울 신학에서 "그리스도 안에"라는 관용 표현이 갖는 의미에 대해 짧지만 유익한 논의는 Mark Seifrid, "In Christ" *DOL*, 433-36을 참고하라.

22. '내가 원하는 대로 되기를'(εἴη ἂν ὡς ἐγώ; 참고. P. Eleph. 13 [Sel. Pap. §96] [III BC])처럼 완전한 문장으로 표현할 수도 있다.

한다. 유대 서신에는 평안을 비는 기도도 포함되는 경우가 많은데,[23] 여기서 "평강"(εἰρήνη)은 그런 관행을 반영한다. 바울에게 "은혜"와 "평강"은 단순히 친절함과 평온을 주관적으로 체험하는 것을 뜻하지 않는다. 두 단어는 그리스도를 통한 강력한 구원 역사(예를 들어, 롬 3:24; 5:17)와 종말론적 시대에 주시리라 이미 약속된 화해(예를 들어, 롬 5:1; 엡 2:14–18; 참고. 사 52:7; 57:2)를 의미한다. 이 본문에서 바울은 청중에게 복음의 근본적 중요성을 다시 상기시킨다.

예상되는 '우리 주 예수 그리스도의'라는 구절이 생략된 것을 보고 본문에 이 구절을 삽입하는 초기 필사자도 있었다. 주석가는 대부분 이 구절의 생략을 의아하게 생각한다.[24] 어떤 이들은 바울이 다음 절에 사용하고자 이 구절을 생략했다고 주장한다.[25] 이 해석은 데살로니가전서 1:1의 평행 구절로 더욱 설득력을 얻을 수 있다. 바울은 데살로니가 본문에서 단순히 "은혜와 평강이 너희에게"라고 인사한다. "하나님 아버지와 주 예수 그리스도"라는 구절은 바로 앞에서 데살로니가 교회를 언급하면서 사용한다.

1:3 우리가 너희를 위하여 기도할 때마다 하나님 곧 우리 주 예수 그리스도의 아버지께 감사하노라(Εὐχαριστοῦμεν τῷ θεῷ πατρὶ τοῦ κυρίου ἡμῶν Ἰησοῦ Χριστοῦ πάντοτε περὶ ὑμῶν προσευχόμενοι). 이제 바울의 긴 감사 단락(3–8절)이 시작된다. 주동사 '감사하다'(εὐχαριστοῦμεν)에 이어 분사 구절이 따라 나온다("우리가…기도할 때마다", προσευχόμενοι). "우리"는 "서신용 복수"(epistolary plural)일 가능성이 있으며, 그러한 경우 동사는 바울 자신의 행동을 가리킨다.[26] 하지만 1:23에서 다시 단수 동사로 돌아간 것으로 보아 이것은 서신용 복수가 아님을 의미한다. 주석가는 대부분 이 동사의 주어를 바울과 디모데라고 보지만, 다른 서신에서 디모데를 공동 발신자로 언급할 때(참고. 고전 1:1, 4; 빌 1:1, 3; 몬 1:1, 4) 단수형 동사를 사용한 이유는 여전히 의문으로 남아 있다.[27] 복수 동사가 사용된 것은, 바울이 골로새 교인들이 체험한 하나님의 역사를 목격한 증인들뿐 아니라 그의 동역자들도 포함시키고자 의도했을 가능성을 암시한다. "온 천하"(6절)에 나타난 복음의 역사에 대한 언급은 이 해석에 무게를 실어주는 듯하다.

'항상'(πάντοτε, 개역개정에는 번역되어 있지 않음–역주)은 "우리가…감사하노라"나 "우리가…기도할 때마다"를 수식할 수 있다. 다른 바울 서신의 서두에 나오는 감사 단락과 비교해볼 때(고전 1:4; 살전 1:2; 살후 1:3; 몬 1:4; 참고. 살후 2:13), 이 단어는 전자를 수식할 가능성이 높다. 3:17에서 바울은 하나님께 늘 감사한다는 것의 의미를 설명할 것이다. 이것은 '항상 감사하다'라는 해석을 지지한다. "또 무엇을 하든지 말에나 일에나 다 주 예수의 이름으로 하고 그를 힘입어 하나님 아버지께 감사하라"(3:17). 이 구절이 '항상 감사하다'는 의미라는 것은 에베소서 5:20의 평행 구절로도 확인된다. "범사(πάντοτε)에 우리 주 예수 그리스도의 이름으로 항상 아버지 하나님께 감사하며."

바울에게 감사의 대상은 항상 하나님이다. 구약의 전통과 맥을 같이하는 이 감사는, 하나님이 백성에게 행하신 놀라운 역사를 기억하며 찬양과 고백을 드리는 행위이다(참고. 시 35:18; 100:4; 109:30).[28] 그러므로 바

23. 아람어로 쓴 편지일 경우에도 마찬가지이다. Bezadel Porten, "Address Formulae in Aramaic Letters: A New Collection of Cowley 17," *RB* 90 (1980) 398–413을 참고하라.

24. Peter O'Brien, *Colossians, Philemon* (WBC 44; Waco, TX: Word, 1982), 6.

25. Moo, *Letters to the Colossians and to Philemon*, 79.

26. Eduard Lohse, *Colossians and Philemon* (trans. William R. Poelmann and Robert J. Karris; Hermeneia; Philadelphia: Fortress, 1971), 14.

27. Wilson, *Colossians and Philemon*, 80–81. 이 복수가 "실제 복수"(real plural)로서 이 언급이 암시하는 등장인물들과는 관련이 없다고 결론 내린 그의 주장이 옳을 수도 있다.

28. 성경 후기 유대 문맥에서 '찬양'과 '축복'의 의미로 '감사'를 논의

울이 골로새 교인들을 위해 기도하면서 이렇게 하나님께 감사드리는 모습은 적절하다. 개인적인 감정으로 감사를 이해하는 현대적 방식과 달리 이런 찬양의 행위는 "사람들로 하여금 하나님의 역사를 인정하게 설득하려는 의도가 있다."[29] 공적인 찬양 행위로서 이 감사 기도는 그들의 "믿음"과 "사랑"(4절)에 관심을 두게 하지만, 곧바로 신자의 삶에 나타난 복음의 능력으로 초점이 이동한다(6절). 결국 하나님만이 감사와 예배의 올바른 대상이신 것이다.

"우리 주 예수 그리스도"(τοῦ κυρίου ἡμῶν Ἰησοῦ Χριστοῦ)는 바울 서신뿐 아니라 초기 기독교의 중요한 관용 표현이다. 이것이 변형된 표현으로는 "우리 주 그리스도 예수"(예를 들어, 롬 1:4; 고전 1:9), "그리스도 예수 우리 주"(예를 들어, 딤전 1:2; 딤후 1:2), "주 예수 그리스도"(예를 들어, 갈 1:3; 엡 1:2; 빌 1:2)가 있다. 초기 기독교의 설교에는 "너희가 십자가에 못 박은 이 예수를 하나님이 주와 그리스도가 되게 하셨느니라"(행 2:36)는 고백이 등장한다. 바울 서신의 서두에 이 칭호가 빈번히 등장한다는 사실은, 그분의 아버지와 동일한 칭호를 지닌 분으로서 예수님의 정체성(참고. 고전 8:6)을 강조하는 공통된 예전적 용례(참고. 고전 12:3)의 존재를 암시할 수 있다. 골로새서는 그리스도의 주재권을 반복하여 확언하고(1:10; 2:6; 3:13, 17, 18, 20, 22, 23, 24; 4:1, 7, 17), 예수님의 정체성은 그분의 "아버지" 하나님과 밀접한 연관이 있다(참고. 1:15-20). 성도의 삶에서 이 고백의 중요함을 재확인하는 것이 정확히 이 서신의 목적이다(참고. 2:6-7).

1:4 이는 그리스도 예수 안에 너희의 믿음과 모든 성도에 대한 사랑을 들었음이요(ἀκούσαντες τὴν πίστιν ὑμῶν ἐν Χριστῷ Ἰησοῦ καὶ τὴν ἀγάπην ἣν ἔχετε εἰς πάντας τοὺς ἁγίους). 원인을 나타내는 상황의 분사('들었기 때문이요', ἀκούσαντες)로 감사하는 근거를 소개한다. 동사 '듣다'가 소유격 목적어를 취할 수 있다고 해도, 여기서는 의미상 뚜렷한 차이점이 없이 대격이 사용되었다.[30]

"믿음"(τὴν πίστιν)은 예수 그리스도와 그분의 복음에 대한 신뢰와 수용을 의미한다. 그러나 개인이 떠벌리고 자랑할 수 있는 덕목은 아니다. 바울은 신자로 하여금 삶에 나타나는 복음의 능력을 증명하게 하는 하나님의 역사가 바로 믿음이라고 주장한다(2:12; 참고. 롬 5:1-2). 이 감사 단락에서 복음의 능동적인 역할에 대한 명시적 언급이 나타난다. 바로 이 복음만이 골로새 교인들 사이에 '열매를 맺어 자라게' 할 수 있고, 그 일을 주도적으로 책임진다(6절). "…안에"(ἐν)라는 단어는 "그리스도 예수"가 "믿음의 대상이라기보다 영역"에 대한 언급임을 가리킨다는 주장이 제기되었다.[31] 목적어의 의미로 해석해야 할 가능성을 완전히 배제할 수는 없지만(참고. 2:5), "…안에"라는 단어는 믿음이 진정으로 성취되는 영역으로서 "그리스도 예수"를 가리키기 위해 사용된 것이 확실하다.

"사랑"(τὴν ἀγάπην)이라는 단어를 살펴보면, "…에 대한"(for, εἰς)이라는 전치사는 '너희가 들었다'라는 동사의 간접 목적어로서 "모든 성도"를 가리킴이 분명하다. 바울이 "믿음"과 "사랑"의 평행을 부각하려 했다면 8절처럼 "성령 안에서 너희 사랑"이라고 쓸 수 있었을 것이다.

한 부분은 James M. Robinson, "Die Hodajot-Formel in Gebet und Hymnus des Frühchristentums," in *Apophoreta: Festschrift Ernst Haenchen* (ed. W. Eltester and F. H. Kettler; Berlin: Töpelmann, 1964), 194-235를 참고하라. 그러나 이것은 유대적 배경에만 국한되지 않는다. 또한 H. S. Versnel, "Religious Mentality in Ancient Prayer," in *Faith, Hope and Worship: Aspects of Religious Mentality in the Ancient World* (ed. H. S. Vernel; Leiden: Brill, 1981), 1-64도 보라.

29. Jerome Neyrey, "Lost in Translation: Did it Matter if Christians 'Thanked' God or 'Gave God Glory'?" *CBQ* 71 (2009), 23. 그는 바울 서신의 감사 행위를 그리스-로마 세계에서 중시한 기본적 문화적 가치인 "찬양"과 "높여드림"의 의미라고 주장한다.

30. Wallace, *Greek Grammar*, 133.

31. C.F.D. Moule, *The Epistles of Paul the Apostle to the Colossians and to Philemon* (Cambridge: Cambridge Univ. Press, 1957), 49.

8절에 교인들의 "사랑"만 언급된 것을 근거로 어떤 학자들은 4절의 "…과"(καί)를 보충 설명하는 의미로 해석한다.[32] 이 두 구절에 평행법이 사용되지 않으므로 이런 해석이 맞을 수도 있다. '우리가 그리스도 예수에 대한 너희의 믿음, 모든 성도를 향해 가진 사랑으로 표현된 믿음을 들었다.'[33] 그리스도 예수의 영역 안에 있는 "믿음"에 대한 이런 강조는, 골로새 교인들이 그 믿음 안에 굳게 서야 한다는 바울의 반복된 강조(1:23; 2:5, 7)를 예고한다. 반대로 "사랑"은 이 "믿음"을 굳건히 붙드는 이들에게 드러나는 "온전하게 매는 띠"이다(3:14).

"모든 성도"는 모든 신자를 가리킨다. 2절처럼 "성도"(ἅγιοι)는 선택받은 특정 신자 집단의 도덕적 성취보다는 하나님이 택하신 자들이라는 의미를 강조한다. 그래서 일부 학자는 이 구절을 "하나님의 모든 백성"(NLT)으로 번역하기를 선호한다. 그러나 '성결'은 신자들의 속성이 아니라 하더라도 중요한 개념이다. 이 개념은 그리스도의 완성된 사역을 가리킨다. 그분은 십자가에서 죽으셨고, "이제는 그의 육체의 죽음으로 말미암아 화목하게 하사 너희를 거룩하고 흠 없고 책망할 것이 없는 자로 그 앞에 세우고자"(1:22) 하신다. 이렇게 모두를 포괄하는 "모든 성도"라는 구절은 거짓 교사에게 두드러지게 나타나는 특정 엘리트주의를 반대하는 논증(2:16-23; 참고. 3:11)의 예고라고 볼 여지를 준다. 하지만 이 구절은 바울 서신, 특히 옥중 서신에 종종 사용되는 구절이다. 따라서 신자들을 가리키는 일반적인 표현으로서 변증적 성격이 없는 구절로 보는 것이 더 적절하다(참고. 엡 1:15; 3:18; 6:18; 빌 1:1; 4:21, 22; 몬 1:5).

1:5a 너희를 위하여 하늘에 쌓아 둔 소망으로 말미암음이니 (διὰ τὴν ἐλπίδα τὴν ἀποκειμένην ὑμῖν ἐν τοῖς οὐρανοῖς). 바울은 이제 골로새 교인들의 "믿음"과 "사랑"의 이유에 관심을 돌린다. "소망"(τὴν ἐλπίδα)을 언급함으로 "사랑", "믿음", "소망"의 삼각대가 완성된다(참고. 롬 5:1-5; 고전 13:13; 살전 1:3; 5:8). 이 삼각대의 기원은 확실하지 않지만, 바울만 이것을 사용하는 것은 아니다(히 10:22-24; 벧전 1:21-22).[34] 바울에게 "믿음"은 종종 "소망"(롬 5:2; 갈 5:5)과 "사랑"(고전 13:2; 딤전 1:5)의 기초로 이해된다. 세 용어가 동시에 사용되는 경우 종종 복음의 메시지가 사회적으로 표현되는 것에 초점을 맞춘다(고전 13:13; 살전 1:3).[35] 그러나 이 절에서는 "소망"의 근본적 중요성에 초점이 집중되며, 뒤이어 나오는 종속절은 "소망"이 강조되고 있음을 보여준다.

"말미암음이니"(διά)라는 전치사로 시작되는 구절이 나오면, 보통 행위의 근거가 제시되리라 기대된다. 하지만 앞의 동사 "우리가…감사하노라"의 근거는 4절에서 원인을 나타내는 분사구문으로 이미 언급되었다("이는…들었음이요"). 이 전치사구는 동사형 명사 "사랑"을 수식하거나 "믿음"과 "사랑"을 모두 수식할 수 있다(대부분의 영어 번역본이 여기에 해당함). "너희를 위하여 하늘에 쌓아둔 소망에서 생기는 믿음과 사랑"(TNIV, NIV). 바로 앞에 사용된 "사랑"과 "믿음과…사랑" 중 어느 것을 선택하느냐는 4절의 "…과"(and)를 "믿음"의 표현으로서의 사랑이라는 설명적 보충의 의미로 받아들일 경우 큰 문제가 되지 않는다. 어떤 경우이든 "믿음"과 "사랑"은 "소망"에 바탕을 둔다. "소망"이 "믿음"과 "사랑"의 원천

32. 참고. Barth and Blanke, *Colossians*, 153. 그들은 이것을 "중언법에 해당하는 경우"라고 말한다. 중언법은 때로 한 단어가 다른 단어에 의존적인 성격을 지닐 때도 있지만, 두 단어가 합쳐져 하나의 개념을 가리키는 경우를 말한다. 이 본문의 경우에는 '사랑의 믿음' 혹은 '사랑으로 표현되는 믿음'으로 번역할 수도 있다. 마찬가지로 23절에서도 '믿음'만이 '복음의 소망'과 함께 사용된다.

33. 참고. "사랑으로 역사하는 믿음"(갈 5:6).

34. Thomas Söding, *Das Trias Glaube, Hoffnung, Liebe bei Paulus: Eine exegetische Studie* (SBS 150; Stuttgart: Katholische Bibelwerk, 1992), 38-64의 논의를 참고하라. 그는 헬라적 유대 권면 전승의 공로를 인정하면서도 궁극적으로 바울이 이 관용 표현을 완성한 사람이라고 결론 내린다.

35. 참고. David M. Bossman, "Paul's Mediterranean Gospel: Faith, Hope, Love," *BTB* 25 (1995): 71-78.

이 되기 때문에, 구문론적으로 이 세 용어는 엄격한 병렬 관계를 이루지는 않는다.

바울에게 "소망"은 주관적인 낙관적 감정을 뜻하지 않는다. 소망은 "죽은 자를…살리시고…우리를…건지실"(고후 1:9-10) 신실하신 하나님의 약속에 뿌리를 둔다. 과거에 하나님이 행하신 일에 근거한 이 소망은 그리스도 안에서 그분의 사역이 완성될 것을 기대한다(딛 2:13). 이러한 소망은 "우리를 부끄럽게 하지 않는다"(롬 5:5, NRSV). 골로새서에서 "소망"은 복음으로 선포되고(1:23) 그리스도의 사역을 핵심으로 하는(1:27) 실재이다. 그러므로 이 소망은 주관적 감정이라기보다 역사에 계속될 하나님의 사역을 개인이 확신할 수 있는 근거가 된다.

바울은 이 소망이 '너희를 위하여 하늘에 쌓여' 있다고 구체적으로 밝힌다. 한정적 용법의 분사 "쌓아"(τὴν ἀποκειμένην)의 의미상 주어는 하나님이다. 이 동사는 하나님이 그 주체이시므로 소망이 안전하고 확실함을 강조한다(참고. 눅 19:20; 딤후 4:8; 히 9:27). 골로새서에서 바울은 종종 하나님의 종말론적 역사의 실현된 측면을 강조하지만(참고. 2:12-15; 3:1), 이 절에서는 소망이 미래의 완성을 기다린다는 것을 분명히 밝힌다. 뒤에서 "영광의 소망"이 바로 "그리스도"라고 밝힐 때(1:27), '하늘에 쌓여 있는 소망'이 종말에 "그리스도께서 나타나실 그때에"(3:4) 드러날 것이 분명해진다.

이 소망이 "하늘에"(ἐν τοῖς οὐρανοῖς)[36] 쌓여 있다는 사실이 중요한 이유는 여러 가지이다. 첫째, 이 공간적 심상은 장차 밝혀질 "소망"의 확실성을 더해준다.[37] 둘째, "천사 숭배"(2:18)를 조장하는 거짓 교사의 주장을 예상하면서 바울은 환상 체험으로 천상을 보는 경험이 반드시 필요한 것이 아니라고 주장한다. 하늘의 경험은 우리에게 이미 보장되어 있으며 종말에 드러날 것이기 때문이다. 바울은 이렇게 시간적 개념을 공간적 개념으로("하늘") 규정함으로, 하나님의 더 폭넓은 구원사적 계획을 무시하는 개인적 신비주의 관습을 비판하려는 것일 수 있다.

1:5b 곧 너희가 전에 복음 진리의 말씀을 들은 것이라(ἣν προηκούσατε ἐν τῷ λόγῳ τῆς ἀληθείας τοῦ εὐαγγελίου). 소망을 더 상세히 설명하는 이 관계사절은, 소망하는 행위가 아니라 "소망"의 내용이 강조되고 있음을 명확히 보여준다. 부정과거 동사 "들은 것이라"(προηκούσατε)는 "전에" 그들이 들었음을 의미한다.[38] 이 문맥에서는 그들이 에바브라에게 복음을 배운 때를 가리킬 가능성이 있다(7절).

"말씀"(τῷ λόγῳ)과 "진리"(τῆς ἀληθείας)와 "복음"(τοῦ εὐαγγελίου)의 관계가 정확히 무엇인지는 확실하지 않다. 다양한 해석이 있지만 이 문맥에서는 세 가지로 해석할 수 있다. 첫째, "진리"는 "말씀"을 수식하는 한정적 소유격으로 보고, "복음"은 "말씀"과 동격의 보충적 설명의 소유격으로 보는 것이다. "참된 메시지, 복된 소식"(TEV).[39] 이 해석은 "진리"가 독립적 의미로 사용되었다고 보지 않는다. 다른 바울 서신에서는 "진리"가 반복해서 강조되며, 디모데후서 2:15의 유사한 병행구에서 "진리의 말씀"은 '바로 그 진리의 말씀'(the word of truth)을 의미하는 것이 분명하다. 둘째, "진리"와 "복음"을 모두 "말씀"을 수식하는 보충적 설명의 소유격으로 보는

36. 복수 헬라어 동사가 사용된 것은 히브리어 복수 '하늘들'(שָׁמַיִם)의 영향이다.

37. 이것은 유대의 묵시 문학의 배경을 반영한다. 유대 묵시 문학에서는 종종 미래에 이루어질 약속이 하늘에 이미 실현되어 있다고 본다. 참고. Andrew T. Lincoln, *Paradise Now and Not Yet: Studies in the Role of the Heavenly Dimension in Paul's Thought with Special Reference to His Eschatology* (SNTSMS 43; Cambridge: Cambridge Univ. Press, 1981), 118.

38. BDAG, 865.

39. 참고. Murray J. Harris, *Colossians and Philemon* (Exegetical Guide to the Greek New Testament; Grand Rapids: Eermans, 1991), 18.

것이다. '진리이자 복음인 말씀.'[40] 그러나 소유격이 연속으로 등장할 때 후자가 전자를 수식하는 경우는 이례적이다. 마지막으로, "진리"를 독립적으로 해석하고 "복음"을 "진리"와 동격을 이루는 보충적 설명의 소유격으로 보는 것이다. "진리의 말씀, 복음"(NRSV).[41] 선포의 내용으로서 진리를 강조하고 진리와 동일시되는 것으로 사도적 복음을 강조하기 때문에, 현재 문맥에서는 이 해석이 의미를 가장 잘 드러낸다. 이로써 복음에서 이탈한 거짓 교사들을 바울이 반박하기 위한 논증의 무대가 마련된다.

종종 단순히 "메시지"(NAB, REB, TEV, NET)로 번역되는 "말씀"(ὁ λόγος)은 초기 기독교 저작과 바울 신학에서 중요한 용어이다.[42] 골로새서에서는 "하나님의 말씀"(τὸν λόγον τοῦ θεοῦ, 1:25)으로 나오거나, 심지어 "그리스도의 말씀"(ὁ λόγος τοῦ Χριστοῦ, 3:16)으로 쓰이기도 한다. 그러므로 말씀은 단순히 인간의 말로 축소되어서는 안 된다. 이 말씀은 선포된 복음 그 자체를 가리킨다. 이 본문의 맥락에서 "진리"는 "궁극적 진리로서 기독교의 내용"을 가리킨다.[43] 이것은 "진리"를 단순히 실재와 일치하는 어떤 것으로 이해하지 않는 구약적 배경을 반영하며, 또한 온전한 복종과 예배를 요구하는 참된 대상을 전제하므로 하나님의 말씀이기도 하다[예를 들어, 시 86:11(84:11); 96:13(95:13); 참고. 롬 15:8].

바울 서신에서 "진리"는 종종 변증하기 위한 문맥에 등장한다. 이런 문맥에서는 거짓 복음과 악을 반박하는 논증이 등장한다(참고. 롬 1:18, 25; 2:8; 고전 5:8; 갈 2:5; 살후 2:10–13). 바울은 감사 단락에서 거짓 교사들이 전하는 메시지와 복음이 대조되는 것을 강조하며 "진리"를 두 번 반복한다(6절도 보라). 마지막으로, 수신자들이 "복음"이라는 말에 로마 제국의 프로파간다를 떠올릴 수도 있겠지만, 여기서 이 단어의 용례는 구원의 종말론적 메시지의 약속이 담긴 구약적 배경을 반영할 가능성이 더 크다(참고. 사 40:9; 41:27; 52:7).[44] 바울에게 이 약속은 예수 그리스도의 죽음과 부활로 성취된다(참고. 2:12–13).

1:6a 이 복음이 이미 너희에게 이르매(τοῦ παρόντος εἰς ὑμᾶς). 바울은 이제 "복음"의 능력으로 관심을 돌린다. '이르다'(τοῦ παρόντος)라는 한정적 용법의 중성 분사는 이후의 감사 단락의 핵심인 "복음"(τοῦ εὐαγγελίου)을 수식한다. "이르매"라는 번역은 골로새 성도들에게 전해진 복음의 선포로 정확히 관심을 유도한다. 이것은 이 단락에서 한 번 이상 강조되는 내용이다(5, 7절). 그러나 이 동사는 종종 '함께 있다'(to be present)라는 뜻으로 사용된다.[45] 하지만 "…에게"(εἰς)라는 전치사는 주어의 움직임을 가리키기 때문에 이 번역이 채택되는 경우는 상대적으로 적다.[46]

그러나 이 동사가 또한 다른 헬라 서신에 나타나는 모티브를 떠올리게 한다는 점을 유념해야 한다. 저자의 존재와 부재에 대해 논의하는 것은 특히 저자의 존재를 암시하는 헬라 서신에서 자주 볼 수 있다.[47] 이것을 편지의 전통적 방식으로 보아야 한다는 입장에 반대

40. 혹은 "복음의 진리, 복음의 메시지인(혹은 메시지를 담은, 또는 계시하는) 메시지"(Moo, *Letters to the Colossians and to Philemon*, 87).

41. 이 해석은 또한 에베소서 1:13의 병행구의 지지를 받는다. "진리의 말씀, 너희 구원의 복음"(NRSV, τὸν λόγον τῆς ἀληθείας τὸ εὐαγγέλιον τῆς σωτηρίας ὑμῶν).

42. 강력한 복음으로 "말씀"(ὁ λόγος)을 묘사한 경우는 6c–d절의 논의를 참고하라.

43. BDAG, 42.

44. Peter Stuhlmacher, *Die paulinische Evangelium, 1: Vorgeschichte* (FRLANT 95; Göttingen: Vandenhoeck & Ruprecht, 1968), 109–79, 218–25.

45. BDAG, 773–74.

46. Moo, *Letters to the Colossians and to Philemon*, 87. 그러나 전치사 '…에게'(εἰς)가 이동의 의미보다는 의도의 의미로 사용된 사사기 19:3(LXX)을 참고하라.

47. Robert W. Funk, "The Apostolic *Parousia* : Form and Significance," in *Christian History and Interpretation: Studies Presented to John Knox* (ed. W. R. Farmer, C. F. D. Moule and R.R. Niebuhr; Cambridge:

하는 이들도 일부 있지만, 대부분은 이것이 최소한 중요한 문학적 표현(*topos*)임을 인정할 것이다.[48] 바울 서신에서 '함께 있다, 오다(come)'라는 동사(πάρειμι, 고전 5:3; 고후 10:2, 11; 13:2, 10; 갈 4:18, 20)와 관련 명사 '같이 있음'(presence, παρουσία, 빌 1:26; 2:12) 역시 바울이 함께 있는 것을 설명하는 데 사용되었다. 그러나 골로새서에서는 그의 존재나 부재에 집중하기보다 골로새 교인들에게 '이른' 복음에 강조점이 있다.[49] 역사적으로 바울은 골로새에 한 번도 가본 적이 없다. 신학적으로 그가 강조하고자 하는 것은 복음의 존재이다.

1:6c-d 너희 중에서와 같이 또한 온 천하에서도 열매를 맺어 자라는도다(καθὼς καὶ ἐν παντὶ τῷ κόσμῳ ἐστὶν καρποφορούμενον καὶ αὐξανόμενον καθὼς καὶ ἐν ὑμῖν). 이 두 절은 골로새인들에게 나타난 복음의 위력과 다른 곳에서 나타난 복음의 효력을 비교한다. 맨 앞에 나오는 '열매를 맺고 자라고 있다'는 완곡 어법의 분사들은 두 번째 절에도 간접적으로 표현되어 있다. '열매를 맺어 자란다'는 비유는 창세기 1:28과 관련될 수 있으며,[50] 혹자는 한 걸음 더 나아가 이것을 바울이 마지막 아담 예표론을 사용했다는 간접적 암시라고 주장하기도 한다.[51] 다만 언어학적 평행 구절이 있는지는 정확하지 않다. 이 본문에서 바울의 용례는 복음 전파에 대한 초기 기독교적 묘사와 일치한다. 예를 들어, 누가는 말씀과 관련해 씨 뿌리는 자의 비유에서 결실의 비유를 사용하며(καρποφοροῦσιν, 눅 8:15), 말씀의 확산을 묘사할 때 성장의 비유를 활용한다(ηὔξανεν, 행 6:7; 12:24; 19:20). 나아가 하나님의 말씀은 신자를 세우는 일에서 능동적이고 강력한 힘을 발휘한다(행 20:32). 마찬가지로 여기서도 바울은 구원하시려는 하나님의 뜻을 이루는 복음/말씀의 능력을 강조한다.

"온 천하에서도" 복음의 위력이 나타난다는 표현 역시 일부 골로새인에게 전해진, 지역적 색채가 짙은 왜곡된 복음과 달리 말씀이 끼치는 영향력의 보편성을 강조한다. 바울이 온 인류에 대한 복음의 지속적 진보를 강조하므로(참고. 딤전 3:16),[52] 이것을 단순히 과장법으로 해석해서는 안 된다. 나아가 바울은 모든 사람이 이 복음을 받아들일 것이라고 말하지 않는다. 다만 이 복음이 한 종족이나 한 사회 계층에서만 효력이 있는 것이 아님을 강조하는 것이다(3:11). 그리스도는 만유의 우주적 주가 되시기 때문이다(1:15-20).

1:6b 너희가 듣고 참으로 하나님의 은혜를 깨달은 날부터(ἀφ' ἧς ἡμέρας ἠκούσατε καὶ ἐπέγνωτε τὴν χάριν τοῦ θεοῦ ἐν ἀληθείᾳ). "날부터"(문자적으로, 그날부터, from which day)는 관용 어구로서 관계사 ἧς의 선행사가 실제로 명사("날", ἡμέρας) 뒤에 나온다. "너희가 듣고…깨달은 날부터"는 5절의 "전에…들은 것이라"는 표현이 확장된 것이다. '깨닫다'라는 동사는 단순히 정신적 행위를 가리키는 것이 아니라, 개인의 생활과 공동체에 복음이 적용되고 활용되는 것을 의미한다.[53]

최근의 번역본은 대부분 "너희가 듣고"(ἠκούσατε)라는 동사의 목적어를 다르게 제시하며("말씀" 혹은 "복음"), '진리 안에 있는 하나님의 은혜'(the grace of God in truth)

Cambridge Univ. Press, 1967), 249-68.

48. Terrence Y. Mullins, "Visit Talk in New Testament Letters," *CBQ* 35 (1973): 350-58; Lee A. Johnson, "Paul's Epistolary Presence in Corinth: A New Look at Robert W. Funk's Apostolic Parousia," *CBQ* 68 (2006): 481-501.

49. 바울은 다른 곳에서는 그의 부재, 존재에 관심을 두지 않고 예수님의 (장차) '오심'(παρουσία)을 강조한다(고전15:23; 살전 2:19; 3:13; 4:15; 5:23; 살후 2:1, 8).

50. 참고. Beetham, *Echoes of Scripture*, 53-54. 그는 또한 바울이 직접 번역한 히브리어 본문을 사용하고 있다고 주장한다.

51. Beale, "Colossians," 844. 그는 또한 예레미야 3:16; 23:3; 에스겔 36:10-11, 29-30의 종말론적 약속들을 가리킨다.

52. 1:23f-g에 대한 설명을 보라.

53. 참고. Jerry L. Summer, *Colossians* (NTL; Louisville: Westminster John Knox, 2008), 39는 이것을 "경험적 지식, 복음의 중재로 하나님의 임재를 경험하는 데서 얻는 지식"이라고 부른다.

만 '깨닫다'(ἐπέγνωτε)의 목적어라고 이해한다. "너희가 그것을 듣고 하나님의 은혜를 진정으로 이해한 날부터"(TNIV, NIV; 참고. KJV, NAB, NASB, NRSV, NET, ESV). 그러나 두 동사를 중언법(두 동사로 은혜를 받는 하나의 행위를 표현하는 것)으로 이해할 경우 '진리 안에 있는 하나님의 은혜'는 두 동사의 목적어로 볼 수 있다. "너희가 진리 안에 있는 하나님의 은혜를 듣고 알았던 날부터"(NKJV; 참고. REV, NJB, NLT). "하나님의 은혜"와 관련하여 '진리'를 언급한 것은 "하나님의 은혜"와 '말씀/복음'이 같은 것을 가리킨다는 암시일 수 있다. "은혜"와 '말씀'의 이러한 관계를 인정할 경우 반드시 '듣다'의 목적어가 다른 것이라고 볼 필요는 없다.

바울에게 "하나님의 은혜"(τὴν χάριν τοῦ θεοῦ)는 복음 메시지의 핵심이다(참고. 롬 4:16; 5:2; 갈 1:6). 하나님의 은혜는 종종 그분이 주신 은사를 가리킨다(참고. 롬 3:24; 5:15, 17; 엡 2:8). 그리고 이 은사가 그분의 아들의 죽음과 부활로 말미암아 실현된 경우 그분의 능력과 힘을 가리키기도 한다(참고. 고후 12:9; 엡 3:7; 또한 행 20:32을 보라). 온 세계에서 복음이 열매를 맺고 성장한다는데 초점이 있기 때문에, 이 문맥에서는 특별히 하나님의 강력한 사역을 강조한다고 보는 것이 옳다. 문법적으로 '진리 안에서'는 '깨닫다'라는 동사를 수식할 수 있다(즉, "참으로 이해된", NRSV; 참고. TNIV, NIV). 하지만 5절과 연결해서 보면, 다음과 같이 "은혜"라는 단어가 함축하는 언어적 의미를 수식한다고 보는 것이 가장 설득력 있다. '진리 안에 있는 하나님의 은혜'(참고. NJB, REB, CEV).[54] 하나님의 능력을 오해하고 잘못 해석하는 자들이 전하는 거짓에 맞서 복음의 진실성이 다시 한번 확증된다.

1:7a 이와 같이…에바브라에게 너희가 배웠나니(καθὼς ἐμάθετε ἀπὸ Ἐπαφρᾶ). 바울은 복음의 전파 경로에 대한 논증을 마무리하면서 그 전달자를 확인해준다. 신약에서 부사 καθώς가 비교의 의미로 사용될 때가 종종 있지만(6절에서 그렇게 두 번 사용됨), 여기서는 관련된 비교절[55]이 없으므로 이런 해석은 설득력이 없다. 빈번하지는 않지만 이 단어는 시간(when)을 의미할 수도 있고, 심지어 어떤 행동을 수행하는 '방식'(this is how)을 가리켜 사용될 수도 있다.[56]

'너희가 배웠다'(ἐμάθετε)라는 직설법 부정과거 동사[57]의 목적어는 "복음"(5절)이다. 앞 절을 보면 이 복음은 '진리 안에 있는 하나님의 은혜'(6절)로 확인된다. 바울에게 있어 동사 '배우다'(μανθάνω)와 '듣다'(ἀκούω)와 '받아들이다'(παραλαμβάνω)의 밀접한 관계는 빌립보서 4:9에 예시적으로 설명되어 있다. 세 동사는 모두 골로새서에서 복음을 받아들이는 것과 관련된다(참고. 1:6, 23; 2:6). 빌립보서 4:9에서 세 단어는 바울이 그리스도를 본받았듯이 자신을 본받으라고 요구하는 구절에 사용된다(빌 3:17; 참고. 고전 11:1). 그러므로 이 문맥에서 복음을 '배운다'는 것은 단순히 지적인 깨달음의 차원만을 가리키지 않고, 복음을 영접하는 것도 포함한다. 이런 이해는 에베소서 4:20의 유사한 용례에서 확인할 수 있다. 여기서도 '그리스도를 배운다'는 표현이 복음을 영접한다는 의미로 사용된다.[58]

"에바브라"는 '아프로디테가 귀히 여기는'이라는 의미를 지닌 에바브로디도의 축약형일 수 있다. 바울은 빌

54. 혹은 '모방할 수 없는 하나님의 은혜'(참고. Moule, *Epistles to the Colossians and to Philemon*, 51).

55. 그런 절들은 종종 비교의 접속사 중 'just as'(ὡς καθώς, οὕτως 혹은 καί)와 같은 접속사로 시작하기도 한다. BDF §453.

56. BDAG, 493–94; LSJ, 857.

57. 그리스-로마와 유대 문학에서 이 단어군(μαθητής, '제자'를 포함하는)의 용례에 대한 논의는 Michael J. Wilkins, *Discipleship in the Ancient World and Matthew's Gospel* (2nd ed.; Grand Rapids: Baker, 1995), 11–125를 참고하라.

58. 참고. Harold W. Hoehner, *Ephesians: An Exegetical Commentary* (Grand Rapids: Baker, 2002), 594. 그는 과거 동사를 회심의 시기를 가리키는 '시초의 부정과거'(inceptive aorist)로 이해한다.

립보서 2:25, 4:18에서 에바브로디도라는 이름을 언급하지만, 이것은 노예를 가리키는 흔한 이름이었다. 어느 편지에도 이들이 동일인물임을 암시하는 내용은 없다. 에바브라는 추측건대 골로새 교회의 설립자일 것이다. 또한 라오디게아와 히에라볼리를 비롯한 주변 지역 교회에 영향력 있는 인물이었음이 분명하다(4:13). 그는 바울에게 골로새 교인들의 신실함을 보고한 사람이며(8절), 그곳에서 거짓 교사가 일으킨 문제도 전해주었을 것이다(2:4). 그의 이름은 이 편지의 마지막 인사 부분에 다시 등장한다(4:12). 또한 빌레몬서 1:23의 인사말에 나타난 그의 중요한 위치는 그가 바울과 가장 가까운 지인 중 하나임을 암시한다.[59] 그 구절에서 그가 "함께 갇힌 자"로 소개되는 것 역시 그와 바울의 관계를 암시한다. 바울은 빌레몬서에서 자신을 "그리스도 예수를 위하여 갇힌 자"(1:1)라고 설명했다.

1:7b-c 우리와 함께 종 된 사랑하는…그는 너희를 위한 그리스도의 신실한 일꾼이요(τοῦ ἀγαπητοῦ συνδούλου ἡμῶν, ὅς ἐστιν πιστὸς ὑπὲρ ἡμῶν διάκονος τοῦ Χριστοῦ). 바울은 에바브라가 복음 사역에서 맡은 역할을 언급하는 것으로 그를 묘사한다. 1인칭 복수 "우리"는 바울과 디모데를 가리킨다. "사랑하는"은 인사말에 사용되는 친근함을 나타내는 표현이다(4:7, 9, 14). "함께 종 된"(συνδούλου)이라는 표현은 이 단어의 접두사 συν의 중요성을 부각한다. 이 접두사는 바울이 즐겨 쓰는 표현이며, "사랑하는"이라는 단어로 드러나는 친밀한 관계를 더욱 강조한다.

에바브라를 "함께 종 된" 사람으로 칭하는 것은 여러 이유에서 중요하다. 첫째, 다음 관계사절이 보여주듯 이것은 그리스도의 주 되심을 강조한다. 그리스도의 탁월성을 강조하는 편지에서 이 단어는 무언의 기독론적 진술이나 마찬가지이다. 둘째, 이 호칭은 바울 자신과 에바브라 두 사람 모두 전능하신 하나님의 도구일 뿐임을 확인해준다.[60] 6절에 언급된 복음의 강력한 역사는 복음 선교의 성공에서 바울과 에바브라의 역할을 이미 상대화했다. 바울은 이 호칭을 통해 지금 섬기는 분을 섬기는 것이 그들이 맡은 사명의 전부임을 분명히 밝힌다. 셋째, "함께 종 된"이라는 표현은 개인의 지위와 권위를 확인하는 역할을 할 수 있다. 특히 그들이 섬기는 분이 "하나님 우편에 앉아" 계시는 분이라면 더욱 그렇다(3:1).[61] 그렇다면 에바브라를 "함께 종 된" 사이로 밝히는 것은, 예수 그리스도의 복음을 대표하는 권위를 지닌 자로서 그의 위치를 인정한다는 것을 가리킨다.

"그리스도의 신실한 일꾼"이라는 구절에는 복음 사역에 대한 에바브라의 수고가 반영되어 있다. "그리스도의"(τοῦ Χριστοῦ)는 소유의 소유격일 수 있다(NLT, "그리스도의 신실한 일꾼"). 하지만 목적 소유격으로(참고. REB, "그리스도를 위한 신뢰받는 일꾼"), 특히 "일꾼"에 함축된 의미가 전치사구 '…를 대신한'(on our behalf, ὑπὲρ ἡμῶν, 개역개정에는 "너희를 위한"-역주)을 통해 부각될 때[62] 에바브라가 신실하게 섬긴 대상으로서 그리스도를 강

59. 바울의 동역자들 중 에바브라의 위치에 대한 논의는 Michael Trainor, *Epaphras: Paul's Educator at Colossae* (Paul's Social Network; Collegeville, MN: Liturgical, 2008), 25-35를 보라.

60. 세속 헬라어에서 이 단어는 종종 같은 주인을 섬기는 이들이 사용한다. 또한 노예와 유사한 운명에 처한 이들을 가리켜 사용하기도 하는 단어인 ὁμόδουλοι와 바꾸어 사용한다. 참고. D. J. Kyrtatas, The Vocabulary of Slavery," in *A History of Ancient Greek: From the Beginnings to Late Antiquity* (ed. A. F. Christidis; trans. D. Whitehouse; New York: Cambridge Univ. Press, 2007), 1059.

61. 노예에 대한 비유뿐만 아니라 로마 시대 노예제의 역사적 사실에 대한 일반적 논의는 '빌레몬서 서론'을 참고하라.

62. UBS^4-NA^{27} (KJV, NLT, NRSV, ESV도 보라)와 달리 이 번역은 가장 초기의 가장 신뢰할 수 있는 증거들($\mathfrak{P}^{46}$ ℵ* A B D* F G 326* 1505)의 지지를 받는 해석이며 대부분의 최신 영어 번역본은 이 해석을 따른다(NAB, NASB, NJB, REB, TEV, NKJV, NET, TNIV, NIV). 이 해석은 또한 사도들의 사역 확장에 대해 에바브라의 사역을 강조하는 문맥과 부합한다.

조하는 것이라고 해석할 수도 있다. 바울 서신에서 "종"(διάκονος)이 복음 사역의 일꾼이라는 의미로 사용될 때가 종종 있지만, 어떤 직책의 공식 칭호로 사용되는 경우는 거의 없다.[63] 이 용어의 독특한 기독교적 배경은 "섬기는 자"(눅 22:27)이신 예수님을 본받는 것에서 기인한다.[64]

1:8 성령 안에서 너희 사랑을 우리에게 알린 자니라(ὁ καὶ δηλώσας ἡμῖν τὴν ὑμῶν ἀγάπην ἐν πνεύματι). 골로새 교인들에게 복음을 전한 에바브라의 역할을 논의한 바울은, 이제 골로새 교인들의 수고를 알린 메신저로서 그의 역할에 집중한다. 이런 전환은 두 가지에 초점을 맞춘 감사 단락의 전반부와 일치한다.

A 골로새 교인들의 믿음과 사랑(4절)
  B 강력한 복음의 역사(5-6절)
  B′ 복음의 메신저인 에바브라(7절)
A′ 골로새 교인들의 사랑을 전하는 메신저인 에바브라(8절)

에바브라를 복음의 메신저로서 언급한 것(7절)은 골로새 교회의 설립자로서 그의 권위를 확고히 한다. 한편 골로새 교인의 선행을 알린 그의 역할을 강조하는 것은 골로새 교인 사이에서 그에 대한 신뢰를 구축한다. 이로써 바울이 골로새 교인들의 문제를 다루는 단락으로 전환된다. 골로새 교인들과의 관계에서 바울의 잠재적 역할 역시 간과해서는 안 된다.[65] 에바브라가 자신이 설립한 교회의 현황을 바울에게 보고한 사실은, 골로새 교인들을 책임진 사도로서 바울의 위치를 가리킨다. 그리고 바울의 이 권위는 궁극적으로 그를 사도로 부르신 그리스도께 달려 있다.

한정적 분사 "알린"(who has…told)은 에바브라에 대해 더 자세한 정보를 제공한다. 동사 '알리다'(δηλόω)는 감추어져 있던 지식이 드러나는 것을 가리킬 수 있지만, 단순히 정보의 전달을 의미할 수도 있다(참고. 고전 1:11). 그들이 "사랑"(τὴν…ἀγάπην)하는 대상은 명확하게 언급되어 있지 않다. 이 "사랑"의 대상이 바울(그리고 디모데)일 수도 있지만 4절을 볼 때 모든 신자와 골로새 교회 안에서 서로 사랑하는 것을 가리킬 가능성이 가장 크다. 2:2에서 바울은 골로새 교인들이 "사랑 안에서 연합"하기를 바라는 소망을 다시 피력한다. "사랑"은 완벽한 유대를 가능하게 하는 덕목이다(참고. 3:14). 골로새 교인들의 "믿음"과 "사랑"을 언급한 4절과 비교할 때, 에바브라는 단순히 그들의 "사랑"을 보고했을 것이다. 이로써 그들의 "사랑"을 그들의 "예수 그리스도에 대한 믿음"이 표현된 것으로 이해하는 것이 타당함을 알 수 있다.

"성령 안에서"(in the Spirit)라는 전치사구는 골로새서에서 처음으로 성령이 명시적으로 언급된 유일한 경우이다.[66] 바울이 이 서신에서 성령의 사역을 언급하지 않는 이유는 아마 성령론이 아닌 기독론이 거짓 교사들에 대한 논박의 핵심이기 때문일 것이다. 골로새서와 여러 면에서 유사한 에베소서가 성령을 훨씬 강력하게 강조한다는 점(엡 1:13, 17; 2:18, 22; 3:5, 16; 4:3, 4, 30; 5:18; 6:17, 18)이 이 해석을 지지한다. 골로새서의 이 부분에서 전치사 "…안에서"(in, ἐν)는 진정한 사랑의 표현을 가능하게 하는 주체로서 성령을 가리키는 수단의 의미로 사용된다. "성령이 너희에게 주신 사람들을 향한 사랑"(NLT).[67] 이 용례는 바울이 다른 서신에서 이 관용

63. 롬 16:1; 빌 1:1; 딤전 3:8, 12은 예외다.
64. Clarke, *A Pauline Theology of Church Leadership*, 65를 참고하라.
65. Alleti, *Saint Paul Épître aux Colossiens*, 65.
66. 2:5의 "심령"(spirit)은 인간의 영혼을 가리킬 가능성이 매우 크다. 또한 1:9; 3:16의 "신령한"(πνευματικός)에서 성령이 암묵적으로 언급되는 것을 보라.
67. 참고. "성령이 너희 속에서 일깨운 사랑"(REB).

표현을 사용한 것과 일치한다. 전치사를 사용하는 경우도 있지만 그러지 않는 경우도 있으며, 구체적으로 사랑과 성령을 연결한 용례도 있다(롬 5:5; 15:30; 갈 5:22-23).[68]

의도적이든 아니든 이 감사 단락에서 하나님의 삼위가 모두 거론된다. '아버지 하나님'(3절; 참고. 6절), "우리 주 예수 그리스도"(3절; 참고. 4, 7절), "성령"(8절). 삼위의 관계를 여기서 명시적으로 언급하지는 않지만 삼위일체 교리의 발전에 기여하는 본문 중 하나라고 할 수 있다.

적용에서의 신학

1. 바울과 그의 동역자들과 하나님의 백성

바울은 다른 서신에서처럼 자신을 "그리스도 예수의 사도"로 밝히며 시작한다(1절). 이 호칭은 교회들에 대한 그의 권위를 확고히 할 뿐 아니라, 이 문서의 공적이고 공개적인 성격을 드러낸다. 즉, 특정 문제들에 대해 저자의 개인적 의견을 피력한 사적 편지가 아니라는 것이다. 바울이 "하나님의 뜻으로" 말미암아 사도로 임명되었으므로(1절), 골로새서는 골로새 교인들에게 하나님의 뜻을 전하는 권위 있고 신뢰할 수 있는 편지이다. 마찬가지로 디모데를 동역자로 언급한 점은 이 서신이 초기 기독교 운동의 지도자들이 쓴 편지라는 성격을 드러내준다.

공동 발신자, 수신자, 전달자를 소개하는 방식에서는 바울이 만든 상징적 세계를 엿볼 수 있다. 골로새 교인들에게 보내는 그의 메시지는 이 상징 세계의 틀로 이해해야 한다. 디모데와 수신자들은 "형제들"로 나타난다. 에바브라는 "신실한 일꾼"(7절)이자 "함께 종 된"(fellow slave) 사이이다. 함께 종 되었다는 표현은 바울도 자신을 종으로 인식하고 있음을 보여준다. 이런 호칭들은 "우리 아버지"(2절) 하나님과 그분의 아들 '그리스도 예수/예수 그리스도'(1, 4, 7절)와 연관될 경우에만 의미가 있다. 가족 용어를 사용하는 것은 신자 가정을 중심으로 모인 초대 기독교 공동체를 반영한 것일 수 있다(참고. 4:15).[69] 그런데 바울은 가정의 배경이 또한 그 구성원들에게 새로운 정체성을 제공한다고 확신한다. 이제 그들은 더 이상 인종이나 계급으로 관계를 형성하지 않는다(3:11). 그들은 오직 "만유시요 만유 안에 계신"(3:11) 그리스도와 맺은 관계를 통해서만 서로 관계를 맺는 새 인류에 속하게 된다. 그러므로 그리스도의 주재권을 반복해 언급하는 골로새서(3:18, 20, 22, 23, 24; 4:1)에 가족 관계에 대한 논의가 나오는 것은 놀랍지 않다.[70]

---

68. 더 자세한 논의는 Gordon Fee, *God's Empowering Presence: The Holy Spirit in the Letters of Paul* (Peabody MA: Hendrickson, 1994), 21-24를 참고하라.

69. 또한 다음을 보라. 행 2:46; 5:42; 8:3; 20:20; 롬 16:5; 고전 16:19; 딤전 3:5; 몬 1:2.

70. 참고. 신자들을 "하나님의 집"으로 부르는 베드로전서 4:17. 가정은 고대 세계에서 현대 사회에서처럼 통시적(즉, 혈연으로) 요인뿐 아니라 공시적(즉, 상황적) 요인들과 관련하여 종종 한 개인의 사회적,

현대 독자는 시간적, 문화적, 역사적으로 골로새 교인들과 전혀 다른 환경에 살고 있지만, 바울이 그들에게 전한 말은 오늘날에도 유의미하다. 우리 역시 그리스도의 죽음으로 하나님과 화해를 이룬 가족의 일원이기 때문이다(1:22). 교회를 이익 집단이나 공동체 조직으로만 여기는 사람은 자신이 그리스도의 권세에 복종하는 가족에 속해 있음을 기억해야 한다. 이 서신은 교회와 동료 신자들을 바라보는 방식을 재고하도록 도전한다. 그들은 단순히 관심사가 유사한 타인들이 아니다. 그들은 그리스도 안에서 서로 사랑하고, 지지하며, 견책하고, 격려해야 할 의무가 있는 형제자매이다. 나아가 교회를 하나의 가족으로 생각하는 것은 서로에게 지는 의무와 전체로서 가정에 대해 지닌 의무를 강조한다. 우리는 그리스도의 이름을 공유하며 그분의 영광을 위해 힘쓴다.

2. 서신과 인간관계 유지

헬라의 파피루스 편지의 서두 단락과 비교해보면, 하나님께 구체적으로 초점을 맞추는 바울의 감사 단락은 매우 인상적이다.[71] 하나님을 반복해서 언급하는 것 외에(3, 6, 10절) 하나님 중심적 언급은 여기서 여러 가지 방법으로 표현된다. 첫째, 바울과 그의 개인적 안녕을 강조하지 않는다는 점을 주목해야 한다. 나중에 하나님의 계획에서 그가 맡은 역할을 언급하지만(1:24-2:5), 이 감사 단락은 그의 업적에는 관심이 없다. 오히려 복음의 강력한 역사에 초점을 맞춘다(5-6절).

둘째, 건강을 기원하는 헬라식 편지의 서두는 종종 수신자(그리고 저자)의 육체적 건강에 관심을 갖는다. 그러나 바울은 감사 단락에서 골로새 교인들과 "그리스도 예수"의 관계에 관심을 둔다(4절).

마지막으로, 기능적 측면에서 헬라 서신의 서두 단락은 저자와 수신자의 '수평적' 관계를 확보하는 데 목표를 두고, 따라서 편지 본론에 제시될 요청의 근거를 마련한다. 그러나 바울은 골로새서의 이 단락에서 독자와 하나님의 "수직적" 관계에 훨씬 큰 관심을 둔다.[72]

그들이 받은 복음에 표현된 대로 "소망"(5-6절)에 기초한 '그리스도 예수에 대한 믿음'(4절)과 '성령 안에서의 사랑'(8절)은 골로새서의 저술 목적을 드러내는 중요한 진술이다. 이 편지의 목표는 바울이 골로새 교인과 맺은 관계를 유지하는 것이 아니라, 복음으로 골로새 교인들을

정치적 관계들을 규정하는 배경으로 작용한다. 참고. Jean Kellerhals, Cristina Ferreira, and David Perrenoud, "Kinship Cultures and Identity Transmission," *Current Sociology* 50 (2002): 213-28.

71. 감사하며 신을 부르는 헬라 서신에서는 신들이 동사의 주어와 언급된 행위의 주어가 되지 않는다. 예를 들어, P.Cair.Zen. III 59426 (260-250 BC) 1-3행을 보라. "너, 너 자신이 건강하고 너의 모든 일들이 잘되고 있다면 나는 모든 신들에게 감사한다."

72. 참고. Helmut Koester ("1 Thessalonians—Experiment in Christian Writing," in *Continuity and Discontinuity in Church History: Essays Presented to George Hunston Williams on the Occasion of his 65th Birthday* [ed. E. F. Church and T. George; Leiden: Brill, 1979], 36). 그는 바울의 서두 감사 단락이 "저자와 무관한 수신자들의 상황을 확립한다"라고 주장한다. 그러나 바울의 저작에서 개인적 관계의 중요성을 부인해서는 안 된다(가령, Abraham Malherbe, *The Letters to the Thessalonians* [AB 32B; New York: Doubleday, 2000], 125).

견고하게 세우는 것이다. 이것은 모든 세대를 아우르는 기독교 지도자들에게 사역의 강력한 모범을 제시한다. 복음 사역은 사람들의 관심을 우리 자신에게 집중시키지 않고, 하나님과 그분의 역사에만 관심을 집중할 것을 요구한다.

이것을 오늘날 우리에게 적용한다면, 주변 사람들을 기쁘게 하고 싶은 압박감이 아닌 하나님과 그분만을 예배하려는 열정이 우리 안에 있어야 한다. 현대의 사회적 연결망 서비스는 친구와 관계를 유지하고 회복하는 독창적인 방식을 만들어내고 있다. 그런데 이런 도구들은 오직 하나님과 맺는 관계로만 얻는 것을 선사해줄 것처럼 우리를 현혹할 수 있다. 이보다 더 위험한 경우는 교회가 하나님과의 관계를 희생해서 신자들의 관계에 더 열을 올릴 때이다. 골로새서는 그러한 경향을 바로잡아줄 것이다. 바울은 이 편지에서 그리스도를 통한 하나님의 역사를 이해하는 것이 중요하다는 사실을 설명하고, 하나님 백성의 공동체에서 그러한 이해가 어떻게 신자의 삶에 영향을 미치는지 보여주기 때문이다.

3. **말씀의 능력**

바울이 사역과 업적에 무관심한 것은 "복음 진리의 말씀"(5절)의 능력에 관심을 집중하게 한다. 바울은 이 말씀이 골로새 교인들에게 이르러 '열매를 맺고 자란다'(5-6절)고 묘사한다. 능동적 말씀을 강조하는 것은 그 지역의 복음 전파가 바울이 그곳에 직접 복음을 전한 결과가 아니라는 역사적 사실을 반영할 수도 있다(참고. 7절). 또한 이러한 강조는 인간적 약점과 실패에도 불구하고 복음 메시지의 능력이 나타나는 것을 강조하는 바울의 포괄적 관심사를 반영할 수도 있다. 구약에서는 창조의 말씀의 능력뿐 아니라(참고. 시 33:6, 9) 구원 사역을 이루시는 하나님의 신실한 말씀의 능력도 볼 수 있다(참고. 사 40:8; 55:10-11). 창조의 말씀으로서 하나님의 말씀에 대한 인식은 신약에서도 유지되며(참고. 요 1:1; 히 11:3; 벧후 3:5), 이 창조의 말씀은 역사 속에서 하나님의 종말론적 역사를 성취하는 말씀과 동일시된다. 이것은 "예수 그리스도로 말미암아 화평의 복음을 전하사 이스라엘 자손들에게 보내신 말씀"(행 10:36)이기 때문이다.[73] 요한계시록 저자도 복음 전파를 말씀의 승리로 이해한다(계 19:13).

바울에게 있어 이 말씀의 중심은 '십자가'이므로, 그것은 "하나님의 능력"(고전 1:18)을 가리킨다. 말씀에 대한 바울의 강조는 감사 단락에서 소개된 것처럼 골로새서에서 가장 잘 드러난다. 이 말씀은 한 공동체에서만 위력을 떨칠 뿐 아니라(5절) "온 천하"에서도 그 영향력을 감지할 수 있다(6절). 이러한 강조는 바울이 자신을 말씀의 종, 곧 "하나님의 말씀"을 이루는 것(25절)을 임무로 삼은 자로 보게 한다. 바울의 권면에 나타난 것처럼 골로새 교인들 역시 이 말씀에 의존한다. "그리스도의 말씀이 너희 속에 풍성히 거하여"(3:16).

---

73. 또한 행 6:7; 12:24; 19:20; 20:32을 보라. 초대 기독교의 케리그마에서 이사야적 하나님의 말씀을 사용한 경우에 대해서는 David W. Pao, *Acts and Isaianic New Exodus* (WUNT 2. 130; Tübingen Mohr Siebeck, 2002), 147-80을 보라.

현대 독자에게 하나님의 말씀에 대한 강조는 시의적절한 메시지를 던진다. 첫째, 설교자들은 종종 "개성의 종교"로 혼동하여 청중이 자신의 관점으로 걸러낸 복음에 배부르게 할 위험이 있다.[74] 하지만 말씀에 중점을 두면, 이 대리자들이 생명의 말씀에 대한 신실하고도 강력한 수호자가 됨으로 복음이 그들의 권위를 강화해준다. 바울의 메시지는 우리가 모두 복종해야 할 능동적 말씀의 핵심적 역할을 보여준다. 한 개인의 사역이 성공하는 것 역시 말씀의 종들이 발휘하는 기법과 전략이 아니라 역사 속에 나타난 하나님의 사역에 달려 있다. 하나님과 개인의 관계를 논의할 때도 말씀을 강조하는 것이 중요하다. 한 개인의 경험과 상황을 중심으로 '영성'을 논의하기 쉬운 이 시대에 우리는 예수 그리스도의 복음의 중심성을 다시 확인해야 한다.[75] 골로새서는 많은 부분을 할애하여 개인의 믿음과 행동의 관계를 다룬다.

4. 이론과 실천

서론 단락에서 바울은 신학과 윤리 혹은 신앙과 행위를 분리하지 않는다. 오히려 신학적 틀이 올바른 행동의 근거로 제시된다. 믿음, 사랑, 소망의 존재가 이 점을 가장 잘 설명한다. 바울은 여기서 세 덕목을 평행 관계를 이루는 기독교적 덕목으로 소개하지 않는다. "믿음"이 예수님과의 관계를 가리키는 반면("그리스도 예수 안에", 4절), "사랑"은 "믿음"이 외적으로 표현된 것이다. 나아가 두 덕목은 모두 복음 메시지와 동일시되는 "소망"에 근거를 둔다(5절). 이 단락 말미에서 믿음과 실천의 상호 관계가 다시 언급된다. 골로새 교인들이 받은 "복음"(5-7절)은 다른 사람들에게 하는 행동에서 드러나는 "사랑"(8절)과 연결된다. 바울은 독자에게 예수님과의 관계가 사람들과 맺는 관계에 영향을 미친다는 사실을 분명하게 밝힌다. 개인의 행동에는 개인의 믿음 체계가 반영되어 있다. 이 중 하나만을 강조한다면, 사람들을 잘못 인도할 위험이 있으며 복음 메시지의 요구를 제대로 이해하지 못한 것이다.

지나치게 믿음과 실천의 상호 관계를 중시하다가 종종 복음 메시지의 내용에 담긴 근본적 의미를 무시하는 실수를 저지를 수도 있다. 그러나 바울은 이 단락에서 객관적 복음의 내용이 "믿음"과 "사랑"의 근거로 기능한다는 것을 알려준다.[76] 복음은 '듣고 깨달아야 한다'(6절). 복음은 주관적 진리가 아니므로, 골로새의 거짓 교사나 복음의 객관성을 훼손하는 데 열을 올리는 현대의 거짓 교사는 그것을 능히 조작할 수 없다. 따라서 '너희에게 이르고'(6절) '열매

74. John S. McClure, *The Roundtable Pulpit: Where Leadership and Preaching Meet* (Nashville: Abingdon, 1995), 21. "리더-추종자와 설교자-청중은 공생 관계가 될 수 있다. 이런 일이 일어날 경우 리더와 설교자는 모든 회중이 자신들의 인격과 개성의 연장이라고 생각하는 경향을 보인다."

75. 복음의 메시지와 그 영향력에 대한 주석과 관련해 기독교 영성에 대한 유익한 논의는 Alister McGrath, *Beyond the Quiet Time: Practical Evangelical Spirituality* (Grand Rapids: Baker, 1995)를 보라. 영성에 대한 더 깊은 논의는 1:9-14의 '적용에서의 신학'을 보라.

76. 믿음, 소망, 사랑에 관한 논의에서 Augustine (*Faith, Hope and Charity* [trans. Louis A. Arand ; New York: Newman, 1947], 33-112)은 인간의 타락에서부터 예수 그리스도의 구속 사역에까지 이르는 하나님의 놀라운 역사를 개괄적으로 보여준다. 이 '덕목들'에 대한 현대적 분석은 이 구원사적 분석을 종종 생략한다.

를 맺고 자라는'(6절) 존재로서 의인화된 말씀은, 의도적인 수사적 전략으로서 복음 메시지의 객관적 실체를 강조하기 위한 것으로 이해할 수 있다.[77]

복음에 대한 인지적 중요성은 골로새서의 기초가 된다. 예를 들어, 다음 단락에서 "하나님의 뜻을 아는 것"(1:9)으로 '주께 합당하게 행하라'(1:10)는 권면이 다시 등장한다. 그리고 바울은 논증의 본론에서 골로새 교인들이 받았던 복음을 상기시킴으로(2:6-15) 의문스러운 관행들을 다시 반박한다(2:16-23). '윤리' 단락(3:1-4:1)도 부활하신 그리스도의 지위와 권위에 대한 강력한 기독론적 확증(3:1-4)으로 시작한다.

바울이 전한 메시지의 능력을 살펴보는 이 시점에 이론과 실천의 관련성은 중요한 의미가 있다. 첫째, 바울은 구체적인 행동과 행동 방식을 다루는 대신, 관행의 원인을 파고 들어 그것이 생겨나게 한 신념 체계를 수정하려 한다. 그러므로 바울에게 윤리는 단순히 그가 설명한 복음의 함의를 말하는 것이 아니다. 그에게 윤리는 청중에게 예수 그리스도의 참 복음을 상기시키려 애쓰는 이유이다.

둘째, 복음을 정확히 아는 것은 바울의 메시지를 적용하는 과정의 일부이다. '적용'은 더 이상 일련의 윤리적 명령을 피상적으로 처방한다는 제한적인 의미로 정의될 수 없다. 잘못된 관행이 잘못된 신념 때문에 생겨났다면, 복음 메시지로 개인의 신념 체계에 새롭게 도전해야 한다. 그렇게 해야 가장 실제적이고 중요한 방법으로 복음을 우리 삶에 적용하는 과정이 시작될 수 있다.

마지막으로, 즉각적이고도 신속한 처방을 요구하는 문화 속에서[78] 이 편지는 우리의 인내를 요구하며, 우리는 참 복음에 기반을 둔 현실관을 갖도록 요청받는다. 그리스도의 주재권 아래 일관되고 신실한 삶을 살기 위해서는 복음에 기반하여 현실을 이해하는 것으로 무장해야 한다. 무엇보다 치유자 역할을 해달라는 압박에 종종 시달리는 목회자에게 바울은 교인을 훈련하여 그들이 개인의 행동을 이해할 수 있는 더 큰 틀을 가르쳐야 함을 알려준다. 예를 들어, 십일조는 단순히 재정을 관리하는 문제가 아니라, 근본적으로 청지기직의 문제이며 하나님의 은혜에 대한 반응의 문제이다. 이혼은 단순히 결혼 관계의 문제가 아니라, 그리스도의 주 되심에 대한 언약적 신실성과 순종의 문제를 포함한다. 직업 선택은 직업 개발의 문제가 아니라, 하나님의 전체적 계획에서 개인의 위치를 이해하는 것과 분리해서 논의할 수 없는 문제이다.

---

77. 제2성전기 유대교의 유사한 발전을 지적할 수 있다. 이 유대교 신앙에서 지혜는 토라와 동일시된다(참고. Sir 1:25-27; 6:37; 19:17; 24:23; Bar 4:1). 바울에게 이 중재하는 역할은 예수 그리스도로 말미암아 성취된다. 그분은 하나님의 뜻이 최종적이고 최고조로 계시되었음을 상징하신다.

78. 앞 세대에서 '안일한 신앙주의'의 원인은 복음 메시지가 요구하는 것을 정확히 인식하지 못한 데 있었다(참고. Gary R. Collins, *Beyond Easy Believism* [Waco, TX: Word, 1982], 17-29). X세대나 Y세대에게 이 '안일한 신앙주의'는 신자의 생각과 삶에 대한 변혁적 의미를 인정하지 않는 모습으로 나타난다(참고. Steve Rabey, *In Search of Authentic Faith: How Emerging Generations Are Transforming the Church* [Colorado Springs, CO: Waterbrook, 2001], 15-46).

CHAPTER 2

골로새서 1:9-14

문학적 전후 문맥

골로새 교인들의 삶에 나타난 복음의 위력을 설명하는 감사 단락(1:3-8)에 이어 바울은 기도문을 전개한다. 그는 이 기도문에서 교인들에게 하나님께 계속해서 신실하라고 권면한다. 그러므로 감사 단락은 이 심층적 논의의 기초가 된다(참고. 9절의 "이로써").

이 단락의 정확한 구조에 대해서는 합의된 의견이 없다. 어떤 학자들은 9-14절을 "하나의 복문"[1]으로 보는 반면, 또 다른 이들은 12절에 강조점의 변화가 있다고 지적하기도 한다.[2] 15절 서두의 관계 대명사(who, ὅς) 때문에 15-16절[3]이나 심지어 15-20절[4]을 이 긴 문장의 일부로 보는 이들도 있다. 10-12절에서 4개의 분사구문이 구문상 평행 관계이기 때문에, 11절과 12절 사이에서 문장이 새로 시작된다고 보는 것은 자연스럽지 않다. 분사 '감사하다'(εὐχαριστοῦντες, 12절)는 한 구문 단위의 주동사로 볼 수 없으므로 이렇게 두 절을 분리하여 보는 것은 어색하다. 더욱이 15-20절은 찬송시로서 독특한 문체를 띠기 때문에 14절까지 문장을 끊어 읽어야 더 자연스럽다. 또한 15절에서 관계 대명사를 사용한 점은, 그것을 사용하여 찬송시 단락을 시작하는 문학적 관습이 있었다는 것으로 설명할 수 있다(15절에 대한 설명을 보라). 그러므로 9-14절을 하나의 단락으로 보는 것이 가장 적절해 보인다.

어떤 학자들은 처음 두 단락에 다음과 같이 공통된 주제가 있다고 지적한다. 감사(3, 12절), 기도(3, 9절), 들음(4, 9절), 열매 맺음(6, 10절), 자람(6, 10절), 성도(4, 12절). 그러나 이런 공통 주제가 있다 해도 9-14절에서 사고가 진전된 것을 간과해서는 안 된다. 이 단락에는 독특하게 강조되는 주제들이 있다. 첫째, 바울은 아는 것의 중요성에 계속 관심을 기울인다. "하나님의 뜻을 아는 것"(9절), "모든 신령한 지혜와 총명"(9절), "하나님을 아는 것"(10절)이라는 구절은,

1. Moo, *Letters to the Colossians and to Philemon*, 92; 참고. Harris, *Colossians and Philemon*, 28.
2. 예를 들어, Schweizer, *Letter to the Colossians*, 40.
3. 예를 들어, Barth and Blanke, *Colossians*, 173.
4. 예를 들어, Charles H. Talbert, *Ephesians and Colossians* (Paideia; Grand Rapids: Baker, 2007), 185.

골로새 교인들이 영접한 복음(5–6절)을 올바르게 이해하는 것에 대한 논의와 거짓 선지자들에게 속지 말라는 당부(참고. 2:4)를 예비한다.

둘째, 바울은 여기서 하나님의 강력한 역사에도 초점을 맞춘다. 앞에서는 '열매를 맺고 자라는'(6절) "복음"의 적극적 역할을 소개했다. 이제 여기서는 "모든 능력으로"(11절), "능하게 하시며"(11절), "그의 영광의 힘"(11절), "우리를 흑암의 권세에서 건져내사"(13절), "나라"(13절)와 같은 단어와 구절로 하나님의 능력을 강조한다. 바울에게 있어 복음을 오해한다는 것은 단순히 문제가 있는 정신적 행위가 아니라, 백성을 위한 하나님의 능력을 부정하는 행위이다.

이런 주제들의 강조는 하나님의 "아들"이 하신 가장 중요한 행위로 말미암아 드러난 능력을 정확히 알아야 한다는 강조로 이어진다(13절). 그러므로 어떤 의미에서 이 기도문은 다음 단락에 소개될 골로새서의 기본적인 논증의 서론에 해당한다. 다음 단락은 창조(1:15–17)와 구속(1:18–20)에서 유일무이한 아들이 행하신 강력한 사역을 소개한다. 이 지식에 일치하는 삶을 사는 것이 골로새서가 요구하는 핵심적 요구 사항 중 하나이다.

바울이 기도문 형식으로 골로새 교인들을 위한 요구 사항을 표현하는 것은 그들의 순종조차 하나님의 강력한 역사의 일부라는 확신을 반영한다. 이것은 바울이 복음의 능력에 초점을 맞추는 다른 기도문과 일맥상통한다.[5] 나아가 편지의 기능적 측면에서 기도문으로 논증을 시작하는 것은, 편지 전체가 자기 백성을 위한 하나님의 능력을 떠올리게 하는 것이라는 목적으로 이해되어야 함을 암시한다.[6] 그러므로 이 단락의 논증은 단순히 청중이 자기 주도적으로 행동을 바꾸게 하는 데 목적을 두지 않는다. 이 논증은 자기 아들을 통해 구속하신 자들에게 끝까지 신실하신 자비로운 하나님을 향한 호소이다.

5. 예를 들어, 롬 15:30; 엡 1:15–23; 3:14–21; 빌 1:9–11; 살전 3:11–13. 참고. D. A. Carson, "Paul's Mission and Prayer," in *The Gospel to the Nations* (ed. Peter Bolt and Mark Thompson; Downers Grove, IL: InterVarsity Press, 2000), 175–84.

6. 데살로니가전서와 에베소서의 경우 전체 서신이 "기도로 이루어져 있다"라고 말해도 틀리지 않다(M. C. Dippenaar, "Prayer and Epistolarity: The Function of Prayer in the Pauline Letter Structure," *TaJT* 16 (1994): 147–88.

주요 개념

골로새 교인들은 그들이 수용한 복음에 합당한 삶을 살기 위해 하나님을 아는 지식으로 충만해야 한다. 이 지식의 핵심은 하나님이 사랑하시는 아들을 통해 행하신 놀라운 구속 사역이다.

번역

골로새서 1:9-14

9a	9c의 근거	이로써
		우리도
b	시기	듣던 날부터
c	주장	**너희를 위하여 기도하기를 그치지 아니하고**
d	재진술	**구하노니**
e	내용	너희로 하여금 모든 신령한 지혜와 총명에
		하나님의 뜻을 아는 것으로 채우게 하시고
10a	9d의 목적	주께 합당하게 행하여
		범사에 기쁘시게 하고
b	연속(수단)	[1] 모든 선한 일에 열매를 맺게 하시며
c	연속	[2] 하나님을 아는 것에 자라게 하시고
11a		그의 영광의 힘을 따라
		모든 능력으로
	연속	[3] 능하게 하시며
b		기쁨으로*
c		모든 견딤과 오래 참음에 이르게 하시고
12		우리로 하여금…성도의 기업의 부분을 얻기에
		빛 가운데서
	연속	[4] 합당하게 하신 아버지께 감사하게 하시기를 원하노라
13a	서술	그가 우리를 흑암의 권세에서 건져내사
b	진전	그의 사랑의 아들의 나라로 옮기셨으니
14a	수단	그 아들 안에서 우리가 속량
		…을 얻었도다

b 동격 곧 죄 사함

* 전통적으로 절을 구분할 때 "기쁨으로"는 11절에 포함되지만, 이어지는 절을 수식하는 것으로 보는 것이 가장 적절하다. 11절에 대한 설명을 보라.

구조

이 긴 문장은 "이로써"(9a절)라는 표현으로 시작된다. 이 표현은 앞 단락과 이 절을 연결한다. 주절은 바울이 골로새 교인들을 위해 쉬지 않고 기도하는 것을 강조한다(9c–d절). 바울은 그들이 주 안에서 온전한 삶을 살 수 있도록(10a절) 올바른 지식으로 충만하게 해달라고 기도한다(9e절).

네 개의 부사적 분사로 시작되는 4개의 분사절['열매를 맺다'(10b절), '자라다'(10c절), '능하게 하다'(11a절), '감사하다'(12절)]은 10a절의 동사 '행하다'를 수식하지만, 분사구문들과 이 동사가 정확히 어떤 관계인지는 확실하지 않다. '주께 합당하게 행하는' 방식을 나타내는 것일 수도 있지만, 그러한 '행함'을 가능하게 하는 수단을 명시한 것일 수도 있다. 네 개의 문장에 나타난 평행은 각 문장에 부사적 수식어가 사용됨으로 더 두드러진다.

더 긴 네 번째 절(12절)에서 바울은 관계사절(13절)로 하나님의 사역을 논한다. 이 절은 다시 "그의 사랑의 아들"이 등장하는 서론부(13b절)와 그분을 통해 성취된 구속 사역(14절)으로 연결된다. 여기서 "아들"은 오직 종속절에만 등장하지만, 역사 안에서뿐만 아니라 그것을 넘어 지위와 사역 면에서 우월하심을 찬송하는 다음 단락(1:15–20)에서는 본 주어로 등장할 것이다.

석의적 개요

➦ I. 바울이 골로새 교인들을 위해 중보기도를 하는 이유(1:9a–d)

II. 내용: 하나님의 뜻을 아는 지식이 충만하도록(1:9e)

III. 목적: 주 안에서 행하도록(1:10a)

IV. 주 안에서 행할 수 있는 수단(1:10b–12)

A. 열매를 맺음으로(1:10b)

B. 자라는 것으로(1:10c)

C. 능하게 됨으로(1:11)

D. 감사함으로(1:12)

V. 아버지의 사역(1:13)

VI. 아들의 중재(1:14)

본문 설명

1:9a–b 이로써 우리도 듣던 날부터(Διὰ τοῦτο καὶ ἡμεῖς ἀφ' ἧς ἡμέρας ἠκούσαμεν). 바울은 3–8절의 감사와 연결하여 이 기도문을 시작한다. "이로써"는 골로새 교인들에 대한 에바브라의 보고(4–8절)를 가리킨다. "…도"(also, καί)는 이 접속사가 보조적 용도로 쓰였음을 암시하며,[7] 에바브라(7–8절)에서 다시 바울과 디모데로 주어가 바뀌었음을 보여준다.[8] 바울은(디모데와 더불어) 하나님께 감사를 드리면서 이제 골로새 교인들을 위해 중보기도를 드린다(참고. 엡 1:15). 나아가 바울이 사용한 "이로써…도"라는 표현의 다른 용례는 동사의 주어가 바뀜을 알리는 것이 아니라 새로운 행동을 소개할 때 사용된다(참고. 롬 13:6; 살전 2:13; 3:5). 바울이 골로새 교인들에게 믿음에 굳게 서라고 권면한 근거가 그들이 이미 경험한 복음의 능력에 있다는 점은 중요한 의미를 지닌다.

"듣던 날부터"는 6d절의 유사한 구절('너희가 듣고…한 날부터')을 떠오르게 한다. 또한 이 구절은 바울이 요청하는 근거가 단순히 거짓 교사들의 도전이 아니라 골로새서 교인들의 삶에 명백히 나타난 하나님의 역사에 있음을 강조한다.

1:9c–d 너희를 위하여 기도하기를 그치지 아니하고 구하노니(οὐ παυόμεθα ὑπὲρ ὑμῶν προσευχόμενοι καὶ αἰτούμενοι). 바울은 기도문을 시작하면서 골로새 교인들을 향한 자신의 끊임없는 관심을 강조한다. 이 긴 문장의 주절에는 '그치지 않다'라는 부정 동사가 사용되며, '기도하다'와 '구하다'라는 두 가지 보충적 용법의 분사가 등장한다. 중간태로 표현된 '그치지 않다'(παυόμεθα)는 "무언가를 그치지 않고 계속하다"라는 뜻이다.[9] 이것은 3절의 '항상'(개역개정에는 번역되어 있지 않음–역주)과 평행을 이루는 표현으로 골로새 교인들을 향한 바울의 깊은 관심을 드러낸다. 그리고 이 표현은 "정기적으로"[10]라는 뜻일 수 있으며, 그러한 경우 바울이 정기적인 기도 시간에 골로새 교인들을 기억하며 기도한다는 의미일 수 있다.[11]

'기도하다'와 '구하다'는 중언법을 이룬다. 즉, 두 단어로 하나의 복합적 개념을 전달하는 것으로 두 번째 단어가 종종 첫 번째 단어에 종속되어 첫 번째 단어를 구체화하는 경우가 많다. "우리는…라고 구하면서 너희를 위해 기도하기를 쉬지 않았다"(ESV).[12] 여기서는 바울이 골로새 교인들을 위해 중보기도하고 있음을 구체적으로 밝히기 위해 이 방법이 사용되었다.[13] 다시 말해, 3–8절은 감사 기도의 사례를 제시하는 반면, 9–14절은

7. Wallace, *Greek Grammar*, 671을 보라.

8. "우리"와 관련된 참고 내용은 1:3에 대한 논의를 보라.

9. BDAG, 790.

10. 특별히, '날마다'라는 표현과 함께 동사가 사용됨으로 일관성과 꾸준함을 강조한 사도행전 5:42을 보라.

11. 참고. Peter T. O'Brien, *Introductory Thanksgivings in the Letters of Paul* (NovTSup 49; Leiden: Brill, 1977), 21–22.

12. 그러나 어떤 이들은 이 두 표현을 동의어로 여긴다. "우리는 너희를 위해 기도하기를 멈춘 적이 없다…사실 우리는 항상…기를 기도한다"(CEV).

중보기도의 내용을 소개한다. 이 책의 번역에서 '하나님'(God, 개역개정에는 번역되어 있지 않음-역주)이라는 단어는 명확하게 할 목적으로 삽입된 것으로, 이 기도 문맥에서는 당연히 중보기도를 드리는 대상이신 하나님을 가리킨다.

1:9e 너희로 하여금 모든 신령한 지혜와 총명에 하나님의 뜻을 아는 것으로 채우게 하시고(ἵνα πληρωθῆτε τὴν ἐπίγνωσιν τοῦ θελήματος αὐτοῦ ἐν πάσῃ σοφίᾳ καὶ συνέσει πνευματικῇ). 바울은 이제 골로새 교인들의 상황과 관련해 기도의 내용을 소개한다. ἵνα(that)는 기도의 내용을 가리킨다.[14] 수동형 동사 "채우게 하시고"(may be filled, πληρωθῆτε)는 신적 수동형으로 의미상 주어는 하나님이다. 따라서 소유 대명사 '그의'는 하나님을 가리킨다. '채우다'(πληρόω)라는 동사가 쓰인 이유는 거짓 교사들이 '충만'이라는 명사(1:19; 2:9; 참고. 1:25; 2:10)를 사용했기 때문일 수 있다. 물론 이 단어군은 다른 바울 서신에도 사용된다.[15] 나아가 "아는 것"은 오직 예수 그리스도의 복음 안에서만 충만한 지식을 발견할 수 있다는 바울의 논증을 예비한다(2:2; 3:10; 참고. 2:3). 이 문맥에서 '뜻을 아는 것으로 채우게 한다'는 것은 하나님의 뜻을 "완벽히 확신하는"(TNT; 참고. 2:2-5) 것뿐 아니라, "충만한 지식"(NJB; 참고. 1:6)을 얻는 것을 말한다. 또한 바울은 기도문에서 이 지식이 인간의 전통이 아닌 하나님께로부터 와야 함을 강조한다.

'그의 뜻을 아는 지식'은 하나님이 예수 그리스도를 통해 이루신 일을 아는 지식이다. 이 "뜻"은 신자 개인을 향한 하나님의 개별적 계획을 말하지 않는다. 이것은 그분이 구원 계획을 이루어 가시는 구원의 뜻이다. 바울은 뒤에서 '그의 뜻을 아는' 지식을 "하나님을 아는 것"(10절)과 '하나님의 비밀인 그리스도를 깨닫는 것'(2:2)이라고 정의한다.

"…에"(in, ἐν)는 "채우게 하시고"를 수식하며 수단의 의미로 해석해야 할 것이다. "모든 지식과 총명을 통해"(TNIV, NIV; 참고. NAB, NJB).[16] 형용사 "모든"과 "신령한"은 "지혜와 총명"을 수식한다. "신령한"(πνευματικῇ)은 일반적인 '소유'의 의미일 수 있다. 즉, 지혜와 총명이 성령의 영역에 속한다는 것이다. 그러한 경우 이 지혜는 이 세상의 지혜와 대조를 이룬다(참고. 고전 2:1-13).[17] 이 형용사는 또한 "지혜와 총명"의 원천으로서 성령을 강조한다.[18] 에베소서 1:17의 평행 구절("지혜와 계시의 영")은 이 해석을 지지한다.

'지식', "지혜", "총명"과 같은 단어는 유대 전승에서 흔히 볼 수 있다(출 31:3; 35:31; 사 11:2; Sir 1:19; 1QS 4:4; 10:9, 12; 1QSb 5:21; 1QH2:18; 11:17-18; 12:11-12). 출애굽기 31:3, 35:31과 이사야 11:2에서 "지혜"와 "총명"과 관련해서 성령을 언급한 부분은 매우 중요하다.[19] 특히 이사야 11:2에는 "지혜와 총명의 영"과 함께 '지식의 영'이 언급되기 때문에, 특별히 종말론적 맥락에서 그 본문을 암시했을 가능성이 있다. 이 영은 새 창조의 주체가 된다. 사용되는 단어군이 다르기는 하지만 충만의 개념도 살펴볼 필요가 있다. "여호와를 아는 지식이 [온] 세상에 충만할 것임이니라(ἐνεπλήσθη)"(사 11:9). 어떤 경우이든, 바울은 이사야 11장의 메시아적 인물이 오기를

13. 참고. 막 11:24. "무엇이든지 기도하고 구하는 것은"(πάντα ὅσα προσεύχεσθε καὶ αἰτεῖσθε).
14. BDAG, 476(혹자는 이것이 목적절이라고 생각한다. Sumney, *Colossians*, 45).
15. 특히 로마서(1:29; 8:4; 11:12, 25; 13:8, 10; 15:13, 14, 19, 29)와 에베소서(1:10, 23; 3:19; 4:10, 13; 5:18).
16. 어떤 학자들(예를 들어, N. T. Wright, *The Epistles of Paul to Colossians and to Philemon*, 94)은 이것이 '지식'을 수식한다고 해석한다. "모든 신령한 지혜와 명철에서 드러난."
17. Fee, *God's Empowering Presence*, 641.
18. 참고. BDAG, 837.
19. Beale, "Colossians," 846-47; Beetham, *Echoes of Scripture*, 37-76. 이런 언급들은 또한 성령이 '지혜와 지식'의 원천이라는 해석을 뒷받침한다.

구하는 것이 아니라, 하나님의 모든 백성이 동일하게 이 "신령한 지혜와 총명"으로 충만하도록 기도하는 것이다.

1:10a 주께 합당하게 행하여(περιπατῆσαι ἀξίως τοῦ κυρίου). 이 절은 부정사(περιπατῆσαι)로 시작하며, 골로새 교인들이 "하나님의 뜻을 아는 것"으로 충만하게 해달라고(9절) 구하는 목적을 드러낸다.[20] '지식'과 "신령한 지혜와 총명"이라는 표현으로 바울이 유대적 용례를 차용했음을 암시한 9절처럼 '행하다'라는 비유도 특정 방식으로 행동한다는 의미로 '걷다'(*hālak*)라는 단어를 사용하는 유대적 배경을 암시한다.[21] 그러므로 '걷다'(ESV)라는 표현이 이스라엘 백성에게 "너희의 하나님 여호와를 사랑하고 그의 모든 도를 행하여(*hālak*) 그에게 의지하라"(신 11:22)고 명령한 구약 계명을 떠오르게 하지만, 이 비유를 '삶을 살다'(TNIV, NIV)나 '인생을 영위하다'(NJB, NAB, NRSV)로 이해해도 문제가 없다는 주장은 옳다.

"주께 합당하게"(ἀξίως τοῦ κυρίου) 삶을 영위하기 위해서는 성도(2절)로서 지위에 걸맞게 행동하고 처신해야 한다. 신약에서 '합당하다'는 표현은 대체로 바울 서신에 국한되어 사용된다.[22] 예를 들어, "성도"(롬 16:2, ESV)로서 합당하게, "부르심"(엡 4:1)에 합당하게, "그리스도의 복음"(빌 1:27)에 합당하게, '너희를 부르신 하나님'(살전 2:12)께 합당하게 행하라는 언급이 여기에 해당한다. 신자들은 삶에서 하나님의 전능하신 역사에 비추어 올바른 반응을 보이도록 요청받는다. 이 본문 맥락에서 '주께 합당하게 행하는 것'은 "흑암의 권세에서"(13절) 건짐을 받은 자에 걸맞게 살라는 의미이다.

"지혜와 총명"(9절)과 주 안에서 '행함'을 연결하는 것은 잠언을 떠오르게 한다.

> "지혜를 얻으며 명철을 얻으라 내 입의 말을 잊지 말며 어기지 말라 지혜를 버리지 말라 그가 너를 보호하리라 그를 사랑하라 그가 너를 지키리라…다닐 때에 네 걸음이 곤고하지 아니하겠고 달려갈 때에 실족하지 아니하리라 훈계를 굳게 잡아 놓치지 말고 지키라 이것이 네 생명이니라 사악한 자의 길에 들어가지 말며 악인의 길로 다니지 말지어다"(잠 4:5–6, 12–14).

칠십인역 잠언 4:5은 "지혜"와 "명철"을 토라와 동일하게 여긴다. "지혜를 얻으며 명철을 얻으라"는 요청은 "계명을 지켜라"(φύλασσε ἐντολάς)로 대체되어 나온다. 제2성전기 유대교의 지혜 전승은 확실하게 "지혜"와 토라를 동일하게 여긴다. "모든 지혜로 율법이 성취되고"(Sir 19:20). "지혜를 원하면 계명을 지키라. 그리하면 주께서 지혜를 풍성하게 주실 것이다"(Sir 1:26). "합당하게"라는 단어는 또한 성경 후기 지혜서에도 발견된다(Wis 7:15; 16:1; Sir 14:11).

그러므로 이 문맥에서 바울의 용례는 지혜 전승에서 차용한 것일 수 있다. 하지만 9절의 "하나님의 뜻을 아는 것"은 더 이상 토라가 아니라 그리스도와 관련된다는 사실(2:2)도 중요하다. "주"(κύριος)가 그리스도를 가리키는 경우 '주께 합당하게 행하는 것'은 그리스도를 중심으로 살아가는 것을 의미한다. 이 점은 2:6에 명시되어 있다. "그러므로 너희가 그리스도 예수를 주로 받았으니 그 안에서 행하되." 이 절이 이런 그리스도 중심적 구도로 지혜 전승을 다시 사용하는 것은 1:15–20에 등장한 바울의 논증의 초석을 마련한다. 거기에서 그리스도는 지혜자(Wisdom figure) 역할을 성취하시는 분으로 등장한다.[23]

20. 어떤 이들은 이 부정사가 절이 아니라 결과를 의미한다고 이해한다. "그러면 네가 사는 방식이 늘…주를 영화롭게 할 것이다."(NLT). 특별히 이것이 기도의 의도된 결과라면 여기서 목적과 결과의 차이는 중요하지 않다.

21. Heinrich Seesemann (*TDNT*, 5:944)이 지적한 대로 "고전 헬라어에는 유사한 용례가 없다." 가능한 예외적 사례들은 LSJ, 1382를 보라.

22. 유일한 예외는 요한삼서 1:6이다.

23. 참고. Morna D. Hooker, "Where Is Wisdom to Be Found? Colossians

1:10a 범사에 기쁘시게 하고(εἰς πᾶσαν ἀρεσκείαν). 이 전치사구는 "하나님의 뜻을 아는 것으로 채우게 하시고"(9절)의 또 다른 목적을 제시하는 것으로서 "주께 합당하게 행하여"와 평행 관계를 이룬다. 주께 합당하게 행하는 이유는 '범사에 기쁘시게 하기 위함이다.'[24] 앞 구절과 평행 구절인 것에 비추어보면, '기쁘게 하다'(ἀρεσκείαν)[25]의 의미상 목적어는 다른 인간이 아닌 "주"가 되어야 한다. 신약에서 '기쁘게 하다'의 명사형은 여기서만 사용되지만, 바울은 종종 인간을 기쁘게 하고(예를 들어, 롬 15:1, 2; 고전 7:33; 10:33; 딤후 2:4) 하나님을 기쁘시게 하는(예를 들어, 롬 8:8; 고전 7:32; 살전 2:4, 15) 모든 경우에 해당 동사(ἀρέσκω)를 사용한다. 데살로니가전서 4:1의 평행 구절은, 주 안에서 행하는 것과 그분을 기쁘시게 하는 것이 유사한 의미라고 지적하기 때문에 특별히 유익하다. 이 데살로니가전서 구절은 기쁘시게 하는 행위의 대상으로 하나님을 명시한다. 그러므로 이 본문에 인칭 대명사 '그를'을 삽입해도 좋다.

"범사에"(εἰς πᾶσαν)는 복음이 요구하는 총체적 순종을 강조한다. "범사에" 주를 기쁘시게 하는 방법은 10b-12절에서 네 개의 분사절로 소개된다.

1:10b 모든 선한 일에 열매를 맺게 하시며(ἐν παντὶ ἔργῳ ἀγαθῷ καρποφοροῦντες). 이 절은 이어서 나오는 세 분사구처럼 '행하다'의 의미상 주어를 수식한다. 따라서 이 절은 하나님을 기쁘시게 할 수 있는 방법을 예시한다. 문법적으로는 수단의 의미로 해석할 수 있지만, 문맥상 이 구절들은 주께 합당하게 살 수 있는 방법을 서술하고 있다.

'열매를 맺다'(καρποφοροῦντες)는 6절의 복음의 역사를 가리키지만,[26] 여기서는 골로새 교인들에게 적용된다.[27] 이것은 이 두 단락의 성격과 일맥상통한다. 감사 단락은 골로새 교인들에게 나타난 하나님의 역사를 가리키고, 중보기도문은 신자로서 그들의 책임을 예고하는 것이다. "모든 선한 일에"는 또한 앞의 "모든 성도에 대한 사랑"(4절)을 가리킬 수도 있다. 다른 바울 서신에서 '선행'은 교회 밖의 사람들에게 복음을 증언하는 방식을 암시하는 경우가 많다(참고. 롬 13:3; 갈 6:10; 딛 3:1). 어떤 경우이든 '선행'은 율법주의적 의미로 해석되어서는 안 된다. 특히 그리스도가 이루신 최종적이고도 완전한 사역을 강조하는 서신이라면 더욱 그렇다(또한 빌 1:6도 참고하라).

1:10c 하나님을 아는 것에 자라게 하시고(καὶ αὐξανόμενοι τῇ ἐπιγνώσει τοῦ θεοῦ). 헬라어로 보면 이 구절과 10b절의 교차 대구 구조가 선명하게 드러난다.

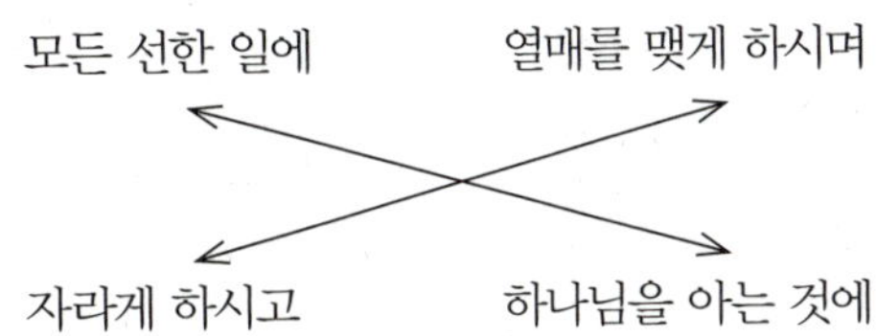

이 구조를 근거로 일부 학자는 "모든 선한 일에"와

1.15-20 (I)," in *Reading Texts, Seeking Wisdom: Scripture and Theology* (ed. David F. Ford and Graham Stanton; London: SCM, 2003), 123-24.

24. 다른 이들(예를 들어, Harris, *Colossians and Philemon*, 31)은 이 구절을 "περιπατῆσαι를 꾸미는 두 번째 구절"로 생각한다. 그러나 다른 바울 서신을 보면 의로 '행하라'는 내용은 바울의 권면의 중요한 목적으로 인식된다(참고. 롬 6:4; 8:4; 갈 5:16; 엡 4:1). 그러므로 "범사에 그를 기쁘시게 하고"라는 구절은 "주께 합당하게 행하여"의 의미를 설명한다고 보는 것이 가장 적절하다.

25. 이 단수형 여성 동명사는 '기쁘게 해주고 싶은 열망'을 가리키지만(참고. "unto all pleasing", KJV), 여기서는 문맥상 영어의 동사처럼 번역하는 것이 더 낫다.

26. 6절에서 바울은 중간태를 사용하고 여기서는 능동태를 사용하지만 의미상 변화는 전혀 없다.

27. '열매를 맺다'라는 비유는 종종 "내면 생활의 열매로서 실제적 행실"을 가리켜 사용된다(Philo, *Cherubim* 84; *Odes Sol.* 11.23; Margaret Y. MacDonald, *Colossians and Ephesians* (SP 17; CollegeVille, MN: Liturgical, 2000), 49).

"하나님을 아는 것에"가 두 분사를 모두 수식한다고 주장한다.[28] 이 주장은 6절에서 '자라다'와 '열매를 맺다'가 중언법으로 쓰인 것으로 더 설득력을 얻을 수 있다. 하지만 수식어와 관련해 분사의 위치가 바뀐 11절과 12절을 볼 때, 이 두 절은 별개의 뜻을 전달하는 개별적인 절로 보아야 할 수도 있다.

"아는 것에"(τῇ ἐπιγνώσει)는 존경의 여격으로 성장이 이루어지는 곳으로 예상되는 영역을 표현한다(참고. 9절). 그렇다면 "하나님을"(of God, τοῦ θεοῦ)은 목적격 소유격이다.[29] 그것은 하나님이 누구이신지를 아는 것과 그분이 아들을 통해 하신 일을 아는 것을 가리킨다(참고. 12–14절). 바울은 '주께 합당하게 행하는' 수단을 규정함으로 지식과 행동의 필수적 관계를 다시 강조한다.

1:11a 그의 영광의 힘을 따라 모든 능력으로 능하게 하시며 (ἐν πάσῃ δυνάμει δυναμούμενοι κατὰ τὸ κράτος τῆς δόξης αὐτοῦ). 이 세 번째 분사절은 한 걸음 더 나아가 신자가 '주께 합당하게 행하는 방법'(10절)을 설명한다. 수동 분사로 쓰인 "능하게 하시며"(being strengthened)는 하나님이 그 주체이심을 나타낸다. 신자가 능하게 되어야 할 필요성을 강조한 것은 "골로새 교인들에게 요구되는 기준이 거짓 교사들에게 요구되는 기준보다 훨씬 높았기" 때문일 수 있다.[30] 그런데 성도의 힘의 원천으로서 하나님을 강조하는 이유도 거짓 교사들이 자신의 힘으로 초월적 지식을 얻거나 특별한 영적 체험을 하려 애쓰는 행태를 겨냥한 것일 수도 있다(참고. 2:8–10, 16–19).

"모든 능력으로"라는 구절은 두 가지 면에서 하나님의 능력을 강조한다. 첫째, "모든"(πάσῃ)은 앞에 나온 용례(참고. 6, 9절)와 같이 하나님의 능력이 완전하고 충분하다는 사실을 강조한다. 둘째, 내용상 동족의 여격[31]인 "능력"(δυνάμει)의 용례는 능력을 입혀주시는(δυναμούμενοι) 하나님의 역사를 강조한다.

하나님의 능력을 강조하는 것은 "그의 영광의 힘"이라는 어구에서도 그대로 이어진다. "능력"(δύναμις)과 "힘"(κράτος)의 의미 차이가 분명하지는 않지만, 헬라어 문헌에서 "능력"은 종종 "어떤 기능을 수행할 때 힘을 발휘할 수 있는 잠재력"을 가리키는 반면, "힘"은 "통제하거나 지배할 수 있는 능력"을 뜻한다.[32] 현재 본문에서도 이런 의미상의 차이를 구분할 수 있다. "능력"이 우리로 그 뜻을 이루게 하실 하나님의 힘을 가리킨다면, "힘"은 역사에서 강력한 사역으로 세우신 그분의 권위를 가리킨다. 하나님의 "힘"은 "그리스도 안에서 역사하사 죽은 자들 가운데서 다시 살리시고 하늘에서 자기의 오른편에 앉히"실 때 나타났다(엡 1:20; 6:10도 보라).[33]

"그의 영광의 힘"이라는 번역은 "영광의"(τῆς δόξης)를 속성의 소유격으로 해석한 것이다. 학자들 중에는 이것을 소유의 소유격으로 보는 이들도 있다. "하나님이 자기 백성에게 주시는 힘은 그분의 본유적 영광과 일치한다(그리고 그 영광의 표현이다)."[34] 이것은 하나님의 속성인 "영광"에 관심을 돌리게 한다. 그럼에도 이것을 속성의

28. Lohse, *Colossians and Philemon*, 29 n. 48; Barth and Blanke, *Colossians*, 179.
29. 골로새서에서 명사인 '지식'(ἐπίγνωσις) 뒤에 사용된 세 개의 소유격은 모두 목적격 소유격이다(1:9, 10; 2:2).
30. O'Brien, *Colossians, Philemon*, 24.
31. 내용상 동족의 여격 혹은 대격은 동사와 어근이 동일한 명사를 말한다. 셈계 자료에 종종 등장하지만 헬라어 문헌에도 등장한다. 참고. BDF § 153.
32. Louw and Nida, §76.3.
33. 공교롭게도 골로새서와 에베소서의 이 언급들을 제외하면 '힘/능력'(κράτος)이라는 단어는 바울 서신에서 디모데전서 6:16의 송영에만 유일하게 사용된다. 이 문구('그분의 영광의 힘', '그의 막강한 능력')의 반복적 성격 때문에 Bruno Blumenfeld (*The Political Paul: Justice, Democracy and Kingship in a Hellenistic Framework* [JSNTSup 210; London:Sheffield Academic, 2001], 165)는 마술 주문을 변증적 목적으로 사용했을 가능성을 주장했다.
34. Moo, *Letters to the Colossians and to Philemon*, 98; 참고. Moule, *Epistles to the Colossians and to Philemon*, 54; Lohse, *Colossians and Philemon*, 30.

소유격으로 사용한 것이 분명한 에베소서의 평행 구절(엡 1:17)은 이 해석을 지지하지 않는다.

1:11c 모든 견딤과 오래 참음에 이르게 하시고(εἰς πᾶσαν ὑπομονὴν καὶ μακροθυμίαν). 이 전치사구는 하나님이 능력으로 능하게 하시는 목적이 무엇인지 알려준다. "그래서 큰 인내와 참을성을 지닐 수 있도록"(TNIV, NIV).[35] 형용사 "모든"은 앞에 나오는 이 단어의 용례와 유사하다(9, 10, 11a절). 문법적으로는 "견딤"과 "오래 참음"을 수식하지만 정확한 의미가 무엇인지는 단정적으로 말하기 어렵다. "너희가 필요한 모든 견딤과 오래 참음을 지닐 것이다"(NLT).[36] 그러나 이 문맥에서는 견딤과 오래 참는 행위를 수행해야 하는 전반적 영역을 의미할 수 있다. "오래 참음으로 모든 것을 견디기 위해"(NRSV). "견딤"과 "오래 참음"이 모두 동사적 명사라는 사실을 감안하면, 이 형용사는 포괄적인 의미의 시간을 나타내는 부사로 번역할 수도 있다. "언제나 끝까지 견디고 참게 하시고"(NJB). 어떤 경우이든 하나님으로 말미암아 능하게 된다면, 모든 일과 모든 면에서 '견디고 오래 참을' 수 있을 것이다.

이 문맥에서는 "견딤"(ὑπομονὴν)과 "오래 참음"(μακροθυμίαν)의 차이가 무엇인지 명확히 알 수 없다. 두 단어가 여러 구절에서 함께 사용되지만(예를 들어, 롬 2:4, 7; 딤후 3:10) 고린도후서 6:4–6에서는 이 두 단어를 구분한다. "견디는 것"이 "환난", "궁핍", "고난"과 함께 사용되는 것으로 보아(고후 6:4), 이 단어는 박해와 어려움 속에서도 견딜 수 있는 능력을 뜻한다. 한편 "오래 참음"은 "깨끗함", "지식", "자비함"과 함께 사용되므로(고후 6:6), 절제하는 일반적인 상태를 가리키는 것으로 보인다. 골로새서에서 "견딤"은 신자가 거짓 교사들의 도전을 받으며 당하는 고통과 관련되지만, "오래 참음"은 하나님 백성의 공동체가 훈련해야 할 덕목이다(골 3:12을 보라). 나아가 "오래 참음"은 갈라디아서 5:22에서 성령의 열매 중 하나로 언급된다. 이 본문에서도 신자가 '능하게 되는 것'이 성령의 역사임을 암시하는 것일 수 있다. 에베소서 3:16의 유사한 기도문에서도 이 점이 분명하게 드러난다. "그의 성령으로 말미암아 너희 속사람을 능력으로 강건하게 하시오며."[37]

1:11b 기쁨으로(μετὰ χαρᾶς). 이 전치사구는 11절에 포함된다. 어떤 번역본들은 이 표현을 "견딤과 오래 참음"을 수식하는 것으로 번역한다(KJV, NAB, CEB, RSV, ESV). 그러나 대부분은 이 구절이 12절의 분사를 수식한다고 해석한다. "아버지께 기쁨의 감사를 드리기를"(TNIV, NIV).[38] 신약에서 "기쁨"은 "ὑπομονή와 μακροθυμία를 모두 요구하는 상황"[39]에서 종종 사용된다. 바울은 다른 서신에서 "기쁨으로" 기도하는 가운데 하나님께 감사한다는 표현을 사용한다(빌 1:4). 또한 앞의 세 분사구가 전치사구를 포함하기 때문에 이 구절은 네 번째 분사구의 일부로 보는 것이 가장 적절하다. 다른 바울 서신에서 "기쁨"은 종종 성령의 능력이 구체적으로 표현된 것으로 인식된다(롬 15:13; 참고. 15:32; 갈 5:22; 살전 1:6). 이 본문에서 바울은 "기쁨으로" 감사하는 것을 "그의 영광의 힘을 따라 모든 능력으로 능하게 하[심]"이라는 구절의 병행구로 여긴다. 그렇다면 '열매를 맺고'(10b절) '자라는 것'(10c절)이 서로 밀접하게 연관되어 한 쌍을 이루듯이, '능하게 하다'(11절)는 '감사하게 하다'(12절)와 서로 연관된다.

---

35. 대부분의 현대 번역본에 해당한다. 그러나 어떤 번역에서 이 목적을 나타내는 절은 능하게 해달라는 요청과 병행구로 인식된다. "너희로…하게 준비되게 하시며"(NRSV).

36. 참고. "큰 견딤과 오래 참음"(TNIV, NIV).

37. 이 역시 이 문맥에서 성령의 또 다른 열매인 기쁨이 언급된 이유를 설명하는 것 같다. 참고. Fee, *God's Empowering Presence*, 644.

38. UBS4와 NA27 역시 이 어구를 뒤따라오는 분사절의 일부로 본다.

39. Moule, *Epistles to the Colossians and to Philemon*, 55는 마 5:12; 행 5:41; 약 1:2–3; 벧전 4:13을 지적한다.

1:12 아버지께 감사하게 하시기를 원하노라(εὐχαριστοῦντες τῷ πατρί). 신자가 '주께 합당하게 행할'(10절) 수 있는 수단을 서술한 일련의 항목 중 이 마지막 구문은, 성부 하나님께 감사하라고 요청한다. 이런 요청은 바울이 신자가 적절히 처신하는 것에 관심을 두는 문맥에서 다소 엉뚱해 보인다. 그러나 바울은 단순히 감정적 표현으로서 감사를 요청하는 것이 아니다. 그의 요청은 하나님께 감사드리는 것이 그분을 찬양하고 주로 고백하는 행위라고 이해한 유대적 전통을 반영한다.[40] 우리는 하나님이 백성을 위해 행하신 놀라운 역사를 기억함으로 구원자가 되신 그분께 복종한다. 이것은 예배의 행위가 되며, 이 예배로 우리는 하나님의 권위를 인정하게 된다.[41]

그러므로 하나님께 감사하라는 요청이 '주께 합당하게 행할 수 있는' 또 다른 수단으로 서술되는 것은 놀랍지 않다. 바울은 뒤에서 감사의 윤리적 함의를 다시 언급하면서 골로새 교인들에게 "주"로 영접한 예수 그리스도 안에서 '행하고' 감사함으로 그렇게 하라고 촉구한다(2:6–7; 또한 3:17도 보라). 그러므로 그리스도의 주재권에 복종하며 삶에 성령의 능력이 나타나도록 구하기 때문에 '감사하게 하다'는 '능하게 하다'(11절)와 밀접하게 연관된다. 다음 단락에서 바울이 논의하는 핵심 주제는 그리스도의 주재권이다(15–20절).

1:12 우리로 하여금 빛 가운데서 성도의 기업의 부분을 얻기에 합당하게 하신(τῷ ἱκανώσαντι ὑμᾶς εἰς τὴν μερίδα τοῦ κλήρου τῶν ἁγίων ἐν τῷ φωτί). 바울은 이제 하나님 아버지의 의미에 관해 중요한 진술을 제공한다. 문법적으로 이 문장은 감사의 대상인 "아버지"를 수식하는 형용사적 분사(τῷ ἱκανώσαντι)로 시작한다.[42] 그러나 통사적 기능 면에서 이 형용사절은 감사의 이유를 제시한다. 아버지는 빛 가운데서 성도의 유업을 나눌 자격을 갖게 하신 분이라는 것이다. 다른 본문에서 감사에 대한 바울의 요청(참고. 롬 7:25; 고전 15:56–57)과 일치하는 이 구절은 하나님이 자기 백성을 위해 이루신 역사를 강조한다. 바울이 데살로니가후서 2:13–14에서 감사를 언급한 것은 특별히 적절한 사례이다. 이 본문은 자기 백성을 구원에 참여하게 하신 분으로서 감사의 대상이 되는 분을 가리킨다.

> "주께서 사랑하시는 형제들아 우리가 항상 너희에 관하여 마땅히 하나님께 감사할 것은 하나님이 처음부터 너희를 택하사 성령의 거룩하게 하심과 진리를 믿음으로 구원을 받게 하심이니 이를 위하여 우리의 복음으로 너희를 부르사 우리 주 예수 그리스도의 영광을 얻게 하려 하심이니라."

"기업의 부분을 얻기에"(εἰς τὴν μερίδα τοῦ κλήρου)라는 번역은 이 전치사구에 대한 여러 해석 중 하나에 해당한다. 이 전치사구에는 의미의 범위가 중첩되는 두 명사가 포함되어 있다. 두 명사의 관계는 두 가지로 해석할 수 있다. 첫째, 두 번째 명사("기업")는 동격의 소유격일 수 있다. 그러한 경우 이 단어의 목적은 전자를 설명하는 것이다. '기업이자 몫을 위해.' 둘째, "기업"이 부분 소유격일 수 있다. '기업 속의 몫.' 두 번째 해석이 맞다면 대부분의 번역처럼 두 쌍을 이루는 단어 중 첫 단어를 동사로 해석할 수 있다. '기업에 참여하기에.'

"빛"과 "흑암"(13절)의 이원론과 더불어 "부분"(share)과 "기업"이라는 모티브 때문에 이 단락을 쿰란 자료(예

40. 1:3에 대한 설명을 보라.

41. 이것으로 바울이 감사치 않음을 우상 숭배로 여긴 이유를 알 수 있다(참고. 롬 1:21; 엡 5:3–5). 바울이 '하나님 중심성'이라는 측면에서 감사를 이해하는 것에 대한 심층적 논의는 David W. Pao, *Thanksgiving: An Investigation of a Pauline Theme* (NSBT 13; Downers Grove, IL: InterVarsity Press, 2002), 15–38을 보라.

42. 바울 서신에서 이 동사는 이 본문 외에 오직 고린도후서 3:6에서만 사용된다. 여기서도 '자격을 지닌 합당한'이라는 의미로 사용된다.

를 들어, 1QS 11.7-8; 1QH 3.19-22)에 비추어 해석하기도 한다. 이런 해석은 다시 "성도"(τῶν ἁγίων)가 가리키는 대상을 해석하는 데 영향을 준다. 이 쿰란 자료의 일부 단락에서 "성도"는 '천사'로 이해되기 때문이다.[43] 그러나 2절과 4절에서 이미 사용된 "성도"의 용례는 이런 해석을 반대한다. 이 두 절은 성도가 신자를 가리킨다는 사실을 분명히 밝히고 있다. 심지어 쿰란 자료에서도 이 단어가 '천사'라는 의미로 사용되는 경우는 극히 드물다.[44]

더 중요한 사실은 이 절을 구약의 출애굽 전승에 비추어 읽어야 한다는 것이다.[45] 첫째, "부분"(μερίς)과 "기업"(κλῆρος)을 모두 사용한 것은 출애굽/가나안 정복 전승에서 가나안 땅을 분배하는 것을 상기시킨다(신 32:9; 수 19:9). 13절의 '건져냄'과 '옮김'이라는 개념 역시 과거에 일어난 하나님의 구원 역사를 암시한다. 나아가 이사야도 하나님의 종말론적 사역을 기술하며 출애굽 전승을 환기시킬 때 다음과 같은 동일한 사상을 활용한다. 빛/영광, 건짐, 기업, 거룩(사 63:15-19).[46] 그러므로 여기서 "성도"도 마찬가지로 하나님의 선택된 백성에게 이 단어를 적용하는 전통 속에서 이해해야 한다(예를 들어, 민 15:40; 16:3; 신 14:2; 참고. 사 4:3). 이 단어의 이런 용례는 새 출애굽으로 하나님이 아들을 통해 자기 백성을 구원하신 것을 가리킬 뿐 아니라, 신자가 하나님의 참 백성, 즉 그분의 뜻을 위해 구별된 자임을 가리킨다. 이 신자들은 이스라엘 백성처럼 하나님이 약속하신 대로 "기업"의 자기 몫을 받을 것이다. "내가 아브라함과 이삭과 야곱에게 주기로 맹세한 땅으로 너희를 인도하고 그 땅을 너희에게 주어 기업을 삼게 하리라 나는 여호와라"(출 6:8; 참고. 신 1:8). "기업"을 하나님의 종말론적 약속으로 이해한 것은 이사야 49:8에서 볼 수 있다. "은혜의 때에 내가 네게 응답하였고 구원의 날에 내가 너를 도왔도다 내가 장차 너를 보호하여 너를 백성의 언약으로 삼으며 나라를 일으켜 그들에게 그 황무하였던 땅을 기업으로 상속하게 하리라."

"빛 가운데서"(ἐν τῷ φωτί)는 "성도"를 수식할 수 있지만[47] "기업"을 수식한다고 보는 것이 가장 적절하다. 그러므로 이 전치사구는 기업과 옛 이스라엘에게 약속하신 세상 기업을 구분하고 있다. NIV는, 13절의 "흑암의 권세"와 대조된다는 점을 감안하여 이 구절을 "빛의 왕국"으로 제대로 번역한다. 바울은 신자가 빛의 왕국에 있는 기업의 약속을 붙들어야 한다고 주장한다. 나아가 바울은 에베소서 5:6-14에서 빛을 "착함과 의로움과 진실함"(엡 5:9)으로 규정하면서 빛의 심상을 변증적 의도로 사용한다. 이에 비추어볼 때 그는 여기서 골로새 교인들이 받은 "진리의 말씀"(골 1:5)의 중요성을 단언하는 것일 수 있다. 그들은 거짓 교사들이 가르치는 메시지에 속아서는 안 된다.[48]

1:13a 그가 우리를 흑암의 권세에서 건져내사(ὃς ἐρρύσατο ἡμᾶς ἐκ τῆς ἐξουσίας τοῦσκότους). 이 관계사절은 아버지의 구원 사역을 서술하며 아들을 소개하는 13b절과 연결된다. 대부분의 번역본은 명확함을 기하기 위해 여기

43. 예를 들어, Lohse, *Colossians and Philemon*, 35-36. Lincoln (*Paradise Now and Not Yet*, 119)은 바울이 "성도"를 천사의 의미로 사용한 다른 용례들을 지적했다(예를 들어, 살전 3:13; 살후 1:7, 10).
44. 참고. Sappington, *Revelation and Redemption at Colossae*, 199. 그는 이것이 인간이나 어떤 존재의 선택된 집단을 가리키는 특별한 호칭이 아니라 거룩함이라는 자산을 가리킨다고 본다.
45. 참고. Cannon, *Use of Traditional Materials in Colossians*, 12-19; Beale, "Colossians," 848-50; Beetham, *Echoes of Scripture*, 81-95.
46. Gary S. Shogren, "Presently Entering the Kingdom of Christ: The Background and Purpose of Col 1:12-14," *JETS* 31 (1988): 175-77을 보라. 그는 바울이 부활하신 주께 부르심 받은 것을 설명할 때 유사한 자료를 사용한 점을 지적한다(행 26:17-18).
47. 참고. "그는 너희로 빛 가운데 사는 자기 백성에게 속한 기업에 참여하도록 하셨다"(NLT).
48. 또한 고린도후서 4:3-6을 보라. 여기서는 골로새서 1장과 유사한 평행 구절이 많이 등장한다. "복음", "영광", "그리스도", "하나님의 형상", "빛", '흑암', '지식.'

서 문장을 새롭게 시작한다. 앞 절이 하나님께 감사하라는 바울의 요청에 대한 이유를 설명했다면, 이 절은 하나님이 "빛 가운데서 성도의 기업의 부분을 얻기에 합당하게 하신" 이유를 서술한다. 곧, 그분이 우리를 흑암의 권세에서 건져 그분의 사랑하시는 아들의 왕국으로 옮기셨다는 것이다.

2인칭 복수 대명사(ὑμᾶς, 12절)에서 1인칭 복수 대명사(ἡμᾶς)로 바꾸어 쓴 것은 단순히 논증의 수사학적 설득력을 강화하기 위한 문체의 변화일 수 있다.[49] 하지만 이 대명사가 사용된 것은 13–14절이 전통적인 신앙고백의 성격을 띠는 것을 암시할 수도 있다. 내용 면에서 보면 12절은 이방인의 회심을 가리키는 것이 분명하다. 이들은 회심함으로써 유대인의 전유물이라고 여겨지던 기업에 참여한다. 바울은 13절에서 그 아들을 통한 하나님의 구원 역사의 우주적 효력을 강조한다. 그러므로 바울이 이 주장에 자신을 포함시키는 것은 자연스럽다.[50]

'건져내다'(ἐρρύσατο)라는 동사는 14절의 "속량"(τὴν ἀπολύτρωσιν)이라는 단어와 더불어 출애굽 내러티브에서 하나님이 이스라엘을 구원하신 사건을 가리킨다. "나는 여호와라 내가 애굽 사람의 무거운 짐 밑에서 너희를 빼내며 그들의 노역에서 너희를 건지며(ῥύσομαι) 편 팔과 여러 큰 심판들로써 너희를 속량하여(λυτρώσομαι)"(출 6:6, LXX).[51] 또한 선지서에서는 종말론적 구원을 가리켜 이 전승이 환기된다. "내가 그들을 스올의 권세에서 속량하며(ῥύσομαι) 사망에서 구속하리니(λυτρώσομαι)"(호 13:14, LXX; 참고. 미 4:10). 구속과 흑암의 조합은 이사야서에도 볼 수 있다. 이사야서는 하나님의 종말론적 구속 사역을 새 출애굽으로 묘사한다(참고. 사 41:14; 42:7, 16; 43:1, 14; 44:22–23).[52]

"흑암의 권세"(τῆς ἐξουσίας τοῦ σκότους)는 "흑암"이 그 피지배자를 강제로 지배할 수 있는 인격적 세력임을 전제로 한다(엡 5:11을 보라). 뒤이어 나오는 "그의 사랑의 아들의 나라"와의 대비는 이 해석을 지지한다. 그럼에도 불구하고 에베소서 6:12에서 명확히 드러나듯이 "권세"는 '인격적' 속성을 지닐 수 있다. 에베소서 6:12에서 "권세"는 "이 어둠의 세상 주관자들"과 평행을 이룬다.[53] "흑암의 권세"는 또한 골로새서 1:16에 나올 논증의 예고편이기도 하다. 1:16은 그리스도가 "왕권들", "주권들", "통치자들", "권세들"보다 우월하시다고 주장한다(참고. 2:10, 15). 이것은 악한 세력이 의인화된 표현이다. 그러므로 "흑암의"를 보조적 설명의 소유격으로 보고 "권세"의 성격을 설명한다는 견해도 설득력이 있다. 그러나 바울이 전개하는 논증의 이 지점에서 볼 때, 이 표현은 "그의 사랑의 아들의 나라"와 병행구이므로 소유의 소유격으로 보아야 한다. 여기서 이 구절의 용례는 바울이 시작할 논증보다는 이 진술의 고백적 성격으로 결정되는 것 같아 보인다(참고. 행 26:18).

1:13b 그의 사랑의 아들의 나라로 옮기셨으니(καὶ μετέστησεν εἰς τὴν βασιλείαν τοῦ υἱοῦτῆς ἀγάπης αὐ τοῦ). 이 절은 하나님이 어떻게 "우리로 하여금 빛 가운데서 성도의 기업의 부분을 얻기에 합당하게"(12절) 하셨는지 계속해서 설명한다. 당대 헬라어 문헌에서 '옮기다'(μετέστησεν)라는 동사는 한 민족 집단을 다른 국가나 지역으로 이주시키는 왕의 조치를 뜻할 수 있다.[54] 여기서 바울은 하나님이 그분께 속한 자들을 어둠에서 빛으로 옮기시

49. 참고. Harris, *Colossians and Philemon*, 35. 그는 이 변화가 "바울 서신에서 흔하게 나타난다"라고 주장한다(참고. 2:13–14; 롬 6:14–15).

50. 참고. Wilson, *Colossians and Philemon*, 115–16.

51. '건지다'(λυτρόω)라는 동사는 자기 백성을 건지시는 하나님의 역사를 가리켜 출애굽 전승에서 자주 등장한다. 1:14에 대한 설명을 보라.

52. Beale은 "Colossians", 848에서 이사야가 "빛"과 "어둠"을 대조한 것 역시 출애굽 전승(출 10:21–23; 14:20)으로 거슬러 올라갈 수 있다고 주장한다.

53. 신약에서 '권세'(ἐξουσία)의 의미론적 범위는 권력을 행사하는 수단뿐 아니라 선택의 자유, 권리, 능력, 힘, 권력, 권위, 지배하는 영역까지 아우른다(참고. BDAG, 352–53).

54. Jos. *Ant.* 9.235; Lohse, *Colossians and Philemon*, 37; BADG, 625.

는 놀라운 구원 사역의 완성을 가리켜 이 단어를 사용한다.

"그의 사랑의 아들의 나라"는 "빛 가운데"(12절) 있는 영역을 묘사한다. 소유격 "아들의"(τοῦ υἱοῦ)는 소유의 소유격(즉, 아들에게 속한 나라)인 반면, "사랑의"(τῆς ἀγάπης)는 "아들"을 수식하는 속성의 소유격이다.[55] 많은 주석가는 이 구절에 사무엘하 7:8–17의 다윗과 그 자손이 받은 약속이 암시되어 있다고 생각한다. 사무엘하 본문에는 '아들/후손'(12절), '왕국'(12, 13, 16절), "사랑"(15절)이 언급된다.

"그의 사랑의 아들의 나라"(즉, 그리스도의 왕국)는 바울의 저작에서 많이 사용되는 표현은 아니다(참고. 고전 15:24–28; 딤후 4:1, 18). 이 구절의 용례는 여러 가지로 설명할 수 있다. 첫째, "아들"을 강조함으로 그리스도의 고유한 권세를 확인한다. 그리스도의 사역은 그 아버지의 사역과 일치한다(참고. 1:15–20). 그러므로 이 특별한 호칭은 바로 이어지는 기독론적 논증을 예고한다(참고. 엡 5:5, 여기에서 "그리스도와 하나님의 나라"라는 구절은 아들과 아버지의 권위를 동등하게 여긴다).

둘째, 사무엘하 7:8–17을 암시한다는 것에 비추어 혹자는 이 문맥의 "아들"이 예수님과 아버지의 관계를 가리키는 것이 아니라, "다윗의 후손에게 약속된 왕들을 가리키는 칭호"라고 주장한다.[56]

셋째, "흑암의 권세"의 무능함을 암시하는 어조(13a절)에 비추어보면 그리스도의 통치에 관한 선언이 갑작스럽지는 않다.

마지막으로, "그의 사랑의 아들"이라는 칭호는 구원의 드라마에서 가장 중요한 주연으로서 하나님 아버지를 다시 가리킨다. "바울이 로마서 5:5–9에서 힘주어 말하듯이 자신의 피로 구속하는 아들은 우리를 향해 하나님이 품으신 사랑의 궁극적 표현이다."[57] 그러므로 "그의 사랑의 아들의 나라"와 '하나님의 나라'의 차이를 과도하게 강조할 필요는 없다.

일부 학자는 바울이 "나라"를 종종 미래적 실재를 가리켜 사용하는 것을 놀랍게 생각한다(참고. 고전 15:50; 갈 5:21). 본문의 경우에는 "실현된 종말론의 어조"가 두드러지지만,[58] 다른 바울 서신에서 왕국이라는 단어는 현재적 실재를 서술하는 데 사용되기도 한다(롬 14:17; 고전 4:20; 15:24; 살전 2:12).[59] 나아가 실현된 종말론과 미래적 종말론의 긴장은 다른 바울 서신에서와 같이 골로새서에서도 발견할 수 있다.[60]

1:14a 그 아들 안에서 우리가 속량…을 얻었도다(ἐν ᾧ ἔχομεν τὴν ἀπολύτρωσιν). 오직 아들 안에서만 참 구원을 얻을 수 있다. 관계대명사(whom)의 선행사는 "아들"이다. 이것은 바울의 논증에 중대한 초점의 변화가 있음을 보여준다. 그러므로 수단의 "…안에서"(ἐν)는 하나님이 구원 계획을 이루실 때 사용하시는 중요한 수단을 가리킨다. 감사와 기도는 모두 하나님께 드리는 것이지만, 바울은 이제 이 편지에서 제시하는 논증의 핵심을 소개한다. 아들에 대한 강조는 자연스럽게 15–20절의 기독론적 찬송으로 연결된다.

12절과 13절에서는 동사가 과거 시제로 쓰였지만 이 절에서는 현재 시제(we have, ἔχομεν, 개역개정에는 과거 시

이 심상은 또한 골로새 교인들에게 Antiochus 3세가 2천 명의 유대인 가정을 메소포타미아에서 소아시아로 이주시킨 사건(주전 223–187; Jos. *Ant.* 12.146–53)을 떠올리게 했을 수 있다. 참고. Clinton E. Arnold, "Colossians," in *Zondervan Illustrated Bible Backgrounds Commentary* (ed. Clinton E. Arnold ; Grand Rapids, 2002), 3:378–79.

55. 어떤 번역들은 이 형용사에 함축된 개념을 명시한다. "그가 사랑하는 아들의 왕국"(TNIV, NET, NIV; 참고. NJB).

56. Beetham, *Echoes of Scripture*, 109. 참고. 시 2:7; 110:1–2. 이 호칭을 출애굽 전승의 측면에서 읽으려 하는 내용은 Bevere, *Sharing in the Inheritance*, 144를 보라.

57. Gordon Fee, *Pauline Christology: An Exegetical Theological Study* (Peabody, MA: Hendrickson, 2007), 297.

58. Dunn, *Epistles to the Colossians and to Philemon*, 77.

59. Moo, *Letters to the Colossians and to Philemon*, 105.

60. 특별히 Still, "Eschatology in Colossians," 125–38을 보라. 그리고 이 책 '골로새서의 신학'을 보라.

제로 나옴–역주)로 바뀐다. 이것은 12–13절 설명에서 지적한 대로 "아버지의 삼중적 활동의 지속적이고도 영속적인 결과"를 가리키는 것으로 이해되어왔다.[61] 이런 변화는 새로운 담화 단위의 시작을 알린다. 이 경우에는 아버지의 사역에서 아들의 사역으로 초점이 바뀌는 것을 알린다.[62]

앞에서 지적한 것처럼(참고. 13절에 대한 설명), "속량"(τὴν ἀπολύτρωσιν)의 단어군은 이사야의 새 출애굽을 가리키는 동시에 출애굽 전승도 가리킨다. "속량"이라는 단어는 세속 헬라어에서는 거의 사용되지 않지만, 이 용어에는 거의 항상 '속전'(ransom)이라는 의미가 내포되어 있다.[63] 어떤 이들은 "14a절이 일차적으로 강조하는 것은 속량의 수단이 아니라 해방된 사실 자체"라고 주장한다.[64] 하지만 1:20과 2:13–15에서 십자가를 명시적으로 언급한 사실과 다음 어구("죄 사함")에 비추어보면, 예수님의 대속의 죽음이 확실하게 전제되어 있다. 에베소서의 평행 구절에는 이와 유사한 내용에 예수님의 피라는 표현이 포함된다. "그리스도 안에서…그의 피로 말미암아 속량…을 받았느니라"(엡 1:7). 골로새서의 이 문맥에서도 "흑암의 권세에서"(13절) 건짐을 받은 것에 대한 언급과 더불어 속량이라는 말은 "(신자가) 속전을 주고 구속된 이전의 속박 상태"를 분명히 전제한다.[65]

1:14b 곧 죄 사함(τὴν ἄφεσιν τῶν ἁμαρτιῶν). 대격의 이 구절은 "속량"과 동격을 이루며 그 의미를 설명해준다. 이 구절 역시 이사야서의 새 출애굽 전승을 가리킨다. 이사야서의 이 전승에서 '풀어줌'(release)으로도 번역되는 "사함"이라는 단어는 자기 백성에 대한 하나님의 종말론적 건지심을 나타낸다(사 58:6; 61:1–2).[66] 이스라엘의 '죄악이 사함을 받았다'(사 40:2)는 이사야의 선언이나[67] 구속 행위와 "죄" 사함의 관련성 역시 이 본문과 관련이 있다. "내가 네 허물을 빽빽한 구름같이, 네 죄를 안개같이 없이하였으니 너는 내게로 돌아오라 내가 너를 구속하였음이니라"(사 44:22).

골로새서에서 "죄 사함"이라는 표현은 오직 이 절에서만 사용된다. 이 구절은 "그의(예수님의) 십자가의 피로"(20절; 참고. 23절) 화목을 이루었다는 내용을 예고한다. 바울은 2:13에서 다른 단어를 사용해 금욕주의적 관습과 환상 체험의 중요성을 주장하는 이들에게 신자가 더 이상 판단받아서는 안 된다고 주장하며(2:16–23), 하나님이 '우리의 모든 죄를 용서하셨다'고 지적한다. 그러므로 "죄 사함"의 중요성을 확증하는 것은, 아들을 통해 행하신 하나님의 중대한 사역에 담긴 의미에 대한 논의가 이루어질 것을 예고한다.

---

61. Harris, *Colossians and to Philemon*, 37.

62. 문법적으로 9–14절은 하나의 긴 문장이지만 시제의 변화는 초점(혹은 담화에서 '우세한 인물')의 변화를 암시한다. 참고. Stanley E. Porter, *Idioms of the Greek New Testament* (2nd ed.; BLG 2; Sheffield: Sheffield Academic, 1994), 301–2.

63. 예를 들어, Plutarch, *Pompey* 24; Josephus, *Ant*. 12.24; *Let. Aris*. 12.33; Philo, *Good Person* 114. 참고. Nigel Turner, *Christian Words* (Edinburg: T&T Clark, 1980), 397.

64. Sappington, *Revelation and Redemption at Colossae*, 202.

65. E. Earle Ellis, "Colossians 1:12–20: Christus Creator, Christus Salvator," in *Interpreting the New Testament: Intorduction to the Art and Science of Exegesis* (ed. Darrell L. Bock and Buist M. Fanning; Wheaton, IL: Crossway, 2006), 424. 참고. "우리의 자유를 사신"(NLT).

66. 누가복음 4:18–19에서 예수님의 나사렛 설교에 두 구절이 인용되어 있다. 누가의 저작물의 다른 본문에서 이 단어는 항상 "죄 사함"이라는 의미로 사용된다. 특히 빛과 어둠을 대조하는 내용과 "죄 사함"(ἄφεσις ἁμαρτιῶν)이 모두 등장하는 사도행전 26:18이 대표적이다.

67. 이사야 52:11–53:12의 종의 노래에서 "죄"가 여러 번 언급되는 부분을 간과해서는 안 된다(참고. 53:4, 5, 6, 10, 11, 12).

적용에서의 신학

1. 바울이 보인 기도의 모범

바울이 올바른 기도법을 체계적으로 가르치려는 의도는 없었겠지만, 이 기도문은 우리에게 강력한 기도의 교본이 된다. 첫째, 이 기도는 하나님이 백성을 위해 이루신 일을 고백하는 것으로 시작하고 끝난다. "이로써"(9절)라는 어구는 신자들이 복음을 삶으로 계속 구현할 수 있도록 중보하는 근거인 감사 단락(3–8절)을 가리킨다. 4:2의 기도 요청 역시 감사에 근거를 두며, 신자는 하나님이 백성을 위해 이미 이루신 일을 확신하며 하나님께 호소할 수 있다.[68] 이 기도문의 말미에서 바울은 하나님이 아들을 통해 자기 백성을 구원하심을 확인하고 복음의 핵심을 다시 강조한다(12–14절). 바울은 하나님께 나아갈 때 그분이 역사 속에서 이루신 놀라운 사역을 확신해야 한다고 말한다.

과거에 하나님이 행하신 행적을 주지시키며 바울은 우리 기도의 초점이 하나님과 그분의 백성에 집중되어야 함을 보여준다. 우리의 기도가 오히려 자기중심성을 드러낸다는 지적은 누구나 한 번쯤 들어보았을 것이다. "스스로에게 맡겨두면 우리는 기도할 때 지극히 이기적이 된다. 우리 마음을 체휼하시는 위대한 연민의 소유자, 베푸시는 위대한 수여자, 위대한 계약자이신 하나님이 계시므로, 우리는 무릎을 꿇고 나아가 만족을 위해 모든 욕구를 마음껏 발산한다."[69] 그러나 이 본문의 기도를 보면 바울은 자신의 이익을 위해 기도하지 않는다. 그는 골로새 교인들의 필요를 위해 기도한다. 그리고 그들의 육신적 안녕이 아니라, 하나님과 그분의 뜻을 알게 해달라는 요청에 관심을 집중한다(9절).[70]

그러나 골로새 교인들의 영적 안녕 역시 바울의 가장 우선적인 관심사는 아니다. 하나님과 그분의 뜻을 아는 것의 목표는 '주께 합당하게 행하며 범사에 그분을 기쁘시게'(10절) 하는 것이기 때문이다. 그러므로 이 중보기도의 핵심은 하나님의 구원 계획에서 그들에게 맡겨진 역할이다. 한 사람이 기도할 때 근본적 차이는 육신 대 영적 관심사가 아니라, 자신에게 집중하느냐 혹은 하나님께 초점을 맞추느냐 하는 데서 나타난다.[71] 무엇보다 예수님이 직접 "먼저 그의 나라와 그의 의를 구하라"(마 6:33)고 말씀하셨다.

또한 바울의 중보기도의 범위도 중요하다. 이 기도는 모든 교회를 대상으로 하지만 '성도의

---

68. 1:9–14의 기도문과 4:2–6의 기도 요청의 관련성에 대해서는 Karl-Heinrich Ostmeyer, *Kommunikation mit Gott und Christus: Sprache und Theologie des Gebetes im Neuen Testament* (WUNT 197; Tübingen: Mohr Siebeck, 2006), 124–25를 보라.

69. Eugene H. Peterson, *Answering God: The Psalms as Tools for Prayer* (San Francisco: Harper & Row, 1989), 91.

70. 에바브라가 한 기도 내용에 나타난 평행 구절은 이 핵심을 강조한다. "그가 항상 너희를 위하여 애써 기도하여 너희로 하나님의 모든 뜻 가운데서 완전하고 확신 있게 서기를 구하나니"(골 4:12; 참고. 빌 1:9).

71. 그러나 바울에게 개인적, 영적 안녕은 정확히 하나님의 뜻을 이루고자 하는 소망에 근거를 두어야 한다. 하나님의 뜻이 성취되면 인간의 가장 깊은 갈망이 자연스럽게 해결된다(참고. 살후 1:11).

기업의 부분을 얻을'(12절) 수 있는 사람에 이방인을 포함함으로써 하나님 백성의 개념을 다시 규정한다.[72] 나아가 바울은 하나님이 그들에게 온전한 축복을 베푸시도록 다음과 같이 기도한다. "모든 신령한 지혜와 총명"(9절), "범사에 기쁘시게 하고"(10절), "모든 선한 일에 열매를 맺게 하시며"(10절), "모든 능력으로 능하게 하시며"(11절), "모든 견딤과 오래 참음에 이르게 하시고"(11절). 바울의 담대한 간구는 하나님이 이루신 구원 사역(13-14절)에 근거한다. 이 간구는 또한 신자들이 이미 허락된 충만함을 구할 용기를 준다.

우리는 자신에게만 집중하는 이기적인 기도만 하지는 않는가? 자신의 뜻을 이루고자 하나님을 '이용하고' 있지는 않는가? 그렇게 기도함으로 우리가 오직 이 세상에서 안녕을 누리며 살고자 하는 지극히 속물적인 인간임을 드러내지는 않는가?

2. 기독교적 '영성'

'주께 합당하게 행하게'(10절) 하는 수단을 설명한 네 개의 분사구는 일견 아무 상관 없어 보이는 신앙생활의 네 가지 측면을 강조한다. 그것은 '열매를 맺는 것'(1:10), '자라는 것'(1:10), '능하게 되는 것'(1:11) 그리고 '감사하는 것'(1:12)이다. 이 네 구절이 주께 합당하게 행하는 것을 수식하는 부분을 살펴보면 '영성'을 올바로 이해하기 위한 필수적인 측면들을 알 수 있다.

첫째, '주께 합당하게 행하다'라는 구절 자체는 지식과 행동의 거짓된 이분법을 반대한다. 이것은 '열매 맺음'과 '자라는 것'(1:10)을 언급함으로 강화된다. 앞 단락에서 '열매를 맺어 자라는 것'(6절)은 신자의 삶에 나타나는 복음의 능력을 서술한 중언법이라고 할 수 있다. 하지만 이 단락에서 두 어구는 신앙 성숙의 두 측면을 나타낸다. '열매 맺음'이 "모든 선한 일"로 수식되는 반면, '자라는 것'은 "하나님을 아는 것"(10절)과 관련된다. 그러므로 하나님을 아는 것은, 신적 존재와 은밀하고 신비한 교감을 추구하는 것이 아니다. 그것은 역사 속에 나타난 하나님의 구원 계획의 효력을 증언하는 것과 관련된다. 마찬가지로 "선한 일"을 한다는 것은 일반적인 윤리에 따른 원리를 추구하는 것이 아니라, 신자 공동체 속에서 예수 그리스도의 배타적 복음을 삶으로 실현하는 것이다.

둘째, '능하게 하다'(11절)라는 수동 분사는 하나님이 의미상 주어로서 주 안에서 행할 때 그 원천을 드러낸다.[73] 자기 능력에 의지하여 하나님께 나아가는 자들을 반대하며 바울은 다시 인간의 무능함과 하나님의 구속적 행위(14절)를 강조한다.[74] 다른 바울 서신들은 이 구속을

72. 이것은 바울의 기도에 일관되게 나타나는 특징이다(참고. 롬 15:33; 고후 13:14; 갈 6:16; 빌 1:4; 살전 1:2; 3:12). Gordon P. Wiles, *Paul's Intercessory Prayers: The Significance of the Intercessory Prayer Passages in the Letters of St Paul* (SNTSMS 24; Cambridge Univ. Press, 1974), 60.

73. 위의 설명에서 지적한 대로 하나님은 종종 성령의 능력으로 자기 백성을 강하게 해주신다(참고. 엡 3:16). 이 절의 상관성은 '영성'을 성령의 능력에 대한 체험으로 이해할 때 더욱 분명하게 드러난다.

74. "영성을 개인의 존재와 생활에 내재되어 있으리라 생각되는 신적 특성이라고 혼동하는" 최근의 경향과는 대조적이다(Carl H. Henry, "Spiritual? Say It Isn't So," in *Alive to God: Studies in Spirituality Presented to James Houston* [ed. J. I. Packer and Loren Wilkinson;

하나님이 주신 "은혜"와 분명하게 연결한다. "그리스도 예수 안에 있는 속량으로 말미암아 하나님의 은혜로 값없이 의롭다 하심을 얻은 자 되었느니라"(롬 3:24). 여기서는 신자들에게 하나님을 기쁘시게 하라고 촉구하며 신앙생활의 역설을 강조한다. 동시에 그는 하나님을 기쁘시게 할 수 있는 능력이 사람에게 없음을 절대적으로 인정한다. 하나님을 의지하며 바울은 이 예배의 행위가 박해와 반발을 초래할 것임을 신자에게 상기시킨다. 이것은 "견딤과 오래 참음"(11절)이라는 언급에 반영되어 있다. 바울은 일반적 영성이 아니라 배타적 복음을 전한다. 이 복음은 예수님을 따르는 사람과 따르지 않는 사람을 분리할 배타적 진리의 주장을 받아들이는 것도 포함된다.

마지막으로, 감사에 대한 요청(12절)은 아들로 절정에 이른 하나님의 구속 사역에 대한 고백으로 복음의 내용을 명확히 드러낸다.[75] 일반적인 의미의 감사와 낙관론이 아니라 구체적인 감사가 하나님의 역사를 기억하는 수단이 된다. 구약에는 자기 백성을 위해 하나님이 이루신 일을 기억하라는 요구가 명시되어 있다(출 3:15). 그 일을 망각하면 하나님을 예배할 수 없다. 따라서 우상을 숭배하고(참고. 신 4:23-24; 왕하 17:38-39; 사 46:9; 겔 6:9) 하나님과 맺은 언약을 어기게 된다(참고. 시 44:17). 바울은 신앙고백(13-14절)에서 신자가 자신의 구속자이자 구주께 신실할 것을 강조한다. 그러므로 영성은 하나님과 우리의 현재적, 미래적 관계의 기초인 과거의 역사와 분리될 수 없다. 우리 미래는 역사에서 다시 일하실 신실하신 하나님께 달려 있다. 「바나바 서신」(*Epistle of Barnabas*)의 저자는 "과거의 지식과 현재를 위한 지혜를 주셨으며 미래에 대한 지식을 감추어 두지 않으신 주께 큰 감사를 드리라"(*Barn.* 5.3)고 적절하게 지적한다.

현대 문화에서 영성은 단순히 내면의 목소리와 대면하기 위한 방편으로 규정되는 경우가 많다. 예를 들어, 2011년 인기 있는 토크 쇼의 마지막을 장식하면서 '선포된' 메시지를 생각해 보자. 그 프로그램에서 20세기 후반과 21세기 초의 가장 인기 있는 '영적' 인물 중 하나로 여겨지는 사람은 영성에 대한 자신의 견해를 압축해서 잘 설명했다. "그러므로 하나님은 사랑이시고 생명이십니다. 여러분의 생명은 언제나 여러분에게 말을 걸고 있습니다."[76] 바울은 이 하나님이 그리스도로 계시되시며, 신자는 하나님이 그리스도를 통해 이루신 일에 걸맞게 살도록 부르심을 받는다고 말한다. 개인의 특정 종교 신념에 관계없이 모든 사람의 구미에 맞춘 영성은 우상 숭배일 뿐이다.

3. 출애굽과 해방

앞의 논의에서 지적한 대로 이 기도문에는 출애굽/새 출애굽 전승에 대한 수많은 암시가 나

Doweners Grove, IL: InterVarsity Press, 1992], 9).

75. 참고. Clement of Alexandria, *Miscellanies* 7.3, "Confession is Thanksgiving."

76. www.oprah.com/oprahshow/The-Oprah-Winfrey-Show-Finale_1/8(2011년 6월 1일 접속함).

타난다. '기업의 부분을 얻다'(12절), '건져내다'(13절), "빛"과 "흑암"의 대비(12–13절), "속량"(14절), "죄 사함"(14절). 이 중 그 자체로는 어느 것도 출애굽/새 출애굽 전승과 반드시 연관된다고 주장할 수 없지만, 전체적으로는 이런 전승과 연결해서 해석해야 가장 잘 설명할 수 있다. 고대의 청중과 마찬가지로 현대 독자에게 이런 관찰의 의미는 본문 관계라는 문제를 뛰어넘는다. 이 전승으로 예수 그리스도의 사역과 정체성을 이해하면 신자가 자신의 사명과 정체성을 이해하는 데도 영향을 끼친다.

첫째, 출애굽/새 출애굽 전승과 연결해서 볼 경우, 개인의 구원과 영원한 운명의 문제는 더 큰 하나님의 구원 이야기에 자리를 잡는다. 바울은 개인의 영적 자아를 고양하는 데 집착하는 골로새의 신비주의자를 반박하면서 하나님이 자신의 이름을 위해 이스라엘을 부르신 이후 그분이 행하신 사역으로 우리 관심을 다시 유도한다. 더 큰 하나님의 구원 계획을 소개하는 것은, 신자로 하여금 하나님이 행하신 구원 사역의 핵심이 그분의 영광임을 깨닫게 한다. 출애굽기 15장에 이미 하나님을 중심으로 하는 사상이 강조되는 것을 볼 수 있다.

> "여호와여 신 중에 주와 같은 자가 누구니이까 주와 같이 거룩함으로 영광스러우며 찬송할 만한 위엄이 있으며 기이한 일을 행하는 자가 누구니이까 주께서 오른손을 드신즉 땅이 그들을 삼켰나이다 주의 인자하심으로 주께서 구속하신 백성을 인도하시되 주의 힘으로 그들을 주의 거룩한 처소에 들어가게 하시나이다"(출 15:11–13, NRSV).

하나님 중심에 대한 강조는 이사야의 새 출애굽 내러티브에 다시 등장한다. 여기서 하나님이 자기 백성을 구속하시는 것은 그분의 능력과 영광을 증명한다.

> "땅의 모든 끝이여 내게로 돌이켜 구원을 받으라 나는 하나님이라 다른 이가 없느니라 내가 나를 두고 맹세하기를 내 입에서 공의로운 말이 나갔은즉 돌아오지 아니하나니 내게 모든 무릎이 꿇겠고 모든 혀가 맹세하리라 하였노라"(사 45:22–23, NRSV).

바울은 이런 전승들을 떠올리게 함으로써 신자에게 하나님의 영광이 중심이 되어야 함을 일깨워준다. 오늘날 다양한 종교에 대해 논의한 수많은 대화를 보면 하나님이 아니라 개인의 구원과 초월성이 핵심 관심사일 경우가 많다.[77] 이런 구조에서 감사, 고백, 찬양은 더 이상 의미 있는 행위가 되지 않는다. 그러나 바울은 예배 행위의 일차적 중요성을 집요하게 주장한다. 출애굽/새 출애굽 전승에 대한 환기는 앞으로 이어질 기독론적 찬송시(15–20절)의 예고편에 해당한다. 이 찬송시에서는 하나님과 그분의 사랑하는 아들이 기독교 담론의 적절한 위치

77. 기도가 이기적인 행위가 될 수 있기 때문에, 왜곡된 영적 훈련은 성령의 능력을 이용해 개인적 잇속을 채우려는 이기적 욕망을 은폐할 수 있다. 그렇게 함으로 우리는 "사람들이 자기를 사랑하며…하나님 사랑하는 것보다 더하는"(딤후 3:2–4) 사람처럼 될 수 있다.

를 회복한다.

하나님이 바로의 손아귀에서 자기 백성을 구원하셨으므로, 출애굽 사건에서 중요한 목표 중 하나가 해방이라고 생각하는 경우가 많다. 그런데 하나님이 건지신 그들이 그분을 섬기는 민족이 되었다는 사실은 종종 무시당한다. "이스라엘 자손은 나의 종들이 됨이라 그들은 내가 애굽 땅에서 인도하여 낸 내 종이요 나는 너희의 하나님 여호와이니라"(레 25:55).[78] 새 출애굽 역시 참되고 유일하신 하나님께 복종하는 것을 강조한다. "야곱아 이스라엘아 이 일을 기억하라 너는 내 종이니라 내가 너를 지었으니 너는 내 종이니라"(사 44:21). 바울 역시 하나님의 구속 사역을 하나님께 구원받은 사람이 그분을 섬기는 사람으로 변화되는 것이라고 본다. 따라서 '주께 합당하게 행하여 범사에 기쁘시게 하라'(10절)는 요청은, 그 사랑하는 아들을 통한 하나님의 구원 역사에 반응하는 예배와 복종의 행위로 이해되어야 한다. 더욱이 주께 복종하라는 수많은 요청도 구원 사역에 근거한다(참고. 2:6; 3:17, 23, 24; 4:1). 골로새서에 기록된 바울의 메시지를 적용할 때 그런 적용을 실행할 근거를 먼저 기억해야 한다.

78. 출애굽을 해방의 모델로 보는 자들에게 반발해 Jon D. Levenson ("Liberation theology and the Exodus," *Midstream* 35 [1989]: 30–36)은 출애굽이 소유권의 이전을 상징한다고 강조한다.

CHAPTER 3

골로새서 1:15-23

문학적 전후 문맥

바울은 골로새 교인들에게 역사하신 하나님께 감사하고(3-8절), 그들이 주께 합당한 삶을 살도록 하나님의 뜻을 아는 것으로 충만하게 해달라고 기도했다(9-14절). 이 기도 단락은 아들을 통한 하나님의 중요한 사역을 진술하며 마무리되었고(13-14절), 그 진술의 결론은 이어지는 찬송시(15-20절)의 도입부가 된다. 이 찬송시에서 바울은 그리스도를 "모든 피조물보다 먼저 나신 이"(15절)시자 "죽은 자들 가운데서 먼저 나신 이"(18절)로 묘사하면서 그분의 특별한 지위를 강조한다. 그리스도가 이런 분이시기에 그분 안에서 '만물이 함께 선다'(17절). 3-14절을 하나의 긴 감사 기도로 보는 이들에게 이 찬송시는 감사의 궁극적 근거를 제시한다. 바울은 일반적으로는 창조 세계와 구체적으로는 백성을 위해 하나님이 세우신 계획의 성취를 강조한다.[1]

중점적 핵심 내용이라는 측면에서 볼 때, 이 단락은 찬송시(15-20절)와 골로새 교인들의 구체적 상황에 적용(21-23절)하는 부분으로 구성된다. 관심의 초점이 하나님 아버지에서 그분의 구원 계획을 이루는 아들 그리스도로 이동하고, 이 기독론적 단락은 이어지는 논증의 기초가 된다.[2] 이 찬송시에 사용된 후 뒤에서 다시 사용되는 용어와 구절로는 "형상"(15절; 참고. 3:10), "만물"[15, 16(2번), 17(2번), 18, 19, 20, 23절; 참고. 28절; 2:2, 3, 9, 10, 13 등], '창조되다'(16절; 참고. 3:10), "하늘"(16, 20절; 참고. 4:1), "땅"(16, 20절; 참고. 3:2, 5), "통치자, 권세자"(16절; 참고. 2:10, 15), "머리"(18절; 참고. 10절, 2:19), "몸"(18절; 참고. 24절; 2:11, 17, 19; 3:15), "교회"(18절; 참고. 24절), "죽은 자들 가운데서"(18절; 참고. 2:12, 13), "충만"(19절; 참고. 2:9, 10), "거하게 하시고"(19절; 참고. 2:9; 3:16), "화평"(20절; 참고. 3:15), "십자가"(20절; 참고. 2:14)가 있다.[3]

21-23절은 찬송시를 보다 직접적으로 적용하는 부분이다. 여기서 바울은 찬송시의 "그

1. James Robinson, "Die Hodajot-Formel in Gebet und Hymnus des Frühchristentums," in *Apophoreta: Festschrift Ernst Haenchen* (ed. W. Eltester and F. H. Kettler; Berlin: Töpelmann, 1964), 231-33.
2. 수사적 면에서 이 단락은 연설 방식의 서술(*narratio*) 기능을 한다. 참고. Witherton, *Letters to Philemon, the Colossians, and the Ephesians*, 128. "서술의 요건은 짧고 명료해야 하며 필요한 것만 말하고, 담론을 일으킨 문제가 기술되어야 한다(Quintilian, *Inst.* 4.2.45)."

의 십자가의 피로" 이룬 화평(20절)이라는 개념을 "그의 육체의 죽음으로 말미암아 화목하게"(22절) 된 골로새 교인들에게 적용한다. 그런데 이 부분은 찬송시의 고백 내용을 단순히 확장하는 수준이 아니다. 바울은 23절의 조건절을 통해 신자가 꼭 보여야 할 반응을 알려준다. 그리스도의 사역은 실제로 완료되었지만(21-22절), 신자는 계속 복음 안에 굳게 서 있어야 한다. 그러므로 이 선언은 복음 메시지의 능력으로 도전을 받았다면 올바른 반응을 보이라고 요구하는 것이다.

바울이 거짓 교사들에게 직접 대응하면서 이 찬송시를 정확히 어떤 용도로 사용하려 하는지는 명확하지 않다. 어떤 이들은 이렇게 주장한다. "이 찬송시는 이단을 반박할 때 사용하는 저자의 무기가 아니다. 오히려 이 찬송시는 저자뿐 아니라 경쟁자도 이용하며, 그들이 벌이는 논쟁에 필요한 공통된 근거 자료로 이용된다."[4] 그러나 일부 학자는 예수님의 죽음이 찬송시(18, 20절)와 바로 이어지는 찬송시의 적용 단락(22절)에서 부각된다는 사실에 주목하고 이렇게 주장한다. 곧, 바울이 천상의 문제에 과도하게 집착했을 거짓 교사들을 반박하는 논증에서 예수님의 높아지심에 과도한 관심이 쏠리지 않기를 원했다는 것이다.[5] 분명한 한 가지는 찬송시에서 천명한 대로 하나님이 아들을 통해 이루신 사역을 신자가 유념하고 기억해야 한다는 것이다.

이 단락의 마지막 구절은 복음의 "일꾼"(23절) 된 바울을 강조한다. 이로써 바울의 역할과 그의 사도적 권위에 초점을 맞추는 1:24-2:5을 예고한다. "천하 만민에게 전파된"(23절) 우주적 복음은 그 복음을 신실하게 해석하는 메신저를 통해 전달된다.

II. 성부 하나님의 지속적 사역(1:3-14)
- A. 감사(1:3-8)
- B. 골로새 성도들을 위한 중보기도(1:9-14)

➡ **III. 절정에 이른 성자의 사역(1:15-23)**
- **A. 그리스도의 우월성(1:15-20)**
- **B. 그리스도의 사역에 대한 반응(1:21-23)**

IV. 바울의 사도적 사명(1:24-2:5)

---

3. Mattew E. Gordley, *The Colossian Hymn in Context: An Exegeis in Light of Jewish and Greco-Roman Hymnic and Epistolary Conventions* (WUNT 2.228; Tübingen: Mohr Siebeck, 2007) 265-66. 그는 또한 다른 이 찬송시와 골로새서에서 이 단락 이후로 바울이 제시한 논증 중 관련성이 있는 다른 주제들도 소개한다.

4. Van Broekhoven, "The Social Profiles in the Colossian Debate," 74-75. Sappington, *Revelation and Redemption at Colossae*, 175-76도 보라.

5. 참고. Pizzuto, *A Cosmic Leap of Faith*, 264-65. 물론 18절의 "죽은 자들 가운데서 먼저 나신 자"라는 구절이 예수님의 부활을 가리킨다고 볼 수도 있다. 하지만 유사한 신앙고백의 자료(예를 들어, 빌 2:9)에서는 그리스도를 찬양하고 높이는 표현이 나오지만 여기에는 생략되어 있다.

주요 개념

하나님은 자신의 창조 행위의 대리자이자 목표인 예수 그리스도의 십자가 죽음을 통해 만물과 화해를 시도하신다. 신자가 받은 복음에 굳건히 서서 흔들리지 않는다면, 하나님은 이 화해를 통해 그들을 그분께 합당한 존재라고 여기실 것이다.

번역

골로새서 1:15-23

15a	주장	**그는 보이지 아니하는 하나님의 형상이시요**
b	확장	모든 피조물보다 먼저 나신 이시니
16a	15절의 근거	만물이 그에게서 창조되되
b	영역	하늘과
c	영역	땅에서
d	내용	보이는 것들과
e	내용	보이지 않는 것들과
f	설명	혹은 왕권들이나
g	목록	주권들이나
h	목록	통치자들이나
i	목록	권세들이나
j	확장	만물이…창조되었고
k	대리자	다 그로 말미암고
l	혜택의 대상	그를 위하여
17a	15a의 확장	**또한 그가 만물보다 먼저 계시고**
b	확장	**만물이 그 안에 함께 섰느니라**
18a	17a의 확장	**그는 몸인 교회의 머리시라**
b	주장	**그가 근본이시요**
c	확장	죽은 자들 가운데서 먼저 나신 이시니
d	18c의 결과	이는 친히 만물의 으뜸이 되려 하심이요
19	18b의 근거	아버지께서는 모든 충만으로 예수 안에 거하게 하시고
20a	수단	그의 십자가의 피로 화평을 이루사
b	확장	만물…이 그로 말미암아 자기와 화목하게 되기를 기뻐하심이라
c	영역	[그로 말미암아] 곧 땅에 있는 것들이나

d	영역	하늘에 있는 것들
21	문제	전에 악한 행실로 멀리 떠나 마음으로 원수가 되었던 너희를
22a	해결책	**이제는 그의 육체의…화목하게 하사**
b	수단	죽음으로 말미암아
c	22a의 목적	너희를 [1] 거룩하고…그 앞에 세우고자 하셨으니
d	목록	[2] 흠없고
e	목록	[3] 책망할 것이 없는 자로
23a	조건	만일 너희가 믿음에 거하고
b	수단	터 위에…서서
c	병행	굳게
d	확인	너희 들은 바
e	대비	복음의 소망에서 흔들리지 아니하면 그리하리라
f	서술	이 복음은 천하 만민에게 전파된 바요
g	서술	나 바울은 이 복음의 일꾼이 되었노라

구조

이 찬송시의 구조에 관해 학자들 사이에 의견이 분분하다.[6] 두 부분으로 이루어졌다고 주장하는 이들은 두 단락이 각기 '그는…먼저 나신 이시니'(ὅς ἐστιν···πρωτότοκος, 15b, 18c절)라는 구절로 시작하고, 이 선언의 근거를 알리는 두 절('왜냐하면', ὅτι, 16a, 19절)을 포함하며, 우주적 차원의 그리스도의 통치(16b-j, 20c-d절)를 언급하면서 마무리한다는 점에서 선명한 평행 관계를 이룬다고 지적한다.[7] 이렇게 2부 구조를 주장하는 것의 문제는 찬송시의 중심 단락을 제대로 설명하지 못한다는 것이다. "또한 그가 만물보다 먼저 계시고 만물이 그 안에 함께 섰느니라 그는 몸인 교회의 머리시라"(17-18a절).

이 중심 단락 때문에 어떤 주석가들은 17-18a절을 두 번째 연으로 보고 3부로 구성되었다는 견해를 채택한다.[8] 3부 구조를 주장하는 학자는 대부분 두 번째 연이 길이와 문체 면에서 첫 번째 연이나 세 번째 연과 다르다는 점을 인정한다. 혹자는 두 번째 연이 "둘째와 셋째 연

6. 예를 들어, John F. Balchin, "Colossians 1:15-20: An Early Christian Hymn? The Arguments from Style," *VE* 15 (1985): 86-87을 보라. 그는 이 찬송시에 대해 그동안 제안된 구조 20개를 소개한다.

7. 예를 들어, Lohse, *Colossians and Philemon*, 44-45; Schweizer, *Letter to the Colossians*, 57을 보라.

8. 예를 들어, Ralph P. Martin, *Colossians and Philemon* (NCB; London: Oliphants, 1974), 55를 보라.

을 연결하는 중요한 역할"을 한다고 주장하며,[9] 이 찬송시를 중심 구절이 포함된 2연 찬송시로 이해할 수 있다고 본다.

3부로 구성된 찬송시로서 둘째 연이 중심 단락이라고 할 경우 이 찬송시는 교차 대구 구조를 이룬다고 할 수 있다.[10] 5부의 교차 대구 구조로 되어 있다고 주장하는 사람들조차 17-18a절이 중심 단락이며 15-16절과 18b-20절이 평행을 이룬다는 점을 인정한다.

A 그는 보이지 아니하는 하나님의 형상이시요
  모든 피조물보다 먼저 나신 이시니…(15-16절)
  B 그가 만물보다 먼저 계시고(17a절)
    C 만물이 그 안에 함께 섰느니라(17b절)
  B′ 그는 몸인 교회의 머리시라(18a절)
A′ 그가 근본이시요
  죽은 자들 가운데서 먼저 나신 이시니…(18b-20절)[11]

5부로 된 교차 대구 구조는 이 찬송시의 구조와 배열 순서를 가장 잘 설명하며, 중심 구절은 만물을 붙드시는 분이신 그리스도를 선명하게 드러낸다. 나아가 전체 피조물(15-17a절)에서 구체적인 교회(18a-20절)로 초점이 이동한 점도 반영한다. 이 구조가 찬송시를 쓴 바울의 생각을 최종적이고도 완벽하게 재구성했다고 주장할 수는 없다. 하지만 이것은 이 단락을 읽을 때 적용할 수 있는 유용한 해석학적 도구인 것은 사실이다.

이 전체 구조 속에서 바울은 그리스도를 하나님의 지극히 존귀한 아들로 묘사한다. 그는 관계사절로 시작하여 "그의 사랑의 아들"(13절)이 행하신 사역을 서술한다. 하나님과 맺는 관계로 말미암은 그리스도의 지위와 만물에 대한 그리스도의 우월성을 주장(15절)한 후, 그분이 어떤 면에서 "만물"보다 뛰어나신지를 설명하는 내용을 열거함으로 그 주장의 근거를 제시한다. 바로 만물이 그분을 통해 창조되었다는 것이다(16절). 이 주장은 만물에 대한 그리스도의 우월성을 다시 말하는 것으로 이어지는데(17절), 특별히 "교회"에 대한 그분의 우월성으로 초점이 이동한다(18a절). 마지막 단락은 부활하신 그리스도의 우월하심으로 시작한다(18b-d절). 그리스도가 우월하신 이유는 그분의 온전한 신성(19절)과 십자가에서 죽으심으로 말미암아 만물을 화목하게 하신 그분의 역할(20절) 때문이다.

---

9. Luis Carols Reyes, "The Structure and Rhetoric of Colossians 1:15-20," *Filologia Neotestamentaria* 12 (1999): 139-54.

10. Michel Gourgues, "La foi chrétienne primitive face à la croix: le témoignage des formulaires pré-pauliniens," *ScEs* 41 (1989): 49-69.

11. Pizzuto, *A Cosmic Leap of Faith*, 203-5. 참고. van Kooten, *Cosmic Christology in Paul*, 119. Wright ("Poetry and Theology in Colossians 1.15-20," 447)는 4부 교차 대구 구조라고 주장하며, 이것은 5부 구조의 변형에 속한다고 볼 수 있다. A(15-16절), B(17절), B′(18a절), A′(18b-20절).

바울은 이 찬송을 골로새 교인들의 상황에 적용하면서 신자가 하나님과 화목하게 된 사람들의 일부임을 강조한다(21-22절). 마지막 조건절(23절)은 그들이 복음의 메시지에 충실함으로 이미 완성된 화해를 체험할 것을 당부한다.

석의적 개요

➡ **I. 그리스도의 우월성(1:15-20)**
- A. 그리스도와 첫 창조(1:15-16)
  1. 그리스도는 하나님의 형상이시고, 피조물보다 먼저 나신 분이다(1:15)
  2. 만물이 그분에게서 창조되다(1:16a-i)
  3. 만물이 그분으로 인해, 그분을 위해 창조되다(1:16j-l)
- B. 그리스도 안에서 만물이 함께 서 있다(1:17-18a)
- C. 그리스도와 새 피조물(1:18b-20)
  1. 그리스도는 근본이며 죽은 자 가운데서 먼저 나신 분이심(1:18b-d)
  2. 하나님이 그리스도 안에서 모든 충만함으로 거하심(1:19)
  3. 만물이 그분으로 말미암아 화목하게 됨(1:20)

II. 그리스도의 사역에 대한 반응(1:21-23)
- A. 신자들은 그리스도 안에서 화목하게 되었다(1:21-22)
- B. 신자들은 복음에 굳게 서 있어야 한다(1:23)

심층 연구 **골로새서의 찬송시**

1:15-20에 관해 서로 관련된 여러 주제는 개별 구절에 대한 논의에 영향을 미친다. 이 주제는 학자들에게 많은 관심을 불러일으켰다.[12] 이 주제들을 간략히 고찰함으로써 복잡하고도 중요한 단락을 개략적으로 살펴볼 수 있을 것이다.

장르

대다수의 학자는 이 단락을 '찬송시'로 생각한다. 이는 이 단락에 나타난 다음과 같은 여러 가지 특징

---

12. Christian Stettler, *Der Kolosserhymnus: Untersuchungen zu Form, tradition-sgeschichtlichem Hintergrund und Aussage von Kol 1,15-20* (WUNT 2.131; Tübingen: Mohr Siebeck, 2000), 1-35; Gordley, *Colossian Hymn in Context*, 3-26 등 최근 학계에서 발표한 연구를 보라.

을 근거로 내린 결론이다. 관계사절의 사용(15, 18절), 평행 구조(15-16절과 18b-20절)와 균형, 관계대명사와 인칭대명사를 연결사로 활용한 점, 이 단락의 독립적 성격, 하팍스 레고메나(*hapax legomena*)의 존재, 바울의 다른 초기 기독론적 '찬송'과 문체나 주제가 유사한 점(빌 2:6-11; 딤전 3:16), 골로새서에 등장하는 "찬송"에 대한 언급(골 3:16; 참고. 고전 14:26; 엡 5:19-20).

그러나 한 단락을 '찬송시'로 특정할 수 있는 기준이 무엇인지는 명확하지 않다. 찬송시의 필수 조건이 '운율'이라고 주장하는 사람들은 이 단락의 절의 배열에서 찬송시라고 할 만한 충분한 조건을 볼 수 없다고 주장한다.[13] 평행구조를 찾을 수 있다고 해도 기대한 만큼 구조가 치밀하게 배열되어 있지는 않다.[14] 그러므로 어떤 학자들은 이 단락을 "고양된 산문"이나 "일종의 시"로 부르는 편을 선호한다.[15] 그러나 '찬송시' 대신 "고양된 산문"이나 "시"라고 부른다면, 고대의 명확한 문학적 사례가 있는 문학 장르를 그러한 평행 본문이 없는 모호한 제목으로 바꾸어 부르는 셈이 될 것이다.[16]

이런 방식보다는 다양한 형태의 찬송시를 구분하는 작업이 더 유익하다. 헬라 찬송시의 두드러진 특징이 운율이기 때문에, 어떤 이들은 운율보다는 교차 대구 구조와 평행 구조가 더 주요한 특징인 유대 찬송시를 주장하기도 한다.[17] 더욱이 그리스-로마의 찬송시 자료는 종종 형식적 특징보다는 그 내용으로 규정된다. 스티븐 파울(Stephen Fowl)은 초기 연구에서 찬송시를 "신적 인물의 성격과 활동에 대한 시적 이야기"라고 정의했지만,[18] 매튜 고들리(Matthew Gordley)는 최신 저작에서 '찬송시'에 대한 세세한 규정으로 이 견해를 더 정교하게 옹호한다.

> 찬송시는 상대적으로 길이가 짧고 독립적인 문학 장르로서(대부분 4행에서 35행이며, 예외적으로 더 긴 찬송시도 존재한다) 주로 선언이나 서술하는 방식으로 신적 존재를 찬양하는 내용이 중심을 이룬다. 시나 산문 형식으로 신적 대상에게 직접 말을 걸거나(예를 들어, 당신만이…) 3인칭으로(예를 들어, 그녀는 자비를 베푸시네…) 지칭하여 말할 수도 있다. 주로 예전적이나 교훈적인(즉, 제의적이나 교육적) 목적으로 사용되었으리라 보인다.[19]

이런 개념 정의는 다양한 유형의 자료에 찬송시 단락이 포함되어 있는 이유를 설명한다. 또한 이런 개념은 유대나 그리스-로마 전승의 사례에 모두 적용될 수 있으므로, 골로새서의 이 단락을 꼭 유대 문학 대 그리스-로마 문학처럼 이분법적 접근을 하지 않고 검토할 수 있게 해준다.

---

13. 참고. Balchin, "Colossians 1:15-20," 86-87. 그는 "기독교든 유대교든 이교도든 고대 문헌에서는 실제로 어떤 평행법도 찾아볼 수 없다. 이것은 이 단락을 '찬송시'라고 명명하는 우리의 방식이 옳다는 뜻이다"라고 결론을 내린다.

14. J. C. O'Neill, "The Source of the Christology in Colossians," *NTS* 26 (1979): 87-88.

15. N. T. Wright, "Poetry and Theology in Colossians 1.15-20," *NTS* 26 (1990): 448.

16. 참고. Pizzuto, *A Cosmic Leap of Faith*, 225.

17. Steven M. Baugh, "The Poetic Form of Col 1:15-20," *WTJ* 47 (1985): 237.

18. Stephen E. Fowl, *The Story of Christ in the Ethics of Paul : An Analysis of the Hymnic Material in the Pauline Corpus* (JSNTSup 36; Sheffield: Sheffield Academic, 1990), 45.

19. Gordley, *Colossian Hymn in Context*, 3-33. 그는 한 걸음 더 나아가 "찬송시와 다른 특정 장르의 문학 작품들은 주로 찬양의 대상이 누구인가에 대한 문제에서 그 차이가 드러난다"(39)라고 지적한다. '찬송시'를 무엇보다 '송영의 의도'를 지닌 자료로 규정한 Schweizer, *Letter to the Colossians*, 56을 보라.

그러므로 이 단락을 찬송시로 본다면 문체만 확정되는 것이 아니다. 논의된 주제의 의미도 부각된다. 나아가 찬송시 자료가 이스라엘의 종말론적 소망[20]을 표현하는 수단이 되는 당대 유대 전승의 맥락에서 이 찬송시는 역사상 가장 중요한 하나님의 사역을 표현하는 유용한 수단이다.

기원

이 단락을 '찬송시'로 보는 많은 사람은, 기존에 있던 찬송가가 이 편지의 찬송시에 포함되었다고 생각한다. 이 찬송가가 예전적 배경에서 사용되었을 가능성과 더불어 하팍스 레고메나의 존재[21]는 이 찬송이 이미 사용되고 있음을 암시한다. 다른 학자들은 "죄수의 신분이라는 저자의 상황은 예전적 찬송으로서 리듬을 지닌 구절을 만들 수 없었던 또 다른 요인이다. 그는 목회 서신을 구술할 수밖에 없는 처지이다"라고 주장하기도 한다.[22] 이 찬송시가 바울 이전에 불리던 노래라는 주장에 대해 많은 학자는 바울이 이 찬송시에 자신만의 독특한 단어와 구절을 삽입했을 것이라고 주장한다. 그러나 '원본 찬송시'의 형태와 관련해서는 학자들 사이에 의견이 분분하다. 15-16a절과 19, 20b절은 '원본 찬송시'의 일부이고, "교회"(18a절)와 "그의 십자가의 피로"(20a절)라는 구절은 바울이 삽입했을 것이라는 견해에 대부분 동의한다.[23]

그러나 바울이 기존의 찬송시를 사용했다는 주장은 결정적이지 않다. 바울이 이 서신에서 정교하고도 체계적인 논증을 제시한다는 사실은 여의치 않은 환경에서도 잘 짜인 시를 쓸 능력이 있었음을 암시한다. 신학적이고 언어학적인 일관성에 관한 한, 이 찬송시의 내용이 바울 저작권을 부인하는 충분한 증거가 될 수는 없다.[24] 첫째, 신앙고백의 자료는 종종 전통적인 표현을 사용하기 때문에 바울이 기존 전승에 쓰인 언어를 사용한다고 해서 놀랄 필요는 없다. 하팍스 레고메나의 의미는 이 단어가 대부분 칠십인역에 등장한다는 사실을 감안하고 보아야 한다.[25] 그러므로 바울은 단순히 이스라엘의 거룩한 전승을 차용하여 그의 생각을 표현하는 것일 수 있다. 나아가 바울은 이 찬송시를 쓸 때 거짓 교사들의 가르침에 대응하는 차원에서 그들의 가르침을 빌려 썼을 수 있다.[26]

어떤 경우든 바울이 이 찬송시 자료에 여러 다른 표현을 사용하리라는 것은 충분히 예상된다.[27] 이

---

20. 참고. Jdt 16; Tob 13; 1QH[a] Maurya P. Horgan and Paul J. Kobelski, "The Hodayot (1QH) and New Testament Poetry," in *To Touch the Text: Biblical and Related Studies in Honor of Joseph A. Fitzmyer, S.J.* (ed. M. P. Horgan and P. J. Kobelski; New York: Crossroad, 1989), 179-93; and Steven Weitzman, *Song and Story in Biblical Narrative: The History of a Literary Convention in Ancient Israel* (Indiana Studies in Biblical Literature; Bloomington: Indiana Univ. Press, 1997), 65-70.
21. 예를 들어, Lohse, *Colossians and Philemon*, 42는 바울 서신에 사용되었지만 "다른 의미로 사용되는" 단어들을 지적한다.
22. Ralph P. Martin, "An Early Christian Hymn (Col 1:15-20)," *EvQ* 36 (1964): 199.
23. 참고. Balchin, "Colossians 1:15-20," 65-94. 어떤 학자들은 또한 이 찬송시가 만들어진 여러 단계를 설명하고자 했다. Roy Yates, "A Reapprraisal of Colossians," *ITQ* 58 (1992): 98을 보라.
24. Leppä가 이렇게 주장한다. Making of Colossians, 257-65.
25. Blichin, "Colossians 1:15-20," 74.
26. Smith, *Heavenly Perspective*, 152.
27. 바울의 저작을 근거로 바울 서신들에 바울 이전의 자료들이 사용되었음을 확인하더라도, 그의 창의적인 창작 능력을 간과해서는 안 된다. Martin Hengel, *Between Jesus and Paul: Studies in the Earliest History of Christianity* (trans. John Bowden; London: SCM, 1983), 32-44. 그는 '바울 이전'이라는 개념 자체를 비판한다.

찬송시가 바울의 다른 가르침과 모순되지 않는다는 사실은, 이 찬송시가 바울 이전에 사용되던 것이라고 주장하는 이들이 귀담아 들어야 할 것이다.[28] 찬송시의 원저자가 바울이 아니라는 증거가 있다고 해도, 이 단락에 포함된 모든 내용은 당연히 바울이 골로새서에서 펼치는 전체적 논증의 중요한 일부로 받아들여야 한다.

찬송시를 이해하는 개념적 틀

찬송시의 각 구절을 살펴볼 때, 제2성전기 유대 전승은 이 찬송시에만 담긴 고유한 핵심 내용들을 살펴볼 수 있는 유익한 틀을 제공한다. "우리는 지혜 문학에서 이 찬송시의 첫 번째 연과 유사한 표현을 찾아볼 수 있다."[29] 이렇게 공통된 개념이나 표현으로는 "형상"(15절), "먼저 나신 이"(15, 18절), '창조되다'(16절), "만물"(17절), '함께 서다'(17절), "근본"(18절), "만물의 으뜸"(18절)이 있다.[30] 이런 유사점 때문에 바울은 예수님의 사역과 지위의 의미를 강조할 수 있다. 궁극적 지혜자로서 예수님은 창조의 대리자이자 지탱자로 인식된다. 그러하기에 그분은 모든 피조물보다 위에 계신다. 그분은 선재하시는 분으로서 하나님의 영원한 계획의 중재자가 되셨다. 토라와 지혜자를 동일시하는 것에 비추어보면, 예수님은 또한 하나님의 뜻의 최종적인 계시가 되신다.

지혜 전승에 비추어 읽으면, 그리스도의 우주론적, 구원론적, 존재론적 의미와 계시적 측면의 중요성을 특별히 강조한 부분이 훨씬 선명하게 드러난다.[31] 우주론적 측면에서 보면, 그리스도는 단순히 창조의 대행자이실 뿐 아니라 창조의 목적이시기도 하다(16절, 만물이 "그를 위하여" 창조되었다). 또한 바울은 그리스도가 "보이는 것들과 보이지 않는 것들과…권세들" 위에 계심을 분명히 명시한다(16절). 구원론적으로 보면, 역사 속에서 행하신 하나님의 사역은 물리적 세계를 창조하신 것이 아니라 예수님이 십자가에서 죽으신 것에서 절정에 이른다(20절). 이 찬송시에서 예수님의 죽음이 두 번이나 언급되는 점이 인상적이며, 이 두 부분은 그분의 높아지신 지위에 초점을 맞춘다(18, 20절). 18절에 부활이 암시되어 있기는 하지만 바울이 22절의 논증에서 이 찬송시를 적용하며 강조하는 것은 예수님의 죽음이다.[32] 존재론

28. 여기서 한 걸음 나아가 이 찬송시에 내포된 개념들이 대부분 바울의 다른 저작에도 나타난다고 주장할 수 있다. 이 찬송시에만 등장하는 유일한 특징이라고 주장하는 그리스도의 우주적 역할은 바울의 다른 저작에도 등장한다(갈 4:4-5; 고전 1:3; 2:7; 8:6; 10:4; 빌 2:6-11; 딤전 1:15). Larry R. Heyler, "Cosmic Christology and Col 1:15-20," *JETS* 37 (1994): 235-46을 보라.

29. Eduward Schweizer, "The Church as the Missionary Body of Christ," *NTS* 8 (1961): 7.

30. 유대 지혜 문학에 보이는 이런 평행 구절에 대한 논의는 각 절에 대한 주석을 보라. 유대 지혜 문헌의 영향을 일절 부정하는 대표적인 사례는 다음과 같다. Gorden D. Fee, "Wisdom Christology in Paul: A Dissenting View," in *The Way of Wisdom: Essays in honor of Bruce K. Waltke* (ed. J. I. Packer and S. K. Soderlund; Grand Rapids: Zondervan, 2000), 257-60. 또한 같은 저자의 Pauline Christology, 317-25를 보라.

31. 이 네 범주를 통한 유대교의 지혜 전승과 바울의 기독론의 관계에 대한 논의는 Eckhard J. Schnabel, *Law and Wisdom from Ben Sira to Paul* (WUNT 2.16; Tübingen: Mohr Siebeck, 1985), 262-63을 보라.

32. 유대 지혜 전승의 제의적 문맥에 대한 논의는 Crispin H. T. Fletcher-Louis, "Wisdom Christology and the Parting of the Ways between Judaism and Christianity," in *Christian-Jewish Relations through the Centuries* (ed. Stanley E. Porter and Brook W. R. Pearson: Sheffield: Sheffield Academic, 2000), 52-68을 보라. 그럼에도 그는 "예수님이 치르신 대속을 위한 자기희생은 성격상 새로운 희생이자 궁극적으로 유대교와 기독교의 방식이 달라지게 한 원인으로 작용한다"(68)라고 강조한다.

적으로 보면, 선재하시는 아들인 한 역사적 인물과 지혜를 동일시하는 점 역시 인상적이다. 예수님은 온전한 신성을 지닌 아들이시다(19절). 마지막으로, 계시의 측면에서 볼 때 예수님은 "보이지 아니하는 하나님"을 유일하고도 최종적으로 계시하시는 분이다(15절). 이렇게 해서 예수님은 인간이 하나님께 나아갈 길을 여심으로 토라를 성취하신다.

이처럼 지혜 전승이 이 찬송시(그리고 골로새서의 다른 구절들)의 의의를 이해할 수 있는 렌즈 역할을 할 수 있음이 분명해진다. 그런데 바울은 예수님이 그 전승들에 담긴 사상을 대체하신다는 면에서 그분이 단순히 지혜와 동일시되는 차원이 아님을 분명히 밝힌다.[33] 하나님의 뜻을 완벽하고도 인격적으로 구현하신(15절) 분이자 죽으심(18절)으로써 자기 백성을 위한 하나님의 사역이 종말론적 절정에 이루게 하신(16절) 예수님은, 이 전승들에 내포된 모든 기대를 뛰어넘는 최종적 화해를 이루셨다(20절).

지혜 전승들이 이 찬송시를 이해하는 우세한 틀이라고 해서 다른 모티브나 주제가 사용되지 않은 것은 아니다. 창조와 관련하여 본문에 영향을 끼쳤다고 보기에 가장 자연스러운 자료는 창세기 1장이다. 어떤 이들은 심지어 이 찬송시를 창세기 1:1에 대한 '미드라쉬'(midrash)로 보기도 한다. "근본"이라는 단어의 의미를 먼저 나신 자, 으뜸, 머리, 처음으로 설명하기 때문이다.[34] 지혜 전승과의 연관성은 이미 창세기 1:1을 기초로 한 잠언 8:22의 전형적인 지혜 구절이 제공한다. 또한 창세기와의 관련성은 이 찬송시의 배경에 아담 기독론이 있을 가능성도 보여준다. 특히 아담 기독론과 지혜 기독론이 종종 연관되는 부분은 더욱 확실하다. 예수님은 "마땅히 아담이 되셔야 하는" 분이다.[35] 예수님 안에서 새로운 인류가 시작된다. 바울에게 이 인류는 "그의 몸인 교회"이다(18절).

이 찬송시에서 제왕적 기독론이 우세하게 드러난다고 주장하는 이들도 있다. 하지만 그들 역시 특별히 "그리스도가 창조에 참여하셨다는 점에서" 지혜 모티브의 존재를 인정한다.[36] 이런 기독론은 하나님의 참된 "지혜"로서 그리스도, 특히 지혜에 관한 표현(참고. 1:9, 28; 2:3, 23; 3:16; 4:5)이 넘쳐나는 편지에 나타난 그리스도에 대한 묘사와 상충하지 않는다.

33. 요한복음의 서두에 대한 Karen H. Jobes의 주석을 여기에도 적용할 수 있을 것이다. "일부 신학자들이 주장하듯이 예수님은 지혜(Wisdom-Sophia)의 자식이 아니다. 오히려 선재하신 그리스도가 잠언 8장의 지혜와 이 지혜가 상징하는 모든 것을 창조하셨다"("Sophia Christology: The Way of Wisdom?" in *The Way of Wisdom: Essays in Honor of Brace K. Walke* [ed. J. I. Packer and S. K. Soderlund; Grand Rapids: Zondervan, 2000], 241).

34. C. F. Burney, "Christ as the APXH of Creation," *JTS* 27 (1926): 160-77. 참고. Martin H. Scharlemann, "The Scope of the Redemptive Task (Colossians 1:15-20)," *CTM* 36 (1965): 291-300; Frédéric Manns, "Col. 1,15-20: Midrash chrétien de Gen. 1,1," *RevScRel* 53 (1979): 100-110; Wright, "Poetry and Theology in Colossians 1.15-20," 456-57; P. Lefebvre, "Les mots de la Septante, ont-ils trois dimensions? *Phosteres eis archas* (Gn 1, 16)," in *Selon les Septante: trente études sur la Bible grecque des Septante, en hommage à Marguerite Harl* (ed. G. Dorival and O. Munnich; Paris: Éitions du Cerf, 1995), 301-3.

35. N. T. Wright, "Adam in Pauline Christology, *SBLSP* 22 (1983): 385. 그는 또한 아담 기독론과 지혜 기독론 모두 기본적으로 '이스라엘 기독론'으로 "마땅히 이스라엘이 되어야 할 존재"를 가리킨다고 지적한다. 또한 James D. G. Dunn, *The Theology of Paul the Apostle* (Grand Rapids: Eerdmans, 1998), 275-76도 보라.

36. John Anthony Dunne, "The Regal Status of Christ in Colossian 'Christ-Hymn': A Re-Evaluation of the Influence of Wisdom Traditions," *TJ* 32 (2011): 7. 이 기독론적 찬송시에 제왕적 기독론의 언어와 모티브가 존재함을 지적하면서도 Dunne은 이 찬송시에 반제국주의적 변증이 존재한다고 주장한다. 그럼에도 이 변증은 이 편지의 논증에서 이 찬송시의 중요한 관심사는 아닌 것으로 보인다.

본문 설명

1:15a 그는 보이지 아니하는 하나님의 형상이시요(ὅς ἐστιν εἰκὼν τοῦ θεοῦ τοῦ ἀοράτου). 바울은 이 기독론적 진술을 시작하면서 먼저 그리스도가 하나님과 그분의 뜻을 진정으로 대표하시는 분임을 밝힌다. "그는"(ὅς)으로 번역된 관계 대명사는 앞에 있는 13절의 "아들"을 가리킨다.[37] 어떤 학자들은 이것을 찬송시로 된 고백 자료의 전형적 특징으로 여긴다(빌 2:6; 딤전 3:16; 히 1:3).[38] 또 다른 학자들은 관계 대명사를 사용함으로 "이 찬송시가 한 음절 바로 뒤에서 그 내용을 소개할 수 있다"라고 주장한다.[39] 골로새서의 문맥에서 관계 대명사의 이런 용례는 아버지의 사역을 소개한 1:13의 유사한 용례와 평행을 이룬다. 그러므로 이 절의 대명사는 초점이 아버지에서 아들로 이동하는 것을 암시한다.

"형상"(εἰκών)이 무관사 형태인 이유는 술어의 위치에 있기 때문이다. 그리고 그리스도의 유일무이한 지위를 강조하는 문맥을 감안할 때 모든 현대 번역본처럼 정관사가 붙은 명사로 번역되어야 한다(the image, 그 형상). "형상"을 실재보다 열등하다고 간주하는 헬라 철학의 전통에 따라 이 단어가 사용되었지만, 문맥상 이 단어는 "실재와 무관하게 오직 의식 속에서만 존재하는 중요한 어떤 것이라고 이해해서는 안 된다."[40] 정경의 맥락에서 이 단어는 "하나님이 자기 형상…대로 사람을 창조하시되"(NET)라고 기록된 창세기 1:27을 떠오르게 한다.[41] 바울이 "하나님의 형상"을 언급한 다른 구절들 역시 창세기를 암시하는 것이 분명하다(롬 8:29; 고전 11:7; 15:45-49; 고후 4:4).[42] 창세기 문맥에서 하나님의 형상으로 창조되었다는 것은 모든 속성과 면모가 하나님을 닮았다는 뜻이 아니라, 피조 세계를 다스리는 권위자로서 그분을 대표한다는 뜻이다(창 1:28).[43] 이 찬송시에서 그리스도의 우월함에 초점을 맞추는 것은 그분이 지니신 특별한 권위를 강조한다.

그러나 이 문맥에서는 창세기 구절로 "하나님의 형상"이라는 표현을 충분히 설명하기가 어렵다. 지혜 전승에 이 심상의 용례가 더욱 두드러지게 나타나는데, 이것은 지혜 전승이 창세기 창조 기사의 영향을 받았음을 시사한다(참고. Wis 7:26; Philo, *Alleg. Interp.* 1.43; *Migration* 175; *Unchangeable* 142-43). 첫째, 이 찬송시에서 아들이 "보이지 아니하는 하나님의 형상"이라고 주장하는 근거는 '그 안에서', '그로 말미암아', "그를 위하여" 만물이 창조되었다는 것이다(16절). 이것은 창세기 기사에서 아담이 맡은 역할보다는 지혜의 역할을 의미한다.[44] 더욱이 첫 아담은 하나님의 형상'으로' 하나님의 형상을 '따라' 창조되었지만 그 형상 자체와 동일시되지는 않는다.[45] 마지막으로 "보이지 아니하는 하나님의"[46]

37. 참고. "그 아들은 보이지 않는 하나님의 형상이다"(TNIV, NIV).
38. Schweizer, *Letter to the Colossians*, 56. 참고. Dunn, *Epistles to the Colossians and to Philemon*, 77. 그는 고린도후서 4:4의 정확한 평행 구절을 지적한다. "그리스도는 하나님의 형상이니라"(ὅς ἐστιν εἰκὼν τοῦ θεοῦ).
39. Godley, *Colossian Hymn in Context*, 180.
40. Kleinknecht, *TDNT*, 2:389.
41. 이 포괄적인 번역은 창세기 5:1-2로 그 타당성을 뒷받침할 수 있다. 창세기 5장에서는 남자와 여자 모두 하나님의 형상/모양으로 창조되었다고 말한다. LXX에 동일한 헬라어(εἰκών)가 사용된 점 역시 주목할 필요가 있다.
42. Beale, "Colossians," 851-52를 보라. 그는 이 심상이 아담 모형론을 암시한다고 생각한다. 또한 여기서 나아가 제2성전기 유대 전승에 나타난 아담의 아들 됨과 하나님의 형상의 관련성을 지적한다(*LAE* 35; Philo, *Planting* 18-19; *Worse* 86-87, *Moses* 2.65).
43. 1980년대까지 학자들이 연구한 개략적 내용의 요약은 다음을 보라. Gunnlaugur A. Jónsson, *The Image of God: Genesis 1:26-28 in a Century of Old Testament Research* (trans. Lorraine Svendsen; ConBOT 26; Stockholm: Almqvist and Wiksell, 1988). 그는 이런 해석이 구약 학계의 합의된 입장이라고 본다.
44. Beetham, *Echoes of Scripture*, 132. 그러나 그리스도가 모든 피조물의 '목표'이기도 한다는 점에서 지혜를 초월한다는 점을 기억해야 한다.
45. 그래서 어떤 이들은 이 심상이 문맥상으로 볼 때, 후기 영지주의 자료에 속한다고 주장한다(NHC II.5, 108.7-9; 참고. Fossum, "Colo-

라는 소유격 한정사는 "형상"의 계시적 기능에 초점을 맞춘다. 이 역시 중재하는 존재로서 초월적 하나님께 나아가도록 돕는 지혜의 기능을 강조한다. 바울에게 참 지혜로서 예수님은 과거부터 지금까지 하나님의 형상이시며, 그분을 통해 하나님의 본성과 뜻이 알려진다.

1:15b 모든 피조물보다 먼저 나신 이시니(πρωτότοκος πάσης κτίσεως). 이 구절은 그 아들에 대해 추가적으로 서술하며 모든 피조물보다 뛰어난 그분의 우월한 지위를 알려준다. '먼저 난'(firstborn, πρωτότοκος)은 시간적인 우위성을 의미할 수 있다(참고. 눅 2:7; 히 11:28). 표현 자체가 이미 서열의 높음이나 우월성의 의미를 함축한다. 그러나 이 단어의 주요한 은유적 의미가 시간적 우선성보다 서열인 경우도 있다. 예를 들어, 시편 89:27(LXX 88:28)에는 "내가 또 그(다윗)를 장자(πρωτότοκον)로 삼고 세상 왕들에게 지존자가 되게 하며"라는 구절이 나온다. 다윗(그리고 다윗 계보의 메시아적 통치자)은 형제들 중 막내였지만(삼상 16:11) "장자"로 인정받는다. 이스라엘이 하나님의 "장자"(출 4:22; 렘 31:9)로 인식되듯이 이 다윗 계열의 통치자는 존귀하고 지존한 왕으로 열국을 다스리실 것이다. 그리스-로마 세계에서 "장자"는 부친의 기업을 물려받는 합법적 후계자를 가리키는 법률 용어로 사용되었다.[47] 후계자로서 장자는 가솔에 대한 부친의 권한과 권위도 상속받는다.

이 동사의 의미를 제대로 이해하기 위해서는 "모든 피조물보다(모든 피조물의)"(of all creation, πάσης κτίσεως)[48] 라는 소유격 한정사를 먼저 살펴보아야 한다. 이 한정사가 부분을 나타내는 소유격일 가능성은 없다('모든 피조물 중에서 먼저 나신').[49] 그 이유는 16절에서 만물이 그리스도를 통해 창조되었으므로 그분이 모든 피조물과 명확하게 구분되기 때문이다. 그러므로 그리스도는 '그의 작품의 첫째'로 창조된 지혜(잠 8:22)와는 다르다.[50] 이것은 비교의 소유격이거나('모든 피조물 전에 먼저 난') 아니면 목적 소유격('모든 피조물 위의 장자')일 가능성이 더 크다.[51] 18절의 병행구("죽은 자들 가운데서 먼저 나신")도 시간의 우위성과 서열의 우월성을 모두 가리키기 때문에, 이것이 절대적인 범주는 아니다. 그러므로 "먼저 나신 이"라는 칭호는 유일무이하고 비교할 자가 없는 예수 그리스도의 정체성을 가리킨다.[52]

1:16a-e 만물이 그에게서 창조되되 하늘과 땅에서 보이는 것들과 보이지 않는 것들과(ὅτι ἐν αὐτῷ ἐκτίσθη τὰ πάντα ἐν τοῖς οὐρανοῖς καὶ ἐπὶ τῆς γῆς, τὰ ὁρατὰ καὶ τὰ ἀόρατα). 바울은 다시 창조의 유일한 대리자로서 그리스도가 맡으신 역할을 서술함으로 그분의 우월성을 강조한다. ὅτι(for)로 시작되는 이 절은 15절의 근거가 된다. 그러나 이 진술은 단순히 15절의 주장에 대한 근거 혹은 설명이기 때문에, 강력한 또는 완전한 원인의 의미를 함축하지는 않는다.[53]

"그에게서"(in him, ἐν αὐτῷ)라는 전치사구의 정확한

ssians 1.15-18a in the Light of Jewish Mysticism and Gnosticism," 185). 하지만 초기 유대 지혜 전승을 이 찬송시의 배경으로 보는 것이 더 설득력이 있다.

46. "보이지 않는 하나님"이라는 개념은 하나님의 형상을 만들지 말라는 오래된 명령에 그 뿌리를 둔다(참고. 출 20:4). 참고. Gregory K. Beale, *We Become What We Worship: A Biblical Theology of Idolatry* (Downers Grove, IL: InterVarsity Press, 2008), 91.

47. 참고. Francis Lyall, "Roman Law in the Writing of Paul-Adoption," *JBL* 88 (1969): 458-66. 또한 이 용어를 하나님의 약속을 유업으로 받는 신자에게 적용하는 히브리서 12:23도 보라.

48. 이 구절은 이 찬송시의 '모든'(πᾶς)에 대한 유사한 용례(16[2번], 17[2번], 18, 19, 20절)에 비추어볼 때 분배의 의미('각 피조물', every creation)라기보다 집단적 의미("모든 피조물", all cration)일 가능성이 크다.

49. 참고. '많은 형제와 자매 중에서 먼저 난'(롬 8:29).

50. Bevere, *Sharing in the Inheritance*, 128을 보라. 그는 이 절에 잠언 8:22이 암시되어 있다고 생각한다.

51. 참고. Harris, *Colossians and Philemon*, 44. 또한 Wallace, *Greek Grammar*, 103-4도 보라. 그는 이것을 "종속의 소유격"이라고 부른다.

52. 히브리서 1:6; 12:23의 이 호칭에 대한 독립적 용례도 보라.

53. 이 접속사의 의미의 범위를 알고 싶다면 BDAG, 31-32를 보라.

의미는 분명하지 않다. 이것을 수단의 의미로 해석하는 이들은 "그리스도가 세상을 창조하는 하나님의 수단"이라고 본다.[54] 많은 현대 번역본은 이 견해를 채택한다. "모든 만물이 그에 의해 창조되었다"(NET; 참고. KJV, NASB, NLT, NKJV, TEV, ESV). 다음으로 이 전치사는 16절의 후반부에서 "그로 말미암고"(δι' αὐτοῦ)와 "그를 위하여"(εἰς αὐτόν)와 연결된다. 일부 주석가들은 이 세 전치사구를 아리스토텔레스의 원인에 대한 논의에서 시작된 "전치사 형이상학"의 기초라고 생각한다[*Phys.* 2.3-9(194b-200b)].[55] 그러한 경우 이 세 전치사구는 창조 행위에 연관된 세 원인을 가리킨다. "그에게서"는 작용인을 가리키고, "그로 말미암고"(through him)는 수단인을, "그를 위하여"(for him)는 목적인을 가리킨다.[56]

그러나 찬송시의 문맥에서 "전치사 형이상학"을 사용하여 이 전치사들을 제대로 설명할 수 있을지는 의문스럽다. 첫째, 이 철학적 전통은 세 구절의 정확한 평행 구절, 특히 '그 안에서'와 "그로 말미암고"가 병존하는 사례를 제시하지 못한다. 전자를 수단의 의미로 해석할 경우 명백히 수단적 의미인 "그로 말미암고"의 용례를 설명해야만 한다. 나아가 작용인으로 "그에게서"의 쓰임새를 설명할 수도 있지만 이 세 구절은 엄격한 의미로 병행구가 아니다. "그로 말미암고"와 "그를 위하여"는 "그에게서"를 설명하는 것으로 이해하는 것이 가장 설득력 있다. "그에게서"라는 표현의 모든 것을 아우르는 특성은 이 찬송시의 나머지 두 연의 평행 구절로 확인된다(17, 19절). 특별히 19-20절에서 세 전치사구가 모두 등장하지만, 19절의 "예수 안에"(in him, ἐν αὐτῷ)는 확실히 수단의 의미로만 한정해서는 안 된다. 어떤 이들은 이것이 "영역의 여격"이라고 주장한다.[57] 단 바울 저작에서 "그리스도 안에서"(in Christ)라는 관용 표현이 두드러진다는 점을 감안할 때(참고. 2절), 이것을 일종의 유기적 연합, 즉 위치의 의미와 원인적 관계가 포함되는 관계를 암시하는 더 포괄적 범주로 해석하는 것이 가장 좋다.

수동태의 '창조되다'(ἐκτίσθη)는 하나님의 창조 행위에 초점을 맞춘다. 그리고 15절에 사용된 이 동사의 명사형("피조물")에도 그분의 창조 행위를 강조하는 의미가 함축되어 있다. 성경 시대의 창조에 대한 논의는 종종 권력 관계를 규정하는 문맥에 나온다(예를 들어, 고전 29:10-19; 시 89:9-14; 사 40:18-24; 고전 10:26; 계 4:11).[58] 창조주는 모든 피조물이 복종하고 섬겨야 할 지고한 존재이다. 그러므로 그리스도의 능력과 지위를 강조하는 찬송시에서 창조를 부각하는 것은 놀라운 일이 아니다.

이어지는 두 구절 "하늘과 땅에서 보이는 것들과 보이지 않는 것들"은 전체를 지칭하기 위해 양극단적 표현을 활용한다[수사학적 용어로 이것을 메리즘(merism)이라고 한다-역주]. 모든 피조물은 그분께 복종해야 한다. "하늘과 땅에서" 역시 창조 문맥(창 1:1)을 떠오르게 할 수 있다. 그런데 현재 맥락에서 이 한 쌍은, 천사 숭배[59]를 반대하는 바울의 논증(2:18)과 "땅의 것을 생각하지 말고" 그리스도만을 생각하라는 논증(3:2)의 예고편일 수

54. Sumney, *Colossians*, 66; 참고. Lohse, *Colossians and Philemon*, 49-50; Wilson, *Colossians and Philemon*, 137-38.

55. Gregory E. Sterling, "Prepositional Metaphysics in Jewish Wisdom Speculation and Early Christian Liturgical Texts," in *Wisdom and Logos: Studies in Jewish Thought* (ed. David T. Runia and G.E. Sterling; Studies in Hellenistic Judaism 9; Atlanta: Scholars, 1997). 그는 한 걸음 더 나아가 이 전승을 계승한 중기 플라톤주의와 스토아 철학을 지적한다. Marcus Aurelius의 '자연'에 관한 언급에서 이런 구체적 예시를 볼 수 있다. "만물이 당신에게서(ἐκ σοῦ) 나오고, 만물이 당신 안에(ἐν σοί) 있으며, 만물이 당신을 위해(εἰς σέ) 존재한다"(Marcus Aurelius 4.23).

56. 참고. Richard Bauckham, "Where Is Wisdom to Be Found? Colossians 1.15-20 (II)," in *Reading Texts, Seeking Wisdom: Scripture and Theology* (ed. David F. Ford and Graham Stanton; London: SCM, 2003), 134.

57. Fee, *Pauline Christology*, 302. 또한 TNIV, NIV의 "그 안에서 만물이 창조되었다"를 보라(참고. NAB, REV, NJB, NRSV).

58. 참고. Stephen Lee, "Power Not Noverty: The Connotations of ברא in the Hebrew Bible," in *Understanding Poets and Prophets: Essay in Honour of George Wishart Anderson* (ed. A. Graeham Auld; Sheffield: JSOT, 1993), 199-212.

59. 혹은 "angelic worship." 2:18a-c에 대한 설명을 보라.

있다.[60] 두 번째로 짝을 이루는 "보이는 것들과 보이지 않는 것들"은 정경 문헌에서는 훨씬 더 보기 어렵다. 그러나 골로새서에서 이 구절이 특별히 의미를 지니는 경우는, 바울이 특별한 환상을 보았다거나 계시를 받았다고 주장하는 이들을 비판할 때로 보인다(2:18). 여기서 바울은 그리스도가 이 모든 것보다 뛰어난 분임을 명확히 밝힌다. 물론 이런 해석은, 이 찬송시가 단순히 바울 이전의 찬송시에서 나온 것이 아님을 전제한다. 바울 이전의 찬송시라면 초대교회가 공통으로 사용하던 예전적 전통이 있었음을 암시한다.

1:16f-l 혹은 왕권들이나 주권들이나 통치자들이나 권세들이나 만물이 다 그로 말미암고 그를 위하여 창조되었고(εἴτε θρόνοι εἴτε κυριότητες εἴτε ἀρχαὶ εἴτε ἐξουσίαι· τὰ πάντα δι' αὐτοῦ καὶ εἰς αὐτὸν ἔκτισται). "왕권들", "주권들", "통치자들", "권세들"은 그리스도께 종속된 것의 구체적 사례이다. 유대 전승에서 "왕권들"(θρόνοι)은 천상 어전 회의와 연관된 것을 가리킬 수 있으며, 천사들로 이해하는 것이 가장 적절하다(참고. *2En.* 20.1; *T. Levi* 3.8). "주권들"(κυριότητες)이라는 용어는 칠십인역에는 사용되지 않으며 초기 기독교에서만 사용되던 것일 수 있다(참고. 엡 1:21; 벧후 2:10; 유 1:8). 반면 '많은 사람에 대한 주재권'(κυριότης πολλῶν)이라는 구절은 당대 문헌에 등장한다.[61] "통치자들"(ἀρχαί)과 "권세들"(ἐξουσίαι)은 바울 서신에서 영적 세력을 가리키는 표현으로 종종 등장한다(고전 15:24; 엡 1:21; 3:10; 6:12). 이 용어는 세속 정부가 사용하던 유사한 표현에서 유래했을 가능성이 있다(참고. 눅 12:11; 20:20; 딛 3:1).[62]

네 개의 용어가 각기 다른 전승에서 파생되었지만, 여기서는 모두 영적 존재를 가리킨다.[63] 현존하는 문헌들로는 이들이 "4계급의 천사 권력 구조"[64]를 가리킨다는 주장을 뒷받침할 만한 근거가 없다. 그리스도의 우주적 통치를 강조하려는 의도를 감안할 때, 바울은 네 개의 용어를 선과 악의 구분 없이 모든 영적 존재를 포괄하는 의미로 사용했을 가능성이 있다.[65] 이 편지에서 오직 "통치자들과 권세들"(2:10, 15)만이 바울의 비판 대상이라는 사실이 이 해석을 뒷받침하는 듯하다.

"만물이 다 그로 말미암고 그를 위하여 창조되었고"는 이 단락의 적절한 결론으로서, 앞의 "만물이 그에게서 창조되되"라는 전치사절의 의미를 더 상세히 설명한다. "그로 말미암고"는 하나님이 창조 사역을 위해 사용하시는 중간 대리자이신 예수님을 가리키며,[66] "그를 위하여"는 창조의 목표이신 그리스도를 나타낸다. "그로 말미암고"는 하나님의 창조 사역에서 지혜가 담당했을 역할을 암시하지만(시 104:24; 잠 3:19; 8:27-30; 참고. 잠 24:3), "그를 위하여"는 "신적 지혜에 해당하는 모든

60. 3:1-4에서는 또한 그리스도가 아닌 어떤 것에도 관심을 두지 말라는 논증을 엿볼 수 있다.

61. Memnon, *Hist.* 434, frags. 1, 4, 6; BDAG, 579.

62. 쌍을 이룬 이 용어 역시 세속 헬라어 문헌(Plato, *Greater Alcibiades* I, 135 A-B; Dionysius of Halicarnassus 11.32)에서는 볼 수 있지만, LXX에는 나오지 않는다. 참고. Jennifer Dines, "Light from the Septuagint on the New Tesament—or Vice Versa? Genesis 1,16 and Colossians 1,16," in *Voces Biblicae: Septuagint Greek and Its Significance for the New Testament* (ed. Jan Joosten and Peter J. Tomson; Leuven: Peeters, 2007), 22.

63. 이 용어들은 또한 비인격적 힘, 이데올로기, 사회 정치 구조에 내재된 제도적 악을 가리키는 것으로 이해되었다. 예를 들어, 다음을 보라. Brian J. Walsh and Sylvia C. Keemaat, *Colossians Remixed: Subverting the Empire* (Downers Grove, IL: InterVasity Press, 2004), 91-93. 이 입장에 대한 비판은 Andrew T. Lincoln, "Liberaton from the Powers: Supernatural Spirits or Societal Structures?" in *The Bible in Human Society: Essays in Honour of John Rogerson* (ed. M. Daniel Carroll R., David J. A. Clines, and Philip R. Davies; JSOTSup 200; Sheffield: Sheffield Academic, 1995), 335-54를 보라. 그는 바울이 영적 존재를 언급한 것으로 이해하지만 이데올로기와 사회·정치적 구조에 대한 적용이 현재 문맥에서 유효하다고 주장한다.

64. O'Brien, *Colossians, Philemon*, 46.

65. Smith, *Heavenly Perspective*, 165; Wilson, *Colossians and Philemon*, 140-41.

66. Wallace, *Greek Grammar*, 433-34; 참고. BDF §223.

것을 능가하며 이제 종말론적 의미에서 그리스도를 뜻한다."[67] 16절의 서두에서 부정과거(ἐκτίσθη)로 쓰인 동사가 완료 시제(ἔκτισται)로 바뀐 사실은, 창조의 목적이 여전히 지속되고 있음을 강조하려는 것일 수 있다. 창조의 목표로서 그리스도는 피조 세계를 의도된 상태로 회복한다. 그렇다면 이 구절은 그리스도의 사역으로 성취된 화해를 강조하는 찬송의 마지막 단락(18-20절)을 예고하는 셈이다.

1:17 또한 그가 만물보다 먼저 계시고 만물이 그 안에 함께 섰느니라(καὶ αὐτός ἐστιν πρὸ πάντων καὶ τὰ πάντα ἐν αὐτῷ συνέστηκεν). 그리스도는 시간으로나 서열로나 우월하신 분이며, 만물을 붙드시는 분이기도 하다. 대명사 "그"(αὐτός)는 이 새로운 단락을 16절, 즉 창조 때 그리스도가 맡으신 역할을 세 전치사구("그에게서", "그로 말미암고", "그를 위하여")로 강조한 앞 절과 연결한다. 또한 명사 형태인 이 강조의 대명사[68]는 17절의 이 부분과 뒤따라 나오는 두 절(17b, 18a절)을 한데 묶는다. 동사(ἐστιν)와 함께 쓰인 이 대명사는 억양에 따라 '그는 존재한다'(he exists, αὐτὸς ἔστιν, REB, NJB, NLT)나 '그는… 이다'(he is, αὐτός ἐστιν, NAB, NASB, NKJV, NRSV, TNIV, ESV, NET, NIV)로 번역할 수 있다. 18a절의 병렬구에 나오는 이 동사의 용례를 볼 때, 이 동사는 단순히 주어와 뒤따라 나오는 전치사구를 이어주는 연결 동사 기능을 한다고 보는 것이 가장 적절한 듯하다. '그가 만물보다 먼저 계신다.'

이곳에 쓰인 전치사구(πρὸ πάντων)는 시간('그가 만물보다 먼저 있다')이나 서열('그가 모든 만물 위에 있다')과 관련하여 사용될 수 있다. 다른 바울 서신에서 이 전치사가 계속 시간과 관련하여 쓰인 것을 감안하면, 여기서도 분명히 시간의 의미로 쓰였을 것이다.[69] 그러므로 그리스도의 선재성이 명확하게 강조되는 동시에 15절의 '처음 난'(fristborn)의 경우처럼 그리스도의 우월성이 강조된다. 또한 다른 신약 본문에서도 이와 정확히 같은 구절(πρὸ πάντων)이 항상 서열과 우월성을 가리켜 사용된다(약 5:12; 벧전 4:8).[70] 이 찬송시 문맥에서는 이 전치사구의 시간적 의미조차 궁극적으로 그분의 우월성을 가리키는 용도로 사용된다. 그러므로 이 어구에 두 가지 의미가 모두 담겨 있다고 이해하는 것이 적절해 보인다. 그리스도가 모든 피조물의 목표인 것처럼(16절), 그분은 모든 피조물보다 먼저 계신다. 따라서 그리스도는 모든 피조물보다 우월하신 분이다.

"그 안에"(ἐν αὐτῷ)의 정확한 의미 역시 논쟁의 대상이다(참고. 16a절). 많은 주석가는 이것을 수단의 의미로 해석하며 거룩한 로고스와 관련된 지혜 전승이 이 해석을 뒷받침한다. "그의 말씀으로 만물이 함께 붙들려 있다"(Sir 43:26).[71] 그러나 16a절의 병행구를 감안할 때, 수단의 의미로는 이 전치사구의 의미를 충분히 설명하지 못한다. 만물은 그리스도 덕분에 존재를 지속하므로, 실제로 '그분에 의해' 만물이 유지되고 있다. 특별히 그리스도가 이루신 우주적 연합에 대한 묘사를 보면(참고. 2:19), 장소적 의미도 있다.[72] '그리스도 안에서'라는 바울의 관용 표현이 지닌 모호함과 복잡함이 이 구절의 해석에 영향을 미치는 것 같다.

'함께 서다'로 번역된 동사(συνέστηκεν)는 다양한 뉘앙스의 의미를 내포한다. 바울에게 이 단어는 종종 추천의 의미로 사용되지만(롬 16:1; 고후 3:1; 4:2; 5:12; 6:4; 10:12, 18; 12:11), 드러냄의 의미로 쓰이기도 한다(롬 3:5;

---

67. Arnold, *Colossian Syncretism*, 257.

68. 참고. NRSV, NET, "He himself."

69. 참고. 롬 16:7; 고전 2:7; 4:5; 고후 12:2; 갈 1:17; 2:12; 3:23; 엡 1:4; 딤후 1:9; 4:21; 딛 1:2; Moo, *Letters to the Colossians and to Philemon*, 125.

70. 이 용례는 또한 정경 외의 문헌에서도 볼 수 있다(참고. *Let. Aris.*, 9, 2; Justin, *Dial.* 7, 3; P.Oxy.292, 11; 294, 30; BDAG, 864).

71. Lohse, *Colossians and Philemon*, 52.

72. 그리스도의 우주의 몸을 가리키는 것으로 해석되어온 2:9-10도 보라. 참고. van Kooten, *Cosmic Christology in Paul*, 22-23.

고후 7:11; 갈 2:18). 철학적 전승에서 이 단어는 존재함과 밀착이라는 뜻으로 쓰인다(벧후 3:5).[73] 골로새서 문맥에서 이 동사는 만물의 존재함을 가리킬 수 있다. 그럴 경우 이 동사는 15-16절의 주장을 반복하며 찬송시 전반부의 결론을 제시한다.[74]

그러나 지혜 전승 맥락을 감안할 때 밀착과 유지의 개념이 더 적절하다. 히브리서 1:3의 고백문에 보이는 개념적 유사성이 이 해석을 뒷받침한다("그의 능력의 말씀으로 만물을 붙드시며").[75] 다만 골로새서에서는 그리스도가 강조의 대상일 때도 συνέστηκεν의 의미상 주어는 하나님이다. 그러므로 이 절은 그리스도가 창조주이실 뿐 아니라 만물을 유지하시는 분이라는 사고의 진전을 보여준다. 그러나 이 절을 창조에 대한 고대 개념을 반박하는 것으로 이해한다면, 창조의 의미가 혼돈의 세력을 진압하여 질서를 부여하고 유지하는 행위일 때, 존재와 밀착의 구분은 이차적인 문제일 수 있다.[76]

1:18a 그는 몸인 교회의 머리시라(καὶ αὐτός ἐστιν ἡ κεφαλὴ τοῦ σώματος τῆς ἐκκλησίας). 바울이 신자 공동체에 대한 그리스도의 우월성을 확증하면서 관심의 초점은 우주에서 교회로 그리고 피조물에서 구속으로 이동한다. 그리스도는 모든 피조물보다 뛰어나신 분이기에(15-17절) 교회의 머리이시기도 하다. "머리"(ἡ κεφαλή)는 술어로 사용되며 관사를 동반한다. 이것은 주어와 "절대적으로 동일시"[77]되는 것을 의미한다. 그리스도만이 "머리"가 되신다는 것이다. 그리스도는 만물보다 우월하시고 교회 위에 계시므로, 이 문맥에서 "머리"는 권세와 능력을 지닌 지위를 가리키는 것이 확실하다. "머리"가 성장과 유지의 근원으로 해석될 수 있는지는 논쟁의 여지가 있지만,[78] 골로새서에는 성장과 유지를 강조하는 내용조차 그리스도의 권위를 확인하는 데 목표를 둔다(17절; 참고. 2:19). 헬라어 문헌 중 *Orphic Frag*. 21a에서 주목할 만한 유사 병행구가 등장한다. "제우스는 머리(κεφαλή)"이며 모든 만물은 그에게 의지한다. 또한 이 단편의 일부 사본들이 제우스를 가리켜 "근본"(ἀρχή)이라는 호칭을 사용한다는 점도 유의하라.[79] 이것은 이 찬송시에서 보듯이(18b절) 이 두 용어의 관계를 암시한다.

"몸인"(of the body, τοῦ σώματος)이라는 수식어는 소유의 소유격('몸에 속한 머리')으로 볼 수 있다. 하지만 온몸에 대한 한 지체의 의존성을 강조하기보다는 몸보다 우월한 머리의 권위를 강조한다. 문맥상 이것은 목적 소유격으로 해석해야 맞다. '몸에 대해 주권을 가진 머리.' 이 비유는 머리와 신체의 관계에 대한 일반적인 견해에서 유래했을 것이며, 바울이 이전 서신에서 여러 지체가 있는 인간의 신체를 활용한 논증이 이 논증의 예고편이라고 볼 수 있다(롬 12:4-5; 고전 12:12).[80]

---

73. 참고. Plato, *Rep*. 7, 530a; *Tim*. 61a; BDAG, 973.

74. Wilhelm Kasch, *TDNT*, 7:897. 그는 그리스도 안에서 만물이 존재한다는 이 어조가 "그리스도의 구원의 의미를 우주적 의미에서 찾는 사고 흐름의 절정이자 결론을 이룬다"라고 주장한다.

75. Lightfoot, *St. Paul's Epistles to the Colossians and to Philemon*, 156.

76. 참고. Jon D. Levenson, *Creation and Persistence of Evil* (New York: Harper & Row, 1988), 3-50.

77. Harris, *Colossians and Philemon*, 47.

78. 참고. Wayne A. Grudem, "Does κεφαλή Mean 'Souce' or 'Authority over' in Greek Literature?: A Survey of 2,336 Examples," *TJ* 6 (1985): 38-59; Philip Barton Payne, "Response," in *Women, Authority and the Bible* (ed. Alvera Mickelsen; Downers Grove, IL: InterVarsity Press, 1986), 118-32; Wayne A. Grudem, "The Meaning of κεφαλή('Head'): An Evaluation of New Evidence, Real and Alleged," *JETS* 44 (2001): 25-65.

79. 참고. Otto Kern, *Orphicorum Fragmenta* (2nd ed.; Berlin: Weidmannsche Verlagsbüchhandlung 1963), 91-92. LXX에서 '머리'(*rō'š*)라는 히브리어를 번역할 때 "머리"(κεφαλή)와 "근본"(ἀρχή) 두 단어를 모두 사용한다. 참고. Turner, *Christian Words*, 201.

80. 참고. Clinton E. Arnold, "Jesus Christ: 'Head' of the Church (Colossians and Ephesians)," in *Jesus of Nazareth: Lord and Christ: Essaay on The Historical Jesus and New Testament Christology* (ed. Joel B. Green and Max Turner; Grand Rapids: Eerdmans, 1994), 346-66; Gottfried Nebe, "Christ, the Body of Christ and Cosmic Powers in Paul's Letters and the New Testament as a Whole," in *Politics and Theopolitics in the Bible and Postbiblical Literature* (ed. Henning Graf Reventlow,

"교회"(τῆς ἐκκλησίας)는 설명적 보조 소유격으로[81] "몸"을 보충 설명한다. "그는 몸, 다시 말해 교회의 머리라"(NJB).[82] 본문의 문맥에서 "교회"는 '보편적 교회'로 그리스도께 속한 모든 이가 포함된다. 바울의 이전 저작에서 교회는 그리스도의 몸으로 묘사되지만(롬 12:4–5; 고전 12:12–30), 골로새서와 에베소서에서는 유일하게 그리스도가 교회의 머리로 표현된다(참고. 엡 4:15; 5:23). 고린도전서 11:3의 위계 구조는 그리스도가 몸(교회)의 머리로 묘사될 것을 예고한다.[83] 나아가 고린도전서 12:27은 교회의 다양한 지체를 몸의 지체로 설명함으로 자연스럽게 그리스도가 그들의 머리라는 인식을 조성한다.

이 본문의 문맥에서 몸으로서 교회의 의미를 유의해서 보아야 한다. 첫째, 바울은 교회의 머리 되신 분을 만물보다 우월하신 분으로 단언함으로 교회가 하나님의 구속 계획에서 중요한 위치를 차지한다는 사실을 강조한다. 교회가 전하는 복음으로 말미암아 구원을 얻을 수 있으며, 교회는 하나님의 구속 계획을 성취하는 배경이 된다. 둘째, 그리스도가 교회의 머리이시므로 교회는 사람들이 하나님께 나아가도록 중재자 역할을 하게 된다. 바울은 신비주의적 영성과 구원관에 내재된 개인주의에 대응하는 차원에서 새로운 실재를 경험하는 곳으로서 이 공동체의 중요성을 강조하는 것 같다(참고. 3:9–11).[84] 그러나 바울은 이 논증을 통해 '제도'로서 교회의 중요성을 주장하려 하지는 않는다. 오히려 개별 지체들이 모든 영적, 우주적 세력을 이기는 데 머리를 의지할 수 있음을 강조한다(참고. 2:19).

1:18b–d 그가 근본이시요 죽은 자들 가운데서 먼저 나신 이시니 이는 친히 만물의 으뜸이 되려 하심이요(ὅς ἐστιν ἀρχή, πρωτότοκος ἐκ τῶν νεκρῶν, ἵνα γένηται ἐν πᾶσιν αὐτὸς πρωτεύων). 바울은 그리스도의 부활을 가리키면서 새 피조물에 대한 그리스도의 우월성을 강조하는 찬송시의 마지막 단락을 시작한다. 15절에서처럼 이 단락은 관계사절(ὅς ἐστιν ἀρχή)과 "먼저 나신 이"(πρωτότοκος)라는 구절로 시작한다. 그리스도를 "근본"(ἀρχή)으로 지칭한 것 역시 시간적 의미를 지닌 그리스도의 우월적 위치를 나타낸다.[85] 칠십인역에서 ἀρχή의 상이한 용례들은 여기에서 이 용어의 의미가 무엇인지 밝히는 데 도움이 될 수 있다. 첫째, 이 단어는 창세기 창조 기사에 사용되었다(창 1:1). 이 찬송시가 창조를 부각하는 점을 감안할 때, 이 용례가 가장 중요한 것임을 알 수 있다. 둘째, 이 용어는 술 맡은 관원장과 떡 굽는 관원장(창 40:20)이나 한 가정의 가장(출 6:25; 참고. 욥 40:19의 서열의 의미)처럼 한 집단의 우두머리를 가리킨다. 칠십인역 외의 성경에서 ἀρχή는 서열과 시간에서 앞선다는 두 가지 의미로 모두 사용된다. 특히 잠언 8:22–23에서 지혜와 관련하여 사용된 것이 중요하다.

> "여호와께서 그 조화의 시작 곧 태초에(ἀρχήν) 일하시기 전에 나를 가지셨으며 만세 전부터, 태초부터(ἀρχῆς), 땅이 생기기 전부터 내가 세움을 받았나니."

"근본"이라는 용어가 지혜 전승의 언어를 반영한다면, "죽은 자들 가운데서 먼저 나신 이"는 아들의 고유

Yair Hoffman, and Benjamin Uffenheimer; JSOTSup 171; Sheffield: JSOT, 1994), 100–18.

81. 동격의 소유격으로도 알려져 있다. Wallace, *Greek Grammar*, 99.

82. 24절의 유사한 용례를 보라('그의 몸, 그것은 교회이다', τοῦ σώματος αὐτοῦ, ὅ ἐστιν ἡ ἐκκλησία). 이렇게 설명적 보족 소유격으로 해석하는 것이 맞다는 것을 확인해준다.

83. 이 논증이 고린도전서 11:3과 연관성이 있다는 것은 에베소서 5:23이 뒷받침한다. 바울은 에베소서 5:23에서 그리스도가 교회의 머리라는 개념(골 1:18)을 남편이 아내의 머리라는 개념과 연결한다(고전 11:3). 참고. Leppä, *Making of Colossians*, 94.

84. Blumenfeld, *The Political Paul*, 215를 보라. 그는 여기서 이 기독론적 찬송시가 신비주의적 용어가 아니라 정치적 용어를 사용하여 중재적 역할을 묘사한 것이 중요하다고 지적한다.

85. 대부분 번역본은 이 용어를 "시작"(beginning)으로 번역하는 반면, REB는 이 시간적 호칭의 의미를 부각시키고자 "기원"(origin)이라는 단어를 사용한다.

한 구속 사역을 단언함으로 이 전승들의 범위를 벗어난다. 15절에서 "먼저 나신"은 만물을 창조할 때 그리스도가 맡은 역할과 관련된 그분의 지위를 나타낸다. 18절에서 "먼저 나신"은 새 창조를 나타낸다. 전자와 후자의 창조 사이에는 '재창조'를 할 수밖에 없었던 타락이 암묵적으로 전제되어 있다.

"죽은 자들 가운데서"(참고. 2:12)라는 구절은 '일으킴을 받다'(raised)라는 동사의 의미를 함축하고 있다. 그리스도가 '죽은 자들 가운데서 일으킴을 받았다'는 것은 초기 기독교 선언의 핵심이다(참고. 눅 24:46; 행 3:15; 4:10; 13:30, 34; 17:3, 31; 롬 6:4, 9; 7:4; 10:9; 고전 15:12; 갈 1:1; 딤후 2:8). "죽은 자들 가운데서 먼저 나신 이"는 그분이 '죽은 자들 가운데서 먼저 다시 살아나신'(행 26:23a) 분임을 단언한다. 바울은 다른 서신에서 그분께 속한 자들에게 이 사실이 의미하는 바를 강조한다. "그러나 이제 그리스도께서 죽은 자 가운데서 다시 살아나사 잠자는 자들의 첫 열매가 되셨도다"(고전 15:20).[86] 이 찬송시의 다른 칭호들처럼 "죽은 자들 가운데서 먼저 나신"이라는 언급은 예수님의 부활에 대한 시간적 우선성을 나타낼 뿐 아니라, 종말론적 시대를 도래하게 하시는 그분의 지위를 가리킨다. 예수님이 부활하셨다는 사실은 궁극적으로 그분이 십자가에서 죽으신 것의 효력을 입증한다(참고. 20절).

"이는 친히 만물의 으뜸이 되려 하심이요"는 예수님이 죽은 자 가운데서 살아나신 결과를 보여준다.[87] 그리스도의 영원한 우위성을 강조한 17a절의 '계시다'(ἐστιν)라는 동사와 달리 "되려 하심이요"(γένηται)는 그분이 새 피조물의 으뜸이 되신 특별한 순간을 가리킬 수 있다. 분사 '으뜸이다'(πρωτεύων)는 완곡 구문으로서 "되려 하심이요"와 가장 잘 연결되며, "만물의"는 그리스도의 우월성이 지닌 보편적 성격을 명확하게 보여준다. 십자가뿐 아니라 부활이 함께 언급된 경우는 신약의 또 다른 구절에서도 볼 수 있다. 이 구절은 그리스도의 우월성을 확증한다. "또 충성된 증인으로 죽은 자들 가운데에서 먼저 나시고 땅의 임금들의 머리가 되신 예수 그리스도로 말미암아…우리를 사랑하사 그의 피로 우리 죄에서 우리를 해방하시고"(계 1:5).

1:19 아버지께서는 모든 충만으로 예수 안에 거하게 하시고 (ὅτι ἐν αὐτῷ εὐδόκησεν πᾶν τὸπλήρωμα κατοικῆσαι). 바울은 이제 그리스도의 온전한 신성에 집중한다. 반면 20절에서는 이 사실의 기능을 설명한다. 16절이 15절에서 펼친 주장의 근거가 되듯이 19-20절은 18b절의 근거를 제공한다.

이 절을 이해하기 어려운 이유는 '기뻐했다'(was pleased, εὐδόκησεν, 개역개정에서는 20절에 나옴-역주)라는 동사의 주어가 모호하기 때문이다. 또한 중성 주격/대격 구절인 "모든 충만"(πᾶν τὸ πλήρωμα)이 나오는 것도 이 구절을 모호하게 한다. 이 때문에 다음과 같은 여러 해석이 제시되었다. (1) 그리스도 혹은 아들이 동사의 주어이며, 이 동사는 간접 화법을 소개한다. "그리스도가 모든 충만이 자기 안에 거하는 것을 기뻐하셨다."[88] 이 해석을 선택할 경우 여격 대명사 '그'(him, αὐτῷ)는 재귀 대명사가 되므로, 이것은 가장 가능성이 없는 해석이다.[89]

86. 18절의 의의는 예수님이 죽은 자들 가운데서 일어나셨다는 고백뿐 아니라, 이 절의 "근본"(ἀρχή)이라는 칭호가 고린도전서 15:20의 "첫 열매"(ἀπαρχή)를 환기시킨다는 데 있다. 참고. Leppä, *Making of Colossians*, 95.

87. 결과의 용도로 쓰이는 접속사 ἵνα(so that)에 대해서는 Wallace, *Greek Grammar*, 665를 보라.

88. 참고. Tertullian, *Against Marcion* 5.19.

89. 이렇게 해석할 경우 20절의 대명사들도 재귀대명사가 된다. 대격형(accusative form)을 축약형 재귀 형식으로 사용할 수도 있지만, 일상 헬라어에서 축약형 소유격과 여격은 거의 찾아보기 어렵다. 참고. Stanley E. Porter, *Καταλλάσσω in Ancient Greek Literature, with Reference to the Pauline Writings* (EFN 5; Córdoba: Ediciones el Almendro, 1994), 173.

더욱이 20절의 동사 '화평을 이루다'는 '하나님'을 주어로 보는 것이 가장 타당하다(다음의 설명을 보라).

(2) 이 동사의 의미상 주어가 하나님이며, 대격 구절을 간접 화법의 주어로 해석하기도 한다. "하나님은 그분의 모든 충만이 아들 안에 거하는 것을 기뻐하셨다"(NET; 참고. NJV, NASB, NKJV, TEV, NJB, NLT, TNIV, NIV). '기뻐했다'의 주어를 인칭 대명사로 보는 경우가 많고, 칠십인역에서 하나님이 종종 주어로 쓰이는 것은 이 해석에 무게를 실어준다[참고. 시 40:13(LXX 39:14); 51:16(50:18); 85:1(84:2); 렘 2:19; 14:10, 12; Jdt 15:10; 2 Macc 14:35; Sir 34:19; 45:19]. 남성형 분사 "화평을 이루사"(εἰρηνοποιήσας, 20절) 역시 남성형 인칭 대명사가 주어임을 암시한다. 나아가 하나님은 20절의 화목하게 하는 행위의 의미상 주어일 가능성이 크다.

(3) 주어를 확인하지 않고 간단히 해결할 수 있는 방법은 "모든 충만"(πᾶν τὸ πλήρωμα)을 동사의 주어로 보는 것이다. "하나님의 모든 충만이 그분 안에 거하기를 기뻐했다"(ESV; 참고. RSV, NAB). 이 해석은 "모든 충만"이 "모든 충만 안에 계시는 하나님"(REB)을 가리키거나 "하나님의 모든 충만"(NRSV)이라는 뜻임을 전제하며, 이어지는 20절의 남성형 분사는 "의미에 맞추어 구성한 구문이라고 설명할 수 있다."[90]

이 동사의 의미상 주어가 '하나님'임을 뒷받침하는 요인 역시 이 해석을 지지한다. 그런데 이 외에 고려해야 할 사항 역시 세 번째 해석의 신빙성을 높여준다. 첫째, 개념상 유사한 진술인 2:9에서 동사의 주어는 분명히 "모든 충만"이다. "그 안에는 신성의 모든 충만이 육체로 거하시고." 둘째, 칠십인역에서 '충만'(τὸ πλήρωμα)의 동사형(πληρόω)과 형용사형(πλήρης)은 종종 하나님의 존재를 암시한다(사 6:1; 겔 43:5; 44:4; 학 2:7).[91] "모든 충만"의 주어가 하나님이라는 해석은 이 구절이 시편 68:16(LXX 시 67:17)을 암시할 가능성으로 인해 더욱 무게가 실린다. "진실로 여호와께서 이 산에 영원히 계시리로다"[at the mountain which God was pleased(ὃ εὐδόκησεν ὁ θεός) to dwell in it]."[92] 그러므로 "모든 충만"을 하나님을 가리키는 완곡 어구로 보는 것이 최선인 듯하다.

바울은 하나님을 가리켜 "모든 충만"이라는 구절을 사용함으로써 "예수 안에"라는 구절이 지칭하는 아들을 계속 부각한다.[93] 지혜 전승에서 하나님이 땅을 가득 채우시는 행위는 그분의 통치와 권세를 상징한다(참고. Wis 1:7; Philo, *Alleg. Interp.* 1.44).[94] 그러므로 "예수 안에"라는 바울의 용례 역시 그리스도가 지니신 최고의 권위를 강조한다. 이것은 '거하다'(κατοικέω)라는 단어군과 천상(왕상 8:39, 43, 49; 대하 6:30, 33, 39)과 지상(대하 6:18, 21)의 거주지에 하나님이 거하심을 시사하는 단어군으로 강조된다. 그리스도는 하나님의 충만한 임재가 이루어지는 성전이라는 역할을 성취하신다. 이것은 성육신의 실재를 나타낼 것이다.[95] "충만"은 후대 영지주의 문학에서 전문 용어가 되었고, 주후 1세기에 일부 집단에서 유사하게 사용되었을 가능성도 있다.[96]

---

90. Moule, *Epistles to the Colossians and to Philemon*, 70.

91. 참고. Arnold, *Colossian Syncretism*, 263. 그는 이것이 "성령을 에둘러 표현하는 것"이라고 주장한다.

92. 시편 68편은 하나님이 임재 장소를 시내 산에서 시온으로 이동하심을 표현하고 있다. 바울이 실제로 이 시편을 염두에 두었다면 또 다른 이동하심, 즉 이번에는 시온에서 그리스도께로 이동하는 것을 생각했을 수도 있다(참고. Beetham, *Echoes of Scripture*, 155).

93. Fee, *Pauline Christology*, 311.

94. Suzanne Watts Henderson, "God's Fullness in Bodily Form: Christ and Church in Colossians," *ExpTim* 118 (2007): 169–73을 보라. 그는 더 나아가 하나님의 충만하게 하시는 행위는 창조부터 이 시대까지 그분의 권위를 확장하는 역할을 한다고 주장한다.

95. Dunn, *Theology of Paul*, 276. 그는 이 구절에서 '성육신'이라는 개념이 내포되어 있음을 인정하지만, 그것은 별도의 '존재'가 아니라 하나님의 충만함의 '성육신'임을 강조한다. 이 구별이 유일신론에 대한 바울의 선언을 유지해주지만 바울에게는 낯선 것이었을 수도 있다. 아버지와 달리 지상의 삶을 사신 그리스도의 특별한 지위를 인정하기 때문이다.

96. 참고. C.F.D. Moule, "'Fulness' and 'Fill' in the New Testament," *SJT* 4 (1951): 79–86.

성육신에 관한 이런 어조를 볼 때, 여기서 기독론적 강조는 구원론적 강조임을 알 수 있다.[97] 모든 충만이 그리스도 안에 거함으로 그분을 통해 우주적 화해가 이루어질 수 있는 것이다(20절). 놀라운 점은 그리스도의 죽음으로 시작되는 단락(18c절)에서 충만한 신성의 화신으로서 그리스도를 강조한다는 것이다. 그러나 바울은 논증의 근거를 그리스도의 높아지신 지위에 대한 추상적 확신에서 찾지 않는다. 그는 특히 십자가에서 그리스도가 이루신 사역의 측면에서 그리스도의 높아지신 지위와 하나님에게서 소외된 인간이 어떤 관련이 있는지 보여준다.

1:20b 만물…이 그로 말미암아 자기와 화목하게 되기를 기뻐하심이라(καὶ δι' αὐτοῦ ἀποκαταλλάξαι τὰ πάντα εἰς αὐτόν). 하나님이 그리스도 안에 충만하게 임재하시는 (19절) 목적은 온 피조 세계가 그리스도와 화목하게 하시기 위함이다. '화목하다'(ἀποκαταλλάξαι)는 창조주와 피조물의 균열 때문에 18절에 언급된 새 창조가 반드시 필요하다는 사실을 명확히 보여준다. 화해는 망가진 관계가 회복되는 것을 의미한다.

바울 서신에서 이 동사는 골로새서 1:20, 22과 에베소서 2:16에만 등장하지만, 관련된 단어군('화목하게 하다', καταλλάσσθω, '화목', καταλλαγή)은 바울의 초기 저작에도 등장한다(롬 5:10, 11; 11:15; 고전 7:11; 고후 5:18, 19, 20). 이 단어군은 헬라의 정치적 배경에서 그 기원을 찾을 수 있으며, 외교 관계에서 사용되던 단어군이었다.[98] 그런데 바울은 이 개념에 변화를 준다. 그는 가해자 측이 화해의 과정을 시작하는 것이 아니라, 인간이 여전히 죄인인데도 피해자 측인 하나님이 그 과정을 주도하신다는 점을 강조한다(롬 5:8, 10). 가해자 측인 인류의 배상을 강조하기보다 이 화해의 행위를 완성한 그리스도의 죽음을 강조한 점 역시 인상적이다.[99] 바울이 이 동사에 전치사 ἀπό를 추가한 것은, 원래 상태로 회복된다는 개념을 강조하려는 것이 아니라 단순히 어근을 강조한 것으로 받아들여야 한다. 결국 바울은 "단순히 죄가 들어오기 전의 타락 이전 수준으로 세상이 회복되는 것을 말하지 않는다. 이 경우 그리스도의 죽음은 피해도 되는 일이 된다. 그는 소외된 인간 상태를 극복하기 위해서는 그리스도의 사역이 반드시 필요하다고 말한다."[100]

"만물"(τὰ πάντα)은 16절과 17절에 언급된 "만물"과 평행을 이룬다. 평행 관계를 감안할 때, 이 단어는 생물과 무생물을 모두 가리킬 가능성이 크다. 뒤이어 나오는 "땅에 있는 것들이나 하늘에 있는 것들"이라는 구절에서 중성 표현이 사용되므로 이러한 본문 독법과 일치한다.[101] 그럼에도 "만물"은 창조주와 피조 세계의 구분을 강조하는 관용 어구이다.[102] 나아가 찬송시의 이 단락과 첫 단락에 나타난 평행 관계는 두 단락이 동일하다는 것을 나타내지 않는다. 특히 18a절이 우주적 피조물이 아닌 교회를 언급한다는 점에서 그것이 확실해진다. 18c절의 부활과 이 절에 언급된 화목은 (우주적이지만) 개인적 용어로 이해해야 한다. 동일한 동사("화목하게 하사", ἀποκατήλλαξεν)로 개인에 초점을 두는 적용 단락(21–22절)뿐 아니라, 찬송시의 문맥(13–14절) 역시 이

---

97. 참고. David Tripp, "KATOIKHΣAI, KATOIKEI (Colossians 1:19, 2:9): Christology, or Soteriology Also?" *ExpTim* 115 (2004): 78–79.

98. 참고. Cilliers Breytenbach, *Versöhnung: Eine Studie zur paulinischen Soteriologie* (WMANT 60; Neukirchen-Vluyn: Neukirchener, 1989), 40–83.

99. 참고. John T. Fitzgerald, "Paul and Paradigm Shifts: Reconciliation and Its Linkage Group," in *Paul Beyond the Judaism/Hellenism Divide* (ed. Troels Engberg-Pedersen; Louisville: Westminster John Knox, 2001), 241–62, 316–25.

100. Porter, *Καταλλάσσω in Ancient Greek Literature*, 184.

101. Lohse, *Colossians and Philemon*, 59; Moo, *Letters to the Colossians and to Philemon*, 135.

102. Richard Bauckham, *God Crucified: Monotheism and Christology in the New Testament* (Grand Rapids: Eerdsmans, 1998), 31–32를 보라. 그는 이 구절이 "유대 유일신론의 표준적 수사에 해당한다"라고 주장한다(예를 들어, 사 44:24; 렘 10:16; 51:19).

해석을 뒷받침한다. 그러므로 우주적 피조물로 이해해야 할 가능성을 배제할 수 없지만 일차적 초점은 개인적 관계의 회복에 있다.

그러나 개인에 초점을 둔다고 해서 화해의 대상을 그리스도의 십자가 사역을 수용한 사람으로만 제한해서는 안 된다. "땅에 있는 것들이나 하늘에 있는 것들"은 그분을 반대하는 세력도 분명히 포함한다. 따라서 이 절은 "통치자들과 권세들"에 대한 그리스도의 승리를 언급한 2:15에 비추어 읽어야 한다. 많은 학자는 '화해'의 행위가 '평정'(pacification)이라는 개념을 포함한다고 지적한다.[103] 이런 개념은 1세기 골로새인들에게 낯설지 않았다. 인근의 아프로디시아스에는 여러 민족을 진압한 아우구스투스와 로마 제국을 기리는 패널이 노스 포르티코(North Portico)에 있었다.[104]

첫 단락처럼 이 단락에도 세 개의 전치사구가 나온다. "예수 안에"(in him, ἐν αὐτῷ, 16, 19절), "그로 말미암아"(through him, δι' αὐτοῦ, 16, 20절), '그를 위하여/자기와'(for/to him, εἰς αὐτόν, 16, 20절). 이 찬송시에서 그리스도를 언급할 때 대명사 "그"(αὐτός)가 일관되게 쓰인 것에 비추어볼 때, 이 절의 "자기와"(to him, εἰς αὐτόν) 역시 그리스도를 가리킨다고 해석하는 것이 가장 자연스럽다. 번역본은 대부분 이 대명사를 재귀 대명사(to himself, 그 자신에게)로 번역하한다.[105] 그 이유는 다른 바울 서신에서 피조 질서의 회복 대상이 항상 하나님 자신이기 때문이다(롬 5:10; 고후 5:18-19).[106] 그러나 문맥상 바울의 다른 용례들은 그리스도가 첫 창조와 새 창조의 대리자이자 목표로 정확히 제시되는 문맥을 대체하지 못한다.[107] 바울은 이런 다른 용례들과의 두드러진 차이를 이용하여 하나님과 그리스도의 밀접한 연관성을 강조하려는 의도된 목적을 달성한다. 이 고등 기독론은 골로새서의 이후 논증에 중요한 근거로 작용한다.

1:20a, c-d 그의 십자가의 피로 화평을 이루사…곧 땅에 있는 것들이나 하늘에 있는 것들[이 그로 말미암아](εἰρηνοποιήσας διὰ τοῦ αἵματος τοῦ σταυροῦ αὐτοῦ [δι' αὐτοῦ] εἴτε τὰ ἐπὶ τῆς γῆς εἴτε τὰ ἐν τοῖςο ὑρανοῖς). "화평을 이루사"(εἰρηνοποιήσας)라는 수단의 의미로 쓰인 상황 분사는 화해라는 신적 행위를 달성하는 수단을 알려준다. 그런 화평을 이루는 수단은 그리스도의 죽음이다. '화평을 이루다'라는 개념은 종말론적 회복에 대한 구약의 묘사를 떠올리게 한다.

> "내가 여기 있느니라 좋은 소식을 전하며 평화를 공포하며 복된 좋은 소식을 가져오며 구원을 공포하며 시온을 향하여 이르기를 네 하나님이 통치하신다 하는 자의 산을 넘는 발이 어찌 그리 아름다운가"(사 52:6b-7, LXX).

> "네 모든 자녀는 여호와의 교훈을 받을 것이니 네 자녀에게는 큰 평안이 있을 것이며"(사 54:13, LXX).

하나님이 자기 백성에게 주신 약속의 성취를 묘사하는 위의 본문들에는 우주적 영역과 정치적 영역이 한데 어우러져 등장한다. 바울은 이런 묘사 덕분에 초점을

103. 특별히 Peter O'Brien, "Col. 1:20 and the Reconciliation of All Things," *RTR* 33 (1974): 45-53을 보라.

104. R. R. R. Smith, "*Simulacra Gentium*: The Ethne from the Sebasteion at Aphrodisias," *JRS* 78 (1988): 50-70. 이 아프로디시아스 세바스테이온 구조물과 주변 지역의 로마 제국 이데올로기의 영향력에 대해서는 다음을 보라. D'Andreia Francesco, "Hierapolis of Phrygia: Its Revolution in Hellenistic and Roman Times," in *Urbanism in Western Asia Mirror: New Studies on Aphrodisias, Ephesos, Hierapolis, Pergamon, Perge and Xanthos* (ed. David Parrish; Portsmouth, RI: Journal of Roman Archaeology, 2001), 103.

105. 두드러진 예외적 번역으로는 NAB("for him")와 NJB("to him")가 포함된다.

106. Lightfoot, *St. Paul's Epistles to the Colossians and to Philemon*, 160.

107. Porter, *Καταλλάσσω in Ancient Literature*, 174, 180.

찬송시에서 강조한 그리스도의 우주론적 의미에서 화목하게 된 공동체로 이동할 수 있다(21-23절).

골로새의 이방인 청중은 '화평을 이룬다'는 표현을 듣고 초기 제국 시대의 정치적 프로파간다를 떠올렸을 수 있다. 이 당시 '피스 메이커'(peace-maker)라는 칭호는 군사적 진압으로 평화를 정착시킨 로마 황제들과 장군들을 일컬어 사용되었다(Dio Cassius 44.49.2; 72.15.5).[108] 그러므로 이 본문 이후 예수님이 십자가에서 죽으신 것에 대한 바울의 언급은 그런 권력을 비판하는 역할을 한다. 예수님의 통치는 무력이 아닌 겸손으로 이루어진다. 예수님의 높아지심과 보좌에 앉으심에 대한 명시적 언급이 없는 이유가 이 때문일 수 있다(참고. 빌 2:9).

'화평을 이루다'가 화목의 수단을 소개한다면, "그의 십자가의 피로"는 '화평을 이루는' 수단을 보여준다. "그의 십자가의 피로"라는 언급은 우주적 드라마를 지상의 차원으로 끌어내리는데, 특별히 수치스러운 죽음으로 우주적 중요성을 지닌 일이 성취된 것을 강조한다. 골로새서가 예수님의 죽음을 생생하게 묘사한 이유는 하나님의 구원 계획에서 지상 영역이 띠는 의미를 청중에게 상기시키기 위함이었을 수 있다.[109] 이것은 청중이 다시 금욕주의적 고행을 통해 세상 공동체를 회피함으로써 천상의 영역에 과도하게 몰입하는 오류를 피하게 해주었을 것이다.

바울은 초기 저작에서 화목을 논의할 때도, 예수님의 죽음 혹은 피 흘림을 언급한다. 죄인인 인간이 하나님과 화목할 수 있는 길은 예수님의 대속적 죽음이 유일하기 때문이다(참고. 롬 5:9-13; 고후 5:14-21). "그의 십자가의 피"에 담긴 교회론적 중요성은 에베소서 2:13-16에 설명되어 있다. 이 구절은 "화평", "화목", '죽음'과 더불어 "피"와 "십자가"도 언급한다.[110] 에베소서 문맥은 유대인과 이방인이 하나가 될 수 있는 새 인류의 창조에 초점을 둔다. 골로새서에서는 그리스도의 대속적 죽음(골 2:13-14; 3:13)뿐 아니라 새 인류의 창조(3:11, 15)를 모두 강조한다. 어떤 경우이든, 다른 바울 서신에서 여러 개념이 결합된 동일한 방식이 쓰인다는 것을 감안할 때, "그의 십자가의 피로"라는 구절은 원본 찬송시 중간에 삽입된 "해석을 위한 구절"로 보기 어렵다.[111]

일부 초기 사본에는 '그로 말미암아'(δι' αὐτοῦ)가 생략되어 있다.[112] 하지만 동일하게 신뢰성을 인정받는 외적 증거는 이 구절이 원본에 있었음을 암시한다.[113] 이 구절을 생략하면 본문을 더욱 매끄럽게 만들어줄 것이다. 이것은 일부 사본이 이 구절을 생략한 이유를 설명해준다. 초기 파피루스가 이 구절의 존재를 지지하고 더 길게 읽는 것이 더 어려운 독법임을 감안하면, 이 구절이 이 찬송시 원본에 있었다고 보는 것이 정확할 것 같다. 그러한 경우 이 찬송시의 말미에서 그리스도의 역할이 다시 강조된다.

"땅에 있는 것들이나 하늘에 있는 것들" 역시 그리스도의 구속 행위의 우주적 범위를 강조하며 16절의 "하늘과 땅"에 대한 언급과 평행을 이룬다. 만물의 화목이 의미하는 바는 만물이 의지적이고도 열광적으로 그리스도께 복종한다는 것이 아니다. 따라서 그리스도가 십자가에서 화평을 이루시는 사역의 우주적 범위가 만인 구원론을 인정하는 것이라고 보아서는 안 된다. 이것은 바로 이어지는 단락에서 복음에 신실하라는 요청이 등장하는 이유를 설명한다(23절; 참고. 3:5, 6).

1:21 전에 악한 행실로 멀리 떠나 마음으로 원수가 되었던 너

108. 참고. Harris O. Maier, "A Sly Civility: Colossians and Empire," *JSNT* 27 (2005): 323-49.

109. Jerome Murphy-O'Connor, *Paul: A Critical Life* (Oxford: Clarendon, 1996), 240을 보라. 그는 그리스도의 죽음이라는 지상 영역에 대한 강조가 이 찬송시에서 고등 기독론만큼이나 인상적이라고 주장한다.

110. Gourgues, "La foi chrétienne primitive face à la croix," 46-49를 보라.

111. Lohse, *Colossians and Philemon*, 60.

112. B D* F G I 0278 81 1175 1739 1881 2464.

113. $\mathfrak{P}^{46}$ ℵ A C D^{1} Ψ 046^{vid} 33 𝔐.

희를(Καὶ ὑμᾶς ποτε ὄντας ἀπηλλοτριωμένους καὶ ἐχθροὺς τῇ διανοίᾳ ἐν τοῖς ἔργοις τοῖς πονηροῖς). 바울은 이제 그리스도의 지위에서 눈을 돌려 그분과 화목하기 이전에 독자들의 죄인 된 상태로 관심을 둔다. 이 절로 다음 하부 단락이 시작된다. 이 하부 단락은 하나의 긴 문장으로 구성되며(21–23절) 두 가지 기능을 한다. 첫째, 골로새 교인들의 상황에 맞게 찬송시(15–20절)를 적용한다. 두 단락의 가장 확실한 연결 고리는 22절에 언급된 화목이다. 찬송시의 마지막 단락이 하나님이 그리스도를 통해 화목하게 하시는 사역을 가리켰다면, 이 단락은 화목하게 하시는 역사를 특정한 공동체에 적용한다. 그리스도의 우주적 주권은 또한 바울이 단언한 복음의 우주적 성격에 대한 근거가 된다. "이 복음은 천하 만민에게 전파된 바요"(23절). 이 짧은 하부 단락은 다시 앞의 찬송시를 타락의 결과를 다룬 단락으로 읽을 방편을 마련한다. "악한 행실", "떠나", "원수가 되었던"과 같은 표현(21절)에 명시적으로 언급되듯이 타락한 결과 때문에 구속의 행위가 꼭 필요하다. 나아가 그리스도의 "죽음"(22절)에 대한 언급 역시 찬송시의 중심이 그리스도의 낮아지심이라는 것을 강조한다.

이 하부 단락의 두 번째 기능은 앞으로 전개될 바울의 논증을 예비하는 것이다. 어떤 이들은 수사학적 용어로 이 단락이 다음과 같은 세 가지 주제를 담은 파르티티오(*partitio*)라고 생각한다. (1) 신자들을 위한 그리스도의 사역(21–22절), (2) 복음에 신실하라는 요청(23a–f절), (3) 이 복음을 선포하는 자인 바울(23g절). 이것은 역순이기는 하지만 프로바티오(*probatio*, 1:24–4:1)의 주요 논증과 부합한다. (1) 사도 바울의 역할(1:24–2:5), (2) 신실함을 요청함(2:6–23), (3) 그리스도의 사역에 대한 신자들의 반응(3:1–4:1).[114] 어떤 이들은 21–22절이 이 서신의 '논지'를 제시한다는 면에서 특별한 의미를 지닌다고 지적한다. 골로새 교인들은 그리스도 안에서 얻은 새로운 실재를 확신해야 한다. 그들은 이제 그리스도와 화목하게 되어 그분 앞에서 거룩하고 흠이 없고 책망할 것이 없는 자가 되었기 때문이다.[115]

이 긴 문장의 주절은 22a절에 나오며, 이 주절은 22절의 화목하게 하는 행위의 대상을 서술한다. "너희"(ὑμᾶς)는 '화목하게 하다'(ἀποκατήλλαξεν, 22절)라는 동사의 목적어이다. "멀리 떠나"(ὄντας ἀπηλλοτριωμένους)로 번역된 두 분사는 완곡 어법 구문을 이루며 "저자가 멀리 떠나 있는 소외의 상태를 강조하고 있음을 예시적으로 보여준다."[116] 첫 번째 분사(ὄντας)는 분사 '멀리 떠난'(ἀπηλλοτριωμένους)과 형용사 "원수"(ἐχθρούς)를 모두 지배하며, 양보를 나타내는 상황의 분사로 해석할 수 있다("너희가 멀리 떠나 원수가 되었음에도", NASB). 또한 "전에"(ποτε)라는 단어가 암시하는 것처럼 시간적 의미를 포함한다.[117]

동사 "멀리 떠나" 뒤에 분리의 소유격이 사용되는 경우가 종종 있다(참고. 엡 2:12; 4:18). 앞 절에서 창조주와 피조물의 적대감이 전제된 화목을 언급한 것에 비추어 볼 때, '멀리 떠나다'는 하나님에게서 소외된 것에 한정하여 쓰인 표현일 수 있다.[118] 뒤이어 나오는 병행구 "악한 행실로…마음으로 원수가 되었던"은 이 해석을 더욱 뒷받침해준다. "멀리 떠나"와 "마음으로 원수가 되었던"을 연결하는 '…과'(καί)는, 후자의 표현으로 소외를 설명하는 설명적 보어로 이해되는 것이 가장 적합하다. "마

114. Aletti, *Saint Paul Épître aux Colossiens*, 39는 이 편지의 수사학적 장르를 심의적 수사학이라고 분류한다.

115. 참고. Jerry L. Sumney, "The Argument of Colossians," in *Rhetorical Argumentation in Biblical Texts: Essays from the Lund 2000 Conference* (ed. Anders Eriksson, Thomas H. Olbricht, and Walter Übelacker; Harrisburg, PA: Trinity International, 2002), 346.

116. Porter, *Καταλλάσσω in Ancient Greek Literature*, 94; 참고. BDF §352.

117. 참고. "우리가 아직 죄인 되었을 때에 그리스도께서 우리를 위하여 죽으심으로"(롬 5:8). 골로새서 2:13의 유사한 구문에 동일한 모호함이 나타난다(해당 구절의 설명을 보라).

118. 참고. "한때 하나님으로부터 멀리 떠나 있던 너희들"(NLT; 참고. REB).

음"과 "행실"을 언급한 것은 전인의 소외 상태를 가리키며, 따라서 하나님의 구속 행위가 없을 경우 인간이 처하는 비참한 곤경을 나타낸다. 여기서 초점은 화목하게 된 골로새 교인들의 현재 상태에 있다. 그렇기 때문에 바울은 하나님과 그들이 소외 상태에 있는 이유를 설명하지 않는다. 그런데 특별히 소외와 악한 행동의 개념을 설명하는 평행 구절인 에베소서 4:18–19이 도움이 된다.

> "그들의 총명이 어두워지고 그들 가운데 있는 무지함과 그들의 마음이 굳어짐으로 말미암아 하나님의 생명에서 떠나 있도다 그들이 감각 없는 자가 되어 자신을 방탕에 방임하여 모든 더러운 것을 욕심으로 행하되."

1:22a–b 이제는 그의 육체의 죽음으로 말미암아 화목하게 하사(νυνὶ δὲ ἀποκατήλλαξεν ἐν τῷ σώματι τῆς σαρκὸς αὐτοῦ διὰ τοῦ θανάτου). 그리스도의 죽음으로 신자들은 이제 그분과 화목하게 되었다. "이제는"(but now)은 앞 절의 "전에"와 대비된다. "전에…이제는"의 대비는 바울이 신자의 삶에 나타난 근본적 변화를 기술할 때 종종 사용된다(참고. 롬 11:30; 갈 1:23; 4:8–9; 참고. 롬 3:21). "그들이 이전에 처했던 상태의 심각성은 하나님의 놀라운 자비를 극대화하는 데 기여한다."[119]

'그가 화목하게 하사'(ἀποκατήλλαξεν)는 20절에 언급된 화목하게 하는 행위를 가리키는 것이 분명하지만, 이 동사의 주어가 무엇인지는 확실하지 않다.[120] 대다수의 학자는 20절을 근거로 주어가 하나님이라고 생각한다. "그 육신의 몸과 피로 그리스도가 죽으심으로 하나님이 너희를 자신과 화목하게 하셨다"(REB). 그러나 일관되게 그리스도를 초점으로 삼는 문맥에서는 비특정 3인칭 단수 동사의 의미상 주어는 그리스도가 되어야 한다. "그러나 이제 그가 그리스도의 육신의 죽으심으로 자신과 너희를 화목하게 하셨다"(NLT). 앞에서 지적한 대로 그리스도께 계속 초점을 맞추기 위해 바울은 하나님을 가리켜 "모든 충만"(19절)이라는 완곡 어구를 사용한다. 그리스도가 이제 아버지의 역할을 맡아 그 구속의 뜻을 이루기 때문에 이 모호함 역시 의도적일 수 있다.

"그의 육체의 죽음으로 말미암아"(ἐν τῷ σώματι τῆς σαρκὸς αὐτοῦ διὰ τοῦ θανάτου)라는 구절에서 두 전치사의 관계는 명확하지 않다. "말미암아"(through, διά)는 화목의 행위를 이루는 수단을 암시하는 반면, "…으로"(in, ἐν)는 이 행위를 이루는 일반적 환경을 가리킬 수 있다. 그러나 ἐν도 화목의 수단을 가리킨다고 해석하는 것이 가장 적절한 듯하다. "그분은 그리스도의 육체로 죽으심을 통해 너희를 화목하게 하셨다"(TNIV, NIV). "그분의 육체의"는 그리스도의 성육신의 필연성을 가리킬 수 있으며, "죽음으로 말미암아"는 속죄의 죽음의 필연성을 가리킬 수 있다.[121] 그런데 이 찬송시에는 '그 안에'(in him, ἐν αὐτῷ)가 자주 나온다(16, 17, 19절). 이것에 비추어 볼 때, "그의 육체의"는 그 언급을 환기시켜 그리스도가 실제로 이 세상에 사셨다는 사실, 즉 그분의 세상적 실존의 실재를 명시하는 것일 수 있다. 나아가 ἐν은 인격적이거나 직접적인 대리 역할을 가리킬 가능성이 있는 반면,[122] διά는 비인격적 혹은 간접적 수단을 표현하는

119. O'Brien, *Colossians, Philemon*, 66.

120. 일부 사본($\mathfrak{P}^{46}$ B)들이 지지하는 대로 수동형(ἀποκατηλλάγητε)을 선택한다면 이 사안은 크게 문제될 것이 없다. 그러나 바로 뒤의 부정사를 볼 때 이 해석은 이 문맥에서는 적절하지 않다. "너희를…로 세우고자 너희가 화목하게 되었다." 정확히 이 해석의 난해함 때문에 많은 이가 이것을 원래의 본문 독법으로 본다. Metzger, *Textual Commentary*, 554–55; Moo, *Letters to the Colossians and to Philemon*, 141; Sumney, *Colossians*, 84.

121. O'Brien, *Colossians, Philemon*, 68. 참고. "그의 아들이 인간이 되어 죽으셨다"(CEV).

122. '그 안에서'(ἐν αὐτῷ)가 이 찬송시에서 수단의 의미로만 쓰이지는 않지만, 이 특정 맥락에서 볼 때는 그러한 기능으로 쓰인 것이 분

데 사용된다.

'육체의 몸'(body of flesh)이라는 구절은 몸의 육체성을 강조한다. 여기서 '몸'(σῶμα)은 18절의 "몸"과 다르다.[123] 그럼에도 불구하고 바울은 우주적 실존에서 세상적 실존으로 강조점을 이동하고 있다. 그의 몸인 교회는 거부와 동시에 지지의 대상인 이 특정 몸에서 시작되었다. 이 본문 외에 바울의 다른 글에서 "육체"(σάρξ)는 종종 인간의 죄성을 가리켜 사용된다(골 2:13, 23; 참고. 롬 6:19; 7:18, 25; 갈 5:13, 24). 그러나 이 본문 맥락에서는 부정적인 의미를 내포하지 않으며, 그리스도의 육체적 실존을 가리킨다.[124]

이 단락에서 처음으로 "죽음으로 말미암아"(διὰ τοῦ θανάτου)라는 말로 예수님의 죽음이 언급된다(참고. 18, 20절). 구원 행위의 절정은 예수님의 육신적 실존의 마지막에 완성된다.[125] 땅의 육신을 무시하며 천상의 환상에 과도하게 몰입하는 사람들을 대상으로 바울이 전개할 논증의 예고편일 수 있는 어조이다(참고. 2:18-23).

1:22c-e 너희를 거룩하고 흠 없고 책망할 것이 없는 자로 그 앞에 세우고자 하셨으니(παραστῆσαι ὑμᾶς ἁγίους καὶ ἀμώμους καὶ ἀνεγκλήτους κατενώπιον αὐτοῦ). 신자가 그 분 앞에서 용납받을 만한 자가 되어야 한다는 목적절은 예수님의 대속적 죽음의 목표를 명확히 드러낸다. 칠십인역에서 '세우다'(παραστῆσαι)라는 동사는 종종 인간이 하나님 앞에 서는 것을 가리켜 사용된다[참고. 신 18:5, 7; 21:5; 욥 1:6; 2:1; 렘 42:19(LXX; Eng. 35:19); 단 7:10, 13]. 바울에게 이 동사는 하나님 앞에서 개인의 현재적 신분을 가리킬 수도 있고(롬 6:16, 19; 12:1), 마지막 심판 때 하나님 앞에 서는 것을 가리킬 수도 있다(롬 14:10; 고후 4:14). 타동사적 의미는 로마서 12:1에서처럼 제의적이거나 희생 제물의 배경을 떠오르게 수 있다. "내가…너희를 권하노니 너희 몸을 하나님이 기뻐하시는 거룩한 산 제물로 드리라(παραστῆσαι)."

제의적 의미의 해석은 예수님의 죽음을 언급한 22절과 특별히 20절의 "피"에 대한 언급으로 뒷받침된다. 로마서 12:1처럼 '세우는 것'(드림)은 하나님께 나아갈 수 있게 된 신자의 현재 상태를 가리킬 수도 있다.[126] "그가 너희를 그의 존전으로 인도해주셨으니 너희는 그 앞에 설 때 한 점 잘못도 없이 거룩하고 흠이 없는 자이다"(NLT). 현재적 실재를 과소평가하지 않는 이 독법은 28절에서 같은 동사가 쓰인 것으로 확증된다.

'거룩하다', '흠이 없다', '책망할 것이 없다'는 단어는 이 절을 희생 제의적 문맥으로 읽는 것을 더욱 지지한다. 구약에서 '거룩하다'는 단어는 종종 '성소'(출 26:33; 28:43; 레 14:13; 왕상 8:8; 사 63:18), '거룩한 제단'(출 29:37; 40:10; 레 10:12), 심지어 '성물'(레 2:3; 민 18:8, 9, 19, 32; 느 10:33; 겔 42:13; 44:13)과 관련하여 제의적 문맥에서 사용된다. '흠이 없다'도 흠이 있어서는 안 되는 희생 제물을 가리켜 사용한다(출 29:1; 레 1:3; 민 6:14; 겔 43:22). 그러나 '책망할 것이 없다'라는 표현은 일차적으로 도덕적 담화에서 볼 수 있다(참고. 3 Macc 5:31).[127] 바울에게 이 용어는 마지막 심판 때 그리스도 앞에서 신자들의 신분뿐만 아니라(고전 1:8), 그들의 현재적 행위를 가리킨다(딤전 3:10; 딛 1:6-7). 그러므로 이런 용어의 조합은 제의

명하다.

123. 그러나 다른 바울 서신에서 이 둘은 의미상 별다른 차이 없이 함께 사용할 수 있다(참고. 고전 15:38-39).

124. 이 용례는 헬라 문헌이나 유대 문헌에 모두 흔하게 나타난다. '영'(πνεῦμα)과 대조적 의미의 "육신"(σάρξ)에 대한 특별한 바울의 용례의 발전에 대한 내용은 다음을 보라. Robert Jewett, *Paul's Anthropological Terms: A Study of Their Use in Conflict Settings* (AGJU 10; Leiden: Brill, 1971), 95-166(참고. REB, "육과 피의 그의 몸").

125. 참고. "내가 줄 떡은 곧 세상의 생명을 위한 내 살(σάρξ)이니라"(요 6:51). 요한은 이미 예수님의 성육신을 가리켜 이 용어를 사용한 바 있다(요 1:14).

126. 참고. Moule, *Epistles to the Colossians and to Philemon*, 76.

127. 참고. "irreproachable"(BDAG, 76), "above reproach"(ESV).

적 측면과 윤리적 측면을 모두 의미할 수 있다. 특히 바울이 제의적 측면과 윤리적 측면을 엄격히 구분하지 않을 경우는 더욱 그러하다(참고. 엡 5:2; 빌 4:18).

이 절의 핵심은 다른 성경 저자를 통해서도 잘 표현된다. "이 뜻을 따라 예수 그리스도의 몸을 단번에 드리심으로 말미암아 우리가 거룩함을 얻었노라…그가 거룩하게 된 자들을 한 번의 제사로 영원히 온전하게 하셨느니라"(히 10:10, 14). 죄와 싸워야 하는 현재적 실재를 부정하지는 않지만, 두 저자 모두 예수님의 대속적 죽음의 능력과 최종성을 강조한다.

바울은 이 단어들을 신자에게 적용하는 동시에 그 자체로 거룩하고도 완전한 제물이신 예수님을 염두에 두었을 수 있다. 바울은 그리스도를 하나님께 드려진 "향기로운 제물과 희생 제물"(엡 5:2)이라고 지칭하는데, 그는 이 점을 베드로전서 1:18-19에서 가장 잘 진술하는 것 같다. "대속함을 받은 것은…오직 흠 없고 점 없는 어린양 같은 그리스도의 보배로운 피로 된 것이니라." 바울은 골로새서에서도 먼저 그리스도의 완벽한 대속의 죽음(20절)을 강조하고, 여기서는 이 희생 제사가 신자의 삶에 미치는 효과를 강조한다. 이것은 2:20과 3:1에서 그리스도의 죽음과 부활을 신자와 동일시하는 바울의 진전된 논의를 예고한다. 대명사 αὐτός를 그리스도와 관련해 사용한 앞의 용례들처럼, "그 앞에"(κατενώπιον αὐτοῦ)도 그리스도를 가리킨다. 이 구절은 현 시대(참고. "그가 보시기에", KJV, NKJV, TNIV, NIV)나 마지막 심판(참고. "그의 존전으로", REB)과 관련될 수 있다. 다른 바울 서신에서 '…보기에' 혹은 '…이 생각하기에'라는 의미로 관련 단어 "…앞에서"(ἐνώπιον)를 자주 사용하는 것으로 보아(롬 3:20; 12:17; 14:22; 고전 1:29; 고후 4:2; 7:12; 8:21; 딤전 2:3; 5:4), 미래를 나타내는 표현이 꼭 필요하지는 않다.

1:23a-e 만일 너희가 믿음에 거하고 터 위에 굳게 서서 너희 들은 바 복음의 소망에서 흔들리지 아니하면 그리하리라 (εἴ γε ἐπιμένετε τῇ πίστει τεθεμελιωμένοι καὶ ἑδραῖοι καὶ μὴ μετακινούμενοι ἀπὸ τῆς ἐλπίδος τοῦ εὐαγγελίου οὗ ἠκούσατε). 바울은 이제 신자들에게 이미 그들 안에 역사하고 있는 복음에 굳게 서라고 당부한다. "만일"은 22절의 부정사 '세우다'를 수식하며 조건절을 이끈다. 신자가 복음 안에서 계속 행하는 것은, 그들을 그리스도께 세울 수 있는 근거가 아닌 조건이다.

강조의 분사 '참으로'(indeed, γε)는 "종종 의미 없이 삽입될 때도 있지만"[128] "만일"(εἰ)과 함께 사용되는 경우 더 "명확한 조건"을 나타낼 수 있다.[129] 신약에서 '만일 실제로…하면'(if indeed)이라는 구절은 오직 바울만 사용하는데, 더 분명한 조건(고후 5:3; 엡 3:2; 4:21)과 보다 불명확한 조건(갈 3:4)을 모두 의미할 수 있다. 바울은 골로새서의 다른 곳에서 이 조건이 성취될 가능성을 강조하지만(참고. 1:3-6; 2:5), 이 본문에서 실현 가능성은 중요한 관심사가 아니다. 오히려 골로새 교인들이 들은 복음에 신실하도록 요청하는 역할을 하기 때문에 이 진술의 조건적 성격에 초점이 집중된다(참고. 2:6-7).[130]

'너희의 믿음'(your faith, τῇ πίστει)의 헬라어 구절에는 인칭 대명사가 생략되어 있다. 따라서 이 표현은 객관적인 복음을 가리킬 수도 있고(참고. "그 믿음", KJV, NAB, NASB, NKJV, NRSV, NJB, NET, ESV, 그리고 "이 진

128. BDF §439.

129. BDF §454(2).

130. 어떤 이들은 "바울이 의심한다는 의미로 이 말을 하는 것이 아니라 골로새 교인들이 그렇게 할 것을 예상하면서 이 말을 하기 때문에" 이 절이 조건의 의미라는 주장을 인정하지 않는다(Judith M. Gundry Volf, *Paul and Perseverance: Staying In and Falling Away* [Louisville: Westminster John Knox, 1990], 197 n. 231). 그러나 단순한 조건절 문장의 성격을 지닌 절이 분명하므로 이 절은 조건의 의미로 보아야 한다(참고. Wallace, *Greek Grammar*, 690-91). 또한 Robert A. Peterson, "The Perseverance of the Saints: A Theological Exegesis of Four Key New Testament Passage," *Presb* 17 (1991): 95-112를 보라.

리", NLT) 혹은 골로새 교인들의 개인적 믿음을 가리킬 수도 있다(참고. "너희의 믿음", CEV, TNIV, NIV).[131] 이 서신에서는 객관적인 의미로 사용되고 있지만(2:7), 바울은 종종 그들의 믿음/신실함을 가리켜 이 표현을 쓰기도 한다(1:4; 2:5, 12). 그러나 이 절 후반부에 소개된 객관적인 복음을 고려할 때, 이 문맥에서는 주관적인 믿음을 가리켜 사용되었을 가능성이 더 크다(참고. 또한 롬 11:23).

"터 위에 굳게 서서"(established and steadfast)는 그들이 믿음의 행위 혹은 신실함을 끝까지 견지하고 확신 가운데 거하는 것을 가리킨다. 그러므로 이 두 단어도 '너희의 믿음'이라는 해석에 무게를 실어준다. 완료 수동 분사(established)는 형용사(steadfast)와 함께 짝을 이루어 신자들에게 요구되는 믿음의 종류를 설명한다. "터 위에…서서"(established)는 건축의 비유를 차용한 것으로 보이며, 믿음의 기초가 튼튼해야 함을 강조한다(참고. 마 7:25).[132] 그러나 창조에 초점을 맞춘 앞의 찬송시에 비추어보면 "터 위에…서서"는 시편 102:25(LXX, 101:26)에 언급된 대로 세상의 기초를 암시함으로써 이 개념적 틀을 공유할 수도 있다.[133] "주께서 옛적에 땅의 기초를 놓으셨사오며 하늘도 주의 손으로 지으신 바니이다"(시 102:25; 참고. 히 1:10). 바울은 청중에게 그리스도를 통한 하나님의 새로운 창조에 대해 믿음에 굳게 서는 올바른 반응을 보이라고 요청한다.

"흔들리지 아니하면"(μὴ μετακινούμενοι)[134]은 특별히 지진 활동에 익숙한 청중과 관련된 표현일 수 있다.[135] 하지만 "굳게"(steadfast)라는 표현을 포함하는 이 단어군은 이미 바울의 이전 저작에 등장한다. "견실하며 흔들리지 말고"(be steadfast, do not moved, ἑδραῖοι γίνεσθε, ἀμετακίνητοι, 고전 15:58).

"복음의 소망"(τῆς ἐλπίδος τοῦ εὐαγγελίου)은 '복음이 가져온 소망'을 가리킬 가능성이 크며 "복음의"는 출처를 나타내는 소유격이다. 복음은 성장하고 열매를 맺을 수 있는 능동적 주체로 인식된다(1:5–6). 1:5에서처럼 이 소망은 주관적 감정이 아니라, 그 감정의 근거가 되는 대상을 말한다. "너희 들은 바"는 1:5을 상기시키며 이 본문에서는 "복음"을 수식한다. 여기서도 바울은 다시 독자들에게 이미 그들 가운데 역사하기 시작하여 효력이 증명된 복음에 굳게 서라고 호소한다.

1:23f–g 이 복음은 천하 만민에게 전파된 바요 나 바울은 이 복음의 일꾼이 되었노라(τοῦ κηρυχθέντος ἐν πάσῃ κτίσει τῇ ὑπὸ τὸν οὐρανόν, οὗ ἐγενόμην ἐγὼ Παῦλος διάκονος). 이 절은 복음의 우주적 범위를 나타낸다. 또한 이 절부터 복음의 메신저로서 바울에게 초점을 맞추는 단락이 시작된다. 한정적 용법의 분사인 "전파된"은 "복음"의 개념을 정의한다. 복음이 "천하 만민에게" 전파되었다는 주장(참고. NASB, REB, NET, ESV)은 세계적 복음 전파가 바울 시대에 아직 완성되지 않았기에 다소 놀랍게 들린다. 어떤 번역본들은 "모든 피조물에게"(KJV, NAB, NJB, NKJV, NRSV, TNIV, NIV)라고 번역하지만 '피조물'(κτίσις, 개역개정에서는 "만민"–역주)의 헬라어는 바울의 다른 서신에서 '창조'의 의미로 더 자주 사용된다(롬 1:20; 8:19, 20, 21, 22; 고후 5:17; 갈 6:15). 더 중요한 점은

131. 혹은 '신실성'(참고. "faithful," TEV).

132. 두 단어 'established and steadfast'로 번역한 것과 "너희 기초에 굳게 서서"(firm on your foundations, REB)라는 구절을 비교하라.

133. 당연히 이것 역시 이 건축 비유의 연장으로 생각할 수도 있다.

134. 이 번역(not shifting)은 이 동사를 중간태 분사로 해석하는 것이다. 수동태 분사로 해석하는 이들은 거짓 선생에 대한 언급이 함축되어 있다고 생각할 것이다. "떠나지 아니하면"(are not moved away, NKJV; 참고. KJV, NASB, REV).

135. 참고. Larry J. Kreitzer, "Living in the Lycus Valley: Earthquake Imagery in Colossians, Philemon and Ephesians," in *Testimony and Interpretation: Early Christology in its Judeo-Hellenistic Millieu: Studies in Honour of Petr Pokorý* (ed. Jirí Mrázek and Jan Roskovec; JSNTSup 272; London: T&T Clark, 2004), 81–94.

이 표현이 앞의 찬송시에서 그런 용도로 사용되었다는 것이며(15절), 복음의 개별적 수용보다는 복음의 우주적 범위에 초점이 있다. 그러므로 그리스도가 "모든 피조물보다 먼저 나신"(15절) 분이기에 그분의 복음은 모든 피조물의 복종을 요구한다.

둘째, 이 본문 문맥에서는 특정 지리를 언급한다고 보는 해석이 부적절하므로, 바울이 "제국의 위대한 중심지들"로 복음이 전파되었다고 말하는 것으로 생각해서는 안 된다.[136] 이 주장을 단순히 "과장법"으로 단정하기보다[137] 이 진술에 함축된 종말론적, 우주적, 신앙고백적 성격을 이해해야 한다. 앞의 찬송시에서 "죽은 자들 가운데서 먼저 나신"(18절)이 하나님의 구속 행위로 성취되는 새로운 종말론적 시대의 시작을 가리키는 것처럼, 이 구절은 아직 다 계시되지는 않았지만 십자가의 능력이 우주적으로 영향을 미치는 것에 초점을 맞추는 것일 수 있다.

우주론적 관점에서 여기서 강조된 보편성은 단순히 지리적/수평적 용어('모든 곳의 모든 사람')가 아닌 우주적/수직적 용어('존재들의 모든 영역')로 해석해야 한다. 적절한 평행 구절로 요한계시록 5:13을 들 수 있다.

> "내가 또 들으니 하늘 위에와 땅 위에와 땅 아래와 바다 위에와 또 그 가운데 모든 피조물이 이르되 보좌에 앉으신 이와 어린양에게 찬송과 존귀와 영광과 권능을 세세토록 돌릴지어다 하니."

여기서 초점은 단순히 복음 선포의 지리적 확장이 아닌 하나님과 그 아들에 대한 우주적 복종에 있다. 마지막으로, 15-20절의 기독론적 신앙고백을 적용하는 이 단락에서 우리는 그러한 고백의 성격에 주목할 필요가 있다. 우주적 복음 전파에 대한 주장은 그런 신앙고백 자료에 자주 등장한다. 예를 들어, 디모데전서 3:16의 고백을 보라.

> "그는 육신으로 나타난 바 되시고 영으로 의롭다 하심을 받으시고 천사들에게 보이시고 만국에서 전파되시고 세상에서 믿은 바 되시고 영광 가운데서 올려지셨느니라."

신앙고백 자료에는 복음의 우주적 전파에 대한 주장이 등장한다. 그러나 이 주장이 과장이 아닌 이유는 이것이 실제로 아들을 통한 하나님의 사역이 보장하는 사실이기 때문이다.

"나 바울은 이 복음의 일꾼이 되었노라"는 말은 하나님의 구속 계획에서 자신의 사도적 역할을 서술하는 다음 단락을 예고한다. 이 절에는 바울이 전하는 복음이 유일한 우주적 복음이라는 무언의 주장이 함축되어 있다. "일꾼"(διάκονος)이라는 호칭은 이미 7절에서 복음 사역자를 가리켜 소개된 바 있다(참고. 25절). 이 호칭은 복음 사역을 대표하는 자로서 바울 자신의 권위를 강조할 뿐 아니라, 그가 부활하신 주의 부르심에 복종한 것을 강조한다.

136. Moule, *Epistles to the Colossians and to Philemon*, 73.

137. 참고. "in every place"; Lightfoot, *St. Paul's Epistles to the Colossians and to Philemon*, 163.

적용에서의 신학

1. 우주적 그리스도와 특수적 그리스도(The Universal and the Particular Christ)

많은 사람에게 기독론은 그렇게 실제적인 주제는 아닐지 모른다. 하지만 바울이 골로새 교인들의 행동을 교정하고자 할 때 기독론은 그 바탕이 된다. 이 찬송시는 그리스도께 직접 찬송을 드리지 않고 독자들을 위해 그리스도의 지위와 사역을 서술하는 방식으로 접근한다. 이로써 바울은 그리스도를 중심으로 모든 신념과 관습을 평가하는 틀을 마련한다. 그러므로 이 자료를 적용할 때 신앙고백의 내용을 가장 먼저 살펴보아야 한다.

그리스도의 높아지신 지위는 그분을 창조주 하나님과 동일시하는 데서 확인된다. 구약은 창조주로서 하나님의 권세를 일관되게 강조한다(참고. 창 14:19, 22; 시 96:5; 121:2; 146:5–6; 사 40:12–31; 51:13). 그러므로 그리스도를 창조의 주체로 보는 것은, 그리스도를 아버지와 본성을 공유하시는 분으로서 인정하는 것이다. 초기 기독교 신앙고백은 그리스도의 현재적(행 2:34, 36; 골 3:17; 살전 4:1–2), 미래적(행 3:19; 빌 2:11; 살전 4:17) 주 되심을 반복해서 강조한다. 하지만 그리스도의 영원한 주 되심을 강조하는 것이 신앙생활에 동일한 즉각적인 효용성을 발휘하는 것 같지는 않다. 그러므로 바울이 창조의 특별한 대리자로서 그리스도를 강조하는 것은 주목할 만하다. 바울은 예수님을 이렇게 "종말론적 측면뿐 아니라 시원론적 측면에서 신적 주권성"을 행사하시는 분으로 인정함으로 그분을 그 아버지와 동일시한다.[138] "하나님의 창조 사역에 대한 그리스도의 참여는 필수적이다. 유대 유일신론의 측면에서 그리스도가 창조 사역에 참여하시지 않았을 경우, 그분의 신적 정체성은 불완전할 수밖에 없다."[139] '예배'가 이 찬송시를 올바로 적용하는 것이라면, 이 본문을 읽은 후 보여야 할 일차적이고도 직접적인 반응은 유일한 아들이신 그리스도를 예배하는 것이다.

만물의 우주적 복종에 대한 강조는 만물의 주로서 그리스도에 대한 신앙고백에서 흘러나온다. "만물"을 거듭 언급(16, 17, 18, 20절)하는 것과 "하늘과 땅에서 보이는 것들과 보이지 않는 것들"(16절; 참고. 20절)이라는 포괄적인 표현은, 16절의 "왕권들이나 주권들이나 통치자들이나 권세들이나"라는 강한 수사학적 기능을 하는 목록과 더불어 그리스도의 우주적 주권성을 강조한다. 이렇게 그리스도의 주권성에 대한 강조를 배경으로 두고 읽어보면 이 본문에서 언급한 특정 주제들은 더욱 주목할 만하다. 지혜 전승들을 넘어서서 성육신을 선언(19절)하는 것은, 우주의 주 되신 분이 육신을 입은 한 개인으로 나타나신 그리스도의 세속적 실존에 다시 관심을 향하게 한다. 우주적이고도 특수적인 그리스도라는 놀라운 공존은 영광의 신학 속에 고난의 신학이 등장하는 것으로 조화를 이룬다. 바울은 관심의 초점을 창조에서 "십자

138. Baukham, *God Crucified*, 35.

139. 같은 책, 36.

가"의 특수성과 "피"의 육체성(20절)으로 이동함으로 하늘과 땅, 물질과 영의 이원론적 시각에 도전장을 내민다. 그리스도의 죽음으로 우주적 회복이 가능한 이유는 바로 그분의 우주적 중요성 때문이다(20절; 참고. 22절).

그분의 부활이 신자의 미래적 구원의 표징이 된 것 역시 그분이 만물의 주로서 맡으신 역할 때문이다(18절). 그러므로 이 본문에서 일반적인 인간 해방의 모델을 찾는다면 소용이 없을 것이다.[140] 그 대신 우리는 십자가상의 대속적 죽음으로 화목을 이루고 죽은 자 가운데서 부활하심으로 영원한 영광을 누리시는 하나님의 아들을 볼 수 있다. 이 찬송시의 두 단락이 보여주는 놀라운 평행 구조(15-16절, 18b-20절)에서 새 창조와 첫 창조가 평행을 이룸으로 이 점이 확증된다. 그러나 그 권능은 더 이상 창조 행위가 아닌 모든 것을 이기는 죽음으로 나타난다.

골로새서 문맥에서 우주적 그리스도와 특수적 그리스도의 공존은 신약 기독론에 나타나는 고유한 특징이다.[141] 이 중 어느 하나만 강조하거나 무시하는 것은 참된 복음에 대한 신실한 태도가 아니다. 그리스도의 대속적 죽음의 능력을 무시하고 우주적 그리스도를 강조한다면, 골로새 교인들이 환상적 체험에 목말라 하고 금욕주의적 고행을 추구하도록 잘못 이끌게 될 것이다. 오늘날의 상황에서 이것은 복음의 능력에 대한 보편성만 강조하고 그분의 특수한 요구는 무시하고 싶은 유혹으로 나타난다. 반대로 오직 역사적 예수님의 특수성만을 강조하는 이들은 그분을 만유의 주로서 인정하기를 거부한다. 신약의 증인들이 일깨워주듯이 오직 건강한 기독론만이 복음 메시지를 온전히 받아들일 수 있게 해준다.

바울은 그리스도인이 예배를 드릴 때 필요한 신학적 틀을 세우면서 골로새서를 시작한다. 그리스도의 속성과 우리를 위한 그분의 사역을 제대로 이해하면 자연스럽게 기독교적 예배를 드릴 수 있다. 그러므로 더 풍성한 예배를 드리기 위해서는 그리스도의 인격에 대한 이해가 필수적이다. 그러나 동시에 바울은 부적절한 예배에 대해서도 경고한다. 경고의 대상에는 자신들의 율법주의적이고 신비주의적인 체계에 끼워 맞춘 그리스도를 섬기려 했던 사람들이 포함된다. 바울은 그들에 맞서 특별히 아들이자 창조주이자 성육신하신 구속주를 소개한다. 오늘날 기독론은 유사한 공격을 받고 있다. 사람들은 기독교적 구세주를 도(道)의 원리와 결합하거나 그리스도를 배제한 해방의 교리를 제시하려 한다. 특수한 아들이라는 바울의 메시지는 이 혼합주의적 경향을 배격하며, 구원의 복음이 지닌 배타적 충분성을 선포한다. 이 복음은 무엇과도 비길 수 없는 유일한 그리스도에 기초를 두기 때문이다. 오직 고등 기독론만이 다원주의와 포용주의라는 현대적 주장을 막을 수 있다.

바울은 이 고등 기독론을 복음 메시지의 본질적 측면이라고 생각하고 이 단락에서 주요

---

140. 죽음과 부활의 특수성을 일반적인 해방의 개념으로 해석하는 사람들에 대한 비판은 다음의 유익한 논의를 보라. Marva J. Dawn, *Weakness, and the Tabernacling of God* (Grand Rapids: Eerdmans, 2001), 16-17.

141. 참고. Bauckham, "Where Is Wisdom to Be Found?," 134.

핵심으로 다룬다. 그러므로 이 단락은 효과적인 복음 전도의 도구로 활용할 수 있다. 바울은 인간이 흑암의 권세 아래 있는 것으로 묘사함으로 그들의 죄성을 다룬다. 인간은 본성상 하나님과 분리되어 있다. 흑암의 왕국에서 빛의 나라로 옮겨지는 일은, 바울이 그 아들로 완성된 죄 사함이라고 설명한 구속으로만 가능하다. 다음으로 바울은 희생 제물로 드려진 분의 높아지심을 다룸으로써 희생 제사의 엄중성과 그것이 함축하는 인간의 죄성을 언급하는 것이 필요하다고 본다. 15-17절은 그 아들이 얼마나 위대한지 보여주고, 18절은 그 아들의 위대함을 속량함을 받은 자들과 연결하면서 그분의 부활이 우리의 원형이 되는 것을 보여준다.

20절에서는 이 위대한 속량을 화평을 이루는 행위로 유사하게 묘사한다. 하나님을 향한 인간의 적의와 인간을 향한 하나님의 적의가 그분의 피로 진정된다. 21절은 하나님께 반역하는 인간의 타락 상태를 다시 강조하고, 22절은 한 걸음 나아가 그리스도의 육신의 죽음으로 이루어진 화목을 설명한다. 신약에서는 이 본문을 제외하고 이처럼 복음이 간단명료하게 요약된 곳이 얼마 없다. 1:13-23은 그리스도인이 복음 메시지를 이해하고 복음 전도를 위한 유익한 본문으로 사용할 수 있는 좋은 도구가 될 수 있다.

2. 그리스도와 교회

어떤 이들은 이 찬송시에서 "교회"(18절)라는 표현이 등장하는 것에 놀라지만, 하나님의 세상 창조가 백성의 창조로 이어지리라는 것은 성경 문맥상 쉽게 예상할 수 있다. 창세기에서 창조의 절정은 창세기 12장의 아브라함을 부르시는 사건이라고 볼 수 있다. 이 부르심으로 하나님이 백성을 창조하시는 과정이 시작된다. 하나님과 백성 사이의 관계에서 중요한 단계에 해당하는 출애굽 이야기를 기억하는 사람은 또한 시편 기자가 그 창조 사역에서 하나님의 능력을 환기하는 것을 본다(참고. 시 74:12-17; 77:12-20; 89:5-37; 114:1-8; 136:4-17). 새 출애굽으로 자기 백성을 회복시키겠다는 하나님의 약속이 등장하는 예언 전승에서도 하나님의 창조 사역이 반복해서 언급된다(참고. 사 40:12-31; 42:5; 44:24; 45:9-18; 48:12-13; 51:12-16).[142] 이것은 세상의 창조주가 '이스라엘의 창조주'이시기 때문에 가능하다(참고. 사 43:15). 그러므로 새 출애굽의 약속이 성취되었다는 바울의 논의에서 하나님의 첫 창조 행위가 종말에 참된 자기 백성을 창조하는 데서 절정에 이른다는 내용이 나오더라도 놀랄 이유가 없다. 따라서 가운데 단락의 "교회"(18절)에 대한 명시적 언급을 후대에 추가된 개념이라고 보거나 이 기독론적 신앙고백에 삽입된 것이라고 보아서는 안 된다.

건강한 교회론은 역사 속에 일어난 하나님의 구속 행위에 근거해야 한다. 이 짧은 단락

---

142. Richard J. Clifford, *Fair Spoken and Persuading: An Interpretation of Second Isaiah* (New York: Paulist, 1984), 23을 보라. 그는 이렇게 지적한다. 현대적 이해를 따르면 "역사적 양식(historic type)은 구속에 해당하고 우주진화론적 양식(cosmogonic type)은 창조에 해당한다. 그러나 이 둘은 동일한 사건이다. 즉, 야훼 앞에서 한 민족으로서 이스라엘이 등장한 것이다."

으로 바울의 전체 교회론을 자세히 설명하는 것 대신, 이 찬송시의 문맥에 비추어 두드러지는 몇 가지 내용을 중점적으로 확인할 필요가 있다. 첫째, 교회의 머리로서 교회에 대한 그리스도의 주재권이 강조된다. 바울에게 이것은 단순히 그리스도가 교회 조직의 머리임을 말하는 추상적 진술이 아니다. 그리스도는 교회가 존재하는 근거이자 목적이시다. 창조 담화가 종종 우상의 거짓 주장을 드러내는 데 목적이 있다면(시 96:3-6; 115:2-16; 135:5-18; 사 40:18-24; 41:4-7; 46:1-4), 그리스도가 새 창조의 주체이자 교회의 머리라는 주장은 그분을 유일한 예배의 대상으로 확언한다. 하나님께 나아갈 때 그리스도가 아닌 다른 수단을 선택한다면 우상을 숭배하는 행위와 다름없다.

둘째, 교회가 그리스도와 연결될 때 '그 안에서 충만하게 된'(2:10) 신자들은 모든 권세와 능력에 대한 그분의 주권에 참여하게 된다.[143] 그리스도의 사역으로 신자들은 더 이상 다른 영적 세력에게 위협당할 필요가 없다. 신자는 '죽은 자들 가운데서 먼저 난'(18절) 자로서 또한 최종적 원수인 사망에 대해 승리를 주장할 수 있다. 최종적으로 완성되지는 않았지만, 그리스도가 주시는 구원은 이미 현재적 실재로서 만물의 최종 회복을 가리킨다.

셋째, 하나님/그리스도의 지상 대리자로서 하나님 백성의 공동체 역시 중요하다. 어떤 이들은 "보이지 아니하는 하나님의 형상"(15절)이라는 구절이 "의도적으로 체제 전복적"이라고 생각한다.[144] 창조주 하나님의 구체적 현시로서 다른 모든 신적 표상을 배격하기 때문이다. 인간의 몸을 입고 십자가에서 피를 흘리신 그리스도에 대한 선언 역시 승천해야 하나님을 알 수 있다는 가정에 도전장을 내민다.[145] 나아가 3:10에 이 개념이 다시 등장하는 것을 볼 때, 교회는 말과 행동으로 복음을 선포함으로 '하나님의 형상'이 되어야 하는 사명을 감당하도록 부르심을 받는 것이 분명해진다. 그러므로 신자는 신적 계시의 도구가 되는 영예를 누린다. 그들을 통해 '보이지 않는 하나님'이 알려질 수 있다.

3. 그리스도와 창조

바울이 하나님의 창조를 강력히 부각한다고 해도 이것을 현대적 맥락에 적용하는 구체적인 방식에 대해서는 신중하게 논의해야 한다. 어떤 이들은 이 찬송시가 신성한 우주론을 지지하며, 따라서 현재의 생태학적 관심사에 기여하는 기독론을 보여준다고 주장한다.

143. Fee, *Pauline Christology*, 307을 보라. 앞에서 논의한 대로 이런 권세와 능력은 세속의 특정한 정치 체제보다는 일차적으로 영적이고 우주적인 실체들을 가리킨다고 보아야 한다.

144. Crispen H. T. Fletcher-Louis, "The Image of God and the Biblical Roots of Christian Sacrametality," in *The Gestures of God: Exploration in Sacrametality* (ed. Geoffrey Rowell and Christine Hall; New York: Continuum, 2004), 75.

145. 제2성전기 유대 지혜 전승과 대비되는 "하나님의 형상"에 대한 바울의 이해에 관한 최근의 논의는 다음을 보라. Stefanie Lorenzen, *Das paulinische Eikon-Konzept: Semantische Analysen zur Sapientia Salomonis, zu Philo und den Paulusbriefen* (WUNT 2.250; Tübingen: Mohr Siebeck, 2008), 139-256. 그는 이 구절에 대한 바울의 용례가 그리스도의 완전한 육신의 몸에 초점을 맞추었다는 점에서 의미 있고 참신하다고 주장한다(참고. 고전 15:49) (156).

> 이 오래된 초기 기독교 찬송시의 지혜 문학적 성격과 이 찬송시에 나타난 창조의 언어는, 시대를 착각할 정도로 생태적으로 민감하고 창조 중심적인 기독론을 강조한다.[146]

그러나 이런 해석은 이 찬송시를 자세히 읽으면 설득력을 잃는다. 첫째, 이 찬송시는 우주의 신성한 성격을 강조하기보다 사실 창조주와 피조물의 뚜렷한 차이를 강조한다. 이 찬송시는 "생태적으로 민감한" 기독론을 제시하는 데 목적을 두지 않고, 만물이 그리스도께 복종하는 것을 강조한다(16절). 나아가 화목의 개념(20절)뿐 아니라 새 창조의 필요성(18b절)은 "땅에 있는 것들이나 하늘에 있는 것들"(20절)에 영향을 미친 사건인 타락을 전제로 한다. 그러므로 창조에 관한 언어가 있다는 사실만으로 '신성한 우주론'을 지지한다고 볼 수는 없다.

그러나 이 찬송시가 창조에 관해 적절한 이해를 제시하는 것은 맞다. "기독론적 유일신론"[147]은 바울로 하여금 오직 그리스도를 통한 하나님의 구속 사역으로만 만물이 회복될 수 있다고 단언하게 해준다. 십자가에서 이루어진 그리스도의 죽음이라는 특별한 단일 행위는 모든 피조 세계에 영향을 미치며 만물이 회복할 수 있게 한다. 그러나 만물의 회복은 하나님의 구속 계획이 완성되는 미래에 이루어진다. "그 바라는 것은 피조물도 썩어짐의 종노릇한 데서 해방되어 하나님의 자녀들의 영광의 자유에 이르는 것이니라"(롬 8:21).

구속함을 받은 피조물이 언급될 때도 성육신하신 그리스도의 역할과 하나님의 백성이 새 창조에서 중심이 된다는 점을 유념해야 한다. 칼빈의 창조 교리를 현대적으로 종합하여 요약한 내용이 보여주듯, 이와 같이 중요한 요소들에 대한 칼빈의 논의는 현재 독자에게도 유익한 교훈을 준다.

> 실존과 그 지성성을 명령하는 로고스(*Logos*), 생명이 그 목표에 도달하는 유일한 통로인 성육신하신 말씀, 심지어 인간이 범죄하고 배신한 후에도 이어지는 모든 생명을 보호하는 섭리, 특별히 택함 받은 공동체를 보호하는 공급하심, 사랑의 손길로 새긴 탁월한 자질로서 하나님의 형상을 지닌 인간성, 오직 그리스도의 형상으로 재창조되며 하나님의 탁월성과 선하심을 진정으로 반영할 수 있는 인간성.[148]

칼빈의 해석은 바울이 건강한 창조 교리를 설파하며 제시한 자료들과 비슷하다. 하나님의 더 넓은 구속 계획의 측면에서 읽으면, 창조에 대한 관심사는 예수 그리스도의 복음에 신실하려는 노력으로 연결될 수 있다.

---

146. Michael Trainor, "The Cosmic Christology of Colossians 1:15-20 in the Light of Contemporary Ecological Issues," *ABR* 53 (2005): 69.

147. Bauckham, "Where Is Wisdom to Be Found?," 134.

148. Peter Wyatt, *Jesus Christ and Creation in the Theology of John Calvin* (PTMS 42; Allison Park, PA: Pickwick, 1996), 81.

4. 그리스도의 사역과 인간의 반응

기독론적 찬송시에 이어지는 짧은 단락(21-23절)은 그리스도를 통한 하나님의 구속 사역에 요구되는 신자의 반응이 무엇인지 알려준다. 이 단락에 함축된 조건적 진술은 올바른 반응의 긴급성을 강조한다. 바울이 다른 서신에서 제시한 가르침들(참고. 롬 8:12-17; 고전 15:1-2)이나 신약의 여러 증인이 전한 가르침(참고. 요 8:31-32, 51; 히 2:1-18; 4:11-16; 5:11-6:20; 요일 2:20-25)과 일맥상통하는 하나님의 주권적이고도 강력한 사역에 대한 내용이 인간의 책임을 강조하는 내용과 함께 언급된다. 이런 맥락에서 바울은 신자에게 그리스도와 복음에 신실하라고 요구하며, 동시에 그리스도의 대속적 죽음의 최종성을 주장한다. 그리스도의 죽음으로 종말론적 회복이 실제로 이루어진다.

화목에 대한 바울의 강조(20, 22절)는 인간이 소유하고 있다고 착각하는 자유와 자율성이 실제로는 영적 세력과 권세가 펼치는 기만적 책략에 불과함을 깨닫게 한다(16절). 자아의 해방과 개인적 자율성의 성취를 강조하는 대신 바울은 '그리스도 안에' 있는 참된 자유를 강조한다(참고. 16, 17, 19절).[149] 바울은 그리스도의 화목케 하시는 사역이 있기 전 인간의 실존적 상태를 '마음으로 원수가 되었다'(21절)고 규정한다. 이를 통해 바울은 청중에게 인간이 그리스도 안에서 신실하게 살 수도 있고 그에 맞서 싸울 수도 있음을 알려준다. 회개하고 악한 행동에서 돌이켜 '옛 사람과 그 행위를 벗어야'(3:9) 할 뿐 아니라 하나님께 나아가면서 자신의 자아를 의지하는 것조차 그리스도와 십자가의 능력을 거부하는 우상 숭배가 된다는 것을 기억해야 한다(2:18-19).

마지막으로, 바울은 인간의 구속 이야기를 우주의 더 큰 이야기 속에 배치함으로 독자들에게 "예수님을 따르겠다는 선택은 단순히 다른 생활 방식, 태도, 이해를 넘어서는 것임을 알려준다. 예수님을 따르겠다는 선택은 이보다 훨씬 더 심오한 것으로 현실 자체에 대한 서로 다른 시각 중 하나를 선택하는 것이다."[150] 이런 현실관으로 그리스도의 존재론적 정체성, 교회의 의미, 만물에 대한 그리스도의 주재권, 온 우주에 대한 하나님의 구속 계획을 바라보게 된다. 바울은 골로새 교인들이 안고 있는 문제에 신속한 해결책을 제시하는 것으로 만족하지 않고, 문제 행동이 거짓된 현실관에 있음을 추적한다. 그러므로 제자도는 마음의 변화로 이해되며, 오직 마음이 변화되어야만 하나님의 뜻을 분별할 수 있다(롬 12:2).

이 단락은 기독론적 논의가 단순히 이론적 차원의 사변에 그치지 않음을 현대 독자에게 알려준다. 기독론은 구원론, 성화, 선교, 종말의 교리와 연결된다. 골로새서의 나머지 단락들은 이 교리들이 그리스도 안에 어떻게 뿌리를 내리는지 보여줄 것이다.

---

149. 참고. Richard L. Christensen, "Colossians 1:15-28," *Int* 61 (2007): 318-20. 그는 개인주의와 자율성에 대한 현대적 개념을 비판한다. 그러나 바울은 하나님 앞에서 개별자의 위치의 중요성을 부정하지 않는다는 것을 기억해야 한다. 그는 구속함을 받은 공동체의 중요성을 강조하기에 앞서 개인의 책임을 반복해하 강조한다.

150. Michael P. Knowles, "'Christ in You, the Hope of Glory': Discipleship in Colossians," in *Patterns of Discipleship in the New Testament* (ed. Richard N. Longenecker; Grand Rapids: Eerdmans, 1996), 186.

CHAPTER 4

골로새서 1:24–2:5

문학적 전후 문맥

이 단락은 골로새서 전체의 중요한 기초가 되는 1:15–20의 기독론적 고백에 이어지는 단락이다. 찬송시 형식으로 진술된 기독론적 고백에서는 그리스도의 높아지신 지위가 그분이 창조에서 맡은 역할(15–16절)과 죽으심과 부활(18b–20절)에 대한 묘사로 확증된다. 이 묘사는 만물을 지탱하는 분으로서 그리스도가 맡으신 역할에서 절정에 이른다(17–18a절). 바울은 예수님이 육신의 몸으로 죽으심으로 신자가 하나님께 나아가게 하시는 화목의 사역을 완료하셨음을 강조한다. 또한 바울은 골로새 교인들이 그리스도가 화목하게 하신 사역에 반응하여 복음에 굳게 서라고 촉구한다.

이 단락에서는 앞 단락 끝에 언급된 하나님의 "일꾼"(1:23)인 바울의 위치가 핵심적으로 다루어진다. 이제 복음은 그 복음을 소유한 한 사도의 사역을 중심으로 소개된다. 우주적 그리스도와 특수한 종의 관계는 두 단락에 다음과 같이 많은 평행 어구가 있는 이유를 설명해준다. 고난(1:24, 29; 2:1; 참고. 1:18, 20), 육체(1:24; 참고. 1:22), 교회(1:24; 참고. 1:18), 그리스도(1:24, 27, 28; 2:5; 참고. 1:15–20).

이 단락의 중심 요점이 바울이 사도로서 맡은 특별한 역할이지만, 그는 먼저 자신이 복음 메시지의 중심이 아님을 분명히 밝힌다. 하나님의 포괄적 계획 속에서 그가 맡은 역할은 "교회의 일꾼"(25절)이다. 둘째, 1인칭 단수형이 압도적으로 사용된 이 단락에서 "우리"(ἡμεῖς, 28절)라는 1인칭 복수 대명사가 쓰이는 것을 간과해서는 안 된다. 이 대명사는 단순히 '문체상의 변화'가 아니라, 바울이 그리스도의 복음을 선포하는 유일한 사람이 아님을 강조한다.[1] 셋째, 이 단락은 바울의 "능력"이 아니라 바울의 "고난"(24, 29절; 2:1)을 강조한다. 능력은 오직 그리스도로부터만 나오기 때문이다(29절).

앞 단락이 복음의 요약(1:15–20)과 복음의 적용(1:21–23)을 모두 담고 있듯이, 이 단락 역시

1. Moo, *Letters to the Colossians and to Philemon*, 148.

두 하부 단락으로 구성된다. 첫 단락(1:24–29)은 바울의 사명과 역할을 소개한다. 그는 이제 계시되어 드러난 "비밀"(26, 27절)로 관심을 유도한다. 바울은 둘째 단락에서 사도적 소명과 선교로 신자들이 이 "비밀"(2:2)에 대한 지식과 확신에 이를 수 있다고 설명한다. 이 단락 마지막에서(2:5)는 자신의 부재를 언급하면서 이 편지가 그의 존재와 권위를 대신함을 상기시킨다.[2] 이 언급은 다음 단락(2:6–15), 즉 골로새 교인들이 직면한 구체적인 우려들을 그들의 입장에서 언급하는 단락으로 전환하는 역할을 한다.

바울의 역할에 초점을 맞춘 이 단락은 단순한 부기(excursus)가 아니다. 오히려 그의 논증에서 필수적인 부분을 차지한다. 첫째, 바울이 하나님의 계획을 강조한 점을 볼 때, 하나님 아버지(1:3–14)에서 아들 그리스도(1:15–23)로 초점이 이동하고, 다시 그리스도의 일꾼인 바울에 초점을 맞춘 현재 단락(1:24–2:5)으로 이어지는 흐름이 이해가 된다. 다음 단락에서는 사도들이 전파하는 복음의 수신자에게로 초점이 바뀐다(2:6–4:1). 둘째, 바울은 하나님의 계획에서 자신이 맡은 독특한 역할을 강조하면서 청중에게 그가 수고하고 전하는 복음(1:29; 2:1)에 복종하라고 일깨운다. 이것은 다음 단락에 나올 거짓 교사들을 향한 신랄할 비판의 토대가 된다. 셋째, 바울은 자신의 "고난"과 "괴로움, 수고"(1:24, 29; 2:1)를 강조함으로 골로새 교인들이 복음에 신실하도록 노력하면서 이 싸움에 같이 동참하도록 준비시킨다(2:16; 4:2). 마지막으로, 어떤 이들은 이 단락에 거짓 교사들에 대한 반박이 함축되어 있다고 주장한다.[3] 바울은 청중에게 사변과 사람을 미혹하는 환상에 대한 소문이 아닌 그리스도에 뿌리를 내린 안전한 "지식"에 의지하라고 당부한다(2:2).

이 단락 끝에 나오는 바울의 부재에 대한 언급도 이 편지가 그의 존재와 권위를 대신함을 청중에게 알린다(2:5).[4] 이 당부가 강력한 이유는 정확히 바울의 부재가 복음에 대한 그의 신실함을 반증하기 때문이다. 그는 '사슬에 매일 정도로'(4:3, 18) 자신이 복음에 신실하다는 것을 청중에게 거듭 주장한다.

III. 절정에 이른 아들의 사역(1:15–23)
- A. 그리스도의 우월성(1:15–20)
- B. 그리스도의 사역에 대한 반응(1:21–23)

➡ **IV. 바울의 사도적 사명(1:24–2:5)**
- **A. 하나님의 계획 속에 있는 바울의 고난(1:24–29)**
- **B. 지역교회들을 위해 바울이 쏟은 수고(2:1–5)**

V. 신자들의 신실함(2:6–4:1)

2. 1:6a과 2:5a에 대한 설명을 보라.
3. 예를 들어, Sumney의 "The Argument of Colossians," 346을 보라.
4. 1:6과 2:5에 대한 설명을 보라.

주요 개념

그리스도와 그분의 교회를 위한 일꾼으로서 바울은 하나님의 계획, 즉 모든 인류와 관련된 영광스러운 비밀을 계시하는 계획의 청지기로서 애쓰고 힘쓴다. 특히 바울은 라오디게아와 골로새 성도들을 위해 그리스도 안에 있는 지식에 뿌리를 내려야 할 긴급한 필요를 알림으로 그들이 거짓 가르침에 속지 않도록 한다.

번역

골로새서 1:24-2:5

24a	주장	**나는 이제 너희를 위하여 받는 괴로움을 기뻐하고**
b	설명	**그리스도의 남은 고난을…채우노라**
c	혜택의 대상	그의 몸된…를 위하여
d	동일시	교회
e	수단	내 육체에
25a	서술	내가 교회의 일꾼 된 것은
b	원인	하나님이 너희를 위하여 내게 주신 직분을 따라
c	목적	하나님의 말씀을 이루려 함이니라
26a	동격	이 비밀은 만세와…감추어졌던 것인데
		만대로부터
b	대비	이제는 그의 성도들에게 나타났고
27a	확장	하나님이 그들로 하여금…알게 하려 하심이라
		이 비밀의 영광이…얼마나 풍성한지를
b	영역	이방인 가운데
c	동일시	이 비밀은 너희 안에 계신 그리스도시니
d	동격	곧 영광의 소망이니라
28a	동일시	우리가 그를 전파하여
b	수단	각 사람을 권하고
c	수단	모든 지혜로
d	수단	각 사람을 가르침은
e	목적	각 사람을 그리스도 안에서 완전한 자로 세우려 함이니
29a	설명	이를 위하여 나도…수고하노라
b	확장	내 속에서 능력으로 역사하시는
		이의 역사를 따라 힘을 다하여

2:1a 내용 내가 너희와…을 위하여 얼마나 힘쓰는지를
b 대상 라오디게아에 있는 자들과
c 대상 무릇 내 육신의 얼굴을 보지 못한 자들
d 소망 **너희가 알기를 원하노니**

2a 목적 이는 그들로 마음에 위안을 받고
b 확장 사랑 안에서 연합하여
c 목적 확실한 이해의 모든 풍성함과
d 목적(2c의 내용) 하나님의 비밀인…를 깨닫게 하려 함이니
e 동격 그리스도

3a 설명 그 안에는 지혜와 지식의 모든 보화가 감추어져 있느니라

4a 설명 **내가 이것을 말함은**
b 목적 아무도 교묘한 말로 너희를 속이지 못하게 하려 함이니
5a 양보 **이는 내가 육신으로는 떠나 있으나**
심령으로는 너희와 함께 있어
b 기대와 반대 너희가 질서 있게 행함과 그리스도를 믿는 너희 믿음이
굳건한 것을 기쁘게 봄이라

구조

이 단락에서 바울이 사고를 전개해 나가는 것에 대해 다양한 주장들이 제시되었다. 여기에는 단일 혹은 이중 교차 대구 구조가 있다는 주장도 포함된다.[5] 모든 사람이 동의하지 않겠지만 구조를 가늠할 수 있는 명확한 표식으로 세 가지를 들 수 있다. 첫째, 1:24과 2:5에서 '기뻐하다'(χαίρω/χαίρων)와 '몸'(τῇ σαρκί)이 반복되는 것은, 바울의 사도적 사명에 초점을 둔 이 단락의 윤곽을 보여주는 인클루지오를 형성한다.

둘째, 두 하부 단락(1:24-29과 2:1-5) 모두 하나님의 "비밀"에 초점을 맞춘다(1:26-27; 2:2-3). 이것은 바울이 청중에게 전하는 메시지의 긴급성뿐 아니라 그의 사명의 핵심을 드러낸다.

셋째, 바울의 애씀(1:24-25; 2:1)과 하나님의 비밀(1:26-27; 2:2-3), 바울이 사도로서 받은 사명(1:28-29; 2:4-5)을 다룬 두 하부 단락의 평행법과 비교할 때 한 가지 차이점이 분명히 나타난다. 1:24-29이 복음에 대한 바울의 일반적 청지기 역할을 강조한다면, 2:1-5은 골로새 교

5. 단일 구조: Moo, *Letters to the Colossians and to Philemon*, 148을 보라.
이중 구조: Aletti, *Saint Paul Épître aux Colossians*, 134-48을 보라.

인들과 라오디게아인들을 위한 그의 구체적 수고에 집중한다. 이렇게 서로 연관된 두 하부 단락은, 기독론적 고백(1:15-20)과 특정 지역의 상황과 관련된 구체적인 적용(1:21-23)으로 이루어진 앞 단락을 떠오르게 한다.

바울은 하나님의 더 큰 계획 속에서 자신이 받은 고난의 역할을 언급하는 것으로 이 단락을 시작한다(1:24-25). 이런 난해한 절들을 통해 바울의 사명에 대한 종말론적 중요성이 확실하게 드러난다. 그는 이어서 하나님의 비밀로 관심을 옮긴다. 이 비밀은 이방인을 향한 그의 선교와 특별히 연관된 비밀이다(1:26-27). 바울은 1:28에서 복수 대명사를 사용하여 그리스도 안에서 각 사람을 완전한 자로 세우는 사명을 지닌 다른 복음의 일꾼들과 자신이 하나임을 드러낸다(1:29). 바울은 자신의 힘의 원천이신 그리스도를 언급하며 단락을 마무리한다.

바울은 두 번째 하부 단락에서도 자신의 수고를 언급하며 시작하지만, 여기에서는 골로새와 라오디게아의 성도들을 위해 자신이 쏟은 수고에 초점을 맞춘다(2:1). 그가 이렇게 힘쓰는 이유는 그들이 사랑과 이해로 하나가 되어 하나님의 비밀을 온전히 이해하도록 돕기 위함이다(2:2-3). 바울은 그들이 그 비밀을 굳건히 붙들어서 거짓 교훈의 도전을 이겨내기를 바란다는 소망을 피력한다(2:4-5).

석의적 개요

➦ **I. 하나님의 계획 속에 있는 바울의 고난(1:24-29)**
- A. 교회를 위해 바울이 받은 고난(1:24-25)
- B. 하나님의 계시된 비밀(1:26-27)
- C. 사도적 사명(1:28-29)

II. 지역교회들을 위해 바울이 쏟은 수고(2:1-5)
- A. 골로새 교인들과 라오디게아 교인들을 위해 바울이 쏟은 수고(2:1)
- B. 하나님의 비밀에 대한 온전한 이해(2:2-3)
- C. 바울이 편지를 쓴 목적(2:4-5)

본문 설명

1:24a 나는 이제 너희를 위하여 받는 괴로움을 기뻐하고(Νῦν χαίρω ἐν τοῖς παθήμασιν ὑπὲρ ὑμῶν). 여기서 바울은 이방인 신자를 위해 고난당하는 자신의 사도적 역할에 관심을 돌린다. "이제"(νῦν)는 단순히 논증의 논리적 진전을 나타내는 표현일 수 있다(고전 5:11; 12:20).[6] 하지만 자신의 '고난'을 언급하는 문맥이므로, 현재 투옥 생활을 하는 자신의 처지를 염두에 두었을 수도 있다(참고. 4:3, 10, 18). 또한 하나님의 종말론적 계획에 참여하고 있다고 강조한 점을 고려하면, "이제"는 성취의 시대가 도래했다는 표현일 수도 있다. 이런 해석은 26절에서 하나님의 비밀이 드러났다고 언급하며 "지금"(νῦν)이 사용된 것으로 뒷받침된다.

"받는 괴로움을 기뻐하고"라는 구절은 바울이 1:11-12에서 가르친 내용을 직접 실천하고 있음을 암시한다. 그는 골로새 교인들에게 인내하며 견뎌야 할 때도 기쁨으로 아버지께 감사하라고 격려했다. '기뻐하다'의 어조는 이 단락 말미인 2:5에 다시 등장하며, 바울은 거기에서 청중의 생활과 행실로 초점을 옮긴다. 이 두 언급은 바울의 고난이 골로새 교인들과 관련이 있음에 초점을 맞추는 내용을 둘러싸고 있다.

헬라어 원문은 바울이 자신의 고난을 언급하고 있음을 명시하지 않는다.[7] 하지만 문맥상 바울이 '나의 괴로움'(my sufferings)이라는 동명사의 의미상 주어임이 분명하다. 기쁨과 고난의 공존은 다른 서신에서도 볼 수 있다(참고. 고후 6:10). 특별히 이 고난이 복음 선포와 관련될 때(참고. 빌 1:18-19) 기쁨과 연결되는 경우가 많다. 바울은 고난을 언급함으로 사도로서 행하는 사역에서 겪는 고난의 의미를 강조한다(참고. 롬 5:3; 딤후 1:12; 3:11). 이 언급은 또한 바울이 그리스도의 고난에 참여하는 것(참고. 살전 1:6)과 이 고난의 길로 부르심 받은 사도로서 지닌 권위를 암시한다(참고. 행 9:26).

이 문맥에서 바울은 단순히 고난당하기 때문이 아니라, "너희를 위하여"(즉, 골로새 교인들을 위하여, 참고. 고후 1:6) 고난을 당하기 때문에 기뻐한다. 그러나 여기서 이런 연관성이 예상 밖인 이유는, 실제로 한 번도 방문한 적이 없고 그가 세우지도 않은 공동체에 바울의 고난이 어떤 영향을 미칠지 즉각 드러나지 않기 때문이다. 24절 후반부에서 청중을 그리스도의 "몸"의 일부라고 설명하는 것은 여기에서 받은 충격을 경감해준다.[8] 청중이 그리스도의 몸의 일부라는 입장을 수용하는 모울(Moule)은 바울이 특별히 골로새인들을 위시한 이방인을 언급한다고 주장하며, "바울이 겪은 고난의 원인은 대체로 그들을 향한 그의 사도적 직분을 다하는 데 있었다"라고 말한다.[9] 에베소서 3:13의 평행 구절 역시 이 해석을 지지한다. 그러므로 이 절의 후반부는 바울의 고난이 이방인에게 미치는 영향을 설명하는 데 기여한다.

1:24b, e 그리스도의 남은 고난을…내 육체에 채우노라(καὶ ἀνταναπληρῶ τὰ ὑστερήματα τῶν θλίψεων τοῦ Χριστοῦ ἐν τῇ σαρκί μου). 바울은 이제 예정된 메시아적 고난의 남은 부분을 종말의 시대에 자신이 채우고 있음을 밝힌다. 이 절의 의도는 골로새 교인들을 위해 바울이 겪은 고난을 설명하는 것이지만,[10] 해석상의 어려움 때문에

6. 참고. BDAG, 681.
7. 현대 번역본은 대부분 그가 언급하는 것이 자신의 고난임을 분명히 밝힌다. 주목할 만한 예외적 번역은 의도적으로 모호하게 번역한 NIV 이전 판이다. "Now I rejoice in what was suffered for you." 그러나 TNIV와 NIV 최신판(2011)은 대다수 번역본과 같은 해석을 선택한다. "Now I rejoice in what I am suffering for you."
8. O'Brien, *Colossians, Philemon*, 76-77.
9. Moule, *Epistles to the Colossians and Philemon*, 79.
10. 이 해석은 '…과'(καί)를 보충 설명의 접속사로 받아들인다. 참고. BDF §442 (9).

이 절이 보충 설명의 역할을 한다는 사실이 종종 충분히 부각되지 않는다. 전체 문장을 이해하는 다양한 해석을 소개하기 앞서 먼저 몇 가지 요소를 분석할 필요가 있다.

동사 '나는 채우다'(ἀνταναπληρῶ)는 신약에서 오직 이 본문에만 사용되지만, 접두 전치사가 하나만 사용된 관련 형태 '채우다'(fill up/complete, ἀναπληρόω)는 고린도전서 16:17과 빌립보서 2:30에서 "부족한 것"[τὰ ὑστερήμα(τα)]이라는 언급과 함께 사용되었다.[11] 두 번째 접두 전치사 ἀντί('…대신에', '…을 위해')가 이 동사에 추가적 의미를 더하는지는 확실하지 않다. 어떤 학자들은 이 전치사의 용도를 고려하여 이 동사를 "다른 누군가를 위해 보충하다, 완성하다"라고 번역했다.[12] 그러나 이 동사를 동의어로 해석하는 이들도 있다(fill up, NKJV, TNIV, NIV).[13] 앞에 나오는 "너희를 위하여"(ὑπὲρ ὑμῶν)라는 구절과 뒤에 나오는 "그의 몸 된 교회를 위하여"(ὑπὲρ τοῦ σώματος αὐτοῦ)라는 구절을 감안할 때, 이 접두사의 용례로 배타적 대속의 의미는 도출할 수 없지만 일정한 대표성의 의미가 있다고 해석하는 것은 가능하다.

헬라어 원문에서 "내 육체에"(ἐν τῇ σαρκί μου)는 "그리스도의 고난" 뒤에 나온다. 이러한 배열 순서 때문에 어떤 이들은 이 전치사구가 그리스도의 고난을 수식한다고 해석했다. "나는 그리스도의 고난에서 모자라는 것을 그의 몸을 위하여 내 육신으로 완성해가고 있다."[14] 그러나 이 전치사구 앞에 정관사(τῶν)가 없기 때문에, 이 구절은 동사 "남은"을 수식하는 부사적 의미로 해석하는 것이 가장 좋다(대부분의 현대 번역본이 그렇게 해석한다). 나아가 이 구절의 배열 순서는 헬라어 원문상 다음 구절인 '그의 몸을 위하여'(ὑπὲρ τοῦ σώματος αὐτοῦ)에 의해 결정된다. 두 구절 모두 앞에서 언급한 "그(그리스도)의 육체"(τῷ σώματι τῆς σαρκὸς αὐτοῦ, 1:22)를 떠오르게 하는 것이 목적이기 때문이다. 바울은 자신의 육신적 고통을 부각함으로 역사적 지평에서 그리스도의 사역이 지속되는 것이 중요함을 알릴 뿐만 아니라, 하나님의 더 큰 구원 계획 속에서 개인의 육신을 사용하는 올바른 방법도 암시한다. 이런 강조는 거짓 교사들을 향한 비판의 예고편일 수 있다. 거짓 교사들은 "몸"과 "육체"(2:23)를 오용하고 학대하도록 부추기는 자들이었다.

"그리스도의 남은 고난"(τὰ ὑστερήματα τῶν θλίψεων τοῦ Χριστοῦ)은 이 편지에서 해석하기 가장 난해한 구절 중 하나이다. "남은"은 상대적으로 불충분한 정도나 보충이 필요한 뚜렷한 격차를 가리킬 수 있다. 이 부족과 '그리스도의 고난'을 연결하면 정확한 의미를 파악하기 어려워진다. "그리스도의"(τοῦ Χριστοῦ)라는 소유격 어구의 기능이 이 구절의 의미를 둘러싼 논쟁의 핵심이다. 이 표현은 '그리스도 자신의 고난'(소유의 소유격), '그리스도를 위한 고난'(목적 소유격), '그리스도와 관련된 고난'(참조의 소유격), '메시아적 고난'(대격 소유격)으로 해석할 수 있다. 대부분의 현대 주석가는 소유의 소유격으로 해석하거나 대격 소유격으로 해석한다.

(1) 그리스도 자신의 고난: 이 표현이 그리스도가 받으신 고난을 가리킨다고 보는 사람들은, 그분의 고난이 그분을 따르는 자들을 구원하기에 사실상 불충분하다고 주장한다.[15] 그러나 이 해석은 그리스도의 충분하고도 최종적인 구원 사역이 거듭 언급된다는 점(1:18–20, 22; 2:9–10, 14–15)을 볼 때 가능성이 없다.

11. 참고. προσαναπληρόω(고후 9:12; 11:9).

12. Wilson, *Colossians and Philemon*, 170.

13. Barth and Blanke, *Colossians*, 256; Sumney, *Colossians*, 99.

14. Jerome Murphy–O'Connor, *Paul*, 239; 참고. W. F. Flemington, "On the Interpretation of Colossians 1:24", in *Suffering and Martyrdom in the New Testament: Studies Presented to G. M. Styler by the Cambridge New testament Seminar* (ed. William Horbury and Brian McNeil; Cambridge: Cambridge Univ. Press, 1981), 87; Aletti, *Saint Paul Épître aux Colossiens*, 135.

15. Hans Windisch, *Paulus und Christus: Ein biblish-religionsgeschichtlicher Vergleich* (UNT 24; Leipzig; Hinrischs, 1934), 244–45.

어떤 이들은 이것을 바울의 제자나 추종자가 바울의 역할을 칭송하고자 사용한 과장된 진술이라고 본다. 바울에 대한 이런 묘사는 "그리스도의 모습을 반영한 이미지"이며[16] 바울이 순교당한 후 등장했다. 그가 순교당한 이후 일부 사람이 "바울의 죽음을 신학적으로 해석"했기 때문이다.[17] 이 해석은 저자가 바울의 신학을 제대로 이해하지 못하여 결국 그리스도의 최종적 충분성을 강조하는 골로새서의 내용과 상충되게 묘사했음을 인정하는 셈이다.

어떤 학자들은 그리스도의 고난을 다양한 유형으로 구분할 수 있다고 본다. 그리스도의 고난이 최종적인 "제사의 효력"이 있음을 부정할 수는 없지만, 그 고난의 "목회적 유용성"은 여전히 본받아야 할 대상이다.[18] 그러나 동일한 본문에서 두 방식의 고난이 공존하는 고대 사례를 인용할 수 있는지 그리고 청중이 그런 미묘한 차이를 감지할 수 있는지는 확실하지 않다.

헬라어 본문의 단어 순서에 주목한 일부 주석가들은 "내 육체에"(ἐν τῇ σαρκί μου)가 '그리스도의 고난'(τῶν θλίψεων τοῦ Χριστοῦ)을 수식한다고 해석한다. 그러므로 모자라는 것은 그리스도의 고난이 아니다. "성 바울이 생각하는 부족함은 그리스도의 고난이 아니라, 그리스도의 사도인 자신의 삶과 행동으로 반영되고 복제되어야 할 그리스도의 고난이다."[19] 앞에서 지적한 대로 이런 헬라어 본문 해석은 문제가 있다. 나아가 빌립보서 3:10-11에서 바울이 그리스도의 고난에 참여해야 한다는 신념을 피력하지만[20] 그리스도의 "남은" 고난을 바울이 채운다는 중요한 언급이 없음을 고려할 때, 이 골로새서 본문 구절과는 정확한 평행 관계가 아니다.

마지막으로, "그리스도의"를 소유의 소유격으로 보는 사람들은 그리스도에 대한 이 언급이 신자와 관련된다고 본다. 이것은 공동체적 정체성의 한 사례로서 그리스도의 공동체를 그리스도가 직접 대표하는 사례라고 이해할 수 있다.[21] 어떤 이들은 그리스도와 그분의 추종자들의 신비한 연합을 의미한다고 주장한다.[22] 이 해석 역시 찬송시(1:15-20)와 24절 후반부가 그리스도와 피조물과 교회를 분명히 구분한다는 점에서 문제가 있다.

(2) 메시아적 고난: 소유격 구절을 한정적 소유격으로 해석해서 "그리스도"를 고난을 수식하는 칭호(메시아)로 본다면, 바울은 메시아 그리스도와 관련하여 고난이 모자라는 측면은 인정하지만 그것이 그리스도의 책임은 아니라고 말하는 것이다.[23] 유대 본문은 종말에 앞서 박해와 고난이 있을 것이라는 인식이 바울 시대에 있었다는 증거가 된다(단 7:21-27; 12:1; *Jub.* 23:13; 4 *Ezra* 4:36-37; 13:16-19; 또한 다음과 같은 신약 본문을 보라. 막 13:20; 계 7:14; 12:13-17). 이 기간에 정해진 분량의 박해가 있을 것이라는 사상은 요한계시록 6:9-11도 암시한

16. Hans Dieter Betz, "Paul's 'Second Presence' in Colossians," in *Text and Contexts: Biblical Texts in Their Textual and Situational Contexts: Essays in Honor of Lars Hartman* (ed. Tord Fornberg and David Hellholm; Oslo/Boston: Scandinavian Univ. Press, 1995), 516. 또한 Nielsen, "The Status of Paul and His Letters in Colossians," 112; Yates, "A Reappraisal of Colossians," 107; Leppä, *Making of Colossians*, 105도 보라.

17. Standhartinger, "Colossians and the Pauline School," 572-93. 참고. Günther Bornkamm, *Paul* (trans. D. M. G. Stalker; New York: Harper, 1969), 171.

18. Lightfoot, *St. Paul's Epistles to the Colossians and to Philemon*, 166. 또한 Leppä, *Making of Colossians*, 665도 보라. "그리스도의 남은 고난을 바울이 스스로의 고난으로 채움으로 독자에게 더 직접적이고 확인 가능한 본보기를 보여준다."

19. Flemington, "On the Interpretation of Colossians 1:24," 87.

20. 참고. Andrew Perriman, "The Pattern of Christ's Sufferings: Colossians 1:24 and Philippians 3:10-11," *TynBul* 42 (1991): 68-77.

21. Wedderburn, "The Theology of Colossians", 39.

22. Schweizer, *Letter to the Colossians*, 101.

23. 이 해석은 많은 현대 주석가에게 지지받는다. Moule, *Epistles to the Colossians and to Philemon*, 76-77; O'Brien, *Colossians, Philemon*, 78-80; Dunn, *Epistles to the Colossians and to Philemon*, 114-16; Witherington, *Letters to Philemon, the Colossians, and the Ephesians*, 144. 또한 Victor C. Pfitzner, *Paul and the Agon Motif: Traditional Athletic Imagery in the Pauline Literature* (NovTSup 16; Leiden: Brill, 1967), 111도 보라.

다. 바울 서신에서 "해산하는 수고"라는 표현 역시 하나님의 구원이 최종적으로 완성되기 전에 그분의 백성이 겪을 고난을 가리켜 사용된다(갈 4:19). 바울의 사역과 주의 강림이 맺는 관계 역시 그의 이전 서신에 언급된다(참고. 롬 11:25-32; 살후 2:6-7). 이런 배경을 감안할 때, "그리스도의 남은 고난"이라는 언급은 미리 결정되어 있지만 종말의 시대에 채워져야 할 고난의 양이 있음을 가리킬 수도 있다.[24]

이 해석은 몇 가지 설명으로 지지를 받는다. (a) "남은"이라는 언급은 고난의 양이 이미 결정되어 있음을 전제할 수 있다. (b) 바울은 "고난"(θλίψεων)이라는 단어를 그리스도의 대속적 고난을 가리켜 사용한 적이 없다. (c) "고난" 앞에 정관사(τῶν)가 사용된 것은 바울이 생각하는 정확한 고난의 종류가 있음을 뜻할 수 있다. (d) 사도로서 바울의 소명이 고난을 불가피하게 동반한다는 어조는 바울이 감당할 고난의 양이 있다는 인식을 암시한다(고전 4:9; 고후 2:14; 4:11).[25] (e) 이 본문 단락은 종말론적 언급으로 가득하며 특히 26절이 그러하다.[26] (f) "골로새서가 바울의 고난이 교회에 어떤 유익을 미치는지 구체적으로 밝히지 않는다는 점"을 많은 사람이 인정한다.[27] 하지만 이 해석은 최소한 그의 고난이 정해진 분량을 채움으로 하나님의 사역의 성취를 역사적으로 앞당기고, 심지어 한 번도 만난 적 없는 사람들에게조차 유익이 되는 것으로 최소한 한 가지 관련성은 제시한다.[28]

이러한 메시아적 고난을 주지시키는 목적으로 두 가지를 들 수 있다. 첫째, 바울은 강력한 복음을 선포하며 이방인을 위해 고난당하는 사도로서 자신의 권위를 세우고자 한다. 이것을 통해 그는 이어서 사람들을 경고하고 격려할 수 있다. 둘째, 바울은 하늘에 올라가는 체험을 통해 직접적인 종말론적 체험을 강조하는 거짓 교사들을 예상하면서, 구원 역사의 시간적 틀의 중요성을 역설한다. 궁극적인 완성과 그리스도와 연합하는 것은 약속된 구원 역사가 최종적으로 완성될 때를 기다린다. 이와 유사한 전략은 3:1-4에서도 볼 수 있다(해당 본문의 설명을 보라).

1:24c-d 그의 몸된 교회를 위하여(ὑπὲρ τοῦ σώματος αὐτοῦ, ὅ ἐστιν ἡ ἐκκλησία). 이 구절은 보편적 교회의 일부로 청중을 인정하며, 1:24a의 "너희를 위하여"(ὑπὲρ ὑμῶν)를 떠오르게 한다. 기독론적 찬송시에서 바울은 그리스도를 "몸인 교회의 머리"로 밝혔다(18절). 그러므로 이런 언급을 다시 하는 것은 바울의 사역과 그리스도의 사역을 연결하는 한편 그리스도가 그의 권위가 되심을 강조한다. 또한 이 구절은 이 단락과 자신을 복음의 "일꾼"(23절)으로 단언한 앞 단락을 연결한다. 이 선언은 다음 절에서도 반복될 것이다. 바울이 사도로서 차지하는 특별한 위치와 그리스도의 권위에 종속된 그의 역할이 이 단락에서 계속 강조되고 있다.

24. 이 개념이 제2성전기 유대 문헌과 신약에 자주 등장한다는 사실은 바울이 이 문맥에서 메시아적 고난을 명시적으로 언급하지 않은 이유를 설명해준다. 참고. Dale C. Allison Jr., *The End of the Ages Has Come: An Early Interpretation of the Passion of the Passion and Resurrection of Jesus* (Philadelphia: Fortress, 1985), 63-64.

25. Hanna Stettler, "An Interpretation of Colossians 1:24 in the Framework of Paul's Mission Theology," in *The Mission of the Early Church to Jews and Gentiles* (ed. Jostein Ådna and Hans Kvalbein; WUNT 127; Tübingen: Mohr Siebeck, 2000), 206. 하나님이 바울의 고난을 필요로 하신다는 인식은 바울의 회심과 부르심에 관한 누가의 이야기에 분명하게 언급되어 있다(행 9:16).

26. "비밀"이라는 용어의 의미는 1:26a에 대한 설명을 보라. 바울의 고난에 대한 종말론적 성격에 대한 논의는 L. Ann Jervis, "Accepting Affliction: Paul's Preaching on Suffering," in *Character and Scripture: Moral Formation, Community, and Biblical Interpretation* (ed. William P. Brown; Grand Rapids: Eerdmans, 2002), 290-316을 보라.

27. Jerrry L. Sumney, "The Function of Ethos in Colossians," in *Rhetoric, Ethic, and Moral Persuasion: Essays from the 2002 Heidelberg Conference* (ed. Thomas H. Olbricht and Anderson Ericksson; Emory Studies in Early Christianity 11; New York; T&T Clark, 2005), 312.

28. Richard Bauckham, "Colossians 1:24 Again: The Apocalyptic Motif," *EvQ* 47 (1975): 170.

1:25a 내가 교회의 일꾼 된 것은(ἧς ἐγενόμην ἐγὼ διάκονος). 이 구절의 관계 대명사(of which, 개역개정에는 "교회의"-역주)는 교회를 가리키며, 바울이 복음에 복종할 뿐 아니라 그 복음을 대변할 특별한 명예를 누리는 자로서 자신을 설명하는 것을 나타낸다. 이 단락(25-29절)은 24절에 언급된 고난의 목적에 대해 유의미한 보충 설명을 제공한다. 앞에서 이루어진 논의를 떠오르게 하는 두 구절도 유의해서 보라. "내가 교회의 일꾼 된 것은"은 23절을 떠오르게 하고, 25절 하반부의 "하나님의 말씀을 이루려 함이니라"는 24절에 언급된 바울의 사명과 평행을 이룬다.

바울은 23절에서 자신이 복음의 "일꾼"이라고 주장했지만, 여기서는 교회의 "일꾼"이라고 말한다. 복음과 교회의 관계는 복음이 "천하에서" 열매를 맺고 자란다고 언급한 6절에서 이미 확인했다. 보편적 교회의 존재는 복음의 능력의 증거가 된다. 이 문맥에서 교회는 그리스도의 "몸"(24절)으로 인식되므로, 몸의 일꾼이 된다는 것은 그 몸의 "머리"(18절)를 섬긴다는 뜻이다. 또한 바울은 골로새서의 다른 곳에서 에바브라(1:7)와 두기고(4:7)도 함께 그리스도의 "종"이 되었다고 언급한다. 이 세 경우 모두 종이라는 종속적 위치를 암시하지만, 이 단어는 권력자의 대변인으로 일하는 자의 명예로움을 암시할 수도 있다.[29]

1:25b-c 하나님이 너희를 위하여 내게 주신 직분을 따라 하나님의 말씀을 이루려 함이니라(κατὰ τὴν οἰκονομίαν τοῦ θεοῦ τὴν δοθεῖσάν μοι εἰς ὑμᾶς πληρῶσαι τὸν λόγον τοῦ θεοῦ). 바울은 더 넓은 하나님의 계획 속에 자신이 포함되어 있음을 언급하면서 자신에 대한 묘사를 이어나간다. "직분"(τὴν οἰκονομίαν)은 직위를 가리킬 수 있다. "하나님이…주신 직분"이 '하나님의 직위'를 가리킨다고 해석하여, 이 표현이 사도 바울의 "신적 직분"(RSV)을 가리킨다고 이해하는 사람들도 있다.[30] 그러나 고린도전서 9:16-17의 평행 구절이 중요한데, 그 이유는 특별히 이 표현이 두 본문의 문맥에서 이방인에게 복음을 전해야 하는 자로서 바울의 소명과 책무를 가리키기 때문이다. 그러므로 아마 '하나님이 내게 주신 직책'으로 이해한 "직분"이 가장 적절한 번역으로 보인다(TNIV, NIV).[31] οἰκονομία는 가정이라는 맥락에서 유래했다(참고. 눅 16:1-4). 이 편지에 언급되듯이(4:15; 참고. 롬 16:5; 고전 11:34; 16:19; 딤전 3:5) 특별히 초대 그리스도인들이 가정(οἶκος)을 중심으로 모이면서 가정을 근거지로 삼았기 때문에 관련성을 지닌 용어가 되었다.

에베소서 3:2의 평행 구절은 이 직분이 "하나님의 그 은혜의 경륜(직분)"(the commission of God's grace)이라고 설명한다. 골로새서 1:5-7에 나타난 강력한 "말씀"(ὁ λόγος), "복음"(τὸ εὐαγγέλιον), "은혜"(ἡ χάρις)의 밀접한 연관성은, 역사적으로 하나님의 계획이 구현되는 일에서 바울이 중재하는 역할을 한다는 설명을 예비한다. "너희를 위하여"(εἰς ὑμᾶς)라는 전치사구는 이방인에 대한 하나님의 비밀이 계시되는 것을 지적한 27절을 예고한다. 바울은 25절과 27절을 연결하면서 자신이 "이방인의 사도"(롬 11:13; 참고. 갈 2:8)이며 '전파하는 자와 사도로 세움을 입었고 이방인의 참되고 신실한 스승'이 되었다는 사실(딤전 2:7)을 반복한다.

"하나님의 말씀을 이루려 함이라"는 문장은 바울이 24절에서 자신의 사명을 설명한 내용과 유사하다.[32] '이루다'(πληρῶσαι)라는 단어는 그동안 여러 가지로 해석되

29. 참고. John N. Collins, *Diakonia: Re-interpreting the Ancient Sources* (New York: Oxford Univ. Press, 1990), 77-191.

30. BDAG, 697; Lohse, *Colossians and Philemon*, 72. Lohse는 바울이 자신을 "유일한 사도"로 주장한다고 생각한다.

31. 이것은 "하나님의"(τοῦ θεοῦ)를 출처의 소유격으로 해석한다.

32. 특히 Michael Cahill, "The Neglected Parallelism in Colossians 1,24-25," *ETL* 68 (1992): 142-47을 보라.

었다. 어떤 이들은 이 단어를 "하나님의 말씀"을 수식하는 형용사적 의미로 이해한다("그의 전체 메시지를 너희에게 선포하며", NLT). 바울의 의도와 더 가까워 보이는 해석으로서, 또 다른 이들은 부사적 의미로 해석하여 말씀을 온전히 받아들이는 것을 묘사한다고 보거나('하나님의 말씀이 온전히 알려지도록'), 말씀을 전할 사명을 묘사하는 것으로 보기도 한다("그래서 하나님의 말씀 선포를 온전히 수행하도록", NASB; 참고. NET). 그러나 24절에 쓰인 관련된 용어의 용례를 볼 때('내가 채우다', ἀνταναπληρῶ), 이 부정사는 특별히 채워야 할 무언가를 가리키는 언급으로 이해되어야 한다.

바울은 단순히 청중에게 하나님의 말씀을 채우는 것이 목표가 아니다. 바울은 하나님의 말씀의 사명을 이루어야 할 필요에 초점을 맞추고 있다. 이 말씀은 "온 천하에서" 자라고 열매를 맺도록 되어 있으므로(6절), 바울은 이 말씀을 지닌 자로서 그 사명을 이루는 일에 참여해야 한다. 27절에서 그는 한 걸음 더 나아가 이 성취가 이방인에게 복음을 전함으로 이루어져야 함을 설명한다. 이것은 아들의 사명을 묘사한 디모데전서 3:16의 기독론적 고백과 유사하다.

> "그는 육신으로 나타난 바 되시고 영으로 의롭다 하심을 받으시고 천사들에게 보이시고 만국에서 전파되시고 세상에서 믿은 바 되시고 영광 가운데서 올려지셨느니라."[33]

이와 유사한 표현으로 쓰인 구절로 로마서 15:19을 들 수 있다. "내가 예루살렘으로부터 두루 행하여 일루리곤까지 그리스도의 복음을 편만하게 [πληρόω로부터] 전하였노라." 바울은 자신이 한 사역의 효과를 자랑하려고 이 말을 하는 것이 아니다. 초점은 오히려 말씀 전도에 내재된 능력에 있다.

바울이 24절에서 그리스도의 남은 고난을 '채워야 할' 필요성을 언급하는 것과 25b-c절에서 하나님의 말씀을 이루고자 하는 결단의 평행 관계에 담긴 의미를 과소평가해서는 안 된다. 고난은 하나님의 말씀을 전하는 과정의 일부이다. 무엇보다 복음을 위해 받는 고난은, 아나니아가 바울의 소명에 관해 전달한 내용에 담겨 있다. "이 사람은 내 이름을 이방인과 임금들과 이스라엘 자손들에게 전하기 위하여 택한 나의 그릇이라 그가 내 이름을 위하여 얼마나 고난을 받아야 할 것을 내가 그에게 보이리라"(행 9:15-16).

1:26a 이 비밀은 만세와 만대로부터 감추어졌던 것인데(τὸ μυστήριον τὸ ἀποκεκρυμμένον ἀπὸ τῶν αἰώνων καὶ ἀπὸ τῶν γενεῶν). 바울은 이제 하나님의 종말론적 약속의 비밀과 관련하여 자신의 사역을 설명한다. "비밀"(τὸ μυστήριον)은 앞 구절의 "하나님의 말씀"(τὸν λόγον τοῦ θεοῦ)과 동격 관계이며, 따라서 이 "말씀"의 내용을 설명한다. "비밀"이라는 단어가 이방인 청중의 의식 속에 '신비주의 종교'를 연상시킬 가능성이 있지만, 대부분의 학자는 문맥상 이 용어를 유대적 배경에서 읽어야 한다고 인정한다.[34] 더욱이 바울이 '신비주의 종교'를 언급할 의도가 있었다면 복수 명사를 사용했을 것이다. 그러나 이 새 "비밀"이 당시 익숙한 신비주의 종교의 자리를 대체해야 하므로, 고대 청중 중에는 이 단어가 변증을 위한 의미로 쓰였다고 생각하는 사람들도 있었을 것이다.[35]

---

33. 이 신앙고백을 바울의 찬송으로 보는 해석에 대해서는 다음을 보라. Philip H. Towner, *The Letters to Timothy and Titus* (NICNT; Grand Rapids: Eerdmans, 2006), 276-85.

34. Günther Bornkamm, "Μυστήριον κτλ", *TDNT*, 4:802-28; Raymond E. Brown, *The Semitic Background of the Term "Mystery" in the New Testament* (Philadelphia: Fortress, 1968).

35. 참고. Rosalind Kearsley, "Mystery of Artemis at Ephesus," in *NewDocs*, 6:201-2.

이 용어의 풍성함과 복합성을 이해하기 위해서는 구약의 묵시 전승의 용례부터 살펴보아야 한다. 특별히 다니엘서에서 '신비'는 장차 미래에 성취될 하나님의 계획을 가리킨다(단 2:18, 19, 27, 28, 29, 30, 47). 이 용례는 후대 유대 문헌에도 등장한다.[36] 이런 배경을 감안할 때 이 본문에서 "비밀"에 대한 바울의 용례는 예언 전승과의 연속성을 강조하는 동시에 종말론적 시대의 복음이 상징하는 불연속성도 강조한다.[37] 그러므로 이 비밀은, 자기 백성을 위한 하나님의 계획의 일관성과 더불어 예수 그리스도의 삶과 죽음으로 구원사가 절정에 도달할 때만 계시될 수 있는 놀라운 요소들을 확언한다.

"비밀"에 대한 바울의 서술과 유사한 평행 구절은 고린도전서 2:6-7에서 볼 수 있다. 이 평행 구절에서는 지혜(참고. 골 1:28), 온전한 자들(참고. 골 1:28), 만세(the ages) 그리고 종말론적 시대에 하나님의 영광의 계시라는 문맥에서 비밀이 감추어진 것에 대해 언급한다. "그러나 우리가 온전한 자들 중에서는 지혜를 말하노니 이는 이 세상의 지혜가 아니요 또 이 세상에서 없어질 통치자들의 지혜도 아니요 오직 은밀한 가운데 있는 하나님의 지혜를 말하는 것으로서 곧 감추어졌던 것인데 하나님이 우리의 영광을 위하여 만세 전에 미리 정하신 것이라."

바울의 "비밀"은 전체 복음(롬 16:25)을 가리킬 수도 있고 혹은 복음의 일면(고전 15:51)을 가리킬 수도 있다.[38] 골로새서 문맥에서 이 "비밀"은 그리스도 안에서 바울이 "각 사람을" 완전한 자로 세우려 할 때(28절) 이방인도 그 대상에 포함된다는 것이 핵심이다(27절). "비밀"의 이런 측면은 또한 로마서 11:25에서도 볼 수 있으며 에베소서 3:1-9에서 상세하게 다루어진다. 바울에게 이 "비밀"은 복음의 한 측면이지만, 그리스도의 죽음을 통한 하나님의 강력한 사역을 가리키므로 "비밀"은 복음의 핵심과 직접 연결된다. 이 사역으로 한 민족의 출현을 가로막는 민족적이고 우주적인 장벽이 모두 무너진다.

'감추어진'은 "비밀"이라는 단어에 내재된 개념이지만 또한 계시의 시기를 예고한다. "만세와 만대로부터"는 시간적 의미나 개인적 의미를 나타낼 수 있다. 칠십인역에서 "만세"와 "만대"는 종종 동의어로서 긴 시간이라는 뜻으로 사용된다(참고. 출 40:15; 계 3:17). 그러나 어떤 학자들은 현재 문맥에서 이 구절이 에베소서 2:2과 평행된다고 보고, "이 시대의 통치자들"을 언급한 고린도전서 2:6-13을 가리키며, "만세"와 "만대"는 의인화된 영겁(Aeons)으로 이해해야 한다고 주장한다.[39] "만세와 만대로부터"(KJV, NKJV)라는 번역은 이처럼 의인화된 의미로 해석할 여지를 허용한다. 그러나 뒤에 나오는 시간의 분사 "이제는"은 시간의 의미로 해석하는 것을 지지한다.

1:26b 이제는 그의 성도들에게 나타났고(νῦν δὲ ἐφανερώθη τοῖς ἁγίοις αὐτοῦ). 이 절은 과거와 현재를 명확히 대조하며 하나님의 종말론적 비밀의 계시를 선언한다. "만세"와 "만대"에 대한 언급에 비추어 "이제는"(νῦν)은 그리스도의 죽음과 부활로 시작되고(18, 20절) 복음 선포로 실현된(25절) 메시아적 시대 전체를 가리킬 가능성이 크다. 수동형 동사 '나타나다'(ἐφανερώθη)의 의미상 주어는 하나님이시다. 이 동사는 '폭로하다'라는 뜻이지만(TNIV, NIV), 유사한 용어인 '계시된'(ἀποκαλύπτω)이라

36. 다니엘서 2장을 참고한 것이 분명한 문헌에서 이 "비밀"의 계시는 종종 메시아 시대의 도래와 연결된다(참고. *4 Ezra* 12:37-38; *1 En.* 46, 52, 71); Beale, "Colossians," 857.

37. D. A. Carson, "Mystery and Fulfillment: Toward a More Comprehensive Paradigm of Paul's Understanding of the Old and the New," in *Justification and Variegated Nomism*, vol.2: *The Paradoxes of Paul* (ed. D. A. Carson, Peter T. O'Brien, and Mark A. Seifrid; Grands Rapids: Baker, 2004), 412-25를 보라.

38. 유사한 구분은 고린도전서 2:1, 7에서도 확인할 수 있다. 참고. Bockmuehl, *Revelation and Mystery*, 186.

39. BDAG, 33, 192. 의인화된 의미로 "만세"를 해석하지만 "만대"는 시간적 의미로 해석한다.

는 단어와 밀접한 관련이 있으므로[40] 이 문맥처럼 번역하는 것이 옳다(참고. NKJV, NRSV, ESV, NLT).

최근 일부 학자는 "그의 성도들"(τοῖς ἁγίοις αὐτοῦ)을 "복음이 처음 계시되고 그 복음을 위탁받은 이들"로 해석하려 한다.[41] 그러나 골로새서 1장에서 "성도"가 일관된 의미로 쓰인 것을 감안하면(2, 4, 12절), 이 표현은 모든 신자를 가리킬 가능성이 매우 크다. 또한 바울은 뒤에서 개인적이고 선택적인 계시의 체험을 강조하는 태도를 반박하고(2:18) 모든 신자가 계시의 종말론적 활동의 수혜자임을 단언한다(2:6–15; 3:3–4). 그러므로 바울에게 있어 비밀이 드러나는 것은 단순히 "본질적인 종교적 체험"이 아니라,[42] 하나님의 말씀이 선포되는 것에 반응하는 모든 사람을 위한 하나님의 역사적 사역을 가리킨다.

1:27a–b 하나님이 그들로 하여금 이 비밀의 영광이 이방인 가운데 얼마나 풍성한지를 알게 하려 하심이라(οἷς ἠθέλησεν ὁ θεὸς γνωρίσαι τί τὸ πλοῦτος τῆς δόξης τοῦ μυστηρίου τούτου ἐν τοῖς ἔθνεσιν). 바울은 비밀의 계시를 받은 자들을 밝힌다. "그들"(οἷς)은 이 계시를 받은 성도들을 가리킨다(26절). 동사 '원했다'(desired, ἠθέλησεν)는 "신적 의지의 자유"[43]를 나타내고 동족 명사형을 사용하여 바울의 사도적 사명의 토대를 설명한 1:1을 떠오르게 한다. 그 토대는 바로 "하나님의 뜻"(θελήματος θεοῦ)이다. 하나님의 적극적 의지를 강조하는 것도 역사 속의 하나님의 계획이 중요함을 드러낸다. 여기서 바울은 이방인을 하나님이 택하신 백성에 포함시키는 것이 역사적 우연이 아니라고 강조한다. 이것은 역사 속에서 적극적으로 일하시는 하나님이 미리 정하신 계획에 포함되어 있던 일이다. 어떤 번역본들은 '하나님이 원하셨다'(God desired, 개역개정에는 이 부분이 명확하지 않음–역주)라는 구절을 "그것이 하나님의 의도였다"(NJB)라고 번역함으로 이 개념을 명시적으로 표현한다. 하나님의 주권적 뜻, 그 비밀의 영광스러운 풍성함, 그리스도의 중심성을 언급하는 이 전체 절은 에베소서 1:4–7과 유사하다.

'알게 하다'(γνωρίσαι)는 하나님의 비밀의 계시와 관련하여 종종 사용되는 또 다른 단어이다. 이 부정사 뒤의 목적절은 간접 화법으로서 의문 대명사(τί)로 시작된다. 이 의문 대명사는 현재 본문의 문맥에서 'what'(KJV, ASV, NASB, REB), 'what sort of',[44] 'how great'(NRSV, ESV)처럼 다양하게 번역된다. 이 대명사가 도입절의 질이나 양을 강조할 수 있지만,[45] 여기서는 일차적으로 목적어를 나타내므로(참고. 살전 1:8; 요일 3:2) 번역상 생략이 가능하다.[46]

'영광스러운 풍성함'(τὸ πλοῦτος τῆς δόξης)은 문자적으로 읽으면 '영광의 풍성함'이 된다. "영광"을 성질의 소유격으로 해석해야 하는 1:11과 비교할 때, 이 본문의 소유격은 형용사적 의미로 사용되므로 "그의 영광스러운 기업의 풍성함"으로 번역할 수 있다(CEV, TEV, TNIV, NET).[47] '풍성함'은 유대인과 이방인이 모두 포함되는 하나님의 놀라운 계획을 가리킨다. 바울은 계속해서 하나님이 계시하시는 대상이 "이방인"이라는 것을 명확하게 드러낸다. '영광스러운 풍성함'이라는 구절이 사용된 또 다른 구절인 에베소서 1:18에서 바울은 자신이 '그분의 거룩한 백성의 기업'을 생각하고 있다고 말한다. 다시

40. 참고. 롬 1:17/3:21; 16:25/26; O'Brien, *Colossians, Philemon*, 85; Moo, *Letters to Colossians and Philemon*, 156.

41. Bocmuehl, *Revelation and Mystery*, 184.

42. Joseph Coppens, "'Mystery' in the Theology of Saint Paul and Its Parallels at Qumran," in *Paul and the Dead Sea Scrolls* (ed. J. Murphy–O'Connor and James H. Charlesworth; New York: Crossroad, 1990), 150.

43. Schweizer, *Letter to the Colossians*, 108.

44. BDAG, 1007도 마찬가지다.

45. 참고. Harris, *Colossians and Philemon*, 70.

46. 참고. NAB, TNIV, NET, NIV. 다른 번역본들은 간단하게 목적을 나타내는 접속사 'that'을 사용한다(NLT).

47. 로마서 9:23의 "그의 영광"과 비교할 때 하나님의 속성으로서 "영광"의 중요성을 간과해서는 안 된다.

말해, 유대인과 이방인이 유업을 공유함을 염두에 두고 있음을 분명히 밝힌다. 이제 유대인이나 이방인이나 모두 하나님의 택하신 백성이라는 것이다.

1:27c-d 이 비밀은 너희 안에 계신 그리스도시니 곧 영광의 소망이니라(ὅ ἐστιν Χριστὸς ἐν ὑμῖν, ἡ ἐλπὶς τῆς δόξης). 앞의 관계사절이 비밀을 계시받는 자들을 밝혔다면, 이 관계사절은 그 비밀의 내용을 설명한다. 문법적으로 관계 대명사 ὅ는 앞부분의 '풍성함'을 가리킬 수도 있고 "이 비밀"을 가리킬 수도 있다. 그러나 이 관계사의 선행사는 "비밀"로 보는 것이 가장 좋다. 이 관계사절은 비밀의 내용을 설명하며 그것이 "그리스도"의 내주하심이라고 분명하게 밝힌다. "너희 안에"(ἐν ὑμῖν)가 이방인을 가리키는 것이라고[48] 해석하면서 라이트풋(Lightfoot)은 다음과 같이 설득력 있게 말한다. "바울이 말하는 비밀은 단순히 그리스도가 아니라, 이방인에게 거리낌 없이 계시된 그리스도를 말한다."[49]

"영광의 소망"은 그리스도와 동격 관계이며, 따라서 그리스도는 이 종말론적 소망의 근거가 된다(참고. 23절; 딤전 1:1). 소유격 "영광의"(τῆς δόξης)는 목적 소유격으로 보아야 한다. 따라서 "영광을 위한 소망"(hope for glory)이라고 해석할 수 있다(NAB).[50] 이 소망은 "복스러운 소망과 우리의 크신 하나님 구주 예수 그리스도의 영광이 나타나심"(딛 2:13)이다. 유대 전승에서 토라는 종종 '영광'을 수반하며 마지막 때 그 법에 신실한 자들은 충만한 '영광'을 회복할 것이다(2 Esd 7:95, 97; *1En*. 38:4; 50:1).[51] 이렇게 그리스도를 "영광의 소망"으로 볼 경우 토라의 성취라는 그리스도의 역할이 강조된다. 하나님의 비밀인 그리스도 안에서 "지혜와 지식의 모든 보화"(골 2:3)를 발견하리라는 주장은 바로 이런 이해를 바탕으로 한다.

1:28a 우리가 그를 전파하여(ὃν ἡμεῖς καταγγέλλομεν). "그를"은 바울이 선포하는 핵심 메시지로서 그리스도(27절)를 가리키는 관계 대명사(ὅν)를 번역한 것이다. 이 절은 이 단락의 중심 주제에 대한 오해를 수정할 핵심적인 내용을 제공하기 때문에 중요하다. 첫째, 고난에 대한 바울의 자기 설명(24, 29절)은 그가 사도로서 자신의 역할을 강조한다는 인상을 줄 수 있다. 그의 특수한 역할은 의심할 수 없는 사실이지만, 여기서 바울은 모든 선포의 내용이 '그리스도'라고 힘주어 말한다. 이 관계 대명사로 독자들은 앞 절의 문법상 선행사를 떠올릴 뿐 아니라, 바울이 전하는 복음의 핵심이자 유일한 강조점으로서 '그리스도'에 대한 모든 언급을 떠올리게 된다(참고. 1, 2, 3, 4, 7, 15-20, 24절). 바울의 역할은 부차적이고, 그의 위치는 그리스도와 타협할 수 없는 그분의 복음에 비하면 상대적이다.

둘째, 1인칭 복수 대명사 "우리"(ἡμεῖς)가 사용된 점이 놀랍다. 특히 이 절 전후로 1인칭 단수 동사가 사용된 것을 보면 더욱 그렇다(참고. 24, 25, 29절). 3절에서 1인칭 복수 동사들이 사용된 것을 보고 많은 사람은 바울이 특별히 특정 동역자들을 염두에 두고 있다고 주장하지만(1, 7-8절을 보라; 참고. 4:12-13),[52] 이 문맥에서 바울이 "서신용 우리"(editorial we)를 사용했을 가능성에 무게를 싣는 이들도 있다.[53] 그러나 어느 주장도 갑자기 이 복수 대명사가 사용된 것을 제대로 설명하지 못한다.

48. 2인칭 복수 대명사는 당연히 골로새인들을 가리키지만, 그들은 단지 하나님의 백성에 속하는 나머지 이방인을 대표할 뿐이다.

49. Lightfoot, *St. Paul's Epistles to the Colossians and to Philemon*, 169. 에베소서에서 바울이 다시 '그리스도의 비밀'에 대해 말한 점과 "측량할 수 없는 그리스도의 풍성함을 이방인에게 전하게 하려"(3:8)는 바울의 사명을 말한 것을 유의해서 보라.

50. 참고. "이것은 너희에게 그의 영광에 참여할 확신을 준다"(NLT).

51. Hooker, "Where Is Wisdom to Be Found?" 124.

52. 예를 들어, O'Brien, *Colossians, Philemon*, 87; Aletti, *Saint Paul Épître aux Colossians*, 144; MacDonald, *Colossians and Ephesians*, 82를 보라.

53. Moo, *Letters to the Colossians and to Philemon*, 159; 참고. Lohse,

바울이 이 대명사를 사용하면서 복음 선포에 동참하는 모든 이를 염두에 두었을 가능성이 훨씬 크다. 이들은 골로새서에 언급된 사람들로만 한정되지 않는다. 이어지는 종속절에서 "모든 지혜"를 언급하면서 어색하게 "각 사람"을 거듭 강조한다는 점에서 바울이 여기에 모든 성도를 포함하는 것을 확인할 수 있다. 이것은 또한 27절에서 "이방인"을 언급한 사실과 연결된다. 이 이방인은 골로새인들만 말하는 것이 아니다. 이러한 보편성에 대한 주장은 복음의 보편성과 절대성을 주장하는 초대 기독교 신앙고백을 떠오르게 한다(롬 6:4; 고전 8:6; 고후 4:13–14; 딤후 1:9–10; 딛 3:4–7; 참고. 고전 1:23). 바울은 이 대명사를 사용함으로 자신이 예수님을 그리스도로 고백하는 모든 사람 중 하나임을 강조한다.

'우리가 전파하다'(καταγγέλλομεν)는 선교 담화에 사용되는 동사이고, 전파하는 내용은 주로 "예수"(행 17:3), "그리스도"(빌 1:17–18), "복음"(고전 9:14), '하나님/주의 말씀'(행 13:5; 15:36)이다. 그러므로 이 동사의 용례들은 '전파하다'(proclaim, κηρύσσω; 참고. 23절)와 '전도하다'(evangelize, εὐαγγελίζω)의 용례와 겹친다.[54] 이 전파는 "비밀"을 '그의 성도들에게 나타낼'(26절) 수 있는 구체적인 방법들을 가리킨다. 전파하는 사람은 그 전파의 내용은 아니지만, 그들 모두 역사적 지평에서 하나님의 계획을 이루는 데 중요한 역할을 한다.

1:28b–d 각 사람을 권하고 모든 지혜로 각 사람을 가르침은 (νουθετοῦντες πάντα ἄνθρωπον καὶ διδάσκοντες πάντα ἄνθρωπον ἐν πάσῃ σοφίᾳ). 바울은 나아가 권하고 가르치는 행동을 통한 전파의 수단을 밝힌다. 이 두 개의 부사적 분사는 수단의 의미('권함으로…가르침으로')[55] 혹은 부대 상황의 분사('우리가 권하고 가르치면서')[56]로 해석할 수 있다. 그러나 그런 구분이 여기서 어떤 의미가 있는지는 불확실하다. 나아가 사도행전 4:2에서 '전파하다'와 '가르치다' 동사가 병렬구로 사용된 것을 보면, 특별히 초대 기독교 선교 활동과 관련해서 '전파하다', '권하다', '가르치다'를 정확히 구분하기 어렵다.[57]

'권하다'(νουθετοῦντες)는 실수를 교정할 필요가 있음을 의미하는 동사일 수 있다. 그러나 신약에서 이 단어는 일반적인 훈계와 말씀 선포를 가리켜 사용되기도 한다. 예를 들어, 로마서 15:14에서 이 단어는 상호 격려의 의미를 내포한다. "내 형제들아 너희가 스스로 선함이 가득하고 모든 지식이 차서 능히 서로 권하는(νουθετεῖν) 자임을 나도 확신하노라." 그러므로 일부 학자는 "마음에 두다"(to lay at one's heart)라는 번역을 더 선호한다.[58] 이 번역은 3:16이 뒷받침해준다. 그렇다면 '가르치다'(διδάσκοντες)는 '권하다'와 구분할 필요가 없는 활동을 뜻할 수 있으며, 두 동사 모두 전파의 행위와 직접 관련된다. 2:6–7에서 가르침을 받는 것은 예수 그리스도에 대한 전승을 받아들이는 것과 동일한 의미이다.

이 문맥에서 바울이 '권하다'와 '가르치다'라는 동사를 쓴 것은, 전파의 세부적 행위를 알리기 위해서가 아니라 이어서 나오는 "모든 지혜로"를 강조하기 위함일 것이다. 이 구절은 전파하는 내용을 예시하고 있다.[59] 또한 이것은 "모든 신령한 지혜와 총명"(1:9)이라는 구절을 떠오르게 한다. 9절과 이 내용의 관계는 중요하다.

Colossians and to Philemon, 76.

54. 참고. Julius Schniewind, "ἀγγελία, κτλ.," *TDNT*, 1:71–72.

55. 참고. Lohse, *Colossians and Philemon*, 77; Moule, *Epistles to the Colossians and to Philemon*, 74.

56. 참고. Harris, *Colossians and Philemon*, 72. 이 두 분사는 복음을 선포하는 두 측면을 가리키는 것으로 볼 수도 있다. 참고. Wright, *Colossians and Philemon*, 93

57. 또한 사도행전 5:42("예수는 그리스도라고 가르치기와 전도하기를 그치지 아니하니라")과 28:31("하나님의 나라를 전파하며 주 예수 그리스도에 관한 모든 것을 담대하게 거침없이 가르치더라")도 보라.

58. Barth and Blanke, *Colossians*, 266.

59. 이것은 이 구절을 '훈계하고' '가르치는' 행동을 이루기 위한 수단이 아니라(즉, "모든 지혜로", NAB, NASB, ESV, TNIV, NLT, NIV), 이 행동의 내용을 가르친다고 해석한다(KJV, ASV, NRSV, NJB, NKJV, REB).

9절의 기도에서 바울은 하나님이 "모든 신령한 지혜와 총명에 하나님의 뜻을 아는 것으로" 골로새 교인들을 채우실 수 있는 분이라고 말했다. 그런데 28절에서는 바울과 다른 복음의 메신저들이 복음을 듣는 사람으로 하여금 "모든 지혜"를 얻도록 돕는 대리자가 된다. 이것은 골로새서가 신적 행위와 인간적 중재를 모두 강조한다는 뜻이다. 2:2–3에서 바울은 다시 이 "지혜"가 그리스도 안에 감추어져 있음을 강조할 것이다. "지혜"에 대한 강조는 거짓 교사들에 대한 바울의 비판을 예고한다. 그들은 오직 "지혜 있는 모양"(2:23)만 있는 자들이다.

1:9과 이 절을 비교해보면 또 다른 핵심이 두드러진다. 9절이 포함된 단락(3–14절)에서 바울은 골로새 교인들의 특수한 상황과 하나님을 향한 그들의 신실함에 중점을 두었다. 그러나 이 본문의 문맥에서는 이방인 가운데 나타난 복음의 능력을 강조하며 "모든"(πᾶς)이라는 헬라어 단어를 세 번이나 사용한다. "각 사람(πάντα ἄνθρωπον)을 권하고 모든(πάσῃ) 지혜로 각 사람(πάντα ἄνθρωπον)을 가르침은." 28e절의 "각 사람"(πάντα ἄνθρωπον)에 대한 언급은 이 강조를 확증한다. 바울은 엘리트주의자에 맞서 다시 이 복음의 우주적 범위와 능력을 강조한다. 이 절에서 바울은 유대인과 이방인이 모두 그리스도를 통한 하나님의 사역의 수혜자임을 알려준다.

1:28e 각 사람을 그리스도 안에서 완전한 자로 세우려 함이니(ἵνα παραστήσωμεν πάντα ἄνθρωπον τέλειον ἐν Χριστῷ). 이 절은 전파하는 목적을 알려준다. 22절에서처럼 그리스도의 희생적 죽음의 능력을 선포하기 위해 제의적 용어인 '세우다'(παρίστημι)가 사용된다. 어떤 번역들은 τέλειον을 "완전한"으로 번역하지만(KJV, ASV, NAB, NKJV, NJB, NLT),[60] '(온전히) 성숙한'(RSV, NRSV, REB, ESV, TNIV, NET, NIV)이 더 적절하다. 바울은 종교적, 금욕주의적 고행으로 완전함을 주장하는 이들을 반박하지만(2:18, 23) 성화의 과정을 무시하지 않는다.

그럼에도 이 해석으로 하나님 앞에 설 때 성도에게 요구되는 모습의 최종성에 대한 관심이 약화되어서는 안 된다. 바울은 이 온전함이 하나님의 뜻에 근거해야 함을 강조한다(롬 12:2). 이 온전함은 종말론적 시대에 오직 하나님의 역사로 성취할 수 있으며(고전 13:10) 신자는 이때 그리스도와 최종적이고도 완전한 연합을 이루게 된다(엡 4:13). "그리스도 안에서"(ἐν Χριστῷ)라는 표현은 여기서 그리스도인의 성숙에 나타나는 구원사적, 종말론적, 기독론 중심적 측면을 부각하기에 충분하다. 그러므로 다음과 같은 데이비드 피터슨(David Peterson)의 지적은 옳다. 이 온전함은 "'영적 성장'이나 '도덕적 진보'와 같은 모호한 개념이 아니라, 그리스도 안의 구속을 개인적이고 공동체적 신앙 생활로 실현하는 것을 의미한다."[61] 바울은 22절에서 그리스도가 신자를 "거룩하고 흠 없고 책망할 것이 없는" 자로 세우실 것이라고 말했다. 이것은 '온전한'에 함축된 의미가 무엇인지 이해하는 데 도움이 된다.

1:29a 이를 위하여 나도…수고하노라(εἰς ὃ καὶ κοπιῶ). 이 절에서 바울은 복음을 위한 수고를 다시 논의한다. "이"(ὃ)라는 관계 대명사는 "각 사람을 그리스도 안에서 완전한 자로 세우려"(28절) 하는 바울의 노력을 가리킨다고 보아야 맞다. 그럼에도 각 사람을 세우는 것이 바울이 복음을 전파하는 목표이기 때문에 그의 수고는 궁극적으로 더 큰 사도적 사명을 가리킨다. 따라서 "이를 위하여"는 바울이 수고하는 목적을 소개한다. 이것은 "이 목적을 위하여"(for this purpose, NASB)와 "이 목적에 이르도록"(to this end, NKJV, REB, TNIV, NIV)과 같은 번역

60. 참고. "완성된"(NASB).

61. David G. Peterson, "Maturity: The Goal of Mission," in *The Gospel to the Nations: Perspectives on Paul's Mission* (ed. Peter Bolt and Mark Thompson; Downers Grove, IL: InterVarsity Press, 2000), 193.

으로 더욱 분명해진다.

바울은 "나도…수고하노라"로 다시 1인칭 서술 기법을 사용하고, 복음 전파에 그가 개인적으로 참여함을 강조한다. 바울은 종종 이 동사를 사용해 기독교 공동체들을 위한 자신의 사역을 표현한다(고전 15:10; 갈 4:11; 빌 2:16; 참고. 살전 2:9; 3:5; 고후 6:5; 11:23). 일부 학자는 바울의 특별하고도 고귀한 지위를 강조하려 하는 추종자 중 하나가 이것을 썼을 것이라고 주장한다.[62] 이런 해석은 문제가 있다. 첫째, "이 동사와 동족 명사는 둘 다 일반적인 육체 노동에 사용할 수 있으므로, 저자가 *kopiaō*를 사용한 것은 바울의 수고와 고난이 다른 지도자들의 것과는 완전히 차원이 다른 것처럼 미화하지 않음을 암시한다."[63] 이와 관련해 바울이 서신에서 다른 이들의 수고를 설명할 때 종종 이 단어를 사용한다는 사실도 기억해야 한다(롬 16:6, 12; 살전 5:12). 그러므로 바울이 개인적 참여를 강조하는 것은 자신의 역할이 특별함을 드러내려는 것은 아니다.

1:29b 내 속에서 능력으로 역사하시는 이의 역사를 따라 힘을 다하여(ἀγωνιζόμενος κατὰ τὴν ἐνέργειαν αὐτοῦ τὴν ἐνεργουμένην ἐν ἐμοὶ ἐν δυνάμει). 이제 바울은 수고의 근원을 언급함으로 앞 문장을 수식한다. "힘을 다하여"(ἀγωνιζόμενος)라는 분사는 수고할 때의 태도("나는 맹렬하게 수고한다", REB; 참고. TNIV, NIV)나 부대 상황('힘을 다하면서 나는 수고한다')을 가리킬 수 있다.[64] 이 동사는 바울이 종종 차용하는 육상 선수의 심상과 연관될 수 있으며(참고. 고전 9:25; 딤후 4:7)[65] 특정 목표를 향해 지치지 않고 노력하는 것을 강조한다. 그러나 이 본문의 문맥에서는 앞에서 말한 수고와 이 본문의 수고가 어떤 차이가 있는지 명확히 구분하기 어렵다. 이런 이유로 어떤 번역본들은 두 동사를 병행구로 해석해서 "나는 수고하고 힘을 다한다"라고 번역한다(NRSV; 참고. NAB, NLT; 참고. 딤전 4:10).

여기서 "힘을 다하여"라는 분사는 그것이 수식하는 동사('내가 수고하노라')와 의미가 비슷하다. 이러한 사실은 바울이 새로운 행동을 소개하는 것이 아님을 나타낸다. 오히려 그는 자신이 수고하는 이면의 힘이 무엇인지 설명하는 데 중점을 둔다. 하나님의 능력으로 힘을 얻는다는 이 강조는 자신의 사역과 수고를 말한 앞의 주장과 균형을 이루는 중요한 역할을 한다. "역사하시는(ἐνεργουμένην) 이의 역사(ἐνέργειαν)"는 동사와 그 동족 명사의 셈어 용례를 반영한다.[66] 바울에게 ἐνέργεια는 종종 하나님의 능력을 의미하며(엡 1:19; 3:7; 빌 3:21; 골 2:12; 살후 2:11), '힘'을 뜻하는 다른 단어들과 함께 사용되는 경우가 많다(κράτος, 엡 1:19; ἰσχύς, 엡 1:19; δύναμις, 엡 3:7, 살후 2:9; δύναμαι, 빌 3:21). 그러므로 "능력으로"(ἐν δυνάμει, 문자적으로는 '힘 안에서, 힘을 가지고')라는 단어가 사용되었다고 해서 특별할 것은 없다.

"역사"(energy)와 신학적으로 중요한 용어인 '은혜'와의 관계도 동일하게 중요하다. 이 점은 특별히 에베소서 3:7에 잘 예시되어 있다. "이 복음을 위하여 그의 능력이 역사하시는(ἐνέργεια) 대로 내게 주신 하나님의 은혜의 선물을 따라 내가 일꾼이 되었노라." 바울과 다른 신약 저자들에게 '은혜'는 하나님의 역사와 능력의 표현이

62. 많은 사람은, 수고한다는 이 표현이 다음 절들에서 '시합이나 경기(agon)' 용어와 함께 사용되는 사실이 골로새서가 바울의 저작이 아니라는 증거라고 주장한다. 예를 들어, Kiley, *Colossians as Pseudepigraphy*, 96을 보라.

63. Sumney, *Colossians*, 110; 고전 4:12을 보라. 참고. 살전 2:9; 살후 3:8. MacDonald (*Colossians and Ephesians*, 84)는 이 관찰을 근거로 이 동사의 용례를 사역과 관련된 맥락과 '세속적' 맥락에서 분명하게 구분하는 것을 반대한다. 바울에게 복음 사역의 성장은 사회적 맥락과 분리해서 이해할 수 없는 것이다.

64. BDAG, 17.

65. 바울이 이 단어를 명사형으로 사용하는 경우(ἀγών, 살전 2:2; 빌 1:30)는 이 단어가 종종 단순히 어떤 싸움이나 갈등을 가리켜 사용된다는 것을 암시한다.

66. 두 단어는 또한 에베소서 1:19-20과 데살로니가후서 2:7-11에서도 볼 수 있다.

다.[67] 바울의 수고를 통한 하나님의 역사는 29b절과 유사한 고린도전서 15:10에서도 볼 수 있다. "내가 모든 사도보다 더 많이 수고하였으나(ἐκοπίασα) 내가 한 것이 아니요 오직 나와 함께하신 하나님의 은혜로라." 바울은 독자들이 그를 하나님의 역사적 사역의 중심으로 오해하는 것을 결코 허용하지 않는다.

2:1a, d 내가 너희와…을 위하여 얼마나 힘쓰는지를 너희가 알기를 원하노니(Θέλω γὰρ ὑμᾶς εἰδέναι ἡλίκον ἀγῶνα ἔχω ὑπὲρ ὑμῶν). 앞의 하부 단락(1:24-29)이 복음에 대한 바울의 청지기직을 일반적인 진술로 소개한다면, 이 하부 단락(2:1-5)은 골로새인 교인들과 라오디게아인들을 위한 그의 구체적 수고에 집중한다. 앞의 하부 단락은 2인칭 복수 대명사 "너희"로 청중을 직접 거론하며 문장을 시작했다(24-25절). 대명사 "너희"는 "교회"(24, 25절), "성도"(26절), "이방인"(27절), "각 사람"(28절)이 잇따라 언급됨으로써 구체적인 대상이 밝혀진다. 그러나 이 하부 단락에서 "너희"(ὑμῶν)에는 지역교회의 청중에 대한 구체적 언급이 뒤따라 나온다. 바울은 이 언급으로 그들과 자신이 함께 있지 않음을 말하고(5절), 따라서 이 편지를 써야 하는 필요성도 암시한다. 더 중요한 점은, 일반적 진술에서 구체적 맥락으로 이동함으로써 하나님이 아들을 통해 행하신 사역의 수혜자로서 청중을 더 넓은 구원사적 계획 속에 둔다는 것이다.

"너희가 알기를 원하노니"는 이어지는 내용의 중요성을 강조한다(참고. 고전 11:3).[68] 기능적 측면에서 이 구절은 바울이 중요한 일을 청중에게 상기시킬 때 쓰는 '너희가 아나니'(3:24; 4:1)라는 관용 표현과 비슷하다.[69]

"내가…얼마나 힘쓰는지를"은 바울이 감당하는 수고의 강도를 알려준다. 이 표현은 영어로 "I struggle very much indeed"로 번역할 수 있다.[70] '힘씀'(ἀγῶνα)은 1:29("힘을 다하여", ἀγωνιζόμενος)과 연관된다. 바울은 자신이 독자들을 위해 감수하는 "수고"의 종류가 무엇인지 명확히 밝히지 않지만 29절과의 관련성으로 유추할 수 있다. 27-29절에서 바울은 자신의 "수고"를 복음 선포에 신실한 이방인의 사도라는 사명과 연결한다. "그리스도의 비밀"을 전파하다가 사슬에 '매여 있다'고 언급한 4:3에 비추어 볼 때, "수고"는 그의 투옥을 가리킨다고 볼 수 있다. 소명과 사명을 충실히 감당한 결과 그는 감옥에 갇혔다.[71] 바울은 이어지는 절에서도 복음 전파를 언급하며(2-3절), 아마 감옥 생활 때문이었을 그의 부재를 암시한다(5절). 2:1-5을 1:24에 비추어 읽는다면, '너희를 위한 수고'는 그가 종말론적 고난에 참여하는 측면으로도 이해할 수 있다. 이것은 그가 한 번도 만난 적 없는 사람들을 대신해 고난당할 수 있는 이유를 설명한다.

2:1b-c 라오디게아에 있는 자들과 무릇 내 육신의 얼굴을 보지 못한 자들(καὶ τῶν ἐν Λαοδικείᾳ καὶ ὅσοι οὐχ ἑόρακαν τὸ πρόσωπόν μου ἐν σαρκί). 앞의 '너희를 위하여'가 골로새 교인들을 가리킨다면, 바울은 이제 그의 선포 사역으로 혜택을 입은 다른 이들을 거론한다. 라오디게아는 골로새에서 북서쪽으로 약 18킬로미터 떨어진 곳에 위치한 지역이다. 라오디게아에 유대인이 거주한 것은 주전 3세기 안티오쿠스 3세의 정책에 따라 유대인 2천 가구가 소아시아에 정착한 시기로 거슬러 올라갈 수 있다.

67. 1:2과 1:6에 대한 설명을 보라. 사도행전 6:8도 보라.
68. 바울 서신에는 부정적 관형 표현('네가 모르기를 내가 원하지 않는다')이 더 자주 등장한다(참고. 롬 1:13; 11:25; 고전 10:1; 12:1; 고후 1:8; 살전 4:13).
69. 이 관형 표현의 부정적 형태("알지 못하느냐") 역시 바울 서신에 자주 등장한다(참고. 롬 6:16; 고전 3:16; 5:6; 6:2, 3, 9, 15, 16, 19; 9:13; 9:24).
70. Louw and Nida, §78.13. 참고. "내가 너희를 위해 얼마나 애를 쓰는지"(NRSV; 참고. TNIV, NLT, NIV).
71. 사도행전에서 바울이 투옥된 것도 이방인에 대한 그의 선교와 연결되어 있다(참고. 행 21:21-22, 28; 22:21-22; 26:23).

1차 유대인 반란 이전에 라오디게아의 유대인이 상당한 금액의 성전세를 납부했다는 기록이 남아 있다.[72] 신약 학자들은 라오디게아에게 보내는 메시지인 요한계시록 3:14-22이 1세기 라오디게아 도시에 대해 중요한 정보를 준다고 생각한다. 특히 수도 시설(참고. 계 3:15-16), 재정(참고. 계 3:17-18a), 직물 산업(참고. 계 3:18b), 의료(계 3:18c)에 대한 정보가 대표적이다. 그러나 더 최근의 고고학적 조사와 본문 자료는 이 구절이 라오디게아 전체 지역을 이해하는 데 도움이 될 심상들을 암시한다는 것을 보여준다.[73]

라오디게아와 골로새는 히에라볼리와 더불어 리쿠스 계곡의 유명한 도시이고, 이 지역들은 4:13에 함께 언급된다. 히에라볼리가 현재 본문에 언급되지 않은 이유는 명확하지 않지만,[74] 라오디게아가 언급된 이유는 라오디게아인들 역시 바울의 편지를 받았기 때문일 가능성이 있다. 바울은 골로새인들에게 라오디게아의 교회에서도 편지를 큰 소리로 낭독하라고 권한다(4:16). 또 다른 가능성으로 라오디게아 교회에서도 골로새 교인들을 괴롭히는 동일한 거짓 가르침 때문에 문제가 생겼을 수도 있다.[75] 그러므로 바울이 골로새인들에게 보낸 편지는 라오디게아인들에게 특별히 의미가 있었을 것이다.

"무릇 내 육신의 얼굴을 보지 못한 자들"은 바울을 대면한 적이 없는 골로새와 라오디게아의 모든 사람을 가리킬 수 있다. 그렇다면 καί는 설명적 보어의 의미로 해석해야 한다. 일부 학자는 이 구절이 바울이 만난 적 없는 사람들을 언급하는 것이므로 "교회에서 바울의 보편적 위치"를 가리킨다고 생각한다.[76] 하지만 1:24-29의 보편적 표현이 2:1-5에서 지역을 언급하는 말로 바뀐 것은 이 집단이 리쿠스 계곡에 거주하는 이들일 가능성을 암시한다.[77] 5절에서 바울이 그들과 함께 있지 않다는 언급도 이 지역을 가리킨다는 해석을 뒷받침한다.

2:2a-b 이는 그들로 마음에 위안을 받고 사랑 안에서 연합하여(ἵνα παρακληθῶσιν αἱ καρδίαι αὐτῶν, συμβιβασθέντες ἐν ἀγάπῃ). 바울은 이 절로 골로새인, 라오디게아인 그리고 리쿠스 계곡의 나머지 거주민을 위해 수고하는 목적을 알린다. "마음"은 인간의 의지와 정서의 중심이라고 할 수 있다. 본문의 경우 바울은 개인의 내적 자아라는 의미로 이 단어를 사용한다. 바울은 그들이 '위안을 받기'를 원한다.

동사 '위안을 받다'(παρακληθῶσιν)는 종종 "격려를 받다"(NASB, NAB, NKJV, NRSV, NLT, TNIV, ESV, NIV)로 번역된다. 하지만 이 번역은 개인의 정서적 상태에 과도한 무게를 실어줄 수 있으므로 이 문맥에서 그 의미를 제대로 전하지 못한다. 또한 이 동사는 '굳건함을 얻어'로 번역할 수 있다.[78] 이는 이 편지에서 복음 메시지를 재확증하는 바울의 노력과 관련될 수 있다. 이 동사와 가르치는 행위의 관계는 고린도전서 14:31로도 뒷받침된다. "너희는 다 모든 사람으로 배우게 하고(μανθάνωσιν) 모든 사람으로 권면을 받게(παρακαλῶνται) 하기 위하여 하나씩 하나씩 예언할 수 있느니라."

"위안을 받고"라는 번역은, 제대로 이해하면[79] 이 문

72. Cicero, *Pro Flacco* 68-69를 보라. 그는 라오디게아 유대인에게서 20파운드가 넘는 금을 거두었다고 언급한다. 그중 대부분은 반 세겔 정도의 성전세 용도로 거둔 것으로 보인다.

73. 특별히 Craig R. Koester, "The Message to Laodicea and the Problem of Its Local Context: A Study of the Imagery in Rev 3.14-22," *NTS* 49 (2003): 407-24를 보라.

74. 몇몇 사본(104 424)은 이 절에 '히에라볼리'를 포함한다.

75. 예를 들어, M. D. Goulder, "The visionaries of Laodicea," *JSNT* 43 (1991): 15-39를 보라. 그는 에베소서가 라오디게아인에게 쓴 바울의 진짜 편지라고 주장한다.

76. Sumney, *Colossians*, 114. "나를 얼굴과 얼굴로 만나보지 못한 **모든** 이들"(NRSV, 강조체 저자; 참고. TNIV, NIV).

77. O'Brien, *Colossians, Philemon*, 92; Harris, *Colossians and Philemon*, 79.

78. O'Brien, *Colossians, Philemon*, 92-93.

79. 참고. Lightfoot, *St. Paul's Epistles to the Colossians and to Philemon*, 172-73, "이 단어(confortati)의 더 포괄적이고 오래된 의미는 '위로받다'이지만, 현대의 제한적 의미는 이런 뜻을 전달하지 않는다."

맥에서 이 용어의 또 다른 의미 층위가 있음을 암시한다. 칠십인역에서 이 동사는 구원의 때에 하나님이 주실 종말론적 위로를 암시한다(참고. 사 40:1, 2, 11; 51:3).[80] 바울의 종말론적 고난(참고. 1:24, 2:1)으로 얻는 "위안"은 단순히 독자들을 위한 정서적이고 지적인 지지가 아니다. 그의 고난은 하나님이 직접 주시는 위로를 선사할 것이다. 이 동사가 수동형(신적 수동형)이라는 사실은 이 해석을 지지한다. 바울의 고난과 하나님의 구원 사역으로 말미암는 위로의 관계는 고린도후서 1:6에 명확하게 제시되어 있다. "우리가 환난당하는 것도 너희가 위로와 구원을 받게 하려는 것이요 우리가 위로를 받는 것도 너희가 위로를 받게 하려는 것이니."

이 문맥에서 "연합하여"(as they are united, συμβιβασθέντες)라는 분사의 기능에 대한 문제는, 2절의 여러 언어 단위의 관계에 관한 더 포괄적인 문제와 관련된다. 어떤 이들은 2절을 네 개의 절로 나누며, 바울의 "수고에 네 가지 목적이 있다"라고 말한다.[81]

그들의 마음이 위로를 받고
그들이 사랑 안에 하나 되며
또한 확실한 이해의 모든 풍성함을 얻고
하나님의 비밀을 알도록 한다.

그러나 이 병렬 구조는 2절의 구성을 제대로 반영하지 못한다. "목적을 나타내는 단어"(ἵνα)로 시작하는 첫 절은[82] 이 단락의 목적을 드러내는 주절로 이해해야 한다. 이어지는 분사절('사랑 안에 하나 되어')은 위로의 행위를 수식한다고 해석해야 한다.[83] 목적을 나타내는 또 다른 단어(εἰς)로 시작하는 마지막 두 단위는 목적을 나타내는 구절이 맞지만, ἵνα절과 평행한다고 보아야 하는지 확실하지 않다. 어떤 학자들은 이 구절들을 "사랑 안에서 연합한" 결과로 해석한다.[84] 하지만 이 두 구절 앞에 καί가 사용되어 분사와 분리되기 때문에 "위안을 받고"(παρακληθῶσιν)로 시작하는 전체 목적절을 수식하는 것으로 해석하는 것이 가장 적절하다.[85]

그들의 마음이 위로를 받도록
사랑으로 연합할 때
온전한 확신의 모든 부요함과 지식을 얻기 위해서

"사랑 안에서 연합하여"(συμβιβασθέντες ἐν ἀγάπῃ)는 연합이라는 골로새서의 주제를 소개한다. 헬라어로 "연합하여"는 특별히 칠십인역에서 '가르침을 받아'라는 의미로 사용된다(참고. 출 4:12, 15; 사 40:13, 14).[86] 그런데 골로새서 2:19과 에베소서 4:16에서 이 단어가 사용된 것을 보면, 이것이 "하나 됨"이라는 뜻으로 이해되어야 함을 암시한다.[87] 바울은 개인주의적이고 엘리트주의적인 영적 관행들을 반박하면서(2:16-23) 하나님의 백성이 하나 됨으로 구속을 체험하는 것의 중요성을 지적한다. 이 연합은 3:11에서 명확하게 언급된다. 그들의 정체성은 더 이상 지리적 국경과 같은 전통적인 장벽으로 규정되지 않는다. 2:2의 "사랑 안에서"는 그러한 연합을

80. 신적 행위와 인간의 반응을 모두 가리키는 '위로하다'라는 단어의 의미 범위에 대한 연구는 또한 다음을 보라. Klaus Baltzer, "Liberation from Debt Slavery after the Exile in Second Isaiah and Nehemiah", in *Ancient Israelite Religion: Essays in honor of Frank Moore Cross* (ed. Patrick D. miller Jr., Paul D. Hanson, and S. Dean McBride; Philadelphia: Fortress, 1987), 477-84.
81. Harris, *Colossians and to Philemon*, 78.
82. BDAG, 475.
83. 또한 여기서 표현된 것처럼 일반적으로 부정과거 분사를 사용하지는 않는다. 참고. Wallace, *Greek Grammar*, 636.
84. 예를 들어, Sumney, *Colossians*, 115를 보라.
85. Barth and Blanke, *Colossians*, 278-79. 영어로는 이 접속사를 번역하지 않는 것이 좋다. 다른 이들(예를 들어, Moo, *Letters to the Colossians and to Philemon*, 165)은 이 접속사가 앞의 목적절과 평행을 이룬다고 주장하지만, 이런 주장은 이 단락에서 평행 관계에 해당하지 않는 분사의 부사적 기능을 무시한 것이다.
86. 참고. BDAG, 957; O'Brien, *Colossians, Philemon*, 93.
87. Lightfoot, *St. Paul's Epistles to the Colossians and to Philemon*, 173.

이루는 수단을 설명한다. 그리고 3:11에서는 하나님 백성의 연합이 강조된 후, 완전한 연합을 위한 "띠"로서 "사랑"이 강조된다(3:14).

2:2c 확실한 이해의 모든 풍성함과(καὶ εἰς πᾶν πλοῦτος τῆς πληροφορίας τῆς συνέσεως). 바울은 이 전치사구로 골로새 교인들(그리고 다른 사람들)이 받을 위로의 목적을 알려준다. 헬라어 원문에는 "모든 풍성함"(πᾶν πλοῦτος)에 뒤이어 두 개의 소유격 "확실한"(of full assurance, 온전한 확신의–역주)과 "이해의"가 나온다. 이에 대해서는 두 가지 유력한 해석이 있다. (1) "확실한"을 원천의 소유격으로 보고, "이해의"는 목적 소유격으로 보는 것이다. "이해의 온전한 확신에서 오는 풍성함"(NASB). (2) "확실한"을 내용의 소유격으로 보고, "이해의"는 원천의 소유격으로 보는 것이다. "이해에서 기인하는 온전한 확신으로 이루어지는 풍성함."[88] 확실한 것은, 바울이 복음 메시지에서 위안을 받는 목적이 완벽한 확신과 이해라는 것을 강조하고 부각한다는 점이다. NJB의 번역은 복잡하지만 바울이 강조하는 바와 열정을 잘 반영한다. "그들이 완벽한 이해의 확신이 풍성해질 때까지."

목적을 나타내는 이 구절은 위로의 의미를 실질적으로 규정한다. 바울은 독자에게 단순히 정서적인 지지를 보내는 것이 아니다. 그는 하나님의 구원 계획에 대한 완벽한 이해와 더불어 온전한 확신을 가져야 할 필요성을 강조한다. 바울이 기꺼이 고난과 어려움을 감수하는 것은 그들이 이 복음을 이해하도록 하기 위함이다.

2:2d–e 하나님의 비밀인 그리스도를 깨닫게 하려 함이니(εἰς ἐπίγνωσιν τοῦ μυστηρίου τοῦ θεοῦ, Χριστοῦ). 구문론적으로 이 목적을 나타내는 구절은 앞 구절과 동일한 전치사(εἰς)로 시작하며 평형을 이루지만, 기능적으로는 앞에서 언급한 "이해"의 내용을 설명한다. '깨닫다'(knowledge, ἐπίγνωσιν)와 "이해"(understanding, τῆς συνέσεως)의 관계는 바울의 기도문에서 살펴보았다(1:9). 그는 기도문에서도 독자가 '하나님을 아는 지식'(1:10)에 자라가는 것이 기도의 목표라고 피력한 바 있다. '지식'에 대한 강조는 뒤의 윤리적 당부에서도 이어진다(3:10). 이 본문 문맥에서 바울이 '지식'에 대해 논의하는 것은 1:26–27에서 소개한 주제인 '하나님의 비밀'과 분명하게 연관된다.

본문 전승에서 "비밀"(τοῦ μυστηρίου) 뒤에 오는 단어를 둘러싼 해석은 열 가지가 넘는다.[89] 대부분의 번역본이 받아들이는 해석인 '하나님의 (비밀), 그리스도'(of God, Christ, τοῦ θεοῦ, Χριστοῦ)는 가장 정확한 필사본 중 두 개의 지지를 받으며,[90] 나머지 다양한 구문의 기원을 가장 잘 설명한다.[91] "하나님의"는 목적격 소유격으로도 볼 수 있지만['하나님에 대한 (비밀)'], 1:9의 유사한 구문을 감안하면 소유의 소유격으로 보는 것이 가장 낫다. 마지막으로, "그리스도"는 종종 "비밀"을 한정하는 동격의 소유격으로 해석된다("비밀, 다시 말해 그리스도", NRSV; 참고. NASB, REB, NLT, ESV).[92] 이 해석은 앞의 "그리스도"와 "비밀"의 관계(1:27)가 뒷받침해준다. "하나님의 비밀"은 그리스도를 핵심으로 하는 복음이므로,[93] 하나님의 비밀을 안다는 것은 곧 그리스도를 아

---

88. 참고. Moule, *Epistles to the Colossians and to Philemon*, 86. 또한 REB를 보라. "이해가 가져다주는 확신의 풍성한 부요함"(the full wealth of conviction which understanding brings).

89. 특별히 Pierre Benoit, "Colossians 2:2–3," in *The New Testament Age: Essays in Honor of Bo Reicke* (ed. William C. Weinrich; Macon, GA: Mercer Univ. Press, 1984), 1:41–51을 보라.

90. $\mathfrak{P}^{46}$ B.

91. Metzger, *Textual Commentary*, 555.

92. 이것은 직접 이런 식으로 표현한 본문 해석에 반영되어 있다("다시 말해, 그리스도", ὅ ἐστιν Χριστός; D* ar vg^{mss}).

93. 마찬가지로, 바울이 "복음"을 전파한다는 것은 "그리스도"를 선포하는 것이다(고전 1:23; 15:12; 갈 2:2; 빌 1:15; 골 1:23);

는 것이다.

2:3 그 안에는 지혜와 지식의 모든 보화가 감추어져 있느니라(ἐν ᾧ εἰσιν πάντες οἱ θησαυροὶ τῆς σοφίας καὶ γνώσεως ἀπόκρυφοι). 이 전치사구는 그리스도(2절)를 가리키는 관계 대명사 ᾧ를 통해 그리스도의 의미를 설명한다. 문장 구성은 기독론적 찬송시의 전치사적 기독론을 떠오르게 한다. 그 찬송시에서는 '그 안에서'(ἐν αὐτῷ, 1:16, 19)가 두 번 등장하여 "만물이 그 안에(ἐν αὐτῷ) 함께 섰느니라"(1:17)는 핵심적이고도 중요한 주장을 감싸고 있다. 찬송시의 주장이 그리스도의 중요한 역할을 강조하듯이 이 본문의 주장도 그분의 특별한 위치를 강조한다. "지혜와 지식의 모든(πάντες) 보화"가 그 안에 있다고 강조한 것을 볼 때, 이 구절을 "오직 그 안에만 지혜와 지식의 모든 보화가 숨겨져 있다"라는 번역이 지지를 얻는다.[94]

보물(οἱ θησαυροί)은 "보관되어 있는 것"이라는 뜻이다.[95] 바로 뒤에 나오는 두 소유격("지혜와 지식의", τῆς σοφίας καὶ γνώσεως)은 내용의 소유격으로 보아야 하므로 이것은 "모든 보화"를 설명한다. 여기서 초점은 "모든"에 있다. 이 표현은 독자가 풍성함을 소유하고 있고, 따라서 지혜와 지식의 모조품에 불과한 것을 추구할 필요가 전혀 없음을 강조한다(참고. 2:4, 23).[96]

"보화"는 바울의 저작에서 거의 사용되지 않지만,[97] "지혜와 지식"은 바울의 다른 본문에서 한 쌍으로 등장한다(롬 11:33; 고전 12:8; 참고. 엡 1:17; 골 1:9). 그러나 이 세 단어군은 칠십인역에서 동일한 문맥에 모두 등장한다. 많은 학자는 잠언 2:1-8의 중요성을 강조하는데, 그중 다음과 같은 주장이 등장한다. "대저 여호와는 지혜(σοφίαν)를 주시며 지식(γνῶσις)과 명철을 그 입에서 내심이며 그는 정직한 자를 위하여 완전한 지혜를 예비하시며(θησαυρίζει)"(잠 2:6-7a).[98] 학자는 대부분 정경 자료(단 2:19-22)와[99] 정경 외 자료(Sir 1:24-25; Wis 6:22; 7:13-14; Bar 3:15)에[100] 모두 지혜 전승이 영향을 미친 점을 인정한다. 바울은 그리스도가 지혜의 구체적 현현임을 분명하게 묘사하며, 오직 그리스도를 통해서만 신적 뜻과 계획을 이해할 수 있다.[101]

감추어져 있다(ἀπόκρυφοι)는 개념은 지혜의 현신으로서 그리스도에 대한 바울의 묘사에 또 다른 차원을 제공한다. 1:26-27에서 바울은 "성도들"에게 비밀이 나타났음을 말했다. 하지만 공개적 계시는 미래의 일이며, 이것이 계시되는 날 성도는 그분과 함께 영광 중에 나타날 것이다(3:4).[102] 감추어져 있다고 해서 그리스도 안에 있는 자들에게 계시가 더 필요하다는 것은 아니다. 성도는 이미 '그리스도와 함께 하나님 안에 감추어져'(3:3) 있기 때문이다. 이 문맥에서 바울이 감추어져 있음을 강조하는 이유는 하나님의 구원 계획의 계시에 담긴 의미 때문이다. 그러므로 '감추어져 있음'이 사용된 것은 온전하고도 완전한 계시의 시점을 예고한다.[103]

2:4 내가 이것을 말함은 아무도 교묘한 말로 너희를 속이지 못하게 하려 함이니(τοῦτο λέγω ἵνα μηδεὶς ὑμᾶς παραλογίζηται ἐν πιθανολογίᾳ). 그리스도의 특별한 위치를 강조하던 바울은 이제 골로새 교인들이 맞닥뜨리고 있을 거짓 교사

Bockmuehl, *Revelation and Mystery*, 188.

94. 참고. Lohse, *Colossians and Philemon*, 82.

95. BDAG, 456.

96. Barth and Blanke, *Colossians*, 283.

97. 유일한 용례는 고린도후서 4:7에서 볼 수 있다.

98. 예를 들어, Martin, *Colossians and Philemon*, 75-76; Wright, *Colossians and Philemon*, 96; Moo, *Letters to the Colossians and to Philemon*, 170을 보라.

99. Beale, "Colossians," 859.

100. Dunn, *Epistles to the Colossians and to Philemon*, 131-32.

101. Schanabel, *Law and Wisdom from Ben Sira to Paul*, 259-60.

102. Bockmuehl, *Revelation and Mystery*, 189.

103. 신약에서 '감추어져 있음'(ἀπόκρυφος)이라는 표현의 나머지 용례(막 4:22; 눅 8:17)를 보라. '감추어져 있음'은 '계시'를 예고한다.

들의 기만성을 지적한다. 그러므로 혹자는 이 절을 새 단락의 시작이라고 보고 "이것"(τοῦτο)이 이어질 내용을 가리킨다고 생각한다. "그러므로 내가 말하노니 누구도 너희를 속이게 하지 말라…"(GNB).[104] 그러나 이런 해석에는 문제가 있다.

먼저 이 마무리 부분의 "내가 이것을 말함은"이라는 표현은, 이 단락의 도입부인 "너희가 알기를 원하노니"(1절)를 생각나게 한다. 바울은 도입부에서 독자들에 대한 관심을 피력했다. 2:1–3이 긍정적 어조의 격려에 초점을 맞춘다면, 이 절은 꼭 지적해야 할 경고에 초점을 맞춘다. 4절과 1절에서 독자를 직접 지칭하는 표현("너희", ὑμᾶς)이 다시 등장하여 이 문단에 통일성을 부여한다.

둘째, 바울이 "내가 이것을 말함은"이라는 말로 이어질 내용을 가리킬 수 있지만(참고. 갈 3:17; 고전 1:12), ἵνα(so that)절은 앞의 내용을 가리킨다고 이해되어야 한다.[105] "내가 이 모든 것을 너희에게 말하는 목적은…"[106] 바울은 앞에서 말한 내용의 근거를 제시하며 마무리 발언을 하고 있다. 이 진술은 전파하도록 책임을 맡은 복음과 관련하여 바울이 앞에서 말한 내용의 긴급성을 강조한다.

"아무도…못하게"(μηδείς)는 바울이 비판하는 거짓 교사들을 염두에 두고 한 말이다. 2:8, 16의 '누가/누구든지 못하게 하라'는 언급도 마찬가지이다. 어떤 이들은 이런 언급이 "철학자의 수가 다수가 아니라 실제로 소수에 불과하다"는 것을 가리킨다고 본다.[107] 그러나 바울이 그들의 수적 열세를 말하는 것이 아니라, 수사학적으로 그들의 영향력과 정체성을 발가벗김으로 거짓 교사들의 영향력을 폄하하고자 이렇게 말했을 수 있다.

'속이다'(παραλογίζηται)라는 동사는 거짓 추론으로 기만하는 행위를 가리키는 중간태로 해석하는 것이 가장 정확한 것 같다(참고. talks you into error, REB).[108] 이 해석은 파피루스에서 이 동사가 특정 문서를 '오용'하는 것과 관련하여 사용된 것으로 뒷받침된다.[109] 이 본문 문맥에서 속임은 "교묘한 말"(πιθανολογίᾳ)이라는 수단을 동원해 이루어진다. 이 교묘한 말은 영어로 번역하기가 까다롭다. 이 단어는 헬라어로 경험적 증명과 반대되는 사변적 논증을 가리켜 사용된다.[110] 그러므로 "교묘한 말"은 "설득력 있게 들리는 논증"(TNIV, NIV), "잘 꾸민 논증"(NLT), "그럴 듯한 논증"(NAB, NJB, REB), 심지어 "화려한 언사"(CEV)로 번역해도 무방하다. 어떤 경우든, 이 절은 익명의 거짓 교사들이 제기한 잘못된 논증에 대해 경고하는 2:8을 예고한다. 단 8절에서는 다음과 같이 훨씬 단호하고 분명한 어조를 사용한다는 점이 다르다. "누가 철학과 헛된 속임수로 너희를 사로잡을까 주의하라."

2:5a 이는 내가 육신으로는 떠나 있으나 심령으로는 너희와 함께 있어(εἰ γὰρ καὶ τῇ σαρκὶ ἄπειμι, ἀλλὰ τῷ πνεύματι σὺν ὑμῖν εἰμι). 하나님의 계획에서 바울이 맡은 특별한 역할은 앞에서 확증되었다(1:24–29). 특별히 바울이 골로새 교인들을 위해 행한 사역(2:1–3)은, 그들이 받은 복음을 점검할 수 있는 권위를 가진 자로서 그의 위치를 공고히 한다. 이제 바울은 자신의 부재를 직접 거론

---

104. F. F. Bruce, *The Epistles to the Colossians, to Philemon and to Ephesians* (NICNT; Grand Rapids: Eerdmans, 1984), 92. 또한 Moule, *Epistles to the Colossians and to Philemon*, 88을 보라. "내가 의미하는 바는 누구도 너희에게 그럴 듯한 말로 실수하지 못하게 하라는 것이다…."

105. 예를 들어, Sappington, *Revelation and Redemption at Colossae*, 177을 보라. 그는 ἵνα를 명령형으로 해석할 경우 5절의 "이는"(γάρ)을 설명하기가 더 어렵다는 사실을 지적한다. "5절은 1절의 생각을 수용해서 2:1–5을 한 단락으로 묶어주기 때문이다."

106. Harris, *Colossians and Philemon*, 94.

107. Lars Hartman, "Humble and Confident: On the So-called Philosophers in Colossians," *ST* 49 (1995): 26.

108. ESV는 이것을 수동형 동사로 해석한다. "내가 이런 것을 말함은 너희가 어리석은 말에 농락당하지 않도록 막기 위해서이다."

109. P.Oxy. I 34; MM, 487.

110. 참고. Plato, *Theatetus* 162E; LSJ, 1403.

하며 이 서신의 중요성을 소개한다.

"이는"(γάρ)은 4절에서 바울이 지적한 문제의 근거를 소개한다. 이제 이어지는 단락에서 이 근거가 더 상세하게 소개될 것이다. 어떤 이들은 이 문장이 바울의 부재로 초래된 위험을 가리킨다고 해석했다. "당장 눈앞에 닥친 위험을 과소평가해서는 안 된다. 사도가 멀리 떨어져 있기에 공동체에 직접 말할 수 없기 때문이다."[111] 그러므로 "이는"은 바울이 긴급하게 경고하는 이유를 가리킨다. 바울이 함께 없다는 사실과 그로 인한 잠재적 위험을 부정하기는 어렵다. 하지만 여기서 바울의 초점은 상황의 엄중함이 아니라 그가 사도로서 지닌 특별한 권위에 있다.

"육신으로는 떠나 있으나"는 문자적으로 "살로는 부재함"(absent in the flesh)이라고 해석할 수 있다(KJV, ASV, NKJV). 이 문맥에 비추어 볼 때 이 구절은 단순히 바울의 물리적 부재를 가리킴이 분명하다. 이 절과 1절에서 "몸"(body, σῶμα)이 아니라 "육신"(flesh, σάρξ)을 선택한 것은 이 단락 서두(1:24)에서 이 단어를 한 쌍으로 사용했기 때문일 수 있다. 바울은 1:24에서 자신의 몸을 가리켜 '육신'이라는 표현을 사용하지만, 그리스도의 "몸"인 교회를 가리킬 때는 "몸"을 사용한다. 다른 본문의 비슷한 문맥에서 바울은 육신 대신 "몸"이라는 단어를 사용한다. "내가 실로 몸(τῷ σώματι)으로는 떠나 있으나 영으로는 함께 있어서"(고전 5:3; 참고. 고후 10:10). 또 다른 본문에서는 또한 "얼굴"(προσώπῳ, 살전 2:17; 참고. 골 2:1)로 떠난 것이라고 말하기도 한다. 어떤 경우든, 바울이 관련 단어들을 이렇게 융통성 있게 사용한다는 것을 인정해야 한다.[112]

어떤 학자들은 "심령으로는 너희와 함께 있어"가 바울의 영/마음이 아니라 성령을 가리킨다고 주장한다. 바울이 친필로 쓴 편지를 읽을 때 성령이 독자와 함께 계신다는 것이다.[113] 그러나 바울이 자신이 물리적으로 함께하는 것을 언급했다는 점에서 이 구절은 일차적으로 바울의 자아를 가리키는 것이 맞다. 물론 "거리상으로는 떨어져 있지만, 공통된 활동으로 공동체와 사도가 한마음이 되도록 힘을 주시는 거룩한 성령과 이 자아가 하나로 연결되어 있음"을 부정할 수는 없다.[114] 나아가 당시 편지 관행과 일맥상통하는 바울의 부재와 존재에 대한 관용 표현의 용례 역시 이 절을 읽는 데 도움이 된다.[115] 그의 물리적 부재는 이 편지를 써야 할 긴급한 필요성을 낳았다. 그러므로 그의 글은 사도 바울이 직접 하는 말과 같으며, 그는 이런 방법으로 그들과 "심령으로" 함께한다.

2:5b 너희가 질서 있게 행함과 그리스도를 믿는 너희 믿음이 굳건한 것을 기쁘게 봄이라(χαίρων καὶ βλέπων ὑμῶν τὴν τάξιν καὶ τὸ στερέωμα τῆς εἰς Χριστὸν πίστεως ὑμῶν). 바울은 이렇게 골로새 교인들에 대한 기대감을 표하면서 그들이 직면한 거짓 가르침을 직접 다루기 앞서 이 단락을 마무리한다. 헬라어로 '기쁘게 보다'라는 구절은 하나의 접속사로 연결된 두 분사로 이루어져 있다. KJV는 이것을 문자적으로 해석하여 "기뻐하며 보다"(joying and beholding)로 번역한다. 이 문맥에서는 두 분사를 복합 동사로 표현된 하나의 행동으로 보아야 한다.[116] 거의

111. Lohse, *Colossians and Philemon*, 83.

112. 이것은 이 문맥에서 "육체"라는 단어의 용례가 바울의 죽음을 암시하는 바울 후기 저자의 글임을 암시한다는 Betz의 결론과 다르다. Hans Dieter Betz, "Paul's 'Second Presence' in Colossians," in *Text and Context: Biblical Texts in Their Textual and Situational Contexts: Essays in Honor of Lars Hartman* (ed. Tord Fornberg and David Hellholm; Oslo/Boston: Scandinavian Univ. Press, 1995), 513. 또한 Angela Standhartinger, "Colossians and the Pauline School," *NTS* 50 (2004): 582-83.

113. Fee, *God's Empowering Presence*, 646.

114. Lohse, *Colossians and Philemon*, 83.

115. Heikki Koskenniemi, *Studien zur Idee und Phraseologie des griechischen Briefes bis 400 n Chr.* (Helsinki: Suomalaisen Kirjallisuuden Seura, 1956), 177.

116. 참고. BDF §471 (5). 여기서는 이 행위를 종속 구문으로 표현된 병렬 용법이라고 본다.

모든 현대 영어 번역본이 이 해석을 채택한다. "보기를 기뻐하여."

"질서 있게 행함"(τάξιν)과 "굳건한 것"(στερέωμα)은 군사적 배경을 떠오르게 할 수 있다. "너희의 질서 정연한 대형과 그리스도를 향한 너희의 믿음이 보여주는 굳건한 전선."[117] 그런데 바울이 적절하고 정제된 행동을 가리켜 "질서"라는 단어를 사용한 경우는 이 본문 외에 고린도전서 14:40이 유일하다.[118] "굳건한 것"은 신약에서는 이곳에만 사용되지만, 개인의 신앙을 굳건히 함(행 16:5; 참고. 3:7, 16)과 견고함을 가리켜 비슷한 형태의 단어가 사용된다.[119] '너희 믿음의'(πίστεως ὑμῶν)는 이 절의 서두에서 동일한 인칭 대명사('너희의')가 처음 사용된 것에 비추어볼 때, "질서"와 "굳건한 것"을 모두 수식한다고 보아도 무방하다. 하지만 첫 번째 ὑμῶν은 "질서"를 수식하고 '너희 믿음의'는 "굳건한 것"을 수식하는 것으로 보는 것이 가장 적절하다. 접속사 καί를 설명적 보어로 볼 경우, 문장에서 이 두 부분의 관계는 분명해진다. '그리스도를 믿는 너희의 믿음에 반영된 너희의 질서를 보는 것이 기쁘다.' 이 문맥에서 초점은 그들의 질서나 믿음의 힘이 아니다. 그들이 '그리스도 안에' 삶의 닻을 내리는 데 초점이 있으며, 이것은 그리스도가 그들의 믿음의 대상이심을 가리킨다.

이들을 칭찬하며 기뻐한다는 바울의 언급은 여기서 몇 가지 기능을 한다고 해석할 수 있다. 첫째, 이 칭찬은 청중의 호의를 얻기 위한 수사학적 수단으로 사용되었다.[120] 둘째, '기뻐하다'라는 언급은 이 단락의 서두를 떠올리게 한다. 서두에서 바울이 골로새 교인들을 위해 고난당하는 것을 기뻐한다고 말할 때 동일한 동사(χαίρω)가 사용되었다(1:24). 이 두 번째 언급으로 이 단락이 마무리되고, 골로새 교인들의 믿음에 의도적으로 초점을 맞춘 다음 단락이 시작된다. 셋째, 가장 중요한 것으로서 '그리스도 안에'라는 언급으로 신자들의 믿음에서 그리스도가 중심이 되심을 재확인하는 논증의 발판이 마련된다. 바울은 골로새 교인들이 당면한 거짓 가르침과 싸우면서 그리스도 중심적 믿음만이 복음 안에서 견고히 설 수 있게 해준다고 주장한다. 결국 바울이 힘겨운 고난과 어려움을 기꺼이 감당하고자 하는 이유는 바로 복음 때문이다.

적용에서의 신학

1. 정체성과 자기 이해

종말론, 복음, 비밀, 지혜, 사도의 고난을 다룬 단락이 개인의 자기 이해에 관한 내용으로 시작한다는 사실이 낯설게 느껴질 수도 있다. 그러나 바울의 정체성과 사명에 초점을 맞춘 단락은 골로새서 구조에서 특별한 역할을 한다. 그리스도의 사역과 그 의미를 논의한 후(1:15-23)

117. Moule, *Epistles to the Colossians and to Philemon*, 89. 이 해석과 거의 흡사한 REB를 보라. "너희의 흔들리지 않는 대열과 그리스도에 대한 너희 믿음이 보여주는 든든한 전선을 보기를 기뻐한다."

118. 이 문맥에서 "질서"는 또한 "훌륭한 훈련"(NASB), "마땅히 요구되는 대로 사는 모습"(NLT), "사기"(NRSV), "잘 정돈된"(NJB)으로 번역되기도 한다.

119. Kreitzer, "Living in the Lydus Valley," 88-89도 보라. 그는 이 단어가 지진이 쉽게 일어나는 골로새 지역을 암시하는 단어라고 본다.

120. Sumney, "The Function of Ethos in Colossians," 306-37.

골로새 교인들이 직면한 문제들(2:6-23)을 직접 다루기 전에 그 사이에서 교량 역할을 하는 사도 바울의 자기 설명이라는 중요한 단락이 등장한다. 이 부분을 신학적, 수사학적 맥락과 상관없이 다루는 것이 위험할 수 있다. 그러나 바울이 여기서 주장하는 일부 요소는 복음에 올바로 뿌리내린 정체성을 확인하고자 하는 모든 신자에게 중요한 문제이다.

바울의 자전적 단락은 하나님의 말씀을 섬기는 자로서 부르심을 받은 내용으로 시작한다(1:25). 바울은 이 부르심에 순종해 하나님이 힘주시는 대로 모든 사람에게 그 말씀을 전파하는 일에 자신을 내던진다(1:29). 여기서 바울이 자신에 관해 묘사하지 않은 내용을 유의해서 보아야 한다. 바울은 자신이 유대교와 그리스-로마의 학문 중심지에서 교육을 받은 지식인이라는 배경을 전혀 언급하지 않는다.[121] 또한 토라의 스승이라는 이력과 유대의 정치·종교적 체제에서 상당한 권력과 지위를 누렸던 사실도 언급하지 않는다.[122] 이것은 궁극적으로 하나님의 강력한 은혜에 대한 그의 이해에서 기인한다. 하나님의 은혜는 무가치한 죄인도 변화시킬 수 있다.

이 자전적 설명에서 주목할 만한 한 가지 요소는 하나님의 "비밀"의 중요함이다. 이 비밀은 구원사의 정점에서 하나님이 그리스도를 통해 일하시는 종말의 때인 지금 계시되고 있다(1:26). 바울은 자신이 받은 사명의 기초를 구원 역사의 이 중요한 시기에서 찾는다. 나아가 그의 사명 역시 복음을 접한 이들에게 "비밀"이 계시되도록 돕는 도구로 쓰이는 것이다(2:2). 그러므로 바울은 자전적 설명에서 시종일관 하나님의 더 큰 구원 계획 안에서 그의 삶과 사역을 확인한다. 사역을 뒤돌아보며 옥중에서 편지를 쓰던 바울은 자신의 업적이나 숱한 여정 가운데 경험한 이색적 사건이 아니라,[123] 하나님의 뜻이 성취되는 과정에 참여하는 것에 의미를 둔다. 하나님의 이 뜻은 "하나님의 비밀"인 "그리스도"(2:2)께 집중된다. 독자들이 그리스도를 중심에 두는 삶을 영위하도록 권면하기 앞서 그는 먼저 그 삶이 어떤 것인지 보여준다.

오늘날에는 인기와 수입 혹은 사회적, 정치적 지위로 한 개인의 가치를 규정한다. 이러한 현대 문화에서 이 단락은 교회가 세상과 다른 문화를 창출하며, 근본적으로 다른 방식으로 의미를 평가하는 풍토를 만들어야 함을 강력히 권면한다. 초대교회의 '주변부 인물' 중에는 하나님의 구속 역사에서 소명을 온전히 감당함으로 '위대하다'는 평가를 받기에 충분한 사람이 많다. 대표적으로 맛디아(행 1장)와 아나니아(행 9장)를 들 수 있다. 우리의 정체성과 가치에 대한 평가 역시 하나님의 더 큰 구속 계획과 그 안에서 우리가 구체적인 소명에 얼마나 충실한가를 기준으로 삼아야 한다.

---

121. 참고. 행 21:39; 22:3. 바울이 처음으로 소개된 사도행전에서도 그의 경력을 언급하지 않는다는 점을 유의해야 한다. 오히려 그는 단순히 말씀을 대적하던 사람으로만 소개된다(행 7:58; 8:1-3).

122. 이것은 스데반을 돌로 처형하는 사법 절차에 그가 개입한 점(행 7:58)과 대제사장과의 관계에서 드러난다. 그는 대제사장과의 관계 때문에 그리스도인들을 처벌할 허가를 받았다(9:1-2).

123. 고대 그리스-로마의 소설과 여행담을 보면 이국적인 것을 중심으로 삼는 내용이 많다. 참고. Neil Rennie, *Far-Fetched Facts: The Literature of Travel and the Idea of the South Seas* (Oxford: Clarendon, 1995), 1-29; Bryan P. Reardon, *The Form of Greek Romance* (Princeton: Princeton Univ. Press, 1991), 15-45.

2. 수고와 고난

힘을 덧입혀주시는 하나님의 부르심에 초점을 맞추고 하나님의 더 큰 계획 속에서 복음 전파자라는 자신의 역할을 인식하는 바울의 모습은, 하나님의 은혜에 대한 그의 인식에서 기인한다. 그는 그 은혜 때문에 자랑할 것도 내세울 것도 없다. "내가 복음을 전할지라도 자랑할 것이 없음은 내가 부득불 할 일임이라"(고전 9:16). 하지만 바울은 자신의 수고를 자랑한다. "내가 부득불 자랑할진대 내가 약한 것을 자랑하리라"(고후 11:30; 참고. 12:9). 그러므로 바울이 자신의 정체성과사명을 이야기할 때 고난과 수고를 함께 거론하는 것은 놀라운 일이 아니다.

바울이 여기서 고난을 언급하면서 고난의 신학을 본격적으로 다루거나, 신자가 만날 수 있는 온갖 유형의 고난을 다루지 않는다는 점을 유의해야 한다. 그 대신 바울은 복음 사역을 감당하는 가운데 개인적으로 당하는 고난에 초점을 맞춘다. 그러나 이 점을 인정한다고 해서 고난에 대해 논의할 필요성이 사라지는 것은 아니다. 바울의 개인적인 고난은 복음을 위해 고난당하는 사람들과 관련된 몇 가지 중요한 시사점을 선사한다. 첫째, 그리스도를 위한 고난은 바울이 사도로서 받은 사명의 중심을 차지한다. "하나님이 너희를 위하여 내게 주신 직분"(1:25)이라는 구절은 고난이 "하나님의 말씀"(1:25)과 분명한 관계가 있음을 보여준다. 이것은 바울이 부활하신 그리스도의 말씀으로 부르심을 받고 회심한 일을 묘사한 누가의 기록(행 9:16)과 일맥상통한다. '그가 내 이름을 위하여 고난을 받아야(δεῖ) 하리라.'

고난을 피할 수 없다는 위의 언급은 바울의 고난과 그리스도의 고난의 관계를 암시한다. 예를 들어, 누가복음 9:22에서 자신의 죽음을 예언하시는 예수님의 말씀에 동일한 표현이 사용된다. '인자가 많은 고난을 받고(δεῖ)…죽임을 당하고.' '그리스도의 고난'(골 1:24)을 어떻게 이해하느냐와 관계없이 이 단락에 나타난 그리스도에 대한 여러 언급(참고. 1:27, 28; 2:2, 5)은 바울의 고난과 그리스도의 죽음이 관련된다는 것을 보여준다. 앞 단락은 이 관계를 중점적으로 다루었다(1:18, 20, 22).[124] 그러므로 그리스도의 사도가 된다는 것은 기꺼이 '자기 십자가를 지고' 그분을 따라야 함(눅 9:23)을 의미한다. 바울은 십자가의 길을 걸어가는 일생의 사역을 강조하면서 십자가 사역의 의미에 맞추어 인생의 방향을 총체적으로 재조정해야 한다는 요구를 제대로 깨닫지 못하고 금욕주의적 고행에 매달리는(2:20-23) 이들에게 대안을 제시한다.

또한 고난을 피할 수 없다는 언급은 하나님의 더 큰 계획을 암시하며, 바로 이 계획 속에서 예수님과 바울의 고난을 이해해야 한다.[125] 바울은 자신의 고난을 '만세와 만대로부터 감추어졌던 비밀'(1:26)로서 그리스도에 대한 계시와 동일시한다. 그리스도는 "영광의 소망"(27절)이

124. 이 기독론적 동일시는 기독교적 고난의 논의에 바울이 특별히 기여한 것으로 종종 평가받는다. 바울 계열의 후대 저자들은 이것을 채택하고 승계했다. 참고. Barry D. Smith, *Paul's Seven Explanations of the Suffering of the Righteous* (SBT 47; New York: Peter Lang, 2002), 183.

125. 이것은 또한 예수님과 바울을 존재론적이 아니라 '선교론적' 측면에서 동일시한 이유를 설명해줄 것이다. Scott J. Hafemann, "The Role of Suffering in the Mission of Paul," in *The Mission of the Early Church to Jews and Gentiles* (ed. Jostein Ådna and Hans Kvalbein; WUNT 127; Tübingen: Mohr, 2000), 174를 보라.

시기 때문에 고난은 그 자체로 목적이 아니라 그리스도를 가리킨다. 그러므로바울이 자신의 고난을 그리스도와 연결하는 것은, 구원 역사의 정점이라는 차원에서 삶을 경험하는 것과 동일하다. 구원 역사는 예수 그리스도의 죽음과 부활을 중심으로 한다. 또한 우리에게는 그리스도의 영광이 완전히 계시됨으로 그 역사가 성취되리라는 소망이 있다.

이것은 "우리가 그와 함께 영광을 받기 위하여 고난도 함께 받아야 할 것이니라"(롬 8:17)와 "현재의 고난은 장차(종말의 때) 우리에게 나타날 영광과 비교할 수 없도다"(롬 8:18)라는 바울의 주장과 일맥상통한다. 이런 폭넓은 관점에서 그리스도의 이름으로 당하는 고난은 '이미'와 '아직' 사이의 긴장을 온전하게 경험하는 것이다. 바울이 이 시점에서 자신의 고난을 강조하는 것은, 종말의 시대를 경험함으로 이 긴장을 초월하고자 하는 한 공동체에 이 시간적 관점을 다시 소개하기 위함일 것이다.

마지막으로, 바울은 고난 자체에 의미가 있다고 생각해서 그것을 감수하는 것이 아니다. 그는 자신의 고난이 그리스도의 몸에 기여해야 한다고 생각한다. 바울은 "너희를 위하여" 그리고 "그의 몸된 교회를 위하여"(1:24) 고난을 받는다고 말하며 단락을 시작했다. 독자에게 관심을 돌린 바울은 그들을 위해 얼마나 애쓰는지 다시 한번 강조한다(2:1). 1:15-20에서 그리스도의 죽음의 효력과 충분성을 강조한 점에 비추어볼 때, 바울이 교회를 위해 당한 고난을 언급하는 것은 교회의 위대한 시혜자로서 자신을 높이려는 것이 아니다. 그는 순교자의 사고방식을 재확인하는 대신, 동일하게 "영광의 소망"(1:27)이 성취되기를 고대하는 이들과의 연대를 강조한다. 그러므로 그의 고난이 하나님 백성의 공동체를 '사랑으로' 세우기 위한 것이라는 언급(2:2)은 놀랍지 않다. 개인주의적 영성관을 바꾸기 위해 바울은 하나님의 비밀이 온전히 드러나는 공동체를 강조한다. 그러한 경우 고난은 공동체가 세워지는 수단이 되며, 하나님의 백성이 연약함에 동참함으로 하나님이 강력하게 역사하실 여지가 생겨난다.

고난과 박해는 지금 세계 곳곳에 있는 신자들이 당면한 현실이다. 바울은 이런 신자들에게 그들의 고난이 헛되지 않으며 교회를 세우는 데 기여할 수 있음을 일깨워준다. 지금 핍박당하는 형제자매들이 '자유' 세계의 교회를 언제나 부러워하는 것만은 아니라는 사실은, 다른 세계의 신자에게 다소 이상하게 보일 수 있다. 그들은 하나님 나라의 최종 완성을 사모하며 깨어 있는 공동체를 만들어내는, 고난의 성결하게 하는 효력을 잘 이해하고 있다. 한번은 '폐쇄적' 사회의 지하 교회 목사들을 만난 자리에서 현대 교회에 관하여 가장 큰 걱정거리가 무엇인지 질문한 적이 있다. 나는 그들이 "교회가 더 이상 핍박받지 않는 상황입니다"라고 대답하는 것을 듣고 적잖이 놀랐다. 그들의 대답은, 고난과 박해가 없을 때 두 시대 사이에서 깨어 있어야 하는 교회 본연의 모습을 상실하고 게으른 교회가 될 수 있다는 인식을 반영한다. '자유' 세계에 사는 우리는 처한 상황 속에서 충실한 증인으로 깨어 있도록 부르심을 받는다. 또한 기도와 재정적 후원, 단기, 장기 선교 사역으로 고난당하는 성도들과 함께하라는 요청을 받는다.

복음에 신실하다고 해서 항상 고난을 받는 것은 아니다. 바울도 때로 환대를 받았다. 그러나 우리가 바울처럼 그리스도와 복음을 위해 한 번도 고난받은 적이 없다면, 자신의 믿음이 정말 신실한지의심해보아야 할지 모른다. 다음과 같은 예수님의 말씀을 명심해야 한다.

> "세상이 너희를 미워하면 너희보다 먼저 나를 미워한 줄을 알라 너희가 세상에 속하였으면 세상이 자기의 것을 사랑할 것이나 너희는 세상에 속한 자가 아니요 도리어 내가 너희를 세상에서 택하였기 때문에 세상이 너희를 미워하느니라 내가 너희에게 종이 주인보다 더 크지 못하다 한 말을 기억하라 사람들이 나를 박해하였은즉 너희도 박해할 것이요 내 말을 지켰은즉 너희 말도 지킬 것이라 그러나 사람들이 내 이름으로 말미암아 이 모든 일을 너희에게하리니 이는 나를 보내신 이를 알지 못함이라"(요 15:18-21).

세상이 우리 주님과 그분의 신실한 종 바울보다 우리를 더 환대한다면, 우리가 복음을 지나치게 세상에 맞추고 있는 것은 아닌지 살펴보아야 한다.

3. 그리스도인 공동체의 돌봄

고난당하는 공동체에 대해 위와 같은 이해가 있어야 돌봄의 신학을 논의할 수 있다. 바울이 자신의 고난을 이야기하면서 골로새 교인들이 하나님께 받는 "위안"(2:2)을 언급한 것은 고린도후서 1:3-7의 논의를 떠오르게 한다. 이 고린도후서 본문은 하나님 백성의 공동체를 그분의 영광이 완전히 계시되기를 기다리는 자들로 규정하며 마무리된다. "너희가 고난에 참여하는 자가 된 것같이 위로에도 그러할 줄을 앎이라"(고후 1:7). 우리는 고난을 통해 몸의 완전한 구속을 기다리는 존재로서 우리의 공통된 인간성을 인식한다. 이러한 인식 때문에 바울은 오직 하나님만이 우리의 위로가 되실 수 있다고 주장한다. 이 위로는 일시적인 감정의 고양 상태로 얻어지지 않으며, 예수 그리스도를 통한 하나님의 사역을 기반으로 해야 한다(골 2:2-3). 바울은 '돌보는 자'의 올바른 역할을 시범적으로 보여줌으로써 위로가 필요한 사람들이 그리스도를 통한 하나님의 사역을 온전히 이해하도록 돕는다. 궁극적 위로자는 우리가 아니라 하나님이심을 인정해야 한다. 그렇게 하면 죄 때문에 공통된 곤경에 빠진 이 시대 사람들에게 진정한 돌봄을 베풀어야 한다는 감당하기 어려운 짐을 하나님께 맡겨드릴 수 있다.[126]

하나님이 고난당하는 사람들을 위로하실 유일한 분이심을 인정하면, 돌봄을 받는 이들에 대해 우월감을 가질 수가 없다. 돌봄의 모든 인간적 행위는 이기심, 야심, 배반, 탐욕, 심지어 잔혹성을 조장하는 기회가 될 수 있다.[127] 그러나 하나님만이 우리가 의지할 분이심을 단언할 때, 우리가 처한 곤경이 인류 공동의 문제임을 알고 하나님의 최종적 구속을 기다릴 수 있

126. William Beniah Willis, *Caring Is God: A Systematic Pastoral Theology* (Macon, GA: Smyth and Helwys, 1993), 123-33.

127. Mike W. Martin, *Love's Virtue* (Lawrence, KA: Univ. Press of Kansas, 1996), 33-35.

다. 우리는 경쟁이 아니라 서로 돌봄으로써 취약함과 연약함으로 연결되는 공동체에 참여하게 된다.

기독론적 선언과 돌봄의 신학의 관계는 동일한 투옥 시기에 쓰였을 다른 바울 서신에서도 볼 수 있다. 바울은 빌립보서 2:6-11의 기독론적 찬송시에 앞서 하나님이 주시는 "위로"(παράκλησις)를 누리는 성도들(빌 2:1)은 서로 시기하고 경쟁해서는 안 된다고 주장한다. 이어서 배려와 연민의 행위를 그리스도를 본받는 행위로 규정하고, 그렇게 함으로 돌봄의 공동체가 형성된다고 말한다. "바울은 연민의 삶이 공동체적 삶이라고 강조한다."[128] 우리 공동체가 그리스도의 몸, '사랑으로 하나 되는'(골 2:2) 몸으로 삶을 공유하는 공동체가 된다면 바울의 말을 실제로 구현하는 것이다.

4. 하나님의 비밀

이 단락에서 바울은 골로새 교인들에게 "하나님의 비밀"을 소개한다. 이 개념은 이 단락에서 세 번 등장하는데(1:26, 27; 2:2) 적용하기 쉬운 개념이 아니다. 하지만 올바른 '지식의 습득과 올바른 시각과 올바른 사고의 형성에 초점을 맞추는 단락에서 그 비밀을 소개하고 강조하는 것은 의도적으로 보인다. 이런 강조는 "나타났고"(1:26), "알게 하려"(1:27), "전파하여"(1:28), "권하고"(1:28), "가르침은"(1:28), "모든 지혜로"(1:28), "알기를"(2:1), "확실한 이해"(2:2), "깨닫게 하려"(2:2), "지혜와 지식의 모든 보화"(2:3)와 같은 어휘와 구절에서 확인할 수 있다. 올바른 지식의 습득을 강조하는 이 단락에서 바울이 "하나님의 비밀"을 강조하는 것은 매우 중요한 의미를 함축한다.

첫째, "이 비밀은 만세와 만대로부터 감추어졌던 것인데"(1:26)라는 구절은 하나님이 그 전까지 역사 속에 행하신 사역과 복음의 연속성을 강조한다. 그리스도의 죽음과 부활의 선포가 하나님이 마침내 '이 비밀의 영광을 알게 하려 하는' 때였다는 사실(1:27)은 과거와 이 때의 불연속성을 강조한다.[129] 이런 독특성은 이 "비밀"을 "그리스도"라고 확언함으로 더욱 두드러진다(2:2). 복음의 의미를 올바로 이해하려면 역사의 이 정점의 연속성과 불연속성을 제대로 이해해야 한다. 이 긴장 속에 결코 타협할 수 없는 한 가지 진리가 드러난다. 모든 실재는 "그리스도"라는 렌즈로 이해해야 한다는 것이다. 그리스도는 하나님이 하신 약속의 목표이자 성취이시다.

둘째, 이 "비밀"이 바로 그리스도라는 기독론적 동일시에는 교회론적 측면이 있다. 바울은

128. Donald P. MaNeill, Douglas A. Morrison and Henri J. M. Nouwen, *Compassion: A Reflection on the Christian Life* (New York: Doubleday, 1982), 50.

129. 이 설명을 듣고 유대 청중은 토라의 이전 역할을 떠올렸을 것이다. 그러므로 "계시에 접근하는 데 근본적 변화가 일어났고, 그로 인해 토라는 하나님의 의와 구원 계획에 대한 놀라운 종말의 계시를 증거하는 보조 역할을 맡게 되었다(그리스도와 복음이 그 자리를 '대체한' 것이 아님)"(Bockmuehl, *Revelation and Mystery*, 225).

성취의 시대에"이방인들"도 이 비밀을 계시받는 대상에 포함되었다고 말한다. 이 주장은 에베소서에서 전개된다(참고. 엡 3:1–11). 하지만 유대인과 이방인을 하나로 이어주는 복음의 중요성은 골로새서 3:11에서도 언급된다. 이 복음의 능력은 개인에게만 한정되지 않는다. 복음의 능력은 새 공동체를 창조하며, 이들을 통해 비밀이 알려진다. 바울은 새로운 공동체의 특징에 대해서도 유익한 설명을 제공한다. 이 공동체는 그리스도에 대한 비밀을 선포하고 설명함으로 그리스도인을 그리스도 안에서 온전한 자로 세우는 곳이다(1:28). 오늘날의 교회 역시 말씀 선포에 집중함으로 그리스도인이 온전하게 성숙해지고 있는지 스스로 질문해보아야 한다. 우리 교회는 말씀 선포에 충실한가? 아니면 여러 프로그램과 역할에 경도되어 중요한 핵심을 놓치고 있지는 않는가?

나아가 바울은 공동체에서 그리스도의 사랑이 표현되고(2:2) 질서 있게 공동체의 기능이 발휘되기를 바란다(2:5). 지역교회가 이런 균형을 이루고 유지하기는 쉽지 않지만, 우리는 삶에 복음의 사역을 온전히 반영해야 한다. 그리스도인 공동체에 대한 바울의 설명은 그가 제시한 긍정적 자질에 맞게 교회가 변화되도록 도전장을 내민다. 이 설명이 교회에 필요한 자질을 모두 다루지는 않지만, 복음이 공동체 안에서 어떻게 드러나야 하는지 시사한다.

셋째, '그리스도"는 "비밀"이시므로 모든 논쟁을 평가하는 기준이 된다(2:4). 바울은 다음 단락에서 대적들의 주장을 직접 반박한다. 하지만 주장의 근거가 되는 명제를 나열하는 식으로 접근하지 않고, 모든 진리의 닻이신 그리스도를 다시 소개한다. 바울이 반복해서 그리스도의 충분성을 지적하듯이 우리 역시 이 본문을 설명할 때 이 점을 유의해서 강조해야 한다.

우리 시대에 영적인 깨달음을 추구하는 많은 사람은 '신비'(비밀)라는 단어에 애착을 보인다. 사적인/은밀한, 개인주의적/실존주의적, 직접적인/중재를 받지 않는 등의 단어를 좋아한다.[130] 현대 설교자들은 청중에게 이 비밀의 의미를 설명해야 한다. 바울에게 이 비밀은 역사적 사건이고, 하나님 백성의 모든 공동체에 영향을 미치며, 예수 그리스도의 복음으로 중재를 받고, 십자가와 재림(parousia) 사이에서 삶으로 드러내야 하는 사건을 의미했다. 바울 시대에 이 비밀이 소아시아의 종교적 관행에 도전했다면, 거짓 복음의 유혹을 받는 우리 시대에도 여전히 도전이 된다.

130. 예를 들어, Andrew Schneider, *The Mysteries Revealed: A Handbook of Esoteric Psychology, Philosophy and Spirituality* (Las Vegas, NV: New Falcon, 1995).

5 CHAPTER

골로새서 2:6–15

문학적 전후 문맥

앞 단락에서 바울은 이 편지의 본론에서 진행될 논증의 기초를 제시했다. 1:15–20의 기독론적 찬송시에서 바울은 창조(1:15–16)와 새로운 창조 질서를 낳은 그리스도의 죽음과 부활(1:18b–20)로 표현되는 그리스도의 우월성에 초점을 맞추었다. 단락의 중앙에는 그리스도 안에 만물이 함께 서 있다는 선언이 등장한다(1:17–18a). 나아가 그리스도의 완성된 사역에 비추어 바울은 골로새 교인들이 복음에 충실할 것을 촉구한다(1:21–23).

바울은 기독론적 신앙고백에 뒤이어 그리스도의 몸을 위해 고난당하는 자로서 자신의 역할에 관심을 둔다. 여러 세대 동안 감추어져 있던 비밀의 선포자로서 자신의 역할을 확고히 세운(1:24–29) 다음 그는 골로새와 주변 지역의 성도들에 대한 특별한 관심을 집중적으로 드러낸다(2:1–5). 앞 단락과 마찬가지로 바울은 이 단락에서도 골로새인들의 견고한 믿음을 언급하며 마무리한다.

바울은 2:6–7에서 이 편지의 본론으로 나아가며 골로새 교회에 생긴 문제를 집중적으로 거론한다. 앞의 두 단락에서 피력한 우려가 이 짧은 단락에서 명시적으로 언급된다. "그리스도 예수"를 주로 받았다는 언급(2:6)은 1:15–20의 기독론적 신앙고백을 암시하며, "교훈을 받은 대로" 믿음 안에 굳게 서라는 요청(2:7)은 2:1–5의 바울의 사도 직분에 대한 설명과 연결된다.[1]

다음으로 바울은 골로새 교인들이 직면한 문제에 직접 맞선다(2:8–23). "주의하라"(βλέπετε, 8절)는 명령형으로 문제 제기가 시작된다. 이를 통해 그리스도가 그분의 소유된 사람들을 위해 이미 이루신 일로 관심을 유도한다(2:8–15). 거짓 교훈의 이데올로기적 토대에 도전하는 복음 메시지를 재진술하는 것은 2:16–23 단락을 예고한다. 이 단락에서는 거짓 교사들이 강요하는 행위와 관습에 도전한다. 이 두 단락의 연관성은 16절의 "그러므로"(οὖν)라는 연결 분사

1. 그러므로 어떤 이들은 2:6–7을 앞 단락(1:1–2:5)의 결론이라고 생각한다. 참고. MacDonald, *Colossians and Ephesians*, 88.

에서 확인할 수 있다. 그리스도의 죽음과 부활로 구원이 완성되었으므로 신자들은 이 믿음에 반대되는 행동을 해서는 안 된다.

다음으로 바울은 3:1–4:1의 긍정적 권면으로 나아가 올바른 성도의 삶에 대한 비전을 설명한다. 그는 신자가 그리스도와 복음에 신실하도록 격려하는 데 심혈을 기울인다. 신실함을 요청하는 내용은 1:23과 2:6–7에 명시되어 있다.

바울은 논증의 여러 단계를 거치면서 독자들에게 그리스도를 통해 놀라운 구원 역사를 이루신 하나님께 감사하라고 반복해서 당부한다. 1:3–8의 감사 단락에 이어 바울은 다시 이 주요 단락의 서두(2:7)에서 감사할 것을 요청하고, 3:15–17에서도 그 요청을 반복한다. 마지막 단락 역시 감사하라는 요청으로 시작한다(4:2). 다시 말해, 바울은 독자들에게 이것이 추상적인 이론이 아니라, 새 창조의 시대를 여신 참되고 유일한 창조주를 예배하라는 부르심임을 일깨운다.

IV. 바울의 사도적 사명(1:24–2:5)
- A. 하나님의 계획 속에 있는 바울의 고난(1:24–29)
- B. 지역교회들을 위해 바울이 쏟은 수고(2:1–5)

➡ **V. 신자들의 신실함(2:6–4:1)**
- **A. 신실함을 요청함(2:6–7)**
- **B. 그리스도 안에 있는 충분성(2:8–23)**
  - **1. 헛된 철학을 반박함(2:8–15)**
  - 2. 인간적 의식과 규례를 반박함(2:16–23)
- C. 신앙 생활의 방향을 전환함(3:1–4:1)

주요 개념

바울은 골로새 교인들에게 그리스도와 복음에 신실하라고 요청한다. 그리고 신자를 위협하는 권세와 죄에서 그들을 구원하신 그리스도의 죽음과 부활을 다시금 일깨워준다. 골로새 교인들은 인간의 전통을 따르지 말고, 신성의 충만이 거하는 분이신 그리스도를 신뢰해야 한다.

번역

골로새서 2:6-15

절	구분	본문
6a		그러므로
	일치	너희가 그리스도 예수를 주로 받았으니
b	권면	**그 안에서 행하되**
7a	수단	[1] 그 안에 뿌리를 박으며
b	목록	[2] 세움을 받아
c	일치	교훈을 받은 대로
d	목록	[3] 믿음에 굳게 서서
e	목록: 요약/목표	[4] 감사함을 넘치게 하라
8a	경고	**누가…너희를 사로잡을까 주의하라**
b	수단	철학과
		헛된 속임수로
c	출처	이것은 사람의 전통과…을 따름이요
d	확장	세상의 초등학문
e	8d와 대조	그리스도를 따름이 아니니라
9	근거	그 안에는 신성의 모든 충만이 육체로 거하시고
10a	확장	너희도 그 안에서 충만하여졌으니
b	서술	그는 모든 통치자와 권세의
		머리시라
11a	주장	**또 그 안에서 너희가 손으로 하지 아니한 할례를 받았으니**
b	수단	곧 육의 몸을 벗는 것이요
c	설명	그리스도의 할례니라
12a	시기	너희가 세례로 그리스도와 함께 장사되고
b	서술	또 죽은 자들 가운데서
		그를 일으키신
c	수단	하나님의 역사를
		믿음으로 말미암아
d	진행	그 안에서 함께 일으키심을 받았느니라
13a	양보	또 범죄와 육체의 무할례로 죽었던 너희를
b	기대와 반대	**하나님이 그와 함께 살리시고**
c	이유	우리의 모든 죄를 사하시고
14a	확장	우리를 거스르고…쓴 증서를 지우시고
b	14a에 대한 서술	불리하게 하는

c	연관성	법조문으로
d	사건	제하여 버리사
e	수단	십자가에 못 박으시고
15a	시기	통치자들과 권세들을 무력화하여
b	사건	**드러내어 구경거리로 삼으시고**
c	수단	십자가로 그들을 이기셨느니라

구조

이 서신의 주요 주제는 2:6-7의 짜임새 있게 구성된 문장에서 잘 드러난다. 바울은 이 문장에서 골로새 교인들에게 받은 복음에 신실하라고 요청한다. 첫 절 "너희가 그리스도 예수를 주로 받았으니"[just as(ὡς) you received Christ Jesus the Lord, 6a절]는 7c절의 "교훈을 받은 대로"[just as(καθώς) you were taught]와 균형을 이룬다.[2] 두 절 모두 예수 그리스도를 만유의 주로 인식하는 전승에 영향을 받은 것을 암시한다. 주절은 '그 안에서 행하라'(6b절)는 명령형으로 7절에서 다음과 같은 네 개의 분사로 수식을 받는다. "뿌리를 박으며", "세움을 받아", "굳게 서서", "넘치게 하라"(넘치게 함으로).

그러나 이 네 개의 분사를 엄격한 병행구로 볼 필요는 없다. 앞의 세 분사는 그리스도 안에서 행하기 위한 다양한 구성 요소를 설명하는 것이 분명하다. 그런데 마지막의 능동 분사는 비교의 절이 삽입되어("교훈을 받은 대로"), 앞의 세 분사와 분리되고 세 수동 분사를 요약한다. 감사함을 넘치게 하는 것이 그분 안에서 '뿌리를 박고', '세움을 받으며', '믿음에 굳게 서는' 목표이다(참고. 3:17의 유사한 감사의 기능).

바울이 거짓 교훈에 직면한 청중에게 직접 도전하는 주요 단락이 8절에서부터 시작된다. 명령형 "주의하라"는 독자들이 당면한 위험을 경계하도록 주의를 주는 효과가 있다. 이 가르침에 대한 실질적인 논증을 시작하기 앞서 바울은 수사학적으로 거짓 교사들의 교훈을 혹평함으로 그들의 위치를 격하한다. 그들의 가르침은 "철학과 헛된 속임수"이고, '사람의 전통과 세상의 초등학문을 따르며', 가장 중요하게는 '그리스도를 따른 것이 아니다.' 이 마지막 비판을 토대로 바울은 모든 복음 메시지의 필수적 원리로서 그리스도의 중심성과 충분성을 다시 강조한다(9절).

이렇게 그리스도 중심적 원리를 강조한 바울은 이어서 신자에게 이미 주어져 있는 실재를

2. ὡς와 καθώς 둘 다 대부분의 헬라 저자들이 흔히 사용하는 비교의 접속사다. BDF §453.

강조한다. 그들은 그리스도로 충만하고(10절), 그분과 함께 죽고 살리심을 입었고(11–12절), 쌍벽을 겨루는 도덕적 세력과 우주적 세력에 대한 그분의 승리에 참여한다(13–15절). 그러므로 그리스도의 우월성과 그분이 행하신 구원 사역의 최종성은 단순히 추상적 진리가 아니다. 이것은 신자의 자기 이해에 영향을 미치는 진리이며, 신자는 그리스도가 이루신 사역에서 참된 정체성을 발견한다.

석의적 개요

➡ **I. 신실함을 요청함(2:6–7)**
- A. 그리스도 안에서 계속 행하라(2:6)
- B. 굳게 서서 감사하라(2:7)

II. 그리스도의 충분성(2:8–23)
- A. 헛된 철학을 반박함(2:8–15)
  1. 깨어 있으라고 요청함(2:8a)
  2. 거짓 교사들의 정체(2:8b–e)
     - a. 철학과 헛된 속임수(2:8b)
     - b. 사람의 전통(2:8c)
     - c. 세상의 원리(2:8d)
     - d. 그리스도를 따르는 것이 아님(2:8e)
  3. 그리스도의 신성의 충만(2:9)
  4. 신자가 그리스도 안에 참여함(2:10–15)
     - a. 그리스도 안에서 충만함(2:10)
     - b. 그리스도와 함께 죽고 부활함(2:11–12)
     - c. 그리스도의 승리에 참여함(2:13–15)

본문 설명

2:6a 그러므로 너희가 그리스도 예수를 주로 받았으니(Ὡς οὖν παρελάβετε τὸν Χριστὸν Ἰησοῦν τὸν κύριον). 바울은 골로새 교인들이 그리스도 예수에 대한 전승을 물려받았음을 상기시키면서 이 단락을 시작한다. "그러므로"(οὖν)는, 그리스도의 탁월한 지위와 정체성에 초점을 맞춘 단락(1:15-23)과 사도들의 신실한 노력으로 전해진 복음에 초점을 맞춘 단락(1:24-2:5)인 앞의 두 단락을 이 본문과 연결한다.[3] ὡς(just as, 개역개정에는 번역되어 있지 않음-역주)는 뒤따라 나오는 명령문의 근거를 제시한다.

'받았다'(παρελάβετε)는 동사는 그리스 고전(Plato, *Theaet.* 198b, Polybius, 7.1.1)과 헬라계 유대 문헌(Jos., *Ag. Ap.* 1.60)에서 전승과 교훈의 전달과 수용을 가리켜 종종 사용하는 한 쌍의 동사('전하다', παραδίδωμι; '받다', παραλαμβάνω) 중 하나이다.[4] 바울 서신에서 이 용례는 핵심적인 복음 메시지의 전달과 수용을 설명하는 부분에 가장 잘 예시되어 있다.

> "내가 받은(παρέλαβον) 것을 먼저 너희에게 전하였노니(παρέδωκα) 이는 성경대로 그리스도께서 우리 죄를 위하여 죽으시고 장사 지낸 바 되셨다가 성경대로 사흘 만에 다시 살아나사"(고전 15:3-4).[5]

이런 용례들에 비추어 볼 때, 이 절의 동사는 골로새 교인들이 "공동체에 전달된 내용"을 받아들인 것을 가리킨다고 해석해야 맞는 듯하다.[6] 다시 말해, 바울은 그리스도 예수를 개인의 인격적 주로 영접한 사실을 가리키는 것이 아니라,[7] 그리스도 예수 주에 관한 전승을 물려받은 것을 말하고 있다. 이런 해석은 전후 문맥으로 뒷받침된다. 바울은 앞 단락에서 "우리가 전파하여 각 사람을 권하고 모든 지혜로 각 사람을 가르친"(1:28) 내용이 그리스도라고 강조했다. 또한 뒤의 유사한 구절에 나타난 평행법도 가르침의 행위가 바로 믿을 만한 전승을 전달한 행위임을 알려준다.

> 너희가…받았듯이(just as you received…, 6절)
> 너희가…가르침을 받았듯이(just as you were taught…, 7절)

바울이 여기서 말하고자 하는 요지는 골로새 교인들이 그리스도의 주재권에 복종했다는 점이 아니다. 그들이 만유의 주이신 그리스도 예수에 대한 신빙성 있는 복음을 받았음을 재확인하는 것이다. 그러므로 "철학과 헛된 속임수"에 속아서는 안 된다. 이런 철학의 뿌리는 "사람의 전통"과 "세상의 초등 학문"(8절)에 있다. 다시 말해, 바울은 골로새인들이 "주로서 그리스도 예수"(REB, TEV, NET, TNIV, NIV)나 심지어 "너희 주로서 그리스도 예수"(NLT)가 아니라 "그리스도 예수 주"를 받아들인 점을 강조한다(KJV, NASB, NKJV, NRSV, ESV).

그러나 바울에게 '그리스도 예수 주'의 복음을 받아

3. 이 분사가 단순히 문장의 전환을 알리는 역할을 할 수 있지만(예를 들어, "그리고 이제", NLT) 이 문맥에서는 앞의 주장들에 대한 논리적 결과들을 가리킨다.
4. BDAG, 762-63; G. Delling, "λαμβάνω, κτλ.," *TDNT*, 4:11-14.
5. 또한 고전 11:2, 23; 갈 1:9, 12; 살전 4:1; 살후 3:6을 보라.
6. Lohse, *Colossians and Philemon*, 93; 참고. Dunn, *Epistles to the Colossians and to Philemon*, 138-39; Barth and Blanke, *Colossians*, 299-300.
7. Moo, *Letters to the Colossians and to Philemon*, 177. 어떤 이들은 이 것이 '세례' 혹은 '세례를 핵심적 상징으로 하는 기독교 공동체로 재사회화되는 전체 과정'에 대한 언급이라고도 본다. Wayne A. Meeks, "'To Walk Worthily of the Lord': Moral Formation in the Pauline School Exemplifies by the Letter to the Colossians," in *Hermes and Athena; Biblical Exegesis and Philosophical Theology* (ed. Eleonore Stump and Thomas P. Flint; Notre Dame, IN: Univ. of Notre Dame Press, 1993), 44.

들인다는 것은, 단순히 일련의 명제에 지적으로 동의하는 것이 아님을 명심해야 한다. 다른 바울 서신을 보면 전승을 환기시킬 때 항상 신념 체계(예를 들어, 고전 15:12-13)와 행동 양식(예를 들어, 11:27-32; 살전 4:1)의 변화를 모두 포함하는 적절한 반응을 요구한다. 바울은 6절에서 골로새인들이 복음을 받았다고 언급한 뒤 곧바로 독자들에게 "그 안에서 행하라"고 요청한다.

"그리스도" 앞에 정관사가 사용되었다(τὸν Χριστὸν Ἰησοῦν). 이것을 근거로 "그리스도"는 개인의 이름이 아닌 칭호로 해석되어야 함을 알 수 있다.[8] 그러므로 이 구절은 '메시아, 예수, 주' 혹은 "주와 그리스도로서 예수"(NJB)로 해석할 수 있다. 이 관용 표현은 세상에 사신 예수님의 주 되심을 부정하는 신비주의자를 반박하기 위해 의도적으로 한 고백일 수 있다.[9] 어떤 학자들은 이 관용 표현에 '예수님은 메시아/그리스도이다'(행 5:42; 9:22; 18:5, 28; 요일 5:1)와 "예수님은 주이시다"(롬 10:9; 고전 12:3)와 같이 "일종의 이중적 교의"가 담겨 있다고 본다.[10]

2:6b 그 안에서 행하되(ἐν αὐτῷ περιπατεῖτε). 예수님을 그리스도와 주로 인정하는 것은 행동의 변화를 이끌어내야 한다. 헬라어 동사 '계속 행하다'는 어형론으로는 서술형도 될 수 있고 명령형도 될 수 있다. 하지만 이 문맥에서 이 동사는 골로새인들에게 신앙고백과 일치하는 삶을 살라는 명령형으로 쓰였음이 분명하다. 이런 기독론적 고백의 영향은 그리스도의 주재권이 인생의 모든 영역에 적용되어야 함을 강조한 1:10과 3:13에서 엿볼 수 있다.

특별히 1:10의 동사 '행하다'(περιπατέω)는 2:6의 동사와 비슷하다. 1:10의 '행하다'는 "모든 신령한 지혜와 총명에 하나님의 뜻을 아는 것"(1:9)에 걸맞게 행동해야 함을 강조한다. 한편 2:6의 "그 안에서 행하[라]"는 요청은 예수님을 주와 그리스도로 알고 인정하는 것을 기반으로 한다. 그렇다면 "그 안에서 행하[라]"는 1:10의 "주께 합당하게 행하여 범사에 기쁘시게 하고"라는 목적절에 비추어 이해할 수 있다. 그리고 바로 뒤에 나오는 1:10b-12의 목록은 2:7의 목록과 비슷하다. 두 목록은 모두 '행하다'를 단순히 실제적, 실천적 측면으로만 규정해서는 안 된다는 점을 분명히 밝힌다. 그 안에서 행함은 믿음의 생활뿐 아니라 만유의 참 주이신 분을 예배하는 것도 포함하기 때문이다.

"그 안에서"(ἐν αὐτῷ)는 골로새서에서 논증의 핵심을 이루는 그리스도 중심적 원리를 다시 한번 암시한다. 이런 논조를 유지하면서 바울은 올바른 행동은 신자들이 "그 안에서(ἐν αὐτῷ) 충만하여졌으니 그는 모든 통치자와 권세의 머리시라"(2:10)는 사실을 토대로 한다는 점을 다시 강조할 것이다. 이 구절에는 그리스도 예수 주의 복음을 받은 이들의 신앙고백적, 윤리적, 제의적 삶의 변화를 목표로 삼는 골로새서의 목적이 명확하게 진술되어 있다. 이것이 "이 편지를 이해할 수 있는 핵심절"이라는 주장은 과장이 아니다.[11]

2:7a-b 그 안에 뿌리를 박으며 세움을 받아(ἐρριζωμένοι καὶ ἐποικοδομούμενοι ἐν αὐτῷ). 바울은 이제 신자들이 그리스도 안에서 신실하게 살 수 있는 수단을 제시한다. 이 목록(분사의 연속)은 하나님을 기쁘시게 하는 삶의 수단

8. 어떤 이들은 "예수" 앞에 "그리스도"를 배치한 점은 개인의 이름이 아니라, 칭호로 "그리스도"를 사용했다는 암시라고 생각한다. Oscar Cullmann, *The Christology of the New Testament* (rev. ed.; trans. Shirley C. Guthrie and Charles A. M. Hall; Philadelphia: Westerminster, 1963), 134.

9. Lightfoot, *St. Paul's Epistles to the Colossians and to Philemon*, 176.

10. Moule, *Epistles to the Colossians and to Philemon*, 90.

11. Wayne A. Meeks, "In One Body: The Unity of Humankind in Colossians and Ephesians," in *God's Christ and His People: Studies in Honor of Nils Alstrup Dahl* (ed. Jacob Jervell and Wayne A. Meeks; Oslo: Universitetsforlaget, 1977), 210.

을 언급할 때 제시한 목록과 유사하다.

1:10b-12a	2:7
모든 선한 일에 열매를 맺음	그 안에 뿌리를 박음
하나님을 아는 것에 자라감	(그 안에서) 세움을 받음
모든 능력으로 능하게 됨	믿음에 굳게 섬
아버지께 감사를 드림	감사함을 넘치게 함

두 목록 모두 원예의 비유로 시작해서 감사하는 어조로 마무리된다. 그리스도의 우월성을 강조한 삽입 단락(1:15-20)에 비추어보면, 두 번째 목록은 신자들이 이제 "그 안에" 뿌리를 내려야 함을 더욱 분명히 보여준다.

7절에 사용된 비유는 원예("뿌리를 박으며")에서 농사("세움을 받아") 분야로 이동한다.[12] 그러나 바울이 임의로 다른 비유를 함께 사용하지는 않았을 것이다. 두 종류의 비유는 예루살렘 성전을 묘사하는 글귀에서 볼 수 있으며, 이런 관련성은 이 본문의 비유에 담긴 의미를 이해하는 데 도움이 된다.

첫째, '세움을 받다'(ἐποικοδομούμενοι)라는 동사를 사용한 것으로 보아 바울은 하나님의 성전 공동체를 염두에 두었을 가능성이 있다. 특히 "바울이 사용한 건축 비유는 거의 모든 문헌과 마찬가지로 하나님의 새 언약의 성전으로서 하나님의 백성을 가리킨다."[13] 바울 서신에서 이 동사가 쓰인 나머지 두 사례는 모두 성전의 심상을 차용한다. 이 동사가 총 세 번 사용되는 고린도전서 3:10, 12, 14에서 바울은 신자가 "하나님의 성전"임을 명확하게 지적한다(3:16). 마찬가지로 바울은 에베소서 2:20-21에서 이렇게 말한다.

> "너희는 사도들과 선지자들의 터 위에 세우심(ἐποικοδομηθέντες)을 입은 자라 그리스도 예수께서 친히 모퉁잇돌이 되셨느니라 그의 안에서 건물마다 서로 연결하여 [혹은 자라서, αὔξει] 주 안에서 성전이 되어 가고."

특히 두 비유는 하나님의 성전과 관련하여 동일한 문맥에 등장한다.[14] 이 에베소서 구절은 또한 골로새서 1:10과 2:7의 평행 구절을 설명해줄 수 있다. 이 두 구절은 '하나님을 아는 것에서 자라감'(αὐξανόμενοι)과 '그 안에서 세움을 받음'(ἐποικοδομούμενοι)이라는 표현으로 평행을 이룬다.[15]

둘째, 성경에서 성전을 묘사할 때 원예의 심상이 여러 번 등장한다. 예를 들어, 시편 52:8은 예배자를 "하나님의 집에 있는 푸른 감람나무"에 비유하며, 92:12-14은 의인을 '여호와의 집에 심겨진…종려나무같이 번성하며' 그들은 '늙어도 결실한다'고 묘사한다. 또한 에스겔 47장의 이상적인 성전에 대한 묘사에서도 "강 좌우편에 나무가 심히 많더라"(47:7)는 구절이 등장한다. 마지막으로, "물가에 심어진 나무"로 의인을 묘사한 예레미야 17:8 역시 하나님의 임재를 논하는 문맥에 나온다(참고. 렘 17:12).

이런 배경에 비추어볼 때, 시편 1편의 하나님의 율법을 묵상하는 사람을 "시냇가에 심은 나무가 철을 따라 열매를 맺으며 그 잎사귀가 마르지 아니함 같으니"(시 1:3)라고 묘사한 구절은, 토라가 하나님의 임재를 체험하는 성전의 역할을 한다고 암시한다는 점에서 중요하

12. 예를 들어, Lightfoot, *St. Paul's Epistles to the Colossians and to Philemon*, 176; Moule, *Epistles to the Colossians and to Philemon*, 90; O'Brien, *Colossians, Philemon*, 107; Wilson, *Colossians and Philemon*, 193; Moo, *Letters to the Colossians and to Philemon*, 180-81을 보라.

13. Fee, *Pauline Christology*, 327.

14. 특히 Derwood C. Smith, "Cultic Language in Ephesians 2:19-22: A Test Case," *ResQ* 31 (1989): 201-17을 보라.

15. 고전 3:6-12도 보라. 바울은 이 단락 9절에서 비유들을 서로 바꾸어 쓰고 있는 것이 분명하다. "너희는 하나님의 밭이요 하나님의 집이니라."

다.[16] 이 시편은 여호와의 율법을 대할 때 제의적인 구별됨을 강조하는 이유를 설명해줄 수도 있다(시 1:1).

본문에서 원예와 농사의 심상이 모두 성전이나 심지어 토라를 가리킨다면, 바울이 선택한 이 심상은 더욱 의미가 중요해진다. 토라가 하나님께 나아가기 위한 도구로서 성전의 지위를 지닌다면, '그 안에서 뿌리를 박으며 세움을 받는다'는 것은 하나님과 인간의 중재자로서 그리스도의 핵심적 역할을 나타낸다.[17] 이것은 어떤 인간적 전통이나 교리도 그리스도 안에서 이루어진 하나님의 완성된 사역을 축소할 수 없다고 역설하는 2:8–15의 예고편이다.

'뿌리를 박다'(ἐρριζωμένοι)라는 완료 분사는 과거의 행동을 가리킬 수 있다. 하지만 바로 뒤에 나오는 세 개의 표현("세움을 받아", ἐποικοδομούμενοι; "굳게 서서", βεβαιούμενοι; "넘치게", περισσεύοντες)은 "지속적인 교화 과정"을 의미한다.[18] 그러나 바울이 복음의 메시지에 반응하며 성도들이 선택하는 행동에 초점을 맞추기 때문에 이런 시제 변화를 시간적 의미가 아닌 '유표성'(markedness)의 변화로 보는 이들도 있다.[19]

2:7c–e 교훈을 받은 대로 믿음에 굳게 서서 감사함을 넘치게 하라(βεβαιούμενοι τῇ πίστει καθὼς ἐδιδάχθητε, περισσεύοντες ἐν εὐχαριστίᾳ). "굳게 서서"(βεβαιούμενοι)는 다양한 문맥에서 사용될 수 있다. 이 단어는 바울 서신에서 종종 '견고하게 하다'(롬 15:8; 고전 1:8)나 '굳게 하다'(고전 1:6; 고후 1:21)의 의미로 사용된다. 현대 영어 번역본들은 여기서 이 동사를 "굳게 서다"(established, ASV, NASB, NAB, NKJV, NRSV, ESV; 참고. KJV)나 "강하게 하다"(strengthened, TNIV, NIV)로 번역한다.[20] 그리스도 안에서 행하는 성도의 견고함을 강조한 앞의 두 분사를 볼 때, "굳게 서다"가 더 적절해 보인다. 이 분사는 앞의 두 분사를 근거로 하며 그들이 받은 복음에 흔들리지 않고 안정적으로 서 있어야 할 중요성을 강조한다.

"믿음"(τῇ πίστει)은 개인적인 믿음("너희 믿음", ASV, NASB, NLT, NET)을 가리킬 수 있다. 하지만 복음의 메시지에 대한 수용(6절)과 그들이 '가르침을 받은 것'(7절)을 강조하는 문맥에서는 그들이 지닌 믿음의 내용을 가리킬 가능성이 크다. "그 믿음"(the faith, KJV, NAB, NKJV, NJB, NRSV, REB, ESV, NIV). 그러므로 이 여격 구문은 수단('너희 믿음으로 말미암아')이 아니라, 위치를 나타낸다고 이해해야 한다('그 믿음 안에서').

"교훈을 받은 대로"(καθὼς ἐδιδάχθητε)는 바로 앞 절("믿음에 굳게 서서")을 수식하거나, 앞의 세 분사절 모두를 수식하는 부사절이다. 어느 경우이든 차이는 크지 않다. 구조와 내용상 이 구절은 6절의 비슷한 비교 어조를 연상시킨다. "너희가 그리스도 예수를 주로 받았으니(받았듯이)."

세 개의 수동 분사절을 사용했던 바울은 이제 능동 분사절로 바꾸어 "감사함을 넘치게 하라"고 표현한다. 이것은 그리스도를 중심으로 살라는 마무리 요청의 기능을 한다. 감사하는 행위는 고백의 행위이므로[21] 이 구절은 지속적으로 예배에 참여함으로 그리스도의 주 되심을 재확인해야 함을 가리킨다. 앞에서는 감사에 대한 언급(1:12)이 기독론적 신앙고백(1:13–14)과 기독론적 찬송시(1:15–20)로 이어졌다면, 이 본문에서 감사에 대한 언급은 그 확증을 떠오르게 하는 동시에 거짓 교

16. Robert Cole, "An Integrated Reading of Psalms 1 and 2," *JSOT* 26 (2002): 75–88을 보라.

17. 1:10의 평행절 '하나님을 아는 것에 자라가다' 역시 하나님의 뜻이 알려지는 수단으로서 토라의 역할을 암시한다. 그러나 이 문맥에서 이 역할을 하는 분은 그리스도이다.

18. Harris, *Colossians and Philemon*, 90.

19. 참고. Stanley E. Porter, *Verbal Aspect in the Greek of the New Testament* (New York: Lang, 1989), 249.

20. 어떤 번역본들은 이 수동 동사를 능동의 의미로 해석한다. "grow strong"(NLT, REB).

21. 1:3, 12에 대한 설명을 보라.

훈에 대한 본격적인 논증(2:8–23)으로 전환하는 역할을 한다.

2:8a 누가…너희를 사로잡을까 주의하라(Βλέπετε μή τις ὑμᾶς ἔσται ὁ συλαγωγῶν). 바울은 이제 거짓 교사들을 반박하면서 본격적인 논박(*refutatio*, 2:8–15)을 시작한다.[22] 믿음에 굳게 서라고 요청한(2:6–7) 바울은 이제 독자들에게 그리스도의 충분성과 우월성에 도전하는 자들 때문에 흔들리며 표류하지 말라고 직접 경고한다.

이 본문의 문장 구조(누구도…하지 않게 주의하라, βλέπετε μή)는 바울 서신에서 여러 번 사용되며, 독자들이 당면한 위험을 경고할 때 사용된다(고전 8:9; 10:12; 갈 5:15; 참고. 엡 5:15). 바울은 다시 거짓 교사들이 야기하는 위험을 지적한다(참고. 2:4의 "아무도"). 이 표현은 불특정 제자 무리를 가리킬 수도 있지만, "부정사 τις는 바울이 자주 사용하는 표현으로 그가 잘 알지만 이름을 거론할 필요를 느끼지 않는 대적을 가리킬 때 사용된다."[23]

'너희를 사로잡다'(ὁ συλαγωγῶν)는 거짓 가르침을 유포하는 자들의 영향력을 극적인 심상으로 표현한다. 어떤 이들은 이 구절에 함축된 헬라어 동사의 용례가 '회당'(συναγωγή)이라는 단어와 유사한 것을 근거로 여기에 '조롱조 말장난'이 사용되었다고 본다. "누구도 그리스도의 양 무리에서 너희를 먹잇감으로 낚아채서 유대교에 가두어두지 않도록 주의하라."[24] 골로새의 이단이 전적으로 유대적 교훈으로 확인된다고 해도, 바울이 겨냥하는 것은 유대교 안의 신비주의적 전통으로 보인다. 이 전통은 제의적 의식과 활동의 중심지를 반드시 회당이라고 생각하지 않는다. 그러므로 바울이 이 분사로 회당을 겨냥했을 가능성은 희박해 보인다.

이 단락의 전투적, 군사적 비유에 비추어볼 때(15절), '사로잡다'라는 표현이 쓰인 것은 놀랍지 않다. 이러한 심상은 강한 자를 결박하고 그의 재물을 빼앗는다는 비유에서 예수님이 하신 말씀과 비슷하다(마 12:29; 막 3:27; 눅 11:21–22).[25] 바울은 여기에서 이 심상을 복음에서 신자를 분리하여 "거짓의 노예로 끌고 가는" 거짓 교사들에게 적용한다.[26]

2:8b 철학과 헛된 속임수로(διὰ τῆς φιλοσοφίας καὶ κενῆς ἀπάτης). 이 전치사 구문은 신자를 포로로 사로잡을 수 있는 무기를 묘사한다. 문자적으로 "철학과 헛된 기만을 통해"로 이해할 수 있다(NASB, NKJV, NRSV, ESV; 참고. KJV, ASV). 하지만 접속사 "…과"는 보충 설명을 위해 쓰였을 가능성이 크다. 따라서 "헛된 속임수"는 "철학"을 설명하므로 "공허하고 기만적인 철학"으로 해석할 수 있다(TNIV, NIV; 참고. REB). "철학"(τῆς φιλοσοφίας)은 지식에 대한 사랑(Plato, *Phaed.* 61a), 철학적 전승이나 교훈(Josephus, *Ag.Ap.* 1.14), 종파(Josephus, *Ant.* 18.11), 심지어 종교(4 Macc 5:11)를 가리켜 사용되는 일반적 용어이다. 바울이 일반적인 철학을 반박하는 것은 아니겠지만, 이 학문이 근본적인 원리와 인과 관계를 확인하려는 시도에서 출발했다는 점을 잊어서는 안 된다(참고. Aristotle, *Metaph.* 1.3).[27]

바울이 철학을 "사람의 전통"이라고 묘사한 것과 철

22. *Refutatio*는 "반대 측의 정교한 논증"이라고 정의할 수 있다. Sumney, "The Argument of Colossians," 347.
23. Lightfoot, *St. Paul's Epistles to the Colossians and to Philemon*, 178. 그는 갈라디아서 1:7을 예로 든다.
24. Wright, *Colossians and Philemon*, 100.
25. 예수님은 이 심상을 사용하실 때 출애굽 전승도 차용하셨을 가능성이 있다(출 3:21–22; 12:34–35; 참고. 사 49:25; 53:12). Susan R. Garrett, *The Demise of the Devil: Magic and the Demonic in Luke's Writing* (Minneapolis: Fortress, 1989), 45–46.
26. BDAG, 955.
27. 그러나 바울 시대에 이 용어는 또한 마술이나 종교적 관행과 관련해서도 사용되었다. Günther Bornkamm, "The Heresy of Colossians," in *Conflict at Colossae* (ed. F. O. Francis and W. A. Meeks; Missoula, MT: Scholars, 1975), 139.

학을 규정하는 표현들은 이러한 전체 분야에 대한 바울의 평가가 부정적임을 시사한다. 특별히 신 중심적 혹은 그리스도 중심적 체계에 속하지 않으려 하는 사람들이 수행하는 전통이나 철학일 경우 더욱 그렇다. 그러나 이것은 현재의 학문 분야 종사자들을 부정하는 데 오용되어서는 안 된다. 특히 오늘날 모든 종교적 주장을 배제하는 체계의 인식론적 근거를 드러내는 유신론자로서 맡은 임무를 수행하는 경우라면 더욱 조심해야 한다.

'공허하고 기만적인'(철학과 헛된 속임수)이라는 설명은 그리스도["모든 충만으로 예수 안에 거하게 하시고"(1:19),[28] "그 안에는 지혜와 지식의 모든 보화가 감추어져 있느니라"(2:3)]와 대비된다. 또한 "진리의 말씀"(1:5)인 복음과도 대조를 이룬다. 그런 철학으로 사로잡으려 하는 자들을 경계하라는 요청은 "교묘한 말"(2:4)에 속지 말라는 경고를 떠오르게 한다. 바울은 이어지는 절에서 이 철학이 '공허하고 헛된' 이유를 명확히 밝힌다. 즉, 이데올로기나 실제적 원리와 규례가 결여되어서가 아니라, 오직 "그리스도"께만 근거하고 않고 "사람의 전통"에 근거하기 때문이라는 것이다.

2:8c 이것은 사람의 전통과…을 따름이요(κατὰ τὴν παράδοσιν τῶν ἀνθρώπων). 바울은 전치사 '…을 따라'(κατά)의 지배를 받는 세 전치사구를 이용하여 세속 철학의 근거를 밝힌다. 첫 전치사구는 일반적인 진술을 소개하는 반면, 나머지 두 전치사구는 이 진술의 확장된 내용을 소개한다고 보는 것이 가장 적절하다.[29]

사람의 전통에 따라
(다시 말해) 세상의 초등학문에 따라
그리스도를 따라서가 아니라

'사람의 전통을 따른다'는 구절은 예수님이 마가복음 7:8에서 바리새인과 율법 선생을 비판한 내용을 떠오르게 한다("너희가 하나님의 계명은 버리고 사람의 전통을 지키느니라"). 이 말씀은 하나님의 백성이 거짓 예배를 드린다고 정죄당하는 이사야 29:13 인용문에 뒤이어 나온다.[30] 신적 계획과 인간적 생각의 대비는 우상 숭배를 서술하는 다른 성경 본문에도 등장한다(사 40:18-24; 41:4-7; 44:9-11; 46:6-7; 행 17:24-31; 참고. 행 7:39-41, 48-50).[31] 그리고 '공허하고 기만적인'이라는 표현은 우상을 배격하는 예언자적 변증을 떠올리게 한다(참고. 사 44:9; 렘 2:4-8; 시 97:7; 115:4-7; 135:15-18).[32] 그러므로 바울은 이 구절에서 단순히 인간의 가르침이 거짓 가르침이기 때문이 아니라, 그것이 절대 용납할 수 없는 거짓 예배를 대표하기 때문에 비판한다. 이 경고의 엄중함은 다음 두 전치사구로 강조된다. 하나님과 경쟁을 벌이는 존재들에 대한 예배는 창조주에 대한 참된 예배와 대조를 이룬다.

2:8d-e 세상의 초등학문…그리스도를 따름이 아니니라(κατὰ τὰ στοιχεῖα τοῦ κόσμου καὶ οὐ κατὰ Χριστόν). 바울은 이제 피조물에 대한 예배와 창조주에 대한 예배를 대비시킨다. 학자들은 "세상의 초등학문(elemental spirits)"(τὰ στοιχεῖα τοῦ κόσμου)의 정확한 의미를 두고 서로 다른 의견들을 내놓는다. 대체로 받아들이는 해석은 다음과

28. 공허하다는 언급은 또한 그리스도 안에 거하는 "신성의 모든 충만"(9절)이라는 서술을 예고한다.

29. 어떤 이들은 이 첫 전치사구가 기원을 설명한다면, 두 번째와 세 번째는 내용을 설명한다고 본다(Lightfoot, *St. Paul's Epistles to the Colossians and to Philemon*, 177-78; Harris, *Colossians and Philemon*, 92-94). 그러나 이것으로는 세 구절을 소개할 때 동일한 전치사를 사용한 이유가 무엇인지 충분히 설명되지 않는다.

30. 골로새서 2:22도 이 절을 암시한다.

31. 특별히 *Rémi Lack, La symbolique du livre d'Isaïe* (AnBib 59; Rome: Biblical Institute, 1973), 95-99를 보라.

32. Brian J. Walsh, "Late/Post Modernity and Idolatry: A Contextual Reading of Colossians 2:8-3:4," *ExAud* 15 (1999): 8-9.

같다.

(1) 물리적 세계의 요소들: 정경 외의 헬라 문헌에서 '요소'(elements, στοιχεῖα)라는 단어가 거의 전적으로 물리적 지구의 4, 5원소를 가리키기 때문에, 이 해석이 사전적으로 가장 강력한 지지를 받는다.[33] 그러므로 바울이 경고할 내용은 "사라질 운명인 세상적이고 물질적인 것에 노예가" 되지 말라는 것이다.[34]

(2) 세상의 초보적 교훈: 어떤 학자들은 첫 번째 범주를 확장하여 이 구절이 세상의 초보적 가르침을 가리킨다고 생각한다.[35] 바울 서신 중 유일한 평행 구절인 갈라디아서 4:3(참고. 갈 4:9)을 토대로 이 구절이 무엇보다 토라와 그것을 중심으로 하는 유대적 가르침을 가르킨다고 주장하는 이들도 있다. 그러한 경우 이 구절은 성령의 자유와 반대되고 오직 "이 세상"에만 집착하는 "물질주의적" 가르침을 가리킨다.[36]

(3) 세상의 초보적 영: 골로새서 문맥에 비추어 어떤 이들은 이 구절이 영적 존재를 가리킨다고 주장한다. 주후 1세기 저작으로 추정되는 마술과 천문학 전승 관련 문헌을 보면 "스토이케이아(*stoicheia*)라는 용어는 실제로 일상적 삶에 지대한 영향을 미치는 인격화된 영적 세력을 가리켜 사용되었다."[37]

골로새서에서 천사를 언급한 여러 경우를 볼 때(1:13, 16; 2:10, 15, 18) 세 번째 해석이 이 구절을 가장 잘 이해한 것으로 보이며, 현대 번역본들도 이 해석을 많이 채택한다. "세상의 초보적 영"(ESV, NET; 참고. NRSV, REB), "이 세상의 초보적인 영적 세력"(TNIV, NIV), "이 세상의 영적 세력"(NLT; 참고. NAB).

이 해석은 여러 연구 결과로 뒷받침된다. 첫째, 갈라디아서에서 "초등학문"(στοιχεῖα)을 "약하고 천박"(ἀσθενῆ καὶ πτωχά, 갈 4:9)하다고 한 것을 볼 때, "초등학문"은 단순히 종교적 가르침이 아닌 인격적이고 영적인 세력을 가리킬 가능성이 있다.[38] 둘째, 물, 불, 바람 같은 자연은 두려움의 대상이었고[39] 물질계와 영계의 분리는 고대 우주론적 세계관에서 크게 유포되지 않았던 것으로 보인다. 셋째, 바울이 무엇보다 거짓 가르침을 악한 영적 세력의 도구로 규정하고 공격하는 것일 수 있다. 이 변증적 목적은 바울이 고대 헬라 문헌과 다른 방식으로 이 구절을 사용하게 했다.[40] 이 절에서 "그리스도"와 대비되는 공허하고 기만적인 철학은 부정해야 하는 세력으로 여겨지는 것이 분명하다.

"그리스도를 따름이 아니니라"는 거짓 가르침을 반박하는 가장 강력한 논증에 해당한다. 또한 이 표현은 바울이 전개하는 논증의 핵심을 다시 보여준다. 즉, 그리스도의 우월성과 충분성에 도전하는 모든 가르침은 기독교 공동체를 위협하는 인격적, 영적 세력으로서 그 실체가 밝혀져야 한다는 것이다. 이 "세상"과 결탁한 세

---

33. Gerhard Delling, "Στοιχέω, κτλ.," *TDNT*, 7:670-83과 Dietrich Rusam, "Neue Belege zu den στοιχεῖα τοῦ κόσμου (Gal 4,3.9; Kol 2,8.20)," *ZNW* 83 (1992): 119-25에서 이 결론을 지지하는 이 단어의 9가지 용례에 대한 검토 내용을 보라. 참고. "rudiments of the world"(KJV, ASV).

34. Christian Stettler, "The Opponents at Colossae," in *Paul and His Opponents* (ed. Stanley E. Porter; Pauline Studies; Leiden: Brill, 2005), 192.

35. Sappington, *Revelation and Redemption at Colossae*, 164-70; NASB, "세상의 초보적 원리"(참고. NJKV; NJB)를 보라.

36. Moule, *Epistles to the Colossians and to Philemon*, 92. 어떤 이들은 갈라디아서와 골로새서가 절기에 집착하는 유대 전승과 관련이 있다고 본다. 그럴 경우 이런 요소(elements, 물, 불, 바람 같은 자연, 개역개정에는 "초등"-역주)에 대한 언급은 물리적 지구의 작동과 관련이 있다. Martinus C. de Boer, "The Meaning of the Phrase τὰ στοιχεῖα τοῦ κόσμου in Galatians," *NTS* 53 (2007): 204-24.

37. Arnold, *Colossian Syncretism*, 173. 또한 Smith, *Heavenly Perspective*, 84-86도 보라.

38. Edward Adams, *Constructing the World: A study in Paul's Cosmological Language* (Edinburgh: T&T Clark, 2000), 230.

39. 특별히 Edward Schweizer, "Slaves of the Elements and Worshippers of Angels: Gal 4:3, 9 and Col 2:8, 18, 20," *JBL* 107 (1988): 455-68을 보라.

40. Ernst Percy, *Die Probleme der Kolosser-und Epheserbriefe* (Lund: Gleerup, 1946), 156-70.

력은 그리스도와 비교조차 할 수 없는 존재이다. 그리스도를 통해 "만물이…창조되되 하늘과 땅에서 보이는 것들과 보이지 않는 것들과 혹은 왕권들이나 주권들이나 통치자들이나 권세들이나 만물이 다 그로 말미암[았기]"(1:16) 때문이다.

2:9 그 안에는 신성의 모든 충만이 육체로 거하시고(ὅτι ἐν αὐτῷ κατοικεῖ πᾶν τὸ πλήρωμα τῆς θεότητος σωματικῶς). 이제 바울은 앞의 경고에 대한 근거를 제시한다. "모든 충만"이 성육신하신 그리스도 안에서 발견되기 때문에 우리는 '공허하고 헛된 철학'(8절)에 속지 말아야 한다. 나아가 이 절은 '그리스도를 따르지 않는'(8절) 가르침을 거부해야 하는 이유를 설명한다.

바울은 "그 안에는"(ἐν αὐτῷ)이라는 표현을 절 서두에 배치하여 기독론적 원리의 중요성을 강조하고, 필요 없어 보이는 "모든"(πᾶν)으로 이 점을 뒷받침한다. "모든"은 그 자체로 총체성과 완전성의 개념이 내포된 단어인 "충만"(τὸ πλήρωμα)을 수식한다. 충만은 분명히 "신성"을 가리키는 표현이므로, "모든 충만"은 "1:19의 설명을 위해 반복하는 것"이다.[41]

이 문맥에서 "신성의"(τῆς θεότητος)는 내용의 소유격으로 보는 것이 가장 정확하다. 예수님은 충만한 신성으로 충만하시다.[42] 그러나 "모든 충만"을 1:19에 나오는 동사의 주어로 볼 경우, 하나님이 "모든 충만"으로 밝혀진다. 그러한 경우, "신성의"는 보조적 설명의 소유격으로도 해석할 수 있다. "모든 충만, 즉 하나님 자신."[43] "신성"이라는 단어는 영어로 "God"(NLT), "Godhead"(KJV, ASV, REB, NKJV), "divinity"(NJB), "deity"(NRSV, ESV, NET), "the Deity"(TNIV, NIV)처럼 여러 가지로 번역된다. 그런데 이것은 "모든 충만"이라는 언급과 함께 쓰이므로 모든 충만한 본질이신 하나님을 가리키는 것이 분명하다.

1:19에서처럼 하나님이 그리스도 안에 '거하신다'(κατοικεῖ)는 개념은 하나님이 거룩한 성산의 거처에 거하신다고 말하는 시편 68:16(LXX, 시 67:17)을 암시할 수 있다. 골로새서에서 명사 "육체"(σῶμα)가 여러 방식으로 사용되므로 "육체로"(σωματικῶς)라는 부사 형태에 대해 여러 해석이 제시되었다.

(1) 교회: 1:18과 1:24에서 교회를 가리켜 "몸"이라는 단어를 사용했으므로, 어떤 학자들은 바울이 "그리스도와 '그의 몸, 즉 교회'가 확실한 연합"을 이루는 데 역점을 두었다고 주장한다.[44] 신자의 충만함을 강조하는 다음 절(2:10)이 이 해석에 무게를 실어줄 수 있다. 이 구절의 교회론적 의미를 부정할 수는 없지만, 이 절의 초점은 8절의 주장에 대한 정당성을 부여하는 데 있으며 그 핵심은 명백히 기독론적이다. 또한 이 절이 1:19과 포괄적으로 평행을 이룬다는 점 역시 이 해석을 인정하지 않는다.

(2) 우주체(cosmic body): 일부 학자는 8절의 "세상의 초등학문"(세상의 초보적 영들)에 암시된 다양한 우주적 세력을 지적하면서 "육체로"가 "정사와 권세, 그 외 다른 우주적 세력으로 구성되는 우주체"를 가리킨다고 주장한다.[45] 그러나 앞에서 그리스도와 관련해 "육체"라고 언급한 것을 볼 때, 우주체를 가리킨다는 주장은 이 본문에서 설득력이 없어 보인다(참고. 1:18, 22, 24; 해당 구절의 설명을 보라).

(3) 실재(reality): 2:17에서 장래 일의 그림자와 대비되는 실재를 가리켜 "몸"이라는 명사형을 사용한 것을 근거로 "육체로"가 그리스도 안의 하나님의 내주하심이라는 '실재'를 가리킨다고 해석하는 사람들이 있다. 즉, "그

---

41. Lohse, *Colossians and Philemon*, 99.

42. Wallace, *Greek Grammar*, 94.

43. Petr Pokorný, *Colossians: A Commentary* (trans. Siegfried S. Schatzmann; Peaboy, MA: Hendrickson, 1991), 121.

44. Henderson, "God's Fullness in Bodily Form," 170.

45. Van Kooten, *Cosmic Christology in Paul*, 25를 보라.

리스도 안에서 모든 신성의 충만이 굳건한 실재로 살고 계신다"는 것이다.[46] 이 해석은 어거스틴으로 거슬러 올라간다. 그는 이 단어를 "실제로 그림자와 반대되는"(*Epist.* 149, 25) 의미로 이해했다.[47]

(4) **그리스도의 성육신한 몸:** 가장 문제가 되지 않는 해석은 "육체로"를 그리스도의 성육신한 몸으로 보는 것이다. 부사형이 사용되지는 않았지만 1:19의 경우가 여기에 해당하는 것으로 보인다. 대부분의 영어 번역본이 이 해석을 채택하여 "bodily"(KJV, ASV, NAB, NRSV, NKJV, ESV), "in bodily form"(NASB, NJB, TNIV, NET, NIV), "embodied"(REB), 심지어 "in human body"(NLT)로 번역한다. 이 해석은 그리스도의 지상의 삶이 거짓이라고 주장하는 이들을 반박하고자 성육신하신 그리스도를 강조하고 앞의 (3)번의 해석을 기초로 삼는다.

그리스도의 몸에 대한 강조는 "신적 현현에 대한 접근성에 방점이 찍혀 있다."[48] 그리스도의 실재는 이미 역사적 사실로서 그분과 그분의 충만한 신성에 나아가기 위해 특별한 환상적 체험이 필요 없다는 것이다. 그리스도의 육신이 하나님의 구속과 구원의 도구였기 때문에, 이 언급은 거짓 선생들이 조장하는 금욕주의적 고행을 반박하는 것일 수도 있다(참고. 2:16-23).[49] 그러나 높아지신 그리스도에 대한 찬송시가 예수 그리스도의 죽음과 부활에서 정점에 이르듯(1:18, 20), 거짓 가르침에 대한 바울의 논박도 물질적 실재, 영적이고 우주론적으로 심오한 의미를 지닌 실재를 기반으로 한다.

2:10a 너희도 그 안에서 충만하여졌으니(καὶ ἐστὲ ἐν αὐτῷ πεπληρωμένοι). 바울은 접속사 '그리고'(καὶ)로 기독론적 선언에서 교회론적 함의로 초점을 이동한다. 현재 시제 동사 '있다'(to be, ἐστέ)와 완료 분사(πεπληρωμένοι)의 결합으로 완료 완곡 구문이 형성된다.[50] 이 동사 형태의 용례가 두 가지 특이한 특징을 보이기 때문에 다양한 해석이 제기되었다. 첫째, 하나님이 수동 분사의 의미상의 행위자이심이 분명하지만, 종종 상태 동사로 번역되거나("너희들은 그 안에서 완전하다", NKJV; 참고. KJV, ASV, NLT) 능동형 동사로 번역된다("너희들이 그 안에서 이 충만함을 나눈다", NAB; "그 안에서 너희는 네 스스로의 성취를 얻는다", NJB). 이런 해석은, 독자로 하여금 하나님에 대한 의도적 강조와 더 구체적으로는 참된 성취를 이루실 수 있는 올바른 주체로서 그리스도를 강조한 부분을 간과하게 한다. 이 강력한 신 중심적, 그리스도 중심적 강조는 바로 앞 절에서 정점에 다다랐다. 앞 절에서는 '사람의 전통을 따르는 것'과 '그리스도를 따르지 않는 것'을 대조했다(8절).

둘째, 신자들이 충만해야 할 내용을 가리키는 두 번째 목적어의 부재 때문에 여러 창의적 해석이 제기되었다(예를 들어, "그리스도 안에서 너희가 충만함에 이르렀다", TNIV, NIV). 그중에는 두 번째 목적어를 "생명"으로 보는 견해도 있다("너희가 그분과 연합을 이룸으로 충만한 생명을 얻었다", GNB).[51] 이 동사가 '확실성'의 의미로 사용되었으므로 두 번째 목적어가 생략되었다고 볼 수도 있지만(참고. 4:12), 이 문맥에서 신적 수동 분사는 7절에 나오는 세 개의 수동 분사("뿌리를 박으며 세움을 받아 교훈을 받은 대로 믿음에 굳게 서서")를 가리킨다. 또한 이 동사는 신적 채움의 행위에 대한 온전한 의미를 설명하는 것일 수 있다.

46. David E. Garland, *Colossians and Philemon* (NIVAC; Grand Rapids: Zondervan, 1998), 146.
47. Lohse, *Colossians and Philemon*, 100.
48. Dunn, *Epistles to the Colossians and to Philemon*, 152.
49. Wedderburn, "The Theology of Colossians," 37.
50. 그러나 어떤 이들은 이것을 행동을 나타내는 별개의 두 동사로 본다. "그리고 너희는 충만한 상태로 그 안에 있다"(Lightfoot, *St. Paul's Epistles to the Colossians and to Philemon*, 182).
51. 한 가지 동사만 사용한 것은, 독자가 생략된 내용이 무엇인지 알고 있었음을 암시할 것이다. "바울은 거짓 교사들이 골로새의 추종자들에게 '생명의 충만함'을 약속하며 채택한 슬로건을 사용"하고 있다(Martin, *Colossians and Philemon*, 81).

10절과 9절이 분명히 연관되는 이유는, 두 절 모두 동일한 단어군을 사용하기 때문이다. 신자는 신성의 "모든 충만"을 담고 계신 분으로 '충만해졌기' 때문에 온전히 충족함을 누릴 수 있다. 그러나 신자들은 그리스도처럼 충만한 신성으로 충만한 존재가 아니므로, 자동적으로 이렇게 연관되지는 않는다. 하지만 신자는 그리스도의 충만한 신성 때문에 그분 안에서 충만함으로 온전한 구원의 확신과 유익을 경험할 수 있다.

2:10b 그는 모든 통치자와 권세의 머리시라(ὅς ἐστιν ἡ κεφαλὴ πάσης ἀρχῆς καὶ ἐξουσίας). 신자들을 언급한 바울은 모든 피조물에 대한 그리스도의 우월성을 다시 강조한다. 이 구문은 기독론적 찬송시가 반복되는 듯한 느낌을 준다. 그리스도를 "머리"(ἡ κεφαλή)로 언급한 것은 1:18과 연결되지만, "모든 통치자와 권세"(πάσης ἀρχῆς καὶ ἐξουσίας) 위에 군림하시는 그분의 권세는 1:16의 "통치자들"(ἀρχαί)과 "권세"(ἐξουσίαι)에 대한 언급과 연결된다.

"머리"라는 비유는 우월성과 권위를 암시하고, "모든 통치자와 권세의"는 목적 소유격에 해당한다. "모든 통치자와 권세를 다스리는 머리"(NLT, NET). 어떤 번역본은 이 비유에 함축된 우월성의 개념을 명시적으로 표현한다. "그는 모든 영적 통치자와 권세보다 우월하시다"(GNB). 그리스도를 이렇게 묘사한 것은 신성을 "세상의 지배 기관"으로 보는 스토아적 개념(Cicero, *Nat. d.* 1.39)과 유사하다.[52] 하지만 그리스도의 경우에는 우주에 대한 우월적 권세가 또한 '육신'의 모습(9절)이시면서도 신성의 충만함으로 가득하다는 점이 두드러진다. 1:18의 유사한 비유의 용례와 달리 통치자와 권세는 그리스도의 몸에 속한 존재로 인식되지 않는다.[53] 그 대신 그들은 이제 '무장해제되어' 그분께 종속된 존재이다(15절). 그러므로 "머리"의 비유는 그리스도를 우주체로 볼 수 없음을 보여준다.

"모든"은 앞 절의 "모든"과 유사하며, 그리스도의 통치의 포괄성과 우월적 위치를 강조한다. 2:15과 연결해서 보면 그러한 영적 세력과 관련하여 그리스도의 능력이 점진적으로 묘사되고 있다. 그들은 그분에게서 창조되고(1:16), 그분께 복종하며(2:10), 그분께 무장해제되어 패배당한다(2:15). 바울의 논증에서 이 권세를 반박하는 변증의 강도를 간과해서는 안 된다.

2:11a 또 그 안에서 너희가 손으로 하지 아니한 할례를 받았으니(Ἐν ᾧ καὶ περιετμήθητε περιτομῇ ἀχειροποιήτῳ). 바울은 계속해서 그리스도의 사역이 이제 "그 안에"(ἐν ᾧ) 있는 성도에게 미치는 효과를 강조한다. 10절에서는 채우는 긍정적 비유가 사용된 반면, 여기에서는 제거하는 부정적 비유에 초점을 둔다. 이 두 측면은 부사적 용법의 접속사 "또"(καὶ)로 연결된다.

여기서 할례를 언급한 것은 예상 밖이다. 할례는 구약에서 주변 민족과 구분된 하나님의 백성이라는 언약적 표식이었다(창 17:9-14). 제2성전 유대교에서 할례는 정체성을 나타내는 표식이 되어 하나님의 유일한 선민으로서 유대인의 자기 이해를 상징했다(참고. 1 Macc 1:60). 어떤 학자들은 12절에서 세례가 언급된 것을 근거로, 기독교의 세례가 고대 유대인의 언약 입교 의식의 완성이라고 제시하면서 바울이 이 유대 의식을 상기시키는 것이라고 주장한다. 그러한 경우 "이것은 현존하는 초대 기독교 문헌에서 할례가 세례의 상징으로 쓰인 첫 사례가 된다."[54] 그러나 신약에서 세례와 할례의 연관성에 대한 다른 증거들이 없으므로 이런 주장은 설

52. Van Kooten, *Cosmic Christology in Paul*, 24.
53. 이 비유의 일반적 용례는 구약과 유대적 용례와 일치한다. 참고. Arnold, "Jesus Christ: 'Head' of the Church," 364; Nebe, "Christ, the Body of Christ," 115.
54. Sumney, *Colossians*, 136; 참고. MacDonald, *Colossians and Ephsians*, 99.

득력이 없다.[55] 나아가 "할례를 받았으니"(περιετμήθητε)라는 수동태 동사는 의미상의 주어가 하나님이심을 암시한다. 그러므로 이 할례는 하나님의 강력한 건지심과 구원 사역을 체험한 신자의 회심을 가리킨다고 보아야 한다(참고. 롬 2:25-29). '사람의 손으로 하지 아니한'이라는 할례에 대한 언급 역시 신자의 삶에 나타나는 하나님의 유일무이한 주권적 역사를 가리킨다.[56]

기독교 세례와 할례가 무슨 관계인지는 상관없이 할례라는 심상을 소개하는 것에 관해서는 자세한 설명이 필요하다. 할례가 바울이 비판하고 있는 거짓 교훈의 중요한 요소였을 가능성을 배제할 수 없다.[57] 어떤 학자들은 신체의 할례를 반대하는 논증이 골로새서에 등장하지 않기 때문에 이 가능성을 반대한다.[58] 하지만 이런 접근은 이 절이 할례를 강조한다는 사실과 고대 세계 유대인의 강력한 상징으로서 할례가 지닌 의미를 간과한다.[59]

나아가, 바울이 지금 다루는 문제는 갈라디아에서 직면한 것과는 그 성격이 매우 달라 보인다. 그러므로 할례라는 주제에 대한 강조점이 동일하리라 생각해서는 안 된다. 바울이 반박하는 가르침의 핵심 내용이 할례는 아니지만, 그 가르침이 유대적 성격을 띠는 것은 분명한 듯하다. 이 때문에 가르침의 혼합주의적 성격을 배제할 수 없다. 하지만 이 가르침에 대한 비판의 서두에 이 중요한 상징이 소개된다는 점에서 최소한 1세기 디아스포라 유대교의 시선으로 그다음 자료를 검토할 수밖에 없다.

"손으로 하지 아니한 할례"는 문자적으로 "손 없이 행해진 할례"(NASB, ESV)로 해석된다. 이 구절은 두 가지 관련된 구약 전승을 반영한다. 첫째, 이미 구약에서 불순종하는 하나님의 백성을 가리켜 할례의 심상이 사용되었다. 그들은 육신의 할례는 받았지만 마음(참고. 레 26:41-42; 신 10:16; 렘 4:3-4; 9:24-25; 겔 44:6-9)이나 귀(렘 6:10)나 입술(출 6:12, 30)의 할례는 받지 않은 백성이었다.[60] 하나님이 자기 백성 가운데 역사하겠다고 약속하시는 구절에서 할례가 긍정적 용례로 사용된 경우도 있다. "네 하나님 여호와께서 네 마음과 네 자손의 마음에 할례를 베푸사 너로 마음을 다하며 뜻을 다하여 네 하나님 여호와를 사랑하게 하사 너로 생명을 얻게 하실 것이며"(신 30:6). 골로새서의 이 본문에서 바울은 하나님이 아들의 죽음과 부활로 회복된 자기 백성의 마음을 정결하게 하심으로 그 약속이 성취된 것을 말한다.

둘째, "손으로 하지 아니한"(ἀχειροποιήτῳ)으로 번역된 헬라어는 이스라엘의 장구한 우상 배격 전통을 떠오르게 할 수 있다. 칠십인역에 나오는 관련 용어인 '사람의 손으로 만들어진'(χειροποίητος)은 거의 항상 인간의 손으로 만든 우상을 가리켜 사용되었다(레 26:1, 30; 사 2:18; 10:11; 16:12; 19:1; 21:9; 31:7; 46:6; 단 5:4, 23; 6:28; 참고. Wis 14:8). 이 용례는 사도행전에서 바울이 거짓 신들을 섬기는 아덴 사람들을 향해 우상에 반대하는 변증을 펼칠 때 다시 등장한다(행 17:24-25). 놀라운 점은

55. Roy Yates, "Colossians 2:15: christ Triumphant," *NTS* 37 (1991): 587.
56. 여기서 "할례"와 세례 의식을 동일시하는 입장을 반박하는 자세한 논의는 다음을 보라. J. P. T. Hunt, "Colossians 2:11-12, the Circumcision/Baptism Analogy, and Infant Baptism," *TynBul* 41 (1990): 227-44.
57. Barth and Blanke, *Colossians*, 317.
58. 예를 들어, Moo, *Letters to the Colossians and to Philemon*, 199-200을 보라.
59. 특별히 Judith M. Lieu, *Christian Identity in the Jewish and Graeco-Roman World* (New York: Oxford Univ. Press, 2004), 108-26을 보라.
60. Werner E. Lemke, "Circumcision of the Heart: The Journey of a Biblical Metaphor," in *A God So Near: Essays on Old Testament Theology in Honor of Patrick D. Miller* (ed. Brent A. Strawn and Nancy R. Bowen; Winona Lake, IN: Eisenbrauns, 2003), 299-319. 제2성전기 유대 문헌에서 이 비유가 사용된 사례는 다음을 보라. R. Le Déaut, "Le thème de la circoncision du coeur (Dt. xxx 6; Jér. iv 4) dans les versions anciennes (LXX et Targum) et à Qumrân," in *Congress Volume: Vienna, 1980* (ed. J. A. Emerton; VTSup 32; Leiden: Brill, 1981), 187-203.

스데반이 하나님의 사역을 제한하는 유대 지도자들을 비판할 때 예루살렘 성전을 남용하는 자들을 가리켜 매우 유사한 표현을 사용한다는 점이다(행 7:48).[61] 그러므로 여기서 바울은 "손으로 하지 아니한" 할례를 언급함으로 거짓 신들을 숭배하고 육체적 할례를 강조하는 사람들을 간접적으로 비난하는 것이라고 볼 수 있다.

2:11b-c 곧 육의 몸을 벗는 것이요 그리스도의 할례니라(ἐν τῇ ἀπεκδύσει τοῦ σώματος τῆς σαρκός, ἐν τῇ περιτομῇ τοῦ Χριστοῦ). 이 문장의 후반부는 신자의 참된 할례가 이루어지는 수단을 알려준다. 이 후반부의 정확한 의미는 두 전치사구의 관계에 따라 달라진다. 바울이 언급하는 "육의 몸"은 누구의 것이며, 소유격 "그리스도의"의 기능은 무엇인가? 가능한 해석 중 세 가지가 가장 유력하고, 이 중 두 해석은 두 전치사 구문을 기능상 병행구로 본다.

(1) 두 전치사구는 병행구로서 신자가 '할례를 받을' 때 일어나는 일을 설명한다. "육의 지배를 받던 너희의 전(whole) 자아가 그리스도로 할례를 받을 때 벗겨졌다"(NIV; 참고. TNIV).

(2) 첫 전치사구는 신자의 경험을 서술하지만, 두 번째 전치사구는 그리스도의 경험을 가리킨다. "너희의 죄성이 그리스도의 '할례'로 벗겨졌다."[62]

(3) 두 구절은 병행구로서 '할례를 받을' 때 그리스도가 경험하신 것을 서술한다. "(그리스도가) 그의 육신의 몸을 벗으실 때, 다시 말해 그리스도가 '할례'를 받으실 때."[63]

대부분의 학자는 여격 정관사(the, τῇ)와 함께 동일한 전치사(in/by, ἐν)를 병행구로 사용한 점을 들어 두 개의 구가 평행 관계라고 생각한다. 따라서 세 가지 중 (1)번과 (3)번의 해석을 선택할 수 있다고 본다. (1)번의 해석을 주장하는 많은 학자는, 명사의 동사형 '벗어버림'(τῇ ἀπεκδύσει)을 옛 본성을 벗어버리는 것으로 언급한 3:9과 연결해서 보아야 한다고 주장한다. "너희가 서로 거짓말을 하지 말라 옛 사람과 그 행위를 벗어버리고(ἀπεκδυσάμενοι)."[64] 또한 '육신의 몸'(τοῦ σώματος τῆς σαρκός)을 언급하는 인칭 대명사가 나오지 않는 것은 바울이 더 포괄적인 용례를 염두에 두었다는 뜻일 수 있다. 마지막으로, 바울은 인간의 죄성을 가리켜 "육신"이라는 단어를 종종 사용한다(예를 들어, 롬 6:19; 7:5, 18; 8:4, 5, 6; 갈 5:13).

그러나 문맥상 (3)번의 해석이 더 나아 보인다.[65] 첫째, 뒤에 나오는 3:9의 언급보다 앞에 나오는 1:22의 언급을 살펴보아야 한다. "육의 몸"(τῷ σώματι τῆς σαρκός)은 십자가에서 고난당하신 그리스도의 몸을 가리키는 것이 분명하다. 따라서 1:22의 육체에 대한 이해를 바탕으로 이 구절을 해석해야 한다.

둘째, 인칭 대명사('그의')가 없는 것은, 이 단락에서 이미 그리스도를 수없이 언급한 점과 특히 이 절 서두의 '그 안에서'(ἐν ᾧ)라는 표현으로 설명할 수 있다.

셋째, '벗다'의 동사형은 골로새서에서 포괄적 의미로 사용된다. 통치자들과 권세들을 무력화했다(ἀπεκδυσάμενος)고 언급한 2:15이 대표적이다. 다시 말해, 이 단어군이 사용된 것이 반드시 인간의 죄성을 벗는다는 의

61. 같은 문맥에서 이스라엘이 황금 송아지를 만들어 예배하며 "자기 손으로 만든 것"(행 7:41)을 기뻐했다는 내용이 등장한다. 사도행전의 더 포괄적인 우상 배격 변증이라는 측면에서 이 구절을 더 자세하게 논의한 내용은 Pao, *Acts and the Isaianic New Exodus*, 181-216을 보라.

62. "그리스도의"의 모호성 때문에 이 해석을 수용할 수도 있지만 이 해석을 명시적으로 채택한 번역본은 거의 없다. "그리스도의 할례로 육신의 죄의 몸을 벗어버림"(KJV).

63. Moule, *Epistles to the Colossians and to Philemon*, 96.

64. Lightfoot, *St. Paul's Epistles to the Colossians and to Philemon*, 183-84의 대표적 진술을 보라.

65. 예를 들어, O'Brien, *Colossians, Philemon*, 117; Barth and Blanke, Colossins, 364-65를 보라.

미는 아니라는 뜻이다.[66]

넷째, 지금까지 골로새서에서 '육'이라는 단어가 쓰일 때 항상 부정적 의미보다 중립적 의미를 전달했다(1:22, 24; 2:1, 5).

다섯째, 유대 문헌에서 "할례"(περιτομή)가 소유격으로 쓰인 사례를 보면 언제나 목적격 소유격으로 사용된다(LXX, 출 4:25–26; 렘 11:16; 롬 2:25, 29; Josephus, *Ant.* 1.192; 8.262; Philo, *Spec. Laws* 1.2).[67]

마지막으로, 그리스도의 죽음에 대한 비유로서 할례를 논의할 때 로마서 6:3–4과의 관련성도 꼭 짚고 넘어가야 한다. 바울은 로마서에서 예수님의 죽음, 장례, 부활을 이야기하고, 골로새서에서는 할례, 장례, 부활을 이야기한다.[68]

그러므로 이 구절에서 바울은 두 가지 할례를 말하는 것이다. 신자는 그리스도의 할례(즉, 그분의 죽음)로 할례를 받는다. 이 심상은 특별히 강력하다. 전통적인 할례가 살의 일부를 베는 행위를 수반하는 반면, 그리스도의 할례는 그분의 전 육신이 희생되는 것을 수반하기 때문이다. 이 완전한 희생으로 말미암아 신체로 정체성을 나타내는 표식은 더 이상 중요하지 않다. 또한 육신의 정욕을 억누르고자 금욕주의적 고행에 의지할 필요도 없다(참고. 2:20–23).

2:12a 너희가 세례로 그리스도와 함께 장사되고(συνταφέντες αὐτῷ ἐν τῷ βαπτισμῷ). 이 절은 여러 면에서 앞 절과 연결된다. 첫째, 이 분사구문은 신자가 "할례"를 받을 때 발생하는 일을 설명한다. 둘째, 이 절은 신자를 위한 그리스도의 죽음과 부활의 의미를 강조한다. 셋째, 앞의 언급이 그리스도의 죽음을 통한 하나님의 사역에 초점을 맞춘 반면, 이 절의 말미는 인간이 믿음의 반응으로 신적 구원 사역에 참여할 수 있는 방법을 설명한다.

여기에 사용된 분사["너희가 그리스도와 함께 장사되고(συνταφέντες)"]는 부정과거형이지만, 11절에 쓰인 동사("너희가…할례를 받았으니")와 동시에 발생한 사건으로 이해해야 한다.[69] 이 절에서 두 동사 앞에 쓰인 접두 전치사 "함께"(with, συν-)는 신자가 '그리스도 안에' 참여함을 가리키므로 특별히 신학적으로 중요하다. 그러므로 대명사 αὐτῷ는 "그리스도와 공간적으로 밀접한 것뿐 아니라 그리스도와 맺는 적극적 교제"를 의미한다(참고. 살전 4:17; 빌 1:23).[70] 이 교제를 신자가 "그분의 보호하시는 권능으로 보호를 받는다"[71]라는 의미로 볼 경우, 이 교제에 담긴 풍성함과 복합성을 제대로 이해하지 못할 수 있다.

바울은 로마서 6:5–11에서 신자가 그리스도의 죽음, 장례, 부활에 참여하는 것의 의미를 설명한다. 이 로마서 본문은 그리스도께 속한 자들을 '사망이 주관하지 못한다'고 강조한다(6:9). 그러나 로마서 6:5에서는 그리스도와 함께 부활하는 것이 미래의 사건이지만, 여기서는 하나님이 이미 완료하신 사역에 강조점이 있다(참고. 골 3:1–4). 바울의 골로새서 저작설을 부인하는 사람들조차 바울이 로마서 6장에서 미래적 부활을 강조한 것에 독특한 의도가 있음을 인정한다. 그는 "세례를 성취된 부활의 담보물로 보는 적극적 평가"를 반대한다.[72] 골로새서에서 바울이 그리스도와 함께 부활했다는 현재

---

66. 개인의 죽음과 관련해 육신을 벗어버린다는 개념이 고린도후서 5:2–4에도 등장한다. 참고. Smith, *Heavenly Perspective*, 95.

67. Beetham, *Echoes of Scripture*, 177.

68. Hunt, "Colossians 2:11–12," 241–42를 보라. 그는 나아가 에베소서 2:11–13과 골로새서 2:11–12이 밀접한 평행 관계를 이룬다고 지적한다. 그러므로 '그리스도의 할례'를 그의 죽음으로 보는 이 책의 해석에 무게를 실어준다.

69. 대부분 "너희가 [그]와 함께 장사되고(συνταφέντες)"를 시간의 분사로 해석한다. 물론 이유의 의미로 해석할 수도 있다. "너희가 [그]와 함께 장사되었으므로"(REB).

70. Murray J. Harris, "Prepositions and Theology in the Greek New Testament," *NIDNTT*, 3:1207.

71. Kenneth Grayston, *Dying, We Live: A New Enquiry into the Death of Christ in the New Testament* (New York: Oxford Univ. Press, 1990), 18.

72. Lohse, *Colossians and Philemon*, 103. 로마서 6:11의 관용 표현에서 나타나듯이 이런 강조가 부활한 생명을 다룬 로마서 6장에 완전히

적 실재를 강조하는 이유는, 그리스도가 행하신 구원 사역의 최종성과 그것이 신자에게 주는 의미를 부정하는 자들을 반박하기 위함이다.[73] 바울의 저작에 익숙한 당대 독자들은 '이미와 아직'이 주는 긴장 때문에 놀라지 않았을 것이다.

"세례" 의식에 대한 언급에서는 보통 다른 단어가 나오리라 예상한다(βαπτισμῷ보다는 βαπτίσματι).[74] 이 두 단어를 구분한다면, βαπτισμός는 과정 중의 행동을 의미하고 βάπτισμα는 결과를 뜻한다.[75] 이 절에서 할례와 세례의 관계를 부정할 수 없지만, 후자는 전자를 대체할 수 없다. 바울이 외형적인 세례 의식을 가리킨 것으로 이해하면, 그리스도의 죽음으로 일어난 내적 변화를 강조한 앞 절의 논증과 모순된다. 물에 몸을 담그는 행위는 예수 그리스도의 죽음과 장례에 참여한다는 의미이므로, 여기서 "세례"는 이 비유가 상징하는 "영적 실재"만을 가리킬 수 있다.[76] 나아가 여기서 "세례"는 인간이 시행할 수 있는 것이 아니다. 오히려 하나님의 선재적 행동을 가리키며, 이 행위로 외형적 의식이 의미를 지니게 된다.

2:12b–d 또 죽은 자들 가운데서 그를 일으키신 하나님의 역사를 믿음으로 말미암아 그 안에서 함께 일으키심을 받았느니라(ἐν ᾧ καὶ συνηγέρθητε διὰ τῆς πίστεως τῆς ἐνεργείας τοῦ θεοῦ τοῦ ἐγείραντος αὐτὸν ἐκ νεκρῶν). 관계 대명사(ᾧ)의 선행사가 누구인지 혹은 무엇인지 확실하지 않다. 많은 학자가 바로 앞의 명사 "세례"를 선행사로 본다("그것 안에서 너희가 또한 그분과 함께 일으키심을 받았다", NASB; 참고. NAB, NKJV, REB, GNB, NJB, TNIV, ESV, NIV). "너희들도 그분 안에서 그분과 더불어 일으키심을 받았다"[77] 라는 문장처럼 그리스도를 두 번 언급함으로 생기는 어색함을 해결할 수 있다고 주장하는 해석이다.

그러나 지속적으로 그리스도를 강조한 점을 미루어 볼 때, 이 관계 대명사 역시 그분을 가리킨다고 해석해야 한다. 골로새서 앞부분에 나오는 "그 안에"(in whom/which, ἐν ᾧ, 1:14; 2:3, 11)나 "그 안에서"(in him, ἐν αὐτῷ, 1:16, 17, 19; 2:6, 7, 9, 10)는 모두 그리스도를 가리키며, 특별히 이 단락(6–15절)은 기독론적 강조를 선언하는 단락이다. 특히 11–12절은 바울이 그리스도의 죽음(즉, 할례)과 장사 지냄을 지적하며 명시적으로 그리스도를 언급하므로, 그분의 부활과 관련해 당연히 그리스도가 언급되리라 기대해야 한다. 나아가 위에서 지적한 대로 그리스도를 두 번 언급하는 이 해석의 어색함은 오직 영어에서만 나타난다. "그 안에서"는 명시적으로 언급되는 반면, 헬라어에서 '그와 함께'라는 의미는 '너희가 일으키심을 받았다'(συνηγέρθητε)는 동사의 접두사에 함축되어 있다. 신자의 과거는 그분과 함께 매장되었으므로, 그리스도 안에서 그들의 새 생명은 경쟁 관계의 주장을 무력화할 힘을 준다.

"하나님의 역사를 믿음으로 말미암아"는 신자가 그리스도의 부활의 능력을 전용할 수 있는 수단을 가리킨다. "역사를"(in the work, τῆς ἐνεργείας)이라는 번역은 이 구절을 목적격 소유격으로 해석한 것이다. 따라서 "하나님의"(τοῦ θεοῦ)는 소유의 소유격으로 볼 수 있다. 바울은 앞에서 자신의 강력한 사역에 하나님의 능력이 함께한다고 언급했다(1:29). 이제 여기에서 이 능력은 하나님의 능력을 믿는 이들에게로 확대된다. 바울은 다

빠져 있지는 않다. "죄에 대해서는 죽은 자로 그리스도 예수 안에서 하나님에 대해서는 산 자로 여기라."

73. 골로새서가 미래적 종말론을 간과하지 않는다는 사실에 다시 주목할 필요가 있다(참고. 3:4, 6, 24). 참고. Still, "Eschatology in Colossians", 125–138.

74. 이것으로 일부 사본(ℵ* A C D^2 Ψ 33 𝔐)이 βαπτίσματι라고 읽는 이유가 설명된다.

75. Lightfoot, *St. Paul's Epistles to the Colossians and to Philemon*, 184.

76. 참고. James D. G. Dunn, *Baptism in the Holy Spirit* (Philadelphia: Westminster, 1970), 154.

77. 참고. Moo, *Letters to the Colossians and to Philemon*, 203.

른 서신에서 "하나님께서 그를 죽은 자 가운데서 살리신 것을 네 마음에 믿으면 구원을 받으리라"(롬 10:9)고 지적한 바 있다. 그러나 여기서는 믿음의 대상을 "하나님의 역사"라고 구체적으로 밝힌다. 이것은 아마 하나님의 강력한 역사에 대한 인간의 반응을 서술하며 하나님의 능력과 계획에 관심을 유도하기 위함일 것이다.[78] 삶에서 하나님의 능력을 힘입는 행위조차 하나님의 능력을 의지해야 한다.

바울이 앞에서 그리스도가 개인의 믿음의 대상이라고 주장한 점을 감안할 때(1:4; 2:5), "하나님의 역사"는 그리스도의 또 다른 호칭으로 볼 수 있다. 그분은 역사 속에 나타난 하나님의 능력의 정점을 상징한다. 그리스도를 하나님의 능력의 최종적이고 정점에 이른 계시라고 규정한다면, 하나님 역시 그리스도를 통해 행하신 그분의 사역으로 규정된다. 하나님은 "죽은 자들 가운데서 그를 일으키신" 분이기 때문이다. 기독론적 찬송시에 언급된 대로 예수님이 "죽은 자들 가운데서"(1:18) 부활하신 것은, 하나님의 새로운 창조 행위이자 우주적 화목을 이루는 행위이다(1:20). 신자는 믿음을 통해 하나님의 능력으로 화평함을 입은 자로서 그리고 하나님의 창조 능력에 참여할 수 있는 자로서 이 우주적 화목에 참여할 수 있다.[79]

2:13a 또 범죄와 육체의 무할례로 죽었던 너희를(καὶ ὑμᾶς νεκροὺς ὄντας [ἐν] τοῖς παραπτώμασιν καὶ τῇ ἀκροβυστίᾳ τῆς σαρκὸς ὑμῶν). 바울은 앞에서 신자가 그리스도의 죽음, 장례, 부활에 참여하는 것을 언급했다. 이제 그는 그러한 참여가 신자의 삶과 그들이 직면한 도전에 어떤 의미를 함축하는지 설명한다. 지위와 관련하여 신자는 이제 자신을 지배하던 죄 된 본성에서 해방되었다(13절). 신자가 직면한 도전과 관련해서는 그들이 더 이상 악한 세력의 위협을 받을 필요가 없다는 점을 주지시킨다(14절).

골로새서에서 관심이 신자로 이동한 것은 이 절의 "너희"(ὑμᾶς)라는 인칭 대명사의 사용, 배치, 용례를 통해 극적으로 부각된다. 바울은 절 서두에 이 대명사를 사용하여 초점이 이동한 것을 강조한다. 그리스도 안에서 이루어진 하나님의 역사에 초점이 있었지만 이제는 신자가 그 역사로 얻는 혜택으로 바뀌었다. 문법적으로 이 여격 대명사는 다음 구절["하나님이 그와 함께 (너희를) 살리시고", συνεζωοποίησεν ὑμᾶς σὺν αὐτῷ]의 목적어로 다시 사용되어 그리스도와 함께 살리심을 입은 "너희"에 대해 자세한 정보를 제공한다.

무관사 분사 ὄντας(who were)는 부사적 분사로 다음 절의 주동사(문자적으로, '그가 살리게 한')를 수식한다. 그러한 경우, 이것은 시간의 의미일 수도 있고("너희가 죽었을 때", NAB, NASB, NRSV, TNIV, NIV) 양보의 의미일 수도 있다("비록 너희가 죽었다고 할지라도", REB; 참고. NET). 그러나 이 분사는 앞의 "너희"를 수식하는 한정적 분사일 수도 있다. "죽었던 너희"(ESV).[80] 현재 본문의 경우, 다음의 번역처럼 부사적 의미와 한정적 의미가 모두 있을 수도 있다. '한때…였던 너희'(1:21의 유사한 구문에 대한 설명을 참고하라).

"너희"(ὑμᾶς)는 이 절의 마지막 부분의 "우리"(ἡμῖν)와 대조되므로 이방인 독자를 가리킨다고 해석하는 것이 가장 적절하다(참고. 3:7, 8).[81] 그러므로 '범죄와 육체

---

78. 이런 강조는 앞의 세례에 대한 언급을 수식한다. "할례는 세례 때문이 아니라 '하나님의 역사를 믿는 믿음'으로 종식된다"(Bevere, *Sharing in the inheritance*, 70).

79. 로마서 8:11도 보라. "예수를 죽은 자 가운데서 살리신 이의 영이 너희 안에 거하시면 그리스도 예수를 죽은 자 가운데서 살리신 이가 너희 안에 거하시는 그의 영으로 말미암아 너희 죽을 몸도 살리시리라."

80. Lohse, *Colossians and Philemon*, 107. 그는 '그리고 너희'가 초대 기독교의 설교체를 반영한다고 생각한다. 어떤 이들(Harris, *Colossians and Philemon*, 105)은 분사 앞에 정관사가 없기 때문에 이 해석을 반대한다. 그렇지만 의미상 '너희'(ὑμᾶς)가 분명하므로 분사가 한정적 용법이라고 해서 반드시 관사가 필요하지는 않다.

의 무할례로 한때 죽었던'이라는 절은 이방인의 상태를 가리킬 것이다. 이 문맥에서 '죽은'은 하나님과의 관계가 부재한 상태를 말한다. 구약에서 죽는다는 것은 하나님의 존전에서 쫓겨나는 것이다(창 3:17, 23-24). 바울은 에베소서에서 이방인이 죄에 빠져 있을 때 '그리스도와 분리되어' 있었다고 분명하게 지적한다(엡 2:12). 앞 절이 로마서 6장과 비슷하기 때문에, '너희 범죄로 죽은'이라는 언급 역시 로마서 6:11을 떠오르게 할 수 있다. "너희 자신을 죄에 대하여는 죽은 자요 그리스도 예수 안에서 하나님께 대하여는 살아 있는 자로 여길지어다." 그러나 로마서 6:11과 이 절의 차이는 분명하다. 로마서에서는 바울이 신자의 지위를 이야기하지만, 여기서는 회심 이전의 상태를 말하기 때문이다. 그래서 어떤 이들은 ἐν이라는 전치사를 이유의 의미로 해석한다. "너희는 너희 죄 때문에 죽어 있었다"(NLT; 참고. REB, NJB).[82] 이 해석은 로마서의 또 다른 평행 구절로 지지된다. 로마서에서는 다른 전치사(διά)를 사용해서 이유의 의미를 명확히 드러낸다. "몸은 죄로 말미암아 죽은 것이나"(롬 8:10).

"육체의 무할례"는 이전에 하나님의 백성에 속하지 못했던 이방인의 무할례 상태라는 구체적 현실을 반영한 표현이다.[83] 그러므로 "무할례"는 문자적인 의미와 은유적인 의미를 동시에 내포한다.[84] 마찬가지로 "육체"는 그들의 물리적 상태를 가리킨다. 물론 특별히 "범죄"를 언급한 앞 절을 볼 때, 그들의 '죄악 된 본성'에 대한 무언의 암시를 배제할 수 없다.

2:13b-c 하나님이 그와 함께 살리시고 우리의 모든 죄를 사하시고(συνεζωοποίησεν ὑμᾶς σὺν αὐτῷ χαρισάμενος ἡμῖν πάντα τὰ παραπτώματα).

바울은 다른 본문에서 우리가 죄인되었을 때에 그리스도가 우리를 위해 죽으셨다고 선언했다(롬 5:8). 이 골로새서 본문에서는 그리스도의 부활에 신자들이 참여한 것을 강조한다. 그런데 "우리의 모든 죄를 사하시고"라는 구절은, 그리스도가 십자가에서 죽으신 것이 이 용서의 근거라는 14절을 예고한다.

"하나님이 그와 함께 [너희를] 살리시고"는 여전히 이방인에게 초점을 맞추지만,[85] 후반부에서는 십자가에서 돌아가신 그리스도의 죽음에 대한 우주적 의미가 강조된다.[86] 이 절은 접두사 συν이 사용된 동사 '(함께) 살리신'(συνεζωοποίησεν)으로 12절의 "장사되고"(συνταφέντες)와 '일으키심을 받다'(συνηγέρθητε)와 연결된다. "함께 살리시고"는 '죽은' 상태를 역전하며 새로운 삶을 나타낸다. 이 동사의 의미상 주어는 하나님인 반면, "그와 함께"(σὺν αὐτῷ)는 명백히 그리스도를 가리킨다. 이렇듯 συν-이 이중적으로 사용된 것은 신자가 그리스도의 부활에 참여함을 가리키며, 이 참여는 다시 그들 안에 새 생명을 선사한다. 이런 의미에서, 그리스도가 육신으로 부활하심으로 신자의 영적 부활이 이루어지므로 물리적 영역과 영적 영역이 연결되는 것을 다시 볼 수 있다.

부사형 분사 "사하시고"(χαρισάμενος)는 시간("그가 우리 모든 죄를 용서하셨을 때", NRSV; 참고. CEV) 혹은 이유("그가 우리 모든 죄를 사하셨기 때문에", NLT; 참고. REB)를 뜻할 수 있다. 두 의미 모두 이 본문에서 찾아볼 수 있다. 중요한 것은 자기 백성을 회복하시는 하나님의 주

81. 또한 에베소서 1:13; 2:1, 11, 13, 17, 22; 3:2; 4:17도 보라. Lightfoot, *St. Paul's Epistles to the Colossians and to Philemon*, 185.

82. O'Brien, *Colossians, Philemon*, 122; Moo, *Letters to the Colossians and to Philemon*, 206도 보라. 이례적이기는 하지만 이 전치사의 이런 용례는 바울 저작에서도 발견된다(롬 1:24; 8:3; 고전 4:4; 7:14; 고후 5:2). BDAG, 329. 어떤 이들은 이 전치사가 이방인이 처한 상황을 나타내는 것이라고 생각한다. "그들이 죄인의 상태에 있을 때 너희는 죽어 있었다." Moule, *Epistles to the Colossians and to Philemon*, 97.

83. 이 표현은 또한 창세기 17:11, 14, 23, 24, 25에도 암시되어 있다. Beale, "Colossians," 862; Beetham, *Echoes of Scripture*, 189를 보라.

84. 앞의 11절에서 "육"에 대한 설명을 보라.

85. "너희"(ὑμᾶς)는 앞 절에서 사용되었으므로 번역되지 않는다.

86. 어떤 이들은 이 대명사의 변화가 전통적 자료의 사용을 암시하는 것이라고 생각한다. Cannon, *Use of Traditional Material in Colossians*, 39-40, 46.

도하심 없이는 새 생명을 얻을 수 없다는 사실이다. 골로새서 후반부에서 바울은 독자들에게 하나님의 이 행동을 본받으라고 촉구한다. '주께서 너희를 용서하셨듯이…서로 용서하라'(3:13).[87]

2:14a, c 우리를 거스르고…법조문으로 쓴 증서를 지우시고 (ἐξαλείψας τὸ καθ' ἡμῶν χειρόγραφον τοῖς δόγμασιν). 바울은 그리스도를 통한 하나님의 구원 사역을 계속 강조한다. 분사 '지우다'(ἐξαλείψας)는 신적 용서가 이루어지는 수단을 가리킬 수 있다("말소함으로", ESV). 나아가 죄를 사하는 행동의 근거나 과정을 설명할 수도 있다("말소해왔다", NASB; 참고. ASV, NKJV, NRSV, TNIV, NIV). 이 분사는 "모든 증거를 없애서 어떤 것이 사라지게 만들다"[88]라는 뜻이다. 이 동사와 관련된 평행 구절은 개인의 죄를 말소하는 것(행 3:14)과 생명책에서 이름을 지워버리는 것(계 3:5)을 언급한다. 바울은 이 동사를 사용하여 신자를 거스르는 것이 완벽히 제거되는 것을 강조한다.

"법조문"(χειρόγραφον)과 "증서"(δόγμασιν)의 정확한 의미는 학자들 사이에서 여전히 논쟁이 되고 있다. 대부분의 학자는 "법조문"이 상거래 분야와 법규에서 파생한 용어로 "채무 증서"(NASB; 참고. ESV, NLT, TNIV, NET, NIV)를 가리킨다는 데 동의한다.[89] 이 문맥에서는 인간과 하나님 사이에 이루어진 일종의 상거래를 암시할 것이다.[90] 이런 해석은 당대 파피루스에서 이 용어를 광범위하게 사용하는 데서 확인할 수 있으며,[91] 고대 독자들은 그 의미를 금방 이해했을 것이다. 또 다른 두 가지 해석은 이러한 일반적 용례를 기반으로 한다. 어떤 학자들은 유대 묵시 문학에 비추어 이 본문을 해석하면서 이 용어가 "천상의 책"을 암시하는 의도적 언급이라고 지적한다.[92] 이 천상의 책에는 "인간의 죄목이 기록되어 있지만"[93] 그리스도의 구속으로 모든 이의 죄가 용서받고 이 기록도 말소되었다. 한편 하나님과 인간 사이의 이 거래를 모세 율법에 대한 언급이라고 보는 학자들도 있다.[94] 하지만 그리스도가 어떻게 모세의 토라를 '십자가에 못 박고 계시는지'는 이해하기 쉽지 않다.

모세의 토라와 완전히 동일시할 수는 없지만 이 '채무 기록'은 모세 율법과 관련해서 이해해야 한다. 첫째, 천상의 책을 언급한 일부 유대 문헌을 보면 저자들이 모세 율법을 염두에 두었음을 알 수 있다.[95] 둘째, ἀχειροποιήτῳ("손으로 하지 아니한", 11절)와 χειρόγραφον("법조문")의 용례는 일종의 언어유희가 사용된 것으로 보인다.[96] 그러한 경우, 토라에 대한 개인의 충실함을 상징하는 할례와 "법조문"이 연결된다(참고. 롬 2:25-27). 셋째, 토라를 채무 증서로 보는 시각은 바울의 저작에 익숙한 사람들에게는 그리 놀라운 일이 아니다. 바울은

---

87. 3:13의 "주"가 그리스도를 가리키지만, 에베소서 4:32의 평행 구절에서 보듯이 하나님의 용서와 그리스도의 죄 용서는 서로 분리되지 않는다. "서로 용서하기를 하나님이 그리스도 안에서 너희를 용서하심과 같이 하라."

88. Louw and Nida, §13.102.

89. Joram Luttenberger, "Der gekreuzigte Schuldschein: Ein Aspekt der Deutung des Todes Jesu im Kolosserbrief," *NTS* 51 (2205): 80-95. Kreitzer, "Living in the Lycus Valley," 92는 "이 채무 말소의 심상은 서기 60년에 지진이 발생한 후 로마 당국이 시행한 세금 감면 정책을 의도적으로 암시하고 있다"라고 주장한다.

90. 이런 파생적 의미와 유사한 구절은 "자필로 쓴 자기 정죄(self condemnation)"를 보여주는 소아시아의 비문에서 볼 수 있다(Wesley Carr, "Two Notes on Colossians," *JTS* 24 [1973]: 494).

91. MM, 687.

92. 참고. 단 12:1-3; *As. Mos*. 10; *Jub*. 23.27-31; *T. Jud*. 20, 25; Smith, *Heavenly Perspective*, 98.

93. 특히 Sappington, *Revelation and Redemption at Colossae*, 215-17을 보라. 그는 골로새서 2:14-15을 해석하는 데 특별히 *Apoc. Zeph*. 7이 중요하다고 주장한다.

94. Lightfoot, *St. Paul's Epistles to the Colossians and to Philemon*, 187을 보라. 두 단어('우리 채무 기록'과 '율법')를 결합한 NJB의 번역을 보라. "율법에 대한 우리의 채무 기록."

95. 예를 들어, 주의 면전에 기록된 증서가 있다는 언급과 관련해 '주의 율법'(*T. Jud*. 26; 참고. *T. Jud*. 24)을 강조한 것을 보라(*T. Jud*.20).

96. Bevere, *Sharing in the Inheritance*, 140.

다른 서신에서 "율법으로는 죄를 깨달음이니라"고 말하며(롬 3:20), 이런 의미에서 "율법은 진노를 이루게 하나니"(롬 4:15)라고 설명한다. "율법은 거룩"(롬 7:12)할지라도 그것은 인간이 하나님의 뜻을 이루지 못하는 상태임을 증명한다. 그러므로 율법은 '채무 증서'이며 우리를 정죄한다. 이런 의미에서 그 '기록'은 우리를 '거스른다'(καθ' ἡμῶν)고 할 수 있다.

이런 해석은, 바울 서신에서 이 단어가 쓰인 다른 유일한 본문에서 '증서'(δόγμα)에 해당하는 단어의 용례와 일맥상통한다. 바울은 거기서 모세 율법을 직접 거론한다. "둘로 하나를 만드사 원수 된 것 곧 중간에 막힌 담을 자기 육체로 허시고 법조문(δόγμασιν)으로 된 계명의 율법을 폐하셨으니"(엡 2:14-15a).[97] 바울은 에베소서에서 유대인과 이방인 사이의 장벽에 초점을 맞추는 반면, 골로새서에서는 하나님과 인간 사이를 방해하는 영적 세력에 초점을 맞춘다. 그는 두 서신에서 기록된 율법의 관련 규례에 의지하는 행태를 비판한다.

"법조문"과 토라를 완전히 동일시할 수 없지만, "증서"(δόγμασιν)는 토라에 충실하다고 자처하는 이들이 부과한 규례를 가리킬 수 있다. 20절의 동족 동사(δογματίζεσθε)의 용례는 이 "증서"가 거짓 선생들이 강요하는 금욕주의적 고행을 가리킨다는 것을 암시한다.[98] 그리스-로마 철학자들은 금욕주의적 고행을 가리켜 동일한 단어군을 사용한다.[99] 그러므로 바울은 토라가 십자가에 못 박혔다고 말하는 것이 아니라, 토라를 고행의 도구로 남용하는 행태를 비판한 것이다.

2:14b, d-e 불리하게 하는…제하여 버리사 십자가에 못 박으시고(ὃ ἦν ὑπεναντίον ἡμῖν, καὶ αὐτὸ ἦρκεν ἐκ τοῦ μέσου προσηλώσας αὐτὸ τῷ σταυρῷ). 바울은 하나님이 신자를 거스르는 것을 제거하신다는 내용을 확대한다. 중성 단수 관계 대명사 ὅ(which)와 대명사 αὐτό(this)는 "법조문"을 받는다. 이 법조문은 하나님 앞에서 신자에게 불리한 증거를 제시함으로 그리고 그들의 죄가 하나님의 아들을 통한 구속 역사로 절대 해결되지 못한다고 기만하며 정죄함으로 신자를 대적한다. 바울은 정죄에 맞서 십자가 위에서 이루어진 하나님의 아들의 죽음이 지닌 능력을 강조한다.

"제하여 버리사"는 제거의 의미로 사용되었다. "[그는] 그것을 완전히 제거하셨다"(GNB).[100] 분사 '못 박다'는 법조문을 제거하는 방법을 가리킨다. "십자가에 못 박음으로"(NJB, NLT, NET). "십자가"에 대한 언급은 기독론적 찬송시에 나오는 '그의 십자가의 피'(1:20)를 연상시킨다. 예수님이 십자가에서 죽으신 사건이 우리를 거스르는 것을 제거한다는 사상은, 하나님의 진노에서 우리를 건지셨다는 유사한 언급을 떠올리게 한다. "그러면 이제 우리가 그의 피로 말미암아 의롭다 하심을 받았으니 더욱 그로 말미암아 진노하심에서 구원을 받을 것이니"(롬 5:9).

2:15a 통치자들과 권세들을 무력화하여(ἀπεκδυσάμενος τὰς ἀρχὰς καὶ τὰς ἐξουσίας). 바울은 이 단락 마지막 절에서 십자가에 달리신 그리스도를 통해 거두신 하나님의 승리와 관련된 극적 내용을 설명한다. 골로새인들에게 헛된 철학과 속임수에 사로잡히지 말라고 촉구(8절)한 바울은 이제 그리스도와 그분을 따르는 자들을 대적하는 세력이 무력화된 것에 초점을 맞춘다. 그리스도가 "모든 통치자와 권세"(10절)를 다스리시듯, 하나님이 그리스

97. 에베소서 2:16에서 모든 적의를 끝내는 "십자가"를 언급하는 것도 보라.

98. Roy Yates, "Colossians 2,14: Metaphor of Forgiveness," *Bib* 71 (1990): 256-59를 보라. 그는 이 규례들이 신자들로 하여금 신비한 환상적 체험을 하도록 하기 위한 준비 프로그램의 일부라고 주장한다.

99. Schweizer, "Slaves of the Elements," 464-65.

100. 악한 죄를 짓는 이들과의 분리를 강조한 고린도전서 5:2의 유사한 구문을 보라.

도를 통해 그들을 무력화시키셨다고 말한다. 마지막으로, 그리스도가 십자가에서 벌거벗는 수치를 당하셨다면(11절), 이제는 통치자들과 권세들이 그 권력을 박탈당하는 수치를 당한다. 십자가에서 못 박히시고 "노예의 죽음을 당하신 분이 온 피조물의 주가 되셨고, 신적 이름인 키리오스(Kyrios)를 얻으셨다."[101] 이 만유의 주를 따르는 사람들은 진압당해 무력해진 자들에게 더 이상 복종할 이유가 없다.

부사적 분사(ἀπεκδυσάμενος)로 쓰인 '벗겨버리다'(stripping off, 참고. 3:9)라는 뜻의 동사는 시간의 분사로 해석해야 한다. "그분이 무력화시켰을 때"(참고. NASB). 그러나 이 중간태 분사의 의미를 확정하기 어려우므로 이 분사의 주어 역시 결정하기 어렵다. 영어 번역본은 대부분 하나님을 의미상의 주어로 취하여 능동적 의미로 해석한다. "권력들과 권세들을 무장해제시키셔서"(NIV 등).[102] 그러나 이것을 중간태 분사로 보고 그리스도를 주어로 취하는 해석에는 다음과 같은 소수의 목소리도 반영되어 있다. "그리스도가 영적 통치자들과 권세들의 세력에서 자신을 해방시키셨다"(GNB; CEV). 후자의 해석은 여러 헬라 교부의 지지를 받으며, 그리스도가 '육의 몸을 벗으심(τῇ ἀπεκδύσει)'을 논의하는 "11절에서 명사형으로 사용된 유사한 용례가 이 해석을 뒷받침한다."[103]

그럼에도 이 문맥에서는 하나님을 이 분사의 주어로 보아야 한다. 13b절부터 하나님이 계속 주어로 사용되었기 때문에, 바울이 이 형식을 유지하고 있다고 보는 것이 맞다. 둘째, 승리의 개선 행진에 대한 이어지는 언급은 그리스도가 악한 세력에서 해방되신 것을 전제로 하지만, 이 세력들은 이미 권력을 박탈당한 상태이다.[104] 마지막으로, 15b-c절에 나오는 '그분 안에서'(in him, ἐν αὐτῷ, 개역개정에는 "십자가로"-역주)가 현재 단락에서 거듭 사용된 것처럼(참고. 6, 7, 9, 10절), 이 표현이 '그리스도'를 가리킨다면(참고. '그를 통해/안에서', NASB, ESV)[105] 이 행동의 주체를 하나님으로 보는 것이 더 자연스럽다.

하나님이 무력화시키시는 대상은 "통치자들과 권세들"(τὰς ἀρχὰς καὶ τὰς ἐξουσίας)이다. 이들은 영적인 사탄의 세력으로 이해해야 한다(참고. 2:10).[106] 이런 용례는 에베소서 6:12의 영적 전쟁에 대한 서술과 명백하게 평행을 이룬다. 이 에베소서 본문에서 신자는 "통치자들과 권세들과 이 어둠의 세상 주관자들과 하늘에 있는 악의 영들"과 싸우도록 부르심을 받는다(참고. 엡 2:2). 한편 골로새서에서는 이 세력들이 '무장해제'된 것을 언급한다. 따라서 바울은 이 세력들이 더 이상 그리스도를 믿는 이들에게 위협이 되지 않는다고 강조한다.

2:15b-c 드러내어 구경거리로 삼으시고 십자가로 그들을 이기셨느니라(ἐδειγμάτισεν ἐν παρρησίᾳ, θριαμβεύσας αὐτοὺς ἐν αὐτῷ). 로마에는 전쟁에 승리한 후 승자를 공개적으로 기리고, 패자는 공개적인 수치를 당하는 관습이 있었다. 동사 '구경거리로 삼다'의 뒤에는 부사의 용도로 쓰이는 전치사구(ἐν παρρησίᾳ, 문자적으로는 공개적으로, 뻔뻔하게)가 나온다(참고. 막 8:32; 요 7:26; 18:20; 행 4:13, 29; 28:31; 고후 3:12; 엡 3:12).[107] 여기서 전치사구는 구경거리로 삼는 공개적 성격을 강조할 가능성이 크다. 그러므

101. Martin Hengel, *Crucifixion in the Ancient World and the Folly of the Message of the Cross* (trans. John Bowden; Philadelphia: Fortress, 1977), 62.

102. BDF §316(1)을 보라. 이 분사를 능동형으로 써야 한다고 예상되는데도 중간태 동사를 사용한 사례라고 본다.

103. Lightfoot, *St. Paul's Epistles to the Colossians and to Philemon*, 191.

104. 참고. Arnold, *Colossian Syncretism*, 279. 그러나 일부 학자는 이 "통치자들과 권세들"을 우호적 존재로 해석하여 무장해제할 필요가 없다고 해석하기도 한다. 승리의 행진에 대한 심상은 2:15b-c에 대한 설명을 보라.

105. 어떤 이들은 이 구절이 실제로는 "십자가"(TNIV, NET, NIV)를 가리킨다고 본다. Yates, "Colossians, 2:15," 588-91.

106. Wesley Carr, *Angels and Principalities: The Background, Meaning and Development of the Pauline Phrase Hai Archai Kai Exousiai* (SNTSMS 42; Cambridge: Cambridge Univ. Press, 1981), 61-66과 반대로.

107. '공개적'과 '뻔뻔함'을 이 단어에 대한 별개의 두 의미라고 생각해

로 '그분은 대담하게 구경거리로 만드셨다'고 번역할 수 있다. 번역본은 대부분 단순히 그러한 행동의 '공개적' 성격을 명시하는 것으로 마무리한다. "그는 공개적으로 전시하셨다"(NASB; 참고. NAB, REB, NLT, NKJV, NRSV, NJB, TNIV, NET, NIV).

고대 문헌에서 '승리'로 번역되는 단어(θριαμβεύσας)는, 승리한 로마 장군들이 포로를 끌고 가며 공적을 과시하는 개선 행진을 가리켜 사용되었다.[108] 그러므로 일부 학자는 이런 의미를 명시하는 번역을 선택한다. "그들을 개선 행진의 포로로 끌고가며"(REB; 참고. GNB). 또 다른 학자들은 이 분사가 전쟁의 승자와 같은 진영에 속한 사람들의 승전 축하 잔치를 가리킬 수 있다고 주장한다. "그러므로 죽으신 후 그리스도가 영광을 받으시고 구속당한 무리뿐 아니라 천군 천사가 승자를 공개적으로 축하하는 것을 강조한다."[109] 이 해석은 '승리의 개선 행진'을 가리키는 용어를 제대로 반영하지 못한다. 또한 이렇게 해석할 경우 "통치자들과 권세들"이 우호적인 영적 세력이 되어야 하므로 이 본문과는 맞지 않다.

전통적인 로마 개선 행진에서 포로들은 끝내 사형당할 운명이라는 점에 주목할 필요가 있다.[110] 이 절에도 이런 의미가 함축되어 있을 수 있다. 하지만 논의의 핵심은 "통치자들과 권세들"의 운명이 아니라 신자들이다. 신자는 하나님이 아들을 통해 행하신 사역으로 말미암아 힘을 잃은 영들에게 기만당할 이유가 없다. '그분 안에서'(ἐν αὐτῷ)라는 표현도 이 영적 전쟁에서 그리스도가 맡으신 핵심적 역할을 강조한다. 앞에서 "십자가"(14절)가 언급된 것을 근거로, 어떤 이들은 승자를 공개적으로 기리고 포로에게 수치를 안기는 이 순간이 예수님의 십자가상의 죽음을 가리킨다고 이야기한다.[111] 그러나 위에서 언급된 죽음, 장사 지냄, 부활이라는 일련의 흐름을 감안할 때(11-12절), "십자가"(14절) 다음에는 부활이 언급되리라 예상된다. 이 공개적 행위는 예수님이 영광받으실 때 일어난다고 보아야 적절할 듯하다. 이런 순서는 에베소서 1:20-21에서 입증된다. 높아지신 그리스도는 "통치와 권세와 능력과 주권"에 대한 그분의 지극한 영광과 권위라는 측면에서 묘사된다.[112] 범죄함으로 "죽었던" 신자도 마찬가지로 '그분과 함께 살리심을 받을 수' 있다(골 2:13).

서는 안 된다. 특별히 정치적 문맥에서 고대 도시 국가의 자유 시민이 정치적 토론에 참여할 권리를 주장할 때 두 단어가 함께 쓰일 때가 종종 있다. 참고. LSJ, 1344; A. Missiou, "The Vocabulary of Democracy," in *A History of Ancient Greek: From the Beginnings to Late Antiquity* (ed. A. F. Christidis; trans. A. Missiou; Cambridge: Cambridge Univ. Press, 2007), 1063.

108. 특별히 Lamar Williamson Jr., "Led in Triumph: Paul's Use of *Thriambeuō*," *Int* 22 (1968): 317-32를 보라.

109. Yates, "A Reappraisal of Colossians," 105; 또한 그의 "Colossians 2:15," 573-91도 보라.

110. Smith, *Heavenly Perspective*, 108.

111. Wight, *Colossians and Philemon*, 116.

112. 참고. Moo, *Letters to the Colossians and to Philemon*, 215. 또한 Schweizer, *Letter to the Colossians*, 152도 보라. 그는 시편 68:18의 인용문으로 높아지신 그리스도가 포로들을 끌고 개선 행진을 하는 내용을 묘사한 에베소서 4:8을 지적한다.

적용에서의 신학

1. 우상의 기만성

이 단락은 예수님이 "주"(2:6)로 인정되어야 함을 지적하는 것으로 시작된다.[113] 이 고백에 내포된 의미를 바탕으로 세부적인 논증이 전개된다. 거짓 가르침을 반박하는 비판들은 다음과 같이 요약할 수 있다. 예수님을 주로 인정하면서 이 중요한 고백과 어긋나는 것을 가르친다면 그것은 모두 우상 숭배로 간주되어야 한다는 것이다.[114] "철학과 헛된 속임수"(8절)라는 표현은, 우상이 '무가치하며' 그것을 섬기는 자들이 '무지하다'고 규정한 구약의 우상 배격 변증을 떠오르게 한다(사 44:9; 참고. 44:18). 또한 '드라빔이 허탄한 것을 말한다'(슥 10:2)고 더 적나라하게 묘사되기도 한다. '사람의 전통을 따라'(골 2:8)라는 표현은 우상을 인간이 만든 물건으로 묘사한 본문을 암시한다(사 40:18-24; 41:4-7; 44:9-11). "그리스도를 따름이 아니라"(8절)는 표현은 우상을 정의한다. 우상은 신이 아니고(신 32:21), 만물을 지으신 분과 비교할 수 없는 존재이다(대상 16:26; 시 96:5; 참고. 1:16). "손으로 하지 아니한"(골 2:11)은 '인간이 손으로 만든' 우상과 대비된다. "구원할" 수 없는 무능한 우상(삼상 12:21; 참고. 사 46:6-7; 57:13; 렘 14:22)과 달리, 하나님은 자기 백성을 죄에서 건지실 수 있다(골 2:13). 마지막으로, 우상과 우상 제작자들이 수치를 당하듯(시 97:7; 사 42:17; 45:16; 호 10:6) 하나님을 대적하는 "통치자들과 권세들"도 수치를 당할 것이다(15절).

이러한 우상 배격 변증이 이 단락의 논의에 함축되어 있다면, 그리스도 주를 예배한다고 주장하는 이들이 주의해야 할 두 가지 함의를 바로 확인할 수 있다. 첫째, '그리스도 예수를 주로 받은'(6절) 신자는 "그의 영광을 무익한 것"(렘 2:11)과 바꾸어서는 안 된다. 특히 이 우상들은 그들을 곤경에서 건져줄 수 없다. 둘째, 이 무가치한 것을 따르는 자들 역시 무가치하게 될 것이다. 하나님의 구원 역사에 더 이상 반응할 수 없기 때문이다(참고. 왕하 17:15; 시 115:5-8; 135:15-18; 사 6:9-10). 그러므로 바울의 메시지가 지닌 긴급성이 명확하게 드러난다. 그는 단순히 골로새 교인들에게 그들이 받은 가르침을 대체하려는 교훈을 거부하라고 경고하는 수준에 그치지 않는다. 그런 가르침을 따를 경우 거짓 신들을 섬기게 되어서 약속대로 구원받지 못함을 분명하게 경고하는 것이다. 바울은 신자가 받은 복음을 상기시키고 있으며(6절), 따라서 유일한 참 하나님만 섬기도록 요청하는 것이다.[115]

'우상'을 낯설고 이질적인 존재라고 생각할 수 있겠지만, 심지어 구약도 우상은 개인이 하나

---

113. 이것이 이 서신의 중심 단락들(2:6-23)에서 이 기독론적 칭호가 사용된 유일한 경우라 하더라도 주로서 예수님이 이 단락들의 핵심인 것은 의심할 여지가 없다.

114. 특별히 Walsh, "Late/Post Modernity and Idolatry," 1-17을 보라. 우상 숭배에 대한 성경 신학적 주제를 다룬 유익한 자료는 Beale, *We Become What We Worship*도 보라.

115. 언약적 관계에서 하나님의 놀라운 사역을 망각한다는 것은 그분과 그분의 언약을 거부하는 것이다(참고. 신 8:18-19; 잠 2:17). 참고. Brevard S. Childs, *Memory and Tradition in Israel* (London: SCM, 1962), 49-51.

님 대신 섬기고 신뢰하는 모든 대상이라고 규정한다. 예를 들어, 이사야 2장에서 우상은 안전을 제공하는 대상과 함께 언급된다.

"주께서 주의 백성 야곱 족속을 버리셨음은 그들에게 동방 풍속이 가득하며 그들이 블레셋 사람들같이 점을 치며 이방인과 더불어 손을 잡아 언약하였음이라 그 땅에는 은금이 가득하고 보화가 무한하며 그 땅에는 마필이 가득하고 병거가 무수하며 그 땅에는 우상도 가득하므로 그들이 자기 손으로 짓고 자기 손가락으로 만든 것을 경배하여"(사 2:6-8; 참고. 미 5:10-15).

현대 독자는 자신이 어떤 우상을 섬기고 있는지 즉각 떠올리기 어려울 수 있다. 그러나 "점", "은", "금", "말", "병거"와 같은 단어는 현대인이 집착하는 것들을 적절하게 표현한다. 이런 예언적 메시지는 유진 피터슨(Eugene Peterson)이 풀어 쓴 성경으로 생생하게 살아난다.

하나님, 주께서 주의 가문 야곱을 버리신 것은 그들이 거짓 종교로, 블레셋 마술과 이방 요술로, 주체 못할 재물들로, 온갖 물건으로, 무수한 기계와 도구로, 온갖 종류, 온갖 크기의 신으로 꽉 차 있기 때문입니다. 저들은 자기 손으로 신을 만들어서 그 앞에 경배합니다(『메시지 성경』, 사 2:6-8).

피터슨이 풀어 쓴 본문은 우상 숭배의 개념이 우리와 직접 연관된다는 것을 보여준다. 이제 우상에 절하는 사람은 소수이지만, 많은 사람이 하나님이 아닌 대상을 신뢰하고 거기에 소망을 둔다. 하나님 대신 신뢰하는 대상이라는 우상의 개념은, 왜 이사야 2:6-8과 미가 5:10-15이 우상과 더불어 말과 병거를 정죄하는지를 보여준다. 말과 병거라는 표현은 이스라엘의 하나님에 대한 불신과 소유에 대한 맹신을 상징적으로 보여준다. 많은 사람이 하나님보다 더 많은 재물, 성공, 안전, 지위를 갈망하고 원한다. 이사야서 본문의 독자들에게 우상은 하나님을 향한 믿음을 대신하는 안정을 상징했다. 현대의 신이라고 해서 다를 바가 없다. 바울은 이 문맥에서 우상의 위험을 확인하는 것으로 그치지 않는다. 그는 우상 숭배가 어떻게 그리스도의 죽음과 부활의 효력과 충분성을 부정하게 하는지 지적한다(11-13절). 그런 거짓 예배는 피조물을 창조주의 위치로 승격시킬 뿐 아니라, 우리 예배를 받으시기에 유일한 분이신 창조주의 심상을 왜곡한다. "무엇보다 죄를 내면화함으로 예배자의 의식에 하나님에 대한 부적절한 개념이 심겨지기" 때문에 이 왜곡이 결국 우상 숭배의 뿌리가 된다.[116]

116. Moshe Halbertal and Avishai Margalit, *Idolatry* (trans. Naomi Goldblum; Cambridge, MA: Harvard Univ. Press, 1992), 2.

2. 죄와 죄책

그리스도의 지위와 우월성에 집중하던 바울은 이제 이 단락에서 이러한 기독론적 확신과 골로새 교인들의 영적 싸움의 관계를 다룬다. 그는 일련의 윤리적 명령을 제시하는 대신 신자에게 요구되는 모든 것이 그리스도로 성취되었다는 선언으로 단락을 시작한다. 바울은 이 선언의 도덕적 함의를 축소하지는 않지만, 그리스도의 사역의 충분성을 먼저 거론한다. 골로새에 유포된 거짓 가르침의 기만성은 하나님 앞에 떳떳하게 서기 위해 더 많은 행위가 필요하다는 주장에서 드러난다. 바울은 그런 요구가 죽음과 부활을 통한 그리스도의 영광스러운 승리를 훼손한다고 반박한다.

바울은 죄의 결과를 심각하게 인식하는 동시에 하나님이 아들을 통해 주신 해결책이 얼마나 큰 위력이 있는지 집중적으로 강조한다. 그리스도의 죽음, 장사 지내심, 부활에 대한 언급(11-12절)은 죄의 심각성을 가리키고, 용서하시는 하나님의 행위와 그리스도의 죽음을 함께 언급한 것(13절)은 그리스도의 죽음에 담긴 대속의 의미를 강조한다. "우리가 아직 죄인 되었을 때에 그리스도께서 우리를 위하여 죽으심으로"(롬 5:8). 그리스도가 죽으심으로 우리 죄를 담당하셨으므로, 그분의 죽음에 참여하는 것만이 우리가 살 수 있는 유일한 방법이다. "이제 내가 육체 가운데 사는 것은 나를 사랑하사 나를 위하여 자기 자신을 버리신 하나님의 아들을 믿는 믿음 안에서 사는 것이라"(갈 2:20).

죄의 속박에서 해방될 수 있는 이유는 오직 그리스도의 대속적 죽음과 승리의 부활 때문이다. 죄의 개념을 무시하는 현대 사회에서 종교의 효용성을 완전히 부정하는 사람이라고 해도 죄책감에서 자유로울 수는 없다. 저명한 정신과 의사이자 메닝거 클리닉(Menninger Clinic)의 설립자인 칼 메닝거(Karl Menninger)는, 절망과 죄책감이 다시 사람을 압도하게 된 원인으로 죄라는 개념의 실종을 지적하는 대표 저작에서 이렇게 한탄한다. "죄는 범죄로 대체되었고, 이제 범죄는 질병으로 대체되고 있다."[117] 나아가 그는 전문 의료인의 역량을 넘어서는 무언가가 존재한다고 지적한다.

> 정신과 의사들은 이전에 의사들이 무시하거나 잘못 취급하던 일정한 조건에 대한 효과적 치료법이 있음을 마침내 증명했다. 그러나 그 증상보다 훨씬 심각한 죄를 지닌 사람에게 유용한 치료책이 있는데도 그것을 사용하지 않는다면 같은 실수를 되풀이하지 않겠는가?[118]

메닝거는 이런 연구를 토대로 복음 사역자가 난해한 죄의 교리를 다루지 않고 넘어가려 하

117. Karl Menninger, *Whatever Became of Sin?* (New York Hawthorn, 1973), 45.

118. 같은 책, 49.

는 유혹과 싸워야 한다고 촉구한다. 오히려 죄책감의 뿌리인 죄를 다루기 위한 방편으로 복음을 선포해야 한다고 말한다.[119]

바울은 죄의 심각한 결과를 인정한 다음 그리스도의 죽음과 부활이 지닌 위력을 강조한다. 그리스도가 "통치자들과 권세들을 무력화"(15절)시키셨으므로 신자는 더 이상 그런 세력에게 위협당하지 않는다. 우리는 그리스도의 승리에 동참함으로 하나님 앞에 의롭다고 인정을 받았다. '우리를 거스르는 법조문'(14절)이 십자가에 못 박혔고, 우리는 영혼의 심연까지 효력이 발생하여 의사가 감당할 수 없는 질병을 치료하는 신적 용서의 능력을 체험할 수 있다.

바울은 당대의 도덕 선생에게 도전하며 '모든 사람을 위하여 자기를 대속물로 주신'(딤전 2:6) 그리스도의 사역이 지닌 효력을 주장한다. 오늘날 복음을 선포하는 설교자도 인간의 곤경에 대한 신적 해결책에 눈을 돌려야 한다. 죄책에서 해방되는 것은 인간의 곤경에 영향을 받지 않는 행위에 근거해야 한다. 그리고 참된 복음은 자유를 약속한다.

> 이제 어떤 정죄도 두려워하지 않으리
> 예수, 그분 안에 있는 모든 것이 나의 것이니
> 살아 계신 나의 머리 되신 그분 안에 살고
> 거룩한 의로 옷 입으며
> 영원한 보좌 앞에 담대히 나아가노니
> 그리스도로 왕관을 나의 것으로 삼으리라[120]

3. 할례와 새 공동체

예상하지 못한 "할례"(11절)와 "무할례"(13절)에 대한 언급은 더 설명이 필요하다. 앞에서 논의했듯이 할례는 유대인의 정체성을 알리는 중요한 상징이었다. 유대교로 개종한 사람은 반드시 할례를 받아야 했고(Jdt 14:10), 많은 유대인은 자녀에게 할례를 시행하다가 자녀를 잃는 위험도 감수했다(1 Macc 1:60–61; 2 Macc 6:10; 4 Macc 4:25). 할례의 의미는 아브라함 내러티브에서 유래한다. 그 이야기에서 할례가 하나님과 이스라엘 사이의 "언약의 표징"(창 17:11)이 되었다. 남아의 몸에 표식을 남기는 이 물리적 행위는 조상의 혈통에서 근본적으로 단절되는 것을 상징한다.

> 아브라함과 그의 후손이 받은 할례로 족보상의 단절이 시작되었다. 할례는 아브라함과 그 조상들을 분리하고 그를 새 족보의 조상으로 자리매김하게 했다. 신체 일부를 베는 행위는

119. 같은 책, 192–203.

120. Charles Wesley, "And Can It Be"의 마지막 연. *Wesley Hymn Book* (ed. Franz Hildebrandt; London: A. Weeks, 1958), 88.

이러한 단절을 상징한다. 과거와 결별하고 새로운 것이 시작된다. 이 새로운 것에는 정체성의 변화(이름을 바꾼 것에서 드러남)와 새로운 지위의 획득도 포함된다.[121]

신체에 해를 가하는 할례라는 행위가 하나님이 선택하신 백성의 정체성의 새로운 출발점인 것처럼, 십자가상에서 이루어진 그리스도의 폭력적 죽음은 그분이 받으신 "할례"(11절)로서 하나님의 백성을 세우는 최종적인 출발점이 된다. 이 새로운 혈통은 신자가 그분의 죽음과 부활에 참여함을 토대로 한다(12–13절). 과거와 완전히 단절되는 것은 "법조문"의 파기와 이전 세대를 지배하던 권세들이 무력화(14절)됨으로써 이루어진다. 신자는 이미 성취된 사실과 어긋나지 않는 삶을 살도록 부르심을 받는다(6절). 유대인이 다른 이방 민족과 구분되는 표식으로 정체성을 확인했다면, 그리스도를 믿는 신자는 정체성의 기초를 그리스도의 인격에 두어야 한다. 그 안에서 우리의 뿌리와 미래를 발견할 수 있다. 그리스도의 인격에서 정체성을 확인한다면 물리적으로 할례받지 않은 이방인이라도 하나님의 백성에 참여할 수 있을 것이다.[122] 이것은 다음 논증의 예비 단계에 해당한다. 바울은 다시 "헬라인"과 "유대인"까지 새 사람(3:9–11)으로 옷 입게 해줄 육신의 피 흘림이라는 비유를 사용한다.

하나님의 백성을 이렇게 재정의한 것에 비추어볼 때, 바울이 "손으로 하지 아니한 할례"(11절)라는 비유를 사용하는 것은 더 이상 놀랍지 않다. 할례라는 물리적 행위와 영적 행위의 관계는 로마서 2:25–29에서도 볼 수 있다. 거기에서 바울은 진정한 "유대인"이 "율법 조문"의 할례가 아니라 '마음의 할례'를 받은 자라고 주장한다(롬 2:29). 이런 해석은 창세기 17장의 물리적 할례와 신명기 30장의 마음의 할례에 대한 논의에 바탕을 둘 뿐 아니라, 에스겔 36:26의 "부드러운 마음"의 할례에 대한 언급에 기초한다. 이 에스겔 본문은 "마음의 할례를 부드러운 할례"라고 주장하는 후기 유대적 주석 전통의 연결 고리가 된다.[123] 더 중요한 점은, 이런 전승에서 영적 할례가 하나님이 미래에 행하실 행위라는 것이다. "네 하나님 여호와께서 네 마음과 네 자손의 마음에 할례를 베푸사 너로 마음을 다하며 뜻을 다하여 네 하나님 여호와를 사랑하게 하사 너로 생명을 얻게 하실 것이며"(신 30:6).

에스겔서에서 이 미래적 행위는 하나님이 백성에게 성령을 부어주신다는 종말론적 관점으로 이해된다. 그리고 이 성령으로 말미암아 신자는 우상을 섬기고 싶은 유혹을 이길 수 있다.

"맑은 물을 너희에게 뿌려서 너희로 정결하게 하되 곧 너희 모든 더러운 것에서와 모든 우상 숭배에서 너희를 정결하게 할 것이며 또 새 영을 너희 속에 두고 새 마음을 너희에게 주

121. Athena E. Gorospe, *Narrative and Identity: An Ethical Reading of Exodus 4* (BIS 86; Leiden/Boston: Brill, 2007), 135.

122. 이미 구약에서 '(육신의) 할례를 받지 못한' 이방인들과 비교해 '마음의 할례를 받지 아니한' 이스라엘 백성을 언급한다(렘 9:26). 이스라엘에 대해 '할례받지 아니한 그들의 마음'이라고 언급한 레위기 26:41도 보라. 물론 이런 언급은 이방인에게도 해당할 수 있다(참고. 겔 44:7, 9).

123. Timothy W. Berkley, *From a Broken Covenant to Circumcision of the Heart: Pauline Intertextual Exegesis in Romans 2:17-29* (SBLDS 175; Atlanta: Society of Biblical Literature, 2000), 145.

되 너희 육신에서 굳은 마음을 제거하고 부드러운 마음을 줄 것이며"(겔 36:25-26).

바울은 세상 철학의 기만적 성격을 폭로한 골로새서의 이 단락에서 그리스도 안에서 그 약속이 성취된 것을 강조한다. 예수님이 피를 흘리신 덕분에 그분은 자신을 믿는 자에게 마음의 할례를 베푸실 수 있다. "사람의 전통"(8절)에 지배받는 생활로 다시 돌아가는 것은, 이 종말론적 축복을 경험한 이들에게 그 자체로 우상 숭배이다.

할례에 해당하는 현대적 의식은 무엇인가? 어떤 진영에서는 특정 행위들을 복음 메시지에 충실한 집단임을 확인해줄 '정체성 표식'으로 인식한다. 지난 세대는 금주, 금연, 춤 금지, 영화 금지를 그런 표식으로 받아들였다. 그런 행위가 신약의 가르침과 일견 일치하지만, 그런 행위에 집중하면 마음의 변화는 무시하고 행위들만 강조하기 쉽다.

외부의 관찰자들은 이런 점을 놓치지 않았다. 유명한 사례로 1950년에 저명한 기독교 대학에서 일어난 놀라운 영적 부흥 운동을 들 수 있다. 「타임」(*Time*)지 편집장은 이 대학에서 "영화, 흡연, 카드 놀이, 춤, 음주도 일절" 볼 수 없었다고 지적한다.[124] 이런 금욕적 모습에도 그들이 진정으로 그리스도를 따르고 있는지에 대해서는 회의적이었다. 그러나 1950년 이 캠퍼스에 놀라운 성령의 역사가 일어났고, 그 결과 많은 학생이 마음을 돌이켜 그리스도께 돌아왔다. 이런 변화의 증거는 그중의 한 학생이 한 말에서 확인할 수 있다. "상급반에서 3분의 1이 해외 선교사가 되었다. 이 학교 역사상 그렇게 많은 선교사가 배출된 반은 그 반이 유일했다. 다른 반의 선교사 지망생은 고작 두 세 명에 불과했다. 우리 반은 무려 100명이었다. 이 사실은 많은 것을 시사한다고 생각한다."[125] 이 학생들은 '육신으로 할례를 받았을' 뿐 아니라 '마음의 할례'도 받은 것이다.

124. "42 Hours of Repentance"라는 이 기사는 원래 1950년 2월 20일 「타임」(Time)지에 실린 글이지만 온라인에서 볼 수 있다. www.time.com/time/magazine/article/9,9171,81208,00.html.

125. 온라인: http://fvoc.blogspot.com/2005/08/wheaton-college-revival-1950.html.

CHAPTER 6

골로새서 2:16-23

문학적 전후 문맥

기독론적 신앙고백인 1:15-20과는 지면상 다소 거리가 떨어져 있지만, 남은 단락에서도 그리스도 중심적 논증의 흐름이 여전히 이어지고 있다. 앞 단락에서 "철학과 헛된 속임수"를 강하게 비판한 바울은 이제 그것이 부추겼을 행동과 관행을 지적한다. 바울은 앞에서 거짓 교훈을 비판하면서 몇 가지 중요한 사실을 확인했다. (1) 그리스도 안에 신성의 충만함이 있으므로, 그분은 모든 통치자와 권세의 머리가 되신다(8-10절). (2) 신자는 그리스도의 죽음, 장사 지냄, 부활에 참여함으로 이제 오직 그분 안에서만 주어지는 승리에 참여할 수 있다(11-12절). (3) 그 승리는 '우리를 거스르는 법조문'에서 신자들이 자유로운 것을 가리킨다(14절). 그리스도는 이미 그런 법조문 배후의 세력을 무력화시키셨다(15절).

2:16-23은 이런 세 가지 요점을 토대로 신자가 그리스도의 승리에 참여할 때 반영되어야 할 행동과 관습을 논의한다. (1) 신자는 사람의 전통이 만든 음식법과 절기법의 규례로 판단받아서는 안 된다(16-17절). (2) 신자는 여러 다양한 환상적 체험에 집착하는 사람들에게 판단받아서는 안 된다(18-19절). (3) 신자는 인간의 전통에 지배당하는 금욕주의적 고행에 굴복해서는 안 된다(20-23절). 바울은 이 거짓 교훈이 조장하는 관행들을 상세히 소개하지만, 여러 용어가 구체적으로 무엇을 가리키는지 명확하지는 않다. 그럼에도 바울은 이것들이 "그리스도를 따름이 아닌" "사람의 전통을 따른" 것임은 분명히 밝힌다(참고. 8절). 바울은 이런 관행들을 비판한 후 "위의 것을 찾으라"는 당부로 시작하는 긍정적 권면을 시작한다(3:1). 바울은 이 권면 단락에서 여전히 그리스도의 중심적 역할을 강조한다(참고. 3:1, 3, 4, 15, 16, 17).

2:13-15에서 직설법 과거와 분사가 사용되었지만 2:16에서 현재 명령형으로 바뀐 것은 바울의 논증이 또 다른 단계로 진행되고 있음을 알려준다. 어떤 이들은 2:16을 기점으로 "실제적인" 단락 혹은 "권면" 단락이 시작된다고 주장한다.[1] 또 다른 학자들은 이 단락을 앞의 기독론적 선언의 "결과"로 여기거나,[2] 심지어 그 선언의 "결론"으로 보기도 한다.[3] 분명한 점은 이 단락이 앞 단락들을 토대로 한다는 사실이다. 앞 단락들과 완전히 별개의 단락으로 볼 경

우 이 단락과 전후 문맥의 복합적인 관계를 제대로 다룰 수 없다. 첫째, 2:6과 3:1에 "그러므로"(οὖν)가 쓰인 것에 비추어볼 때, 바울은 단계적으로 논증을 진행하고 있으며, 2:16의 οὖν은 논증의 또 다른 단계를 시사한다.

둘째, 앞뒤 단락에서 이론적 내용과 실제적 내용이 한 단락에 모두 등장하는 경우를 볼 수 있다. 예수님의 죽음과 부활에 대한 여러 언급에서 이런 성격이 더욱 두드러진다. 앞 단락에서 '그 안에 뿌리를 박고 세움을 받으라'(2:7)는 요청은 예수님의 죽음과 부활에 신자가 참여하는 것(11-14절)을 근거로 한다. 이 단락에서 거짓 교사들이 부추기는 관행을 거부하라는 요청 역시 동일한 일련의 사건에 근거한다(20절). 구원사에서 정점에 해당하는 사건에 대한 강조는, 이어지는 단락(3:1-4, 5-9, 12-14)의 논증의 근거로 작용한다. 그러므로 이론적 단락과 실천 단락을 구분하는 것으로는 골로새서에 소개된 바울의 논증을 제대로 설명할 수 없다. 그러나 바울은 거짓 교사들에 대해 경고하는 문맥에서 그리스도의 죽음과 부활이 그분을 믿는 자들에게 갖는 의미와 관련성을 집중적으로 강조한다.

V. 신자들의 신실함(2:6-4:1)

A. 신실함을 요청함(2:6-7)

B. 그리스도 안에 있는 충분성(2:8-23)

1. 헛된 철학을 반박함(2:8-15)

➡ **2. 인간적 제의 의식과 규례를 반박함(2:16-23)**

C. 신앙 생활의 방향을 전환함(3:1-4:1)

VI. 종말론적 세계 선교(4:2-6)

주요 개념

바울은 그리스도의 죽음과 부활을 토대로 골로새 교인들에게 이방 민족의 종교 의식, 환상 체험, 금욕주의적 관행에 굴복하지 말라고 촉구한다. 이런 규례와 관행은, 그리스도를 통해 하나님이 이루신 승리라는 실재와 달리 하나님의 강력한 사역에 집중하지 못하게 하는 거짓된 약속만을 할 뿐이다.

1. Paul Lamarche, "Structure de l'épître aux Colossiens," *Bib* 56 (1975): 460.

2. Aletti, *Saint Paul Épître aux Colossiens*, 39.

3. Sumney, "The Argument of Colossians," 349.

번역

골로새서 2:16-23

16a	권면	**그러므로…누구든지 너희를 비판하지 못하게 하라**
b	영역	[1] 먹고 마시는 것과
c	목록	[2] 절기나
d	목록	[3] 초하루나
e	목록	[4] 안식일을 이유로
17a	16b–e에 대한 서술	이것들은 장래 일의 그림자이나
b	대비	몸은 그리스도의 것이니라
18a	권면	**아무도…너희를 정죄하지 못하게 하라**
b	수단	[1] 꾸며낸 겸손과
c	수단	[2] 천사 숭배를 이유로
d	서술	그가 그 본 것에 의지하여
e	서술	그 육신의 생각을 따라 헛되이 과장하고
19a	서술	머리를 붙들지 아니하는지라
b	출처	온 몸이 머리로 말미암아
c	수단	마디와 힘줄로…연합하여 공급함을 받고
d	행동	하나님이 자라게 하시므로 자라느니라
20a	조건	너희가…그리스도와 함께 죽었거든
b	분리	세상의 초등학문에서
c	반문	**어찌하여** 세상에 사는 것과 같이 **규례에 순종하느냐**
21a	예시	[1] (곧 붙잡지도 말고
b	목록	[2] 맛보지도 말고
c	목록	[3] 만지지도 말라 하는 것이니
22	서술	이 모든 것은 한때 쓰이고는 없어지리라)
	서술	사람의 명령과 가르침을 따르느냐
23a	서술	이런 것들은…오직 육체 따르는 것을 금하는 데는 조금도 유익이 없느니라
b	원인	[1] 자의적 숭배와
c	목록	[2] 겸손과
d	목록	[3] 몸을 괴롭게 하는 데는

e	양보	지혜 있는 모양이나

구조

2:8-15에서 거짓 가르침의 기만성을 폭로한 바울은 이제 그런 거짓 교훈을 유포하는 자들이 조장하는 관행에 관심을 기울인다. 이 단락은 세 개의 하부 단락으로 나누어지며, 각 단락은 일련의 관행을 비판하는 내용으로 시작한다. 바울은 의문시되는 관행을 열거한 후 그것을 비판하는 근거를 제시한다. 그는 특정 용어들을 사용하여 표적으로 삼은 관행을 서술하는데, 이 중에는 현대 독자가 곧바로 이해하기 어려운 단어가 적지 않다. 이것은 거짓 교사가 사용했던 용어이거나 최소한 바울과 골로새 교인들이 이해할 수 있는 용어들로 보인다. 그러나 1세기 소아시아와 역사·문화적으로 멀리 떨어져 있는 우리는 정확한 뉘앙스를 이해하기가 쉽지 않다.[4]

바울은 16-17절에서 골로새 교인들에게 특정 음식법과 절기법으로 판단을 받지 말라고 촉구한다. 거짓 가르침의 구체적인 성격을 정확히 꼭 집어 말하기는 어렵지만, 언급된 관행들이 최소한 유대 관습과 절기에 익숙한 사람들에게 낯설지 않았다는 점은 분명하다. 이런 관행들에 대한 바울의 비판은 비교의 대상이 될 수 없는 그리스도의 지위를 중심으로 이루어진다. 이런 관행들은 그리스도와 비교하면 "그림자"에 지나지 않는다.

바울은 18-19절에서 꾸며낸 겸손과 천사 숭배에 초점을 맞춘다. 이 두 항목은 아마 금욕주의적 고행과 환상적 체험과 관련이 있을 것이다. 이러한 체험의 공유는 하나의 종교적 전통에 국한되지 않는다. 바울에게 이런 관행은 육신의 생각을 따르는 자들의 헛된 과장이고, 더 중요하게는 머리 되신 그리스도를 붙들지 않는 행동일 뿐이다.

마지막 단락(20-23절)에서 바울은 다시 특정 규례들을 비판한다. 이런 규례들은 일시적이며 인간이 만든 산물에 불과하다. 즉, '무가치하다.' 이 표현은 이곳에 열거된 규례에 적용될 뿐만 아니라, 세 단락(16-17, 18-19, 20-23절)의 결어 역할을 하기도 한다. 바울은 이 표현으로 이런 관행에 대해 간결하면서도 최종적인 평가를 내린다.

첫 단락(16-17절)과 두 번째 단락(18-19절)의 관계는 분명하다. 두 단락은 모두 명령형 동사를 사용하여 거짓 선생들에 대해 미묘하게 언급하며 시작한다("너희를 비판하지 못하게 하라", "너희를 정죄하지 못하게 하라"). 그러나 20-23절은 조건절(20절)로 시작하며, 비판을 받는 규례

4. 물론, 이 용어들이 초대 그리스도인이 처한 이교적이고 유대적인 환경을 가리키는 일반적 용어라고 주장할 수도 있다. 그러나 이 본문에서 어떤 특정 이단도 확인하기 어렵다는 사실을 전제해야 할 것이다 (참고. Hooker, "Were There False Teachers in Colossae?" 329). 심층적 논의는 '골로새서 서론'에서 '본문의 배경'을 보라.

들에는 첫 단락에 언급된 음식법(16절)과 두 번째 단락에 언급된 금욕주의적 고행(18절)이 모두 포함된다.

그러므로 첫 두 단락과 마지막 단락의 관계는 더 자세한 설명이 필요하다. 어떤 이들은 마지막 단락에서 초점이 "종교적이고 제의적 요구"에서 "윤리적이고 금욕주의적 요구"로 이동한다고 본다.[5] 반면 또 다른 이들은 초점이 "동기와 결과"에서 "규례와 관행"으로 이동한다고 본다.[6] 그러나 어느 해석도 적절하지 않다. 그리스도의 죽음을 언급한 마지막 단락은 조건절부터 살펴보아야 한다. "너희가…그리스도와 함께 죽었거든"(20절). 이 조건절은 3:1로 넘어가기 위한 전환절의 기능을 한다. "너희가 그리스도와 함께 다시 살리심을 받았으면."[7] 이 두 조건절에 비추어볼 때, 마지막 단락은 지적한 관행과 체험들이 무가치하다는 것 그리고 성도가 그리스도와 함께 죽을 때 그것들이 폐기되었다는 것을 주장한다는 면에서 첫 두 단락을 요약한다고 볼 수 있다. 그러므로 이 마지막 단락은 2:6-23의 결론인 동시에 3:1-4:1의 서론이다.

석의적 개요

➡ **I. 인간적 제의 의식과 규례를 반박함(2:16-23)**

A. 거짓된 관례에 대한 비판(I)(2:16-17)

1. 음식법과 절기법을 비판함(2:16)
2. 올 것들의 그림자에 불과함(2:17)

B. 거짓된 관례에 대한 비판(II)(2:18-19)

1. 금욕주의적 고행과 환상 체험을 비판함(2:18a-c)
2. 헛되고 육신적이며 머리를 붙들지 아니함(2:18d-19)

C. 거짓된 관례에 대한 비판(III)(2:20-23)

1. 율법주의적 규례를 비판함(2:20-21)
2. 지나가는 것이며 인간적이고 무가치함(2:22-23)

---

5. Schweizer, *Letter to the Colossians*, 154.

6. Sumney, *Colossians*, 159.

7. 참고. Wright, *Colossians and Philemon*, 124.

본문 설명

2:16 그러므로 먹고 마시는 것과 절기나 초하루나 안식일을 이유로 누구든지 너희를 비판하지 못하게 하라(Μὴ οὖν τις ὑμᾶς κρινέτω ἐν βρώσει καὶ ἐν πόσει ἢ ἐν μέρει ἑορτῆς ἢ νεομηνίας ἢ σαββάτων). 바울은 "그러므로"(οὖν)로 거짓 교훈에 대한 다음 단계의 비판을 시작한다(참고. 2:6; 3:1). 앞 단락이 거짓 교훈의 이론적 토대에 중점을 두었다면, 이 단락은 거짓 교사들이 요구하는 구체적인 관례를 다룬다. 이 단락의 권면은, 악한 세력이 패배했다는 앞 단락의 주장과 신자가 그리스도의 죽음, 장사 지냄, 부활에 참여하는 것의 충분성에 대한 논의(11–15절)와 직접적으로 연관된다.

"누구든지"(τις)는 거짓 교사들의 정체성을 수사학적으로 간접 언급하는 또 다른 방식이다.[8] 여기서 '비판하다'(κρινέτω)는 "불리한 재판을" 내린다는 의미가 있다.[9] 이 동사의 부정적 용례는 다른 바울 서신의 용례와 일치하며, '비판하다'와 '정죄하다'가 평행을 이루는 로마서 2:1에서 가장 잘 확인할 수 있다. "남을 판단하는(κρίνεις) 것으로 네가 너를 정죄함(κατακρίνεις)이니." 로마서 14장에서 이 동사가 부정적 의미로 거듭 사용된 경우도 관련이 있다. 이 로마서 본문에서 바울은 신자에게 음식법(14:3, 10)과 절기에 관한 규례(14:5)로 서로 비판하지 말라고 경고한다. 그러므로 이 구절을 "누구든지 너희를 정죄하지 못하게 하라"고 번역해도 틀리지 않다(NRSV; 참고. NLT).[10]

"먹고 마시는 것"은 "먹고 마시는 문제에 있어서"라는 뜻이다(NRSV; 참고. NASB, TNIV, ESV, NIV).[11] 이것은 아마 이교도적 환경에서 먹고 마시는 음식법을 가리킬 것이다(참고. 롬 14장). "먹고 마시는 것"을 금하는 경우는 제의적, 종교적 의식에 참여하기 전에 "고기"와 "포도주와 독주"를 삼가며 준비하는 것을 가리킨다.[12] 그러나 특별히 절기와 "안식일"을 곧바로 언급한 것을 볼 때 유대적 배경도 배제할 수 없다. 로마서 14:14, 21의 "고기"와 "포도주"는 논쟁이 되는 주제로서 '정함'과 '부정함'의 문제(14절)에 대해 합의가 이루어지지 않고 있다. 유대인과 이방인의 관계가 첨예한 관심사인 맥락에서는 그런 문제들이 중요해진다. 골로새 교인들의 경우도 유사한 맥락으로 보인다.

구약에서도 금식을 하나님 앞에 나아가기 위한 준비 행동의 하나로 본다(출 34:28; 신 9:9; 삿 20:26; 렘 36:6; 단 9:3; 10:2–3, 12). 그러나 제사장(레 10:9; 참고. 레 11:34, 36), 나실인(민 6:3)에게 해당하는 규례와 관련된 특수한 몇 가지 경우를 제외하면 음주를 금지하는 사례는 그렇게 많지 않다.[13] 후대 랍비 자료는 음주를 금지하는 특정 음식법이 있었음을 증언하며(예를 들어, *m. Ḥul.* 8.1),[14] 이런 금지 조항은 유대인이 이방인과 함께 사는 지역에서는 특별히 중요한 의미를 띤다. 이 문맥에서 음식 규례들은 유대 그리스도인의 민족적 정체성과 환상 체험의 예비 의식이라는 면에서 이해되어야 한다.

"이유로"(ἐν μέρει)는 "여격을 다섯 번 연속해서 사용하지 않고자 앞의 단순한 ἐν을 문체적으로 변형한 것"이다.[15] 절기(ἑορτῆς), 초하루(νεομηνίας), 안식일(σαββάτων)은 유대적 문맥이 확실하다. 이 세 가지 용어는 수많

8. 2:4에 대한 설명을 보라.
9. BDAG, 567.
10. 더 중립적인 해석에 대해서는 다음을 보라. "누구도 너희에게 말하지 못하게 하라"(CEV).
11. 따라서 ἐν(in)은 "영역"을 뜻한다. Wallace, *Greek Grammar*, 372.
12. Lohse, *Colossians and Philemon*, 115.
13. O'Brien, *Colossians, Philemon*, 138은 이 용어들의 구약적 배경을 반대한다. 그러나 이런 언급들은 의식적 정결의 일반적 문제들과 연관된다. 참고. Beetham, *Echoes of Scripture*, 196–200.
14. Bevere, *Sharing in the Inheritance*, 86.
15. Harris, *Colossians and Philemon*, 118.

은 구약 본문에 함께 등장한다(예를 들어, 대상 23:31; 대하 2:4; 31:3; 겔 45:17; 참고. 왕하 4:23; 느 10:33; 사 66:23; 겔 46:1; 암 8:5). 어떤 이들은 골로새서 2:16의 이 단어들이 단순히 골로새 교인들에게 "종교력"(religious calendar)을 지키도록 강요한 문제를 나타낸다고 해석한다.[16] 그러나 이런 용어들이 구약에 함께 언급될 때, 그것이 종종 이런 절기들과 연관된 제의적 의식을 언급한다는 점을 유의해야 한다. 그렇다면 바울은 여기서 유대 절기 자체가 아니라, 그 절기들과 관련된 관행의 강요를 반대하는 것일 수 있다.[17] 앞에서 언급한 먹고 마시는 것과 관련된 금기처럼, 이런 관행들은 이방인 청중에게 특히 점성술이나 사변과 관련된 이교도적 종교 절기로 받아들여졌을 것이다. 그러한 경우, 바울은 (유대적) 종교력에 집착하는 것은 우상 숭배에 심취하던 과거로 퇴행하는 행위라고 주장하는 것이다.[18]

2:17a 이것들은 장래 일의 그림자이나(ἅ ἐστιν σκιὰ τῶν μελλόντων). 바울은 16절의 음식법과 절기에 관한 '이런' 관습과 규례를 그리스도 안에서 하나님의 완성된 사역과 비교하여 그 무가치함을 지적함으로써 비판을 이어 나간다. "그림자"(σκιά)는 단순히 광원으로 드리워진 음영을 가리킬 수 있지만(Plato, *Phaed.* 101d, 239c), 여기서는 추론적 용도로 사용되었다. "그림자"라는 단어로 이 비유에 대한 세 가지 특별한 용법을 암시했을 수 있다. 첫째, 헬라 철학의 전통에서(특히, 플라톤) "그림자"(σκιά)는 "실재"(πρᾶγμα)나 "형상"(εἰκών)과 대비되며, 오직 실체와 외양만 비슷한 것을 가리킨다.[19] 헬라의 유대 저자들이 두 용어를 대조적 개념으로 사용한 경우가 있지만, 17b절에서 대조되는 개념인 '실체'(σῶμα)에 대해 바울이 다른 용어를 사용한 것은 그가 골로새서에서 강조하고자 하는 문제 때문일 수 있다.[20]

둘째, "그림자"는 영구적이고 안정적인 것과 대비되는 일시적이고 허무한 표상을 가리켜 종종 사용된다.[21] 이것은 이 비유의 첫 번째 용법과 연관되지만, 이 두 번째 용법은 묘사된 것의 시간적 성격을 강조한다. "장래 일의"(τῶν μελλόντων)라는 소유격 수식어는 이러한 배경과 관련될 수 있다.

셋째, 여러 헬라 작가에게서 볼 수 있는 "그림자"와 "상"(image, εἴδωλον)의 연관성에 비추어보면,[22] 바울이 이 용어를 사용할 때 '우상'을 염두에 두었을 가능성이 있다. 2:6-15의 우상 배격 변증을 보면 한층 더 설득력이 있다. 이 경우, "그림자"는 '그리스도를 따르는' 것과 반대되는 '그리스도를 따름이 아닌' 것을 가리킨다(8절).

문맥상 이 본문에서는 세 번째 용법으로 쓰였겠지만, 헬라 저자가 "그림자"를 우상 숭배와 연결한 경우는 거의 없다. 첫 번째와 두 번째 용법이 이 본문의 논증과 더 관련이 있을 것이다. 특히 플라톤 철학의 의미에서 "그림자"와 '실재'의 대비를 염두에 두었다면, 여기서 바울의 용례는 매우 인상적이다. 표상과 실재의 존재론적 차이를 시간적 차이로 대체했기 때문이다.[23] 이런 시간적 해석은 "장래 일의"라는 소유격 구문으로 뒷받침된다.

"장래 일의"는 그리스도를 통해 이미 완성된 하나님의 사역을 가리키므로, 시간적 측면을 명시한 번역

16. Troy Martin, "Pagan and Judeo-Christian Time-Keeping Schemes in Gal 4.10 and Col 2.16," *NTS* 42 (1996): 111.
17. H. Ross Cole, "The Christian and Time-Keeping in Colossians 2:16 and Galatians 4:10," *AUSS* 39 (2001): 273-82.
18. T. C. G. Thornton, "Jewish New Moon Festivals, Galatians 4:3-11 and Colossians 2:16," *JTS* 40 (1989): 100도 보라.
19. Plato, *Rep.* 514a-518b; 참고. Plato, *Crat.* 391b, 432b.
20. Philo, *Migration* 12; *Confusion* 190; Josephus, *J.W.* 2.28; Beetham, *Echoes of Scripture*, 201.
21. Pindar, *Pythian Odes* 8.95-96; Sophocles, *Antigone* 1170; Euripides, *Medea* 1224.
22. Aeschylus, *Agamemnon* 839; Sophocles, *Fragment* 598.6. 이것은 우상을 허망한 존재로 묘사하는 구약의 입장과 일맥상통한다(참고. 사 40:18-24).
23. Plato에게 이 존재론적 차이는 인식론적 차이에서 비롯된다. 지식의 문제가 그의 실재에 대한 논의의 출발점이 되기 때문이다.

이 설득력을 얻는다. "이런 것들은 올 것들의 그림자이다"(TNIV, NIV). 신약에서 분사 μελλόντων은 종말론적 인물(마 11:14), 올 세대(엡 1:21; 딤전 6:19), 영생(딤전 4:8)을 가리킬 수 있으므로 명백하게 종말론적 의미로 사용되는 경우가 많다. 이 문맥에서는 그리스도의 죽음과 부활로 정점에 이르는 종말론적 사건이 이미 발생했고(11-15절), 상대적인 미래(relative future)에 대한 언급은 "16절의 지시를 명령한 시점을 기준으로 해석되어야 한다."[24] "장래 일의 그림자"라는 심상은 히브리서 10:1a의 율법에 관한 서술과 가장 확실하게 평행 관계를 이룬다. "율법은 장차 올 좋은 일의 그림자일 뿐이요 참 형상이 아니므로." 이 구절은 골로새 신자들에게 해악을 끼치는 거짓 교훈을 유대적 맥락의 의미로 보는 견해에 더 힘을 실어준다.

2:17b 몸은 그리스도의 것이니라(τὸ δὲ σῶμα τοῦ Χριστοῦ). 거짓 교사들이 조장하는 관습과 의식은 본질적으로 그림자처럼 허망한 반면, 실체는 그리스도의 것이다. 접속사 '그러나'(δέ, 개역개정에는 번역되어 있지 않음-역주)는 등위 접속사로 보통 대등한 두 절을 연결한다. 그러나 여기서는 앞의 관계사절과 이 독립절을 연결한다. 이런 이유로 어떤 학자들은 이 절이 앞 절과 대비를 이루려는 목적으로 쓰인 것이 맞는지 의문을 제기한다. 여러 해석이 제시되었지만,[25] 이 접속사가 "장래 일의 그림자"와 "몸은 그리스도의 것"(그리스도께 속한 실체)을 대비하는 역할을 한다는 해석이 여전히 가장 적절해 보인다. 첫째, δέ가 등위 접속사이기는 하지만 "등위절에 요구되는 동등함은 절의 종류의 대등함이 아니라, 문장의 위계에서 그 절이 차지하는 위치의 대등함이다."[26] 둘째, 인간 전통의 부적절성과 그리스도의 충분성 및 최종성의 대비는 골로새서 전체에서 바울이 전개하는 논증의 흐름과 부합한다. 셋째, 이러한 대비는 히브리서 10:1에 나타나듯 신약 저자들에게 낯선 것이 아니다.

'실체'(substance)를 가리켜 σῶμα를 사용한 것은 특이하다. 골로새서에서 이 단어는 '육신의 몸'(1:22; 2:11, 23)이나 혹은 은유적 의미의 '그리스도의 몸'(1:18, 24; 2:19; 3:15)을 가리켜 사용되었다. 따라서 일부 학자는 여기서 이 용어가 '그리스도의 몸'을 가리키며, '실재'(reality)라는 개념은 헬라어 본문에 암시만 되어 있을 뿐이라고 생각한다. "실재는 그리스도의 몸이다"(NJB).[27] 소유격 구문("그리스도의")이 무엇을 수식하는지 불명확하기 때문에 이 해석이 적절할 수 있다. 그러므로 σῶμα가 '실체'나 '실재'의 의미로 사용되었지만, 소유격 구문은 '그리스도의 몸'을 의미한다고 보아도 무방하다. 어떤 경우든 "그림자와 대비를 이루는 실재로 설정된 것이 그리스도인지 교회인지는 확실하지 않다"[28]는 사실은, 바울이 '그리스도 안에' 속한 신자의 신분을 강조하려고 의도적으로 모호하게 말했을 가능성을 암시한다.

2:18a-c 아무도 꾸며낸 겸손과 천사 숭배를 이유로 너희를 정죄하지 못하게 하라(μηδεὶς ὑμᾶς καταβραβευέτω θέλων ἐν ταπεινοφροσύνῃ καὶ θρησκείᾳ τῶν ἀγγέλων). 바울은 이제 골로새 교인들에게 금욕주의적 고행과 천사 숭배의 제의적 행위에 미혹되지 말라고 경고함으로 거짓 교훈

24. O'Brien, *Colossians, Philemon*, 140.
25. 예를 들어, Troy Martin, "But Let Everyone Discern the Body of Christ (Colossians 2:17)," *JBL* 114 (1995): 249-55; Sang-Won Aaron Son, "Τὸ σῶμα τοῦ Χριστοῦ in Colossians 2:17," in *History and Exegesis: New Testament Essays in Honor of Dr. E. Earle Ellis for His 80th Birthday* (ed. Sang-Won Aaron Son; New York: T&T Clark, 2006), 222-38을 보라.
26. Cole, "The Christian and Time-Keeping in Colossians 2:16 and Galatians 4:10," 271. 그는 δέ(8절)로 시작되는 독립된 절이 관계사절(7절)과 대조를 이루는 3:7-8을 지적한다.
27. Son, "Τὸ σῶμα τοῦ Χριστοῦ in Colossians 2:17," 236을 보라. 그는 대조적 내용의 존재를 부인하고 "그리스도의 몸"과 "장래 일"이 동격 관계라고 주장한다.
28. Schweizer, *Letter to the colossians*, 158.

을 집중적으로 비판한다. "아무도…하지 못하게 하라"는 부정 명령으로 이 단락의 후반부가 시작된다. 2:16이 부정 대명사 τις(anyone)로 거짓 교사들을 언급하며 시작되었듯, 바울은 부정 대명사 '아무도…않다'(no one, μηδείς)로 동일한 집단을 지칭한다. 그러나 바울이 16절부터 논증을 확대하면서 우리가 이해하기 어려운 용어와 표현을 사용하는 것을 볼 수 있다. 이런 용어와 표현은 각기 다양하게 번역할 수 있기 때문에, 바울이 싸우는 거짓 교훈의 성격을 두고 수많은 해석이 제기된다. 거짓 교훈의 정확한 성격을 다 이해하기 어렵다 해도 이 절을 분석하기 앞서 유념해야 할 점은, 거짓 교사들에 대한 바울의 반응이 분명하고 단호하다는 것이다.

동사 '정죄하게 하다'(καταβραβευέτω)는 '상을 빼앗다'(참고. ASV, NKJV, NJB)나 '자격을 박탈하다'(참고. NAB, NRSV, REB, TNIV, NIV)라는 좁은 의미로 해석되어 육상 경기의 비유로 여겨졌다. 이 해석은 종종 이 단어의 어원론적 분석을 기초로 한다. "βραβεύω는 주로 '상을 수여하다'라는 의미로 사용되므로 καταβραβεύω는 경기의 심판으로서 '불리한 결정을 내리다'라는 뜻이다."[29] 이 동사는 신약에서 유일하게 이곳에만 사용되며 정경 외의 자료에서 거의 사용되지 않는다. 하지만 문헌 자료와 비문헌 자료에 나타나는 소수의 당시 평행 구절은, 이 용어가 육상 경기라는 문맥과 상관없는 일반적인 의미로 사용되었음을 보여준다.[30] 그러므로 이 문맥에서는 "정죄하다"(NLT), "재판을 하다"(NET)라는 일반적인 의미로 보는 것이 가장 정확하다. 그러므로 "아무도…너희를 정죄하지 못하게 하라"는 구절은 16절의 유사한 요청을 토대로 하지만, 그 긴박감이 훨씬 강조된다고 볼 수 있다.

"…를 이유로"(by insisting on, θέλων)라고 번역된 분사는 수단의 부사적 분사로 해석한 것이다. 이 용례에 대해서는 여전히 논쟁이 활발하다. 어떤 학자들은, 전치사(ἐν)로 '기뻐하다'(NAB; 참고. NKJV)[31]라는 개념이 표현되므로 "아무도…못하게"를 수식하는 이 분사의 용례가 히브리적 영향을 반영한다고 주장한다. "…을 기뻐하는 누구도…못하게 하라"(TNIV, NIV; 참고. NET). 그러나 이 문맥에서는 분사가 "…을 고집함으로써"[32]라는 의미로 '정죄하다'를 수식하여 신자가 거짓 교사들에게 정죄받는 수단을 표현한다고 해석하는 것이 가장 낫다(참고. NLT, NASB, RSV, NRSV, GNB, ESV).[33] 이 해석은 명령형 평행 구절인 16절과 유사하다는 점에서 설득력이 있다. 16절의 전치사(in)는 신자가 비판이나 정죄를 당하는 수단을 소개한다. 또한 금욕주의적 고행을 반대하는 이 단락의 마지막 부분(20-23절)은, 거짓 선생들이 단순히 스스로 고행을 이행하는 데 만족하지 않고 골로새 교인들에게 그것을 강요하고 있음을 암시한다.

이 문맥에서 "꾸며낸 겸손"(self-humiliation, ταπεινοφροσύνη)은 헬라어 단어에 담긴 모호함을 그대로 드러낸다. 신약에서 이 단어는 거의 항상 '겸손'이라는 긍정적 덕목을 가리켜 사용되며(행 20:19; 엡 4:2; 빌 2:3; 골 3:12; 벧전 5:5), 이런 용례는 골로새서 후반부에도 나타난다(골 3:12). 그러나 이 절에서는 바울이 거짓 선생들의 고행을 인정하지 않기 때문에, 이 겸손은 일반적으로 "방향이 잘못된" 겸손이거나[34] 거짓 겸손으로 볼 수 있다(NKJV, TNIV, NIV).

이 명사를 "금욕주의"(ESV)나 "자기 비하"(NAB, NASB,

---

29. Dunn, *Epistles to the Colossians and to Philemon*, 177.

30. 특별히 Kent L. Yinger, "Translating καταβραβευέτω['Disqualify' NRSV] in Colossians 2:18," *BT* 54 (2003): 140-41을 보라.

31. 참고. 삼상 18:22; 삼하 15:26; 왕상 10:9; 시 146[147]:10; 말 1:10; Lightfoot, *St. Paul's Epistles to* the Colossians and Philemon, 195; Schweizer, *Letter to the Colossians*, 158; Moo, *Letters to the Colossians and to Philemon*, 225.

32. 드물기는 하지만 이것이 이 동사의 입증된 용례이다. CPR 20.17 (LSJ, 479).

33. Harris, *Colossians and Philemon*, 121; Garland, *Colossians and Philemon*, 176.

34. BDAG, 989.

NRSV)로 이해할 수도 있다. 첫째, 칠십인역은 금식 행위를 가리켜 이 명사의 동족 동사형을 사용한다[예를 들어, 스 8:21; 시 34(35):13; 사 58:3, 5]. 그 밖에 다른 곳에서 이 단어는 다른 금욕주의적 훈련을 가리킬 때도 사용된다.[35] 그러므로 현재 본문에서 "겸손"은 자기 비하나 신체적 수양을 의미할 수 있다. 둘째, 23절에서 이 명사는 '몸을 괴롭게 하는 것'으로 표현된다. 셋째, 특정 금욕주의적 훈련은 하늘로 올라가는 체험과 관련된다(*Apoc. Ab.* 9.7-10; 12.1-2; *T. Issac* 4-5; 2 *Bar.* 5.7).[36] 다음 어구("천사 숭배")가 하늘로 올라가는 체험을 가리킨다고 이해한다면, "꾸며낸 겸손"은 이 환상 체험을 준비하는 훈련이다. 혹은 "천사 숭배"가 천사를 불러내는 주문을 가리킨다면 금욕주의적 고행 역시 천사를 만나는 의식을 가리킬 것이다.

골로새 교인들에게 강요된 두 번째 행위는 "천사 숭배"(θρησκείᾳ τῶν ἀγγέλων)이다. 이 구절의 해석은 '천사들의'를 주격 소유격으로 볼지 목적격 소유격으로 볼지에 따라 달라진다. 최근 들어 골로새의 거짓 교훈을 유대적 배경의 시각으로 접근하려는 경향이 있다. 그 때문에 이 구절을 유대 신비주의라는 배경에서 이해하려는 사람들이 나타났다. 이 해석을 채택하는 사람들은 이것을 주격 소유격으로 해석해야 한다는 주장에 찬성한다. 그러한 경우 "천사 숭배"는 천상에 올라가 "천사들과 함께 예배하는 것"으로 이해된다.[37] 천상의 존재와 천상의 예배에 참여한 내용을 암시하는 일부 본문도 유의해서 보라(사 6:2-3; *Apoc. Ab.* 17-18; *Apoc. Zeph.* 8.3-4; *T. Levi* 3.4-8; *T. Job* 48-50; *Asc. Isa.* 7-9; 1QS 11.8).

그러나 목적격 소유격으로 보는 것이 본문 이해에 가장 적절하다. 첫째, 바울이 인간 중심의 예배를 반대하고 있음을 유의하라. 이것은 8절에서 이미 지적한 내용으로, 바울은 그러한 "사람의 전통"을 반대한다. 또한 23절의 "자의적 숭배"라는 언급은 "구체적으로 인간이 시행하는 것으로서 '숭배'(θρησκεία)의 개념을 가리킨다."[38]

둘째, 가장 강력한 논증은 어휘상의 증거에 관한 논증이다. "θρησκεία의 용례를 조사해보면 소유격으로 사용된 θρησκεία와 관련하여 주격 소유격으로 해석해야 할 신적 존재나 전형적인 숭배 대상(예를 들어, 우상)으로 쓰인 사례를 찾을 수 없다."[39] 주격 소유격의 해석에 대한 근거로 인용되는 유대 본문들은, 단순히 일반적인 의미에서 천상의 예배를 가리킬 뿐 이 특정한 소유격의 해석을 지지하지 않는다.

셋째, 골로새의 거짓 가르침의 배경을 유대 신비주의에서 찾는 대신 브리기아 유대교에 천사를 숭상하는 분위기가 있었다고 주장하는 이들이 있다.[40] 1세기 소아시아 유대교에 혼합주의가 침투했다는 사실에 반대하는 사람은 거의 없을 것이다.[41] 또한 유대의 천사 숭배 사상이 헬라의 악마 숭배 사상에 영향을 받았을 가능성도 있다.[42]

마지막으로, 1:16과 2:15의 영적 존재에 대한 부정적 평가 역시 이 문맥에서 천사를 단순히 하늘 궁전의 선한 존재로 보는 해석을 반대한다.

그러나 이것을 목적격 소유격으로 보더라도 이 숭배 행위의 정확한 의미는 여전히 명확하지 않다. 우상 숭

35. Tertullian, *On Fasting* 12.2; 13.4; 16.4-6; Francis, "Humility and Angelic Worship in Col 2:18," 168.
36. Smith, *Heavenly Perspective*, 122.
37. 특히 Francis, "Humility and Angelic Worship in Col 2:18," 163-95; Sappington, *Revelation and Redemption at Colossae*, 158-61; Bevere, *Sharing in the Inheritance*, 101-14; Smith, *Heavenly Perspective*, 122-27; Stettler, "The Opponents at Colossae," 186을 보라.
38. Lohse, *Colossians and Philemon*, 119.
39. Arnold, *Colossian Syncretism*, 91.
40. 같은 책, 8-102의 본격적인 논의를 보라.
41. 소아시아의 (후기) 유대 회당에서 나온 상들은 이 지역에 어느 정도 혼합주의가 존재했음을 암시한다. 비교. A. Thomas Kraabel "Social Systems of Six Diaspora Synagogues," in *Diaspora Jews and Judaism: Essays in Honor of, and in Dialogue with, A. Thomas Kraabel* (ed. J. A. Overman and R. S. MacLennan; Atlanta: Scholars, 1992), 79-91.
42. DeMaris, *The Colossian Controversy*, 58-63.

배가 있었다면 바울이 더 강하게 논박했을 것이라는 주장은, 바울의 논증이 실제로 우상 배격 변증을 함축한다는 사실로 반박할 수 있다.[43] 나아가 여기서 언급된 "천사 숭배"가 단순히 천사를 예배하거나[44] 그들에게 기도하는 것을[45] 가리킬 수도 있다. 예를 들어, 신약에서 천사와 유대 토라를 연결하여 언급한 경우(참고. 행 7:53; 갈 3:19; 히 2:2)가 있다. 이런 언급들이 천사를 숭배하는 종교가 존재했음을 가리킨다고 단정할 수는 없다.[46] 하지만 적어도 "천사 숭배"가 이 단락에서 거듭 언급된 규례와 법과 관련될 가능성은 존재한다(16, 20, 21, 23절).

"천사 숭배"라는 언급의 어색함은 골로새서의 역설적 언급의 또 다른 사례일 수 있다. "그가 반박하는 사람들은, 천사에 대한 사색이나 천사가 율법을 전한 사실을 기리는 데 너무 많은 시간을 보내므로 실상 하나님 대신 천사를 섬기는 것이다."[47] 그러나 다음 구절은 바울이 단순히 토라 준수를 언급하는 것이 아님을 보여준다. 거짓 교사들이 부추기는 종교적 경험에 대한 바울의 논의는 특정한 혼합주의적 요소의 존재가 전제되어야 한다.

2:18d 그가 그 본 것에 의지하여(ἃ ἑόρακεν ἐμβατεύων). 바울은 계속해서 천사 숭배로 환상적 체험을 강조하는 거짓 교사들을 비판한다. 18d절의 해석상 난해함은 초기 필사자들이 일부 사본에서 부정 분사를 삽입한 데서 드러난다.[48] 현대 번역본 중에도 수정한 내용을 그대로 반영한 것이 있다. "그가 보지 **아니한** 것에 의지하여"(NKJV, 강조체 저자). 이 난해한 절을 둘러싼 해석은 "의지하여"(ἐμβατεύων)라는 분사를 어떻게 이해하느냐에 따라 여러 갈래로 나뉜다.

(1) 많은 번역본은 이 분사를 '세세한 내용으로 들어가'로 번역한다. "그런 사람은 또한 그들이 본 것에 대해 세세한 부분으로 들어가"(NIV; 참고. NET, TNIV). "그가…본 것"이 환상이라고 명시하는 번역본도 있다. "환상들을 계속 생각하며"(NRSV; 참고. ESV).[49] 이런 의미로 사용된 선례가 없지는 않지만(참고. 2 Macc 2:30) 그 용례는 매우 드물다. 또한 이 해석은 "문맥상 훨씬 단호한 표현을 요구하는 것으로 보이는 본문에서 너무 약하게 해석한 것이다."[50]

(2) 일부 학자는 "의지하여"(entering)를 비밀 종교에 입교하는 의식의 한 과정을 가리키는 전문적 용어로 이해해서 헬라적 제의 종교의 배경으로 의미를 설명할 수 있다고 생각한다. "비밀 의식이 거행되는 동안 그들에 대한 환상을 보면서."[51] 이 견해는 "의지하여"의 의미를 설명해준다. 하지만 그러한 경우 입교자가 비밀 종교에 들어가면서 "꾸며낸 겸손"과 "천사 숭배"를 보았다고 해석하는 것은 어색하다. 또한 '의지함'은 다른 관련 용어와 함께 사용될 때만 실제적 의미를 지닌다.[52] 마지막으로, 혼합주의적 유대교의 존재를 인정한다고 해도 유대 규례와 관습에 대한 이 단락의 언급 역시 이런 해석에 의문을 갖게 한다.

(3) 가장 좋은 해석은 분사 ἐμβατεύων을 유업을 차지하기 위해 그 안으로 들어간다는 의미로 해석하는 것이다. 14절의 법률 용어 "법조문"과 함께 이 단어는 재산 획득의 의미를 암시한다.[53] 특별히 칠십인역의 용례

43. 2:6–15에 대한 설명을 보라.

44. Porkorný, *Colossianss*, 119.

45. Arnold, *Colossians Syncretism*, 101–2.

46. Crispin H. T. Fletcher-Louis, *Luke-Acts: Angels, Christology and Soteriology* (WUNT 2.94; Tübingen: Mohr Siebeck, 1997), 99.

47. Wright, *Colossians and Philemon*, 122.

48. 어떤 사본들은 μή(ℵ² C D¹ Ψ 075 0278 1881 𝔐)를 삽입하는 반면 어떤 사본은 οὐκ를 삽입한다(F G).

49. 이 견해를 옹호하는 최근의 입장은 Moo, *Letters to the Colossians and to Philemon*, 227–29를 보라.

50. Moule, *Epistles to the Colossians and to Philemon*, 105.

51. Lohse, *Colossians and Philemon*, 114. 소아시아에 신비주의 종교가 있었다는 증거는 Arnold, *Colossians Syncretism*, 109–20을 보라.

52. Arthur D. Nock, "The Vocabulary of the New Testament," *JBL* 52 (1933): 132–33; Sappington, *Revelation and Redemption at Colossae*, 155를 보라.

가 이 본문 해석에 도움을 준다. 칠십인역은 약속의 땅을 차지하는 내용에서 "들어감"과 "기업"을 동시에 사용하며(수 19:49), 골로새서도 두 단어를 함께 사용한다(참고. 골 1:12). 이런 해석은 이 동사의 일반적 의미를 손상하지 않으면서 문맥에서 요구되는 추가적 의미의 여지도 허용한다.

이런 의미로 이 분사를 읽을 경우, 이 단락은 천사를 예배하며 환상 체험을 한다는 뜻이다. 또한 "그가 그 본 것에 의지하여"는 환상 체험을 통해 하늘의 영역에 들어가 유한한 인간의 운명에서 벗어나게 해줄 무언가를 얻고자 시도한다는 뜻으로 이해할 수 있다. 그러나 그들은 하늘의 영역을 얻기는커녕 허망한 생각으로 허상만 쫓았을 뿐이었다.[54] 골로새 교인들이 그런 종교 행태에 저항하라고 요구받는 이유는, 그들이 받은 모든 약속이 그리스도로 말미암아 이미 다 성취되었고 그분 안에는 "신성의 모든 충만이 거하기" 때문이다(9절). 현대 독자는 구체적인 문제가 무엇인지 정확히 알기 어렵지만, 그 해결책은 분명하고 확실하다.

2:18e 그 육신의 생각을 따라 헛되이 과장하고(εἰκῆ φυσιούμενος ὑπὸ τοῦ νοὸς τῆς σαρκὸς αὐτοῦ). 거짓 교사들에 대한 진술은 앞에 나오는 난해한 구절에 대한 해석을 제공한다. "헛되이 과장하고"(εἰκῆ φυσιούμενος)[55]는 거짓 교사들의 근거 없는 주장을 가리킨다. 그들은 환상 체험의 우월성을 주장하지만 그들이 체험하는 것은 허깨비일 뿐이다. 금욕주의적 고행으로 겸손한 척 하지만(18절), 실제로는 교만에 사로잡혀 거짓 예배에 열중한다.

그들이 내세우는 주장의 역설적 본질은 "그 육신의 생각"(his carnal mind)이라는 구절에 잘 드러난다. 여기서 바울은 거짓 선생들이 환상 체험으로 물리적 육신을 초월한다고 주장하지만, 결국 그들은 육신의 지배를 받는 정신에 사로잡힐 뿐이라고 비판한다(참고. 롬 7:25). 그러므로 이 구절은 "육체"의 욕망을 통제하고자 "몸을 괴롭게 하는" 행위가 허망함을 지적한 23절을 예고한다.

2:19a 머리를 붙들지 아니하는지라(καὶ οὐ κρατῶν τὴν κεφαλήν). 이 분사절은 한 걸음 더 나아가 거짓 선생들이 온전히 그리스도를 붙들지 않는 자들임을 단언한다. 이 절은 거짓 교훈의 중대한 결함과 거짓 교훈의 기초가 심각하게 허약함을 지적한다. 거짓 선생들은 특정한 훈련과 환상 체험에 집착한다고 비판받을 수 있지만, 이 훈련과 체험이 비판받아야 하는 가장 중요한 이유는 그리스도에 뿌리를 두지 않기 때문이다. 이 단락 역시 골로새 교인들에게 '그리스도 안에 뿌리를 박고 세움을 입으며'(7절) '그리스도를 따르지 않고 사람의 전통'(8절)을 따르는 철학에 속지 말라는 앞의 요청에 기초한다.

"붙들지 아니하는지라"(οὐ κρατῶν)에는 거짓 선생들이 적어도 한때는 그리스도 혹은 그분의 몸과 연결되어 있었지만 지금은 그렇지 않다는 뜻이 내포되어 있다. 어떤 번역은 이 점을 명시한다. "머리를 붙들기를 버리고"(REB). 그러나 이 구절은 '연결되지 않은', "머리와 연결점이 없는"(NJB)으로 번역되기도 한다. 이 번역에는 거짓 교사들이 한 번도 그리스도의 몸에 속한 적이 없다는 의미가 전제되어 있다. 이 문제는 짧은 이 구절만 살펴보는 것으로는 해결되지 않는다.[56] 그러나 그리스도와 계속해서 연결되어 있는 것이 신자의 성장에 꼭 필요한 것임은 분명하다.

"머리"는 앞에서 강조한 대로 그리스도의 최종적 권

53. Fred O. Francis, "The Background of EMBATEUEIN," in *Conflict at Colossae* (ed. F. O. Francis and W. A. Meeks; Missoula, MT: Scholars, 1975), 197–207; Beetham, *Echoes of Scripture*, 206–7.

54. 이 절의 마지막 절은 실재와 그들의 의식에서 만들어낸 망상의 대비를 암시한다.

55. 수동태 분사 '과장하다'(φυσιούμενος)는 '자만하게' 되거나 혹은 '부풀려 붕 뜨게'된다는 능동적 의미를 지닌다(BDAG, 1069; 참고. 고전 4:18, 19; 5:2; 13:4).

56. 이 문제에 대해서는 '골로새서 서론'을 보라.

위(8-10, 15절)와 몸이 의존하는 근원을 동시에 가리킨다는 면에서 적절한 비유라고 할 수 있다(다음 구절을 보라). 그런데 이 둘은 병행하는 개념이다. 의존성이라는 파생적인 개념이 머리가 몸의 결정적 부위라는 인식을 토대로 하기 때문이다.

2:19b-d 온 몸이 머리로 말미암아 마디와 힘줄로 공급함을 받고 연합하여 하나님이 자라게 하시므로 자라느니라(ἐξ οὗ πᾶν τὸ σῶμα διὰ τῶν ἁφῶν καὶ συνδέσμων ἐπιχορηγούμενον καὶ συμβιβαζόμενον αὔξει τὴν αὔξησιν τοῦ θεοῦ). 그리스도에 대한 신자의 의존성이 몸에 대한 생리학적 비유로 설명된다. 남성 관계 대명사 οὗ의 선행사는 여성형 명사 "머리"(κεφαλήν)임이 확실하다. 이 관계 대명사가 남성형으로 쓰인 이유는 의미에 영향받은 것으로 보이며, 이것은 앞에 나온 머리 되신 "그리스도"를 가리킨다(17절).[57] 또 다시 기독론이 선명하게 부각된다.

이 단락은 몸의 생리학적 비유를 기반으로 하지만, "공급함을 받고"와 "연합하여"는 의학적 용어를 넘어서는 표현이다.[58] 바울은 "몸"이라는 비유를 사용하여 머리로서 그리스도(1:18)를 강조하고, 그리스도께 속한 몸으로서 교회(3:15)를 강조한다. 바울은 우주적 몸이라는 그리스-로마의 개념[59]을 차용하는 것이 아니라, 그리스도의 육신적 몸의 죽음(1:22) 그리고 그분의 죽음과 부활에 신자가 참여(2:11-13)하는 것을 말하는 듯 보인다. 몸의 생리학적 이해로 "머리"의 의미와 몸의 여러 지체가 맺는 긴밀한 관계가 강조된다. 그러므로 이 절에는 그리스도의 몸에 속한 여러 지체의 연합을 다룬 바울의 초기 논증(참고. 고전 12:12-26)과 몸이 하나로 결속하게 하는 사랑을 강조한 후기의 논증(참고. 엡 4:1-16)이 하나로 연결되어 있다.

바울의 논증은 이 절에서부터 초점이 미묘하게 변하기 시작한다. 바울은 머리로서 그리스도를 강조함으로 독자가 그 강조에 담긴 교회론적 의미를 예상하게 한다. 이러한 강조는 다음 단락(3:1-14)의 주요 논증이 될 것이다. 그러나 여기서는 거짓 가르침의 위험성에 방점이 있다. 거짓 교훈은 그리스도께 무관심하게 하고, 그분만을 터로 삼는 교회의 연합을 훼손한다. 마찬가지로 "온 몸"에 대한 강조는 모든 신자가 그리스도를 의지해야 하며, 이 머리 아래 몸이 하나 됨을 보여준다.

"하나님이 자라게 하시므로 자라느니라"는 몸의 성장을 가능하게 하는 궁극적 근원을 설명한다. '자라게 하심'(τὴν αὔξησιν)은 내용의 대격으로 보아야 하며,[60] 여기서 "하나님이"(from God, τοῦ θεοῦ)는 주격 소유격이다.[61] 이 구문이 어색해 보이는 이유는 부분적으로 자동사 '자라다'(αὔξει) 때문이라고 설명할 수 있다. 이때 최종적 주어는 하나님이시다. "하나님이 자라게 만드시므로 자란다"(TNIV, NIV). 이 구문이 어색한 또 다른 이유는 성장의 근원이 두 개이기 때문이다. 머리이신 그리스도가 온 몸에 자양분을 공급하시지만, 이 성장의 궁극적인 근원은 하나님 안에 있다. 하나님과 그리스도라는 이중 주체는 첫 창조(1:15-16)와 둘째 창조(1:18-20)에 대한 바울의 서술에서 이미 등장했다.

그리스도의 몸이 '성장'하는 것에는 개별 지체들의 영적 성장(3:5-8), 다양한 지체의 하나 됨의 성장(3:9-14) 그리고 몸 외부의 사람들을 향한 복음 전파(4:5-6)가 포함된다. 성장에 대한 바울의 강조는 이러한 각 영역을 변증하려는 성격이 강하다. 그리스도가 아닌 자신에게 집중하는 거짓 선생들은 그들을 따르는 사람들의 영적

57. 이 관계 대명사를 중성 대명사(which, NJB)로 해석할 수도 있다. 머리를 가리키는 일반적인 언급이다.

58. Arnold, "Jesus Christ: 'Head' of the Church," 361. 그는 첫 분사가 남편이 아내를 먹여 살리는 결혼의 심상에서 차용한 것이고, 두 번째 분사는 연합을 강조한다고 주장한다.

59. Van Kooten, *Cosmic Christology in Paul*, 53.

60. Harris, *Colossians and Philemon*, 124.

61. 이 소유격이 '자라게 함'을 수식함으로 주격 소유격과 근원의 소유격은 명확히 구분되지 않는다.

성장을 도모할 수 없다. 그들이 개인적 환상 체험에 집착하는 것은 하나님 백성의 공동체를 무너뜨린다. 또한 우월적 지식과 배타주의적인 관행에 몰입하는 것은 외부인에게 복음을 전하지 못하게 한다. 바울이 생각하기에 그리스도의 몸의 지체는 그분의 복음이 아닌 것에서 궁극적 성취와 충만을 추구할 이유가 전혀 없다.

2:20a-b 너희가 세상의 초등학문에서 그리스도와 함께 죽었거든(Εἰ ἀπεθάνετε σὺν Χριστῷ ἀπὸ τῶν στοιχείων τοῦ κόσμου). 바울은 이제 그리스도가 이미 무너뜨리신 것을 따르는 것이 어리석음을 지적한다. 명령형(16, 18절)으로 시작한 앞 두 단락과 달리, 이 단락은 조건절로 시작하며 독자에게 던지는 질문이 이어진다. 이 단락(20-23절)에서 그리스도의 죽음이 언급된 것과 그다음 단락(3:1-4)에서 그분의 부활이 언급된 것이 연결된다고 보고, 2:20-3:4을 한 단락으로 생각하는 사람들도 있다.[62] 그렇지만 20-21절에 나열된 대표적인 규례는 16절에서 거짓 선생들이 부과한 관습과 규례에 대한 논의의 연장으로 보인다. 따라서 마지막 하부 단락은 앞의 논의와 뒤의 권고 단락을 연결한다고 보는 것이 가장 좋다.

이 하부 단락은 '역정의'(counterdefinition)를 제공하는 단락으로 이해할 수 있다.[63] 20-21절은 천상에 대한 환상 체험을 준비하는 규례가 '이 세상'에 속한 것이라고 규정한다. 한편 22-23절은 금욕주의적 고행이 육신의 정욕과 싸울 때 '조금도 유익이 없다'고 주장함으로 고행이 내세우는 지혜에 도전한다.

εἰ로 시작하는 조건절은 제1조건문으로서 사실로 여기는 것을 진술할 때 사용된다.[64] 신자가 그리스도의 죽음에 동참하는 것을 논의한 앞 단락(참고. 11-13절)에 비추어볼 때, 이 조건절은 사실을 서술한 것으로 볼 수 있다. 나아가 로우(Louw)는 제1조건문에서 조건절 뒤에 질문이 나오는 경우, 그 구문은 (의미상) 그 조건이 사실을 주장하는 것임을 강조하는 언어적 행위로 "기능한다"고 본다.[65] 그러므로 이 조건절이 청중으로 하여금 그들이 경험한 현실을 재고하게 하는 역할을 하더라도 '만약'(if)은 '…때문에'(since)로 번역될 수 있다(TNIV, NIV; 참고. NLT).

8절에서처럼 "세상의 초등학문"(τῶν στοιχείων τοῦ κόσμου)은 그리스도를 통한 하나님의 사역에 대항하는 악한 영적 세력을 가리킨다. 거짓 선생들의 주장에 도전하는 현재 단락에서 이 구절이 중요한 이유는 이것이 앞의 "천사 숭배"(18절)를 수식하기 때문이다. 거짓 선생들은 환상 체험을 통해 하나님께 우호적이고 선한 영적 존재를 예배한다고 생각하지만, 바울은 사실상 그들이 하나님과 적대 관계인 악한 세력에 굴복하고 있다고 말하는 것이다. 어색하지만 여기에 쓰인 전치사 "…에서"(from, ἀπό, 저자는 to로 번역-역주)[66]는 중요하다. 바울에게 죽음은 최종 사건이 아니라 부활로 이어지기 때문이다(12-13절; 3:1). 그러므로 죽음은 무력함의 상태가 아니라 다가올 승리를 예고한다. 따라서 "세상의 초등학문에서 그리스도와 함께 죽었거든"은 일부 번역본에서 명시하듯 승리와 해방의 개념을 함축한다. "너희가 그리스도와 함께 죽었고 그분은 너희를 이 세상의 영적 세력에게서 해방하셨다"(NLT; 참고. TEV, CEV).

2:20c 어찌하여 세상에 사는 것과 같이 규례에 순종하느냐(τί

62. 예를 들어, J. P. Louw의 "Reading a Text as Discourse" in *Linguistics and New Testament Interpretation: Essays on Discourse Analysis* (ed. David Alan Black; Nashiville: Broadman, 1993), 17-30을 보라.
63. Sumney, "The Argument of Colossians," 350.
64. BDF §3721. 그러나 Wallace, *Greek Grammar*, 690의 주의 사항을 보라.
65. Louw, "Reading a Text as Discourse," 26.
66. 이 어색함을 해결하기 위해 대부분 번역들은 'from' 대신 'to'를 선택한다. 하지만 "너희가 세상의 기본 원리로부터 그리스도와 함께 죽었다면"(if you died with Christ from the basic principles of the world, NKJV)을 보라.

ὡς ζῶντες ἐν κόσμῳ δογματίζεσθε;). 이 귀결절에서는 그리스도께 속한다고 자처하는 이들의 비합리적 선택을 예시하는 질문이 등장한다. "사는 것과 같이"는 ὡς와 함께 사용될 때 양보의 의미가 되는 부사적 분사(문자적으로 '살아 있는', ζῶντες)를 번역한 것이다. "세상"(to this world)은 "옛 생활 방식으로 살던 세계"를 의미한다.[67] '세상 안에서'(in the world, KJV, NASB, NKJV, NJB, NET, ESV)라는 문자적 번역은 바울이 현실 도피의 사고를 옹호한다는 잘못된 인상을 줄 수 있다. 하지만 바울은 이 세상의 영적 세력의 지배에서 자유로워지는 것을 주장한다. 이 의미는 "너희가 여전히 세상에 속한 것처럼"(NRSV, TNIV, NIV; 참고. GNB)과 '너희가 여전히 세상의 삶을 사는 것처럼'이라는 창의적인 번역으로 잘 표현할 수 있다. '너희가 여전히 이 세상에 대해 살아 있다'는 번역은 의미를 제대로 포착할 뿐 아니라, 이 세상에 대해 죽었다는 앞 절의 강조점도 그대로 유지할 수 있다.

'규례에 순종하다'(δογματίζεσθε)는 중간태['(그것의) 규례에 복종하라']나 수동태['너희 자신이 (이런) 규례에 의해 통제되게 하라']로 해석할 수 있는 헬라어 동사를 번역한 것이다.[68] 두 경우 모두 규례는 외부 세력이 강요하는 것이며, 그 규례를 채택한 사람들은 자의적으로 그렇게 한 것이다(중간태는 신자의 책임을 더 강조한다). 신자가 이미 이 규례에 복종했는지는 명확하지 않다. 골로새 교인들이 아직 참 복음에서 이탈하지 않았다고 생각하는 학자들은 약간 다른 번역을 주장한다. "왜 자신을 규례에 복종시키느냐?"[69] 변절의 문제를 어떻게 다룰 것인지를 떠나 바울은 실제적 위험을 지적하고 있다. 또한 이미 이 거짓 교사들을 추종하는 사람들이 존재했을 가능성도 있다.

이 논의와 유사한 개념이 담긴 평행 구절은 로마서 6장에서 볼 수 있다. 바울은 여기서 죄와 사망이 더 이상 그리스도를 지배하지 않으므로(롬 6:9), 그분과 동일하게 여겨지는 신자는 더 이상 죄에 노예처럼 복종해서는 안 된다고 주장한다(6:14).[70] 바울은 일련의 규례를 따르는 행위를 노예가 주인에게 복종하는 행위로 여겼다. 이 본문에서 세상 규례에 복종하는 일은, 우주의 주인이신 그리스도, 곧 악한 영적 세력을 이미 '무력화하신' 분(골 2:15)을 거부하는 것이다.

2:21 (곧 붙잡지도 말고 맛보지도 말고 만지지도 말라 하는 것이니) (μὴ ἅψῃ μηδὲ γεύσῃ μηδὲ θίγῃς). 이 절은 위에서 언급한 세상 "규례" 중 대표적인 몇 가지를 소개한다. 세 명령 중 "맛보지도 말고"는 구절은 16절의 "먹고 마시는 것"을 가리키는 것이 분명하므로 그 의미는 명확하다. 나머지 첫 번째, 세 번째 명령의 의미와 관계는 명확하지 않기에 여러 가지 해석이 가능하다.

(1) 일부 학자는 '붙잡다'와 '만지다'를 구분할 수 있다는 점을 근거로 이렇게 주장한다. 바울이 부정을 금하는 일반적인 규례와 그것의 세부 단계를 언급하고 있으며, '만지는 것'이 '붙잡는 것'보다 부정의 정도가 더 약한 경우에 해당한다는 것이다.[71] "부정의 강도가 강해질수록 불필요한 세세한 규정도 비례하므로"[72] 배열 순서에서는 역설적인 어조를 감지할 수 있다. 그러나 배열 순서의 역설적 성격을 부정하지 않고 '붙잡다'와 '만지다'를 확실히 구분할 수 있는지 의문스럽다.[73] 이런 순서에서는 '맛보다'의 위치도 확실하지 않다.

(2) 어떤 학자들은 고린도전서 7:1에서 성적 행위를 가리켜 '붙잡다'(ἅπτομαι, 종종 '만지다'로도 번역됨, 개역개

67. Wilson, *Colossians and Philemon*, 226.
68. 이것은 수동태의 허용적(permissive) 용례의 한 사례이다. 참고. BDF §314; Harris, *Colossians and Philemon*, 128.
69. Stettler, "The Opponent at Colossae," 174–75.
70. Knowles, "'Christ in you, the Hope of Glory,'" 191.
71. Lightfoot, *St. Paul's Epistles to the Colossians and to Philemon*, 203–4.
72. Wright, *Colossians and Philemon*, 126.
73. 통시적인 면에서 '만지다'(θιγγάνω)는 Attic 방언에서 볼 수 없는 표현으로 '붙잡다'(ἅπτομαι)와 거의 같은 의미라고 할 수 있다. 참고. LSJ, 801.

정에는 "가까이함"-역주)가 쓰인 것을 들어 이 본문의 '만지지 말라'를 성관계를 삼가라는 의미로 해석한다.[74] "오직 육체 따르는 것을 금하는 데는 조금도 유익이 없느니라"(23절)는 바울의 지적은 이 해석을 뒷받침할 수 있다. 그러나 이 단어가 성적인 의미로 사용될 경우, 이 동사 뒤에 "여자"(고전 7:1)나 '그녀'(창 20:4, 6, LXX)가 나와야 한다. 이 본문에 그런 언급이 없는 것으로 보아 성적인 표현으로 해석될 가능성이 작다.

(3) 어떤 이들은 이 세 단어가 모두 "2:16에서 지적한 음식 규례를 강조하기 위한 표현"에 불과하다고 생각한다.[75] 가능성이 없지는 않지만 이런 해석은 16, 18, 23절에 언급된 거짓 교훈의 다른 측면들을 고려하지 않는다(즉, 절기, 환상 체험, 다른 금욕주의적 고행).

(4) 이 단어들을 이해할 수 있는 최선의 방법은 제의적 관심사라는 일반적 틀로 해석하는 것이다. 칠십인역에서 '만지다'(θιγγάνω)는 '붙잡다'(ἅπτομαι)라는 단어가 쓰인 문맥에 단 한 번 사용된다. 곧, 시내 산에 임한 하나님의 거룩한 임재에 접근하지 못하게 하는 상황에 등장한다(출 19:12-13).[76] 그 밖에 다른 곳에서 '붙잡다'는 제의적 상황에서 사용된다[예를 들어, 출 30:29; 레 5:2, 3; 6:18, 27(LXX 6:11, 20); 11:24-39]. 이것은 예수님이 이스라엘의 제의적 한계를 지적하는 복음서 내러티브에도 해당한다(참고. 마 8:3; 눅 5:13). 16절에 언급된 음식 규례는 절기에 관한 논의와 함께 등장하며, 둘 다 "천사 숭배"(18절)라는 제의적 문맥에 등장한다. 그러므로 골로새 교인들에게 강요된 규례의 목적은 엄격한 금욕주의 자체가 아니라 천사와 만나도록 준비시키는 것이다.[77]

이렇게 제의적 맥락으로 이 구절을 읽을 경우 이 단락에서 다양한 규례를 언급한 이유가 설명된다. 이 규례들은 천상의 존재를 숭배할 때 요구되는 제의적 순결과 관련된다. 그러므로 바울이 이런 규례를 비판하는 이유는 신체를 학대해서가 아니다. 그들이 그리스도가 아닌 다른 존재를 숭배의 대상으로 삼기 때문이다. 이 존재들은 오히려 그리스도께 복종해야 마땅하다(15절).

2:22 (이 모든 것은 한때 쓰이고는 없어지리라) 사람의 명령과 가르침을 따르느냐(ἅ ἐστιν πάντα εἰς φθορὰν τῇ ἀποχρήσει, κατὰ τὰ ἐντάλματα καὶ διδασκαλίας τῶν ἀνθρώπων;). 바울은 (20c절에서 시작되는) 이 귀결절에서 골로새 교인들이 거짓 교사들의 규례를 거부해야 할 이유를 제시한다. 22절은 문자적으로 "이것들은 모두 그 쓰임새가 인간적 명령과 가르침에 근거하기 때문에 다 없어질 운명이다"(NET)라고 번역할 수 있다. 문법적으로 여기서 "이"(ἅ)로 번역된 관계 대명사의 선행사는 앞 절에 언급된 규례들로 보이지만, 22절의 내용을 보면 이렇게 단순하게 해석하는 것은 문제가 있다. 이 해석을 반대하는 사람들은 규율과 규례가 어떻게 '쓰이고는 없어질지' 이해하기 어렵다고 지적한다. 그렇다면 "모든"은 "'붙잡지도…만지지도 말라'는 규례와 관련된 '물질적인 것'"을 가리켜야 한다.[78]

그러나 "사람의 명령과 가르침을 따르느냐"는 이 규례의 배후에 있는 표적이 된 대상이 아니라 규례 자체를 가리키는 것이 분명하므로, 이 해석은 22절 후반부와 잘 조화되지 않는다. 그러므로 이 절의 전반부와 후반부는 각각 다른 선행사를 가리킨다고 보는 것이 가장 낫다. "한때 쓰이고는 없어지리라"는 물질적인 것을 가리키고 "이 모든"은 규례를 가리킨다. 헬라어 단어 순서를 엄격히 따르지 않는 다음과 같은 해석은 이 점을

---

74. MacDonald, *Colossians and Ephesians*, 116, 121.

75. Pokorný, *Colossians*, 153.

76. 거룩한 하나님과 만남을 준비해야 하므로 성행위를 금하라는 출애굽기 19:15의 명령도 주목할 필요가 있다.

77. Sumney, *Colossians*, 162. 유대 전승에서 금욕주의와 신과 인간의 대면에 대한 논의는 다음을 보라. Steven D. Fraade, "Ascetical Aspects of Ancient Judaism," in *Jewish Spirituality: From the Bible through the Middle Ages* (ed. Arthur Green; New York: Crossroad, 1986), 253-88.

78. Moule, *Epistles to the Colossians and to Philemon*, 108.

분명히 보여준다. "그런 규율들은 단순히 우리가 사용할수록 악화되는 것들에 대한 인간적인 가르침일 뿐이다"(NLT).

"한때 쓰이고는 없어지리라"는 물질적인 것의 보존에 관한 규례에 영구적 가치가 전혀 없음을 나타낸다. 바울은 '없어지다'(φθορά)라는 표현을 종종 올 세대가 아닌 현 세대에 속한 것을 가리킬 때 사용한다(롬 8:21; 고전 15:42, 50). 사라질 율법주의적 계명과 생명을 살리는 그리스도의 약속(13절)의 대비 역시 갈라디아서 6:8의 유사한 대비를 떠오르게 한다. "자기의 육체를 위하여 심는 자는 육체로부터 썩어질 것(φθοράν)을 거두고 성령을 위하여 심는 자는 성령으로부터 영생을 거두리라."

"사람의 명령과 가르침을 따르느냐"라는 구절은 이사야 29:13(LXX)을 암시한다.

> "주께서 이르시되 이 백성이 입으로는 나를 가까이 하며 입술로는 나를 공경하나 그들의 마음은 내게서 멀리 떠났나니 그들이 나를 경외함은 사람의 계명으로 가르침을 받았을 뿐이라(ἐντάλματα ἀνθρώπων καὶ διδασκαλίας)."

이것은 이사야가 우상을 숭배하는 하나님의 백성을 비판한 구절이다. "내게서 멀리 떠났나니"는 이스라엘이 하나님을 떠나 우상을 숭배하는 모습을 가리켜 종종 사용된다(참고. 렘 2:5; 겔 44:10).[79] 예수님 역시 율법주의적 규례를 고집하며 "장로들의 전통"을 따르는 자들을 비판하실 때 이 예언자적 전승을 상기시키셨다(마 15:9; 막 7:7). 하지만 바울이 복음서 전승을 알고 있었는지는 확실하지 않다. 여기에서 이 표현은 앞에서 '사람의 전통을 따르는'(8절) 거짓 가르침을 비판한 것과 일맥상통한다.

학자는 대부분 이 구절이 이사야 29:13을 암시한다는 점을 인정하는데, 그다음 구절도 주목해야 한다.

> "그러므로 내가 이 백성 중에 기이한 일 곧 기이하고 가장 기이한 일을 다시 행하리니 그들 중에서 지혜자의 지혜(τὴν σοφίαν)가 없어지고 명철자의 총명(τὴν σύνεσιν)이 가려지리라"(사 29:14, LXX).

정확한 평행 구절은 아니지만 거짓 교사들이 "지혜(σοφίας) 있는 모양"(23절)을 가졌다는 바울의 다음 지적[80] 역시 이사야 전승을 염두에 둔 것일 수 있다. 그렇다면 바울은 이 거짓 선생들을 이스라엘이 참되신 한 하나님을 섬기지 않고 떠나도록 잘못 인도한 자들과 동일하게 여기는 것이다. 두 경우 모두 이러한 비판의 긴급성을 확실하게 보여준다.

2:23a 이런 것들은…오직 육체 따르는 것을 금하는 데는 조금도 유익이 없느니라(ἅτινά ἐστιν⋯οὐκ ἐν τιμῇ τινι πρὸς πλησμονὴν τῆς σαρκός). 바울은 계속해서 세상의 "규례"로 육신의 욕망을 이길 수 없음을 지적하면서 그것의 가치를 폄하한다. 이 책에서 채택한 다음과 같은 번역에 대해서는 전체 절의 구조를 논의해보아야 한다. '이 규례들은 자의적 숭배, 자기 비하, 신체적 학대로 지혜의 모양은 있지만 육신의 욕구를 제어하는 데는 아무 가치가 없다.' "번역하기가 거의 불가능할"[81] 정도라는 이 절의 난해함은, 여러 단위의 의미와 그것들의 관계가 분명하지 않은 데서 기인한다. 여러 주장의 차이는 기본적으로 주절이 무엇인가에 대한 입장과 첫 두 단어(문자적으로, which are, ἅτινά ἐστιν)와 연결되는 단어가 무엇인가 하는 데서 두드러진다.

(1) 어떤 학자들은 거리상 가깝다는 이유로 분사형

79. Beale, "Colossiaans," 861-62.

80. "지혜"와 "명철"이 이사야 29:14에도 등장하고, 골로새서 2:2-3에도 함께 등장한다는 사실은 주목할 만하다.

81. Schweizer, *Letter to the Colossians*, 168.

ἔχοντα(having)가 ἐστιν(are)과 연결되어 완곡 구문을 이룬다고 주장한다. "그런 규칙들은 실제로 지혜롭게 보인다."[82] 그러나 특별히 절의 두 번째 단어가 나오리라 예상되는 부분에서 정동사와 분사 사이에 대조의 단어(μέν)를 쓴 경우는 이례적이다.

(2) 일부 학자는 ἐστιν을 마지막 전치사구인 '육체에 대한 탐닉으로 끝나다'(πρὸς πλησμονὴν τῆς σαρκός)와 연결된다고 보고,[83] 그 사이에 있는 두 절 중 두 번째 절이 첫 번째 절에 종속된다고 본다. "그들이 자의적 숭배와 가차없는 신체 학대로 만든 거짓 겸손으로 지혜의 모양(참된 가치가 전혀 없는 지혜)은 있다고 해도 실제로 육신적인 탐닉으로 끝나고 만다"(NET). 이 해석은 분사 μέν이 후치사인 점을 고려한 것이지만, 문장 가운데 두 개의 종속절이 등장하는 경우는 거의 없다. 특히 두 번째 종속절이 첫 번째 종속절을 수식한다면 그 가능성은 더욱 낮아진다.

(3) 가장 적절한 해석은, 난해한 부분이 있기는 하지만 "육체 따르는 것을 금하는 데는 조금도 유익이 없느니라"[84]를 정동사 ἐστιν으로 소개된 생각을 마무리하는 것으로 보고, 중간에 나오는 절을 NAB처럼 양보절로 해석하는 것이다. "그들이 철저한 헌신과 자기 비하와 육신에 대한 엄격함으로 지혜의 모양은 갖고 있지만 육신의 욕심을 막는 데는 아무 가치가 없다." 이 해석은 분사 μέν을 후치사로 본다는 면에서 (2)번의 해석을 채택하지만, 중간에 나오는 두 개의 복합 종속절의 존재를 무시한다. 또한 부정 분사 οὐκ는 분사 μέν으로 시작하는 문장과 대조되는 분사로 기능할 수 있다.[85] '지혜의 모양'과 '유익이 없다'라는 구절의 대조적 성격은 여기서 논증의 흐름과 잘 부합한다.[86] 마지막으로, 이 해석은 전치사 ἐν(by means of/in)을 사용한 두 절의 대조적인 내용을 인정한다.

'아무 유익이 없다'(οὐκ ἐν τιμῇ τινι)는 문자적으로 "어떤 명예로움도 없는"(KJV)이라는 뜻이다. '명예'의 의미로 이 단어를 해석하는 사람들은 이 문장을 "스스로 가졌다고 주장하지만 실제로는 전혀 누릴 수 없는 '명예'(τιμή)"로 해석할 것이다.[87] 이 문맥에서 흔히 '명예'로 해석되는 단어는 '가치' 혹은 '값'이라는 뜻이다(마 27:9; 행 4:34; 고전 6:20; 7:23).[88] 그러므로 대부분의 번역은 이 구절을 "아무 가치가 없는"이라고 번역한다(ASV, NASB, NRSV, NKJV, ESV; 참고. NET, TNIV, NIV). 전치사 πρός를 '…에 맞서는'이라는 뜻으로 볼 때, 바울은 금욕주의적 규율과 규례가 '육신'의 욕망과 싸우는 데 아무 가치가 없다고 강조하는 것이다. 이런 규율의 무가치성에 대한 지적은 바울이 거짓 교사들에 대해 비판한 내용, 즉 "육신의 생각을 따라 헛되이 과장하고"(18절)라는 말을 떠오르게 한다. 이 절에서 바울이 사용한 수사는, 그가 거짓 교사들이 강요하는 주장의 허위성을 폭로하는 일을 계속하고 있음을 보여준다. 외형에 치중하는 그들의 영적 훈련은 그리스도의 충분성을 부정하는 그들의 정체만 드러낼 뿐이다.

2:23b-e 자의적 숭배와 겸손과 몸을 괴롭게 하는 데는 지혜 있는 모양이나(λόγον μὲν ἔχοντα σοφίας ἐν ἐθελοθρησκίᾳ καὶ ταπεινοφροσύνῃ καὶ ἀφειδίᾳ σώματος). 바울은 이 절

82. Harris, *Colossians and Philemon*, 131.
83. Bruce Hollenbach의 탁월한 저작인 "Col. ii. 23: Which Things Lead to the Fulfillment of the Flesh," *NTS* 25 (1978-79): 254-61을 보라.
84. 이것은 전치사 πρός를 '대항하는'으로 해석한다.
85. Moule, *Epistles to the Colossians and to Philemon*, 105. μέν 뒤에 δέ가 없는 경우에 대해서는 BDF §447 (4)를 보라.
86. Lightfoot, *St. Paul's Epistles to the Colossians and to Philemon*, 206을 보라.
87. Lohse, *Colossians and Philemon*, 127은 이 구절에 신비주의적 배경이 있다고 주장하며 그 이유는 "τιμή가 입회자들의 신적 선택과 신성화의 경험을 뜻하기 때문"이라고 본다. MacDonald, *Colossians and Ephesians*, 123을 보라. 그도 "명예"라는 번역을 선호하지만 1세기 그리스-로마 세계의 영욕 문화의 구도로 이것을 해석한다.
88. 이 단어가 라틴 어법으로 사용될 가능성에 대해서는 BDAG, 1005를 보라.

에서 거짓 교사들이 조장하는 제의적, 금욕주의적 관습의 정체를 드러낸다. "모양이나"(그들이 가지고 있다고 하나)는 분사 ἔχοντα를 양보의 부사적 분사로 해석한 것이다. 이것은 거짓 교사들이 강제하는 관행이 외관상 지혜 있어 보이지만 실제로는 무익하다는 극명히 대조되는 내용을 전한다. 대부분의 번역본이 λόγον을 "모양"으로 번역하지만, 이 헬라어의 의미가 매우 다양하기 때문에 여기서 정확한 의미가 무엇인지는 꼭 집어 말하기 쉽지 않다.

바울은 거짓 가르침과 이 가르침의 관련 관행들을 세 가지 특징으로 소개한다.[89] 첫째, "자의적 숭배"(ἐθελοθρησκίᾳ)는 거짓 교사들이 받아들인 일반적 체계("스스로 만든 종교", NASB, ESV)나 전반적인 영적 성향("스스로 부과한 경건", NRSV)을 가리킬 수 있다. 두 의미가 모두 이 표현에 함축되어 있지만, 18절의 "천사 숭배"와 연결하여 이 단어를 해석해야 한다. 그러한 경우 천사를 숭배하는 행위는 '자의적으로 부과한 숭배'로 하나님이 주시는 성장(19절)과 대조된다. 그러므로 자의적 숭배는 '사람의 전통을…따름이요 그리스도를 따름이 아니다'(8절).

18절에 이미 등장한 "겸손"(ταπεινοφροσύνη)은, "몸을 괴롭게 하는"(ἀφειδίᾳ σώματος)과 함께 사용되므로 금욕주의적 관행과의 관련성이 한층 분명하게 드러난다.[90] "몸을 괴롭게 하는" 것은 앞에서 언급한 음식법, 절기, 제의적 관습을 포함하지만(16, 20-21절) 이 영역에만 국한되지 않는다. 18절의 "천사 숭배"와 이 절의 "자의적 숭배"에 비추어볼 때, 금욕주의는 단순히 육체적 고행만을 말하는 것이 아니다. 이것은 예배 행위의 준비 단계로서 제의적 의식과 연관된다. 금욕주의에 대한 이러한 이해는 고대의 여러 금욕주의 전통에서 확인할 수 있다. 금욕주의는 "열등한 것을 단순히 제거하거나 버리는 것에서 끝나는 것이 아니라, 열등한 것을 정화하고 계몽하여 고상한 것으로 변화시키는 것"을 목표로 한다.[91] 바울에게 문제는 그러한 '계몽'과 '변화'가 그리스도를 통한 하나님의 구원 사역을 토대로 할 것인가 아니면 그리스도가 이미 평정하신 세력을 섬기는 자의적 숭배에 의지할 것인가 하는 데 있다.

89. 전치사 ἐν(with, 개역개정에는 "…하는 데는"-역주)은 장소("…의 영역에서", 참고. NJB), 수단("조장함으로", HCSB), 결과("to make you", CEV), 원인("…때문에", NLT)이라는 의미로 번역되었다. 영어로는 연합, 수단, 내용의 의미를 전달할 수 있는 전치사 "with"로 번역하는 것이 가장 낫다(NET, TNIV).

90. 이 마지막 항목 앞에 '그리고'가 없는 일부 사본에서 이런 관련성이 더 확실하게 드러난다. $\mathfrak{P}^{46}$ B 1739 b m vg^{mss}. 그러나 다양한 출처의 사본 전통은 이 접속사를 포함해야 한다는 데 무게를 실어준다. 참고. Metzger, *Textual Commentary*, 556-57.

91. Kallistos Ware, "The Way of the Ascetics: Negative or Affirmative?" in *Asceticism* (ed. Vincent L. Wimbush and Richard Valantasis; New York: Oxford Univ. Press, 1998), 12.

적용에서의 신학

1. 규율과 규례

바울은 앞 단락에서 거짓 선생들이 강요하는 규율과 규례의 문제점을 지적했다(14절). 이제 이 단락에서는 그와 관련하여 구체적인 규례와 훈련의 몇 가지 목록을 소개한다(16, 21, 23절). 바울의 이런 비판은 "사람의 전통"에 집착하고 "하나님의 계명"은 무시하는 바리새인과 서기관을 향한 예수님의 비판(막 7:8)과 비슷하다. 바울은 다른 서신에서 "무릇 율법 행위에 속한 자들은 저주 아래 있나니"라고 지적했다(갈 3:10). 이런 일련의 진술은 독자에게 기독교 전통이 모든 규율과 규례를 철저히 반대한다는 인상을 준다.

그러나 이런 결론은 복음서와 바울 서신의 다른 진술과 함께 생각해보아야 한다. 예를 들어, 누가복음 1:6은 사가랴와 엘리사벳을 "주의 모든 계명과 규례대로 흠이 없이 행하[는]" 사람이라고 우호적으로 묘사한다. 마찬가지로, 바울은 "율법은 거룩하고 계명도 거룩하고 의로우며 선하도다"(롬 7:12)라고 주장한다. 심지어 앞으로 다룰 골로새서 단락들에서도 바울은 골로새 교인들이 본받아야 할 특정한 행동 양식을 옹호한다(특히, 3:5-4:1). 그러므로 바울과 다른 신약 저자들이 행위의 규범에 전혀 관심이 없다는 주장은 옳지 않다.

그렇다면 예수님과 제자들은 왜 특정 규례나 그런 전통을 따르는 특정 집단을 그토록 비판하는가? 그러한 비판의 타당한 근거를 조사하기 위해 예수님과 바울의 율법에 대한 시각을 모두 살펴볼 필요는 없다.[92] 다만 특별히 몇 가지 사항을 유의해야 한다. 무엇보다 그 비판의 일차적이고 가장 명확한 근거는, 외적인 행위와 마음의 상태가 일치하지 않는다는 데 있다. 예수님은 바리새인과 서기관을 비판하실 때, 바울이 22절에서 일부 인용한 이사야서 구절을 들어 말씀하신다.

> "이 백성이 입술로는 나를 공경하되 마음은 내게서 멀도다 사람의 계명으로 교훈을 삼아 가르치니 나를 헛되이 경배하는도다 하였느니라"(막 7:6-7; 사 29:13; 참고. 마 15:8-9).

둘째, 메시아 시대의 도래로 근본적인 변화가 일어났다. 예를 들어, 예수님은 금식에 관한 질문에 대답하실 때 구원사적으로 새로운 시대가 도래하여 근본적인 변화가 일어났음을 설명하시고자 낡은 포도주 부대와 새 부대라는 비유를 사용하셨다(막 2:18-22; 특히 마 9:14-17; 눅 5:33-39). 약속의 시대에 특화된 일부 규례는 성취의 시대에는 적용되지 않을 것이다.

셋째, 1세기 유대인이 부과한 규례와 규율 중 대다수는 기껏해야 토라의 이차적 적용에 지

---

92. 이것을 개괄적으로 알 수 있는 유익한 자료는 다음을 보라. William R. G. Loader, *Jesus' Attitude Towards the Law: A study of the Gospels* (Grand Rapids: Eerdmans, 2002); Frank Thielman, *Paul and the Law: A Contexual Approach* (Downers Grove, IL: InterVarsity Press, 1994).

나지 않았다. 그런 적용은 내용상으로나 취지상으로 모태가 되는 모세 율법의 본래 의도를 벗어난 것이었다. 율법 선생들이 직접적인 비판의 대상이 된 이유를 이것으로 어느 정도 설명할 수 있다. 또한 이것은 그들이 "너희 전통을 지키려고 하나님의 계명을 잘 저버리는도다"(막 7:9)라는 비판을 받은 이유이기도 하다.

넷째, 민족적 요인도 지적해야 한다. 예수님과 특히 바울이 겨냥한 율례와 규례는 상당수 유대인의 민족적 정체성을 공고히 해줄 특정 관례와 연관이 있었다. 안식일 준수, 할례, 의식적 정결과 같은 정체성과 관련된 의식은 유대 공동체의 정체성을 보호할 수 있는 효과적인 수단이었다. "이방인에게 할례를 행하고 모세의 율법을 지키라"(행 15:5)고 주장하는 이들을 향해 베드로는 하나님이 "그들이나 우리나 차별하지 아니하셨[다]"라고 강조했다(15:9). 개인이 구원을 얻는 근거가 민족적 정체성에 있지 않음이 분명하다.

베드로의 한 걸음 더 나아간 반응은 최종적이고 가장 중요한 핵심을 드러낸다. 즉, 규율과 규례는 구원론적 의미를 지닐 수 없고, "그들이 우리와 동일하게 주 예수의 은혜로 구원받는[다]"(행 15:11)는 사실을 확인해준다. "사람이 의롭게 되는 것은 율법의 행위에서 말미암음이 아니요 오직 예수 그리스도를 믿음으로 말미암는[다]"(갈 2:16)라는 진리를 인정하는 데 방해가 되는 규례라면,[93] 그것을 따르는 것은 오직 홀로 인간을 구원하실 하나님을 예배하지 않는 것이며 우상을 섬기는 것과 같다.

골로새서의 이 단락에서 바울이 거짓 교훈을 비판한 것에는 앞에서 언급한 이유가 모두 포함된다. 외형적인 것에 집중하면 마음의 욕망을 다루지 못하고(23절), 특정 규례를 추종하여 그것이 "장래 일의 그림자"(17절)라는 사실을 간과하게 된다. 그런 규례들은 특별한 가치가 있다고 해도 "사람의 명과 가르침"에 불과하다(22절). 나아가 특정한 음식 규례와 절기에 관한 규례(16절)는 특정 민족의 특수한 전통으로, 앞 단락의 "할례"(11절)에 대한 언급을 볼 때 유대인에게 특별한 의미가 있음은 분명하다. 그런데 그 규례들의 결정적인 결함은 그리스도 안에서 이루어진 하나님의 사역에 집중하지 못하게 관심을 분산시킨다는 것이다. 하지만 그리스도는 악한 세력에 사로잡혀 있던 우리를 자유롭게 해주셨다(20절).

그러므로 이 구절을 기독교 복음의 윤리적 의미를 반대하는 변증으로 축소하는 주장은 정당화될 수 없다. 바울은 하나님을 믿는 백성이 경건한 삶을 사는 데 유익한 일반적인 규율과 규례를 비판하는 것이 아니다. 그리스도만 받으셔야 할 영광을 빼앗는 전통을 겨냥하여 비판하는 것이다. 바울에게 그러한 전통은 오직 하나님만 섬겨야 하는 이들에게 요구되는 "일차적인 윤리적 반응"을 벗어나는 것이었다.[94]

나아가 앞에서 제시한 해석이 옳다면, 이 단락에 언급된 구체적인 규례는 "천사 숭배"(18절)

---

93. 주격 소유격으로 해석하는 번역들(예를 들어, "예수 그리스도의 신실성", NET)은 이 단락에 대해 이 책이 논증하는 내용에 별다른 영향을 미치지 않는다.

94. 참고. Waldo Beach, *Christian Ethics in the Protestant Tradition* (Atlanta: John Knox, 1988), 32.

를 준비하는 제의적 규례로 이해해야 한다. 그러한 경우, 바울의 초점은 일반적인 기독교 윤리가 아니라, 거짓 선생들의 종교적 행위를 오염시킨 거짓 숭배의 대상이다. 하지만 하나님만 이루실 수 있는 일을 위한 능력이 자신 안에 있다고 생각할 때, 그것은 엄밀하게 말해 '타자'가 아닌 자신을 숭배하는 행위이다. 이런 생각은 매우 치명적인 유혹으로 다가온다. 하지만 이것은 결국 "거짓된 자아 확장으로 만들어진 허깨비"에 불과한 예배 대상을 만들어낼 것이다.[95] 그러므로 "천사 숭배"는 자아 숭배, 바울의 말을 빌리면 '사람의 전통을 따름이요…그리스도를 따름이 아닌'(8절) 예배에 불과하다.

2. 규율과 규례에서 영적 훈련으로: 시범 연구 대상으로서 금식

거짓 선생들이 강요한 특정 규율과 규례에 대한 바울의 비판은 자연스럽게 영적 훈련의 긍정적 역할을 재고하는 일로 이어진다. 특히 거론된 규례와 규율의 일부는 하나님 백성의 성장에 유익한 수단이 될 수 있다. "먹고 마시는" 것(16절)과 같은 언급이나 '육욕의 만족'(23절)을 억제하는 '규례'를 논의하는 맥락에서 '맛보지도 말라'(21절)는 명령은, 현대적 맥락에서 기독교적 금식 훈련과 연관된다. 바울이 금식 문제를 직접 거론하지는 않았지만, 이제 살펴볼 원리는 금식 규례나 그 외 다른 연관된 신앙 훈련을 논의할 때 적용할 수 있을 것이다.

그리스도인은 금식을 해야 하는가? 다른 신약 구절들을 근거로 도출한 여러 해석은 이 문제에 대해 간단하게 도식화된 대답을 제시하는 것이 부적절함을 보여준다. 예수님이 금식(마 4:2; 눅 4:2)하시고 제자들에게 그렇게 하라고 가르치신 것(마 6:16-18)을 보면, 그분이 구약 전통의 하나인 이 관습을 반대하시지 않았음을 알 수 있다. 중요한 일을 앞두고 그리스도의 제자들이 금식했다는 점도 이것의 의의를 인정한다(행 9:9; 13:2-3; 14:23).

그러나 금식을 경계하라는 내용은 예수님의 가르침과 신약 여러 곳에서 찾아볼 수 있다. 첫째, 금식하는 이들은 이 행위로 영적 지위가 격상된다고 생각해서는 안 된다(마 6:16, 18; 눅 18:9-14). 둘째, 금식이 자신의 몸을 비롯해 하나님의 피조물을 거부하는 행위라고 인식해서는 안 된다(딤전 4:3). 셋째, 금식을 하더라도 신자들은 예수 그리스도의 인격으로 구원 역사가 정점에 도달했음을 인정해야 한다(마 9:14-17; 막 2:18-20; 눅 5:33-35; 참고. 눅 2:36-38).

금식이라는 주제가 바울 서신에서 논의의 핵심이 된 적은 한 번도 없지만, 그가 이 관습을 완전히 거부했다고 볼 근거는 없다.[96] 본문 단락에서 바울은 다른 곳에 언급된 경고 조의 비판을 반복한다. 신자에게 금식을 강요하는 이들을 비판하는 그의 핵심적인 요지는 자만심이다(18절). 바울은 골로새서에서 "몸"의 중요성을 거듭 선언한다(1:22, 24; 2:11). 피조 세계는 하나님과 그 아들의 것이고(1:15-20), 이 선언은 바울이 "몸을 괴롭게 하는" 고행을 비판하는 근거

95. Diogenes Allen, *Temptation* (Cambridge, MA: Cowley, 1986), 68.
96. 예를 들어, Keith Main, *Prayer and Fasting: A study in the Devotional Life of the Early Church* (New York: Carlton, 1971), 48-54를 보라.

로 작용한다(2:23). 가장 중요한 점은 종말론적 시대의 도래로 그런 계율과 훈련의 효력이 상대화되었다는 사실이다(17절). 그리고 그리스도를 통한 하나님의 사역 없이는 구원도 없음을 인정하지 않고 그런 관행에 매달리면 결국 거짓 우상을 섬기게 된다(18-19절).

현대 그리스도인은, 이런 행위의 본질적 의미를 인식하고 금식과 같은 규례들로 하나님과 타인을 조종할 수 있다는 착각에 빠지지 않도록 주의해야 한다. 따라서 "금식은 어떤 결과를 얻고자 하는 수단이 아니라 신성한 시기에 대한 반응"[97]이라는 사실을 강조하는 것이 중요하다. 금식하는 사람들은 이것을 '필수적인 경건의 표현'이라고 생각하려는 충동을 거부해야 한다.[98] 그러나 많은 관례 중에서 금식이 개인의 무능과 하나님의 은혜를 의지해야 할 필요성을 깨우치는 데 도움이 된다는 사실도 부정할 수 없다(참고. 레 16:29-31; 23:26-32). 그러나 예수 그리스도의 희생이 최종적으로 완성된 희생이라는 인식이 반드시 동반되어야 한다(히 9:23-28).

3. 확고한 그리스도 중심론

앞 단락들은 그리스도와 그분의 사역이 중심 주제였다.[99] 바울은 이 단락에서도 그리스도께 초점을 맞추고 신자가 그분의 몸에 참여하는 것의 의미를 이해해야 할 필요성을 강조한다. 이 단락을 적용할 방법을 찾으면서 동일한 메시지를 반복적으로 강조하는 일이 썩 내키지 않을 수도 있다. 그러나 이 기독론적 강조는 복음의 핵심이다. 그렇기 때문에 바울은 인류를 위한 하나님의 구속 계획의 핵심을 반복해서 강조하고 알리는 데 조금도 주저하지 않는다.

이 단락에서는 거짓 교훈이 논의된다. 바울은 구체적인 기독론적 호칭을 사용해서 그리스도의 의미를 설명하지 않고, 그리스도의 죽음과 부활의 내러티브에 관심의 초점을 둔다.[100] 이런 내러티브는 여러 단락을 하나로 이어줌으로써 하나의 기본 골격을 갖춘 이야기를 형성하며, 이를 통해 골로새 교인들이 당면한 문제들을 해결하도록 돕는다. 그리스도의 죽음과 부활에 신자가 참여하는 것은 이미 2:11-13에서 할례의 비유로 소개되었다. 2:16-23은 이것을 풀어 설명한다. 바울은 신자가 그리스도와 함께 죽음으로 누리는 자유에 초점을 맞춘다. 그분의 죽음으로 우리는 악한 세력에서 벗어나게 된다. 다음 단락은 죽음이 아닌 부활에 초점을 맞추며, 그리스도의 높아지심을 강조한다. 그분의 부활로 신자는 새로운 삶, 곧 예수님이 다시 오실 때 완성될 삶을 보장받을 수 있다(3:1-4).

이어지는 단락에서 바울은 예수님의 죽음에 참여하는 주제로 다시 돌아간다. 그는 거기에서 신자에게 과거의 악한 습성을 '죽이라고' 요청할 것이다(3:5-9). 악한 습성을 죽이는 것, 곧

97. Scot McKnight, *Fasting* (Nashville: Nelson, 2009), xxi.
98. 같은 책, 134.
99. 1:15-23에 대한 '적용에서의 신학'을 보라.
100. 신약 전반의 기독론적 단락에서 내러티브의 중요성은 Richard A. Burridge, "From Titles to Stories: A Narrative Approach to the Dynamic Christologies of the New Testament," in *The Person of Christ* (ed. Murray Rae and Stephen R. Holmes; London: T&T Clark, 2005), 37-60을 보라.

그것을 벗어버리는 행위는 그리스도의 죽음을 상기시키며(참고. 2:11), 새 본성을 옷 입는 행위와 연결된다. 새 본성을 옷 입은 사람은 의롭고 하나 된 공동체를 이룬다(3:10-14). 그리스도의 죽음과 부활이 신자에게 적용된다는 사실을 거듭 설명하는 것은 '그분 안에서 행하는'(2:6) 것이 무엇인지 알려준다.

거짓 신들을 섬기는 제의적 의례에서부터 신자의 행실과 민족적, 사회적, 경제적 경계로 분리되지 않는 새 공동체의 출현까지 그리스도의 죽음과 부활에 참여할 때 신자는 전방위적으로 영향을 받는다. 이 구술된 복음은 그리스도인의 실존적 삶의 모든 영역에 영향을 미쳐야 한다. 또한 이 복음은 개인의 정체성의 근거가 되며, 한 개인과 공동체의 행동을 규정한다. 그리스도에 관한 이야기에 영향을 받지 않는 부분이 조금이라도 있다면, 하나님의 새로운 창조 행위의 우주론적이고 최종적 의미를 무시하는 것이다(1:18-20).

CHAPTER

7 골로새서 3:1–11

문학적 전후 문맥

많은 학자는 3:1–4을 골로새서에서 이론 단락이 끝나고 실천 단락이 시작되는 것을 알리는 부분이라고 생각한다.[1] 이런 해석은, 바울이 청중에게 "위의 것을 생각하고 땅의 것을 생각하지 말라"(2절)고 권면하면서 강조의 초점을 변증에서 권면으로 이동하는 것을 지적한다는 면에서 옳다. 악덕(5, 8–9절)과 미덕(12–14절) 목록을 포함한 이후의 단락, 예배의 삶을 살라는 요청(15–17절), 가정에서의 행실에 대한 논의(3:18–4:1)는 이런 해석을 뒷받침한다.

그러나 2:23이 바울의 이론적 논증의 결론이라거나, 바울이 이후의 단락에서 거짓 선생들에 대해 무관심하다는 지적은 수용하기 어렵다. 첫째, 이 단락과 앞 단락의 연관성은 명백하다. 신자가 그리스도의 죽음에 참여하는 것에 대한 논의는 2:20절에서 조건절로 시작되고, 그와 상응하는 내용이 3:1에 등장한다. 3:1도 조건절로 시작하고 그리스도의 부활에 참여하는 것의 의미를 논한다(3:1).[2] 악한 욕망을 죽이라는 5절 역시 2:20–23의 논증과 이 단락이 계속 연관된다는 것을 암시한다.

둘째, 이 단락은 "위의 것을 찾으라"(3:1)는 요청으로 시작된다. 이 요청은 그리스도를 따르라는 추상적 요청이 아니다. 이것은 "천사 숭배"와 관련된 제의적 의례들을 노골적으로 조장하는 거짓 선생들(2:20–21, 23)을 집중적으로 다룬 뒤 곧바로 제시한 요청이다. 바울은 여기서 그런 환상 체험에 이의를 제기한다. 바울은 "위"의 영역에서 특이하고 생소한 것을 추구하지 말고, 예배를 받으셔야 하는 대상이 "그리스도"이며 그분이 '하나님 우편에 앉아 계신다'(3:1)고

1. 예를 들어, John Callow, *A Semantic and Structural Analysis of Colossians* (Dallas: SIL International, 2002)를 참고하라. 그는 "3:1에서 이전 단락과 주제가 달라졌고 실제로 앞 단락은 거짓 가르침에 대한 경고에 치중했다"라고 주장한다. 어떤 학자들은 나아가 실제적인 도덕적 명령과 법적 문제의 이론적 논의를 구분하며 이 단락이 주로 '윤리'적 측면에 집중하되 실제적인 할라카(halakha)에 대해서는 그 함의를 다루지 않는다고 본다(Peter J. Tomson, *Paul and the Jewish Law: Halakha in the Letters of the Apostle to the Gentiles* [CRINT 3.1; Minneapolis: Fortress, 1990], 91).

2. 그리스도의 죽음과 부활을 중심으로 논지를 전개하는 이 두 단락은 로마서 6:1–14의 유사한 논증을 생각나게 한다. Louw, "Reading a Text as Discourse," 29를 보라.

구체적으로 밝힌다. 따라서 "위의 것을 찾으라"는 요청과 이것을 확대한 3:5–11은, 우월한 종교적 체험을 얻기 위해 환상을 추구하는 자들을 반박하는 논증이다.[3]

셋째, 말세에 그리스도가 나타나신다는 종말론적 언급(4절) 역시 골로새의 거짓 선생들에 대한 강력한 대응책에 해당한다. 바울은 신적 존재와 현재적이고 개인적인 교감의 완성에 초점을 맞추지 않고, 그리스도의 영광이 장차 공개적으로 드러날 미래를 강조한다. 그때는 모든 신자가 '그분과 함께 영광 중에 나타날' 것이다(4절). 그러므로 2:20–23처럼 이 단락 역시 이론적 논의와 실천적 관심사를 연결하는 전환 단락으로 보아야 한다.

바울은 3:5–11에서 한 걸음 나아가 그리스도인의 삶의 실제적 관심사를 다룬다. 하지만 이 단락 역시 앞 단락들을 토대로 하는 것이 분명하다. 그리스도인의 삶에 대한 관심사는, 새 창조의 상징인 교회를 우주의 창조에 비유한 1:15–20의 선언을 반영한다. 이런 "교회는 우주적 화해의 축소판과 같다."[4] 따라서 신자의 행동에 대한 관심은 우주의 주이신 그리스도에 대한 논의와 밀접하게 관련된다.

이 단락 이후에도 기독교 공동체의 올바른 행동 양식을 정립하고자 하는 바울의 관심사는 계속 이어진다. 3:5–11이 하나님의 공동체에 참여함으로 옛 본성을 벗어버리는 것을 강조한다면, 3:12–14은 새 본성을 덧입는 부분을 강조한다. 이어서 감사를 통해 그리스도의 주재권을 다시 확인한다(3:15–17). 이 주제는 가족 관계에 대한 논의에서 구체적으로 예시된다(3:18–4:1). 이로써 바울은 개인의 예배와 도덕적 생활의 필수적 기초로서 그리스도의 중심성에 대한 논의를 이어간다.

V. 신자들의 신실함(2:6–4:1)

A. 신실함을 요청함(2:6–7)

B. 그리스도 안에 있는 충분성(2:8–23)

➦ **C. 신앙 생활의 방향을 전환함(3:1–4:1)**

1. 부활하신 그리스도에 대한 강조(3:1–4)

2. 옛 사람을 벗어버리라(3:5–11)

3. 새 사람을 입으라(3:12–17)

4. 가정의 주(3:18–4:1)

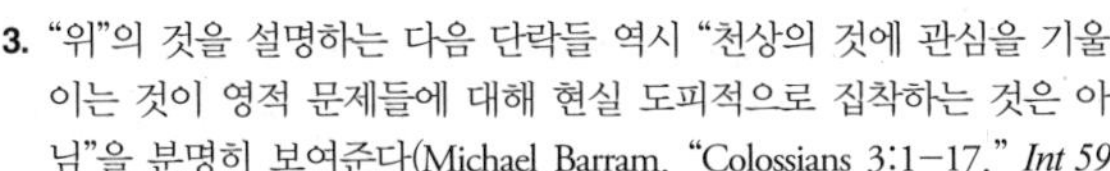

3. "위"의 것을 설명하는 다음 단락들 역시 "천상의 것에 관심을 기울이는 것이 영적 문제들에 대해 현실 도피적으로 집착하는 것은 아님"을 분명히 보여준다(Michael Barram, "Colossians 3:1–17," *Int* 59 [2005]: 189).

4. Wedderburn, "The Theology of Colossians," 41. 이 연관성은 1:20을 암시하는 3:15에서 명확히 확인할 수 있다.

주요 개념

신자는 마지막 때 영광 가운데 나타나실 높아지신 그리스도만 바라보아야 한다. 높아지신 그리스도와 자신을 동일시하고, 세상적인 욕망에 휘둘리지 않는 삶을 살아야 하며, 오직 그리스도께 뿌리를 내리고 하나 된 공동체에 참여해야 한다.

번역

골로새서 3:1-11

1a	조건	그러므로
		너희가 그리스도와 함께 다시 살리심을 받았으면
b	권면	**위의 것을 찾으라**
c	위치	거기는 그리스도께서…계시느니라
d	서술	하나님 우편에 앉아
2a	권면	**위의 것을 생각하고**
b	대조	땅의 것을 생각하지 말라
3a	근거	**이는 너희가 죽었고**
b	결과	**너희 생명이 그리스도와 함께 하나님 안에 감추어졌음이라**
4a	동격	우리 생명이신
b	시기	그리스도께서 나타나실
c	순서	그 때에
		너희도 그와 함께 영광 중에 나타나리라
5a	권면	**그러므로 땅에 있는 지체를 죽이라**
b	구체적 예	곧 [1] 음란과
c	목록	[2] 부정과
d	목록	[3] 사욕과
e	목록	[4] 악한 정욕과
f	목록	[5] 탐심이니
g	서술	탐심은 우상 숭배니라
6	확장	이것들로 말미암아 하나님의 진노가 임하느니라
		[불순종하는 아들들에게]
7a	설명	너희도…그 가운데서 행하였으나
b	시기	전에 그 가운데 살 때에는

8a	권면	**이제는 너희가 이 모든 것을 벗어 버리라**
b	구체적 예	곧 [1] 분함과
c	목록	[2] 노여움과
d	목록	[3] 악의와
e	목록	[4] 비방과
f	목록	[5] 부끄러운 말이라
		너희 입의
9a	권면	**너희가 서로 거짓말을 하지 말라**
b	근거	옛 사람과 그 행위를 벗어 버리고
10a	진전	새 사람을 입었으니 이는…지식에까지 새롭게 하심을 입은 자니라
b	근거	자기를 창조하신 이의 형상을 따라
11a	서술	거기에는 헬라인이나 유대인이나…차별이 있을 수 없나니
b	연속	할례파나 무할례파나
c	연속	야만인이나 스구디아인이나
d	연속	종이나 자유인이
		[그러나]
e	대비	오직 그리스도는 만유시요 만유 안에 계시니라

구조

바울은 천사 숭배를 조장하는 거짓 선생들을 비판(2:16–19)하고 나서 그들이 예배해야 할 대상이 하나님 우편에 앉아 계신 그리스도임을 일깨워준다(3:1–4). 따라서 바울은 이 단락에서 유일하게 합당한 예배의 대상으로서 그리스도를 다시 강조한다. 신자는 그리스도와 함께 살리심을 받았으므로 '위의 것을 찾아야' 한다(1절). 그러나 "위의 것"은 천상의 환상이 아니라, 지상의 영역에서 육신으로 사셨던 "그리스도"를 가리킨다(참고. 3:5–4:1). 따라서 '위의 것을 찾는다'는 것은, 십자가에서 죽으시고 죽은 자 가운데서 부활하신 그리스도께 합당한 삶을 사는 것이다(2–3a절).

그리스도의 죽음과 부활에 참여하는 것이라는 현재적 실재는 앞으로 받을 영광을 예고한다(3b–4절). 바울은 개인적인 종교 체험을 통해 우월한 지식을 얻는 소수의 혜택이 아니라, 그리스도가 말세에 공개적으로 재림하심으로 영광이 완전히 계시된다는 점을 강조한다. 그리스도를 통한 하나님의 놀라운 사역을 중심으로 하는 구원사의 종말론적 완성은, 바울이 자기중심적인 종교 체험에 집착하는 사람들을 비판하는 근거로 작용한다.

바울은 5–11절에서 높아지신 그리스도를 섬기는 것이 세상 속에서 분투하는 신자에게 어떤 의미인지 설명한다. 바울이 높아지신 그리스도 안에서 그들의 정체성(1–4절)을 먼저 언급한 뒤에 그들에게 요구되는 행동 양식(5–11절)을 다룬 것은 의미심장하다. 천상의 환상적 체험을 추구하며 자신의 행위에 매달리는 거짓 선생들과 달리, "바울은 정반대로 접근하여 천상의 부활하신 그리스도를 신자의 삶의 출발점이자 근원으로 본다. 신자의 삶은 천상의 그리스도로부터 출발하여 육신을 입고 사는 지상의 삶으로 구체화된다"(3:5 이하).[5]

바울은 옛 사람을 벗어버리라고 요청하면서 먼저 두 개의 악덕 목록을 제시하는데, 두 목록 중간에 그것을 거부해야 하는 근거를 소개한다(5–8절). 첫 악덕 목록에는 악한 욕망의 목록이 포함되는데(5절), 그중 일부는 십계명 중 하나를 떠오르게 한다. "우상 숭배니라"(5g절)는 마지막 설명 구문은 악덕 이면에 있는 핵심적 문제를 암시하기 때문에 중요하다. 바울은 신자가 피해야 할 악덕 목록을 무작위로 소개하는 것이 아니다. 그는 우상을 섬기는 마음이 외부로 발현된 몇 가지 모습을 선별하여 기술하고, 궁극적 예배의 대상이신 그리스도께 더 관심을 기울인다. 바울은 거짓 예배를 드리는 거짓 선생들을 비판하면서 참 하나님을 예배하는 삶을 강조한다.

6–7절에 나타난 권면의 근거는 바울이 (이방인) 신자에게 그리스도의 죽음과 부활에 참여하기 전의 생활 방식을 버리라고 촉구함으로 이 해석을 더욱 뒷받침한다. 바울은 1–5절에서 강조한 내용에 맞추어 다시 참되신 한 하나님을 섬기지 않는 사람이 맞이할 현실인 종말론적 심판을 다시 강조한다.

두 번째 악덕 목록에는 말과 대인 관계에서 나타나는 악을 중심으로 죄의 목록이 소개된다(8절). 5절의 목록이 개인의 마음의 죄를 가리킨다면, 8절의 목록은 신앙 공동체의 조화로운 생활을 방해하는 행동을 가리킬 가능성이 크다. 이 단락의 마지막 문장은 "너희가 서로 거짓말을 하지 말라"(9a절)는 권면으로 시작되는데, 이것은 동시에 두 번째 악덕 목록의 결어로 기능한다. 이 권면은 5g절("우상 숭배니라")의 설명 구절의 역할과 비슷하다. 다시 말해, 8절에 기술된 죄들은 서로에게 거짓말하는 행동을 가리킨다. 이런 행동은 그리스도의 죽음과 부활이라는 진리와 실재를 인정하지 않는 거짓된 삶을 암시하고, 따라서 우상 숭배의 죄에 해당한다.

8절의 악덕 목록에 대한 이런 해석은 3:9b–11에서 확인된다. 바울은 3:9b–10에서 창조주의 형상을 따라 "새 사람"을 입는 문제를 직접적으로 거론한다. 새 사람에 대한 언급은 신앙 고백에 일치하는 삶의 문제로 연결된다. 바울은 3:11에서 "새 사람"을 공동체적 언어로 규정한다. 그는 단순히 개인적 덕목에 초점을 맞추지 않고, "사람"을 윤리적, 문화적, 사회적 경계로 분열되거나 나누어지지 않는 공동체로 정의한다. 또한 공동체에 대한 강조는 소수의 은밀한 경험을 강조함으로 여러 장벽을 세운 거짓 선생들에게 대응하는 것이기도 하다. 대신 바울은

5. Lincoln, *Paradise Now and Not Yet*, 127.

6. 2:20에 대한 설명을 보라.

이 공동체의 유일한 기초로서 "그리스도"를 내세운다(11e절). "새 사람"은, 그리스도의 죽으심과 부활에 나타난 하나님의 사역이 지닌 효력을 반영하는 '그리스도의 몸'(1:18, 24; 2:19; 참고. 3:15)이다.

석의적 개요

➡ **I. 부활하신 그리스도에 대한 강조(3:1–4)**
- A. 그분과 함께 살리심을 받았으므로 위의 것을 찾으라(3:1)
- B. 그분과 함께 죽었으므로 땅의 것에 집착하지 말라(3:2–3a)
- C. 그분과 함께 감추어졌으므로 영광 가운데 나타날 것이다(3:3b–4)

II. 옛 사람을 벗어버리라(3:5–11)
- A. 땅에 있는 지체를 죽이라(3:5–8)
    1. 욕망의 죄에 대한 목록(3:5)
    2. 과거의 생활 방식을 따라 사는 사람들에게 보내는 경고(3:6–7)
    3. 말의 죄에 대한 목록(3:8)
- B. 거짓된 삶을 거부하라(3:9–11)
    1. 서로에게 거짓말하지 말라(3:9a)
    2. 새로운 본성을 입었기 때문이다(3:9b–10)
    3. 그리스도 안의 새 공동체로 규정된 새로운 본성(3:11)

본문 설명

3:1a 그러므로 너희가 그리스도와 함께 다시 살리심을 받았으면(Εἰ οὖν συνηγέρθητε τῷ Χριστῷ). 바울은 골로새 교인들에게 그리스도 안에서 얻은 새로운 삶과 정체성을 확인해준다. 앞 단락(참고. 2:6, 16)에서와 같이 "그러므로"(οὖν)는 바울의 논증이 다음 단계로 이동한다는 것을 가리킨다. 바울은 2:12에서 세례를 논의할 때, 신자가 그리스도 안에서 살리심을 받았다고 이미 언급했다. 2:20이 이 단락과 더 가까우므로, 여기서 조건절의 조건문("너희가 그리스도와 함께 다시 살리심을 받았으면")은 자연스럽게 2:20의 주장("그리스도와 함께 죽었거든")을 완성한다. 두 절 모두 그리스도의 죽음과 부활에 참여함을 기정 사실로 받아들이므로, 이런 언급들은 바울이 뒤에서 신자의 올바른 행실을 논증할 때 그 근거가 된다. 이 조건문은 2:20과 마찬가지로 사실에 대한 가정으로 번역하는 것이 옳다. "너희가 그리스도와 함께 다시 살리심을 입었으므로"(NIV, TNIV).[6]

수동형 동사 "살리심을 받았으면"(συνηγέρθητε)은 살리는 행동의 주체가 하나님이심을 암시하고, 인간적 노력으로 신과 대면하는 것을 강조하는 거짓 교훈을 교정한다. 앞 단락의 "그리스도와 함께"(σὺν Χριστῷ) 죽었다는 언급은 대명사 "함께"(σύν)를 사용하여 그리스도와 신자의 하나 됨을 강조했다. 반면 이 본문에서는 동사 '일으키다'에 접두 전치사(with, σύν-)를 사용하여 유사한 효과를 낸다. "그리스도와 함께" 살리심을 받는 것은 "그리스도와 함께 새 생명으로"(NLT) 살리심을 입는 것이다. 2:12은 신자가 그리스도의 부활에 참여하는 맥락으로 세례를 직접 언급하지만, 세례는 영적, 정신적, 육신적, 제의적 영역을 포함하는 총체적인 새로운 생활 양식에 신자가 참여하는 "핵심적 상징"[7]이다. 바울은 이후의 논의에서 그리스도 안의 새로운 삶이 무엇을 수반하는지 명확하게 밝힌다.

3:1b-d 위의 것을 찾으라 거기는 그리스도께서 하나님 우편에 앉아 계시느니라(τὰ ἄνω ζητεῖτε, οὗ ὁ Χριστός ἐστιν ἐν δεξιᾷ τοῦ θεοῦ καθήμενος). 신자는 그리스도의 부활에 참여했으므로, 이제 "위의 것을 찾으라"고 요청받는다. 부사 "위의"(ἄνω)와 정관사 τά가 함께 쓰인 표현은 명사의 의미로서 "위의 것"으로 번역된다. 신약에서 이 부사는 (3:2과) 여기에서만 명사적으로 사용되기 때문에, 일부 학자는 "이것이 철학의 또 다른 슬로건"이라고 주장한다.[8] 만약 그렇다면, 여기에서 두드러지는 것은 "위의 것을 찾으라"는 바울의 요청이 아닌 위의 것에 대한 설명이다. 거짓 선생들은 추종자들에게 하늘의 세계에 집중하라고 부추기지만(2:18), 바울은 그러한 관심의 핵심이 그리스도가 되어야 한다고 분명히 밝힌다.

"거기는 그리스도께서 하나님 우편에 앉아 계시느니라"는 구절은 두 가지로 해석할 수 있다. 여기서 각 해석은 직설법 동사 '있다'(is, ἐστιν)와 분사 "앉아"(καθήμενος)의 관계에 따라 달라진다. 어떤 이들은 이 동사와 분사를 모두 완곡어법의 구문으로 보고 하나의 개념을 표현한다고 주장한다. "그리스도가 하나님의 우편에 앉아 계신다"(where Christ is seated at the right hand of God, TNIV; 참고. KJV, NAB, NLT, TEV). 조동사를 수식하거나 분사를 수식할 수 있는 중간의 전치사구("하나님 우편에")[9]에 비추어볼 때 바울이 두 가지 동사적 의미를 나타낼 가능성이 더 크다. "그리스도가 계신다. 하나님 우편에 앉으신 채"(where Christ is, seated at the right hand of God, NRSV, NIV; 참고. ASV, NASB, NJB, NKJV, REB, NLT, NET, HCSB, ESV).

이렇게 두 절로 분리하면, 서로 관련성은 있지만 독립적인 개념들을 전달하게 된다. 그리스도가 천상에 계신다고 볼 경우, 그분은 하나님의 보좌가 있는 곳에 앉아 계신다(대하 18:18; 시 11:4; 103:19; 사 6:1; 66:1; 단 7:9).[10] 이 선언은 하나님의 창조 사역에 참여한 분의 권능과 영광을 증명한다(참고. 1:15-20). 이것은 앞 단락들에서 강조되던 고등 기독론과 일치한다.

"하나님 우편에 앉아"는 시편 110:1(109:1, LXX)을 인유하여 이 기독론적 선언을 한 단계 진전시킨다. "내가 네 원수들로 네 발판이 되게 하기까지 너는 내 오른쪽에 앉아 있으라 하셨도다." 정확한 평행 구절이 없기 때문에 이 절이 시편을 인유한 것인지 의심하는 이들도 있다. 하지만 초대 기독교에서 이 시편이 널리 암송되었다는 점에 비추어보면, 이 본문과 시편이 관계가 있을 가능성은 매우 크다(행 2:34-35; 히 1:13; 8:1; 10:12-13; 12:2; 벧전 3:22). 더욱이 이 인유는 바울이 전개하는 논증의 맥락과 부합한다. 그리스도가 모든 영적 세력과 권세를 무너뜨리셨으므로(2:10, 15; 참고. 1:16) 오직 그분만이 예배의 대상이 되셔야 한다. 그러므로 시편 110:1

7. Meeks, "'To Walk Worthily of the Lord,'" 46.

8. Lincoln, *Paradise Now and Not Yet*, 123. 참고. Sumney, "The Argument of Colossians," 350.

9. 이 전치사구가 조동사를 수식한다고 볼 경우 이것이 부연 설명의 분사일 가능성은 없어진다.

10. Beetham, *Echoes of Scripture*, 226.

을 인유함으로 그리스도의 주권적 통치가 시작되는 것이 강조된다.[11] 그러한 통치의 완성 역시 영광 중에 오실 그리스도의 재림에 달려 있다(참고. 4절).

그리스도가 하나님의 영광에 참여한다는 것은 '앉다'라는 비유로 설명된다. 유대 전승에서 하늘에 앉아 있는 분은 오직 하나님뿐이고, 나머지 천사들은 그 옆에 서 있다.[12] 그러므로 그리스도가 하나님 우편에 앉아 계신다는 것은 그분이 하나님의 주권적 통치에 참여하시고 있다는 뜻이다. 시편 110:1을 인유한 것은 이 절을 거의 사용하지 않는 유대 전승과 매우 다르다. 이 "차이는 단순히 제2성전기 유대 문헌은 누군가를 가리키기 위해 이 구절을 사용하지 않지만, 초대 그리스도인은 시편 본문으로 예수님에 대해 무언가를 말하려 했다는 사실을 반영한다. 즉, 그분이 만물에 대한 특별한 신적 주권성에 참여하신다는 것이다."[13]

그리스도의 지위에 대한 단언과 그분이 하나님의 주권적 통치에 참여하신다는 선언은 단순히 거짓 교사들에 대한 대응 차원에서 나온 것이 아니다. 이 선언은 세상에서 천상의 실재를 반영하며 살아야 할 그리스도인에게 그 근거를 제시한다. 바울은 이후 단락에서 '예수는 주'라는 공통된 기독교적 고백(롬 10:9; 고전 12:3)에 담긴 실제적 의미를 제시한다.

3:2a 위의 것을 생각하고(τὰ ἄνω φρονεῖτε). 이 절은 "위의 것을 찾으라"는 1절의 의미를 완성한다. "생각하고"(마음을 고정하고)는 "찾으라"는 행위를 넘어서는 것으로 위의 것에 관심을 집중해야 함을 강조한다. 현대 번역본은 대부분 이 번역을 채택한다.[14] NLT의 더 극적인 해석은 이 문맥에서 동사의 뉘앙스를 더욱 선명하게 드러내는 듯 보인다. "천상의 것들에 대해 생각하라." 이것은 하나님의 뜻에 순종하며 의식의 변화가 일어나 생각과 행동으로 드러나는 수준을 포함한다(참고. 롬 12:1–2).[15]

이 동사의 중요성은, 동일한 시기에 쓰였으리라 추정되는 바울의 다른 옥중 서신에 나오는 용례로 가장 잘 설명할 수 있다. 바울은 빌립보서에서 신자에게 "한마음"(ἓν φρονοῦντες, 빌 2:2)을 가졌으므로 '같은 마음을 품으라'(τὸ αὐτὸ φρονῆτε)고 요청한 다음 "땅의 일을 생각하는"(οἱ τὰ ἐπίγεια φρονοῦντες, 빌 3:19) 이들을 비판한다. 신자의 시민권은 땅이 아닌 하늘에 있다(빌 3:20a).

하늘의 것을 생각하라는 빌립보서의 당부 역시 그리스도의 최종 계시에 대한 기대를 서술한 문맥에 등장한다. "거기로부터 구원하는 자 곧 주 예수 그리스도를 기다리노니 그는 만물을 자기에게 복종하게 하실 수 있는 자의 역사로 우리의 낮은 몸을 자기 영광의 몸의 형체와 같이 변하게 하시리라"(빌 3:20b–21). 빌립보서가 그리스도에 대한 만물의 미래적 복종에 초점을 맞춘다면, 골로새서는 그리스도가 이미 십자가와 부활로 원수를 무력화시키심으로(2:14–15) 그분의 통치가 시작된 것을 강조한다. 하늘의 것에 초점을 맞추라는 요청은 두 문맥 모두 그리스도의 주 되심에 근거를 둔다. 그리스도의 주재권은 모든 신자가 그리스도와 함께 영광을 받을 미래에 완성된다(3:4).

3:2b 땅의 것을 생각하지 말라(μὴ τὰ ἐπὶ τῆς γῆς). 2절이

11. 참고. Beale, "Colossians," 864.
12. 예를 들어, 단 7:10; *1 En.* 14:22; 39:12; *2 En.* 21:2; *2 Bar.* 21:6; *4 Ezra* 8:21. 그리고 Richard Bauckam, *Jesus and the God of Israel* (Grand Rapids: Eerdmans, 2008), 163–64를 보라. 그는 "저 높은 곳에는 아무도 앉지 않는다"(on high there is no sitting, *b. Ḥag.* 15a; *Gen.Rab.* 65:1)라는 말씀을 지적한다.
13. Bauckham, *God Crucified*, 31.
14. 참고. GDAG, 1065–66. "위의 것들에 대해 계속 생각하라"(NET; 참고. NAB)가 더 문자적인 번역에 가깝지만, 이 번역은 바울이 정신적 행위에만 초점을 맞춘다는 잘못된 인상을 줄 수 있다.
15. 로마서 12:1–2에서 변화된 마음으로 하나님의 뜻에 복종하라고 요청한 후 이어서 그리스도의 마음으로 '생각하라'(φρονεῖν)고 요청한다(12:3, 16).

1절의 사상을 완성하는 두 번째 방식은 "위"와 "땅"이라는 완전히 극단적 개념을 대비시키는 것이다. 바울은 신자에게 위의 것에 관심을 집중하라고 요청할 뿐만 아니라, "땅의 것"을 거부하라고 촉구한다. 이러한 대비는 여러 면에서 의미가 있다. 첫째, 이 대비는 다른 본문에 나오는 '육'과 '영'의 대비와 유사하다. 이 경우 "땅의 것"을 거부하는 것은 세속적 욕망을 거부하는 것이다.[16] 이런 해석은 악덕 목록(5, 8절; 뒤의 설명을 보라)의 도입부인 5절의 "땅에 있는 지체"라는 언급으로 뒷받침된다.

둘째, "위"가 '그리스도가 하나님의 우편에 앉아 계신' 곳(1절)을 가리킨다면, "땅의 것"은 그리스도를 만유의 주권자이자 주로 인정하지 않는 관습을 가리킨다. 그러한 경우 "위"와 "땅"의 대비는 "사람의 전통"과 "그리스도"의 대비(2:8), 심지어 "그림자"와 '실체'(2:17)의 대비에 비견될 수 있다. 따라서 바울은 유일하게 참된 예배 대상을 섬기지 못하게 하는 모든 행위와 관행에 반대하므로, 이 대비의 용례는 변증적 성격이 강하다.

마지막으로, 이 대비는 거짓 선생들이 지닌 이원론적 사고를 의도적으로 비판한 것일 수 있다. 그들의 금욕주의적 고행은 육과 영을 이원론적으로 보고 물질계의 제약에서 벗어나려 하는 시도의 일환일 수 있다. 그러나 바울은 서신의 서두에서 이미 그리스도에게서 '하늘에 있는 것이나 땅의 만물이 창조되었다'고 언급했다(1:16). 또한 십자가에서 죽으심으로 "하늘에 있는 것들이나 땅에 있는 것들이" 모두 그분과 화해했다(1:20). 그러므로 바울은 이 문맥에서 동일한 형이상학적 이분법을 받아들이지 않는다. 대신 그런 구분들을 이용해 청중의 시각에 변화를 주고자 한다. 신자는 물질계를 회피할 필요가 없다. 그 대신 세상에서 신실하게 살아가며 그리스도께 관심을 집중하면 된다. "공동체는 육신의 몸을 입은 그대로 하나님의 뜻을 바라보아야 한다. 그리하여 4절에서 지적하는 것처럼 하나님이 미래에 완성하실 것을 바라보아야 한다."[17] 이렇게 함으로써 신자는 그리스도가 하늘과 땅의 창조주인 동시에 만물을 유지하고 붙드시는 분임을 인정할 수 있다.

3:3 이는 너희가 죽었고 너희 생명이 그리스도와 함께 하나님 안에 감추어졌음이라(ἀπεθάνετε γάρ, καὶ ἡ ζωὴ ὑμῶν κέκρυπται σὺν τῷ Χριστῷ ἐν τῷ θεῷ). 바울은 위의 것을 생각하라는 요청의 근거를 제시하면서 신자가 그리스도와 함께 죽었음을 다시 강조한다. 2:20과 연결해서 볼 때, "너희가 죽었고"는 그들과 그리스도의 동일시와 그들이 악한 세력에서 해방된 사실을 모두 가리킨다. "그리스도와 함께 살리심"(3:1)을 받았다는 내용과 함께 언급된 죽음은, 약함의 상징이 아니라 부활하심으로 사망의 권세를 굴복시키신 그리스도의 놀라운 능력을 상징한다.

"너희"(ὑμῶν)라는 복수 대명사가 쓰였으므로, 단수 "생명"(ἡ ζωή)은 "배분 단수"(distributive singular)로 보고 넓은 집단의 각 개인에 초점을 맞춘 것으로 보아야 한다.[18] "생명"은 그리스도의 부활에 참여하는 신자의 현재적 실존을 가리킨다. 하나님의 구원이라는 현재적 경험과 영광의 미래적 완성을 연결하는 "생명"의 연속성은, 그리스도의 영광이 최종적으로 계시된다고 말하는 4절에 다시 등장한다.

이 생명이 '그리스도와 함께 감추어져 있다'는 사실은 여러 면에서 중요하다. 첫째, '감추다'(κρύπτω)라는 동사는 친밀한 연합을 의미할 수 있다(참고. 눅 13:21).[19] 바

16. "땅"(τῆς γῆς)에 대한 이런 용례는 궁극적으로 창세기 3:17(LXX, ἐπικατάρατος ἡ γῆ)을 차용한 것일 수 있다. 창세기에서는 "땅"이 "타락한 피조물의 가장 중요한 환경"으로 인식된다(Lincoln, *Paradise Now and Not Yet*, 126).

17. Schweizer, *Letter to the Colossians*, 175.

18. 참고. BDF §140.

19. BDAG, 571.

울이 그리스도를 "너희 생명"(ἡ ζωὴ ὑμῶν)이라고 말한 점에 비추어볼 때, 이런 의미가 함축되어 있음은 분명하다. '그리스도와 함께 감추어져 있다'는 말은 신자가 말세에 하나님의 구원 사역이 최종적으로 완성될 것을 기다리며 그리스도의 죽음과 부활에 참여한 상태를 다시 확인해준다.

둘째, '그리스도와 함께 감추어져 있다'는 것은 그리스도 안에서 얻는 안전함을 암시한다.[20] 뒤이어 나오는 절은 하나님의 영광의 계시에 신자가 최종적으로 참여하는 것을 보장하므로 감추어짐의 목적을 설명한다. 그리스도와 함께 죽었다는 언급에는 또한 악한 세력에게서 안전하다는 의미도 내포되어 있다. 이것은 영적 대적의 위협에서 자유롭게 되었음을 가리킨다(2:20).

셋째, 그리스도 안에 '지혜와 지식의 모든 보화가 감추어져 있다'고 주장한 2:3과 비교해볼 때, 이 절은 신자의 생명도 그리스도 안에 감추어져 있음을 확증한다고 볼 수 있다. 바울이 천상의 신비에 집착하는 자들을 비판하고 있으므로 이것은 변증적 목적이 강하다. 그는 신자가 이미 그리스도 안의 모든 보화와 함께 감추어져 있다고 반박한다. 그리스도의 충분성은 누구도 반박할 수 없는 확실한 진리이며, 다른 곳에서 이런 보화를 찾는 것은 참된 복음을 배신하는 행위이다.

신비주의적 측면이 아닌 역사적 측면에서 이 감추어져 있음을 재정의한 이유는, 변증적 목적 때문이다.[21] 이러한 재정의 작업은 1:26에서 볼 수 있다. 그 구절에서 "감추어졌던 것"인 비밀은 "이제는 그의 성도들에게 나타났[다]"는 말로 역사적 관점에서 정의된다. 현재 본문의 감추어져 있음 역시 영광의 최종 계시를 기다린다(3:4). 이 소망은 현 시대를 사는 신자에게 신적 능력과 영광이 아직 완전히 계시되지 않았음을 설명한다. 또한 하나님의 영광이 완전히 계시될 것이라는 기대는 금욕주의적 고행과 환상으로 현재적 성취에 집착하려는 욕구를 없애준다.

마지막으로, 그리스도와의 친밀한 연합은, 오직 그분 안에서만 확인할 수 있는 신자의 참된 정체성을 보여줄 수 있다. 이 해석은 로마서 2:28-29의 내용과 부합한다. '감추어진'이라는 단어군은 하나님의 참 백성을 가리켜 사용된다. "어떤 이는 오직 내면적으로 유대인이며"(NET).[22] 그러므로 그리스도와 신자의 생명을 동일시하는 4절에서 중요한 문제는 이 밀접한 관계가 아니라 정체성이다. 거짓 선생들을 따르는 자들에게 외적인 동일함을 제공하는 정체성의 표식이 아니라(2:11, 16, 20-21), 골로새 교인들은 오직 그리스도와의 관계에서 자신의 정체성을 확인할 것을 요청받는다.

대부분의 현대 번역본이 "하나님 안에"(ἐν τῷ θεῷ)로 번역하지만, 이 구절을 다음과 같이 수단의 의미로 해석할 수도 있다. '너희 생명이 하나님에 의해 그리스도 안에 감추어져 있다'(참고. 엡 3:9).[23] 그럼에도 불구하고 하나님 아버지와 관련된 최종적 주도성이 중요한 문제로 다루어질 때 ἐν이 수단의 의미로 쓰인 용례는 골로새서에서 찾아보기 어렵다. 일부 학자는 이것을 장소의 뜻으로 해석하여 그 의미가 매우 쉽게 전달되게 번역한다. "너희 생명이 그리스도와 감추어져 있고, 그분은 하나님 옆에 앉아 계신다"(CEV). 그리스도가 하나님과 동일시되므로 이 전치사구는 신자와 그리스도의 연합을 의미한다고 보는 것이 가장 적절한 듯하다. 그러므로 "이 구절은 1:15-20에 나오는 찬송시의 지혜 기독론 못지않게 기독론을 강조한다."[24] 여기서는 신자와 그리스도와 하나님 아버지의 깨질 수 없는 연합이 확증된다. 하나님의 계획이 역사에서 최종적으로 완성되기를 기

20. 특별히 O'Brien, *Colossians, Philemon*, 166을 보라.

21. Lincoln, *Paradise Now and Not Yet*, 129; Smith, *Heavenly Perspective*, 182.

22. MacDonald, *Colossians and Ephesians*, 128.

23. 참고. Barth and Blanke, *Colossians*, 396.

24. Dunn, *Epistles to the Colossians and to Philemon*, 207.

다리는 신자는 이러한 결속으로 안전함을 얻는다.

3:4a–b 우리 생명이신 그리스도께서 나타나실(ὅταν ὁ Χριστὸς φανερωθῇ, ἡ ζωὴ ὑμῶν). 앞 절에서는 무언가가 감추어져 있다는 언급이 나왔다. 그 뒤에는 그것이 드러나는 것을 논의해야 한다. 바울은 여기서 감추어짐과 드러남이라는 극단적 대비를 수용할 수 있는 시간적 구도를 사용한다. 바울이 그리스도 안에서 이루어지는 하나님의 구원 계획의 완성이라는 측면에서 신자의 운명을 묘사하므로, 이 본문에도 강력한 그리스도 중심적 관점이 반영되어 있다.

말세에 일어날 그리스도의 재림을 서술하면서 '나타나다'(is revealed, φανερωθῇ)라는 동사를 쓴 것은 놀랍다. 이 단어를 선택한 것 때문에 어떤 이들은 바울이 여기서 그리스도의 재림을 염두에 둔 것이 아니라고 단정한다. 이 해석에 따르면 죽고 감추어진다는 표현은 신자의 물리적 죽음과 장례를 가리키지 않으며, '나타나다'라는 언급 역시 그리스도의 실제적 재림을 가리키지도 않는다. 그러한 경우, 이 절은 다음과 같은 의미로 읽어야 한다. "그리스도가 너희 생명임을 가시적으로 드러낸다면, 너희가 그분과 함께 새 생명으로 살리심을 입었음이 분명히 드러나 그분이 영광을 받으실 것이다."[25] 그렇다면 이후의 논의(3:5–4:1)는 날마다 삶에서 그리스도의 영광을 드러내는 내용을 다룬다고 보아야 한다.

그러나 이 비종말론적 해석은 설득력이 약하다. 이에 대한 한 반응은 이 절의 기능과 의미가 무엇인지 알려준다. 이 해석은 골로새서에서 미래를 언급한 부분들을 간과한다. 1:27의 "영광의 소망"은 미래의 어느 시점에 영광이 완성될 것을 분명히 가리킨다. 이 단락이 종말론을 강조한다는 점도 명확하다. 바울은 3:6에서 종말론적 문맥에 자주 나타나는 표현인 "하나님의 진노"를 언급한다. 4:2의 "깨어 있으라"는 요청 역시 유사한 문맥에서 사용되는 표현이다. 그러므로 그리스도의 나타나심에 대한 언급을 현재적 신앙 생활에 국한해서 해석할 수 없다.

3절에서 감추어진 것이 언급됨으로써 '나타나다'(φανερωθῇ)라는 동사가 나오리라 예상된다. 따라서 '나타나다'라는 언급은 종말론적 해석을 반대하는 논증으로 사용되어서는 안 된다(참고. 1:26). 감추어진 것 자체는 종말론적 문맥에서 익숙한 개념으로 "장차 영광 가운데 드러나겠지만 현 시대가 지속되는 동안 감추어져 있는 무언가가 존재한다는 묵시론적 확신을 반영한다"(예를 들어, 2 Bar. 48.49; 52.7).[26] '나타나다'라는 동사는 파루시아를 가리키는 전문 용어는 아니지만, 종말론적 심판 때 그동안 행한 모든 일이 드러나리라는 의미로 사용되기도 한다(고후 5:10).

마지막으로, ὅταν('…때', when)과 τότε("그때에", then)의 조합이 나타내는 의미를 간과해서는 안 된다. 이것은 그리스도의 죽으심과 부활/높아지심에 대한 언급에 이어 자연스럽게 등장하는 조합으로 아직 실현되지 않은 실재를 가리킨다. 다른 바울 서신에서도 그리스도의 죽음, 부활, 재림이 함께 언급된다(특히 고린도전서 15장에서 바울은 신자가 그리스도의 죽음과 부활에 함께 참여하는 것을 논의한다. 이 참여는 영광 중에 다시 오실 미래를 소망하는 근거가 된다).

> "그러나 이제 그리스도께서 죽은 자 가운데서 다시 살아나사 잠자는 자들의 첫 열매가 되셨도다 사망이 한 사람으로 말미암았으니 죽은 자의 부활도 한 사람으로 말미암는도다 아담 안에서 모든 사람이 죽은

25. Gerhard Swart, "Eschatological Vision or Exhortation to Visible Christian Conduct? Notes on the Interpretation of Colossians 3:4," *Neot* 33 (1999): 175.

26. Talbert, *Ephesians and Colossians*, 226. 참고. Bevere, *Sharing in the Inheritance*, 153–61.

것같이 그리스도 안에서 모든 사람이 삶을 얻으리라 그러나 각각 자기 차례대로 되리니 먼저는 첫 열매인 그리스도요 다음에는 그가 강림하실 때에 그리스도에게 속한 자요 그후에는 마지막이니 그가 모든 통치와 모든 권세와 능력을 멸하시고 나라를 아버지 하나님께 바칠 때라"(고전 15:20–24).

이 문맥에서도 예수님의 재림은 부활에 대한 신자의 소망을 정당화해준다. 이어지는 구절이 부활하신 주의 능력에 힘입어 현재의 삶을 영위할 것을 강조한다 해도, 여기서 생명은 하나님의 구원 계획에 따라 일어날 역사적 사건에 근거한다.

"우리 생명이신"(ἡ ζωὴ ὑμῶν)[27]은 문자적으로 '너희 생명'으로 번역된 표현을 해석한 것이다. 이 구절은 "그리스도"와 동격을 이룬다. 바울은 여기서 그리스도와 연합하는 것에서 한 걸음 더 나아가 그리스도와 동일시되는 것을 강조한다. "그리스도와 생명을 나눈다는 말로 충분하지 않다. 사도는 그 생명이 바로 그리스도라고 선언하는 것이다."[28] 바울의 논증에서 이 동일시는 매우 중요하므로, "그리스도는 너희 생명에 의미를 준다"고 번역한 CEV처럼 특정한 하나의 관계 조합에 국한해서는 안 된다. 그리스도의 죽음과 부활의 실제적 의미를 다룬 문맥에 등장하는 그리스도와 신자의 동일시는 다른 바울 서신에서도 볼 수 있다.

"우리가 항상 예수의 죽음을 몸에 짊어짐은 예수의 생명이 또한 우리 몸에 나타나게 하려 함이라 우리 살아 있는 자가 항상 예수를 위하여 죽음에 넘겨짐은 예수의 생명이 또한 우리 죽을 육체에 나타나게 하려 함이라 그런즉 사망은 우리 안에서 역사하고 생명은 너희 안에서 역사하느니라"(고후 4:10–12; 참고. 갈 2:20; 빌 1:21).

그런데 바울은 골로새서의 이 단락에서 동일시를 그리스도의 영광의 최종적 계시까지로 확대한다.

3:4c 그 때에 너희도 그와 함께 영광 중에 나타나리라(τότε καὶ ὑμεῖς σὺν αὐτῷ φανερωθήσεσθε ἐν δόξῃ). 이 마지막 절은 그리스도와 신자가 동일시되는 것에 함축된 의미를 보여준다. "너희도…나타나리라"(φανερωθήσεσθε)에서 동사 '나타내다'를 "그와 함께"(σὺν αὐτῷ)와 다시 사용한 것은, 그리스도와 우리가 동일시되는 것의 궁극적 목표를 보여준다. 이러한 영광 가운데 나타남은 현재 감추어져 있음을 정당화한다.

바울은 이 문맥에서 신자의 오랜 소망이 성취되리라는 내용 외에 "영광 중에"(ἐν δόξῃ)라는 구절의 의미를 설명하지는 않는다. 다른 바울 서신을 보면, 이 영광은 종종 그리스도가 거두실 사망에 대한 궁극적 승리와 신자가 불멸의 몸을 덧입는 내용과 관련된다(고전 15:53–54; 참고. 롬 2:7; 6:4; 살전 4:16–17). 이것은 이 문맥과 잘 부합한다. 그런데 바울은 앞에서 그리스도를 통해 하나님의 능력이 최종적으로 계시(1:11)되는 것과 역사 속에서 하나님의 계획이 성취(1:27)됨으로 드러나는 영광을 언급했다. 영광에 대한 내용은 부르심 받은 대로 복음에 신실하고자 하는 골로새 교인들을 붙드는 중요한 닻이 된다. 결국 "삼류 시골 마을에서 온 보잘것없는 이방인 출신의 사람들"[29]이 모든 피조물을 아우르는 영광에 참여할 것이고, 그들이 정체성의 토대로 삼아야 할 것은 바로 이 우주적 비전이다.

---

27. 어떤 사본들은 "너희"(ὑμῶν)가 아니라 '우리'(ἡμῶν)로 표기하지만 가장 초기 사본($\mathfrak{P}^{46}$)과 다양한 사본 전승은 "너희"라는 해석을 지지한다. 참고. Metzger, *Textual Commentary*, 557.

28. Lightfoot, *St. Paul's Epistles to the Colossians and to Philemon*, 210.

29. Wright, *Colossians and Philemon*, 133.

심층 연구

악덕과 미덕의 목록

두 개의 악덕 목록(3:5, 8-9)과 그에 상응하는 미덕 목록(3:12-14)은 바울의 논증에서 이것들이 차지하는 중요성을 보여준다. 이 목록들을 문맥 속에서 살펴보기 전에, 이것의 일반적인 역할과 개념적 배경을 개괄적으로 살펴보는 것은 도움이 될 것이다.

기원

신약 서신에는 수많은 악덕 목록(예를 들어, 롬 1:25-31; 13:13; 고전 5:10-11; 엡 5:3-4; 딤전 1:9-10; 6:4-5; 벧전 4:3)과 미덕 목록(예를 들어, 고후 6:6-7; 갈 5:22-23; 엡 4:2-3; 빌 4:8; 딤전 3:2)이 나온다.[30] 많은 학자는 여기서 뚜렷한 문학적 형식을 찾을 수 있다고 주장한다. 1930년대에 큰 영향을 미친 버튼 스콧 이스턴(Burton Scott Easton)의 연구 이후[31] 많은 사람이 신약의 악덕과 미덕 목록을 헬라 저자의 유사한 목록과 비교해 읽어왔다. 이런 목록들은 스토아 철학자에게 중요한 역할을 했고, 필로는 그런 헬라 전승을 토대로 육욕을 추구하는 사람들의 악덕을 열거한 광범위한 목록을 제시했다(*Sacrifices* 32). 이와 달리 구약에는 몇 가지 악덕 목록이 나오지만(예를 들어, 잠 6:17-19; 렘 7:9; 호 4:2), "제대로 문학 형식을 갖춘 것 같아 보이지는 않는다." 따라서 신약 저자들이 "헬라 문헌과 수사를 차용했을 가능성이 있다."[32] 골로새서를 연구하는 주석가들을 포함해 많은 사람이 이런 해석을 채택한다.[33]

헬라 문헌에 수록된 수많은 목록의 존재는 이 문학 형식의 중요성을 지지하지만, 신약에 나오는 목록은 내용면에서 헬라 문헌과 큰 차이를 보인다.[34] 예를 들어, 네 개의 기본 덕목을 강조하는 스토아 전승과 달리 신약 목록은 다른 것을 강조하는 경우가 많다. 헬라 전승의 영향을 인정하는 사람들조차 그 전승의 목록과 신약, 특히 바울의 목록이 큰 차이를 보인다고 지적한다. 바울은 인간이 스스로 만들어낸 덕목이 아니라 하나님이 먼저 행하신 행위에 초점을 맞춘다. 또한 개인의 자아를 귀감으로 삼는 덕목이 아니라 공동체에 중점을 두며, 단순히 마음 상태에만 초점을 맞추지 않고 실제적 행동도 중요하게 여긴다.[35] 바울이 그런 전승들을 활용했다고 주장하는 사람은, 바울 저작에서 그런 전승들이 완전히 변형된 것을 인정해야 한다.[36]

---

30. 신약 서신을 제외하면 악덕 목록(예를 들어, 막 7:21-22)과 미덕 목록(예를 들어, 마 5:3-11)은 그렇게 많지 않다.

31. Button Scott Easton, "New Testament Ethical Lists," *JBL* 51 (1932): 1-12.

32. James L. Bailey and Lyle D. Vander Broek, *Literary Forms in the New Testament: A Handbook* (Louisville: Westminster John Knox, 1992), 65-66.

33. Schweizer, *Letter to the Colossians*, 188.

34. 골로새서의 악덕과 미덕 목록이 다섯 조항을 각기 열거하는 방법을 쓴다는 공식적인 지적을 근거로 일각에서는(예를 들어, Lohse, *Colossians and Philemon*, 137) 다섯 개의 선행과 다섯 개의 악행을 강조하는 이란의 전승에 주목한다.

35. Troels Engberg-Pedersen, "Paul, Virtues and Vices," in *Paul in the Greco-Roman World: A Handbook* (ed. J. Paul Sampley; Harrisburgh, PA: Trinity International, 2003), 608-9. 바울에게 미친 스토아 철학의 영향에 대해서는 같은 저자의 *Paul and the Stoics* (Louisville: Westminster John Knox, 2000)를 보라.

36. Engberg-Pedersen, "Paul, Virtues and Vices," 628. "그는 그런 전승의 내용을 논리적 극단까지 확대함으로 근본적인 변화를 주었다. 마땅히 해야 할 일은 할 수 있어야 하지만, 육신을 지닌 개별 인간의 유산은 완전히 제거함으로 오직 그리스도만을 향하는 식이어야 한다."

이런 목록들은 내용면에서 오히려 유대 전승의 영향을 받았음을 암시한다. 구약의 십계명이 신약 목록의 일부 내용에 등장한다.[37] 골로새서의 현재 본문에서 악덕 목록을 요약한 3:5의 "우상 숭배"라는 언급과 열거된 악덕 중 일부는 이런 해석을 뒷받침한다.[38] 다른 바울의 목록들 역시 이런 기본적인 계명들에 특별한 관심을 보인다(참고. 고전 5:9, 10; 딤전 1:9, 10).[39] 십계명 외에도 레위기 17–26장의 성결법에 영향받은 것을 볼 수 있다.[40] 음행(5절), 분노, 악의(8절), 사랑(14절)에 대한 바울의 언급은 모두 레위기에 나오는 내용이다. "우상 숭배"(5절; 참고. 롬 1:25; 갈 5:19–21; 엡 5:5)라는 언급 역시 독자가 구약의 우상 배격 논증(예를 들어, 사 40:18–24; 41:4–7, 10; 44:9–11; 렘 10:1–16)과 유대 전승(Wis 13:1–15:19; *Sib.Or.* 3.11–6)을 떠올리게 한다. 이런 전승은 모두 하나님의 언약 백성이 지켜야 할 경계선을 제시하는 데 기여한다.[41]

기능

신약의 목록은 다양한 기능을 한다. 어떤 목록은 교회의 온전성을 해치는 일반적 행동 양식을 다루고(예를 들어, 고전 5:9–10; 6:9–10; 고후 12:20), 어떤 목록은 거짓 교사들이 강요하는 생활 방식에 집중한다(예를 들어, 딤전 1:9–10; 6:4–5; 딛 3:1–3).[42] 바울은 은혜의 복음을 오해했을 사람들을 위해 그러한 목록을 활용하여 성령 안에서 살아야 함을 강조한다(갈 5:19–23).

골로새서에서 이 목록들은 여러 가지 기능을 한다. 다른 목록과 마찬가지로 바울은 거짓 교사들이 제기한 도전에 대응하는 차원으로 이 목록들을 이용하는 것일 수 있다. 이 목록들은 환상 체험과 천사 숭배를 조장하는 그들에 맞서 일상생활에서 신실한 순종의 삶을 살아야 함을 강조한다.[43] 또한 그런 종교 체험의 개인주의적 성격은 바울이 신실한 삶의 배경으로서 공동체에 초점을 맞추게 했을 것이다. 두 번째 악덕 목록(3:8)과 미덕 목록(3:12–14)은 대인 관계에 대한 이런 강조를 명확히 반영한다. 이 목록에서 교회가 "실제적인 윤리적 주체"라는 주장은 전혀 과장이 아니다.[44]

이 목록들은 일련의 거짓 교훈을 반박하는 성격 외에 구약과 유대 전승에 뿌리를 두었음을 보여준다. 십계명이 이스라엘의 유일하신 하나님에 대한 고백에 기초하듯이(출 20:2–6; 신 5:6–8), "우상 숭배"(5절)라는 관점에서 첫 목록을 요약한 것은 이 관심을 반영한다. 그러므로 바울은 또 다른 새 계명들을 제공하는 것이 아니라, 거짓 신을 숭배함으로 드러나는 외적 표현에 더 관심을 둔다. 1:15–20에 등장하는 그리스도의 최종적 권위에 대한 선언은, 그 선언을 반영하는 행동 방식에 대한 권면으로 설명된다.

---

37. Robert M. Grnat, "The Decalogue in Early Christianity," *HTR 40* (1947): 1–17.

38. 이 목록의 개별 악덕에 대한 논의는 5절에 대한 설명을 보라.

39. Cannon, *Use of Traditional materials in Colossians*, 63.

40. Bevere, *Sharing in the Inheritance*, 190–93을 보라. 그는 선과 악을 대비하는 방식의 유대 전승을 지적한다(신 30:15–16; 시 1:6; 잠 2:12–13; 4:18–19; 렘 21:8; 참고. *Did.* 1–6).

41. 이런 목록에서 심각하게 다루는 악덕인 음란(5절; 참고. 롬 1:26–27; 13:13; 고전 5:10–11; 엡 5:3; 딤전 1:10)은 종종 이방인의 대표적인 죄를 상징한다. 그러므로 이런 성에 관한 규례에는 "사회적 경계선"을 지키고자 하는 관심이 반영되어 있다(Mary Dougls, Natural Symbols: Explorations in Cosmology [London: Routledge, 1996], 74).

42. 어떤 이들은 목회 서신에서 다룬 교회 지도자들의 '자격 요건'에 관한 목록(딤전 3:1–7, 8–13; 딛 1:6–16)이 교회를 위협하는 사람들의 생활 방식에 대응한 것이라고 생각한다. 참고. William D. Mounce, *Pastoral Epistles* (WBC 46; Nashiville: Nelson, 2000), 155–60.

43. Cannon, *Use of Traditional Materials in Colossians*, 244.

44. Wolfgang Schrage, *The Ethics of the New Testament* (trans. David E. Green; Philadelphia: Fortress, 1988), 250.

성결법의 관심사가 반영된 바울의 논의는 하나님 백성의 정체성에 대해서도 관심을 기울인다. "새 사람"이라는 표현으로 민족적, 문화적, 사회적 기준이 그리스도를 중심으로 하는 기준으로 대체되며, 역사에서 정점에 이른 하나님의 사역을 수용한 사람은 새로운 정체성을 갖게 되는 것을 보여준다. "거기에는 헬라인이나 유대인이나 할례파나 무할례파나 야만인이나 스구디아인이나 종이나 자유인이 차별이 있을 수 없나니 오직 그리스도는 만유시요 만유 안에 계시니라"(11절). 여기서 나아가 악덕 목록과 미덕 목록이 세례 예식을 반영한다고 주장하는 사람들이 있다.[45] 이런 배경에서 보면 바울이 "옛 사람"(9절)과 "새 사람"(10절)을 언급한 이유가 설명된다. 그는 옛 정체성의 표식을 오직 그리스도를 중심으로 삼는 새로운 정체성의 표식으로 바꾸는 데 집중한다.[46] 신자는 그리스도의 십자가 죽음과 부활을 통해 하나님이 이루신 놀라운 사역으로 은혜와 용서를 받았고, 그것을 삶에서 드러낼 수 있는 새로운 정체성을 소유한다.

3:5a 그러므로 땅에 있는 지체를 죽이라(Νεκρώσατε οὖν τὰ μέλη τὰ ἐπὶ τῆς γῆς). 이 절은 분사 "그러므로"(οὖν)로 시작하여 바울의 논증이 새로운 단계로 접어드는 것을 알려준다(참고. 2:6, 16; 3:1). 부활하신 그리스도(3:1)와 '땅의 것이 아닌 위의 것'(3:2)만을 바라보면서 그리스도의 영광이 완전히 계시될 날을 기다리라는 앞의 요청이 이 논증의 토대가 된다. 피해야 할 악덕 목록은 "땅의 것"을 대표한다.

"죽이라"(νεκρώσατε)는 "너희가 죽었고"(3절)라는 앞의 주장을 근거로 한다. 앞의 직설법 진술과 이 구절의 과거 명령형의 관계를 유의해서 보아야 한다. 바울은 앞의 논의에서 하나님이 그분을 믿는 자들을 위해 그리스도를 통해 이루신 적극적 사역을 강조했다. 하나님은 "우리를 흑암의 권세에서 건져내사 그의 사랑의 아들의 나라로 옮기셨"(1:13)으며, 이것은 "그(그리스도)의 십자가의 피로"(1:20) 완성된다. 신자가 그리스도의 죽음과 부활에 참여하라고 부르심을 받지만(2:11–12), 바울은 하나님이 그리스도의 십자가상의 죽음으로 모든 대적하는 세력을 무너뜨리셨다고 명시한다(2:14–15). 그러므로 이 문맥에서 옛 습성들을 "죽이라"는 요청은, 그리스도의 죽음으로 그런 명령을 실현할 수 있게 되었다는 인식과 균형을 이루어야 한다. 나아가 이 요청은 신자가 이미 '범죄로 죽었던'(2:13) 사실에 기초한다. 옛 자아를 "죽이라"는 요청은 이미 획득한 승리를 삶으로 구현하라는 것이다.

그러므로 이 요청은 "세례로 이미 죽은 옛 사람이 죽게 하라"는 의미이다.[47] 이 서술형과 명령형의 관계는 이전의 바울 서신으로 가장 잘 설명할 수 있다.

> "우리가 알거니와 우리의 옛 사람이 예수와 함께 십자가에 못 박힌 것은 죄의 몸이 죽어 다시는 우리가 죄에게 종노릇하지 아니하려 함이니 이는 죽은 자가

45. 또한 갈 5:17–24; 엡 5:3–14; David E. Aune, *The New Testament in Its Literary Environment* (LEC 8; Philadelphia: Westerminster, 1987), 195를 보라.

46. 바로 이런 의미 때문에 이 목록들이 세상과 자신을 구분하는 초대교회의 분리주의적 성격을 반영한다는 것이다. 참고. Wayne A. Meeks, *The Moral World of the First Christians* (LEC 6; Philadelphia: Westerminster, 1987), 79–80.

47. Lohse, *Colossians and Philemon*, 137.

죄에서 벗어나 의롭다 하심을 얻었음이라…이와 같이 너희도 너희 자신을 죄에 대하여는 죽은 자요 그리스도 예수 안에서 하나님께 대하여는 살아 있는 자로 여길지어다 그러므로 너희는 죄가 너희 죽을 몸을 지배하지 못하게 하여 몸의 사욕에 순종하지 말고"(롬 6:6-7, 11-12).

'죽이다'라는 단어는 이미 죄의 권세에서 해방되었다는 사실을 인정하며 사는 것을 뜻한다. 명령형과 서술형의 관계는, 명령형을 "죽은 것으로 여기라"(NASB)나 "…에 통제받지 말라"(CEV)로 번역한 것에 반영되어 있다.

죽이는 것의 직접 목적어는 "땅에 있는 지체"(τὰ μέλη τὰ ἐπὶ τῆς γῆς)이다. 전치사구 다음에 나오는 두 번째 관사는 형용사적 수식어 역할을 하여 '세상적인'으로 번역된다. "[너의] 지체"는 몸의 각 부위를 가리켜 흔히 사용되는 표현이다(특히 고전 12:12-16을 보라). 유대 전승에서 악한 행위는 종종 다양한 몸의 부위와 연관된다. 이를 근거로 어떤 이들은 '땅의 네 개의 부위'(땅의 지체)가 여러 유형의 죄를 짓는 다양한 부위를 가리킨다고 생각한다. 그러한 경우 '땅의 네 개의 부위'는 "세속적 목적을 위해 사용되는 사지(四肢)"를 말한다.[48] 이 본문의 번역은 이런 배경에서 이해해야 한다. 그럼에도 바로 이어지는 악덕 목록이 주로 성적 죄악에 초점을 맞추므로, 이 구절들은 구속받지 못한 인간의 일반적 죄성을 가리키는 것으로도 읽을 수 있다. 따라서 이것은 "너희 세속적 본성에 속한 모든 것"(TNIV, NIV; 참고. NET)이나 심지어 "너희 안에 도사리고 있는 세속적이고 죄악 된 것들"(NLT)로 이해할 수 있다.

3:5b-g 곧 음란과 부정과 사욕과 악한 정욕과 탐심이니 탐심은 우상 숭배니라(πορνείαν, ἀκαθαρσίαν, πάθος, ἐπιθυμίαν κακήν, καὶ τὴν πλεονεξίαν ἥτις ἐστὶν εἰδωλολατρία). 이 목록은 구속받지 못한 신자의 과거 본성의 예들을 보여준다.[49] 처음의 네 가지 항목은 성적 본성의 죄와 직접 연관된다. "음란"은 다양한 종류의 성적 죄악을 가리킨다. 구약에서 음란은 우상 숭배 의식과 관련된다(사 47:10; 렘 3:9; 겔 23:8; 미 1:7; 참고. 출 34:15-16; 신 31:16).[50]

"부정"은 구약에서 종종 제의적 부정을 가리켜 사용되지만(레 5:3; 15:3, 30-31; 16:16; 22:4-5; 민 19:13; 삿 13:7; 대하 29:5, 16) 성적 부도덕[호 2:10(LXX 2:12)]과 우상 숭배[렘 19:13; 32:34(LXX 39:34); 겔 7:20; 36:25]를 논의하는 맥락에서도 등장한다. 바울도 "부정"을 성적 음란과 연결하여 종종 사용하지만(롬 1:24; 고후 12:21; 갈 5:19),[51] 하나님의 거룩을 거부하는 전반적인 태도를 가리켜 사용할 수도 있다(살전 4:7).

"사욕"(πάθος)은 문자적으로 "열정 혹은 충동"(ASV, NAB, NASB, NRSV, NKJV, ESV)을 뜻하지만, 이 문맥에서는 성적 본능의 "수치스러운 욕망"(NET)을 가리킬 가능성이 크다.[52] 이것은 다른 바울 서신에서 특별히 "하

48. Moule, *Epistles to the Colossians and to Philemon*, 115. 신약의 사례는 마태복음 5:29-30에서 볼 수 있고, 로마서 6:13 역시 이런 측면에서 이해할 수 있다. Barth와 Blanke는 *Colossians*, 399에서 한 걸음 더 나아가 여러 계명이 인간 신체의 248개의 부위와 상응한다는 후대 랍비의 주장을 언급한다.

49. 종합적인 악덕의 목록을 보여주는 목록이 아니라 개인의 도덕적 성향의 일부 측면을 드러낸 목록만 보여준다. 참고. Abraham J. Malherbe, *Moral Exhortation: A Greco-Roman Sourcebook* (LEC 4; Philadelphia: Westminster, 1986), 138.

50. "음란"이 '육신의 행위'에 관한 목록에서 제일 먼저 나오는 갈라디아서 5:19을 보라(참고. 엡 5:3).

51. 로마서 1:24에서 이 용어가 사용된 점을 들어 Ed. L. Miller("More Pauline References to Homosexuality?" *EvQ* 77 [2005]: 131)는 이 용어가 "성적 음란"과 구분되어야 한다고 주장한다. 이 로마서 본문에는 고린도전서 6:10에 묘사된 것처럼 동성애 행위와 관련하여 '압축적이고 완곡한 표현'으로 '부정'(impurity)이라는 단어가 대신 사용되기 때문이다. 하지만 구약과 신약 모두 이 용어를 포괄적 용도로 사용한다는 사실은 이 해석을 지지하지 않는다.

52. BDAG, 748.

나님을 모르는 이방인"을 규정할 때 쓰인 사례에서 확인할 수 있다(살전 4:5; 참고. 롬 1:26).

"악한 정욕"(문자적으로는 '악한 욕망', ἐπιθυμίαν κακήν)은 일반적으로 죄악 된 욕망을 의미할 수 있다(예를 들어, 롬 6:12; 7:8; 13:14; 갈 5:16). 이 문맥에서는 부정한 성적 욕망을 가리키는 것일 수 있다(예를 들어, 롬 1:24; 살전 4:5). 로마서 7:7이 "악한 정욕"과 "탐심"의 관계를 명시하기 때문에 이 용어는 악덕의 마지막 항목으로 연결하는 역할을 한다. "곧 율법이 탐내지 말라 하지 아니하였더라면 내가 탐심(ἐπιθυμίαν)을 알지 못하였으리라"(롬 7:7; 참고. 출 20:17; 신 5:21).[53]

마지막 항목인 "탐심"(πλεονεξίαν)은 "우상 숭배니라"는 서술하는 구절로 이 목록의 배경이 십계명임을 보여준다. 신약의 악덕과 미덕 목록의 일반적인 배경이 십계명이라는 것을 앞에서 지적한 바 있다.[54] 여기서는 특별히 이 점이 두드러진다.[55] 바울은 다양한 성적 죄악을 언급한 후 탐심을 경계하라는 명령으로 마무리한다(참고. 출 20:17; 참고. 신 5:21). 구약에서 열 번째 계명은 두 가지 면에서 십계명을 적절히 마무리하는 역할을 한다. 첫째, "행동보다 동기", 특별히 "6계명에서 9계명까지의 범죄 이면의 동기"[56]를 다룬다는 면에서 앞의 계명들과 확실히 다르다. 둘째, 이 계명은 십계명의 전반부를 반영한다. 그 계명들에 반영된 모든 죄악은 참되신 한 하나님을 예배하지 않는 행태가 그 원인이므로 우상 숭배의 형태를 띠기 때문이다.

문법적으로 "우상 숭배니라"는 오직 "탐심"만을 수식하지만, 탐심은 앞에 진술한 모든 악덕의 동기에 해당한다. 바울은 신자에게 다양한 성적인 악덕을 피하라고 가르친다. 이 악덕들은 그리스도의 주재권에 복종하지 않는 악을 상징하는 일반적이고도 포괄적인 악덕, 곧 탐심의 발현이기 때문이다. 바울은 엄선한 새 규례 목록을 임의로 강요하는 것이 아니다. 그는 신자에게 우상을 섬기던 과거를 버리고 만유의 유일한 주를 섬기라고 요청하는 것이다.

3:6 이것들로 말미암아 하나님의 진노가 [불순종의 아들들에게] 임하느니라(δι' ἃ ἔρχεται ἡ ὀργὴ τοῦ θεοῦ [ἐπὶ τοὺς υἱοὺς τῆς ἀπειθείας]). 바울은 "하나님의 진노"라는 어구를 사용하여 신실한 삶에 대한 앞의 요청이 중요함을 강조한다. 하나님의 진노가 현재에도 임한다는 생각은 바울에게 전혀 낯선 개념이 아니다(예를 들어, 롬 1:18-32). 하지만 하나님의 영광의 최종적 계시를 언급한 4절과 비교할 때, 이 구절은 마지막 심판 때 드러날 하나님의 종말론적 진노를 언급한 것으로 보는 것이 가장 적절하다(참고. 롬 2:5; 5:9; 9:22; 살전 1:10).[57] 영광의 최종 계시에 참여하는 것과 하나님의 진노를 경험하는 것의 대비는 로마서 2:7-8에 예시된다.

> "참고 선을 행하여 영광과 존귀와 썩지 아니함을 구하는 자에게는 영생으로 하시고 오직 당을 지어 진리를 따르지 아니하고 불의를 따르는 자에게는 진노와 분노로 하시리라."

악행이 하나님의 최종적 진노를 촉발한다고 해서 선

53. 헬라어 '탐심을 품다'(ἐπιθυμήσεις)가 LXX의 열 번째 계명을 연상하게 하지만, 골로새서 목록의 "탐심"(πλεονεξίαν)은 다른 언어군을 사용한다.
54. '심층 연구: 악덕과 미덕의 목록'의 설명을 참고하라.
55. 골로새서 3장이 십계명을 암시한다는 논의에 대해서는 Lars Hartman, "Code and Context: A Few Reflections on the Parenthesis of Col 3:6-4:1," in *Tradition and Interpretation in New Testament: Essays in Honor of E. Earlie Ellis for his 60th Birthday* (ed. Gerald F. Hawthorn and Otto Betz: Eerdmans, 1988), 240-41을 보라.
56. David Noel Freedman, *The Nine Commendments: Uncovering the Hidden Pattern of Crime and Punishment in the Hebrew Bible* (ABRL: New York: Doubleday, 200), 155.
57. 일부 번역본은 미래 시제를 사용해서 이 점을 명확하게 드러낸다. "하나님의 진노가 임하리라는 것은 바로 이런 일 때문이다"(NASB; 참고. NLT).

한 행위가 그 진노에서 개인을 구원해주지는 않는다. 바울은 다른 서신에서 예수님이 우상에서 돌이킨 자들을 장차 올 하나님의 진노로부터 건지시리라고 분명하게 말한다.

> "그들이 우리에 대하여 스스로 말하기를 우리가 어떻게 너희 가운데에 들어갔는지와 너희가 어떻게 우상을 버리고 하나님께로 돌아와서 살아 계시고 참되신 하나님을 섬기는지와 또 죽은 자들 가운데서 다시 살리신 그의 아들이 하늘로부터 강림하실 것을 너희가 어떻게 기다리는지를 말하니 이는 장래의 노하심에서 우리를 건지시는 예수시니라"(살전 1:9–10).

그러므로 신자가 피해야 할 악덕 목록이 우리에게 주어졌더라도 그리스도로 말미암은 하나님의 구원 사역을 소홀히 여겨서는 안 된다(1:12–14, 20–23; 2:11–15).

'불순종의 아들들에게'(ἐπὶ τοὺς υἱοὺς τῆς ἀπειθείας)라는 전치사구의 진정성은 확실하지 않으므로 일부 현대 번역본은 이 구절을 포함시키지 않는다.[58] 에베소서 5:6에 이 구절이 언급되었으므로 일부 초기 필사자가 이 문맥에 삽입했을 가능성이 있다. 이 구절은 초기의 가장 신빙성 있는 두 사본에는 등장하지 않는다.[59] 내적 증거와 외적 증거는 이 구절을 생략하는 것에 무게를 실어주는 것 같다. 그러므로 이 구절은 삽입 어구로 포함시키는 것이 적절하다(UBS4와 NA27을 보라).

이 구절이 에베소서 5:6의 평행 구절에서 빌려온 것인지와 상관없이, 신자가 "불순종의 아들들"이었으며 "본질상 진노의 자녀"라고 말한 에베소서 2:2–3도 이 본문과 연관된다(NASB). 골로새서도 마찬가지로 신자에게 "멀리 떠나 마음으로 원수가 되었던"(1:21) 자들로서 이전 생활을 거부하라고 요청한다. "하나님의 진노"와 '불순종의 아들들'에 대한 언급은, 하나님의 백성을 규정함으로 그리스도께 속한 자들과 그분의 주 되심을 거부한 자들의 경계를 공고히 하는 악덕 목록의 기능을 다시금 보여준다. 이것은 단순히 사회학적 차이가 아니다. 바울은 개인이 그리스도께 신실하게 복종하는 것이 영원한 관련성이 있음을 강조한다.

3:7 너희도 전에 그 가운데 살 때에는 그 가운데서 행하였으나(ἐν οἷς καὶ ὑμεῖς περιεπατήσατέ ποτε ὅτε ἐζῆτε ἐν τούτοις). 이제 바울은 앞의 악덕 목록이 (이방) 신자의 이전 생활이 띠는 특징을 설명하고 있음을 분명히 밝힌다. 중성 관계 대명사로 해석되는 "그"(these, οἷς)는 5절에서 열거한 죄를 가리킬 가능성이 매우 크다.[60] 바울은 신자가 불신자의 특징인 악한 관습에 동참하고 있다고 비판한다. 2:6에서 이미 생활 방식의 유의미한 변화를 언급했고, 바울은 그 구절에서도 '행함'의 비유를 사용했다. "너희가 그리스도 예수를 주로 받았으니 그 안에서 행하되." 이전 생활과 그리스도 안의 현재적 실존의 대비는 시간을 나타내는 "전에"(ποτε)로 강조된다. 1:21에서도 이 표현이 이미 사용되었다. "전에 악한 행실로 멀리 떠나 마음으로 원수가 되었던 너희를." 3:5의 목록은 "악한 행실"을 자세히 설명한 것이다. 바울에게 악덕 목록은 종종 그리스도로 구속함을 입은 자들의 옛 생활 방식을 설명하는 용도로 사용된다. 그리고 골로새서의 두 악덕 목록(5, 8절)은 바울의 후기 문헌에서 동일한 핵심을 강조하는 데 사용된다(딛 3:3을 보라; 참고. 고전 6:9–11).[61]

---

58. '불순종의 아들들'은 명사를 다른 명사의 형용사적 수식어로 사용하는 셈어의 방식이다. '그 불순종하는 자들.'

59. $\mathfrak{P}^{46}$ B.

60. '불순종의 아들들에게'를 본문의 일부로 포함시킨다면 문법적으로 이것은 남성 대명사라고 할 수 있다. "그들 중에서 너희가 한때 행하였다"(참고. Wilson, *Colossians and Philemon*, 248). 그러나 이렇게 해석하더라도 에베소서 2:1–2의 평행 구절에 비추어볼 때, 이 관계 대명사는 이전 생활의 죄악 된 행동을 가리키는 것으로 해석해야 한다.

61. 에베소서에서 이전 생활과 현재 생활의 대비는 빛과 어둠이라는 표

7절 후반부("너희도 전에 그 가운데 살 때에는")는 중복되는 것으로 보인다.[62] 그러나 헬라어의 단어 순서를 보면 중앙에 "전에"(once)와 '…할 때'(when)가 배치되어 신자의 이전 생활 방식을 강조하며 교차 대구 구조를 이룬다.

A 그 가운데(ἐν οἷς)
  B 너희가 행했다(καὶ ὑμεῖς περιεπατήσατε)
    C 전에(ποτε)
    C′ …할 때에는(ὅτε)
  B′ 너희가 살았다(ἐζῆτε)
A′ 그 가운데(ἐν τούτοις)

이렇듯 과거("전에"와 '…할 때')를 강조하는 것은 또 다른 시간의 분사인 "이제는"(νυνί δέ)으로 시작하는 다음 절을 예비한다. 그리스도를 따르는 자로서 이전 생활과 현재 위치의 대조가 두드러진다.

어떤 학자들은 7절의 전반부에서 후반부로 내용상 진전되었음을 지적하여 이 동어 반복을 이해하려 한다. '너희가 살았다'와 '너희가 행했다'의 뉘앙스 차이를 근거로 일부 학자는 전반부를 "실제적 행실"에 초점을 맞춘다고 보고, 후반부는 "일반적 생활 방식"을 서술한다고 이해한다.[63] 반면 또 다른 학자들은 전반부를 "그들의 생활 상태"로 보고, 후반부는 "그들의 행동의 성격"을 서술한다고 해석한다.[64] 두 단어의 의미 분석으로 그런 차이를 확인하는 방식이 정당한지는 모르겠지만 문맥상 사고가 진전된 것은 분명해 보인다. 2:6에 비추어 볼 때 '행하는 것'에 대한 비유는 생활 방식과 행실을 가리키는 일반적인 배경을 보여주지만, '살다'는 세상에서 사는 것과 그리스도와 함께 세상에 죽는 것을 구분한 2:20과 연결된다. 따라서 '살다'는 골로새서에서 계속 사용된 생명–죽음–부활(1:18–20; 2:11–12, 13–14, 20)의 비유를 더 구체적으로 보여준다. 어떤 경우이든 바울은 신자에게 부활하신 그리스도를 섬기면서(3:1) 이전 생활에 대해서는 죽어야 한다고 주장하는 것이다.

3:8 이제는 너희가 이 모든 것을 벗어 버리라 곧 분함과 노여움과 악의와 비방과 너희 입의 부끄러운 말이라(νυνὶ δὲ ἀπόθεσθε καὶ ὑμεῖς τὰ πάντα, ὀργήν, θυμόν, κακίαν, βλασφημίαν, αἰσχρολογίαν ἐκ τοῦ στόματος ὑμῶν). 바울은 이 두 번째 악덕 목록으로 신자가 사랑과 연합으로 공동체를 세울 때 어떻게 처신해야 하는지를 보여준다. "벗어버리라"(ἀπόθεσθε)는 '제거'하는 일반적인 행위를 가리킬 수 있지만(NLT), 이 문맥에서는 옷을 벗어버리는 구체적 비유와 연관될 것이다. 다른 바울 서신에서 이 단어는 항상 대조적인 의미의 '입다'(ἐνδύω, 롬 13:12–14; 엡 4:22–25)와 함께 사용된다. 이 동사는 이후의 논증에도 사용될 것이다(10, 12절).[65] 그러나 다른 신약 문헌들에서 이 단어는 악한 습관을 제거한다는 일반적인 의미로도 사용된다(약 1:21; 벧전 2:1).

이 동사의 의미는, 여러 악덕을 하나의 악덕군으로 생각하는지 혹은 마지막 구절("너희 입의")이 이 군의 개별 악덕을 수식하는지에 따라 달라진다. 많은 학자는 "너희 입의"를 더 협소하게 해석하여 "마지막 두 죄를 강조하기 위한 방편으로 마지막 악덕 끝에" 배치했다고 이해한다.[66] 이 해석을 따르는 번역본들은 다음과 같

현으로 설명된다. "너희가 전에는 어둠이더니 이제는 주 안에서 빛이라 빛의 자녀들처럼 행하라"(엡 5:8).

62. 많은 학자는 이 절 전반부와 후반부를 '동어 반복'이라고 주장한다. 참고. Pokorný, *Colossians*, 167. 이것의 목적이 강조라고 보는 Sumney, *Colossians*, 194를 보라.

63. Harris, *Colossians and Philemon*, 149. 또한 Wright, *Colossians and Philemon*, 136도 보라. 그는 "실제적 행실"이 "뿌리 내린 내면 상태"를 드러내준다고 본다.

64. Lightfoot, *St. Paul's Epistles to the Colossians and Philemon*, 213.

65. Schweizer, *Letter to the Colossians*, 193도 보라. 그는 이 동사가 "의복 심상(9–12절)으로 전환되는 것"을 알리는 역할을 한다고 주장한다.

66. Moo, *Letters to the Colossians and to Philemon*, 263.

이 번역한다. "그러나 너희는 이 모든 것을 제거해야 한다. 그것은 분함, 노여움, 미워하는 감정이다. 너희 입에서는 모욕적인 말이나 외설적인 말은 나와서도 안 된다"(GNB).

그러나 이 문맥에서 "너희 입의"는 거론된 악덕 전체를 언급하는 것으로 보는 것이 가장 낫다. "그러나 이제 분함, 노여움, 악의, 비방, 음담패설을 없애라. 그 모든 것을 네 입술에서 버리라"(REB). 첫째, 앞 목록의 마지막 구절("우상 숭배니라")이 모든 항목을 수식하기 때문에 이 마지막 수식 어구도 그렇게 이해해야 한다. 다른 바울 서신에 등장하는 입술의 악한 말 역시 하나님을 예배하기를 거부하는 전반적인 태도를 뜻한다고 이해할 수 있다(롬 3:10-18). 나아가 "입"은 그리스도의 주되심에 복종할 수 있는 일차적 수단으로 묘사된다. "네가 만일 네 입으로 예수를 주로 시인하며 또 하나님께서 그를 죽은 자 가운데서 살리신 것을 네 마음에 믿으면 구원을 받으리라"(롬 10:9). 여기에 소개된 여러 악덕은 입으로 예수님을 자신의 주로 고백하지 않는 자에게 나타나는 여러 모습이다.

이런 이해는 이후의 논증에서 모든 일에 감사와 찬양으로 임하라는 바울의 주장으로 뒷받침된다(15-17절). 악한 말로 상징되는 죄악 된 행동과 예배하는 삶의 대조는 다른 두 신약 구절에서 가장 잘 예시된다. 첫째, 바울은 에베소서 5장에서 성적 죄악의 목록을 제시한 후 평행 구절로 모두 언어와 관련된 악덕 목록을 소개한다. "누추함과 어리석은 말이나 희롱의 말"(엡 5:4). 이 목록은 골로새서 3장의 두 번째 악덕 목록을 언어에 초점을 둔 악덕으로 보아야 한다는 해석을 뒷받침하며, 바울이 추천하는 대안적 행동도 그런 악덕을 언급한 이유를 알려준다. "오히려 감사하는 말을 하라"(엡 5:4). 감사하라는 요청은 하나님과 그분이 백성을 위해 행하신 놀라운 사역을 고백하고 예배하라는 요청이다.[67] 악한 말을 하는 사람의 진짜 문제는 하나님을 예배하고 그분의 아들의 주권에 복종하지 않으려는 마음이다.

두 번째 구절(바울 서신 밖의 구절)도 이 해석을 확증한다. 야고보는 자기 혀를 통제하지 못하는 사람을 비판(약 3:1-6)한 후 그 근거로서 입으로 하나님을 찬양할지 혹은 그 입으로 다른 사람을 저주할지 선택해야 한다는 주장을 내세운다.

> "이것으로 우리가 주 아버지를 찬송하고 또 이것으로 하나님의 형상대로 지음을 받은 사람을 저주하나니 한 입에서 찬송과 저주가 나오는도다 내 형제들아 이것이 마땅하지 아니하니라 샘이 한 구멍으로 어찌 단 물과 쓴 물을 내겠느냐"(약 3:9-11).

바울도 골로새서 3장에서 비슷한 주장을 하는 듯 보인다. 그리스도의 절대적 주권을 입으로 고백하지 않는 사람에게서 여러 악한 행동과 생활 모습이 드러난다. 그러므로 이 목록은 5절의 목록과 관련된다. 두 목록은 모두 우상 숭배 행위의 다른 표현인 행동을 다룬다. "너희 입"이 전체 목록을 수식할지라도 이 목록에 언급된 각 악덕은 말과 관련된 노골적인 죄악에만 국한되지 않는다.

"분함"(ὀργή)과 "노여움"(θυμός)은 의미상 중첩되는 표현이다. 칠십인역에서 두 단어는 종종 하나님의 진노를 가리켜 사용된다[예를 들어, 민 12:9; 14:34; 32:14; 신 13:17(LXX 13:18); 수 7:26; 대하 28:11; 사 5:25]. 바울도 다른 악덕 목록에 두 단어를 함께 언급한다(엡 4:31). 특정 맥락에서 "분함"은 "다소 확고한 증오의 감정"을 의미하고, "노여움"은 "욕망이 혼란스럽고도 갑작스럽게 표현되는 것"을 뜻한다.[68] 그런데 성경 본문에서 두 단어가

67. 1:3과 1:12에 대한 설명을 보라. Pao, *Thanksgiving*, 86-118도 보라.

68. Lightfoot, *St. Paul's Epistles to the Colossians and Philemon*, 214.

함께 사용되는 경우에는 이렇게 명확하게 구분되지는 않는다. 구약에서 "분함"과 "노여움"의 표현이 주로 주권자이신 거룩한 하나님의 권한이라면, 인간의 분함과 노여움은 최후의 재판자로서 유사한 역할을 할 수 있으리라 착각하면서 신적 권리를 찬탈하는 것이다.

"악의"(κακία) 역시 신약의 여러 악덕 목록에 등장한다(참고. 롬 1:29; 엡 4:31; 딛 3:3; 벧전 2:1). 악한 성향이나 심지어 그런 성향으로 인한 "악의적 행동"(NLT)을 가리킬 수 있다. 그리스-로마 문헌에서 이 단어는 종종 "덕"(ἀρετή)과 대비되며 일반적인 "악한 상태"를 가리킨다.[69]

"비방"(βλασφημία)은 하나님에 대한 "신성 모독"(KJV, NKJV)이라는 특정한 의미로 사용될 수 있다(마 12:31; 26:65; 막 14:64; 눅 5:21; 요 10:33; 계 13:1, 5–6; 17:3). 또한 타인의 명예를 훼손하는 말과 관련된 악덕에 언급되기도 한다(마 15:19; 막 7:22; 엡 4:31; 딤전 6:4). 누군가에게 악한 말을 하는 것을 신성 모독으로 볼 수 있는 이유는 그 행동이 "하나님의 형상대로 지음을 받은 사람을 저주"(약 3:9)하는 것이기 때문이다.

마지막으로 "비방"(αἰσχρολογία)은 더 구체적으로 "외설스러운 언어"(NAB)나 심지어 "지저분한 이야기"(NJB; 참고. NLT)를 가리킬 수 있다. 조악하고 부적절한 언어에 관한 맥락에 사용된 에베소서 5:4의 관련 단어를 볼 때(αἰσχρότης, "외설적인 것", NIV), 이렇게 좁은 의미로 받아들여도 상관없다. 그럼에도 앞의 모든 악덕이 분노의 표현과 일차적으로 관련되기 때문에, '상스러운 말'이라는 일반적인 번역이 더 적절해 보인다. 이 단어는 신약에서 오직 이곳에만 등장하지만, 정경 외에 욕설과 관련된 악덕 목록에 나온다.[70] 그렇다면 이 목록은 사랑과 하나 됨으로 지켜야 할 하나님 백성의 공동체(12–14절)에 참여하지 못하게 하는 분노의 표현을 가리킨다.

3:9a 너희가 서로 거짓말을 하지 말라(μὴ ψεύδεσθε εἰς ἀλλήλους).[71] 바울은 악덕에 대한 논의를 마무리하면서 신자들에게 진실하게 살라고 촉구한다. 이 단독 요청은 앞에서 피력한 관심사를 기반으로 한 또 다른 명령으로 인식되기도 한다. "상호 신뢰와 존경에 대한 동일한 관심사가 서로 거짓말을 하지 말라는 경고에 그대로 이어지고 있다."[72] 이 요청은 주로 "너희 입의"(8절) 죄악들과 관련된 앞 목록을 요약한다고 볼 수 있다.[73]

거짓말하는 것은 단순히 거짓된 말을 하는 언어 행위로만 보아서는 안 된다. 성경 자료에서 거짓말은 하나님으로 상징되는 진리를 부정하는 행위이다. 이러한 사상은 바울이 로마서에서 한 말에서 가장 잘 드러난다. "이는 그들이 하나님의 진리를 거짓 것으로 바꾸어 피조물을 조물주보다 더 경배하고 섬김이라 주는 곧 영원히 찬송할 이시로다 아멘"(롬 1:25). 중요한 점은 이 구절이 이방인의 악한 행동을 서술한 악덕 목록(롬 1:26–30)에도 등장한다는 것이다. 이 이방인에 대한 목록에서는 거짓말하는 행위를 창조주 하나님 대신 우상을 섬기는 행위라고 언급한다. 이 비판은 로마서 2:8에도 볼 수 있다. "오직 당을 지어 진리를 따르지 아니하고 불의를 따르는 자에게는 진노와 분노로 하시리라." 그러므로 바울은 거짓말하는 행동을 오직 하나님 안에서만 발견되는 진리를 적극적으로 부정하는 것으로 여긴다. 따라서

69. BDAG, 500; 참고. Xenophon, *Mem.* 1, 2, 28; Aristotle, *Rhet.* 2, 6.

70. Epictetus, *Diatr.* 4.4.46. 특별히 비방과 관련해 이 단어군을 논의한 경우는 Jeremy F. Hultin, *The Ethics of Obscene Speech in Early Christianity and Its Environment* (NovTSup 128; Leiden: Brill, 2008), 157–60, 166, 208을 보라.

71. 신뢰성이 높은 초기 $\mathfrak{P}^{46}$은 대다수 번역본이 채택하는 부정문 현재 명령형(μὴ ψεύδεσθε) 대신 부정문 현재 가정법(μὴ ψεύδησθε)으로 이것을 해석한다. 이 용례는 최소한 하나 이상의 초기 파피루스 문헌에서 그 증거가 나타나고, 원래의 원문 해석을 반영할 것일 수 있다(참고. Stanley E. Porter, "P.Oxy. 744.4 and Cilossians 3,9," *Bib 73* [1992]: 565–67). 그러나 이것은 이 절의 의미에 아무 영향을 미치지 않는다.

72. Dunn, *Epistles to the Colossians and to Philemon*, 219; 참고. O'Brien, *Colossians, Philemon*, 188.

73. Schweizer, *Letter to the Colossians*, 193.

"거짓말을 하지 말라"는 말은 8절에 나오는 악덕 목록의 적절한 결론에 해당한다. 또한 거짓말이 우상 숭배와 다름없다는 사실은 첫 번째 목록(5절)과 두 번째 목록을 연결한다.

"서로"라는 단어는 하나님에 대한 모욕과 사람에 대한 모욕이 연관된다는 사실을 보여준다. 거짓말은 우상숭배로 인식되므로 "서로" 거짓말하는 행위는 하나님의 진리를 부정하는 공동체에 나타나는 행동이다. 13절에서도 수직적 관계와 수평적 관계의 동일한 연관성이 "서로"라는 대명사로 표현된다. 바울은 13절에서 하나님의 용서하심을 받았듯이 '서로 용서하라'고 촉구한다. 이 대명사는 악덕을 피하고 덕목을 실천하는 장소적 배경으로서 공동체를 가리킨다(참고. 10–12절).

3:9b 옛 사람과 그 행위를 벗어 버리고(ἀπεκδυσάμενοι τὸν παλαιὸν ἄνθρωπον σὺν ταῖς πράξεσιν αὐτοῦ). 바울은 이제 앞에서 제시한 권면의 근거로 그리스도 안에서 누리는 그들의 새로운 정체성을 제시한다. 일부 학자는 "벗어버리고"(for you have taken off)를 명령형 분사로 해석하기도 한다.[74] 하지만 이것은 원인의 부사적 분사로서 진리를 인식하고 인정하라는 앞의 포괄적인 요청의 근거를 제시한다고 이해하는 것이 가장 적절하다. 이 구분이 중요한 이유는 옛 사람을 벗어버리는 행위가 이미 성취된 사실이기 때문이다. 따라서 바울은 그 사실에 담긴 의미를 소개하고 있는 셈이다.[75]

본문처럼 옷을 벗는(ἀπεκδυσάμενος, 2:15) 비유가 사용된 2:11–15에 비추어볼 때, 이 분사는 세례라는 배경을 반영할 가능성이 크다. 신자는 세례를 받을 때 그리스도의 죽음과 부활에 참여한다. 그러나 3:12의 '입으라'(ἐνδύσασθε)는 요청과 연결해서 보면, 입고 벗는 행위에 의복의 비유가 담겨 있다.[76] 어떤 학자들은 이렇게 두 비유가 공존하는 것이 구약적 관례에서 기원한다고 지적한다. 구약의 제사장은 하나님 앞에 나아갈 때 성의로 갈아입기 전에 물로 몸을 씻어야 했다(참고. 출 29:4–9; 레 16:3–4).[77]

또한 의복 비유는 창세기의 아담 이야기를 암시할 가능성이 있다. 하나님이 타락한 인간을 위해 새 옷을 마련해주셨듯이(창 3:7, 21), 바울은 여기서 옷을 갈아입는 비유를 사용하여 신자와 '하나님의 새로운 창조 관계의 시작'을 알린다.[78] 10절의 새 창조에 대한 언급("자기를 창조하신 이의 형상을 따라")은 이 암시가 사실임을 증명한다. 다른 바울 서신을 보면 "옛 사람"은 "죄의 몸"(롬 6:6)을 가리킨다. 이 본문 문맥에서 바울은 거듭난 인간 본성만 다루지 않고, 새롭게 창조된 공동체이자 하나님의 형상을 지닌 공동체도 이야기한다. 개인주의적 시각으로 본문을 읽는 사람은 개인의 내면뿐 아니라 하나님의 새 공동체를 규정하는 11절의 언급을 놀랍게 여길 수 있다. "거기에는 헬라인이나 유대인이나 할례파나 무할례파나 야만인이나 스구디아인이나 종이나 자유인이 차별이 있을 수 없나니"(11절).

바울의 주장은 교회를 새롭게 창조된 그리스도의 몸(1:18)이라고 밝힌 1:15–20에서 시작된 논증이 자연스럽게 진전된 것이다. 개인적인 종교적 경험에 치중하는 거짓 교사들과 달리, 바울은 새롭게 창조된 질서 속에

74. Roy Yates, "The Christian Way of Life: The Paraenetic Material in Colossians 3:1–4:6," *EvQ* 63 (1991): 247.

75. 참고. Rudolf Schnackenburg, *Present and Future: Modern Aspects of New Testament Theology* (Notre Dame, IN: Univ. of Notre Dame Press, 1966), 90.

76. 어떤 이들은 입고 벗는 것 중 하나를 선택해야 함을 주장하고, 바울이 의식주의(ritualism)를 거부했다는 이유로 세례의 심상의 중요성을 인정하지 않는다. 참고. Ben Witherington III and G. François Wessles, "Do Everything in the Name of the Lord: Ethics and Ethos in Colossians," in *Identity, Ethics, and Ethos in the New Testament* (ed. Jan G. van der Watti; BZNW 141; Berlin: de Gruyter, 2006), 311.

77. 김정훈, *The Significance of Clothing Imagery in the Pauline Corpus* (JSNTSup 268; London: T&T Clark, 2004), 158.

78. Beale, "Colossians," 866.

서 그리스도를 통한 하나님의 사역을 증언하는 중생한 사람들의 공동체에 초점을 맞춘다. 이렇게 해석할 경우 "옛 사람"은 첫 아담의 옛 혈통에 속한 이들을 가리키는 반면, "새 사람"은 그리스도께 속한 사람들을 가리킨다(참고. 고전 15:22, 45). 이 표현은 '옛/새 사람(man)'(KJV, ASV, NKJV, NET, HCSB)이나 '옛/새 자아(self)'(NAB, NASB, NRSV, NJB, GNB, TNIV, ESV, NIV)로 종종 번역되지만, 바울이 새 공동체의 창조를 강조한 사실을 감안할 때 '새/옛 인간성(humanity)'[79]이 바울의 의도를 가장 잘 포착하는 것 같다. 이 구절들은 "단순히 개인적인 인격의 변화만이 아니라 인간성의 집단적 재창조에 무게를 두기" 때문이다.[80]

3:10 새 사람을 입었으니 이는 자기를 창조하신 이의 형상을 따라 지식에까지 새롭게 하심을 입은 자니라(καὶ ἐνδυσάμενοι τὸν νέον τὸν ἀνακαινούμενον εἰς ἐπίγνωσιν κατ' εἰκόνα τοῦ κτίσαντος αὐτόν). "옛 사람"을 벗어버리는 행위(9절)에 맞추어 바울은 신자에게 '새 사람을 입으라'고 요청한다.[81] '벗다'라는 분사처럼 '입다'는 원인의 부사적 분사로서 앞에서 '옛 본성'이 반영된 행동을 하지 말라는 요청의 근거를 나타낸다. 바울은 십자가와 부활로 가능해진 결정적이고도 극적인 변화를 가리키면서 의복 비유를 본격적으로 다룬다.

한정적 분사 '새롭게 되어'(ἀνακαινούμενον)가 명사형 '새 (사람)'(τὸν νέον)을 수식하는 것이 이상해 보일 수 있다. "새롭게 됨이 다시 새로워지는"(the new being renewed again).[82] 하지만 이 표현들이 나란히 배치된 것은 여러 가지 이유로 중요하다. 첫째, "새 사람"은 그리스도 안의 확실한 신자의 연합을 가리키는 반면, '새롭게 되어'는 이미 있는 모습으로 변화되어가며 신자가 그 과정에 지속적으로 참여하는 것을 가리킨다. 이 점은 바울이 신자가 이 과정에 매일 참여해야 함을 강조한 사실과 일맥상통한다. "우리 내면의 자아가 매일 새롭게 되어가고 있다"(고후 4:16, ESV).[83] 또한 이 긴장은 바울 신학의 전형적인 '이미와 아직'의 긴장을 암시한다. 이것은 그리스도인의 삶에서 실현된 종말론에만 치중하는 사람들에게 균형잡힌 시각을 갖게 해준다.

둘째, 이 분사의 수동형은 궁극적 주체로서 하나님을 가리킨다. 따라서 그리스도를 통해 하나님이 과거에 행하신 일과 그리스도인의 현재적 참여의 시간적 긴장은 신적 주도성과 인간의 책임이라는 긴장으로 대체된다.

셋째, '새롭게 하다'(ἀνακαινόω)라는 동사의 용례는 삼위 하나님의 사역을 계시한다는 점에서 중요할 수 있다. 바울에게 신자의 새로운 회복은 종종 성령의 사역으로 인식된다(딛 3:5; 참고. 엡 3:16).[84] 그러한 경우, 하나님은 신자에게 그분의 아들을 통한 새 창조 사역으로 창조된 새 인간성을 입으라고 부르시고, 성령은 이미 그들을 위해 예비된 완성을 향해 그들이 자라가도록 지속적으로 그들 속에 역사하신다. 그러므로 이러한 긴장은 하나님이 인간을 위해 그 아들과 성령으로 이루어가시는 계획을 이해하게 해준다.

"자기를 창조하신 이의 형상을 따라 지식에까지"라는 구절도 창세기의 창조 기사를 암시한다.[85] "지식"은 그것을 중점 부각시키는 창세기 2–3장의 타락 기사를

79. 혹은 '옛/새 본성'(REB, NLT).

80. Moule, *Epistles to the Colossians and to Philemon*, 119. 또한 Darrell L. Bock, "'The New Man' as Community in Colossians and Ephesians," in *Integrity of Heart, Skillfulness of Hands* (ed. Charles H. Dyer and Roy B Zuck; Grand Rapids: Baker, 1994), 157–67도 보라.

81. 다른 곳에서 바울은 신자들에게 그리스도를 옷 입으라고 요청한다(롬 13:14; 갈 3:27).

82. 참고. Harris, *Colossians and Philemon*, 152.

83. 이것은 신약에서 '새롭게 하다'(ἀνακαινόω)가 사용된 나머지 유일한 용례에 해당한다. 그러나 히브리서 6:6에서 떨어져 나간 자들이 새롭게 될 가능성을 언급할 때 사용된 관련 동사(ἀνακαινίζω)를 보라. 명사형(ἀνακαίνωσις)은 로마서 12:2과 디도서 3:5에서 사용된다.

84. Fee, *God's Empowering Presence*, 647.

85. 특별히 Beale, "Colossians," 865를 보라.

염두에 둔 것일 수 있다. 그러므로 "지식에까지 새롭게 하심을 입은"은 그리스도 안에서 하나님의 새로운 창조 사역으로 타락의 영향이 역전된다는 것을 암시할 수 있다. "자기를 창조하신 이의 형상"[86]은 창세기 1:26-27을 암시하는 것이 분명하다.

앞에서 옛 창조와 새 창조에서 그리스도의 역할을 언급(1:15-20)한 점에 비추어볼 때, "창조하신 이"는 그리스도로 보아도 무리가 없다.[87] 그러나 이 문맥에서는 하나님 아버지를 지칭한다고 보는 것이 더 낫다. 창세기 1:26-27을 암시한 점을 감안하면 하나님 아버지를 언급한 것으로 보아야 한다. 그리스도는 골로새서 1:15에서 "보이지 아니하는 하나님의 형상"으로 묘사되므로, 여기서도 그리스도 중심적 사상이 여전히 강조되고 있다. 바울은 창조주의 완전한 형상이신 그리스도를 본받으라고 촉구하고 있는 것이다. "하나님은 인간을 재창조할 때 그리스도의 본을 따라 창조하신다. 그분은 하나님의 절대적인 완벽한 형상이다."[88] 그러므로 새롭게 되는 과정 역시 그리스도 중심적이다. "인간은 하나님의 형상, 즉 그리스도를 따라 창조되었으므로 하나님을 닮아가는 일 역시 그리스도를 통해 이루어져야 한다."[89]

3:11 거기에는 헬라인이나 유대인이나 할례파나 무할례파나 야만인이나 스구디아인이나 종이나 자유인이 차별이 있을 수 없나니 오직 그리스도는 만유시요 만유 안에 계시니라(ὅπου οὐκ ἔνι Ἕλλην καὶ Ἰουδαῖος, περιτομὴ καὶ ἀκροβυστία, βάρβαρος, Σκύθης, δοῦλος, ἐλεύθερος, ἀλλὰ [τὰ] πάντα καὶ ἐν πᾶσιν Χριστός). "새 사람"에 대한 논의는 이 공동체를 정의하는 11절에서 절정에 이른다. 바울은 자신이 좁은 의미에서 개인의 행동에 초점을 맞추는 것이 아님을 분명히 밝힌다. 그의 관심은 하나님 백성의 공동체를 세우는 데 집중된다.

"헬라인이나 유대인이나"는 바울 서신에 흔히 나오는 대조적인 한 쌍의 표현이다.[90] 이것은 하나님의 구속 계획의 여러 단계를 가리킬 수 있다(롬 1:16; 2:10). 또한 유대인의 시각으로 인간을 분류하는 기본적 범주에 속하는 이 표현은, 보편적 인간의 곤경(롬 3:9)과 그에 상응하는 그리스도의 보편적 주재권(10:12; 고전 1:24)을 의미할 수 있다. 그러므로 "헬라인"이라는 단어는 협소하게 한 민족을 지칭하여 혈통상의 "헬라인"만을 가리키지 않는다. 헬라 문화의 영향을 받은 모든 사람이나 심지어 더 넓은 의미로 유대인이 아닌 모든 사람을 일컫는 말이다(예를 들어, 요 7:35). 그러므로 어떤 번역본은 "헬라인"이라는 단어 대신 "이방인"으로 번역한다(NLT, TNIV, NIV).[91]

"할례파나 무할례파나"는 종종 "유대인"과 "이방인"을 지칭하는 표현이고, 서로 대비되는 용어로서 다른 서신에서도 사용된다(롬 2:25-27; 3:30; 4:9-12; 고전 7:19; 갈 2:7; 5:6; 엡 2:11). 이 표현의 핵심은 하나님이 새롭게 창조하신 공동체를 언급한 갈라디아서 6:15에 잘 나타난다. "할례나 무할례가 아무 것도 아니로되 오직 새로 지으심을 받는 것만이 중요하니라." 본질적으로 "헬라인이나 유대인이나"라는 앞 구절의 반복인 이 대비적인 표현에는 거짓 교사들이 민족을 구분하는 기준이 반영되었다고 볼 수 있다. 그들은 유대인의 정체성을 구분하

86. 3인칭 단수 남성 대명사가 사용된 이 구절은 문자적으로 '그를 창조한 자의 형상'으로 읽을 수 있다. 그럼에도 불구하고 τὸν νέον을 '새 인간성'으로 읽고 바울이 이 구절을 공동체적 측면에서 이해한다는 점을 감안할 때, 이 대명사는 3인칭 복수 대명사로 번역하는 것이 가장 적절하다.

87. Fee, *Pauline Christology*, 304. "그 아들의 형상"을 본받으라는 로마서 8:29을 참고하라.

88. Moule, *Epistles to the Colossians and to Philemon*, 120.

89. George H. van Kooten, *Paul's Anthropology in Context: The Image of God, Assimilation to God, and Tripartite Man in Ancient Judaism, Ancient Philosophy and Early Christianity* (WUNT 232; Tübingen: Mohr Siebeck, 2008), 217.

90. 대비적 쌍을 이루는 이 단어는 사도행전에서 초대 기독교 선교 활동에 관한 문맥에도 자주 등장한다(14:1; 18:4; 19:10, 17; 20:21).

91. BDAG, 318.

는 특정 요인이 있다고 주장했다(참고. 2:16–23). 앞에서 "할례"(2:11)와 "무할례"(2:13)를 언급한 것 역시 바울이 대조적인 두 용어를 강조하기 위함일 수 있다.

"야만인이나 스구디아인이나"라는 쌍을 이루는 두 표현은 설명하기 더 어렵다. "야만인"은 종종 헬라어를 사용하지 않는 사람을 지칭했고,[92] 따라서 "외국인"[93]일 뿐만 아니라 "문명화되지 않은"[94] 사람을 가리키는 말이라고 볼 수 있다. "스구디아인"은 흑해 북쪽의 거주민을 가리킨다. 스구디아인은 종종 "야만인"의 극단적 예시로 인식되었다(즉, '야만인 중 가장 미개한 유형').[95] 그러나 이렇게 볼 경우 쌍을 이루는 단어들은 이 문맥과 동떨어진 의미를 전달하게 된다. 나머지 단어들은 성격상 서로 명확히 대비되기 때문이다.[96] 트로이 마틴(Troy Martin)은 골로새의 거짓 교사들의 냉소주의적 배경을 전제로 하면서 거짓 교사들이 스구디아인이라고 자처했을 수 있으므로, 쌍을 이루는 단어들을 스구디아인의 시각에서 이해해야 한다고 주장한다. "스구디아인의 시각에서 볼 때, 야만인이라는 단어는 스구디아인이 아닌 사람들을 지칭하는 단어였을 가능성이 있다."[97] 그러한 경우, 바울은 다른 민족 집단의 민족적 장벽을 제거하며 냉소주의적 관점을 직접 반박하고 있는 것이다. 이런 주장은 그럴 듯해 보이지만 "스구디아인"이 어떻게 "헬라인"이 아니라 "야만인"과 쌍을 이루는지 설명하지 못한다.[98]

이에 관해서는 더글라스 캠벨(Douglas Campbell)의 주장이 더 설득력 있다. 그는 스구디아인을 "노예"로 해석해야 하고, 그들이 자유인인 "야만인"과 대비되어야 한다고 주장한다.[99] 이 주장은 쌍을 이루는 단어들의 대비적 성격을 그대로 유지하는 동시에, 첫 번째와 두 번째 쌍의 관계를 설명하므로 세 번째와 네 번째 쌍의 관계도 설명해준다.

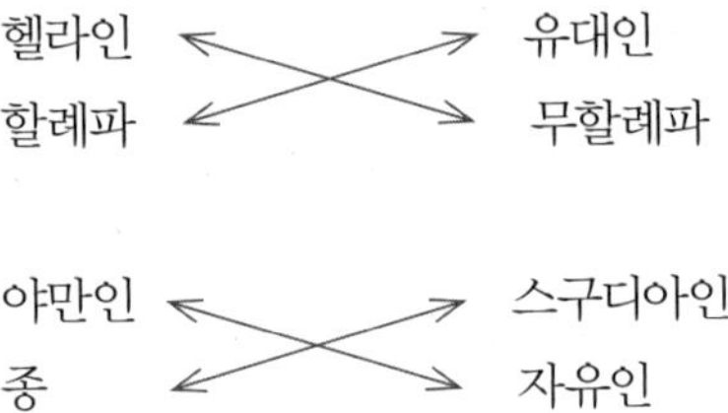

따라서 바울은 할례받은 유대인과 할례받지 않은 헬라인의 구분을 반대하고, 자유로운 야만인과 스구디아 노예를 구분하는 것도 반대한다. 이 주장은 광범위한 문헌적 지지를 받지는 못하지만,[100] 최소한 11절의 구조와 내용은 설명할 것이다.

마지막으로 쌍을 이루는 구절인 "종이나 자유인"은 대조되는 사회적 지위를 가리키는 것이 분명하다. 바울 서신에는 이 한 쌍의 단어가 문자적 의미(고전 12:13; 갈 3:28)와 은유적 의미(롬 6:20; 고전 7:21–22; 엡 6:8)로 모두 쓰인다. 그리고 이 단어들은 신약의 다른 곳에도 등장한다(벧전 2:16; 계 6:15; 13:16; 19:19). 종과 주인의 관계에 대한 논의는 3:22–4:1에서도 볼 수 있다. 바울은, 우리

---

92. 특히 βάρβαρος라는 단어가 "헬라인"과 대비를 이루는 로마서 1:14을 보라.

93. 이 용례에 대해서는 고린도전서 14:11을 보라. 사도행전 28:2, 4도 보라.

94. Louw and Nida, §41.31.

95. Lightfoot, *St. Paul's Epistles to the Colossians and to Philemon*, 218–19. 그는 이 용례에 대한 고대의 사례들을 소개한다. 참고. "미개인"(GNB).

96. 나머지 단어 쌍("헬라인, 유대인, 야만인, 스구디아인")의 대조적 성격을 인정하지 않는 사람들은 동서남북의 민족 집단에 대한 표현이라고 주장한다(참고. Otto Michael, "Σκύθης," *TDNT*, 7:449). 그러나 이런 주장은 정경 외 문헌에서도 지지받지 못하고, 바울 저작에서 이 용어들의 일부 용례와도 일치하지 않는다.

97. Troy Martin, "The Scythian Perspective in Col 3:11," *JBL* 114 (1995): 253.

98. 참고. Douglas A. Campbell, "The Scythian Perspective in Col. 3:11: A Response to Troy Martin," *NovT* 39 (1997): 81–84.

99. Douglas A. Campbell, "Unraveling Colossians 3.11b," *NTS* 42 (1996): 120–32. 이것은 흑해 근방의 노예를 가리켜 "스구디아인"이라고 말한 Pliny (*Nat.* 4.80–81)의 글을 참고한 것이다.

100. Troy Martin, "Scythian Perspective or Elusive Chiasm: A Reply to Douglas A. Campbell," *NovT* 41 (1991): 256–64를 보라.

가 모두 죄의 노예이며 자유는 오직 그리스도 안에서만 얻을 수 있다는 신학적 주장에서 당시의 사회적 차별을 비판하는 근거를 찾는다. "주 안에서 부르심을 받은 자는 종이라도 주께 속한 자유인이요 또 그와 같이 자유인으로 있을 때에 부르심을 받은 자는 그리스도의 종이니라"(고전 7:22; 참고. 갈 4:21–31).

이런 대비는 그리스도를 통한 하나님의 구속 사역으로 가능해진 하나 됨을 강조한 바울의 다른 진술과도 부합한다. "너희는 유대인이나 헬라인이나 종이나 자유인이나 남자나 여자나 다 그리스도 예수 안에서 하나이니라"(갈 3:28; 참고. 고전 12:13). 골로새서 3:11 목록에서 남자와 여자라는 대조되는 쌍을 언급하지 않는 것은 남편과 아내의 관계를 논의한 3:18–19로 설명될 것이다.[101] 하지만 그러한 경우 3:22–4:1에서 종과 자유인이라는 대조적 단어가 등장한 이유를 설명하기가 어려워진다. 더 설득력 있는 설명은, 바울이 골로새 교인이 당면한 도전의 측면에서 이런 구도를 설정했을 가능성이 있다는 것이다. 민족적, 계급적 차별은 거짓 교훈을 굳게 세우는 데 커다란 역할을 했겠지만, 성별은 부차적인 문제였을 수 있다.[102]

새 사람의 하나 됨에 대한 묘사가 바울에게 중요한 이유는, 그리스도의 죽음과 부활로 이루어진 우주적 화해의 영향 때문이다(1:18–20; 참고. 2:15). 이것은 마지막 절에 표현된다. "오직 그리스도는 만유시요 만유 안에 계시니라." 그러나 여기서 "만유"는 우주론적 선언이 아니라 교회론적 의미를 지닌다. 그리스도가 만물을 정복하셨으므로 모든 민족은 이제 한 몸에 참여할 수 있다. 그러므로 그리스도의 사역이 중심이 되는 이 복음이 온 천하에 선포된다(1:6, 23). 하나님 백성의 하나 됨에 대한 선언은 새 사람 안에서 발견되는 다양성을 인정한다는 점을 암시하고,[103] 각 집단은 그리스도의 주재권을 삶으로 실행하며 각자 맡은 역할을 감당할 것이다.

마지막으로, 이 우주론적이고 교회론적인 실재는 윤리적 영향력을 지니며, 이 단락은 세상의 삶에 대한 새로운 천상의 시각을 보여준다(참고. 3:1–4).[104] 바울은 "만유시요 만유 안에 계시니라"는 구절을 설명하면서 하나님 백성의 공동체(3:12–4:1)와 그 공동체 밖에 있는 자들(4:2–6)에게 이 고백이 갖는 관련성을 계속해서 보여준다.

---

101. Dennis R. MacDonald, *There Is No Male and Female: The Fate of a Dominical Saying in Paul and Gnoticism* (Philadelphia Fortress, 1987), 128.

102. 유대인과 이방인의 문제에 초점을 맞춘 편지인 로마서 10:12에서 대비를 이루는 한 쌍의 구절만 등장한다는 점을 참고하라. "유대인이나 헬라인이나 차별이 없음이라 한 분이신 주께서 모든 사람의 주가 되사 그를 부르는 모든 사람에게 부요하시도다." 바울이 크게 세 범주로 사람들의 집단을 구분하는 3:28의 목록도 주목할 필요가 있다. 어떤 이들(Bevere, *Sharing in the Inheritance*, 120)은 이런 목록들이 바울 이전의 공식의 영향을 받았고, 그가 그 자료를 기초로 각 문맥에 맞게 정형화된 진술을 제시한 것이라고 본다.

103. 이것을 "기독론적 다원주의"라고 명명한 것은 적절한 것 같다(Tompson, *Paul and the Jewish Law*, 93).

104. 어떤 이들은 여기서 "유토피아적 화합"이 함축되어 있다고 보고 거짓 교사들에게 대처하는 바울의 실현된 종말론을 강조한다. 참고. Maier, "A Sly Civility," 341–44.

적용에서의 신학

1. 영성과 종말론

독자는 천사 숭배(2:18)를 조장하는 거짓 교사들을 비판한 골로새서 2장이 끝난 뒤 신자에 대한 권면 단락(3:1–4절)의 서두에 "위의 것을 찾으라"(3:1)는 요청이 뜬금없다고 생각할 수 있다. 바울은 천상의 존재와 신비로운 만남에 집착하며 특별한 체험으로 영적 만족을 좇아서는 안 된다고 여러 차례 밝힌 바 있다.

첫째, 바울은 비밀스러운 체험이 아니라 '하나님 우편에 앉아 계신' 그리스도만 바라볼 것을 강조한다. 이와 같은 분명한 그리스도 중심적 시각은, 모든 영적 여정의 유일하고도 온당한 목표가 오직 그리스도라고 강조한 앞의 논증과 일맥상통한다(참고. 1:15–20; 2:8, 13–15, 16–17).

둘째, 이 단락은 신자의 행동을 촉구하는 요청으로 시작하지만 곧바로 그리스도의 사역으로 초점을 이동한다. 개인의 '생명이 그리스도와 함께 하나님 안에 감추어져 있으므로'(3절), 개인의 성취는 그리스도를 통한 하나님의 사역에만 의존한다.

셋째, 개인의 성취가 그의 능력이나 업적이 아니라 그리스도의 사역에 달려 있으므로, "세례로 그리스도와 함께 장사"(2:12)된 사람은 누구나 그리스도 안에서 이 성취를 누릴 수 있다. 그러므로 바울은 특정 소수의 개인적인 경험이 아니라, 십자가에서 이루어진 강력한 사역에 대한 보편적 접근 가능성을 강조한다. 이 사역으로 '땅에 있는 것이든 하늘에 있는 것이든'(1:20) 만물이 화목할 길이 열렸다.

마지막으로, 바울은 말세에 그리스도의 영광이 나타날 때 그 영광에 참여하리라는 언급으로 종말론적 시각을 도입한다. 하늘에 올라가는 체험이나 천사 숭배처럼 신비한 종교 체험을 통해 추구하는 영광은 공개적으로 계시될 그리스도의 영광과 비교조차 할 수 없다. 그리스도의 영광이 나타나는 날 그분과 함께 죽고 살아난 모든 사람은 그리스도 안에서 하나님의 사역이 완성됨으로 참된 성취를 누릴 수 있다.

이 종말론적 시각은 여러 면에서 복음 메시지에 충실한 영성을 이해하는 데 꼭 필요하다. 말세에 '영광 중에 그리스도'가 나타나신다는 언급은 그분의 죽음과 부활을 통해 그리스도 안의 하나님의 사역이 완성된다는 뜻이다. 신자에게 그리스도의 죽음과 부활, 재림은 신실한 삶에 대한 모든 요청의 근거로 작용한다. 여기서도 서술형 진술이 명령형 권면의 근거가 되는 사례를 확인할 수 있다. 이것은 "아리스토텔레스 철학이나 거룩을 대하는 인간의 모든 종교적 접근 방식과 정반대이다."[105]

---

105. Robert Paul Roth, "Christ and the Powers of Darkness: Lessons from Colossians," *WW* 6 (1986): 344.

바울은 그리스도를 통한 하나님의 놀라운 역사를 거듭 강조함으로 신자가 지위, 심지어 영적 지위에까지 집착하는 자기중심적 삶을 버리라고 요청한다. 그들은 그리스도를 중심으로 전개되는 구원 드라마라는 메타 내러티브(metanarrative)에 참여하고 있다. 그렇다면 이것은 우상을 섬기는 삶을 버리고 모든 영광과 예배를 받으시기에 합당한 유일한 분을 섬기는 삶을 회복하라는 또 다른 요청이다. 그리스도를 통해 사역을 완성하시겠다는 하나님의 약속을 중심으로 삼지 않는 모든 영성 토론은, 참된 예배에서 멀어지게 하는 올무가 되기 쉽다.

장차 몸의 완전한 구속으로 하나님의 약속이 성취된다는 사실을 인정하는 사람은, 현재적 실존에 충실해야 할 필요성도 인정해야 한다. 이 객관적 실재를 인정하지 않으면, 그리스도의 죽음과 부활을 왜곡하여 이해할 수밖에 없다. 오늘날 영성을 대하는 시각에서 이런 사례를 확인할 수 있다. 실존주의적 시각으로 그리스도의 의미를 해석하는 사람들은, 그리스도에 대해 죽는 것을 '이성애적 성향'과 '심판하시는 하나님의 심상'을 고집하는 주장에 대해 죽는 것이라고 주장한다. 이들에게 부활은 "게이 혹은 레즈비언이라는 정체성을 인식하는 것, 하나님이 무조건적인 사랑을 베푸시는 분임을 깨닫는 것, 혹은 교회가 오류로 가득하며 때로 억압적이고 해로운 기관이라는 사실"을 깨우치는 것을 의미한다.[106] 바울은 그리스도의 주권성을 강조하며 바로 이런 영성 이해를 교정하려고 하는 것일 수 있다. 그리스도는 압제당하는 자들의 해방자가 되실 뿐만 아니라 "자기를 창조하신 이의 형상"(10절)을 닮지 못하게 방해하는 모든 세력에 도전하시는 분이다. 더욱이 6절은 "하나님의 진노"를 언급함으로 영화로우신 그리스도가 온전한 순종도 요구하시는 거룩한 하나님이심을 알려준다.

그러므로 종말론적 영성은, 육신을 입은 인간의 현재적 실존의 의미를 무시하게 하는 도피주의 이데올로기와는 다르다. 이 점은 하늘에 계시며 단수로 표기된 "그리스도"(1절)와, 관심을 집중해야 하며 복수형태로 쓰인 "위의 것"(2절) 사이에 나타난 긴장에 이미 암묵적으로 언급되어 있다. 이 위의 '것들'은 바울이 높아지신 그리스도께 관심을 집중하면서 신실한 삶을 살라고 촉구하는 내용에서 더 자세히 설명된다. 그러므로 바울이 보기에 "신자는 철저히 천상을 중심으로 하는 사고를 견지해야만 세상에서 더 올바르게 살 수 있다."[107]

마지막으로, 이 중요한 종말론적 영성은 이 땅에서 하나님 나라를 실현한다고 자처하는 모든 가짜의 정체를 드러낸다. 영광스러운 미래에 충분히 관심을 기울이지 않고 현재적 하나님의 사역을 완성하는 데 매몰된다면, "자유민주주의이든 여성주의이든 녹색 정치이든 현대적 이데올로기의 노예로 전락하기" 쉽다.[108] 하나님은 그리스도를 통해 새 창조를 주도하시는 분이므로, 그리스도가 영광 중에 재림하실 때 새로운 창조를 완성하실 유일한 분이다. 미래를

---

106. Jean Stairs, *Listening for the Soul: Pastoral Care and Spiritual Direction* (Minneapolis: Fortress, 2000), 99.

107. Craig S. Keener, "Heavenly Mindedness and Earthly Good: Contemplating Matters Above in Colossians 3.1-2," *JGRChJ* 6 (2009): 185. 또한 이 글에서 3:1-4의 요청의 과제를 논의한 부분을 참고하라. 철학자와 신비주의자, 묵시적 환상가의 저작물이 입증하듯이 이 청중의 초월자에 대한 환상은 종종 추상적이었고 현실과 동떨어져 있었다.

108. Simon Chan, *Spiritual Theology: A Systematic Study of the Christian Life* (Downers Grove, IL: InterVarsity Press, 1998), 186.

무시하면 현시대에 진행 중인 하나님의 사역 역시 왜곡된 시각으로 인식할 수밖에 없다. 분명히 하나님은 자기 백성과 현대 문화를 구속하시는 일에 교회를 사용하신다. 그러나 역사적으로 일부 집단은 금욕주의 공동체나 다른 은둔 공동체로 지상에 천국을 세우려 했다. 이런 인간 주도적 노력은 골로새서의 요점을 놓친다. 바울은 아직 완성되지 않았고 물리적으로 인식되지도 않지만, 교회가 완성된 새로운 실재에 맞추어 살아야 한다고 강조한다. 바울은 지상에 새 왕국을 세우는 문제가 아니라, 그리스도 안에서 이루어진 하나님의 사역에 토대를 둔 올바른 행위에 관심을 집중한다. 그리스도는 새로운 실재를 성취하셨다. 그리고 그분만이 그것을 완성하실 것이다.

2. 땅의 지체를 죽이라

앞 단락에서는 바울의 윤리적 명령의 역할과 관련하여 주의해야 할 사항을 논의했다.[109] 그런데 이 단락에서는 특정한 악덕을 피하라는 요청이 직접적이고도 명확하게 제시된다. 두 악덕 목록(5, 8절)은 종합해서 보지 않는다 해도 하나님의 구속된 백성으로서 정체성을 저버리는 행위들을 충분히 대표한다. 두 목록은 직접 적용할 수 있고, 이런 악덕의 생생한 사례를 수없이 인용할 수 있다.

첫 목록의 의의는 "탐심은 우상 숭배니라"(5절)는 부연 설명 구절과 연결된 마지막 항목에서 찾아볼 수 있다. '본문 설명'에서 지적했듯 이 마지막 설명으로 십계명과 악덕 목록이 연결된다. 음욕과 불법적인 성행위는 탐심의 표현으로서 올바른 예배의 대상이신 하나님의 자리를 대체하기 때문에 우상 숭배라고 할 수 있다. 현대 독자는 부부 사이에 일어나는 부정이나 여러 비도덕적 행동 외에 그리스도인과 심지어 성직자 사이에 만연하는 음란물 시청이 단순히 '2차원적 가공물'을 보는 행위가 아님을 기억해야 한다. 그것은 하나님의 형상으로 창조된 존재인데도 존엄성이 박탈된 도구로 인간(종종 여성)을 격하하는 일련의 죄악에 동참하는 행위이다.[110]

혼전 성관계는 음란과는 범주가 다른 행위로 인식되고, 사랑의 우월성을 찬양하는 행위로 교회 청소년 모임에서조차 공공연히 용인되기도 한다. 다른 한편으로 하나님을 섬기는 기쁨으로 에너지의 방향을 전환해야 함을 강조하는 긍정적인 노력 없이 억압적인 방식으로 성욕 자체를 금기시하는 교회도 적지 않다. 바울은 이런 악덕의 원인이 탐심에 있다고 지적한다. 탐심은 "그리스도 안에서 만족을 누리지 못하고 우리 마음의 갈망을 충족시키고자 다른 것들을 탐하기 시작하는 것"이라고 정의할 수 있다.[111] 성적 욕망은 인간 영혼의 가장 깊은 갈망을 건드린다. 그렇기 때문에 그 욕망의 발현은, 하나님의 구속 사역에 대한 믿음을 통해 그

109. 6과의 '적용에서의 신학'을 보라.

110. Susan G. Cole, *Pornography and the Sex Crisis* (Toronto: Amantia, 1989), 22.

111. John Piper, *Future Grace* (Sisters, OR: Multnomah, 1995), 224.

리스도 중심적 삶을 영위할 수 있는지의 여부를 반영한다. 여기에서 성적 악덕이 바울의 악덕 목록에 자주 등장하는 이유를 알 수 있다(롬 1:26-27; 13:13; 고전 5:10-11; 엡 5:3; 딤전 1:10).

두 번째 목록(8절)에서는 길들여지지 않는 혀와 관련된 다양한 형태의 악덕이 등장한다. 언어 폭력이 그리스도의 주 되심에 대한 고백과 어긋나는 행위라고 인식한다는 점에서 두 번째 목록은 야고보서 3장의 내용과 유사하다. "자기를 창조하신 이의 형상"(10절)을 언급한 문맥에서 분함과 노여움이 등장하는 것은 언어 윤리를 집중적으로 다룬 성경과의 관련성(약 1:19, 26; 3:1-12; 4:11-12; 5:9, 12)을 보여준다. 야고보서에서 언어는 "개인의 총체적인 도덕적 상태 지수"로 인식된다.[112] 야고보서 3:9은 사람이 하나님의 형상으로 만들어졌으므로 한 개인을 모욕하는 일은 창조주를 모욕하는 것이라고 분명히 지적한다. "이것으로 우리가 주 아버지를 찬송하고 또 이것으로 하나님의 형상대로 지음을 받은 사람을 저주하나니." 그러므로 누군가를 모욕하는 것은 창조주를 대적하는 행위이다. 오직 창조주께만 피조물을 심판할 권리가 있다. 신자는 심판이 아니라 창조주 하나님을 겸손히 예배하도록 부르심 받는다. 이에 대해서는 제레미 테일러(Jeremy Taylor)의 저서 『거룩한 삶과 죽음의 법칙과 연습』(*The Rule and Exercises of Holy Living and Holy Dying*)에 잘 나타나 있다.

> 겸손은 분노를 치료해줄 가장 탁월한 천연 치료제이다. 자신의 연약함과 실수를 매일 살피는 것은 이웃과 종의 실수를 나의 실수처럼 돌아보게 해준다. 그리고 매일 하나님의 용서와 형제의 자비가 필요하다는 사실을 기억하는 것은, 다른 사람의 경솔한 행동이나 불행을 보고 쉽게 분노하거나 좋아하지 않게 해준다.[113]

골로새서 문맥에서 이 악덕 목록은 그리스도의 최종적 권위의 반복적 선언과 관련하여 이해해야 한다. 언어 폭력을 휘두르는 것은 그리스도의 주권에 복종하지 않는 것이므로 우상숭배이다. 나아가 바울은 악한 말이 진리를 부정하는 행위라고 지적한 야고보서 3장처럼(약 3:14), 삶에서 날마다 진리를 인정하라는 요청으로 목록을 마무리한다(9절). 따라서 그의 권면은 신자의 신앙고백과 일치하는 신실한 삶에 집중된다.

3. 새로운 옷인 그리스도를 입으라

"벗어버리라"(8절)와 '입으라'(10절)는 요청에서 볼 수 있듯 바울은 의복 비유를 사용한다. 이를 통해 그는 낡은 정체성을 벗어버리고 그리스도 안에서 발견되는 실재와 일치하는 통일된 정

---

112. Richard Bauckham, "James and Jesus," in *The Brother of Jesus: James the Just and His Mission* (ed. Bruce Chilton and Jacob Neusner; Louisille: Westerminster John Knox, 2001), 127.

113. Jeremy Taylor, *The Rule and Exercises of Holy Living and of Holy Dying* (London: Longman, Brown, Green, and Longman, 1850), 197.

체성으로 갈아 입어야 한다고 강조한다. "자기를 창조하신 이의 형상"(10절)과 닮아가게 하는 이런 통일성은, '만유시요 만유 안에 계신'(11절) 그리스도로만 구분되는 공동체 안에 새로운 사회적 자아를 만들어낸다.

바울은 공동체적 관점에서 새 사람을 정의하여 중요한 사회·정치적 함의를 강조한다. "거기에는 헬라인이나 유대인이나 할례파나 무할례파나 야만인이나 스구디아인이나 종이나 자유인이 차별이 있을 수 없나니"(11절). 유대인을 복식으로 구분할 수 없었지만, 헬라인과 로마인은 다양한 민족 집단의 독특한 복식 관례를 인식했다.[114] 신자로서 구별되는 옷을 입어야 한다는 주장은, 자신이 오직 그리스도께만 속한 사람이라는 정체성을 인식하고 "다른 교제"에 참여하라는 요청이다.[115]

의복 비유의 효과는 복식 문화에 대한 사회·문화적 분석으로 잘 설명할 수 있다.

> 의복은 개인의 정체성이나 사회·문화적 위치와 역할을 드러내준다. 예를 들어, 착용한 옷으로 남성, 여성, 젊음과 늙음, 빈부, 승려, 농부, 성직자, 목사, 민간인, 군인, 운동선수, 죄수, 판사, 학자를 구별할 수 있다. 옷을 갈아입은 사람은 태를 고친(re-formed) 사람이거나 다시 복귀한(re-presented) 사람으로, 정체성이 바뀌고 사회적 역할이 달라진 것을 나타낸다.[116]

옷은 사회·정치적 정체성을 반영한다. 특정한 형태의 의복을 입는 것은 개인의 자기 인식 변화에도 도움을 준다. "공식적인 복장을 지속적으로 착용하면 평상시에는 힘들거나 거의 불가능한 일도 할 수 있을 정도로 한 개인을 바꿀 수 있다."[117] 유니폼의 경우, 전 공동체가 동일한 복식 관행을 따르므로 개인의 개성이 사회적 정체성에 맞추어 형성되고, 그 개인은 공동체가 지시하는 행동 방식이라는 경계 안에서 행동하게 된다.

그러므로 복식의 의미라는 측면에서 바울의 의복 비유는 또 다른 의미를 지닌다. 외부인에게 신자는 그리스도께 속한 자들로 인정받아야 한다. 신자에게 새 옷을 입는 것은 그리스도의 주 되심에 대한 신앙고백을 외부로 표현하므로 행동 방식에 영향을 미칠 것이다. 성도의 공동체에 속한 지체는 그 안에서 더 이상 구별되지 않는다. 하지만 성도의 공동체는 십자가의 복음이 지닌 변화의 능력을 증언하면서 사회적, 문화적, 민족적 장벽을 초월하기 때문에 나머

114. 참고. Shaye J. D. Cohen, *The Beginnings of Jewishness: Boundaries, Varieties, Uncertainties* (Berkeley, CA: Univ. of California Press, 1999), 30-34. 그는 또한 구약에서 이스라엘 백성이 착용하는 독특한 두 품목을 서술하지만(술과 끈; 민 15:37-41; 참고. 신 22:12), 이방인의 자료에 이 품목을 언급한 경우가 전혀 없으므로 최소한 디아스포라 유대인은 이것을 착용하지 않았을 것이라고 지적한다.

115. Daniel Migliore, *Faith Seeking Understanding* (Grand Rapids: Eerdmans, 1991), 200-205.

116. Roy R. Jeal, "Clothes Makes the (Wo)man," *Scriptura* 90 (2005): 686. 한 공동체의 사회적, 역사적 변화의 반영으로서 외국 문물의 영향을 통한 복식 습관의 변화를 분석한 통찰력 있는 자료는 Eileen Chang, "A Chronicle of Changing Clothes," *Positions* 11 (2003): 427-41을 보라.

117. Alison Lure, *The Language of Clothes* (New York: Random House, 1981), 18.

지 인류와는 달라야 한다.

우리 시대에 하나님의 신자 공동체는 여전히 새롭게 얻은 사회·문화적 정체성을 증언하라는 부르심을 받는다. 누군가는 "주일 아침 11시, 모두 일어나서 찬양하고 그리스도 안에서 아무 차별이 없다고 말하는 그 시간에 우리는 가장 극심한 인종 차별이 일어나는 시간을 보낸다"라고 지적한다.[118] 과거 식민지 문화의 잔재이든 혹은 한 지역에 서로 다른 민족 집단이 사는 최근의 노동 운동의 결과이든, 세계의 여러 기독교 공동체에서 유사한 상황을 볼 수 있다.

이 본문을 설교하거나 가르치는 사람은 청중에게 각자 처한 상황 속에서 하나님 백성의 하나 됨을 실현할 방법을 고민하라고 권면하고 싶을 수 있다. 바울이 지적한 대로 불일치의 문제는 인종의 영역에만 국한되지 않는다. 다른 거대 문화권에서 유입된 경제적, 교육적, 사회적 계층과 편견도 종종 그 문제에 포함된다. 서로 다른 민족으로 구성된 회중을 융합하고자 하는 사람들도 있지만,[119] 상황에 맞게 창의적 해결책을 강구하는 것이 더 적절할 수 있다.[120] 어떤 경우이든 우리는 하나의 새 인류로서 그리스도 안에서 우리의 하나 됨을 구체적인 방법으로 증언하도록 부르심 받는다. 우리 시대에도 신자의 하나 됨으로 말미암아 복음 메시지의 능력이 드러날 것이다.

---

118. 이 인용문은 1963년 웨스턴 미시건 대학에서 Martin Luther King Jr.와 인터뷰 중에 나온 내용이다.

119. 이런 접근 방식의 문제와 장점에 대한 논의는 Kersten Bayt Priest and Robert J Priest의 유익한 사례 연구, "Divergent Worship Practices in the Sunday Morning Hour: Analysis of an 'Interracial' Church Merger Attempt," in *This Side of Heaven: Race, Ethnicity, and Christian Faith* (ed. Robert J. Priest and Alvaro L. Nieves; Oxford: Oxford Univ. Press, 2007), 275–91을 보라.

120. 어떤 상황에서는 소민족이 모이는 교회들이 이민 공동체들의 필요를 다루는 유익한 도구가 된다. 예를 들어, Carolyn Chen, *Getting Saved in America: Taiwanese Immigration and Religion Experience* (Princeton, NJ: Princeton Univ. Press, 2008), 38–76을 보라.

CHAPTER

8 골로새서 3:12–17

문학적 전후 문맥

이 단락은 두 개의 하부 단락으로 구성된다. 12–14절은 5–11절의 금지 명령과 대비되는 긍정 명령으로서 하나의 독립된 단락으로 여겨진다. 이에 반해 15–17절을 별개의 단락으로 보지 않는 이유는, 그 단락이 12–14절의 긍정적인 권면의 절정에 해당하기 때문이다. 또한 15–17절은 가정을 다루는 3:18–4:1의 도입부 역할을 한다.[1] 구조에 대한 논의에서 지적하겠지만 15–17절은 또한 5–14절의 악덕과 미덕 목록의 적절한 결론을 제공하고, 1–4절에서 소개한 주제의 일부를 반복한다.

3:1–17절까지의 큰 단락은 "위의 것을 찾으라"(1절)는 요청으로 시작한다. 이 일반적 권면은 쌍을 이루는 관련 명령인 "위의 것을 생각하고 땅의 것을 생각하지 말라"는 말로 확대된다. 5–11절에는 두 개의 악덕 목록(5, 8–9절)이 등장하는데, 그것은 "땅의 것"이 무엇인지 예시한다. 12–17절은 "위의 것"을 확장하고 발전시킨다. 5–11절이 "그러므로"(οὖν)라는 접속사로 시작하듯, 이 단락도 같은 접속사로 시작한다. 5–11절과 12–17절의 관계는, 8절의 "벗어버리라"와 12절의 '옷 입으라'는 요청이 평행을 이루는 것으로 가장 잘 설명할 수 있다.[2]

3:1에서 확증된 부활하신 그리스도의 높아진 지위는 그리스도의 주 되심을 다시 확증한 15–17절에서 한층 확장된다. "한 몸으로 부르심을 받았[다]"(15절)는 언급은 신자가 옷 입어야 하는 새 사람을 다시 가리키고, "거기에는 헬라인이나 유대인이나 할례파나 무할례파나 야만인이나 스구디아인이나 종이나 자유인이 차별이 있을 수 없[다]"(11절). 또한 신령한 노래로 서로 가르치며 훈계하라는 요청(16절)은 "너희 입"에서 나오는 악덕을 버리라는 8절의 요청과 상응한다. 마지막으로, "다 주 예수의 이름으로 하[라]"(17절)는 권면은 악덕과 미덕 목록의 적절한 결론이 된다. 바울은 신자에게 한 분이신 창조주 하나님을 섬기는 것으로 대표되는 그리

1. 어떤 번역본에는 12–17절이 하나의 절로 서술되어 있다. NAB, NRSV, NEB, TEV, HCSB, NET.

2. '입다'라는 동사는 10절에서 분사 형태로 나온 적이 있지만, 12절의 명령형은 8절의 명령형과 상응하는 것으로 보아야 한다.

스도 중심적 삶을 살라고 요청하고 있다.

또한 15–17절은 다음 단락의 도입부가 된다. "다 주 예수의 이름으로 하[라]"(17절)는 요청은 그리스도의 주 되심을 다시 확인해준다. 그리스도의 주 되심이라는 주제는 가정의 관계를 다룬 3:18–4:1에서 바울이 "주"라는 기독론적 호칭을 거듭 사용함으로 다시 등장한다(3:18, 20, 22, 23, 24; 4:1).[3] 가정에 관한 단락은 그리스도의 주권을 구체적으로 인정하는 것이 무슨 의미인지 예시한다. 3:17과 바로 뒤의 가정에 관한 논의가 관련된다는 사실은, 17절("또 무엇을 하든지 말에나 일에나 다 주 예수의 이름으로 하고 그를 힘입어 하나님 아버지께 감사하라")과 23절("무슨 일을 하든지 마음을 다하여 주께 하듯 하고 사람에게 하듯 하지 말라")의 평행 관계로 확인할 수 있다.

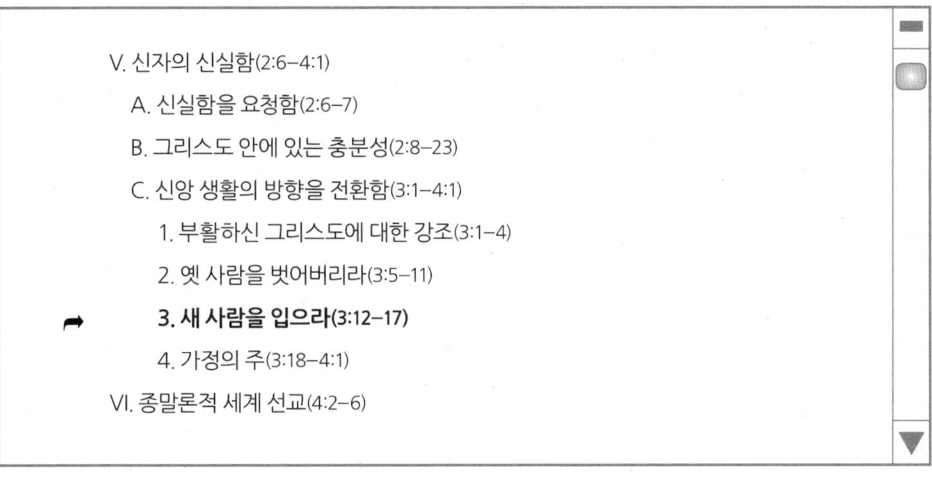
V. 신자의 신실함(2:6–4:1)
A. 신실함을 요청함(2:6–7)
B. 그리스도 안에 있는 충분성(2:8–23)
C. 신앙 생활의 방향을 전환함(3:1–4:1)
1. 부활하신 그리스도에 대한 강조(3:1–4)
2. 옛 사람을 벗어버리라(3:5–11)
3. 새 사람을 입으라(3:12–17)
4. 가정의 주(3:18–4:1)
VI. 종말론적 세계 선교(4:2–6)

주요 개념

신자는 세상적 습성을 벗어버리고, 사랑과 연합이 그 특징인 새 사람이라는 실재가 반영된 새로운 행동 양식으로 옷 입어야 한다. 이 요청은 먼저 베풀어진 예수 그리스도의 은혜를 근거로 하며, 언어와 예배를 통해 그리스도의 주 되심에 복종함으로 정점에 도달한다.

3. 그리스도의 주 되심은 가족 관계에 대한 바울의 논의의 핵심을 차지한다. 3:18–4:1에 대한 설명을 보라.

번역

골로새서 3:12-17

12a	권면	그러므로 너희는…옷 **입고**
b	근거	하나님이 택하사
c	근거	거룩하고 사랑 받는 자처럼
d	예시	[1] 긍휼과
e	목록	[2] 자비와
f	목록	[3] 겸손과
g	목록	[4] 온유와
h	목록	[5] 오래 참음을
13a	확장	누가 누구에게 불만이 있거든
b	수단	서로 용납하여
		피차 용서하되
c	상응	주께서 너희를 용서하신 것 같이
d	추론	너희도 그리하고
14a	확장	이 모든 것 위에 사랑을 더하라
b	서술	이는 온전하게 매는 띠니라
15a	권면	**그리스도의 평강이 너희 마음을 주장하게 하라**
b	목적	너희는 평강을 위하여 한 몸으로
		부르심을 받았나니
c	권면	너희는 또한 **감사하는 자가 되라**
16a	권면	**그리스도의 말씀이…거하여**
		너희 속에 풍성히
b	16c의 수단	모든 지혜로
c	16a의 수단	피차 가르치며
		권면하고
d	16c의 수단	[1] 시와
e	목록	[2] 찬송과
f	목록	[3] 신령한 노래를 부르며
g	16j의 수단	감사하는
h	영역	마음으로
i	방향	하나님을
j	16a의 수단	찬양하고
17a	조건	또
		무엇을 하든지 말에나 일에나
b	권면	**다 주 예수의 이름으로 하고**

c	수단	그를 힘입어 하나님 아버지께 감사하라

구조

바울은 앞에서 그리스도의 한 몸으로서 살아가는 것을 방해하는 습관들을 "벗어버리라"(8절)고 요청했다. 이제 바울은 신자에게 하나님의 택함을 받고, 거룩하며, 사랑받는 자라는 정체성에 걸맞는 새로운 생활 방식을 '옷 입으라'고 권면한다(12절). 바울은 미덕 목록에서 공동체 지향적 덕목을 강조하고 하나님의 백성이 서로 관계를 공고히 하게 한다. 공동체를 강조하는 것은 '새 사람을 입으라'는 앞의 요청과 일맥상통한다. "새 사람" 역시 사회·문화적 표식이 아니라 오직 그리스도의 관점에서 규정된다(10–11절).

나아가 그런 미덕을 실천할 수 있는 수단은 용서, 즉 주 예수가 먼저 베푸신 용서에 근거하는 행위에서 분명하게 확인된다(13절). 이것은 그리스도의 십자가상의 죽음을 통한 하나님의 용서로 신자가 그리스도의 부활에 참여할 수 있다고 말한 2:13–14과 비슷하다. 이 언급이 중요한 이유는 용서가 단순히 중립적인 윤리적 주체가 수행하는 자비의 행위일 뿐만 아니라, 그리스도 안에서 하나님이 행하신 것으로 가능해진 행위이기 때문이다.

이런 미덕을 실천하라는 요청은 서로 '사랑하라'는 권면으로 정점에 도달한다.[4] 서로 사랑하라는 요청과 골로새서 전반부에 나타난 기독론적 강조의 관계는 2:2에서 명확하게 드러난다. "이는 그들로 마음에 위안을 받고 사랑 안에서 연합하여 확실한 이해의 모든 풍성함과 하나님의 비밀인 그리스도를 깨닫게 하려 함이니." 하나님 백성의 공동체는 오직 사랑으로 하나 될 때만, 하나님이 사랑하시는 아들의 죽음으로 새 백성을 만드시면서 그리스도를 통해 보여 주신 놀라운 역사를 이해하고 증언할 수 있다(1:13).

이 단락의 마지막 부분(15–17절)은 "앞뒤 문맥과 느슨할 정도의 관계"만 유지하는 "독립된" 단락으로 이해된다.[5] 하지만 이런 결론은 마지막 세 절을 하나로 연결하는 주제를 무시할 뿐 아니라, 그 주제가 골로새서 전반에서 두드러지게 강조된다는 사실을 간과한다. 15–17절은 감사를 강조한다. "감사하는 자가 되라"(15절), "감사하는 마음으로"(16절), "감사하라"(17절). 바울은 앞에서 감사와 그리스도의 주 되심에 복종(2:6–7)하는 것을 연결했다. 하나님께 감사한다는 것은 그분이 창조주시고 모든 선한 것의 근원이 되심을 인정하는 것이기 때문이다. 바울은 이 문맥에서 다시 지속적인 감사의 행위로 그리스도의 주 되심에 복종하라고 요청한다.

15절은 "그리스도의 평강"의 지배를 받기 위해 "감사하는 자가 되라"고 한다. 한편 16절

4. '무엇보다'(ἐπὶ πᾶσιν)라는 구절과 δέ('그리고/그러나')가 같이 쓰인 것은, 이 요청이 "단순히 한 목록의 끝이 아니라 클라이맥스임을 가리킨다"(Callow, *Semantic and Structural Anaysis*, 128).

5. Yates, "A Reappraisal of Colossians," 111.

은 "그리스도의 말씀"으로 충만하여 "감사하는 마음으로" 예배를 드리라고 한다. 마지막으로 17절은 무슨 일에나 "다 주 예수의 이름으로 하고 그를 힘입어 하나님 아버지께 감사"하라고 말한다. 이렇게 그리스도의 주 되심을 강조하는 것은 악덕과 미덕에 대한 앞의 논의(5-11, 12-14절)를 적절한 결론에 이르게 한다. 이것은 1-4절의 높아지신 그리스도의 지위를 다시 확인하고, 3:18-4:1에 나올 그리스도의 주 되심에 대한 논의를 예비한다. 3:18-4:1 단락은 4:2에서 또 다시 감사 요청으로 마무리된다.

석의적 개요

➡ **I. 새 사람을 입으라(3:12-17)**
- **A. 일치와 화합으로(3:12-14)**
  1. 사랑의 덕목에 대한 목록(3:12)
  2. 서로 용서하라(3:13)
  3. 사랑의 우월성(3:14)
- **B. 감사와 그리스도의 주재권(3:15-17)**
  1. 평화의 원칙(3:15)
  2. 예배를 통한 말씀의 내주하심(3:16)
  3. 모든 일을 주 예수를 위해 하라(3:17)

본문 설명

3:12 그러므로 너희는 하나님이 택하사 거룩하고 사랑 받는 자처럼 긍휼과 자비와 겸손과 온유와 오래 참음을 옷 입고 (Ἐνδύσασθε οὖν ὡς ἐκλεκτοὶ τοῦ θεοῦ, ἅγιοι καὶ ἠγαπημένοι, σπλάγχνα οἰκτιρμοῦ, χρηστότητα, ταπεινοφροσύνην, πραΰτητα, μακροθυμίαν). 바울은 3:10-11에서 새 사람을 입는 행위를 규정한 뒤 이제 새 사람이 무엇인지 상세히 설명한다. '옷 입으라'(ἐνδύσασθε)는 명령형은 "벗어버리라"(ἀπόθεσθε, 8절)는 요청으로 시작된 의복 비유를 마무리한다.[6] 10절에 나오는 분사형 표현["(왜냐하면 너희가) 새 사람을 입었으니", ἐνδυσάμενοι]은 이 명령형이 나올 것을 예견한다. "그러므로"(οὖν)는 앞 단락과의 관계를 강조한다.

6. 어떤 번역들은 이 명령형을 "clothe yourselves"(NRSV, NLT, NET, NIV)로 번역해서 의복 비유를 분명하게 표현한다. 참고. "put on… garments"(REB).

바울은 신자가 받아들여야 할 덕목을 열거하기 전에 그 근거를 소개한다. 그는 신자를 '하나님이 택하신' 자들이라고 부른다. 구약에서 이스라엘 백성을 지칭하는 이 표현[시 105:6, 43(LXX, 104:6, 43); 사 43:20; 45:4; 65:9, 15]이 특히 중요한 이유는, 이것이 이제 골로새의 이방인 신자에게 적용되기 때문이다. 그리스도의 십자가 죽음이 구원을 가져왔기 때문에 이제 그분의 죽음과 부활에 참여하는 사람은 누구나 그분의 백성이 될 수 있다. 택함을 받았다는 이 표현을 이방인에게 적용한 것은 "헬라인이나 유대인이나 할례파나 무할례파나…차별이 [없는]"(11절) 새 사람에 대한 정의를 더 확실하게 설명한다. 이런 적용은 골로새서의 다른 단락에 나타난 바울의 수사학적 전략과 일치한다. 그가 택함의 용어를 이 신자에게 거듭 적용하는 이유는, 그들이 "성도"(1:2, 12), "거룩하고 흠 없[는]" 백성(1:22),[7] '할례를 받은' 자들(2:11)로 불리며 이제 하나님이 그분의 백성에게 약속하신 "기업"의 상속자가 되었기 때문이다(1:12; 참고. 3:24).

"거룩하고 사랑받는"(ἅγιοι καὶ ἠγαπημένοι)이라는 구절은 "하나님이 택하사"와 병렬 관계이고, 하나님께 선택받은 백성으로서 신자들의 지위를 설명한다. 이 문맥에서 "거룩하고"는 도덕적 성취를 말하는 것이 아니라, 하나님이 그들을 그 뜻에 따라 자기 백성으로 구별하신 행동에 대한 서술이다.[8] 이 해석은 하나님을 의미상 주어로 암시하는 "사랑받는"이라는 수동형 분사를 통해 확인된다. 구약에서 하나님께 택함 받는다는 것은 구별함을 입는 것이고, 이 구별함을 받음으로 그분이 보시기에 '거룩하게' 된다. "너는 여호와 네 하나님의 성민이라 네 하나님 여호와께서 지상 만민 중에서 너를 자기 기업의 백성으로 택하셨나니"(신 7:6). 거룩한 백성으로 부르신 것에는 하나님의 구원 사역이라는 선행되는 행위가 전제되어 있다.

> "내가 애굽 사람에게 어떻게 행하였음과 내가 어떻게 독수리 날개로 너희를 업어 내게로 인도하였음을 너희가 보았느니라 세계가 다 내게 속하였나니 너희가 내 말을 잘 듣고 내 언약을 지키면 너희는 모든 민족 중에서 내 소유가 되겠고 너희가 내게 대하여 제사장 나라가 되며 거룩한 백성이 되리라"(출 19:4-6a).

하나님의 택하심과 백성을 향한 사랑, 특히 이방인을 향한 사랑의 연관성은 바울이 로마서 9:25에 호세아 2:23을 인용한 데서 가장 잘 드러난다. "내가 내 백성 아닌 자를 내 백성이라, 사랑하지 아니한 자를 사랑한 자라 부르리라."[9] 하나님의 사랑은 인간의 반응에 좌우되는 것이 아니라, 그 반응의 근거가 되는 선행되는 행동이라는 점을 주목해야 한다. 분사 "사랑받는"의 용례는 신자 사이의 "사랑"(τὴν ἀγάπην)으로 최고조에 달하는 뒤에 나올 미덕 목록을 예고한다(14절).

바울은 곧바로 여러 명령형 문장으로 신자가 새롭게 얻은 정체성에 부합하게 행하라고 권면한다. 일련의 명령은 "독자의 행동을 변화시키고자 하는 최종적이고도 효과적인 시도"이므로, 바울은 권면에 앞서 택하심에 관한 언어를 사용하여 "긴장을 최고조로 끌어올린다."[10]

바로 뒤의 미덕 목록[11]은 신자가 하나님의 택하신 은

7. 하나님의 거룩하게 하시는 행위와 신자를 향한 거룩하라는 요청의 관계는 고린도전서 1:2을 보라.
8. 이 '거룩하다'를 "그분의 특별한 백성"으로 번역한 TEV를 참고하라.
9. 택하심과 관련해 "사랑"을 사용한 단어군의 용례는 마가복음 9:7("이는 내 사랑하는[ὁ ἀγαπητός] 아들이니 너희는 그의 말을 들으라," 참고. 마 17:5)과 누가복음 9:35("이는 나의 아들 곧 택함을 받은[ὁ ἐκλελεγμένος] 자니 너희는 그의 말을 들으라") 사이의 변화산 장면에 기록된 천상의 소리에 대한 여러 번역에서 두드러진다.
10. Gregory T. Christopher, "A Discourse Analysis of Colossians 2:16-3:17," *GTJ* 11 (1990): 218. 그는 2:16-3:17의 교차 대구 구조에서 3:12이 "담화의 절정"(discourse peak)에 해당한다고 생각한다.
11. 악덕과 미덕의 장르에 대한 논의는 3:5에 대한 설명에서 '심층 연구: 악덕과 미덕의 목록'을 보라.

혜에 반응할 수 있는 구체적인 방식을 보여준다.[12] "깨끗함"(고후 6:6; 참고. 빌 4:8; 딤전 4:12), "희락"(갈 5:22), "의"(딤전 6:11; 딤후 2:22), "믿음"(딤전 6:11; 딤후 2:22; 3:10), "지식"(벧후 1:5–6)과 같은 미덕이 포함된 신약의 다른 미덕 목록과 비교해볼 때, 이 목록은 "사랑"(14절)으로 특징되는 공동체 건설과 유지에 초점을 맞춘다. 이 목록은 8절에서 열거한 악덕에 대응하는 미덕 목록임이 분명하다. 이런 해석은 유사한 악덕과 미덕을 쌍으로 배열한 에베소서 4:31–32로 뒷받침된다. 나아가 이 목록은 겸손과 상호 복종을 강조함으로 그리스도의 주 되심을 재천명하는 15–17절을 예고한다. 이런 유사한 연결은 베드로전서 3:8에도 등장한다. 베드로전서의 미덕 목록("너희가 다 마음을 같이하여 동정하며 형제를 사랑하며 불쌍히 여기며 겸손하며")도 "그리스도를 주로 삼아"(벧전 3:15) 섬기라는 요청으로 연결된다.[13]

"긍휼"(σπλάγχνα οἰκτιρμοῦ)은 문자적으로 "자비의 내장"(bowels of mercies, KJV)으로 해석된다. '내장'을 "감정의 좌소"로 해석하는[14] 일부 학자는 이 구절을 "연민의 마음"(ASV, NASB), "자비의 마음"(NET), 심지어 "부드러운 마음의 자비"(NLT)로 번역한다. '내장' 그 자체는 구약(잠 12:10)과 신약(고후 6:12; 7:15)에서 긍휼, 친절한 행동의 의미로 사용되고, 다른 바울 서신에서 "자비"와 병행구로 사용된다(빌 2:1). 명사 οἰκτιρμός(롬 12:1; 고후 1:3)와 관련 명사 ἔλεος(롬 9:23; 11:31; 15:9; 엡 2:4; 딤전 1:2; 딛 3:5)는 거의 항상 하나님의 자비를 가리킨다.[15] 그러므로 이 절에서 소유격 οἰκτιρμοῦ는 형용사적 의미로 사용되는 한정적 소유격으로 해석하는 것이 가장 적절하다.[16] 따라서 이 구절은 자비와 긍휼을 베푸는 일에서 하나님을 닮아가라고 독자를 일깨워준다고 볼 수 있다.

"자비"(χρηστότητα)는 정경 외 문헌에서 모든 친절한 행위를 의미하는 단어로[17] 또한 자기 백성을 향한 하나님의 자비로운 행위를 가리켜 종종 사용된다[시 25:7; 31:19(LXX 30:20); 68:10(LXX 67:11); 롬 2:4; 11:22; 엡 2:7; 딛 3:4].[18] 바울은 긍휼하신 하나님을 통해 이미 경험한 자비를 삶에서 드러내라고 또 다시 요청한다.

"겸손"(ταπεινοφροσύνην)은 그리스도의 주 되심에 복종하는 자로서 응당 취해야 할 자세이다. 이것은 자기중심적 의지와 반대되는 자세이며(빌 2:13), 서로 복종하는 미덕을 가리킨다(참고. 벧전 5:5). 관련 단어군은 특히 종말론적 가치 전도가 일어날 하나님의 구원 역사를 기다리는 자들을 가리켜 사용된다(마 18:4; 23:12; 눅 1:52; 14:11; 18:14; 고후 7:6; 약 4:6, 10; 벧전 5:5). 앞에 나온 미덕과 다음 절의 그리스도를 본받으라는 요청에 비추어볼 때, 특별히 빌립보서 2:8의 예는 현재 구절과 관련된다. "사람의 모양으로 나타나사 자기를 낮추시고(ἐταπείνωσεν) 죽기까지 복종하셨으니 곧 십자가에 죽으심이라"(빌 2:8). 바울은 신자에게 그리스도의 모범을 따르고, 거짓 교사들이 조장하는 거짓 겸손(2:18, 23)이 아닌 참된 겸손을 보이라고 요청한다.

칠십인역에서 "온유"(πραΰτητα)는 겸허한 마음의 상태를 의미할 수 있지만(시 89:10; 131:1), 후대 문헌에서는 종종 겸손하고 따뜻한 마음의 미덕을 가리킨다[LXX

12. 행동의 근거로서 하나님의 부르심은 갈라디아서 5:13, 에베소서 4:1, 디모데전서 6:12에서 명시적으로 언급하고 있다. 바울 서신 외에 베드로후서 1:5–7이 자신의 소명을 확인하는 방식을 암시하는 덕목 목록으로서 특별히 관련이 있다(10절).

13. 에베소서 4장의 악덕과 미덕 목록도 신자의 연합의 근거로서 유사한 고백을 제시하는 내용으로 이어진다. "주도 한 분이시요 믿음도 하나요 세례도 하나요"(5절).

14. BDAG, 939.

15. Knowls, "Christ in You, the Hope of Glory," 197–98은 하나님의 은혜와 자비를 강조하는 전승(느 9:17; 시 86:15; 103:8; 욜 2:13; 욘 4:2; 롬 9:15–18; *4 Ezra* 7:132–39)의 기원으로 인식되는 두 구절인 출애굽기 33:19과 34:6–7의 영향을 더 구체적으로 지적한다.

16. 그러므로 '긍휼히 여기는 마음'으로 이해할 수 있다. Harris, *Colossians and Philemon*, 161.

17. 예를 들어, Philo, *Spec. Laws* 1.284; *Virtues* 182; Josephus, *Ant.* 2.149; 9.133; Bevere, *Sharing in the Inheritance*, 205를 보라.

18. 하나님의 자비로우신 행동에 대한 이런 언급들을 볼 때 "관용"으로 번역한 NJB가 그 뜻을 잘 살리고 있다.

에 15:8; Sir 4:8; 10:28; 36:23; 45:4; 참고. 시 45:4(LXX 44:5)]. 신약에서 이 단어는 그리스도를 가리켜 사용된다(고후 10:1).[19] 분을 내는 것과 반대되는 행동인 온유는 8절의 악덕 목록에 언급된 행동과 정반대되는 태도이다.

마지막으로, "오래 참음"(μακροθυμίαν)은 자기 백성을 향한 하나님의 인내를 가리키며(참고. 사 57:15, LXX), 바울이 수사적 질문으로 하나님을 묘사한 곳에도 사용된다. "만일 하나님이 그의 진노를 보이시고 그의 능력을 알게 하고자 하사 멸하기로 준비된 진노의 그릇을 오래 참으심(μακροθυμίᾳ)으로 관용하시고…무슨 말을 하리요"(롬 9:22–23; 참고. 2:4). 하나님이 백성에 대해 오래 참으시므로 신자 역시 주변 사람들에 대해 오래 참아야 한다. 어떤 학자들은 "온유"와 "오래 참음"의 차이는 각 미덕에 반대되는 악덕으로 가장 잘 설명된다고 생각한다. "온유"는 '무례, 가혹함'과 정반대되고, "오래 참음"은 '분냄, 보복, 화'와 정반대된다.[20] 오래 참고 보복하지 말라는 이 요청에 이어 "용서"(13절)를 언급한 것은 특별한 의미가 있다.

3:13a–b 누가 누구에게 불만이 있거든 서로 용납하여 피차 용서하되(ἀνεχόμενοι ἀλλήλων καὶ χαριζόμενοι ἑαυτοῖς ἐάν τις πρός τινα ἔχῃ μομφήν). 새 사람의 특징이 되는 미덕 목록을 제시한 바울은 이제 그 미덕을 실천할 수 있는 수단을 소개한다. 두 분사 구절의 구문론적 기능은 이중적이다. 이것은 앞 절의 주절을 수식하고("…옷 입고"), 뒤에 나오는 조건절(if 절)의 귀결절(then 절)이 된다. 일반적으로는 주절이 귀결절 앞에 나오지만 이 구절은 예외이다.

종종 명령형으로 번역되지만(예를 들어, '서로 용납하고 피차 용서하라') 이 분사들은 수단의 상황적 분사로 보아야 한다.[21] '입으라'는 명령문을 수식하여 앞에서 열거한 미덕들이 사랑의 공동체를 세우는 데 어떻게 사용될 수 있는지 보여준다. "용납"(ἀνεχόμενοι)은 관용(예를 들어, 마 17:17; 막 9:19; 눅 9:41; 고후 11:4, 19, 20) 혹은 '인내'(예를 들어, 고전 4:12; 살후 1:4)의 의미를 내포한다. 특별히 "오래 참음"의 미덕과 관련되는 듯 보이지만, 일반적인 대인 관계와 관련하여 더 넓은 의미로 사용될 수도 있다. "피차 용서하라"(χαριζόμενοι)는 것은 상처를 준 사람을 적극적으로 용납하는 것을 가리킨다. 이것은 "긍휼", "자비", "겸손", "온유"(12절)와 같은 미덕들이 외부적으로 표현된 것이다.[22]

이곳에는 조건절("누가 누구에게 불만이 있거든", ἐάν τις πρός τινα ἔχῃ μομφήν)이 사용되었다. 많은 학자는 이와 같은 일반적인 조건절을 근거로 이 지적이 "공동체의 구체적 상황은 언급하지 않고 공동체 생활에 보편적으로 유효한 것"을 표현한 것이라고 생각한다.[23] 그렇지만 이 언급은 골로새서에 나타난 바울의 논증이라는 맥락과 특별히 관련된다. 바울은 그동안 일부 구성원이 하나님께 나아가고 그분과 화해할 다른 수단을 찾던 공동체를 향해 다음의 내용을 거듭 강조했기 때문이다. 곧, 하나님의 아들이 죽으심으로 말미암아 "너희를 하나님이 그와 함께 살리시고 우리의 모든 죄를 사하[셨다]"(2:13; 참고. 1:13–14, 21–22; 2:14–15)는 것이다. 또한 '용서하다'(χαριζόμενοι)라는 단어는 독자에게 명사형

19. 마태복음 5:5, 11:29, 21:5에서 그리스도를 가리켜 사용된 관련 단어 πραΰς(gentle)의 용례도 보라.

20. Lightfoot, *St. Paul's Epistles to the Colossians and Philemon*, 221. Wright, *Colossians and Philemon*, 142. 『메시지 성경』이 이 용어를 번역한 것은 이러한 구분을 가장 잘 반영한다. "온화한 힘"과 "자제심."

21. 참고. Aletti, *Saint Paul Épître aux Colossiens*, 237. 명령형 분사에 대해서는 Wallace, *Greek Grammar*, 652를 참고하라. 그러나 이 절 후반부에 비추어볼 때, 이 명령형이 맞다고 해도 뉘앙스는 문맥이 결정한다.

22. 파피루스에서 이 용어의 가장 흔한 용례 중 하나는 '친절'을 베푸는 행동과 관련된 것이다. MM, 684. 에베소서 4:32에서 용서에 대한 논의 역시 긍휼과 자비라는 미덕 다음에 등장한다.

23. Lohse, *Colossians and Philemon*, 147–48.

'은혜'(χάρις), 즉 진리의 하나님의 복음을 의미하는 단어(1:6)를 떠오르게 했을 것이다. 그러므로 바울이 말하는 용서를 실천하는 삶은, 십자가에서 치러진 그리스도의 죽음으로 표현된 복음을 삶으로 실천하는 것이다.

3:13c-d 주께서 너희를 용서하신 것 같이 너희도 그리하고(καθὼς καὶ ὁ κύριος ἐχαρίσατο ὑμῖν οὕτως καὶ ὑμεῖς). 신자가 용서를 실천하는 것과 하나님의 은혜의 관계가 여기서 설명된다. '…과 같이…하다'(καθὼς…οὕτως)라는 비교의 접속사는 종종 유사한 두 가지 시나리오를 서술할 때 사용된다(예를 들어, 눅 11:30; 17:26; 요 3:14; 12:50; 15:4). 또한 바울 서신에서 쌍을 이루어 나오는 이 접속사는 신자의 행동이 그리스도가 먼저 행하신 것에 근거한다는 사실을 설명할 때도 사용된다(예를 들어, 고후 1:5). 골로새서에서 의복 비유 그리고 죽음과 부활이라는 패러다임의 관계를 볼 때, '입으라'(12절)는 요청은 자연스럽게 그리스도 안에 있는 새 생명을 옷 입으라는 언급으로 연결된다. 그러므로 이 절의 구조는 바울의 윤리학이라는 더 포괄적인 구조를 반영하는데, 이는 로마서에서 찾아볼 수 있다. "그러므로 우리가 그의 죽으심과 합하여 세례를 받음으로 그와 함께 장사되었나니 이는 아버지의 영광으로 말미암아 그리스도를 죽은 자 가운데서 살리심과 같이(ὥσπερ)[24] [so, οὕτως] 우리로 또한 새 생명 가운데서 행하게 하려 함이라"(롬 6:4).

바울은 이 새 생명의 특징이 신적 용서를 모방하는 것이라고 주장한다. 앞 문맥에서 "주"는 "그리스도 예수"(2:6; 참고. 1:3, 10)로 확인되었고, 현재 단락 말미에서도 이 칭호는 예수님께 적용된다(3:17). 그러므로 바울은 여기서 그리스도의 용서하심을 언급하는 것이 분명하다. 이 점은 다른 곳에서 바울이 "주"라는 호칭을 항상 그리스도께 적용한 용례와 일치한다(구약 인용문은 제외).

16절에서 "그리스도의 말씀"을 언급하는 것을 감안하면, 용서에 대한 권면의 기원이 복음서에 기록된 그리스도의 말씀이라고 생각하기 쉽다. 복음서에 나오는 용서에 대한 일반적 요청(예를 들어, 마 5:21-26) 외에 신적 용서와 인간적 용서를 연결한 내용도 발견되지만, 이런 평행 구절에서는 종종 인간이 용서하는 행위가 신적 용서의 조건이라고 여겨진다(참고. 마 6:12, 14-15; 18:23-35; 막 11:25; 눅 6:37; 11:4).[25] 그러나 이 본문에서는 그리스도의 용서가 인간이 용서하는 근거로 작용한다.[26] 앞에서 지적한 것처럼, 바울은 이 서신에서 거짓 교사들의 오류를 지적하며 신적 용서의 우선성과 최종성을 반복해서 강조했다. 거짓 교사들은 그리스도를 통한 하나님의 사역이 충분하지 않다고 착각한다. 바울은 이에 대한 대응으로 십자가에서 구체적으로 표현된 신적 은혜를 토대로 세워진 공동체가 그리스도를 본받아야 한다고 강조한다.

3:14 이 모든 것 위에 사랑을 더하라 이는 온전하게 매는 띠니라(ἐπὶ πᾶσιν δὲ τούτοις τὴν ἀγάπην, ὅ ἐστιν σύνδεσμος τῆς τελειότητος). 미덕 목록을 제시한 후 바울은 사랑이 가장 중요하다는 사실을 지적한다. "…위에"는 '추가로'(참고. NET)[27] 혹은 과장의 의미에서 "무엇보다 특히"(KJV,

24. 다양한 비교의 접속사에 대한 설명은 BDF §453을 보라.

25. 신적 용서와 인간적 용서의 상호 관련성에 대한 이 예시들 외에 무조건적 신적 은혜의 우선성을 강조하는 구절도 있다(예를 들어, 막 2:7; 눅 7:41-42; 17:10). 그러나 신약에서 이 둘의 긴장을 상호 양립이 불가능한 것으로 여기지는 않는다. "하나님의 용서는 비록 우리가 받을 자격이 없다고 해도 반드시 받아야 하며, 남을 용서하고자 하는 의지가 없는 사람은 절대 용서를 받을 수 없다"(W. D. Davies and Dale Allison, *A Critical and Exegetical Commentary on the Gospel According to Saint Matthew* [ICC; Edinburgh: T&T Clark, 1988-97], 1:611).

26. 바울 서신에서 가장 가까운 평행 구절은 갈라디아서 6:1-2에서 찾을 수 있다. 이 구절은 용서하고 회복하는 행동으로 '그리스도의 율법이 완성된다'고 말한다.

27. BDAG, 365.

ASV, NASB, NKJV, NRSV, HCSB, ESV)라는 뜻으로 사용되는 상투적인 어구로서 "무엇보다 더 중요한"(CEV)이라는 뜻이다. 그러나 의복 비유의 용례를 근거로 일부 학자는 "사랑은 나머지 각 부위를 제자리에 있도록 고정해주는 겉옷이다"라고 말하면서[28] 이 구절을 "나머지 모든 '옷 품목 위에'"라고 번역해야 한다고 주장한다.[29] 그러나 이 해석에 찬성하는 사람들조차 "구문론상 이 의미로 사용된 확실한 평행 구절을 찾아보기 어렵다"는 점을 인정한다.[30] 그러므로 문맥상 의복 비유의 의미가 있음을 인정하는 동시에 '무엇보다'라는 명백히 입증된 의미로 해석하는 것이 가장 적절해 보인다.

사랑의 우위성은 "사랑은 율법의 완성이니라"(롬 13:10; 참고. 갈 5:6; 딤전 1:5)는 진술 그리고 "믿음, 소망, 사랑… 그중의 제일은 사랑이라"(고전 13:13)는 바울의 진술에 반영되어 있다. 하나님의 은혜를 언급한(골 3:13) 이 문맥에서, 사랑은 에베소서 평행 구절에 나타난 것처럼 십자가에서 계시된 구원의 사랑을 가리킨다. "그리스도께서 너희를 사랑하신 것같이 너희도 사랑 가운데서 행하라 그는 우리를 위하여 자신을 버리사 향기로운 제물과 희생제물로 하나님께 드리셨느니라"(엡 5:2; 참고. 롬 5:8).

골로새서 앞부분에 언급된 것처럼 '사랑 안에서 하나 된' 신자들은 '하나님의 비밀인 그리스도를 깨달을 수 있다'(2:2). 이 기독론적 강조에 비추어볼 때, 신약의 미덕 목록(고후 6:6; 8:7; 갈 5:22; 엡 4:2; 빌 2:1; 딤전 6:11; 딛 2:2; 벧후 1:7)에서 사랑이 띠는 중요성을 알 수 있다. 사랑이라는 덕목은 15-17절의 감사에 대한 논의와 바로 연결된다. "기독교적 도덕성은 확실히 사랑의 도덕성이다. 사랑함으로써 은혜의 내적 활동의 증거를 드러내고 행동을 통해 감사를 나타낼 수 있다."[31]

"온전하게 매는 띠"(σύνδεσμος τῆς τελειότητος)는 문자적으로 '완전함의 띠'이다. 이 책에서는 소유격 '완전함의'를 "띠"를 수식하는 한정적 소유격으로 번역하는 것을 채택한다(the perfect bond). 하지만 이것은 목적격 소유격으로 해석할 수도 있다(그러한 경우, '완전함을 낳는 띠').[32] 이 사랑으로 온전하게 매는 대상이 무엇인지는 확인하기 어렵다. "모든 것 위에"라는 의미로 앞 구절을 해석하는 사람들은 12-13절에 언급된 각각의 미덕이 사랑으로 매는 대상이라고 주장한다. "이 모든 미덕 위에 사랑을 입으라. 그것은 그 모든 것(즉, 이 모든 미덕)을 완벽하게 하나 되도록 묶어준다"(TNIV, NIV).[33] 사랑을 겉옷의 의미로 볼 수 없다고 주장하는 사람들은 "온전하게 매는 띠"를 모든 신자를 하나로 화합하는 공동체로 묶어주는 것이라고 해석한다. "사랑은 우리 모두를 하나로 묶어 완벽한 화합을 이루게 한다"(NLT; 참고. NASB, HCSB).[34]

이 문맥에서는 후자의 해석이 더 적절하다. 첫째, "띠"(bond, σύνδεσμος)는 앞에서 바울이 거짓 교사들을 향해 "머리를 붙들지 아니하는지라 온몸이 머리로 말미암아 마디와 힘줄(συνδέσμων)로 공급함을 받고 연합하여 하나님이 자라게 하시므로 자라느니라"(2:19)고 비판하면서 그리스도의 몸의 하나 됨을 강조할 때 사용한 단어이다. 본문의 권면은 그리스도 안에서 사랑으로 하나 되라고 신자에게 요청함으로써 그 논증의 맥락을 이어가고 있다.

---

28. Lightfoot, *St. Paul's Epistles to the Colossians and to Philemon*, 222.

29. Moule, *Epistles to the Colossians and to Philemon*, 123. 참고. "이 모든 것 위에"(NIV).

30. Moo, *Letters to the Colossians and to Philemon*, 279.

31. J. Darl Charles, *Virtue amidst Vice* (JSNTSup 150; Sheffield: Sheffield Academic, 1997). 145.

32. Harris, *Colossians and Philemon*, 164-65.

33. Lightfoot, *St. Paul's Epistles to the Colossians and to Philemon*, 222; Moule, *Epistles to the Colossians and to Philemon*,122-24; Moo, *Letters to the Colossians and to Philemon*, 281; Sumney, Colossians, 218.

34. Lohse, *Colossians and Philemon*, 149; O'Brien, *Colossians, Philemon*, 203-4; MacDonald, *Colossians and Ephesians*, 141.

둘째, 에베소서 4:3에서 '평안의 매는 줄(bond)'로 성령 안에서 하나가 되라고 요청하는 평행 구절도 미덕 목록 다음에 등장한다. 따라서 신자의 하나 됨이 관심사인 것이 분명하다.[35]

셋째, 현재 본문 문맥에서 두드러지는 주제는 신자의 연합이다. 하나로 연합한 새 인류라는 개념을 제시한 11절을 주목하라. 15절에서 또 다시 하나 됨이 강조된다. 바울은 여기서 신자에게 "한 몸으로 부르심을 받았[다]"는 점을 상기시킨다. 그러므로 위의 미덕 목록뿐 아니라 사랑도 신자를 하나로 묶고 그것을 유지하게 해 주는 힘으로 보는 것이 가장 적절하다.

또한 이 해석은 '온전함'이라는 단어가 사용된 이유를 설명할 수 있다. 바울은 '온전함' 혹은 '완전함'을 공동체와 관련해 규정함으로 거짓 교사들이 조장하는 거짓된 완전함에 도전하는 것일 수 있다. 그들은 스스로 노력하여 더 높은 영적 지위를 획득하려 했고 개인적 성취를 강조했다.[36]

3:15a 그리스도의 평강이 너희 마음을 주장하게 하라(καὶ ἡ εἰρήνη τοῦ Χριστοῦ βραβευέτω ἐν ταῖς καρδίαις ὑμῶν). 이제 바울은 예배의 삶으로 감사를 표현하는 것을 통해 그리스도의 주권의 의미를 확증하는 가장 중요한 권면(15-17절)을 시작한다. 종종 앞의 논의와 "뚜렷한 상관성이 없는"[37] 것처럼 보이는 이 구절은, 앞에 언급된 미덕을 이해할 수 있는 중요한 기독론적 시각을 제공한다. 앞의 논의는 고결한 삶을 강조하는 일반적인 권면 대신 하나님이 먼저 은혜를 베푸신 행위와 그 행위의 중심이 그리스도이심을 인정하는 삶의 방식을 강조한다. 그러므로 고결하게 산다는 것은 그리스도의 주 되심에 복종하는 것이다.

"평강"(ἡ εἰρήνη)의 의미와 그것이 개인의 마음을 주장하게 하는 수단을 이해하기 위해서는 1:20의 '화평을 이루는'(εἰρηνοποιήσας) 행위를 다시 살펴보아야 한다. 20절의 설명에서 언급한 것처럼 "평강"은 유대적 문맥과 그리스-로마 문맥에서 모두 강력한 의미가 있는 단어이다. 유대인에게 "평강"은 이스라엘의 종말론적 소망의 성취로서 우주적 의미를 지니며 대인 관계를 초월하는 개념이다. 1세기 소아시아의 이방인 독자에게 평화는 그리스도만이 주실 수 있는 것이며("그리스도의" 평강),[38] 이 평화는 군대의 진압을 통해 선포되는 제국주의적 평화에 도전장을 내민다.

그리스도의 평강의 통치를 이루는 수단은 "그의 십자가의 피"이다(1:20). 행하는 주체가 철저히 무능력해 보이지만, 그 행위는 피조물과 창조주가 화해하게 하는 가장 강력하고도 창조적인 행동이 된다(참고. 1:20). 그러므로 바울이 "평강"을 다시 언급하는 것은 독자에게 하나님의 구원이 성취되는 수단과 그 성취의 우주적 효과를 일깨워준다.[39] 이 "평강"을 삶으로 통합하기 위해서는 신적 성취의 실재를 자각하며 행동해야 한다.

여기서 '주장하다'(βραβευέτω)로 번역된 동사는 "판단하다, 결정하다, 통제하다, 다스리다"라는 의미를 지닌다.[40] 신약에서는 이곳에만 사용되지만, 2:18에 나오는 관련된 복합 동사(καταβραβευέτω)는 거짓 교사들의 판단하는 행위와 정죄의 행동을 가리켜 사용되었다. 바울

35. 에베소서 4:15-16에서 신자와 그리스도의 연합을 낳는 "사랑"을 가리켜 이 하나 됨이 설명된다.

36. 참고. Andrew T. Lincoln, "The Letter to the Colossians," in *The New Interpreter's Bible*, vol. 11 (ed. Leander E. Keck; Nashville: Abingdon, 2000), 648.

37. Yates, "A Reappraisal of Colossians," 112.

38. 이 해석은 소유격 "그리스도의"(τοῦ Χριστοῦ)를 주격 소유격으로 이해한다. 어떤 번역본들은 이 점을 명확하게 드러낸다. "그리스도께서 주시는 평화"(GNB; 참고. NLT).

39. 그리스도를 통해 하나님이 이루시는 '평화'와 개별 공동체에서 보여주어야 할 '평화'의 관계는 로마서에서도 볼 수 있다. 로마서에는 하나님의 의롭게 하심(롬 5:1)으로 이루어진 "하나님과의 평화"가 신자들이 "모든 사람과 화평하게 살" 수 있는 토대가 된다(롬 12:18).

40. BDAG, 183.

은 거짓 교사들에 대한 또 다른 대응 차원에서 이 단어군을 다시 사용한 것일 수 있다. 신자는 다른 사람에게 판단받지 말고 오직 "그리스도의 평강"으로만 판단받아야 한다. 이것은 그리스도 중심적 강조가 두드러지는 논증의 흐름을 이어갈 뿐만 아니라, 궁극적 판단 기준으로서 그리스도를 통해 하나님이 이미 이루신 '평화'를 강조한다. 전치사구 "너희 마음을"은 외형적 의식(2:20–23)과 제의적 관습(2:18)을 고집하는 거짓 교사들과 대비된다.

그렇지만 바울의 권면을 골로새의 거짓 교사들에 대한 변증으로서만 이해해서는 안 된다. 다른 서신에서 그는 평강과 거룩한 삶의 연관성을 강조했다(예를 들어, 살전 5:23a을 보라). 더욱이 골로새서에서 "마음"(골 2:2; 3:15, 16, 22; 4:8)이 많이 언급되는 것은, 바울이 여기서 일차적으로 그리스도의 평강의 통치를 온전하고 신실하게 받아들일 것을 강조한다는 의미이다. 따라서 이 요청은 그리스도의 주 되심을 고백하는 그리스도인 공동체가 보여야 할 삶에 대한 바울의 이해와 일치한다.

3:15b 너희는 평강을 위하여 한 몸으로 부르심을 받았나니(εἰς ἣν καὶ ἐκλήθητε ἐν ἑνὶ σώματι). 바울은 이 평강을 더 상세히 서술한다. "…을 위하여"(to which, εἰς ἥν)는 신자가 부르심 받은 목적이 평강임을 가리킨다. "부르심을 받았나니"(ἐκλήθητε)는 하나님이 먼저 행하신 행위를 다시 가리킨다. 일부 학자는 에베소서 4:3–4과 그 구절에 성령이 언급된 것을 근거로 성령이 이 수동 동사의 의미상 주어라고 생각한다.[41] 그러나 12절에서 신자를 '하나님이 택하신' 자들로 밝히기 때문에, 하나님 아버지를 이 동사의 의미상 주어로 보는 것이 가장 적절하다.

"평강"에 대한 성경적 이해에 비추어보면 신자는 단순히 평화로운 삶을 살라는 요청만 받은 것이 아니다. 신자는 또한 하나님이 아들을 통해 행하신 하나님의 구원 역사로 성취된 우주적 화해에 참여하도록 부르심을 받는다. 그리스도의 몸에 대한 앞의 언급(1:18, 24; 2:19)을 떠오르게 하는 "한 몸으로"라는 구절은 대인 관계를 강조한다. 바울은 신자에게 화목을 이룬 하나님의 백성으로 살며 하나가 되라고 요청한다(참고. 1:22). "한" 몸에 대한 강조는, 금욕주의적인 제의적 관례(2:18, 21–23)나 민족적이고 사회적인 위치(3:11)로 더 높은 영적 신분을 얻을 수 있다고 주장하는 자들의 거짓 겸손과 연합을 훼손하는 자들(3:8–9)을 반박한다. 그리스도의 죽음이 보편적 의미를 지니므로 그리스도의 "한 몸"을 강조하는 것은 바울 신학의 핵심이다(참고. 롬 12:5; 고전 10:17; 12:12–26; 엡 4:4).

3:15c 너희는 또한 감사하는 자가 되라(καὶ εὐχάριστοι γίνεσθε). "감사하는"(εὐχάριστοι)이라는 형용사는 신약에서 오직 이 절에서만 나타나고, 하나님 백성을 "감사하는" 사람으로 특징짓는다. 감사해야 하는 내용이 직접적으로 언급되지 않는 절대적 요청은, 서로 특별한 혜택을 주고받는 현대의 개념을 넘어선다. 이것은 "범사에 감사하라"(살전 5:18)는 바울의 요청과 일맥상통한다. 그 본문에서 감사의 행위는 그리스도를 통한 하나님의 은혜에 의존해야 한다는 사실을 인정하는 것이다.[42] 앞에서 지적한 대로(참고. 1:12; 2:7) 감사하라는 요청은 종종 그리스도의 주 되심에 대한 고백과 함께 등장한다. 따라서 이 감사의 요청 역시 그리스도의 주 되심에 복종하라는 요청이다(17절). 이 요청은 예수님을 주라고 주장하는 사람들의 행위를 논의하는 단락(5–14절)에서 절정으로 적합하고, 공개적이고도 공식적인 환경(16절)과 일상 생활에서(17절) 이루어지는 예배의 주제를 소개한다.

이런 방식으로 "새 사람"(10절)을 규정할 경우, 후견

41. Fee, *God's Empowering Presence*, 647.

42. Pao, *Thanksgiving*, 15–38.

인–피후견인(patron–client) 관계라는 문화 구조에 살고 있는 독자는 자신의 새 후원자로 그리스도를 상정하는 것으로 부르심을 이해할 수 있다. 특히 감사가 후견인에 대한 피후견인의 적절한 반응으로 인식되는 경우라면 더욱 그렇다.[43] 찬양의 행위가 구약에서 하나님과 백성의 언약적 관계를 규정했듯이, 바울에게 감사는 그리스도의 소유된 백성으로서 신자를 규정한다.

3:16a 그리스도의 말씀이 너희 속에 풍성히 거하여(ὁ λόγος τοῦ Χριστοῦ ἐνοικείτω ἐν ὑμῖν πλουσίως). 바울은 여기서도 계속 그리스도께 초점을 맞춘다. "그리스도의 말씀"(ὁ λόγος τοῦ Χριστοῦ)은 바울 서신 중 오직 이곳에만 등장한다. 어떤 학자들은 이 표현을 주격 소유격으로 해석하여 성육신하신 예수님의 특정한 말씀을 가리킨다고 본다.[44] 그렇다면 복수형이나(예를 들어, 고전 2:4; 딤전 6:3; 참고. 고전 14:19) 다른 단어가 사용되었을 것이다(참고. τοῦ ῥήματος τοῦ κυρίου, 행 11:16). 두 번째 해석은 "그리스도의"를 목적격 소유격으로 보고, "그리스도의 말씀"이 구체적으로 1:15–20의 기독론적 찬송시를 가리킨다고 이해한다.[45] "말씀"(λόγος)은 실제로 신적 존재를 기리는 찬미를 가리킬 수 있는데(참고. Plato, *Symp.* 193D, 194D), 바로 이어서 노래가 언급되는 것은 이 해석을 뒷받침한다. 그러나 골로새서에서(그리고 다른 바울 서신들) λόγος의 다른 용례들은 이 해석을 뒷받침해주지 않는다.

"그리스도의"는 목적격 소유격으로 해석해야 맞을 것이다. 이 구절은 그리스도에 대한 그리고 그분을 중심으로 한 복음이라는 더 일반적인 의미로 해석하는 것이 가장 적절한 듯하다. 그러한 경우 "그리스도에 대한 메시지"(CEV; 참고. HCSB)로 번역할 수 있다. 이렇게 목적격 소유격으로 해석한 것은 그리스도에게서 나온 "말씀"을 근거로 한다. 그런데 이것은 단순히 그분이 하신 말씀을 뜻하는 것이 아니다. 여기서 "말씀"은 그리스도가 삶과 사역을 통해 그리고 그분의 인격을 통해 하신 "말씀"이며, 삶과 증언으로 복음을 (선포하는) 각 그리스도인들에 의해 반복되는 "말씀"이다.[46] 이 단어를 복음으로 보는 해석은 1:5로 뒷받침된다. 1:5에서는 "복음"이 "진리의 말씀"이라고 선언된다. 두 문맥에서 "말씀"이 하나님의 적극적인 대리자로 묘사된다는 점도 마찬가지로 중요하다. 1:6은 '말씀이…너희에게 이르며 열매를 맺어 자란다'고 말한다. 이 본문에서 신자는 말씀이 그들 안에 '거하게'(ἐνοικείτω) 하라는 부르심을 받는다.[47]

다른 바울 서신에는 '성령'(롬 8:11)이나 "하나님의" 내주하심(고후 6:16)을 말하는 구절이 등장한다. '거하다'(οἰκέω)라는 관련 동사는 성령을 가리켜 사용되기도 한다(참고. 롬 8:9, 11; 고전 3:16). 이 절의 후반부는 에베소서 5:19에서 평행 구절을 찾을 수 있지만, 그 앞 절에 나오는 요청 역시 이 논의와 관련될 수 있다. "성령으로 충만함을 받으라"(엡 5:18). 나아가 부사적 수식어 "풍성히"(πλουσίως)도 성령의 부어주심과 관련하여 사용될 수 있다(딛 3:5–6). 뒤에 언급된 "신령한 노래"에 성령의 역할이 암시되어 있지만, 바울이 여기서 "그리스도의 말씀"을 강조하는 이유는 신자를 위한 그리스도의 사역이 특별히 중요하다는 것을 강조하기 위함일 것이다.[48]

---

43. MacDonald, *Colossians and Ephesians*, 108. 형용사 '감사하는'은 "종종 (비문에서) 시혜자에 대한 백성의 "감사"를 가리켜 사용된다"(MM, 268).

44. David Wenham, *Paul: Follower of Jesus or Founder of Christianity?* (Grand Rapids: Eerdmans, 1995), 287–88.

45. Gordley, *Colossian Hymn in Context*, 207.

46. Moule, *Epistles to the Colossians and to Philemon*, 125.

47. 전치사구 ἐν ὑμῖν을 개인적인 의미로 보아야 하는지(in/within you, KJV, ASV, NASB, NIV, NKJV, NRSV, NLT, NET, ESV) 혹은 집단적 의미로 보아야 하는지(among you, REB, HCSB, NIV) 결정하기가 쉽지 않다. 15절과 16절의 "너희 마음"에 대한 언급은 개인적인 의미를 강조하는 반면, "한 몸으로"(15절)와 "피차"(16절)는 그리스도의 집단적 몸(성도의 공동체)의 중요성을 암시한다. 아마 바울은 둘 다 염두에 두었을 것이다.

48. 어떤 이들은 여기서 강조된 "말씀"이 그리스도인의 예배와 헬라의 제의적 의례를 구분하는 데 기여한다고 주장한다. 그리스도인의

3:16b-f 모든 지혜로 피차 가르치며 권면하고 시와 찬송과 신령한 노래를 부르며(ἐν πάσῃ σοφίᾳ διδάσκοντες καὶ νουθετοῦντες ἑαυτοὺς ψαλμοῖς, ὕμνοις, ᾠδαῖς πνευματικαῖς). 바울은 이제 "가르치며 권면하[는]" 것이 "그리스도의 말씀이" 신자 속에 거하게 하는 수단임을 밝힌다. 이 책에서 선택한 번역은 두 가지 해석학적 결정을 반영한다. 첫째, 대부분의 번역처럼[49] "모든 지혜로"(ἐν πάσῃ σοφίᾳ)라는 전치사구는 뒤의 "가르치며 권면하고"라는 두 분사구문을 수식한다. 이 해석은 동일한 표현이 '권하다'와 '가르치다'를 수식하는 1:28로 뒷받침된다.

"시와 찬송과 신령한 노래"를 앞의 "가르치며 권면하고"와 함께 해석해야 하는지(KJV, ASV, NASB, NKJV, TNIV, NIV) 아니면 뒤의 "찬양하고"와 함께 해석해야 하는지(NRSV, REB, CEV, NLT, NET, ESV, HCSB) 결정하는 것은 더 어렵다. 몇몇 학자는 "시와 찬송과 신령한 노래"를 "'가르치며'보다는 '찬양하고'와 함께 해석하는 것이 더 적절하다"라고 지적하면서 두 번째 해석을 지지한다.[50] 노래와 찬양하는 행위가 더 밀접한 관계에 있지만 첫 번째 해석이 더 적절해 보인다.[51] 첫째, 에베소서 5:19의 평행 구절은 가르침과 찬미의 관계에 무게를 실어주는 반면, 찬송하는 것에 대한 내용은 다른 구에 속해 있다. '시와 찬송과 신령한 노래들로 서로 화답하라. 너희의 마음으로 주께 노래하며 찬송하라.'

둘째, 다른 바울 서신을 보면 시와 가르침이 동일한 맥락에 등장한다(고전 14:26). 사람들이 종종 말하듯 인쇄된 글이나, 심지어 설교보다 찬송이 우리 마음에 더 많은 신학을 새겨준다.

셋째, "시와 찬송과 신령한 노래"의 여격은 교훈을 전달할 수 있는 수단을 표현하므로 "가르치며 권면하고"와 자연스럽게 연결된다. 이 명사들이 "찬양하고"와 연결되어야 한다면 찬양하는 행위의 목적어로서 대격으로 보아야 한다.

마지막으로, 이 해석은 16절의 전반부와 후반부의 평행을 강조한다. 둘 다 ἐν으로 시작하는 전치사구로[52] 글을 열고 분사절이 뒤따라나온다.

모든 지혜로
피차 가르치며 권면하고
    시와 찬송과 신령한 노래를 부르며
감사하는 마음으로
하나님을 찬양하고

그러므로 구조와 관련해서 "시와 찬송과 신령한 노래"는 앞의 분사들을 수식한다고 보는 것이 가장 적절하다. 하지만 헬라어로 평행을 이루는 구절을 보면 전반부에 등장한 항목들은 또한 후반부와 관련되는 경우가 많다. 이 경우 "시와 찬송과 신령한 노래"는 두 번째 절과 연결될 것이다.[53] 신자는 같은 지체들에게 시와 찬송과 신령한 노래로 피차 가르치고 권면하도록 부르심을 받는다. 하나님께는 이 노래들로 찬양을 드려

예배는 황홀한 신비 체험이 아닌 기독론적 신앙고백이 그 핵심이다. 참고. Francois P. Viljoen, "Song and Music in the Early Christian Communities: Paul's Utilisation of Jewish, Roman and Greek Musical Traditions to Encourage the Early Christian Communities to Praise God and to Explain his Arguments," in *Zwischen den Reichen: Neues Testament und Römische Herrschaft* (ed. Michael Labahn and Jürgen Zangenberg; Tübingen: Francke, 2002), 210.

49. 그러나 NKJV를 참고하라. "그리스도의 말씀이 모든 지혜로 너희 안에 풍성히 거하게 하라"(참고. KJV, NLT).

50. Harris, *Colossians and Philemon*, 167; 참고. Lohse, *Colossians and Philemon*, 151; Schweizer, *Letter to the Colossians*, 210; Sumney, *Colossians*, 224-25.

51. Lightfoot, *St. Paul's Epistles to the Colossians and Philemon*, 224; O'Brien, *Colossians, Philemon*, 207-208; Barth and Blanke, *Colossians*, 427; MacDonald, *Colossians and Ephesians*, 143; Callow, *Semantic and Structural Analysis*, 133; Moo, *Letters to Colossians and Philemon*, 287-88.

52. ἐν으로 시작되는 평행 구조는 BDF §491을 참고하라.

53. 바울이 이렇게 쓰고자 했다면 이 구절이 대격으로 한 번 더 등장해야 했을 것이다.

야 한다.

'가르치고 권면하는 것'과 '찬양하는 것'은 모두 그리스도의 말씀이 우리 마음과 우리 가운데 거하시게 하는 수단으로 인식되어야 한다. 1:28에서처럼 '가르치고 권면하는 행위'의 내용은 그리스도인데, 이는 "시와 찬송과 신령한 노래[로]"라는 수단의 여격을 통해 부각된다. 구약에서 노래는 하나님의 백성이 그분의 놀라운 역사를 기억하는 수단이었고, 하나님은 그 역사를 통해 자신을 알리셨다.[54] 바울이 보기에 신자도 하나님이 아들을 통해 행하신 놀라운 사역을 고백함으로 가르침을 받아야 한다.

비록 동의어는 아니지만 "시와 찬송과 신령한 노래"를 철저히 구분해야 하는지는 확실하지 않다.[55] "시"(ψαλμοῖς)는 종종 구약 시편을 가리키지만(눅 20:42, 44; 행 1:20), 바울은 기독교 예배에서 부르는 찬송가를 가리켜 이 표현을 사용하기도 한다(고전 14:26).[56] "찬송"(ὕμνοις)은 신약에서 이곳과 에베소서 5:19에만 사용되고, 종종 신이나 영웅에게 바치는 찬송을 가리킨다. 초대 교회에서 하나님 되신 그리스도께 불러드리는 찬양을 가리켜 이 단어를 사용하는 경우가 있었고(Pliny, *Ep. Tra.* 10.96), 1:15-20의 기독론적 찬송시가 바로 이 범주에 속한다. "신령한 노래"(ᾠδαῖς πνευματικαῖς)는 종종 예배 중에 '성령의 영감을 받아' 즉석에서 부르는 '찬송'을 가리킬 수 있다(참고. 고전 14:15-16).[57] 하지만 "신령한"이 "시"와 "찬송"을 수식한다고 볼 수도 있다.[58] 이 단어들을 어떻게 이해하느냐에 상관없이 모두 그리스도의 생애와 사역에서 정점에 도달한 하나님의 사역을 고백하는 것이 그 목표이다.

3:16g-j 감사하는 마음으로 하나님을 찬양하고(ἐν [τῇ] χάριτι ᾄδοντες ἐν ταῖς καρδίαις ὑμῶν τῷ θεῷ). 이 마지막 구절은 이 절의 앞부분에서 피력한 관심사를 어느 정도 반영하고 또한 강조한다. 즉, 신자는 감사함으로 하나님의 은혜로우신 역사를 기억하고 찬양과 순종으로 반응해야 하는 것이다. 이렇게 할 때 그리스도의 말씀이 신자의 삶에 풍성하게 자리 잡을 수 있다.

"감사"[(τῇ) χάριτι]로 번역된 단어는 "신적 은혜"(참고. KJV, ASV, NKJV, NET)를 가리킨다고도 볼 수 있다. 특별히 정관사가 사용되는 경우가 여기에 해당한다.[59] 그럼에도 불구하고 여기서 감사가 중점적으로 부각되고 (15, 17절에 명시적으로 언급됨) 다른 바울 서신(롬 6:17; 7:25; 고전 10:30; 15:57; 고후 2:14; 8:16; 9:15; 딤후 1:3)에서 감사에 대해 이 단어를 사용한 점을 볼 때, 이 책에서 선택한 번역처럼 감사로 이해하는 것이 더 적절해 보인다. 바울은 이 단어를 써서 하나님의 은혜를 체험한 사람들에게 필요한 올바른 반응을 드러내려 했을 것이다. 신적 은혜와 하나님을 향한 감사의 관계는 고린도후서 4:15에 언급된다. "이는 모든 것이 너희를 위함이니 많은 사람의 감사로 말미암아 은혜(ἡ χάρις)가 더하여 넘쳐서 하나님께 영광을 돌리게 하려 함이라." 바울은 고린도후서의 이 본문에서 신자가 하나님께 더욱 감사할 수 있는 이유를 하나님의 넘치는 은혜로 제시한다. 골로새서의 본문 역시 그리스도의 죽음과 부활에 참여한 모든 사람에 대해 동일하게 주장한다.

---

54. 참고. G. W. Anderson, "Israel's Cred: Sung, not singed," *SJT* 16 (1963): 277-85.

55. 특히 Richard C. Trench, *Synonyms of the New Testament* (repr.; Grand Rapids: Eerdmans, 1980), 295-301을 참고하라.

56. 여기서도 바울은 구약 시편을 가리키고 있을 가능성이 있다. 참고. Anthony Thiselton, *First Epistle to the Corintians* (NIGTC: Grand Rapids: Eerdmans, 2000), 1134.

57. Fee, *God's Empowering Presence*, 653.

58. 이런 해석의 가능성은 TNIV와 NIV의 번역에서 볼 수 있다. "시와 찬미 그리고 성령으로부터 오는 노래들"(psalms, hymns, and songs from the Spirit).

59. Lightfoot, *St.Paul's Epistles to the Colossians and to Philemon*, 225-26. 정관사가 사용되었다고 보는 해석은 외부 자료가 확실히 뒷받침해준다. 𝔓[46] ℵ[2] B D* F G Ψ 6 1505 1739.

3:17a-b 또 무엇을 하든지 말에나 일에나 다 주 예수의 이름으로 하고(καὶ πᾶν ὅ τι ἐὰν ποιῆτε ἐν λόγῳ ἢ ἐν ἔργῳ πάντα ἐν ὀνόματι κυρίου Ἰησοῦ). 바울은 이 단락 마지막 절에서 신자의 행동과 마음의 고백을 연결하는 일반적이지만 강력한 권면을 전한다. 이 절은 3:1에서 시작된 권고 단락의 마무리에 해당하지만, 또한 중심 단락의 도입부와 내용이 흡사하다. 이 도입부에서는 교훈과 감사를 강조하면서 그리스도의 주 되심에 복종하라는 일반적인 요청이 등장했다(2:6-7). 17절은 또한 전환절로서 뒤이어 나오는 가족 관계에 대한 권면의 서론인 동시에 예수님이 "주"로서 맡으신 역할을 강조한다(참고. 3:18, 20, 22, 23, 24; 4:1). 다음 단락과 관련하여 이 절이 갖는 의의는 23절에 유사한 진술이 등장하는 것으로 설명된다. "무슨 일을 하든지 마음을 다하여 주께 하듯 하고 사람에게 하듯 하지 말라."

"무엇을 하든지"는 이 권면의 포괄적 성격을 나타내는데, 쌍으로 쓰인 "말에나 일에나"(ἐν λόγῳ ἢ ἐν ἔργῳ)라는 포괄적 어구가 이것을 뒷받침한다.[60] 말과 행동이라는 대표적인 양극단을 사용하여 인생의 모든 영역을 아우르는 의미를 전달한다(참고. 눅 24:19; 행 7:22; 롬 15:18; 살후 2:17; 참고. 요일 3:18). 그러나 이 어구의 용도는 다른 본문에 공식처럼 쓰인 기능으로만 한정되지 않는다. 이 편지에서 바울은 특별히 그리스도의 주 되심에 대한 신자의 고백과 그에 상응하는 행동의 일관성에 관심이 있기 때문이다. 그렇다면 "말"은 단순히 언어적 행위뿐만 아니라 생각과 지식도 포함한다.

지식과 행위의 관계는 1:3-14의 감사와 기도문에 반영되어 있다. 이 서두 단락에서 바울은 골로새 신자들에게 전해진 "진리의 말씀"(1:5)이 삶에 영향을 미쳐야 한다고 주장한다. 이 영향은 3:17의 요청에 비견되는 강한 요청으로 서술되어 있다. "주께 합당하게 행하여 범사에 기쁘시게 하고 모든 선한 일에 열매를 맺게 하시며 하나님을 아는 것에 자라게 하시고"(1:10). 3:17의 문맥에서 "말"은 16절처럼 찬양하는 것으로 표현될 수 있는 지식을 의미한다. 반면 "일"은 5-14절에 언급된 행위를 가리킨다.

15절에 이어 "말"과 "일"을 강조하는 것이 특별히 중요한 이유는, 이것이 진정한 예배를 다시 정의하기 때문이다. 고백이 일상생활로 표현되어야 한다고 강조하는 바울은, 예배가 더 이상 회중 모임의 언어 행위로만 국한되어서는 안 된다고 주장한다. 예배는 인생의 모든 영역을 포함한다. 이 구절이 "그리스도인의 일상생활"에 초점을 맞추며 "따라서 (이 절이) 가장 중점을 두는 것은 분명히 예배가 아니다"[61]라고 주장하는 사람들은 바울의 말을 잘못 이해하는 것이다. 예배를 그리스도의 주 되심에 대한 복종이라고 정의한다면, 예배는 신성한 장소에서 신성한 시간에 수행하는 거룩한 행위에 한정되는 제의적 행위가 아닌 생활 방식으로 보아야 한다.

"다 주 예수의 이름으로 하고"는 개인의 전인적 삶이라는 측면에서 예배를 재정의한 해석에 힘을 실어준다. 구약에서 '주의 이름'은 항상 하나님을 가리키지만, 바울이 그리스도를 가리켜 "주"라고 부르는 것은 그분의 신적 지위를 다시 확인해준다.[62] '주의 이름으로'라는 구절은 구약[예를 들어, 삼하 6:18; 왕상 8:44; 18:32; 대상 16:2; 21:19; 시 118:26(LXX 117:26); 124:8(LXX 123:8); 129:8(LXX 128:8)]과 신약(고전 5:4; 약 5:10, 14) 모두 제의적 문맥에서 자주 사용된다.[63] 예배와 일상생활의 관련성을 강조할 때 이 구절을 사용한 용례는 미가 4:5로 가장 잘 설

60. 전치사 ἐν은 참조의 영역을 나타내는 것으로 보인다(참고. Wallace, *Greek Grammar*, 372). "말/지식의 영역과 행동의 영역에서."

61. Lohse, *Colossians and Philemon*, 153.

62. 참고. Bauckham, *Jesus and the God of Israel*, 188.

63. 신약에서 이 어구는 대부분 시편 118:26을 인용한 구절(LXX 117:26; 예를 들어, 마 21:9; 23:39; 막 11:9; 눅 13:35; 19:38; 요 12:13)과 주의 능력과 증언을 간청하는 간청 형식에서 찾아볼 수 있다(예를 들어, 행 9:27-28; 고전 1:10; 살후 3:6).

명할 수 있다.

"만민이 각각 자기의 신의 이름을 의지하여 행하되 오직 우리는 우리 하나님 여호와의 이름을 의지하여(ἐν ὀνόματι κυρίου) 영원히 행하리로다."

골로새서의 문맥에서 바울 역시 신자들에게 "우상 숭배"(5절)의 삶을 버리고 오직 한 분이신 만유의 주님을 섬기라고 요청한다.[64] 이 예배가 삶의 모든 영역을 포함하는 이유는, 오직 그러한 예배만이 주 예수의 우주적 주권성을 반영하기 때문이다.

3:17c 그를 힘입어 하나님 아버지께 감사하라(εὐχαριστοῦντες τῷ θεῷ πατρὶ δι' αὐτοῦ). 앞 구의 간접 명령형 "…하고"를 수식하는 "감사하라"는 신자가 모든 일을 주 예수의 이름으로 할 수 있는 수단을 소개한다. 이 절에서 "감사하라"는 단순히 언어 행위만을 말하지 않는다. 이것은 "말"과 "일"을 모두 포함하는 행위이다. 이런 측면은 평행 구절인 에베소서 5:20에 비추어보면 훨씬 선명해진다. "범사에 우리 주 예수 그리스도의 이름으로 항상 아버지 하나님께 감사하며." 골로새서 3:17에서 "주 예수의 이름으로"라는 표현은 '말과 일'에 해당하는 모든 행위를 수식한다. 그런데 에베소서 평행 구절에서 "우리 주 예수의 이름으로"는 감사하는 행위를 수식한다. 이 두 구절을 종합해보면, 감사는 신자가 하는 모든 일을 포함한다는 점이 분명해진다. 신자가 하나님께 감사를 드린다는 것은 모든 일을 "주 예수의 이름으로" 한다는 뜻이다. 그러므로 이 절은 빌립보서 2:14의 "모든 일을 원망과 시비가 없이 하라"는 금지 명령에 상응하는 긍정적 명령을 제시하는 것이라고 볼 수 있다.[65]

1:3, 12에서 언급한 대로 감사하는 행위의 대상은 항상 "하나님 아버지"이다. "그를 힘입어"(through him, δι' αὐτοῦ)는 "주 예수의 이름으로"와 평행 관계이며, 두 전치사구 모두 하나님이 "그로 말미암아"(δι' αὐτοῦ, 1:20) 만물을 자신과 화목하게 하실 때 그리스도가 행하실 역할을 가리키므로 두 표현은 동의어라고 할 수 있다. 또한 이 전치사구는 로마서 7:25과 함께 해석해야 한다. "우리 주 예수 그리스도로 말미암아 하나님께 감사하리로다." 로마서 구절과 이 본문에서 이 전치사구는 단순히 신자가 하나님께 감사를 드릴 수 있는 수단만을 의미하지 않는다. 또한 이것은 그러한 감사를 가능하게 하는 근거를 나타낸다(참고. 고전 15:57).[66] 골로새서에서 그리스도의 중심성에 대한 강조는 바울의 논의를 계속 지배한다. 다음 단락의 가족 관계에 대한 논의에서도 마찬가지일 것이다.

---

64. 일상생활에서 하나님께 영광을 돌려드리는 삶이라는 측면에서 "주 예수의 이름으로"라는 구절을 이해하는 경우는, 이 절과 밀접한 평행 관계를 이루는 고린도전서 10:31에서 확인할 수 있다. "무엇을 하든지 다 하나님의 영광을 위하여 하라."

65. 감사하지 않는 태도로서 "원망"에 대한 논의는 Pao, *Thanksgiving*, 153–59를 보라.

66. διά+소유격은 수단을 의미하기 때문에 문법적으로는 문제의 소지가 있지만, 다음과 같이 번역해도 신학적으로는 문제가 없다. "그분 **때문에** 하나님 아버지께 감사를 드릴 때"(as you give thanks to God the Father because of him, CEV, 강조체 저자).

적용에서의 신학

1. 은혜와 용서

종속의 분사구문(13절)에 나오는 용서에 관한 언급은, 골로새서 전반부의 토대가 되는 바울의 논증과 12절의 미덕 목록의 중요한 연결 고리가 된다. 미덕 목록은 문맥에 상관없이 단순히 문명 사회라면 갖추어야 하는 친절한 개별적 행위들을 가리키는 것처럼 보인다. 그런데 용서에 대한 언급은 신적 은혜를 삶으로 실천하는 궁극적 근거를 알려주고, 따라서 앞에 열거된 모든 미덕의 최종적 근거를 보여준다. "주께서 너희를 용서하신 것같이 너희도 그리하고"(13절).

바울은 그리스도가 십자가에서 치르신 죽음의 충분성과 최종성을 소개함으로써 죄와 죄책에서 신자가 자유롭게 되었고, 그 자유가 하나님의 구원 사역의 결과임을 반복해서 강조했다(참고. 1:13-14, 20-22; 2:13-15).[67] 바울은 13절에서 그와 비슷한 용서를 행함으로 이 하나님의 은혜에 반응하라고 촉구한다. 그런 행동은 단순히 인간 윤리 영역에만 속하지 않는다. 더 중요한 것은, 실제로 하나님이 먼저 하신 행위로 말미암아 우리가 은혜를 실천할 수 있는 자유로운 존재가 되었다고 기꺼이 믿어야 한다는 것이다.[68]

현대의 독자가 더 쉽게 이해하려면, 바울이 여기서 지적하는 주장의 의미를 부정적으로 제시하는 것이 좋을 것이다. 즉, 용서하지 않는 사람은 그리스도의 십자가의 죽음으로 입증된 은혜의 원리를 거부하는 것이다. 이 점은 마태복음 18:21-35의 자비를 베풀지 않는 종에 대한 예수님의 비유가 잘 설명해준다. 용서를 받은 종이 정작 자신에게 빚진 사람을 용서하지 않는다는 비유이다. 그러나 더 놀라운 점은 예수님이 제자들에게 일흔 번씩 일곱 번 용서하라고 하셨는데(마 18:22), 왕은 종이 한 번 저지른 잘못으로 즉각 처벌한다는 사실이다. 이 명백한 모순의 이면에 비유의 핵심 교훈이 숨어 있다. 즉, 은혜의 원리를 거부한 사람은 용서를 받지 못한다는 것이다. "너희가 각각 마음으로부터 형제를 용서하지 아니하면 나의 하늘 아버지께서도 너희에게 이와 같이 하시리라"(마 18:35). 다시 말해, 하나님의 은혜를 실천하지 않는 죄는 하나님이 먼저 은혜를 베푸신 행위에 대한 인간의 궁극적 의존성을 부정하는 것이므로 예외적인 죄가 된다는 말이다.

그러므로 이 단락에서 바울은 하나님의 은혜를 받은 데서 한 걸음 더 나아가 그 은혜를 삶으로 반영해야 함을 강조한다. 이 은혜의 실천으로 "긍휼과 자비와 겸손과 온유와 오래 참

67. 2:6-15에 대한 '적용에서의 신학'에서 '죄와 죄책'을 논의한 것을 보라.

68. 신적 은혜의 행위와 그런 은혜를 삶으로 증명할 수 있는 인간의 자유함이 상관성이 있음을 가장 잘 보여주는 예시는, Henri Nouwen이 인간적 용서의 어려움을 성찰한 글이다. "내가 타인을 용서하기 어려운 이유는, 아마도 내가 용서받은 사람이라는 사실을 완전히 다 믿지 못하기 때문일 것이다. 내가 용서받았고 더 이상 수치와 죄책감 속에 살 필요가 없다는 진리를 온전히 받아들일 수 있다면 나는 진정한 '자유인'이 될 것이다"(Robert Durback, ed., *Seeds of Hope: A Henri Nouwen Reader* [Doubleday: Image, 1997], 78).

음"(골 3:12)이라는 미덕이 표현된다. 더욱이 이 은혜의 실천은 "사랑"(14절), 즉 "확실한 이해의 모든 풍성함과 하나님의 비밀인 그리스도"(2:2)를 이해하는 데 필수적인 덕목에서 정점에 이른다. 용서는 사랑의 공동체에서 핵심 요소이다. 이 공동체는 은혜를 특징으로 하는 공동체가 되어야 하기 때문이고, 오직 은혜만이 그리스도의 "한 몸"(15절)의 공동체, 곧 옛 사람의 사이를 가르던 모든 장벽이 제거된 공동체(참고. 11절)를 세울 수 있다. 그리스도가 십자가에서 죽으심으로 새 창조가 가능해졌다면(1:18–20), 인간이 하는 용서는 이 새 공동체를 세우는 데 핵심 요소이다. 주변 사람들을 용서하는 것을 통해 우리는 "상대의 인격과 상처를 입힌 행동을 분리하여 바라보면서" 이 재창조 행위를 이어나간다. 그리고 그렇게 함으로써 하나님의 은혜로 "그를 재창조하는 것이다."[69] 주위 사람들에게 하나님의 은혜를 베푸는 것을 통해 우리가 그 은혜가 필요하다는 사실을 기꺼이 인정하고 있는가? 상처를 입힌 사람들을 용서함으로 십자가의 능력을 삶에서 적극 드러내고 있는가?

용서를 받기 위해서는 자신의 부적절함과 하나님의 은혜에 의존해야 할 필요성을 인정해야 하므로, 용서하는 행위는 또한 "겸손"을 실천하는 행위이다(12절). "용서는 오직 자신의 욕망의 관점으로 타인을 바라보는 자기중심적 태도를 버리는 것이다."[70] 이 새로운 방향 전환 역시 골로새서에서 바울이 전개하는 논증의 핵심이 되는 기독론적 원리를 기반으로 한다. "오직 그리스도는 만유시요 만유 안에 계시니라"(11절). 감사라는 주제를 거듭 강조하는 이유는 바로 이 기독론적 원리 때문이다.

2. 감사하는 삶

앞 단락에서 감사를 몇 차례 언급했지만(1:3, 12; 2:6–7), 골로새서에서 이 주제에 대해 가장 충실한 해석을 제공하는 곳은 바로 이 단락이다. 하나님의 신실한 백성이 되기 위해 신자는 "감사하는 자가 되라"(15절)는 바울의 요청을 실천해야 한다. 감사를 예의와 태도의 문제로 인식하는 현대와 달리 바울이 말하는 감사는 그의 신학적 신념의 핵심을 차지한다. 그가 다른 단락에서 강조한 내용처럼 이 단락의 감사 요청은 몇 가지 독특한 요소를 지닌다.

첫째, 신자는 오직 하나님께만 감사를 드려야 한다. 그러므로 이 감사는 단순히 대인 관계를 유지하는 문제가 아니라 예배와 관련된다. 둘째, 바울이 감사의 대상을 오직 하나님으로 한정하기 때문에, 그에게 감사는 무엇보다 하나님이 아들을 통해 이루신 은혜의 사역에 대한 반응을 의미한다(13절). 또한 이것은 바울이 종종 감사해야 할 내용을 직접 언급하지 않으면서 감사하라고 하는 이유를 설명해준다. 마지막으로, "새 사람"(10절)으로서 신자의 정체성에 대한 표지를 규정하는 단락에서 이 요청이 나오는 것은, 그리스도의 신실한 추종자로서 개인

69. Lewis B. Smedes, "Forgiveness: The Power to Change the Past," *Christianity Today* 46 (2002): 24.

70. Jeffrey M. Brandsma, "Forgiveness: A Dynamic, Theological and Therapeutic Analysis," *Pastoral Psychology* 31 (1982): 43.

의 삶 속에서 그 역할이 무엇인지 고민하게 한다.

감사를 새 사람이라는 정체성의 표식으로 인식할 경우, 먼저 옛 사람에 대한 바울의 인식을 확인해보아야 한다. 로마서 1:21에서 하나님을 믿지 않는 이방인은 "하나님을 영화롭게도 아니하며 감사하지도 아니하[여]" 하나님의 진노가 그들에게 임한다고 말한다. 이 구절은 불신자를 하나님께 감사하지 않는 자들로 규정할 뿐 아니라, 감사하지 않는 것이 그분을 영화롭게 하지 않는 행위라고 규정한다. 골로새서에서 "감사하는 자가 되라"는 요청은, "그리스도의 평강이 너희 마음을 주장하게"(15절) 하려 하는 자발성과도 관련된다. 그리스도께 초점을 맞추는 삶은, 용서하고 사랑하는 것을 통해 자기중심적인 생활을 포기하는 삶의 정점을 차지한다(13-14절).

성경적 관점에서 자기만족을 고집하는 행위는 우상 숭배에 해당한다. 반대로 감사는 자신이 창조주께 의존하는 존재임을 인정하고, 따라서 관심의 중심을 하나님께로 이동하는 것이다. 또한 감사를 자신의 부적절함을 인정하는 겸손한 행위라고 이해하는 것은, 감사하지 않는 것이 대인 관계에서 나르시시즘에 빠진 징후라고 보는 심리학자의 견해와도 일치한다.

> 누군가에게 감사한다는 것은 다른 사람의 도움을 받아 풍성함을 누렸다는 사실을 인정하는 것이다…나르시시즘 경향이 강한 사람은 혹여 감사한다 해도 진심을 다해 감사를 표현하지 않는 경우가 많다. 그렇게 하면 자신이 불충분한 상태임을 인정하는 것이고, 그것은 위대한 자아를 모독하는 것과 같기 때문이다.[71]

바울에게 감사는 그리스도를 향한 것이고, 우리는 그리스도 덕분에 새 사람이라는 실재를 누릴 수 있게 되었다.

감사를 자신의 전 존재를 건 확신이자 성향으로 이해한다면, 바울이 그리스도인에게 "무엇을 하든지"(17절) 감사하라고 말한 이유를 이해할 수 있다. 그리스도의 주 되심에 복종하는 거룩한 삶과 감사하는 삶의 관계는 데살로니가전서의 두 구절이 가장 잘 표현한다.

> "하나님의 뜻은 이것이니 너희의 거룩함이라"(살전 4:3).
> "범사에 감사하라 이것이 그리스도 예수 안에서 너희를 향하신 하나님의 뜻이니라"(살전 5:18).

이 두 구절의 관계는 분명하다. 바울은 유일하게 이곳에서만 '이것이…하나님의 뜻이다'라는 문구를 사용하여 하나님의 뜻을 규정하기 때문이다.[72] 종합해보면 바울은 감사하는 삶이

71. Nancy McWilliams and Stanley Lependorf, "Narcissistic Pathology of Everyday Life," *Contemporary Psychoanalysis* 26 (1990): 434-49.

72. Malherbe (*Letters to the Thessalonians*, 330)는 이 두 언급으로 "4장과 5장의 모든 권면 단락을 아우르는 인클루지오가 형성된다"라고

곧 성결한 삶이라는 점을 명확히 한다. 이것은 바울이 신자를 가리켜 "하나님이 택하사 거룩하고 사랑받는 자"(3:12)라고 말한 단락에서 감사라는 주제를 숙고하는 이유를 설명한다. 그러므로 현대 독자는 대인 관계나 감사 절기에만 국한하여 감사해서는 안 된다. 오히려 신자로서 모든 일에 감사함으로 하나님의 주권을 인정해야 한다. 오직 그분만이 모든 선함의 원천이 되시며, 우리는 그분의 뜻을 지상에서 성취해야 하는 피조물이기 때문이다.

마지막으로, "다 주 예수의 이름으로 하고 그를 힘입어 하나님 아버지께 감사하라"는 요청은, 감사가 삶의 즉각적인 만족에 대한 정서적 반응일 뿐이라는 오해를 반박한다. 빌립보서 4:6에서 바울은 불안과 염려가 찾아올 때 감사함으로 기도하라고 권면한다. "아무 것도 염려하지 말고 다만 모든 일에 기도와 간구로, 너희 구할 것을 감사함으로 하나님께 아뢰라." 우리는 어려울 때 감사함으로 하나님이 과거에 주신 선물들을 기억할 수 있고, 그분이 우리의 창조주이자 통치자라는 사실도 기억할 수 있다. 성공과 축복의 시기에도 동일하게 감사함으로써 오직 하나님 안에서만 안전을 얻을 수 있음을 잊지 말아야 한다. 그러므로 인생의 희노애락 속에서 감사하는 삶을 살면 사랑의 하나님 안에 든든하게 닻을 내릴 수 있다.

3. 예배하는 공동체

감사에 대한 논의는 당연히 예배에 대한 주제로 연결되어야 한다. 이 단락은 예배에 대한 바울의 인식을 엿볼 수 있는 유익한 정보를 준다. 신학 전체를 성경 몇 구절에 의지하여 결론 내려서는 안 되지만, 이 단락의 일부 성경 구절을 살펴보는 일은 유익하다. 첫째, 예배의 문맥에서 "가르치며 권면하고"(16절)라는 언급은 중요한 의미가 있다. 앞부분에서 가르치고 권면하는 것이 사도들의 행위였다면(1:28), 여기서는 온 공동체가 수행하는 행위이다.[73] 예배는 더 이상 소수의 특권이 아니라 하나님의 은혜의 사역에 반응하는 모든 사람이 지는 책무이다.

"시와 찬송과 신령한 노래"(16절)가 '가르치며 권면하는' 수단으로 인식된다는 사실도 중요하다. 교화의 수단으로서 송영을 강조하기 때문이다. 찬양을 위한 노래는 '하나님을 향한' 것인 동시에 "피차" 가르치는 수단이 될 수 있다. 그러므로 공동체가 드리는 예배를 통해 지체들은 하나님을 예배하면서 그분이 먼저 행하신 사역을 서로에게 가르치고 확인할 수 있다. 수직적인 면과 수평적인 면이 통합됨으로써 예배 내용에 추가적 의미가 생겨난다. 공동체는 예배로 고양된 감정이라는 주관적 표현에 매몰되지 않고 그들을 위한 하나님의 사역을 기억한다. 그로써 공동체는 주권자이신 하나님과 그들의 언약적 관계를 확인한다. 그러므로 바울이 예배를 이해하는 데 있어서 찬양과 가르침은 엄밀하게 개별적인 행위가 아니라 서로 연관된 행위이다.

지적한다.

73. Lohse, *Colossians and Philemon*, 151은 이런 변화가 가능한 것이 성령의 은사의 민주화(고전 12:28; 14:26) 때문이라고 강조한다.

하나님이 백성을 위해 행하신 사역의 정점에 해당하는 그리스도는 당연히 예배 내용의 핵심인 동시에 예배의 목적이 되신다. "시와 찬송과 신령한 노래"가 '가르치며 권면하는' 수단이라면, '가르치고 권면하는' 일은 다시 '그리스도의 말씀이 그들 속에 풍성히 거하게'(16절) 해주는 수단이다. 골로새서를 배우는 사람들은 그러한 그리스도의 중심성에 대한 강조를 더 이상 의아하게 생각할 필요가 없다. 그러나 많은 현대 독자는 예배가 자신에게 집중되었던 관심을 '우리 마음을 주장하시는'(15절) 그리스도께로 옮길 수 있는 '의식'이라는 점을 깨달아야 할 수도 있다.

마지막으로, 16절과 17절의 두드러진 평행 관계를 간과해서는 안 된다. 두 절은 모두 그리스도가 관심의 초점이다("그리스도의 말씀", 16절; "주 예수의 이름으로", 17절). 또한 두 절은 찬양하고 경배하는 행위를 강조한다("가르치며 권면하고 시와 찬송과 신령한 노래를 부르며", 16절; "하나님 아버지께 감사하라", 17절). 이러한 평행 관계에도 불구하고 17절은 그 요청이 포괄적이기 때문에 16절의 주제를 확장한다. "무엇을 하든지 말에나 일에나 다…하고." 이 중요한 절은 개인의 전 실존적 차원에서 예배의 행위를 재정의한다. 그동안 공동 예배를 통한 예전적 행위의 효과를 지적한 글이 적지 않았다. 그중 짧지만 단연 돋보이는 글을 소개한다. "예전적 의식을 통해 우리는 믿음의 **운동감각**을 다룬다. 성례와 예배의 가르치는 힘은 믿음이 우리 신체와 골수까지 아로 새겨지게 한다."[74]

바울은 감사를 통해 매일 드리는 일상의 예배가 일련의 예전적 행위라고 생각한다. 이렇게 행함으로 복종하는 삶을 영위하여 그리스도가 진정 우리 실존의 주가 되신다는 확신을 철저히 새겨나간다. 누구를 예배하고 있느냐는 질문을 받으면, 대부분 주일 아침 예배에 참석한 자신을 떠올리면서 만유에 오직 한 분이신 주를 예배하고 있다고 자신 있게 대답한다. 그러나 월요일부터 토요일까지 삶으로 예배드리고 있는지 물어보면 더 이상 자신만만하게 대답하지 못할 것이다. 이 단락에서 바울은 우리 삶을 속속들이 들여다보고 진정 누구를 예배하고 있는지 확인하게 한다. 우리는 감사함으로 회개하고 오직 홀로 우리 예배와 찬양을 받으시기에 합당한 분께 돌아가라고 요청받는다.

74. James Fowler, *Weaving the New Creation: Stages of Faith and the Public Church* (New York: HarperCollins, 1991), 181, 강조체 원저자.

CHAPTER 9

골로새서 3:18–4:1

문학적 전후 문맥

이 단락의 전후 문맥에 대한 논의는 특별히 중요하다. 이 단락이 "저자가 본문의 논지를 이탈하면서 미완으로 남긴 주제를 다시 다룬 뒤 등장하는 독립적 단락"으로 종종 인식되기 때문이다.[1] 어떤 학자들은 심지어 이 단락을 후대의 "가필자"가 삽입한 것으로 보기도 한다.[2] 그러나 이 해석은 바울이 여기서 가족 관계를 논의하는 핵심이 무엇인지 그리고 이것이 골로새서의 논증과 어떻게 연결되는지 설명하지 못한다.

일단 이 단락의 핵심을 확인하는 작업이 우선되어야 한다. 바울이 가정 규약을 제시할 때 헬라적 배경을 기초로 두고 있다면,[3] 이런 문학적 관습을 출발점으로 삼은 것 자체가 이 단락에 대한 그의 논지를 보여준다. 헬라의 가정 규약에서는 가장이 가정에서 절대적 지위를 행사했다. 바울 역시 여기서 "주"(κύριος, 3:18, 20, 22, 23, 24; 4:1)라는 호칭을 거듭 사용함으로써 권력의 문제에 초점을 맞춘다. 그런데 모든 사람이 복종해야 할 주는 실제로 그리스도라고 주장한다(3:24). 따라서 바울은 헬라 사회의 윤리에 순응하는 것이 아니라, 만유의 진정한 주이신 분께 다시 관심을 돌리게 하고 있는 것이다.

이렇게 그리스도의 주 되심을 강조한 덕분에 바울은 여성(3:18), 자녀(3:20), 종(3:22–25)에게 권면할 수 있다. 헬라 철학자는 이들을 도덕적 권면을 해야 할 대상으로 여기지 않았다.[4] 또한 바울은 그리스도의 주 되심 때문에 가정에서 남성 가장의 의무를 강조할 수 있다(3:19, 21; 4:1). 이것은 헬라의 가정 규약들이 종종 간과하는 부분이었다.

그리스도의 주 되심이 이 단락의 핵심이기 때문에 전후 단락과의 관계가 더욱 분명해진다. 그리스도의 주 되심은 기독론적 찬송시인 1:15–20에서 확증되었고, 2:8–23에서는 바울이 골

1. Witherington and Wessels, "Do Everything in the Name of the Lord," 315.
2. Winsome Munro, "Col. Ⅲ.18–Ⅳ.1 and Eph. Ⅴ.21–Ⅵ.9: Evidence of a Late Literary Stratum," *NTS* 18 (1972): 440.
3. 3:18a의 '심층 연구: 가정 규약'을 보라.
4. 예를 들어, Aristotle, *Politics* 1.1254b를 보라. 그는 가정에서 남자 가장이 "이성적" 영혼을 소유한 유일한 사람이고, 자연 법칙에 따라 가정의 모든 살아 있는 것과 무생물을 지배해야 한다고 생각했다.

로새의 거짓 교사들을 비판하는 근거로 사용되었다. 바울이 그리스도인의 행실을 다룰 때도 부활하신 그리스도의 높아진 지위를 논의의 출발점으로 삼는다(3:1–4). 신자가 하나님의 새 창조의 공동체에 참여할 때 옛 사람을 벗고(5–11절) 새 사람을 입어야(12–17절) 하는 이유는, 부활하신 그리스도의 능력을 인정하기 때문이다. 이 단락 바로 앞에서 바울은 신자에게 감사를 통해 예배의 삶을 살도록 권면함으로 그리스도의 주 되심의 의미를 재차 강조했다(15–17절).

주 예수께 복종해야 한다는 강조는 17절에서 가장 잘 포착되며, 이 구절은 전환하는 기능을 한다. "또 무엇을 하든지 말에나 일에나 다 주 예수의 이름으로 하고 그를 힘입어 하나님 아버지께 감사하라." 골로새서 3:18–4:1 바로 뒤에는 감사가 언급된다. "기도를 계속하고 기도에 감사함으로 깨어있으라"(4:2). 감사는 창조주를 인정하는 행위이다. 그렇기 때문에 감사에 대한 언급이 감싸고 있는 내용은, 신자가 하나님께 감사할 수 있는 구체적인 방법들을 가리킨다. 그것은 바로 그리스도의 주 되심을 인정하는 삶을 통해 이루어진다.[5]

그리스도의 주 되심에 대한 고백에 맞추어 삶의 중심을 재조정할 것을 요청한 바울(3:1–4:1)은 이어서 종말론적 선교를 논의한다(4:2–6). 이것은 가족 관계에 대한 논의에서 예상되는 전개이다. 가정에서 그리스도의 주 되심을 인정한 다음에는 교회 외부 사람들에게 그 소식을 선포해야 한다. 그리스도는 만유의 주이시기 때문에, 모든 사람이 그리스도의 주 되심을 고백해야 한다. 아직 그 고백에 동참하지 않은 사람들도 예외가 아니다.

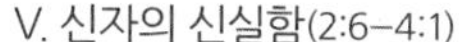

V. 신자의 신실함(2:6–4:1)
- A. 신실함을 요청함(2:6–7)
- B. 그리스도 안에 있는 충분성(2:8–23)
- C. 신앙 생활의 방향을 전환함(3:1–4:1)
  1. 부활하신 그리스도에 대한 강조(3:1–4)
  2. 옛 사람을 벗어버리라(3:5–11)
  3. 새 사람을 입으라(3:12–17)
  ➡ **4. 가정의 주(3:18–4:1)**

VI. 종말론적 세계 선교(4:2–6)

5. 어떤 이들은 또한 이 단락이 거짓 교사들의 도전에 대한 반응이라고 생각한다. 바울이 환상의 체험과 개인의 영적 성취에 몰두하는 이들에 맞서 육신을 입은 실존적 조건 속에서 성결한 삶이 중요함을 역설하기 때문이다. 참고. Schrage, *Ethics of the New Testament*, 248–49; Andrew T. Lincoln, "The Household Code and Wisdom Mode of Colossians," *JSNT* 74 (1999): 108.

주요 개념

예수님이 만유의 주라는 신자의 고백은 일상생활에서, 특히 가정에서 증명되어야 한다. 남편, 아버지, 주인은 그리스–로마 문화에서 가정의 머리로 여겨졌다. 하지만 그들은 만유의 주이신 예수님께 복종해야 한다. 당시 하등한 존재로 인식되던 아내, 자녀, 종은 자신이 섬기는 대상이 주 예수라는 사실을 인정해야 한다.

번역

골로새서 3:18-4:1

절	구분	본문
18a	권면	**아내들아 남편에게 복종하라**
b	방식	이는 주 안에서 마땅하니라
19a	권면	**남편들아 아내를 사랑하며**
b	확장	**괴롭게 하지 말라**
20a	권면	**자녀들아 모든 일에 부모에게 순종하라**
b	근거	**이는 주 안에서 기쁘게 하는 것이니라**
21a	권면	**아비들아 너희 자녀를 노엽게 하지 말지니**
	목적	낙심할까 함이라
22a	권면	**종들아 모든 일에 육신의 상전들에게 순종하되**
b	방법	사람을 기쁘게 하는 자와 같이
c	확장	눈가림만 하지 말고
d	근거	오직 주를 두려워하여
e	대조	성실한 마음으로 하라
23a	조건	무슨 일을 하든지
b	방법	마음을 다하여
c	방법	주께 하듯 하고 사람에게 하듯
d	권면	**하지 말라**
24a	근거	이는 기업의 상을 주께 받을 줄 아나니
b	권면	**너희는 주 그리스도를 섬기느니라**
25a	근거	**불의를 행하는 자는 불의의 보응을 받으리니**
b	확장	**주는 사람을 외모로 취하심이 없느니라**

4:1a	권면	상전들아 의와 공평을 종들에게 베풀지니
b	근거	너희에게도 하늘에 상전이 계심을 알지어다

구조

3:18은 연결의 접속사 없이 "다 주 예수의 이름으로 하고"(17절)라는 앞의 권면을 바로 이어받아 가족 관계에 대한 논의를 시작한다. 바울은 명령문을 사용해 세 쌍의 관계가 지향해야 할 자세를 다룬다. 그 관계는 아내와 남편, 자녀와 아버지, 종과 주인이다. 이 세 쌍의 관계는 모두 유사한 복합 동사('복종하다', ὑποτάσσεσθε, 18절; '순종하다', ὑπακούετε, 20, 22절)를 사용하여 복종하라는 요청으로 시작되는데, 세 경우 모두 "주"께로 관심이 바로 옮겨간다. 24절에서는 이 점이 직접 명시된다. 한 쌍을 이루어 나오는 이 관계들은 복종을 받는 사람의 의무에 초점이 있다(19, 21절; 4:1).

첫 번째 관계에서 아내는 남편에게 '복종하고'(18절), 남편은 다시 아내를 '사랑하라고'(19절) 요청받는다. 두 번째 관계 역시 유사한 패턴을 따른다. 자녀는 '부모에게 순종하고'(20절) '아비들'[6]은 자녀를 사려깊게 대하도록 요청받는다(21절).

세 번째 관계 역시 앞에서 말한 두 가지 기본적 요소를 포함한다. 종은 상전에게 '순종하도록' 요청받고(22절), 상전은 "의와 공평"을 베풀어야 한다(4:1). 이것과 헬라 세계의 규약의 다른 점은, 상전에게 순종하라는 요청에서 단순히 "주"의 존재를 환기하는 수준을 넘어선다는 것이다(22d절). "주께 하듯 하고 사람에게 하듯 하지 말라"(23절)는 말이 명시적으로 언급됨으로써 순종하라는 요청을 설명하는 실제적인 종속 단락이 추가된다. 이처럼 주님을 강조하는 것은 '주 그리스도를 섬기라'(24b절, 개역개정에는 "섬기느니라"–역주)는 직접적인 요청에서 극대화되고, 엄격히 평행 관계를 이루던 일련의 명령문은 이 명령문에서 평행 관계가 깨진다.

"주 그리스도"가 중앙 무대에 등장하여 종과 상전의 관계에서 두 번째 요소(상전을 향한 권면)에도 변화가 일어난다. 순종해야 할 주체에게 요청할 때만 "주"를 언급한 앞의 두 쌍과 달리, 4:1은 상전에게 '하늘에 계신 상전'을 의식하라고 지시한다. '하늘에 계신 상전'은 문자적으로 '하늘의 주'(κύριον ἐν οὐρανῷ)로 번역된다. 이것은 κύριος에 대한 일련의 언급을 마무리한다. 여기서 이 언급들은 두 "주"의 대비, 즉 세상 가정의 상전과 하늘의 진정한 주가 대비됨으로써 그 효과가 두드러진다. 독자는 가정 규약 마지막에 언급된 "주"라는 칭호에서 "주"가 이 전체 규약의 핵심이고, 인간 관계에서 궁극적 권위를 지닌 인물은 바로 이 "주"이심을 깨닫는다.

---

6. "아비들"(οἱ πατέρες)이라는 단어는 '부모들'로 번역할 수 있지만, 이 가정 규약에서는 가정의 남자 가장을 가리킬 가능성이 높다. 따라서 "아비들"로 번역해야 한다.

종과 상전의 관계가 상당히 길게 다루어진 것은 설명이 필요하다. 이에 대해 여러 견해가 제시되었지만,[7] 가정 규약과 그것이 등장한 문맥을 중심으로 살펴보아야 한다. 바울은 이 땅에 있는 가정의 상전에서 하늘에 계신 만유의 참 주님으로 독자의 관심을 유도하고, 이 규약을 통해 주에 대한 개념을 새롭게 정립한다. 그렇기 때문에 "종"의 개념 역시 유사한 변화를 주었을 가능성이 크다. 이런 가능성은 23절("무슨 일을 하든지 마음을 다하여 주께 하듯 하고 사람에게 하듯 하지 말라")의 요청으로 더욱 확실해진다. 이것은 앞에서 바울이 신자에게 했던 요청인 "또 무엇을 하든지 말에나 일에나 다 주 예수의 이름으로 하고"(17절)를 반복하는 듯 보이는 포괄적 요청이다. 여기서 바울은 신자에게 종으로서 상전에게 복종해야 한다고 요청하지만, 그들의 주인이 실제로 주 예수라고 말하는 데서 차이가 나타난다.[8] 이것은 종에 대한 단락이 상대적으로 긴 이유를 부분적이나마 설명해준다. 골로새서에서 그리스도의 주 되심을 거듭 확인한 점을 감안하면 이것은 예상 밖의 해석은 아니다.

그리스도의 주 되심과 모든 신자의 종 됨의 의미가 강조된다고 해서 1세기의 구체적인 가족 관계, 곧 실제적인 갈등과 문제를 안고 있는 관계를 다룬 이 규약의 의도를 부인해서는 안 된다. 빌레몬서에서 오네시모의 경우가 보여주듯, 권면의 대상이었던 당시 종들은 종과 신자로서 맡은 이중적 역할을 감당해야 했다. 바울은 실제 생활에 복음이 갖는 의미를 강조함으로 이 복음에 비추어 모든 관계를 재고해야 할 필요성에 대한 놀라운 예시를 제공한다.

석의적 개요

➡ **I. 가정의 주(3:18–4:1)**

- **A. 아내와 남편의 관계(3:18–19)**
  1. 주 안에서 행하는 남편을 향한 아내의 복종(3:18)
  2. 남편의 사랑(3:19)
- **B. 자녀와 아버지의 관계(3:20–21)**
  1. 주 안에서 행하는 아버지를 향한 자녀의 순종(3:20)
  2. 아버지의 배려(3:21)
- **C. 종과 상전의 관계(3:22–4:1)**
  1. 주 안에서 행하는 종의 순종(3:22–25)
     a. 성실한 마음으로 하라(3:22)

---

7. 더 자세한 내용은 3:22에 대한 설명을 보라.
8. 에바브라를 "그리스도 예수의 종"(4:12)으로 칭한 것이 이 해석을 뒷받침할 수 있다. 비슷한 시기에 쓰였을 것으로 보이는 또 다른 옥중서신에서도 바울은 자신과 디모데를 "그리스도 예수의 종"(빌 1:1)이라고 밝힌다. 이런 호칭은 그리스도가 먼저 행하신 행위에 근거한다. "오히려 자기를 비워 종의 형체를 가지사 사람들과 같이 되셨고"(빌 2:7).

b. 주께 하듯 하라(3:23–24a)

c. 주 그리스도를 섬기라(3:24b–25)

2. 상전의 공정함(4:1)

본문 설명

3:18a 아내들아 남편에게 복종하라(Αἱ γυναῖκες, ὑποτάσσεσθε τοῖς ἀνδράσιν). 바울은 부부 관계를 필두로 가정 규약을 소개하기 시작한다. 헬라어로 "아내들"(αἱ γυναῖκες)은 관사가 있는 주격 복수 명사를 번역한 것으로 종종 호격으로 사용되는 구문이다.[9] 이 단어는 '여자들'로 번역될 수도 있지만 여기서는 "아내들"을 가리키는 것이 분명하다. "남편들"도 마찬가지이다.

"복종하라"(ὑποτάσσεσθε)는 명령형 현재 중간태로 아내가 남편에게 자발적으로 복종해야 함을 암시한다.[10] 이 요청의 정확한 의미에 대해서는 신중하게 접근해야 한다. 먼저 '복종하다'의 의미를 살펴보고 나서 이 요청을 이해하기 위한 역사적, 문학적 배경을 알아볼 것이다.

일반적인 헬라 문헌에서처럼 신약에서 '복종하다'라는 동사는 일관되게 권위자에게 복종하는 것을 가리킨다. 연장자(벧전 5:5), 부모(눅 2:51), 통치자(롬 13:1, 5; 딛 3:1; 벧전 2:13), 지역교회 지도자(벧전 5:5), 법(롬 8:7), 그리스도(엡 5:24; 참고. 빌 3:21), 하나님(히 12:9; 약 4:7)에 대한 복종을 가리켜 사용할 수 있다.[11] 그런데 남편에게 복종하는 것이 아내의 존엄성과 존재론적 위치를 축소하지는 않는다. 그리스도는 친히 하나님께 복종하셨다. 바울은 이 사실을 아내가 남편에게 복종해야 하는 근거로 삼았다. "각 남자의 머리는 그리스도요 여자의 머리는 남자요 그리스도의 머리는 하나님이시라"(고전 11:3).[12] 바울은 에베소서에서 한 걸음 더 나아가 교회가 그리스도께 복종할 것을 권면하면서 이것을 아내가 남편에게 복종해야 하는 근거로 제시한다(엡 5:23).

어떤 학자들은 1세기 배경에서 아내들에게 복종을 요청하는 것의 기능을 이해하기 위해 역사적, 상황적 요인들을 지적했다. 즉, "배우자의 나이 차이(여자가 훨씬 어린 경우가 많았다), 공식 교육을 받은 정도의 차이, 자원을 얻고 유지할 기회의 차이, 가정에서 정보를 얻을 기회의 결여, 사회적 노출의 부족"[13]이 그 요인에 해당

9. Wallace (*Greek Grammar*, 57)는 관사가 있는 주격은 종종 열등한 존재를 가리켜 사용된다고 주장한다. 본문 출처가 명확하게 셈어계 문헌일 경우는 예외이다. 그러나 현재 본문에서 동일하게 관사가 있는 주격이 남편을 호칭할 때도 사용되기 때문에(19절), 이 구문이 평등하다는 의미를 전달하지 않을 경우는 예외적인 용례라 할 수 있다.

10. 수동형으로 보고 재귀 수동태으로 해석할 수도 있다. 그러한 경우 이 본문의 의미를 지닌다. 참고. BDAG, 1042. Schweizer (*Letter to the Colossians*, 221)는 이것을 신적 수동태로 보고 "권세들이 (하나님에 의해) 그리스도께 복종하는 것이라고 주장한다.

11. Wayne Grudem (*Countering the Claims of Evangelical Feminism* [Colorado Springs: Multinomah, 2006], 117)은 "고대 헬라어 문헌에서 *hupotassō*를 사람들 사이의 관계에 적용하면서 권위자에게 복종한다는 의미로 사용된 경우를 제시한 이는 아무도 없었다"라고 주장한다. "피차 복종하라"(엡 5:21)는 요청도 공통의 용례로 사용될 경우에만 의미가 있다.

12. Cf. George W. Knight Ⅲ, "Husbands and Wives as Analogues of Christ and the Church: Ephesians 5:21–33 Colossians 3:18–19," in *Recovering Biblical Manhood and Womanhood: A Response to Evangeilcal Feminism* (ed. John Piper and Wayne Grudem; Wheaton, IL: Crossway, 1991), 165–78, 492–95.

13. William J. Webb, "A Redemptive–Movement Hermeneutic: The Slavery Analogy," in *Discovering Biblical Equality: Complementarity without Hierarchy* (ed. Ronald W. Pirece, Rebecca Merrill Groothuis, and Gordon Fee; Downers Grove, IL: InterVarsity Press, 2004), 398.

한다. 또 다른 학자들은 바울이 자신이 전하는 은혜와 평등의 복음으로 촉발된 "과도한 자유와 열정"에 대응하기 위해 이 말을 했다고 주장한다.[14] 또는 "비그리스도인 남편이 복종을 요구하는 상황에서 아내가 순종하지 않을 경우 복음 증거에 악영향을 미쳤기 때문"이라고 보기도 한다.[15] 그러나 이런 역사적 요인은, 바울이 아내가 남편에게 복종해야 할 모범으로 하나님을 향한 그리스도의 복종이나 그리스도를 향한 교회의 복종을 언급한 이유를 충분히 설명하지 못한다.

이 진술을 이해하기 위해서는 신학적, 문학적인 배경을 살펴보는 것이 더 적절하다. 갈라디아서 3:28은 하나님의 새 백성이 "남자나 여자나" 구분 없이 모두 하나라고 강조한다. 골로새서 3:11 역시 이처럼 대비되는 성은 언급하지 않지만, 유사한 형태의 진술을 한다. 신학적으로 이런 진술들은 바울이 하나님의 백성 안에 더 우월한 집단이 존재함을 강조하려는 것이 아님을 분명히 보여준다. 골로새서 3:18–19을 종합해서 보면, 이 진술들은 그리스도의 한 몸의 지체로서 일치를 이루고 서로 책임을 져야 함을 강조하는 것을 알 수 있다. 앞 단락에서 "서로 용납하여 피차 용서하되"(13절), '너희도 용서하고'(13절), "사랑을 더하라…온전하게 매는 띠니라"(14절), "한 몸"(15절), "피차 가르치며 권면하고"(16절)와 같은 구절은 이 요지의 중요성을 밝혀준다. 바울이 각 지체마다 역할과 기능이 다른 것을 논의한 이유는, 그리스도의 몸이 하나로 연합하기를 바라는 마음 때문이었을 것이다.

이 요청이 또한 헬라적 가정 규약에 반영된 사회적 관습을 상당 부분 수정한 맥락에서 등장한다는 점도 유의해야 한다. 헬라의 가정 규약들은 가정에서 열등한 존재가 남성 가장에게 복종하는 것을 기본 원리로 삼는다.[16] 그러나 바울의 가정 규약은 헬라의 규약과는 그 강조점이 다르다. 뒤따라 나오는 언급(18b절)에 강조된 것처럼 그리스도의 주 되심에 초점을 맞출 뿐 아니라, 19절에서 남편의 의무를 부각하고 있기 때문이다. 남편의 권력이 실제적이고 유의미할 정도로 상대화되어 있다. 따라서 이 규약이 세속적 관습에 대응하는 것이라면, 이것은 진지하게 고찰할 필요가 있다. 이런 해석은 그리스도의 주 되심을 일관되게 강조하는 골로새서의 주제와도 일맥상통한다.

이 구절을 우리 시대에 적용할 때는 그리스도의 중심성을 핵심 논지로 삼아야 한다. 따라서 복종의 의미를 희석하려 한 것이지만 다음과 같은 CEV의 번역은 오해의 소지가 있다. "아내는 남편을 영순위에 두어야 한다." 이 규약에 대한 바울의 요지는 다음과 같다. '아내/자녀/종은 주님을 영순위에 두어야 한다.'

심층 연구

가정 규약(Household Code)

골로새서 3:18–4:1은 신약에서 가장 모범적인 '가정 규약'(독일어. *Haustafel*) 중 하나를 소개한다. 이 규약은 가정에서 남편과 아내, 아비와 자녀, 상전과 종이라는 세 쌍의 관계를 다룬다. 이 문맥에서 규범에 대

14. Cannon, *Use of Traditional Materials in Colossians*, 131.
15. I. Howard Marshall, "Mutual Love and Submission in Marriage: Colossians 3:18–19 and Ephesians 5:21–33," in *Discovering Biblical Equality*, 192.
16. 동사 '복종하다'가 이런 규약들에 자주 사용되지는 않지만, 이런 규약에는 복종의 개념이 전제되어 있다. 참고. Lincoln, *Ephesians*, 367.

한 해석은, 헬라 문헌에 유사한 규약들이 존재하는 것과 그 기능을 어떻게 이해하느냐에 따라 다르다.

신약의 규약

많은 학자는, 두 가지 주요 요인 때문에 골로새서 3:18–4:1의 가정 규약이 독립된 문학 단위에 속할 뿐 아니라 기존에 존재하던 규약을 활용한 것이라고 생각한다(다만 그 규약이 골로새서의 논증에 중요한 역할을 하는 가능성은 인정한다). 첫째, 문체의 변화가 명확하고, 3:17과 18절 사이에 보이는 일종의 단절은 이 결론을 지지한다. 3:17과 4:2 사이의 주제가 부드럽게 연결되고, 이 "단락이 어떤 연결 분사도 없이 서두를 시작한다"는 사실은 이것이 '독립적인 권고 단락'(paraenetic unit)임을 보여준다.[17] 나아가 이 단락의 권면들은 "앞의 단락보다 더 간결하고 돌발적이다."[18]

신약에 유사한 '규약'이 있다는 점(엡 5:22–6:9; 딤전 5:1–6:2; 딛 2:2–10; 벧전 2:18–3:7)도 동일한 결론을 지지한다. 교회 질서를 다룬 바울의 논증이 종종 가정 규칙의 토대로 이해되는 경우도 있지만(예를 들어, 딤전 2:8–3:13), 어떤 학자들은 다른 신약 본문의 구조 이면에서 그러한 규칙에 영향을 받은 것을 볼 수 있다고 주장한다.[19] 또한 이런 규범은 신약 후기의 초기 기독교 문헌에서도 볼 수 있다(*Did.* 4.9–11; *1 Clem.* 21.6–9). 초대 기독교 저작에 다양한 문헌이 존재한다는 사실은, 그 저자들이 비록 형식상 상당한 수정을 거쳤다 해도 기존의 형식을 취했음을 보여준다.

기원

이런 가정 규약의 배경을 밝히려는 시도가 다양하게 이루어졌고,[20] 최근 일각에서는 이 주제에 대해 합의가 이루어졌음을 선언하기도 했다.

> 가정 규약의 기원에 대한 오랜 논쟁이 최근에 해결되었다. 지난 20여년 동안 여러 학자가 잇달아 기독교 가정 규약의 모델이 하나라면, 그것은 오이코노미아(*oikonomia*), 즉 '가정 관리술'(household management)일 것이라고 인정했다. 요점은 가정이 국가의 기본 단위라는 인식이 널리 공유되었다는 것이다.[21]

이 학자들은, 폴리스의 정치 구조의 근거로서 가정을 논한 아리스토텔레스에게서 논의의 근거를 찾는다.

> 가사 관리의 각 분야는 가사 자체를 이루는 구성 요소와 일치할 것이다. 완벽한 가정은 종과 자유인

---

17. O'Brien, *Colossians, Philemon*, 214.

18. Leppä, *Making of Colossians*, 110.

19. 이와 관련된 예로는 마태복음 19–20장(Warren Carter, *Households and Discipleship: A Study of Matthew 19-20* [JSNTSup 103; Sheffield: Sheffield Academic, 1994])과 요한일서 2:12–13 (K. H. Rengstorf, "Die neutestamentlichen Mahnungen an die Frau, sich dem Manne unterzuordnen," in *Vernum Dei Manet in Aeternum* [ed. W. Foerster; Wittenberg: Luther–Verlag, 1953], 133–34)이 있다.

20. James E. Crouch, The Origin and Intention of the Colossians Haustafel (Göttingen: Vandenhoeck and Ruprecht, 1972), 18–31; and David L. Blach, "Household Codes," in *Greco-Roman Literature and the New Testament* (ed. David E. Aune; Atlanta: Scholars, 1988), 25–50. 또한 *Thanksgiving*, 109–10의 유익한 연구를 보라.

21. Dunn, *Theology of Paul*, 666–67.

으로 구성된다. 그러나 모든 연구의 주제는 먼저 가장 단순한 요소들을 사용하여 검토해야 한다. 그리고 가정의 가장 주되고 간단한 요소는 주인과 종, 남편과 아내, 부모와 자녀의 결합으로 이루어진다. 따라서 우리는 이런 각 결합의 내용을 살펴보고, 이 결합이 마땅히 띠어야 할 특성과 각 결합의 성격을 살펴보아야 한다(*Politics* 1.1253b).[22]

이와 유사한 논의들이 후대의 헬라 문헌에 남아 있다(Dio Chrysostom 5.348–51; Seneca, *Ep*. 94.1; Dionysius of Halicarnassus, *Ant. rom*. 2.25.4–26.4). 바울이 살던 당시 보편적 형태가 있었음을 부인하는 사람도 있겠지만, 가정 안의 기본적 권력 구조에 대한 인식은 보편적이었던 것으로 보인다. 사회적 관습과 문학 형식을 구분해야 한다고 지적하는 우려의 목소리에도 불구하고,[23] 그런 관습이 초기 기독교 작가가 차용하는 공통된 전승으로 여러 저작에 반영되어 있다고 보아도 틀리지 않다.

이 관습을 특정한 한 학파에 한정하지 않고 일반적인 헬라적 배경으로 본다면, 신약의 가정 규약을 이해할 수 있는 유익한 맥락을 알 수 있다.[24] 이러한 견해는 헬라의 유대적 전승(예를 들어, Philo, *Decalogue* 165–67)[25]을 통해 이 전승이 전달되었음을 부정하는 것은 아니며, 신약이 그런 관습을 사용한 것이 구약 전승의 영향일 가능성도 배제해서는 안 된다.[26] 그럼에도 일반적으로 신약의 가정 규약들, 특히 골로새서의 가정 규약의 유사점은 동일하게 세 쌍의 관계를 집중적으로 부각하며 현재까지 남아 있는 헬라의 준칙과 가장 가깝다. 마지막으로, 가정 규약에 나타난 독특한 기독교적 요소를 근거로 이 규약이 순수한 기독교적 규약이라고 주장하는 사람들[27]도 결과적으로 이 규약이 기독교적으로 수정되었음을 증명했을 뿐이다. 나아가 장르 분석을 할 때 갑자기 등장하는 문학적 관습들은 신중하게 분석해야 한다.[28] 이런 규약들이 다양한 신약 저작에 등장한다는 것은, 이 형식이 이미 광범위하게 통용되고 있었고 저자들이 각자 수정해서 사용했음을 암시한다.

바울이 활용한 헬라의 규약

바울이 당대의 문학 전통을 무작위로 차용하지는 않았지만 가정 규약에 헬라적 배경이 있음을 인정할 경우, 독자는 바울이 어떤 식으로 당대의 사고방식을 인정하고, 서로 영향을 주고받으며 수정했는지 추

22. *Politics*의 번역은 Ernest Baker, *The Politics of Aristotele* (New York: Oxford Univ. Press, 1958), 8에서 인용한 것이다. Plato, *Resp*. 4.433–34도 보라.

23. Hartman, "Code and Context," 130.

24. 많은 사람이 신약이 이 관습을 사용한 이면에 스토아적 배경이 있다는 Martin Dibelius (*An die Kolosser, Epheser an Philemon* [HNT 12; Tübingen: Mohr, 1953], 46–50)의 지적을 받아들이지 않았다.

25. Crouch, *Origin and Intention of the Colossians Haustafel*, 78–79. David Daube, *The New Testament and Rabbinic Judaism* (London: Athlone, 1956), 90–105도 보라.

26. 특별히 십계명의 영향을 받았다고 지적하는 이들이 종종 있었다. 참고. Grant, "The Decalogue in Early Christianity," 1–17.

27. David Schöder, "Die Haustafeln des Neuen Testaments: Ihre Herkunft and ihr theologischer Sinn" (DTh diss.; University of Hamburg, 1959).

28. William G. Doty ("The Concept of Genre in Literary Analysis," *SBL Proceedings* [1972]: 414)가 신약의 다양한 문학 형식을 논의하면서 지적한 내용은 일리가 있다. "원시적인 기독교 문학 장르들은 독자적인 기독교적 장르의 정체성을 인정하는 방식이 아니라 그리스-로마의 헬레니즘에서 성행한 특정 장르의 영향을 받았다는 방식으로 접근해야 제대로 이해할 수 있다." Alastair Fowler, *Kinds of Literature: An Introduction to the Theory of Genres and Modes* (New York: Oxford Univ. Press, 1982), 170–90.

측해볼 수 있다. 다양한 헬라의 규약을 살펴보면 권력과 복종의 기본 원리가 적용된다는 것을 알 수 있다. 열등한 구성원이 가정의 주권적 지배자에게 복종해야 하는 것이다. 이 지배자는 남편이자 아버지이며 상전이다.[29]

많은 사람은 바울의 후대 저작물에 나오는 가정 규약들이 그의 초기 저작물에 반영된 자유와 평등의 신학을 배신한 것이라고 생각한다. 그들은 종종 골로새서, 에베소서, 목회 서신들을 쓴 이 '바울'이 진짜 바울의 복음을 보수화시켰다고 본다. 진짜 바울은 초기의 '진짜' 편지들만 썼다는 것이다. 그들은 이 '바울'이 역사적 바울의 이류 제자인데, 그가 선포한 자유의 복음을 통해 "종속된 관계에서 벗어나 구속받은 공동체에 소속될 것"이라고 기대한 이들을 사회적으로 통제하기 위해 가정 규약을 이용했다고 생각한다.[30] 어떤 이들은 심지어 그런 가정 규약을 쓴 이 저자가 "부성에 대한 남성의 지배력, 여성의 성적 경험에 대한 남성의 결정권, 노예의 신체에 대한 남성적 지배력을 강화한다"라고 주장한다.[31]

이런 결론은 이 '바울'이 헬라의 규약에 나타난 이데올로기를 강화한다고 가정하는 동시에, 이런 규약들이 등장하게 된 더 넓은 맥락을 무시한다. 본문을 충실하게 읽은 사람은 이 규약의 전후 논증에 주목하게 되고, 바울이 그리스도의 주 되심을 거듭해서 확증하는 것을 깨닫는다. 이런 확증은 골로새서의 가정 규약뿐만 아니라 그것이 위치한 맥락에서도 분명하게 드러난다. 그러므로 바울은 규약을 인용할 때 새로운 맥락에 그것을 배치하면서 유의미한 수정을 가함으로 그 규약의 기본 원리에 이의를 제기한다고 볼 수 있다. 가정에서 남성 가부장의 주권을 인정하는 대신 가정이라는 배경에서조차 그리스도의 주 되심을 인정하는 것이다.

다시 말해, "고대 가정의 전통적인 권위 구조를 건드리지 않는 동시에 그 구조를 전복하는 것이다."[32] 이런 해석은 권위에 대한 복종 자체를 부정하지 않고, 다만 몸소 복종하시고 겸손히 낮아지심으로 "영적 혁명"을 주도한 그리스도께 초점을 맞춘다.[33] 따라서 바울은 사회적 혁명을 주창하는 것이 아니라,[34] 세상을 뒤흔들 정도로 훨씬 강력한 무언가를 알리는 것이다. 그것은 바로 십자가에서 죽으셨고 이제 만유의 주로서 그분의 모든 백성이 "그와 함께 영광 중에 나타날 때"(골 3:4) 그 능력과 영광이 온전히 계시될 그리스도이시다.

---

29. Aritotle, *Pol.* 1.1254a; David L. Balch, *Let Wives Be Submissive: The Domestic Code in 1 Peter* (SBLMS 26; Chico, CA: Scholars, 1981), 23–80.

30. Leppä, *Making of Colossians*, 126–27.

31. Margaret Y. MacDonald, "Slavery, Sexuality and House Churches: A Reassessment of Colossians 3.18–4.1 in Light of New Research on the Roman Family," *NTS* 53 (2007): 105–06.

32. Richard Hays, *Moral Vision of the New Testament: A Contemporary Introduction to New Testament Ethics* (Edinburgh: T&T Clark, 2004), 64.

33. John W. Kleinig, "Ordered Community: Order and Sub-ordination in the New "Testament," *Lutheran Theological Journal* 39 (2005): 196–209. Suzanne Watts Henderson, "Taking Liberties with the Text: The Colossians Household Code as Hermeneutical Paradigm," *Int* 60 (2006): 430도 보라.

34. 바울이 사회적 혁명을 주창한다는 이해의 문제는 특별히 다음을 보라. John H. Elliott, "Jesus Was Not an Egalitarian: A Critique of an Egalitarian: A Critique of an Anachronistic and Idealist Theory," *BTB* 32 (2002): 75–91.

3:18b 이는 주 안에서 마땅하니라(ὡς ἀνῆκεν ἐν κυρίῳ). 바울은 가정 안의 첫 번째 관계를 논의할 때도 그리스도의 주 되심이 핵심임을 상기시킨다. "주"가 "주 그리스도"(24절)를 가리키는 것이 분명하지만, 이 문장이 앞 문장과 어떻게 연관되는지는 바로 확인되지 않는다. 이 절은 종종 복종하라는 앞의 요청의 근거로 다음과 같이 해석된다. "너희가 주 예수와 연합했으므로 마땅히 해야 할 일이다."[35] 그러나 비교 분사 '…처럼'(as, 개역개정에는 번역되어 있지 않음–역주)의 공통된 기능을 고려할 때, 전체 구절이 방식을 가리킨다고 해석하는 것이 가장 적절한 것 같다.[36] '마땅하다'(ἀνῆκεν)[37]는 적절하다는 의미를 내포한다.[38] 따라서 이것은 주 안에 있는 사람에게 요구되는 합당한 방법으로 복종하라는 의미이다.[39] 이렇게 해석할 때 이 절은 겸손과 복종의 모범으로 그리스도를 가리킨다.[40]

이 절이 아내가 남편에게 복종해야 할 범위를 제한한다는 해석도 가능하다. 아내는 남편의 뜻이 "주"의 뜻에 어긋나지 않는 한도 안에서만 남편에게 복종해야 한다. 이때도 "주"가 중심이 된다. 오직 그분만이 가능한 것과 용납할 수 있는 것을 결정하는 기준이시다. 따라서 이 절은 "지배적 사회 질서에 순응하는 삶을 살라"는 요청[41]이 아니라, 사실상 "그 체계가 그리스도 안에 사는 그들의 실존적 상황과 긴장 관계에 있다"는 의미로 해석해야 한다.[42]

3:19a 남편들아 아내를 사랑하며(Οἱ ἄνδρες, ἀγαπᾶτε τὰς γυναῖκας). 남성 가장의 권리에 집착하는 헬라의 규약들과 달리 바울은 남편의 의무도 강조한다. 당부의 순서가 중요할 수도 있다. 가정의 가장이지만 아내 다음으로 언급되는 것은, 당연하게 여겨지는 가정 내 남편의 위치에 도전한다는 암시일 수도 있다.[43]

부부 관계에 대한 헬라적 논의는 거의 항상 남편의 권리에 중점을 둔다. 아리스토텔레스는 "본성에서 이탈할 경우를 제외하면, 남성이 여성보다 명령하기에 선천적으로 더 적절하므로" 남편이 "부부 사이에서 권위"를 행사하는 권리를 타고났다고 말한다(Aristotle, *Pol.* 1.1259a–b). 바울은 그러한 권리를 언급하는 대신 남편의 의무에 초점을 맞춘다. "사랑"은 헬라뿐만 아니라 유대적 결혼 담론에서도 거의 언급되지 않는다. 사랑이라는 뚜렷한 기독교적 미덕을 언급하는 것은 "결혼에 대한 바울의 시각의 참신성을 부각한다."[44] 골로새서에서 이 새로운 시각은 "새 사람"(10절)의 창조에 근거를 둔다. 이 "새 사람"이 먼저 하나님의 사랑을 받았으므로(참고. "사랑받는", 12절) 신자는 "사랑…온전하게 매는 띠"(14절)에서 정점에 이르는 다양한 미덕을 실천할 수 있다. 에베소서에서 사랑하라는 요청은 우리를 향한 그리스도의 사랑과 직접 연관된다(엡 5:2; 참고. 골 2:2). 그리스도의 사랑을 본받아 실천하는 것은 결혼 관계에서 구체적으로 입증된다. "남편들아 아내 사랑하기를 그리

---

35. Callow, *Semantic and Structural Analysis*, 141. 참고. "그것이 그리스도인으로서 너희가 해야 할 일이다"(for that is what you should do as Christians, GNB).

36. Harris, *Colossians and Philemon*, 179.

37. 미완료 시제를 설명하는 여러 방법 중 Lightfoot (*St. Paul's Epistles to the Colossians and to Philemon*, 227)의 해석이 가장 유익한 것 같다. 이 시제는 "필수적인 선천적 의무", 즉 이 논의 이전에 이미 정해진 의무임을 암시한다.

38. 이 동사를 사용한 것을 두고 대부분 의무를 강조한 스토아 철학과 유사하다고 지적한다.

39. Schweizer, *Letter to the Colossians*, 221–22; Dunn, *Epistles to the Colossians and to Philemon*, 248.

40. 참고. Ben Witherington III, *Women and the Genesis of Christianity* (Cambridge: Cambridge Univ. Press, 1990), 152.

41. Lohes, *Colossians and Philemon*, 157. 그는 아내들이 "구체적인 기독교적 명령의 직접 대상자가 아니라고" 생각한다.

42. Sumney, *Colossians*, 242.

43. James P. Hering, *The Colossian and Ephesian Haustafeln in Theological Context: An Analysis of Their Origins, Relationship, and Massage* (American University Studies 7.260; New York: Peter Lang, 2007), 83.

44. Philip B. Payne, *Man and Woman, One in Christ: An Exegetical and Theological Study of Paul's Letters* (Grand Rapids: Zondervan, 2009), 276.

스도께서 교회를 사랑하시고 그 교회를 위하여 자신을 주심같이 하라"(엡 5:25).

이런 기독론적 본보기에 비추어보면, 사랑은 단순히 감정적이거나 성적인 측면으로 규정되어서는 안 된다. 사랑은 상대방을 배려와 관심의 대상으로 기꺼이 받아들이는 사람의 의지와 행동으로 정의되어야 한다.[45] 이렇듯 자기중심적인 생활에서 벗어나는 것은, 바울이 앞에서 개인의 필요와 욕망을 우선순위로 두는 우상 숭배의 삶을 버리라고 한 요청(5절)과 부합한다. 결국 우상 숭배를 버리라는 것이며, 따라서 참된 예배는 가족 관계로 상징되는 일상적 실존 속에서 삶으로 증명된다.

3:19b 괴롭게 하지 말라(καὶ μὴ πικραίνεσθε πρὸς αὐτάς). 바울은 부정 명령문을 사용하여 남편에게 또 다른 명령을 내린다. '그리고'(and, καὶ)는 일반적으로 남편이 아내를 사랑하는 것의 의미를 설명하는 접속사로 여겨져왔다.[46] 그러나 이런 해석은 아내를 '사랑하라'는 일반적 명령을 부당하게 제한한다. 사랑은 단순히 괴롭히지 않는 차원이 아니기 때문이다. 따라서 어떤 학자들은 이 접속사를 '사랑하라'는 일반적 명령을 예시하는 구체적 사례라고 이해한다. "특별히 그들을 괴롭게 하지 말라."[47]

반면 "괴롭게 하지 말라"가 더 일반적인 성향과 태도를 반영하는 것이라면, 이 일반적 요청은 실제로 사랑하라는 명령에 부응하기 위한 것일 수 있다. 신약에서 '괴롭게 하다'(πικραίνω)라는 동사[48]는 쓴맛(계 8:11)과 신맛(계 10:9, 10)을 가리킬 때만 사용된다.[49] 그러나 관련 명사 "악독"(bitterness)은 여러 문맥에서 일반적인 악이나 죄성과 관련하여 쓰인다. 사도행전 8:23에서 "악독"(쓴 담즙)은 "불의에 매인 바 [됨]"과 연결되어 단지 특별한 폭력적 행위가 아닌, 악하다는 일반적 의미로 사용된다. 이 구절은, 우상을 섬기는 자들에게 경고하는 신명기 28:18을 암시하므로 우상 배격 변증과의 연관성을 암시한다. 로마서 3장은 '하나님을 두려워함이 없는'(3:18) 자들은 '저주와 악독'(3:14)이 가득하다고 말한다. 에베소서 4:31에서는 "악독"이 악덕 목록의 1순위로 등장해 '모든 악의'를 상징하는 의미로 사용된다. 마지막으로 히브리서 12:15에서는 은혜에 이르지 못하는 것을 "쓴 뿌리"(bitterness)와 관련하여 언급한다.

악독이라는 표현이 쓰인 이 네 가지 사례에는, 악이라는 일반적 의미와 하나님을 예배하기를 거부한다는 내용이 반영되어 있다.[50] 그러므로 아내를 향한 사랑이 그리스도가 자기 백성을 위해 보이신 일반적이고 아름다운 사랑을 반영한 것이라면, 아내에게 드러내는 가혹함은 그 사랑을 거부하는 것을 의미할 것이다. 동사 πικραίνω를 '분노'의 의미로 해석한다고 해도,[51] 이 요청은 독자에게 8절의 악덕 목록에 가장 먼저 등장하는 "분함"을 떠올리게 한다.

3:20a 자녀들아 모든 일에 부모에게 순종하라(Τὰ τέκνα, ὑπακούετε τοῖς γονεῦσιν κατὰ πάντα). 바울은 이제 자녀와 부모의 관계를 다룬다. "자녀들"(τέκνα)은 나이보다는 개인이 관계에서 어떤 입장에 있는지를 반영하는 표현이다. 그래서 일부 학자는 이 구절에 나온 단어가 "성인 자녀"를 가리킨다고 해석한다.[52] 그렇지만 헬라의 가정 규약에서 나이는 상당히 중요한 요인이었다. 예를 들어, 아리스토텔레스는 가족 관계를 논의할 때 "자녀들"

45. 이 점은 남편이 아내를 대할 때 자신을 사랑하는 것처럼 사랑으로 대하라고 한 에베소서 5:28에서 분명하게 드러난다.
46. Lohse, *Colossians and Philemon*, 158.
47. Callow, *Semantic and Structural Analysis*, 141–42.
48. 이 수동 자동사는 '원한이 생기다'라는 의미를 전달한다(BDAG, 812).
49. 쓴맛이나 신맛과 같은 표현은 말세에 나타날 하나님의 진노를 상징할 수도 있다.
50. 형용사 '쓰라린'(bitter, πικρός)을 야고보서 3:14에서 시기심과 관련해서 그리고 '이기적 야심'과 연관시켜 사용한 경우를 참고하라.
51. 참고. Wilhelm Michaelis, "πικρός, κτλ.," *TDNT*, 6:125.
52. Barth and Blanke, *Colossians*, 439.

이 아버지에게 복종해야 하는 이유는 아버지의 나이와 성숙함 때문이라고 말한다(*Pol.* 1.1259b). 그들이 훈련을 잘 받아야 하는 이유는 언젠가 "자라서 국가 통치에 참여할 협력자가 될" 것이기 때문이다(*Pol.* 1.1260b). 또한 에베소서의 가정 규약에서 아버지는 자녀를 "오직 주의 교훈과 훈계로 양육하라"고 요청받는다(엡 6:4). 이것은 자녀가 상대적으로 어리다는 것을 암시한다.

바울은 두 가지 면에서 아내에 비해 자녀에게 더 많은 것을 요구한다. 첫째, "순종하라"(ὑπακούετε)는 동사는 아내를 향한 "복종하라"(ὑποτάσσεσθε)는 요청보다 더 강한 순종의 의미를 지닌다.[53] 둘째, 이 명령형 바로 뒤에 모든 것을 뜻하는 "모든 일에"라는 표현이 나오는 것은, 자녀의 순종의 범위가 포괄적이라는 점을 강조한다. 두 요소는 모두 종에게 "모든 일에 육신의 상전들에게 순종하되"(22절)라고 요청할 때 다시 등장한다.

에베소서에서 가정 규약은 순종을 요청하는 근거로서 십계명의 제5계명에 호소한다. '네 부모를 공경하라'(엡 6:2). 이것은 골로새서의 이 구절이 21a절처럼 "아비들"(οἱ πατέρες)만 부르지 않고 "부모"(τοῖς γονεῦσιν)를 언급한 이유를 설명해줄 수 있다. 또한 이 구약적 배경은 "모든 일에"라는 구절을 설명하는 데 도움이 될 수 있다. 구약에서 "부모"를 공경하라는 명령(신 5:16)은 "그 일들을 네 아들들과 네 손자들에게 알게" 해야 할 의무(신 4:9; 참고. 6:7)와 연관된다.[54] 구약의 가르침과 20절 후반부에서 "주"를 언급한 것을 미루어볼 때, "모든 일에"라는 표현은 틀림없이 하나님의 율법과 일치하는 부모의 가르침을 가리키는 것이 분명하다. 유사한 내용은 에픽테토스(Epictetus)와 같은 그리스-로마 철학자에게서도 볼 수 있다. 그는 최고의 우선순위를 "선"으로 보았지만(*Diatr.* 3.3.6), 부모에게 절대적으로 복종할 것을 언급하면서 "모든 일에 순종하라"(*Diatr.* 2.10.7)고 말했다.[55]

3:20b 이는 주 안에서 기쁘게 하는 것이니라(τοῦτο γὰρ εὐάρεστόν ἐστιν ἐν κυρίῳ). 바울은 아내에게 복종하라는 요청에서처럼 자녀의 순종을 논의하면서 "주"를 언급한다. '기쁘게 하다'는 즐겁고 용납할 수 있다는 의미이다. 칠십인역과 신약에서 이 단어는 (1) 여격 목적어와 함께 (2) 하나님을 가리켜(예를 들어, Wis 4:10; 롬 12:1; 14:18; 빌 4:18) 가장 자주 사용된다. 그러나 이 본문의 경우에는 그리스도를 가리키는 것으로 보이는 전치사구 "주 안에서"(ἐν κυρίῳ)가 따라 나온다. 이 문맥에서 이것의 의미를 해석하기 위한 여러 제안이 제시되었다.

(1) 여격 목적어가 언급되지 않았다고 보는 일부 주석가는 기쁘시게 하는 대상이 그리스도임을 암시하는 구절을 추가하고, 그분과 연합한 사람들에 대한 언급도 추가한다. "왜냐하면 그런 행동은 주를 기쁘게 해드리는 것이고, 그분께 속한 자들이 마땅히 행해야 할 도리이기 때문이다."[56]

(2) 추가 구절이 삽입되어야 한다는 (1)번의 해석을 받아들인 사람들은 기쁘게 해드릴 대상을 그리스도가 아닌 하나님으로 보아야 한다고 주장한다. "주 (예수 그리스도) 안에서 (하나님을) 기쁘시게 하는 것이니라."[57]

(3) 또 다른 해석은 이 구절을 조건 구문으로 보고 "모든 일에" 순종하라는 요청의 범위를 제한한다. "자녀

53. 참고. Lohse, *Colossians and Phlemon*, 159. 그는 이 순종을 "절대적 종속"을 뜻한다고 규정한다.

54. 율법을 가르쳐야 한다는 점을 염두에 두고 있다는 점은 신명기 4:1로 분명하게 드러난다. 이 절은 부모를 공경하는 자들에 대한 보상과 동일한 보상을 소개한다. "이스라엘아 이제 내가 너희에게 가르치는 규례와 법도를 듣고 준행하라 그리하면 너희가 살 것이요 너희 조상의 하나님 여호와께서 너희에게 주시는 땅에 들어가서 그것을 얻게 되리라."

55. Peter Balla, *The Child-Parent Relationship in the New Testament and Its Environment* (WUNT 155; Tübigen: Mohr Siebeck, 2003), 134–35, 174.

56. Harris, *Colossians and Philemon*, 189.

57. Dunn, *Epistles to the Colossians and to Philemon*, 251. 그는 이것이 신자들의 유대적 유산과 그리스도 중심적 신앙을 인정하는 방식이라고 생각한다. 참고. "그것이 하나님을 기쁘게 하는 것이고 기독교적인 방식이기 때문이다"(REB).

의 순종이 주 안에서 하는 것이라면, 진정으로 기독교적인 동기로 해야 한다."[58]

(4) 마지막으로, 이 구절을 단순히 여격 구문의 의미로 읽을 수 있다는 입장도 있다. "이것은 주님께 큰 기쁨을 드리는 것이기 때문이다"(NKJV; 참고. NAB, NASB), 혹은 "이것이 주님을 기쁘게 해드리기 때문이다"(TNIV, ESV, NIV; 참고. NLT, NJB).[59]

이 문맥에서는 (4)번의 해석이 가장 적절하다고 볼 수 있다. 바울이 아내(18절)와 종(22절)에게 권면하면서 "주"를 직접 언급한 점을 볼 때, "주 안에서"는 주 예수를 가리킨다고 보는 것이 가장 적절해 보인다. 단순한 여격 대신 전치사구가 사용된 것은, 18절("이는 주 안에서 마땅하니라")과의 평행 관계로 설명하거나 혹은 이 어구가 바울 저작에서 관용 표현의 성격을 띤다는 것으로 설명할 수 있다.[60] 나아가 "기쁘게 하는"이라는 표현이 본질적으로 의미는 동일하지만 서로 비교 가능한 전치사구와 함께 사용되는 경우가 있다. "당신(하나님)을 기쁘게 해드리는[pleasing to(πρός) you]"(Wis 9:10)과 "그(하나님) 앞에 즐거운 것[pleasing to(ἐνώπιον) him]"(히 13:21). 자녀를 향한 요청에 나오는 이 구절은, 부모에게 순종하라는 바울의 요청을 정당화하는 동시에, 기독론적 칭호로 만유의 진정한 주이신 예수님께 관심을 다시 향하게 한다.[61]

3:21a 아비들아 너희 자녀를 노엽게 하지 말지니(Οἱ πατέρες, μὴ ἐρεθίζετε τὰ τέκνα ὑμῶν). 바울은 이제 "아비들"의 책임을 거론한다. "아비들"이 부모를 지칭하는 단어라 해도(참고. 히 11:23)[62] 여기서 더 일반적인 "부모"(20절 참고)라는 단어 대신 이 단어를 사용한 것은, 오직 "아비들"에게만 권면하고 싶은 바울의 의중이 반영된 것일 수 있다. 이것은 가정의 남자 가장을 종종 지목해서 권면하는 헬라의 가정 규약과 일치한다("남편들", "아비들", "상전들"). 더욱이 헬라의 가정 규약은 아버지가 자녀를 다스려야 한다는 점을 종종 강조한다. 아리스토텔레스는 아버지를 '왕적 권위'를 지닌 왕에 비유한다. "왕은 당연히 신하보다 우월해야 하지만 그들과 동일한 남성이다. 노인과 젊은이 그리고 아버지와 자식의 관계도 마찬가지이다"(*Pol.* 1.1259b).

'노엽게 하다'(ἐρεθίζετε)는 "분노하게 하다. 원한을 갖게 하다"라는 뜻이다.[63] 부정적인 반응을 야기할 수 있는 행위를 가리키는 동사로서 '패역한'(ἐρεθίζει) 아들을 처리하는 문제에 관한 신명기 21:20의 가르침과 연관이 있을 수 있다.[64] 그런데 골로새서 본문의 초점은 아들이 그런 사람이 되지 않게 해야 할 아버지의 의무에 있다. 이 절은 또한 부모들을 '노엽게 하지' 말라는 자녀의 책임을 강조한 당시 유대 전통(Sir 3:16)[65]에 대응한 것일 수도 있다. 그러한 경우, 이 책임을 아버지에게 요구한 것은 매우 획기적인 변화이다. 그러므로 아버지의 권한에 초점을 맞추는 헬라나 유대의 논의와 달리, 바울은 자녀의 인격을 성숙시킬 아버지의 책임에 초점을 맞춘다.[66]

---

58. Moule, *Epistles to the Colossians and to Philemon*, 130.

59. 그러나 어떤 이들은 "주"가 "하나님"을 가리킨다고 본다. "그것은 하나님을 기쁘게 해 드리는 것이기 때문이다"(GNB).

60. Schweizer, Letter to the Colossians, 223. 참고. 롬 14:14; 16:11, 12, 13, 22; 고전 1:31; 4:17; 7:39; 9:1; 고후 2:12; 갈 5:10; 엡 4:17; 빌 1:14; 4:1, 2, 4; 골 4:7, 17; 살전 3:8.

61. Lightfoot, *St. Paul's Epistles to the Colossians and to Philemon*, 227도 보라. 그는 "기쁘게 하는 것이다"를 독립적 의미로 보고, "주 안에서"는 수식하는 구절로 본다. "기독교적 기준으로 판단할 때…매우 기쁜 일이다."

62. 따라서 "부모들"(NJB, CEV, GNB). 참고. O'Brien, *Colossians, Philemon*, 225; Barth and Blanke, *Colissians*, 443.

63. Louw and Nida, §86.168.

64. Moo, *Letters to the Colossians and to Philemon*, 307.

65. Sir 3:16은 자녀들에 대한 요청을 다루면서 에베소서 6:4에서 사용된 것과 동일한 동사 παροργίζω(화나게 하다)를 사용한다. "또 아비들아 너희 자녀를 노엽게 하지 말고"(μὴ παροργίζετε, 엡 6:4, NASB). 참고. Balla, *Child-Parent Relationship*, 98.

66. 그러나 랍비 문헌은 아버지의 의무를 언급하며 신명기 21:20에 단서를 달고자 한 전통이 있었음을 증명한다. 참고. b. *Mo'ed* Qat. 17a;

3:21b 낙심할까 함이라(ἵνα μὴ ἀθυμῶσιν). 이 문장은 문법적으로 아비들을 향한 요청을 수식하는 목적절이지만, 이 문맥에서는 앞의 요청에 대한 근거를 제시한다. "자녀들의 화를 돋우지 말라. 그렇게 하면 낙심할 것이다"(NLT; 참고. CEV). 이 해석이 가능한 이유는, 특별히 '…하지 않도록'(so that…not, ἵνα μή)으로 시작하는 부정적 목적절이 하면 안 되는 일을 가리킬 때 종종 사용되기 때문이다(참고. 마 7:1; 17:27; 26:5; 막 14:38; 눅 16:28; 롬 11:25; 15:20; 고전 4:6; 8:13; 11:32; 엡 2:9).

'낙심하다'(lose heart)는 "의욕을 잃을 정도로 용기를 잃은" 상태를 가리킨다.[67] 이 동사는 종종 "낙심된"(discouraged)으로 번역되는데(KJV, ASV, NKJV, HCSB, TNIV, ESV, NIV), 이것은 실행해야 할 행동과 무관한 마음의 상태만 가리키는 것처럼 오해될 소지가 있다. NLT의 번역이 유익한 통찰을 주지만("낙심해서 노력하기를 포기하다"), 더 고어에 가까운 "낙심하다"(NASB, NRSV, REB, NJB)도 충분히 의미를 전달해준다. 바울이 신약에서 이곳에만 사용된 이 단어를 선택한 것은, 악덕 목록(8절)에서 관련 단어 "노여움"(θυμόν)을 사용했기 때문일 수도 있다.[68] 바울이 자녀를 노엽게 하지 말라고 경고한 것은, 그 노여움으로 자녀가 용기를 잃게 될 가능성을 염두에 둔 것 같다.

3:22a 종들아 모든 일에 육신의 상전들에게 순종하되(Οἱ δοῦλοι, ὑπακούετε κατὰ πάντα τοῖς κατὰ σάρκα κυρίοις). 이 가정 규약의 세 번째 단락은 종과 주인의 관계를 다룬다. "완벽한 가정은 노예와 자유인으로 구성되므로"(Aristotle, *Pol.* 1253b) 헬라의 가정 규약에는 종과 상전에 대한 논의가 당연히 포함되었을 것이다. "아내들"과 "자녀들"과 달리 "종들"은 "살아 있는 재산 품목"(*Pol.* 1253b)이었다. 따라서 "종은 주인의 노예일 뿐 아니라 전적으로 주인의 소유였다"(*Pol.* 1254a). "살아 있는 재산 품목"으로서 종들은 합리적 대화에 참여할 수 없는 존재로 취급받았다. "노예는 전적으로 깊은 사유를 할 능력이 없다. 여성은 실제로 그런 능력이 있지만 미완의 형태이고, 어린이가 그것을 소유한다면 미성숙한 형태로 소유할 뿐이다"(*Pol.* 1260a). 주전 4세기 노예제에 대한 아리스토텔레스의 인식이 바울 당대의 일반적 인식을 대표하지는 않는다고 해도 이런 진술들이 주후 1세기의 많은 사람의 정서를 반영하는 것은 사실이다.[69]

이런 진술들에 비추어 바울이 종에게 '모든 일에 육신의 상전들에게 순종하라'고 한 요청이 사회 제도를 인정한 것인지 여부를 알아보아야 한다. 노예제에 대한 바울의 시각에 대한 논의는 골로새서의 이 단락으로만 한정할 것이다. 첫째, 바울이 종에게 이런 권면을 한다는 사실 자체는, 종이 상전뿐만 아니라 주 예수와도 관계를 발전시킬 수 있는 합리적이고 도덕적인 존재라고 인식한다는 방증이다.

둘째, 순종하라는 요청은 "주"에 대한 여러 언급(22, 23, 24절)으로 제한된다. 24절은 주를 직접 "그리스도"라고 밝힌다. 이것은 가정에서 남자 가장을 유일한 권위적 인물로 여기는 헬라의 가정 규약에 직접적으로 도전하는 것이다.

셋째, 강조의 대상이 곧바로 "주"로 이동할 뿐만 아니라, '너희는 주 그리스도를 섬기라'(24절)는 놀라운 요청이 등장한다. 이 명령으로 세속적 가정 규약에 나타

Crouch, *Origin and Intention of the Colossian Haustafel*, 115–16. 그는 또한 유대교에서 부모들의 의무에 대한 논의들은 *m. Qidd.* 1.7에서 명시한 대로 항상 아버지에게 집중되고 있음을 지적한다. "율법에서 명한 대로 아들에 대한 부모의 모든 의무는 여자가 아니라 남자에게 있었다." 골로새서의 가정 규약이 "아비"에게 초점을 맞춘 이유가 이것으로 납득이 될 수 있다.

67. BDAG, 25.

68. 여성 명사형 "낙심"(ἀθυμία)은 신약에서 사용되지 않지만, 원급 남성형 "분노"(θυμός)는 바울 서신의 악덕 목록에 종종 사용된다(롬 2:8; 고전 12:20; 갈 5:20; 엡 4:31).

69. 1세기 노예제에 대한 논의는 '빌레몬서 서론'을 보라.

나는 세 쌍의 관계라는 틀이 깨어지고, 초점이 상전에서 종으로 이동한다.

넷째, 바울은 여기서 상전을 "육신의 상전들"(τοῖς κατὰ σάρκα κυρίοις, 문자적으로 '육신에 따른 상전들', 참고. KJV, ASV, NKJV)이라고 못 박는다. 상전이 권위를 행사할 영역을 제한하는 구절이다. 그들은 "인간적인 계산으로 볼 때만"(NJB) 상전이다. "육신의 상전들"은 '하나님 우편에 앉아 계신'(3:1) 그리스도와 대비되므로 적절한 번역이라 할 수 있다. 4:1에서는 그리스도를 '하늘에 계신 상전'이라고 분명하게 밝힌다. 바울은 그 구절에서 상전의 권위를 직접적으로 한정한다.

마지막으로, 종에 대한 논의가 더 긴 것은, 종에게 세상의 상전에게 순종하라는 요청을 한정하는 역할을 한다. 그리스도의 주 되심이 반복해서 언급될 뿐만 아니라, 주 예수께 신실한 종들이 "기업의 상을…받을"(24절) 상속자라고 묘사하는 놀라운 내용도 나온다. 당시 종은 일반적으로 주인의 재산으로 인식되었지만, 이 놀라운 언급은 일차적 정체성을 그들의 세상의 상전이 아니라 그리스도와의 관계로 규정함으로 종의 개념을 다시 정의한다.

이 단락이 상대적으로 길다는 점 역시 그 기능에 대해 여러 가능성을 암시한다. 어떤 학자들은 골로새서의 역사적 맥락과 빌레몬서와의 관계를 언급하면서, 종을 상대적으로 부각한 이유가 골로새 교회의 빌레몬과 오네시모 때문이라고 주장한다.[70] 또 다른 학자들은 바울의 청중 중에 노예가 많았을 것이라고 주장한다. 그래서 바울이 가정 내에서 그들이 맡은 역할을 다루어야 했다는 것이다.[71]

이런 역사적 요인들을 부정할 수는 없지만, 긴 분량에 대한 논의는 골로새서에 나타난 논증의 흐름으로 설명할 수 있다. 바울은 "겸손"(12절)과 "사랑"(14절)을 강조한 후 "무엇을 하든지 말에나 일에나"(17절) 주 예수께 복종하라는 포괄적 요청을 제시했다. 앞의 '구조'에서 언급한 대로 종을 대상으로 한 단락에서 이 요청이 다시 등장한 것(23절)은, 이 단락의 기능을 이해하는 중요한 단서이다. 종을 향한 바울의 요청과 일반적인 신자에 대한 요청이 동일하므로, 그는 본질적으로 "주 그리스도"를 섬기는(24절) 신자는 그분을 종처럼 섬겨야 한다고 단언하는 것이다.[72] 그러므로 이 논의는 모든 신자에게 해당한다. 그들은 하나님의 가정에 소속되어 있다. 바울은 단순히 육신의 상전에서 하늘의 주께로 초점만 이동하는 것이 아니다. 바울은 또한 종이 세상 주인에게 복종하듯이 신자가 주님께 순종해야 한다고 주장한다.

3:22b–e 사람을 기쁘게 하는 자와 같이 눈가림만 하지 말고 오직 주를 두려워하여 성실한 마음으로 하라(μὴ ἐν ὀφθαλμοδουλίᾳ ὡς ἀνθρωπάρεσκοι, ἀλλ᾽ ἐν ἁπλότητι καρδίας, φοβούμενοι τὸν κύριον). 바울은 주를 언급함으로 참된 순종을 강조하고, 이 요청을 확대하는 동시에 제한한다. "눈가림"은 '눈'(ὀφθαλμός)과 '굴종/노예살이'(δουλεία)의 복합어로서 "오직 주인이 볼 때만 좋은 인상을 남기고자 하는 시중"을 가리킨다.[73] 이 복합어는 "종들"(οἱ δοῦλοι)에게 그들의 '굴종'(servitude, δουλεία)과 관련하여 하는 말일 때 가장 적절하다.[74]

70. Fee, *Pauline Christology*, 330. 어떤 이들은 바울이 이 단락을 삽입함으로 오네시모의 사례로 다른 노예의 반란이 촉발되지 않게 했다고 주장한다. 참고. Winsome Munro, "Col. Ⅲ.18–Ⅳ.1 and Eph. Ⅴ.21– Ⅵ.9," 441.

71. Maire, "A Sly Civility," 346; 참고. Balch, *Let Wives Be Submissive*, 96–97; Lincoln, "Household Code and Wisdom Mode," 108.

72. Hering, *The Colossian and Ephesian Haustafeln*, 76–77을 보라. 그는 권력의 문제가 중요한 상전과 주인에 관한 단락이 그리스도의 주 되심이라는 모티브를 설명하기에 가장 좋은 문맥이라고 본다.

73. BDAG, 744.

74. MacDonald, "Slavery, Sexuality and House Churches," 103. 그는 "가정 교회에서 드러나는 가족적 특성"이 "눈가림"을 언급을 하게 된 배경이라고 주장한다.

"사람을 기쁘게 하는 자"는 '사람'과 '기쁘게 하는'이 결합된 또 다른 복합 명사이다. 이것은 "사람들의 환심을 사는"(TNIV, NIV) 행동을 가리킴으로 "눈가림"의 의미를 설명해준다. 또한 이 복합 명사는 자녀에게 "주 안에서 기쁘게 하는"(20절) 행동을 하라는 요청을 암시하므로 여기서 사용되는 것은 적절하다.[75] 자녀가 주를 기쁘시게 하라고 권고받듯이, 노예도 환심을 사려고 일하지 말라는 동일한 권고를 받는다.

대신 종은 "성실한 마음으로" 섬기라고 요청받는다. 명사 ἁπλότης는 동족 형용사 '끈질긴 목적의식'(singleness of purpose, ἁπλοῦς)과 같이[76] 종종 "신실성"(NASB, NKJV, TNIV, NIV; 참고. GNB, NET)으로 번역된다. 이 명사는 헌신의 의미를 내포하고, 따라서 "일편단심"(KJV, ASV)이나 "한결같은 마음"(REB)으로 번역된다.[77] 여기서 바울은 종에게 한마음으로 섬기라고 요청하고 있는데, 섬기는 대상은 23–25절에서 명확히 드러나듯 주 그리스도이다.

"주를 두려워하여"라는 구절은 주 그리스도께 초점을 맞추는 다음 절로 전환하는 역할을 한다. 분사 "두려워하여"(φοβούμενοι)는 앞 구절과 연결하면 근거를 설명하는 상황의 분사가 될 수 있다("주에 대한 너희의 외경심 때문에", NLT; 참고. REB, NJB, GNB). 그러나 다음 절들을 감안할 때 바울이 세상의 주인을 섬기라는 요청을 강조하기 위해 "주"를 거론하는 것 같지는 않다. 오히려 그는 세상의 주인과 하늘의 주를 대비하고 있다. 그러므로 이것은 방법을 나타내는 분사로 해석하는 것이 가장 적절하다. "그러나 마음의 신실함과 주를 향한 외경심을 가지고"(TNIV, NIV; 참고. CEV).

"주"라는 호칭이 등장하여 초점이 만유의 참 주님께 이동하는데, "주를 두려워하여"라는 구절은 또한 '여호와를 두려워하라'는 구약의 관용 표현, 특별히 하나님께 적용되는 표현에 호소하고 있다(참고. 신 6:2, 13, 24; 10:12, 20; 수 24:14; 시 33:8; 34:9; 잠 24:21; 렘 5:24). 전심으로 여호와를 두려워하며 그를 섬기라는 요청은 사무엘상 12:24의 요청과 유사하다. "오직 그를 경외하며 너희의 마음을 다하여 진실히 섬기라." 그러나 골로새서에서 이 관용 표현은 주 예수께 적용된다.[78] 이것은 골로새서에서 그리스도의 높아지신 지위를 재확인하는 구절이다. 헬라 문헌에 노예에게 공포감을 심어주라고 노예 주인을 부추기는 언급이 많은 점을 볼 때,[79] 진정한 주를 두려워하라는 언급에 그 의미가 추가된다.

3:23 무슨 일을 하든지 마음을 다하여 주께 하듯 하고 사람에게 하듯 하지 말라(ὃ ἐὰν ποιῆτε, ἐκ ψυχῆς ἐργάζεσθε, ὡς τῷ κυρίῳ καὶ οὐκ ἀνθρώποις). 24절까지 이어지는 이 문장은 (1) 종의 상전이라는 개념을 재고하고, (2) 노예를 대상으로 한 요청을 유의해서 새겨야 할 신자와 (3) 종을 새롭게 정의한다.

(1) '마음을 다하여…하라'는, 앞 절의 "순종하되…성실한 마음으로 하라"는 내용을 떠오르게 한다. "마음을 다하여"(ἐκ ψυχῆς)는 '영혼으로부터'를 번역한 것이다. "노력의 동기"를 가리킨 것으로 볼 수 있지만,[80] 이 단어

75. 사람을 기쁘게 하는 것과 하나님을 기쁘게 해드리는 것을 대비한 내용은, 갈라디아서 1:10에서 바울이 자신의 확신을 언급한 내용을 보라.

76. BDAG, 104. 누가복음 11:34의 용례와 Susan R. Garrett, "'Lest the Light in You Be Darkness': Luke 1:33–36 and the Question of Commitment," *JBL* 110 (1991): 93–105의 논의를 보라.

77. Lightfoot, *St. Paul's Epistles to the Colossians and to Philemon*, 228; Lohse, *Colossians and to Philemon*, 160; Moo, *Letters to the Colossians and to Philemon*, 310.

78. Bauckham, *Jesus and the God of Israel*, 188을 보라. 그는 이것이 'YHWH 본문'을 예수님께 적용한 또 다른 예라고 본다.

79. Cicero, *Parad.* 5.41; K. R. Bradley, *Slaves and Masters in the Roman Empire: A Study in Social Control* (New York: Oxford Univ. Press, 1987), 133.

80. Moo, *Letters to the Colossians and to Philemon*, 311. 그럼에도 그는 마가복음 12:30의 의미를 인정한다. Van Kooten (*Paul's Anthropology in Context*, 300)은 "마음으로부터"를 주장한다.

는 성경적 관용 어구에서 종종 마가복음 12:30에 예시된 대로 헌신의 총체성을 의미한다. "네 마음을 다하고(ἐξ ὅλης τῆς καρδίας) 목숨을 다하고(ἐξ ὅλης τῆς ψυχῆς) 뜻을 다하고 힘을 다하여 주 너의 하나님을 사랑하라 하신 것이요"(신 6:5; 마 22:37; 눅 10:27). 그러므로 이 구절은 "네 모든 마음을 그 안에"(REB) 쏟거나 심지어 "네 자신을 그 안에"(NRSV) 두라는 뜻으로 이해할 수 있다.

이제 바울이 진정한 섬김의 대상인 "주"로 관심을 이동하고 있음을 주목하라. 이러한 전환은 23절 말미의 쌍을 이루는 대조적 내용이 언급된 것에서 더 강조된다. "주께 하듯 하고 사람에게 하듯 하지 말라."[81] 바울은 이 전환을 통해 오직 가정에서 남자 가장만을 권위적 인물로 보는 세속적 정서에 또 다른 획기적 수정을 가한다.

(2) 이 요청은 세상의 상전에서 "주"께로 초점을 전환하고, 17절("무엇을 하든지 말에나 일에나")과 평행 관계를 이루면서 신자가 전심으로 주를 섬겨야 한다는 것을 다시 확인한다. 종이 매사에 주인에게 복종해야 하듯이 신자도 주를 섬겨야 한다. 신자가 주인을 섬기는 종과 같다는 인식은, 골로새 교회의 설립자였을 에바브라를 "우리와 함께 종 된…그리스도의 신실한 일꾼"이라고 밝힌 1:7에 예고되었다. 이것은 4:12에서도 에바브라를 "그리스도 예수의 종"으로 묘사함으로써 반복된다. 가정 규약의 단락은 그러한 인식의 근거를 제공한다.

(3) 상전을 "주"로 신자를 "종"으로 재정의한 후, 이 문장은 "종들"도 다시 정의한다. 종은 주인의 재산이므로 주인의 도구에 불과한 존재이다. 하지만 바울에게 그들은 24a절이 강조하듯이 유업을 받을 상속자이다.

3:24a 이는 기업의 상을 주께 받을 줄 아나니(εἰδότες ὅτι ἀπὸ κυρίου ἀπολήμψεσθε τὴν ἀνταπόδοσιν τῆς κληρονομίας). 이제 바울은 종에게 요구된 행동의 근거를 소개한다. "아나니"(εἰδότες)라는 번역은 분사를 원인을 나타내는 부사적 분사로 해석하여 종에게 "주께 하듯" 전심으로 섬기라고 한 요청(23절)의 근거를 설명한다. 이 동사는 그리스도인 노예가 기억해야 할 사실을 강조한다.[82] 바울은 4:1에서 동일한 단어를 사용하여 상전에게 종들의 진짜 상전은 그들이 아님을 확인해준다.

종들은 "기업의 상"을 받으리라는 약속을 받는다. "기업의"는 "상"을 설명하는 보충 설명의 소유격으로 보아야 가장 정확하다.[83] 따라서 "너의 상으로서 기업"이라고 번역할 수 있다(NRSV, ESV; 참고. NLT, NET, TNIV, NIV). "상"(reward)은 섬김에 대한 "정당한 보상"이나 노예가 겪는 부당함에 대한 "정당한 처벌"을 의미할 수 있고,[84] 그들이 주인을 섬기면서 보인 신실함에 대한 긍정적 보상을 가리킬 수도 있다.[85]

종에게 상에 대한 약속이 적용되었다는 사실은 획기적이다. 유업에 버금갈 정도로 종이 정당한 대가를 받는 경우도 있었지만,[86] 그런 유산은 법적으로 주인의 몫

---

81. 비교의 분사 '…하듯 하고'(as, ὡς)는 주를 섬기는 자들간의 대조적 자세를 가리킨다고 해석되었다. "단순히 인간을 위해 일하는 사람들과 달리 주 예수를 위해 일하는 사람들처럼 전심을 다해 일하라"(Callow, *Semantic and Structural Analysis*, 147). 그러나 "육신의 상전들"(22절)과 '하늘의 상전'(4:1)이 대조되는 이 단락에서 가시적 실재(섬김의 대상으로서 "육신의 상전들")와 궁극적 실재(목적어로서 '하늘의 상전')의 비교를 가리킨다고 해석하는 것이 가장 적절하다. "사람보다는 주를 위해 일하는 것처럼"(NLT).

82. '너희가 그것을 알기 때문에'라는 구절은 바울이 종종 자신의 논증이나 권면의 근거를 소개할 때 사용하는 구절이다(예를 들어, 롬 5:3; 6:8–9; 고후 4:13–14; 5:6). Harris, *Colossians and Philemon*, 185.

83. 동격의 소유격으로 부를 수도 있다. 참고. Wallace, *Greek Grammar*, 95–100.

84. Lightfoot, *St. Paul's Epistles to the Colossians and to Philemon*, 229; Sumney, *Colossians*, 250.

85. O'Brien, *Colossians, Philemon*, 229; MacDonald, *Colossians and Ephesians*, 158.

86. 예를 들어, Tacitus, *Annals* 14.42를 참고하라. 그는 개인적인 재산을 가진 노예가 있었고, 그들이 자유를 살 수 있었다고 말한다.

이었다. 어떤 경우이든 "유업"은 가정의 합법적 상속자에게 돌아가야 했다. 로마서 8:15-17을 유의해서 보라. 바울은 로마서의 이 본문에서 "상속자"가 될 수 있는 자녀와 상속자가 될 수 없는 종을 대비한다. 갈라디아서 4:7에도 비슷한 내용이 언급된다. "그러므로 네가 이후로는 종이 아니요 아들이니 아들이면 하나님으로 말미암아 유업을 받을 자니라." 그러므로 골로새서의 이 본문은 종에 대한 유업의 약속을 통해 그들의 지위가 하나님의 가정에서 합법적 후계자로 변화되었음을 보여준다. 이러한 변화 역시 당시의 문화적 편견에 도전하는 것이고, 따라서 주인의 소유물이라는 그들의 지위가 상대적일 뿐임을 알려준다.

앞에서 신자에 대한 요청(17절)과 종에 대한 요청의 평행 관계가 부각되듯이 "유업"에 대한 언급 역시 종이 신자의 일부임을 확인하고, 그들이 "빛 가운데서 성도의 기업의 부분을 얻기에"(1:12) 합당한 자들임을 인정한다.[87] 주를 섬기는 신자가 상속자이듯 종들도 하나님의 가정에 어엿한 가족으로 참여할 것이다. 다음의 번역은 상속자로서 종을 묘사한 놀라운 모순적 내용은 전달하지 못하지만, 이 절의 해석에 대해 1:12이 지닌 의미를 잘 드러낸다. "주가 자기 백성에게 주시고자 보관해오신 것을 너희에게 주실 것임을 기억하라"(GNB).

3:24b 너희는 주 그리스도를 섬기느니라(τῷ κυρίῳ Χριστῷ δουλεύετε). 바울은 이제 진정한 섬김의 대상을 구체적으로 밝힌다. 대부분의 번역은 '섬기다'(δουλεύετε)를 직설법 동사로 해석하고("너희가 주 그리스도를 섬긴다", 예를 들어, NRSV), 이 해석을 지지하는 여러 주장이 제기되었다.[88] (1) 지금까지 가정 규약의 모든 명령문은 가정의 남자 가장과 열등한 가족 구성원의 관계가 언급되는 쌍방 관계를 다루는 구절에 등장했다. 명령형 문장에서 "주"를 소개한 것은 이 구도에서 벗어난 경우이다. (2) "주"를 "그리스도"로 밝힘으로써 앞 절의 "주께"를 설명한다. 따라서 이 절은 직설법 설명의 절로 보아야 한다. "너희가 섬기는 이는 바로 주 그리스도이다." (3) 바울 서신에서 "주 그리스도"는 이곳 외에 로마서 16:18에만 등장하고, 주재권을 두고 서로 다투는 맥락에 등장한다. 따라서 이 구절은 그리스도가 주라고 밝히는 내용으로 해석되어왔다.

그러나 이 동사는 명령형으로 해석해야 한다. "주 그리스도를 섬기라"(NET; 참고. NAB). 이는 최근의 주석가가 대부분 지지하는 해석이다.[89] (1) 이 절에 접속사가 없는 것은 이 가정 규약의 다른 명령형 절과 유사하다(18, 19, 20, 21, 22절; 4:1).[90] (2) 이 절을 명령형으로 볼 때 23절의 '마음을 다하여…하라'는 명령과 평행을 이루게 된다. 동시에 그리스도를 주로 분명히 명시함으로 사고가 진전되는 것을 보여준다. (3) 25절의 '왜냐하면'(γάρ, 개역개정에는 번역되어 있지 않음–역주) 절은 이 요청의 근거를 제시하고, 이 절을 명령형으로 해석해야 한다는 주장을 뒷받침한다. (4) 또한 이 명령형은 상전을 직접

87. 특별히 다음을 보라. Robert Scott Nash, "Heuristic Haustafeln: Domestic Codes as Entrance to the Socail World of Early Christianity: The Case of Colossians," on *Religious Writings and Religious Systems: Systemic Analysis of Holy Books in Christianity, Islam, Buddhism, Greco-Roman Religions, Ancient Israel, and Judaism*, vol. 2: *Christianity* (ed. Jacob Neusner, Ernest S. Frerichs, and A. J. Levien; Atlanta: Scholars, 1989), 43-45.

88. Lightfoot, *St. Paul's Epistles to the Colossians and to Philemon*, 229; Aletti, *Saint Paul Épître aux Colossiens*, 246; Callow, *Semantic and Structural Analysis*, 148; Wilson, *Colossians and Philemon*, 285.

89. Moule, *Epistles to the Colossians and to Philemon*, 131; Lohse, *Colossians and to Philemon*, 161; Schweizer, *Letter to the Colossians*, 226; O'Brien, *Colossians, Philemon*, 229; Wright, *Colossians and Philemon*, 150; Harris, *Colossians and to Philemon*, 185-86; Moo, *Letters to the Colossians and to Philemon*, 313-14; Sumney, *Colossians*, 250-51.

90. 일부 필사본들(D^1 Ψ 075 𝔐)이 접속사 'for'(γάρ)를 삽입한 이유를 여기서 알 수 있다. 그러나 가장 초기의 가장 많이 배포된 필사본은 이 접속사를 생략해야 함을 보여준다($\mathfrak{P}^{46}$ ℵ A B C D* F G 0278 33 81 365 1175 1241^s 1739 1881 2464).

호명할 다음 단락으로 전환되는 것을 예고한다. 여기서 언급된 내용은 종과 상전 모두에게 해당하는 사항이기 때문이다.

앞에서 언급했듯이 직설법 동사라는 해석을 지지하는 주장은 실제로 이 명령의 여러 획기적인 부분을 강조한다. (1) 이 명령은 가정 규약의 나머지 명령의 특징인 상호성이라는 틀에서 이탈하기 때문에, 바울이 그리스도의 주 되심에 대한 획기적이고 새로운 개념을 강조한다고 볼 수 있다. 가족 관계에 대한 논의에서 다른 상전이 언급된 사실만으로 이미 주목할 만한 가치가 있다. 이 직접적 명령은 주 그리스도를 가정의 궁극적이고도 최종적인 권위로 밝힌다. (2) "주"가 "그리스도"라는 단언은 이 명령에 함축된 기능이기도 하다. 앞에서 제시된 논증들의 기독론적 함의가 이제 가정 규약에서 집중적으로 부각된다. (3) 로마서 16:18의 맥락에 맞추어 이 주를 확인하는 일이 중요하다. 그럼에도 불구하고 육신의 상전을 섬기라는 앞의 요청에 비추어볼 때, 바울은 그리스도가 그들의 진정한 섬김의 대상이라고 밝히고 있으므로 이 명령에서 중요한 변화가 분명하게 드러난다고 볼 수 있다.

3:25 불의를 행하는 자는 불의의 보응을 받으리니 주는 사람을 외모로 취하심이 없느니라(ὁ γὰρ ἀδικῶν κομίσεται ὃ ἠδίκησεν, καὶ οὐκ ἔστιν προσωπολημψία). 바울은 이제 하나님의 정의를 언급한 이 진술을 앞의 요청의 근거로 제시한다. 이 절이 '주 그리스도를 섬기라'(24절)는 요청과 연결된다는 점은, 그 요청의 근거를 시사하는 접속사(for)가 사용된 데서 확인할 수 있다. 이 일반적인 진술이 어떻게 그 요청의 근거가 되는지 정확히 말하기는 어렵다. (1) 그분은 세상 상전들과 달리 공정하고 의로운 재판장이시므로 그분을 섬길 이유가 분명하다. 혹은 (2) 주를 섬기지 않는 자들은 불의를 행하는 것이고 그들이 마땅한 심판을 받게 된다고 언급하는 것은, 그분을 섬기라는 요청의 근거를 제공한다. 이것은 종이나 심지어 신자도 일상생활 속에서 깨어 있도록 해줄 것이다. 전자의 해석은 가정 규약이라는 직접적 문맥과 부합하는 반면, 후자는 5-17절의 신실한 삶에 대한 요청과 4:2의 깨어 있으라는 요청과 부합한다.

두 해석 중 어느 해석이든 이 절을 22절이나 23절과 연결하여 세상의 상전을 섬겨야 하는 근거로 보는 해석보다는 더 설득력이 있다.[91] 바울이 초점을 노예에서 상전으로 이동함으로 전체 신자에게 적용될 내용을 제시하기 때문에 이 단락이 전환하는 역할을 한다는 점도 인정해야 한다.

또한 이런 해석은 "불의를 행하는 자"의 정체에 대한 이해에 영향을 미친다. 많은 학자는 이 구절이 종을 다루는 단락에 나오는 것을 근거로 삼아 바울이 주인에게 잘못을 저지른 종들을 염두에 두고 있다고 주장한다.[92] 빌레몬서 1:18에서 오네시모의 잘못이 언급될 때, 이 동사(ἀδικέω)가 쓰인 것은 이 해석을 뒷받침하는 근거로 종종 제시된다.[93] 그러나 이런 해석은 종을 악하고 무책임한 존재라고 획일적으로 묘사하는 상전의 입장을 전제로 할 가능성이 있다.[94] 더욱이 빌레몬서 1:18은 가정에 따른 진술일 뿐이고, 오네시모의 잘못을 구체적으로 언급하지 않는다.[95]

어떤 학자들은 베드로전서 2:18과 같은 본문에서 노예 학대가 언급된 점을 두고 이 절이 "노예를 격려하기 위한" 문장이라고 해석하고,[96] 그러한 측면에서 주인 역

91. Wright, *Colossians and Philemon*, 150.

92. 예를 들어, Lohse, *Colossians and Philemon*, 161을 보라. 그는 이 절이 "비참한 처지의 종들이라 해도 스스로 저지른 행동에 여전히 책임이 있음"을 경고하는 역할을 한다고 주장한다.

93. 참고. Lightfoot, *St. Paul's Epistles to the Colossians and to Philemon*, 229.

94. Allen D. Callahan, *Embassy of Onesimus: The Letter of Paul to Philemon* (Valley Forge, PA: Trinity International, 1997), 12-16.

95. 빌레몬서 1:18에 대한 설명을 보라.

96. Barth and Blanke, *Colossians*, 449

시 자신의 잘못에 책임을 져야 한다고 주장한다.[97] 그러나 골로새서의 가정 규약과 더 흡사한 본문은 에베소서 6:8이다. 에베소서 본문에서는 이 일반적인 원리가 "종이나 자유인이나" 가리지 않고 모두에게 적용된다. 그러므로 이 원리가 여기서는 종과 상전 모두에게 해당할 가능성이 있다. 그러한 경우, 이것은 골로새서 4:1의 상전에 대한 논의의 도입부가 된다.

종이 상전을 섬기듯이 신자가 주를 섬겨야 한다는 앞의 논의를 감안할 때, 이 일반적인 원리는 전체 신자에게 적용된다고 보는 것이 가장 적절할 것 같다. 불의를 행하는 자는 악덕 목록에 언급된 죄를 지은 사람을 가리킬 것이다(3:5, 8–9).[98] 가정 안의 권력 구조에 집중하는 헬라의 가정 규약들과 달리, 바울은 모든 사람이 주의 권위 아래 자기 행동에 책임을 져야 함을 강조하는 종말론적 시각을 제시한다. 이는 그리스도가 말세에 '영광 가운데 나타나실 것'이기 때문이다(3:4).

'외모로 취함'(partiality, προσωπολημψία)이라는 표현은 여기서 두 단어로 구성되며, 문자적으로 '얼굴을 받아들이다'로 번역할 수 있다. 이 구절은 종종 칠십인역에서 '편애하다'라는 의미로 사용된다[레 19:15; 신 16:19; 시 82:2(LXX 81:2); 애 4:16; 말 2:9; 참고. 눅 20:21; 갈 2:6]. 이 복합 동사의 동족어는 "가장 초기의 기독교적 용어"로 여겨진다.[99] 이 단어군은 바울(롬 2:11)과 다른 사람들(행 10:34)이 유대인과 이방인의 구원을 말할 때 사용되었다. 그리고 골로새서의 이 본문에 나오는 용례는 새 사람과 관련하여 '헬라인이나 유대인이나 차별이 없다'고 묘사한 3:11을 암시할 수 있다. 야고보서 2:9에서 이 표현은 신자가 사람을 차별해서는 안 된다는 보다 일반적인 의미로 사용된다.

4:1a 상전들아 의와 공평을 종들에게 베풀지니(Οἱ κύριοι, τὸ δίκαιον καὶ τὴν ἰσότητα τοῖς δούλοις παρέχεσθε). 바울은 가정 규약의 마지막 권면에서 육신의 상전에게 그들의 의무를 알린다. "상전들"(οἱ κύριοι)은 이 규약에서 그리스도를 가리키는 "주"(단수)와 동일한 단어로 표기되었지만, 절대적 존경심과 경외심을 불러일으키고자 쓰인 단어는 아니다. 바울은 정점에 해당하는 이 절에서 "상전들"에게도 하늘의 "상전"이 있음을 분명히 밝힌다.

남성 가장의 권한과 힘을 상대화한 마지막 진술을 언급하기 전에 바울은 1세기의 상전과 종의 관계에 관한 역사적 사실에 초점을 맞춘다. 바울은 불공평의 원리를 언급한 후 지상의 상전의 처신과 관련해 그 원리에 담긴 의미를 제시한다. "의와 공평"이라는 구절 역시 권위적 인물의 권리보다는 의무를 강조한다. 바울에게 "의"는 하나님 앞에서 개인이 서 있는 위치를 가리키고, 그와 관련된 문맥에서 바울은 "의인은 없나니 하나도 없으며"라고 분명히 선언한다[롬 3:10(시 14:1, LXX 13:1)]. 그러나 권위적 인물로서 하나님께 이 단어가 적용될 경우는 '정의'라는 의미를 내포한다(살후 1:5, 6; 딤후 4:8). 권위적 인물로 인간의 권력이 관련된 문맥에서도 마찬가지이다. 상전은 그들 아래 있는 사람들에게 정의를 시행하는 공정한 재판관이 되어야 한다.[100]

"공평"(τὴν ἰσότητα)이라는 단어는 해석하기가 더 어렵다. 각자 역할에 걸맞는 동등한 대우를 받는다는 의미로 쓰일 때는 "공평"이라는 뜻으로 사용되고, 동등한 지위라는 일반적 의미일 때는 '평등'이라는 뜻으로 사

97. 미래의 '보상'(24절)과 심판(25절)에 대한 언급으로 종말론적 의미를 강조한 이 단락은, 종과 상전 사이에 종종 자행되던 불의의 문제와 특별히 관련될 수 있다. 참고. Hay, *Colossians*, 147.

98. 참고. Hering, *The Colossian and Ephesian Haustafeln*, 99. 또한 거짓 선지자들이 범한 죄악의 일반적 논의(벧후 2:1–12) 후 동일한 원리("불의의 값으로 불의를 당하며", 벧후 2:13)가 등장하는 베드로후서 2장을 보라.

99. MM, 553.

100. "종들에게 옳은 것을 제공하라"는 번역(TNIV, NIV)이 적절할 경우는 '옳은 것'이 그들이 마땅히 받을 것이라는 의미로 이해되는 경우이다.

용될 수 있다. 이 문맥에서 바울이 일차적으로 염두에 둔 의미는 아마 "공평"일 것이다.[101] (1) 아랫사람을 대하는 법에 대한 논의에서는 "공평"이라는 의미로 사용된다. 이것은 그리스–로마에서 노예의 대우 문제를 다루는 논의에 나오는 용례와 일치한다.[102] (2) 주인이 허용해야 하는 것이므로 이 문맥에서는 "공평"이 더 적절하다. (3) 마지막으로, 3:25이 이 요청의 근거로 사용된다면 불의한 일을 하지 말라는 권면은 종을 공평하게 대우하라는 이 요청과 부합한다. '평등'은 아무리 덕이 높은 주인이라고 해도 기대하기 어렵다.

그럼에도 불구하고 이 가정 규약이 당시 용인되던 사회적 규범을 제약한 인상적인 부분과 바로 뒤의 '하늘의 상전'이라는 결정적 언급을 감안할 때, 3:25의 "사람을 외모로 취하심이 없느니라"라는 신적 원리를 간과해서는 안 된다. 나아가, 새 사람 안에서는 "종이나 자유인이" 구분되지 않는다는 사실(3:11)은 독자에게 "공평"의 의미를 생각해보도록 도전한다. 또한 '의로운'(τὸ δίκαιον)이라는 단어는 권력자와 피권력자 사이의 '평등'(ἰσότης)을 보장한다는 로마식의 정의(justice)를 떠오르게 할 수 있다.[103] 그러한 경우, 청중은 '평등'의 의미를 쉽게 이해할 수 있었을 것이다. 그러나 이 무언의 의미가 갖는 함의를 구체적으로 언급하지 않는다는 것을 유의해야 한다. 이 용어가 해방과 평등주의라는 현대적 의미와 다를 가능성도 유의해야 할 것이다.

4:1b 너희에게도 하늘에 상전이 계심을 알지어다(εἰδότες ὅτι καὶ ὑμεῖς ἔχετε κύριον ἐν οὐρανῷ). 구문상 이 절은 "의와 공평을 종들에게 베풀지니"라는 요청의 근거를 제시한다. 그러나 전반적인 논증의 흐름에서 볼 때, 이 절은 바울이 예수님을 '주/상전'(the Lord/Master)으로 제시한 주장의 중요한 부분에 해당한다.[104] 가정의 남자 가장이 지닌 권한에 대한 제약은 마침내 이 구절에서 정점에 이른다. 여기에서는 많은 사람에게 "상전"(οἱ κύριοι)이라고 불리는 이들을 제약하고자 '주/상전'(κύριον)이라는 용어가 명시된다.

'너희에게도 하늘에 상전이 계신다'는 말은 상전들 또한 자신의 상전을 섬겨야 하는 종의 신분임을 알려 준다. 바울은 현실을 새롭게 이해하는 것을 통해 그들에게 신실하고 사려깊은 남편이자 아버지와 상전으로서 의무를 다하도록 독려하는 듯 보인다. "하늘에"라는 전치사구를 주 그리스도의 권한이 적용되는 영역을 제한하는 구절이라고 해석해서는 안 된다. 바울은 여기서 실재의 영역을 세속과 천상의 영역으로 나누려 하는 것이 아니다. 그리스도는 하늘과 땅의 만물이 하나님과 화목하게 하는 도구가 되시기 때문이다(1:16, 20).

그 대신 이 구절은 두 가지 중요한 측면을 강조한다. 첫째, 이것은 3:1–4에 언급된 하나님 우편에 앉아 계신 그리스도를 가리킨다.[105] 그리스도는 '하늘에 계신 상전'으로서 만유의 주이시다. 따라서 육신의 상전은 그분께 복종해야 한다. 둘째, 3:1–4이 지금 '하나님 우편에 앉아 계신'(3:1) 그리스도에 대한 최종 계시를 가리키기 때문에, 이 구절에서 다시 종말론적 측면이 부각된다고 볼 수 있다(참고. 3:24–25). 그리스도는 만유의 최종적이고도 궁극적인 계시이시므로, 지상에 사는 모든 사람은

101. 대부분의 현대 번역본은 이 해석을 채택하지만 일부 구번역은 "동등한"(equal)으로 번역한다(KJV, ASV).

102. Seneca, *Ep.* 47; BDAG, 481.

103. Aristides, *Regarding Rome* 26.39; Angela Stand–Hartinger, "The Origin and Intention of the Household Code in the Letter to the Colossians," *JSNT* 79 (2000): 128.

104. 이 단락에서 "주"는 그리스도를 가리켜 여덟 번 사용되었고, 이후 단락에서는 두 번밖에 등장하지 않는다(4:7, 17). 세상의 상전에 대해 쓸 때 영어 번역본은 일관되게 'masters'라는 단어를 사용하고, 예수님에 대해서는 'the Lord'로 표현한다. 그러나 이 경우에 '하늘의 상전'(Master in heaven)이라는 번역은 세상 상전과 하늘의 참된 상전의 대비를 극대화하기 위해 꼭 필요한 번역이다.

105. MacDonald, "Slavery, Sexuality and House Churches," 102.

마지막 심판을 잊어서는 안 된다. 4:2도 계속해서 종말론적 측면을 염두에 둔다. 거기에서도 바울은 하나님의 사역이 최종적으로 완성될 것을 기대하며 청중에게 깨어 있으라고 권면한다.

적용에서의 신학

1. 가정의 주

이 단락을 가정 규약으로만 규정할 경우, 바울이 가족 관계에 대해 포괄적인 해법을 제시한다는 잘못된 인상을 줄 수 있다. 이 단락이 그러한 해법을 제시하는 것이라면, 결혼 생활의 기초(예를 들어, 엡 5:22-33), 결혼 생활에 신실함(예를 들어, 고전 6:12-20), 이혼과 재혼(예를 들어, 고전 7:8-11), 과부의 지위와 처신(예를 들어, 딤전 5:3-16), 가정 내의 신자와 불신자의 관계(예를 들어, 고전 7:12-16), 자녀의 신앙 양육(예를 들어, 딤전 5:10; 딛 1:6), 주인과 종의 갈등(예를 들어, 몬 1:16, 18), 노예 해방에 관한 원칙(예를 들어, 몬 1:16) 등과 같은 중요한 주제에 대한 논증을 기대할 것이다. 그러나 이 단락에서 바울은 가정 안의 권위의 문제, 특히 주 그리스도의 권위가 가정 안의 관계에 영향을 미치는 방식에 관심을 둔다.

이런 권위의 강조는 가정 내 구성원들 사이의 문제를 선택적으로 다룬 이유를 설명해준다. 그러나 특정 문제를 다루기 전에 가정의 주로서 예수님을 강조한 것에 주목해야 한다. 헬라의 가정 규약은 일관되게 남성 가장의 권위를 강조한다. 이에 비추어보면, 그리스도를 가리켜 "주"라는 칭호를 거듭 사용하는 것(3:18, 20, 22, 23, 24; 4:1)은 세속적인 사회 관습을 제한할 뿐만 아니라, 남편/아비/상전이 '하늘에 계신 상전'(4:1)의 종에 불과하다는 사실을 지적함으로 권위 체계의 토대 자체에 도전장을 던진다. 다시 말해, 이 규약의 핵심 메시지를 요약하면 '주 되신 그리스도 예수'(2:6)를 인정하는 고백이라고 할 수 있다. 이 해석은 헬라의 가정 규약에 나타난 공통된 방식을 바울이 수정했다는 사실을 인정할 뿐만 아니라, 이 단락이 그리스도의 최종적이고도 궁극적인 권위와 지위를 강조하는 서신의 전체적 논증과 어떻게 부합하는지도 설명한다.

가정의 여러 지체에 대한 명령도 이런 해석에 비추어 이해할 수 있다. 복종하라는 명령은 아내에게 그들이 가정에서 맡은 역할을 알려주는데, 그들의 직접적인 순종 대상은 "주"(3:18)가 되어야 한다. 또한 아내를 사랑하라는 남편에 대한 명령은 그들의 '권리'가 아니라 아내를 돌보는 '의무'가 중요하다는 사실을 보여준다(3:19). 자녀는 부모에게 순종하라는 요청을 받지만(3:20), 아버지의 권위가 제약받는 이유는 자녀의 궁극적 복종 대상이 주님이시고 아버지 역시 더 높은 권위 아래 있기 때문이다(3:21). 마지막으로, 종과 상전의 관계는 특별히 권위의 문제에 집중하기 때문에, "주 그리스도"를 섬기라는 요청에 부합하는 한에서만 상전을 섬기라는 요청을 받는다(3:24). 이 중요한 요청은 세상의 상전을 '하늘에 계신 상전'의 종으로 재정의하는 내용과 함께 등장한다(4:1). 그러므로 "바울이 세상을 전복할 의도는 전혀 없었다"[106]라는 종종 반복되는 주장은, 그 "전복"이 철저히 파괴적인 행동을 뜻할 경우에만 사실이다. 그러나 그런 주장은 당대의 사회, 문화, 정치 규범에 대해 이 단락에 담긴 강력한 도전 정신을 훼손한다. 결국 이 단락의 목적은 '모든 일에 주 예수의 이름으로 하라'(3:17)는 요청에 대한 예시를 제시하는 것이다.

2. 아내와 남편

이 단락이 강조하는 핵심 주제를 벗어나지 않는 선에서 남편과 아내, 자녀와 아버지의 관계에 담긴 실제적 의미가 무엇인지 생각해보아야 한다. 현대적 배경에서 남편에게 복종하라는 요청을 어떻게 적용할지는 결혼 관계와 관련하여 명확한 답변이 필요하다. 여러 주장이 제시되어 왔지만, 이 단락에서 바울이 의도한 가르침을 고려해 통합적으로 볼 필요가 있다. 첫째, 바울이 헬라적 가정 규약을 수정하여 적용하고 이 요청을 상대화하지만 복종하라는 요청 자체를 부정해서는 안 된다. 이 요청은 한 상황에만 국한되지 않는다. 바울이 창조 명령을 천명하는 맥락에서(엡 5:33) 남자의 머리 됨을 확언할 때도 이 점이 분명히 드러난다(고전 11:3; 엡 5:23).

이 복종의 본질은 논의하기 더욱 어려운 문제이다. 분명한 것은 이 복종이 맹목적 순종은 아니라는 점이다. 아내는 단순히 복종하라는 요청을 받지만, 자녀와 종은 아비와 상전에게 "모든 일에" '순종하라고' 요청받기 때문이다(20, 22절). 심지어 가족 관계를 다루는 맥락(엡 5:21)에서도 바울이 종종 신자에게 상호 복종을 요구한다는 점(갈 5:13; 빌 2:3–4)은, 아내의 복종이 그들의 상대적 지위나 능력에 근거한 것이 아님을 보여준다. 골로새서 문맥에서 '겸손을 옷 입으라'(3:12), "피차" 용서하라(13절), '사랑하라'(14절), '한 몸이 되라'(15절), '서로' 가르치고 훈계하라는 명령은 모두 상호 관계의 중요성을 강조한다. 그러므로 아내를 사랑하라는 명령은 이 복종의 개념을 정의하는 데 기여한다고 보아야 한다. "아내를 진정으로 사랑한다면 아내의 삶을 철두철미하게 통제하려고 하지 않을 것이다."[107] 아내는 사랑이라는 맥락에서 복종하여 남편을 따름으로써 '주 예수의 이름으로 모든 것을 할'(17절) 수 있다.

실제적인 면에서, 현대 가정에서는 복종이 어떤 식으로 나타나야 하는가? 남편의 태도가 일반적인 기독교 가치 체계와 일치할 때만 아내가 남편에게 복종해야 한다는 적용으로는 충분하지 않다. 또한 기술적인 전문 지식의 면에서 아내의 능력이 상대적으로 우월한 경우가 있듯이, 실제적인 문제에도 이 원리를 그대로 적용하기에는 무리가 있다. 꼭 그렇지는 않지만, 주로 여성과 관련된 일(예를 들어, 요리, 상담, 자녀 양육)도 여기에 해당할 수 있다. 현대의 아내

106. Garland, *Colossians and Philemon*, 255.

107. Payne, *Man and Woman*, 275. 그러나 남편이 아내에게 복종하라는 요청은 전혀 없기 때문에, 이 견해는 아내에 대한 이 요청의 의미를 부정하지 않는다.

는 전통적으로 여성의 영역이 아닌 분야에도 두각을 드러내는 경우가 많다(예를 들어, 과학적, 기술적 분석, 이론적 모의 실험, 재정 계획). 그러므로 "복종"은 도덕성과 전문 기술과 무관한 특정한 삶의 결정에 적용되어야 한다. 예를 들어, 남편이 특정 선교지에 '부르심'을 받는 경우나 매일 혹은 주중에 가정 기도회를 실시하게 되는 경우가 여기에 해당한다. 그런 경우 남편은 성령이 아내도 그 비전에 함께할 수 있도록 인도해주실 것을 구하고, 그다음 단계로서 공통된 비전에 함께 기도하며 헌신해야 한다.

남편의 의무와 관련해, 그리스-로마의 맥락에서는 남편에게 "사랑"의 의무를 요구하지 않는다. 그러므로 골로새서에 제시된 이 덕목에 대한 독특한 시각에 주목해야 한다. 사랑은 자비의 일반적 표현이 아니라, 하나님 아버지의 그 아들에 대한 사랑(1:13)을 삶으로 드러내는 것이다. 따라서 사랑은 새 사람을 창조하는 하나님의 사역에 필수 요소이다(2:2; 3:14). 하나님의 '사랑을 받는' 자로서(3:12) 신자가 그리스도의 몸에 신실하게 참여할 때 새 창조의 힘을 입증할 수 있다. "남편이 아내를 억압적으로 지배하지 않는 것은…그 역할 관계에 미치는 죄의 영향을 사랑으로 거부하는 것이다."[108] 이런 웅장한 비전 앞에서 자신이 하나님의 창조 사역의 신실한 증인이라고 자신 있게 주장할 남자는 거의 없다. 기독교 사상가들은 수세대에 걸쳐 이 점을 기꺼이 인정한다.

> 남자로서 기독교가 나의 성에 요구하는 부담 또는 특권을 주장해야 하는 일이 고통스럽다. 실제적이고 역사적인 개인으로서 나는 대부분의 남자가 주어진 역할을 감당하기에 얼마나 부적절한 존재인지 고통스러울 정도로 잘 알고 있다.[109]

이렇게 치명적인 부적절함을 자각할 때, 아들이 영광 가운데 오심으로 하나님의 구속 사역이 완성될 날을 더욱 사모하며 기다리게 된다(참고. 3:4). 우리는 그분이 오실 것을 기다리며 하나님의 은혜의 능력을 더욱 철저히 인정하는 가운데 겸손히 살아가도록 부르심 받는다.

마지막으로, 남자와 여자의 관계를 규정할 때 종종 맥락을 무시한 채 가정 규약의 개별 진술들을 성 역할 담론에 이용하는 경우가 많다. 여기서는 이 복합적인 문제에 대해 별도의 상세한 논의는 접어두고, 구속 역사라는 더 포괄적인 흐름 속에서 바울의 입장을 평가해야 한다는 말로 대신하고자 한다.[110] 여성의 지위와 관련해서는, 그 당시 남자와 여자 사이에 평등의 개념을 인정하지 않는 지배적 문화를 바울이 거부한다는 것은 분명하다. 남성 가장의 권

108. George W. Knight Ⅲ, *Role Relationships of Men and Women: New Testament Teaching* (rev. ed.; Phillipsburg, NJ: Presbyterian & Reformed, 1989), 32.

109. C. S. Lewis, *God in the Dock: Essays on Theology and Ethics* (Grand Rapids: Eerdmans, 1970), 238-39.

110. 예를 들어, Webb, "A Redemptive-Movement Hermeneutic," 382-400; Marshall, "Mutual Love and Submission in Marriage," 194. Moo, *Letters to the Colossians and to Philemon*, 297을 보라. 종종 평등주의자라고 치부되는 사람들이 채택한 전략이라고 하는 이 입장은 실제로 성별에 관한 이 담론과 무관한 입장이다. 참고. Moo, *Letters to the Colossians and to Philemon*, 297.

한과 지위를 바울이 상당히 제한한다는 점과 다른 서신에서 "남자나 여자나"(갈 3:28) 차별이 없다고 말한 점은, '십자가의 복음이 지닌 효력을 종속'이라는 용어로 그릇되게 설명한 시각이 있었음을 보여준다.

3. 자녀와 부모

현대 청중에게 자녀와 부모의 관계에 대한 바울의 논의[111]는 노예나 여성에 대한 논의에 비해 거부감이 덜하다. 헬라의 가정 규약과 차별화를 시도한 이 가정 규약에는, 자녀의 일방적 순종이 아니라 아버지의 의무를 강조하는 유사한 흐름이 나타난다. 물론 바울의 교훈은 부모에 대한 자녀의 순종(출 20:12; 신 5:16)과 자녀에게 주의 길을 가르쳐야 하는 부모의 의무(예를 들어, 출 10:2; 신 4:9)를 모두 인정하는 구약과 분명하게 일치한다. 이러한 배경은 바울이 여기에서 강조하는 핵심의 예고편에 해당한다. 자녀는 부모에게 순종하고 아버지는 자녀의 양육에 책임을 져야 한다는 구약의 요청은, 궁극적으로 하나님의 교훈과 계명을 전수해야 하는 일의 중요성에 초점이 있다. 어린 자녀는 '선악을 분별하지 못하므로'(신 1:39) 아비는 그들에게 '이 율법의 모든 말씀을 지키도록'(32:46) 가르쳐야 한다. 가정 규약에서 자녀와 아비에게 하는 요청 역시 궁극적으로 최종적 관심의 대상이신 "주"를 가리킨다.

가정은 또한 매일 노력하고 고투하면서 만유의 주께 순종하는 삶을 영위하도록 훈련하는 장이 되어야 한다. 부모는 매일의 가정사를 예전적 행위로 바꾸어 가족이 바울의 요청을 따라 행하도록 도울 수 있다. "무엇을 하든지 말에나 일에나 다 주 예수의 이름으로 하고."[112] 이것은 성인이 어린 시절의 신앙을 회복하도록 돕는 요인을 연구하는 사람들에게 중요한 주제이다.

> 효과적인 종교적 사회화는 일상의 자연스러운 행위를 통해 이루어진다. 다시 말해, 먹고, 자며, 대화하고, 거주하는 공간을 꾸미며, 휴일을 즐기면서 공동체의 일원으로 동참하는 가정의 일상적인 습관과 견고하게 결합된 구체적이고 의도적인 종교적 활동으로 이루어진다. 이런 일상 속의 훈련과 비교할 때, 종교 지도자들의 공식적인 가르침은 종종 그 의미가 퇴색된다.[113]

그리스도를 주로 고백하는 부모로서, 부모에게 순종하라는 자녀를 향한 요청은 더 넓은 하나님의 가정에서 부모가 지는 책임을 더욱 강조한다.

---

111. "아비"에 대한 교훈은 오늘날에는 양 부모에게 모두 적용할 수 있다.

112. 예전적 행위로서 신실한 매일의 삶에 대해서는 3:12–17에 대한 '적용에서의 신학'을 보라.

113. Robert Wutnow, *Growing Up Religious: Christians and Jews and their Journeys of Faith* (Boston Beacon, 1999), xxxi–xxxii.

자기 백성을 위한 하나님의 사랑을 묘사할 때 부자 관계를 활용한 것도 구약 전승에서 중요하다. "아버지가 자식을 긍휼히 여김같이 여호와께서는 자기를 경외하는 자를 긍휼히 여기시나니"(시 103:13). 하나님이 반역한 자녀들까지 긍휼히 여기시듯이(사 1:2) 바울은 아비들에게 주를 본받아 자녀를 노엽게 하지 말라고 권면한다. 아비들은 자기 백성을 향한 하나님의 사랑을 재현함으로 새 사람이라는 정체성에 부합하게 행하라는 요청을 받는다.

자녀를 학대하는 문제는 하나님의 은혜로우신 사랑을 재현하라는 요청에 대한 논의에서 다룰 수 있다. 자녀는 부모에게 '순종해야' 하지만 아비들(과 어머니들)은 자녀를 "노엽게" 해서는 안 된다. 이것은 자녀에 대한 아비들의 '권한'을 분명하게 제한하는 요청이다. 나아가 바울이 반복해서 지적한 대로 가정의 진정한 "주"는 예수님이시다. 그러므로 아비들은 또한 이 최종적 권한을 가지신 분께 책임을 져야 한다. 더 중요한 점은, 하나님의 부성애적 사랑을 본받는 문제를 다룰 때 아비들이 하나님 아버지의 은혜로운 사랑의 모범을 보여야 한다는 긍정적 동기 부여를 받아야 한다는 것이다. 우리가 자신의 책임 아래 있는 사람들에게 하나님의 은혜의 도구로 사용되는 길은, 궁극적으로 아버지인 우리가 그리스도의 죽음과 부활에 참여하는 것이다.

4. 종과 상전

종과 상전의 관계에 대해서는, 이 가정 규약에 나타난 노예제에 관한 바울의 인식 문제를 먼저 다루어야 한다. 특히 "누구나 알듯이 교회는 노예제 폐지에 반대해왔다"[114]라는 비난처럼 교회가 종종 이 문제에 침묵한다고 비난하고 복음을 거부하는 명목으로 이것을 계속 악용하는 사람들이 있기 때문에, 이 문제는 꼭 짚고 넘어가야 한다. 교회가 역사적으로 신약의 교훈에 충실했는지는 논의의 범위를 넘어서는 문제이지만, 바울이 이 주제에 대해 침묵한다는 주장은 오해의 소지가 있다.

앞에서 지적한 것처럼 이 가정 규약은 세상 상전의 권위와 권한을 상대화하여 노예제의 기본 정신에 도전장을 내민다. 그들은 '하늘에 계신 상전'(4:1)의 종일 뿐이며 그들의 "주"는 분명히 그리스도이시다(3:24). 나아가 바울은 종을 "유업"의 상속자(3:24)로 봄으로써 그들이 '하나님의 사랑하는 아들의 나라'(1:13)에서 자녀라는 영적인 지위를 확인한다. 이 지위를 근거로 삼아 공평하신 하나님에 대한 언급(3:25)과 상전이 종에게 "의와 공평"을 베풀라는 요청(4:1)을 이해할 수 있다. 종과 상전이 평등하다고 명시적으로 언급하지 않지만, 이 규약은 이 점을 분명히 암시한다. 가정 규약은 "새 사람"을 "종이나 자유인"의 차별이 사라진 상태(3:11)라고 묘사한 앞의 언급에 비추어 읽어야 한다.

---

114. Bertrand Russell, "Has Religion Made Useful Contributions to Caivilization?" in *Why I Am Not a Christian* (New York: Simon and Schuster, 1957), 26.

가정 규약의 직접적 맥락을 떠나 빌레몬서와의 연관성도 주목해야 한다. 두 서신은 바울이 로마에 투옥된 동일한 시기에 동일한 지역에 보내졌기 때문에, 골로새서의 가정 규약은 빌레몬에게 보낸 편지에서 오네시모를 '더 이상 노예가 아닌 노예 이상의 사랑하는 형제로'(몬 1:16) 받아들이라고 요청한 것과 연결해서 읽어야 한다. 나아가 바울이 오네시모를 그의 "아들"(몬 1:10)이라고 부르는 것은 하나님의 집에서 그의 위치를 재고해야 한다는 중요한 의미를 보여준다. 노예의 지위에 대한 재고는 골로새서 전반의 흐름과 일치한다.

노예제에 대한 바울의 인식이라는 문제를 다루기 전에 현대 독자는 그리스-로마 세계의 노예제와 보다 최근인 미국의 노예제가 어떤 차이가 있는지 확인해야 한다. 역사가들은 "고대 노예제의 역사는 그리스-로마 사회의 역사일 수 있다"라고 반복해서 강조했다. 현대의 노예제 역시 마찬가지이다.[115] 최소한 그리스-로마 시대의 노예제를 간단히 개괄하지도 않고서[116] 노예제에 대한 바울의 개별 진술을 살필 경우에는 신중하게 접근해야 한다.

노예의 역할에 대한 바울의 논의가 함축하는 메시지는, 고대 노예제에 대한 그의 입장을 변호해야 하는 필요성 때문에 쉽게 간과되는 경우가 많다. 그러나 이 메시지의 의미를 온전히 전달하는 일은 복음 사역자인 우리에게 달려 있다. 앞에서 지적한 것처럼 상대적으로 긴 분량을 할애하는 종에 대한 논의는, 종과 신자의 행실이 평행 관계에 있음을 드러내는 것이 그 목적이다. 이것은 3:23에서 가장 잘 드러난다. 바울이 종에게 한 요청("무슨 일을 하든지 마음을 다하여 주께 하듯 하고 사람에게 하듯 하지 말라")은 앞서 나온 신자를 향한 일반적 요청("무엇을 하든지 말에나 일에나 다 주 예수의 이름으로 하고")을 반복한 것이다. 바울은 초점을 종의 지위에서 신자의 처신으로 옮겨가면서 신자가 주께 절대적으로 복종함으로 이러한 자기 이해를 수용할 것을 촉구한다.

이런 해석은 바울이 골로새 교회의 설립자인 에바브라를 "그리스도 예수의 종"(4:12)이라고 언급한 데서 확증된다. 이 호칭은 그리스도를 통한 하나님의 구속 사역에 근거한다. 그분은 자기 백성을 죄의 속박(롬 6:20; 7:14; 8:21)과 세상의 초등 학문(갈 4:3; 엡 2:2)에서 건져주셨다. 그러므로 신자는 그리스도와 의의 종으로 부르심 받는다.

> "너희 자신을 종으로 내주어 누구에게 순종하든지 그 순종함을 받는 자의 종이 되는 줄을 너희가 알지 못하느냐 혹은 죄의 종으로 사망에 이르고 혹은 순종의 종으로 의에 이르느니라"(롬 6:16; 참고. 6:18; 14:18).

"순종의 종"이 되라는 요청은 그리스도가 먼저 '자신을 비워 종의 형체를 가지셨던'(빌 2:7) 행위에 근거를 둔다. 자기를 비우는 겸손의 행위는 '죽기까지 복종하신'(빌 2:8) 데서 정점에 이

115. Moses I. Finley, *Ancient Slavery and Modern Ideology* (New York: Penguin, 1983), 66.

116. 이런 개관 작업에 대해서는 '빌레몬서 서론'을 보라.

른다. 그리스도의 삶과 죽음이 순종의 종이 되어야 할 신자의 모범이 된 것은 바로 이 심상 때문이다(참고. 롬 14:8–12; 고후 5:14–21).[117] 그리스도의 죽음과 부활에 참여한다는 골로새서의 언급(2:11–13, 20–23; 3:1–4)은 그분의 종이 되라는 요청의 근거가 된다.

아리스토텔레스가 종의 역할과 지위를 설명한 것은, 그리스도의 종이 된다는 것의 의미를 이해하는 데 도움을 줄 것이다.

> 첫째, "본성적으로 자기 자신의 주인이 아니고 다른 사람이 주인인 자는 근본적으로 노예의 본성을 가진다." 둘째, "사람이면서 재산의 한 항목인 자는 누구든지 다른 사람의 소유이다." 셋째, "재산 목록이라는 것은 용도에 맞게 사용될 도구이므로 그 소유자에게서 분리할 수 없다"(*Pol.* 1.1254a).

신자는 '무엇을 하든지 주 예수의 이름으로 하도록'(3:17) 부르심 받기 때문에, 우리 역시 그리스도의 종이 되도록 부르심을 받는다. 그분께 속한 사람은 그분의 영광을 위한 도구로 사용되어야 한다. 이 관점을 더 발전시키고자 하는 목회자는 그리스도의 종으로서 우리가 맡은 역할을 설명하기 위해 악기를 예로 들 수 있다. 악기는 연주되지 않으면 아무 쓸모가 없듯이 우리 역시 그리스도의 도구, 즉 악기가 되지 않으면 소용이 없다. 악기가 그 연주자에게 영광을 안겨주듯, 우리의 유일한 목표는 우리 주님께 영광을 돌려드리는 것이다. 나아가 악기로서 우리는 주님의 '의지'의 도구가 되도록 부르심 받으므로 우리 '뜻'을 고집할 이유가 없다.

117. 예를 들어, I. A. H. Combes, *The Metaphor of Slavery in the Writings of the Early Church: From the New Testament to the Beginning of the Fifth Century* (JSNTSup 156; Sheffield: Sheffield Academic, 1998), 92를 보라. 바울의 종에 대한 심상은 오직 이 십자가의 신학과 관련해서 볼 경우에만 유의미하다는 그의 주장은 옳다.

골로새서 4:2–6

CHAPTER 10

문학적 전후 문맥

바울은 가족 관계를 다룬 단락을 끝내고 무작위로 모은 듯한 "다소 일반적인 권면"으로 넘어간다.[1] 많은 주석가는 이 단락을 단순하게 "결론적 권면 단락"이나[2] "권면 모음 단락"[3]이라고 보았다. 그러나 전체적인 논증의 흐름과 연관지어 이 단락을 읽으면, 이 단락과 앞 문맥의 연관성이나 강조하고자 하는 핵심이 선명하게 드러난다.

이 단락은 기도를 중단하지 말고 깨어 있으라(2절)는 요청으로 시작한다. 이 요청은 가정 규약(3:18–4:1)에서도 확인했듯이 종말론적 암시를 내포한다. 장차 받을 "기업의 상"(3:24), 행위에 따라 보응할 공평한 재판장이신 주(3:25), '하늘에 계신 상전'이신 예수님(4:1)에 대한 언급은, 말세에 그의 백성과 함께 영광 가운데 나타나실 그리스도에 대한 언급(3:4)을 떠오르게 한다. 끝까지 기도하며 깨어 있으라는 이 단락의 요청은, 예수님의 죽음과 부활로 시작된 종말론적 실재를 기억하며 살아야 할 신자에게 요구되는 일반적 요청이다.

"감사함으로"(2절)라는 전치사구 역시 앞 단락(3:15–17)의 가정 규약에서 감사를 거듭 강조한 것을 연상시킨다. 그러므로 감사에 대한 언급들은 어떤 의미에서는 가정 규약을 해석할 틀을 제시하는 셈이다. 신자는 감사의 삶을 살며 창조주를 주로 인정하라고 요청받으므로, 가정 규약은 그리스도의 주 되심을 기본적 사회 단위인 가정에서 어떻게 실현할 수 있는지를 구체적으로 예시한 것이라 할 수 있다.

"기도"(2절)는 이 단락의 전반부(2–4절)를 지배하고, 동시에 골로새서의 도입부와 이 단락을 연결한다. 바울은 서신 도입부(1:9–14)에서 골로새 교인들이 하나님을 아는 지식에서 자라갈 수 있게 해달라고 기도했다. 이제 바울은 기도의 주제로 다시 돌아가서 골로새 교인들이 복

---

1. Sumney, *Colossians*, 255.
2. Dunn, *Epistles to the Colossians and to Philemon*, 261; 참고. Alett, *Saint Paul Épître aux Colossiens*, 257; Barth and Blanke, *Colossians*, 451.
3. Moule, *Epistles to the Colossians and to Philemon*, 132.

음을 통해 누린 성취를 다른 사람들도 누리도록 바울을 위해 기도해달라고 요청한다.

2–4절이 기도를 강조한다면, 5–6절은 하나님을 영화롭게 하는 그리스도인의 행실에 초점을 맞춘다. 어떤 학자들은 두 단락이 별개의 두 가지 주제를 다룬다고 보았다.[4] 그러나 바울은 두 단락에서 모두 교회 밖의 사람들에게 복음을 전하는 일에 관심을 보인다. 2–4절에서는 "그리스도의 비밀을 말하게"(3절) 할 문이 열리도록 기도를 요청한다면, 5–6절에서는 신자가 "외인에게 대해서는 지혜로 행하[며]"(5절) 지혜롭게 말하도록(6절) 격려한다. 바울은 일반적인 권면을 무작위로 소개하는 것이 아니라, 논의가 절정을 향해 나아가도록 의도를 갖고 전개해나간다. 이것은 아들을 통한 하나님의 구속 사역의 복음을 전하면서 바울과 신자가 맡은 중재의 역할을 인정할 때 명확해진다.

- 아버지의 지속적인 사역(1:3–14)
- 아들의 중대한 사역(1:15–23)
- 바울의 사도적 사명(1:24–2:5)
- 신자의 신실함(2:6–4:1)
- 세상을 향한 종말론적 선교(4:2–6)

바울은 세상을 향한 선교에 초점을 맞춘 후 자신이 보낸 메신저를 소개(7–9절)하고, 동료들의 안부 인사(10–14절)와 골로새 근방에 사는 사람들을 향한 인사(15–17절)를 전하며, 친필 서명(18절)을 끝으로 서신을 마무리한다.

V. 신자의 신실함(2:6–4:1)

➡ **VI. 종말론적 세계 선교(4:2–6)**

A. 종말론적 긴장 속에 드리는 기도(4:2)

B. 바울과 그의 선교를 위한 기도(4:3–4)

C. 외부인에 대한 증언(4:5–6)

VII. 마지막 인사(4:7–18)

4. Callow, *Semantic Structural Analysis*, 150. 그는 "그리스도인의 행실을 다루는 점"이 두 단락의 공통된 근거라고 본다.

주요 개념

기도로 깨어 있어야 하는 신자들은 하나님의 구속 사역을 선포하는 일에 동참하도록 부르심을 받는다. 그들은 복음 확장을 위해 신실하게 기도하며 삶으로 복음을 선포해야 한다.

번역

골로새서 4:2-6

2a	권면	**기도를 계속하고**
b	부대 상황	기도에 감사함으로 깨어 있으라
3a	동시적 행동	또한
		우리를 위하여 기도하되
b	내용	하나님이 전도할 문을 우리에게 열어 주사
c	목적	그리스도의 비밀을 말하게 하시기를 구하라
d	설명	내가 이 일 때문에 매임을 당하였노라
		그리하면
4a	내용	내가…이 비밀을 나타내리라
b	방법	마땅히 할 말로써
5a	권면	**외인에게 대해서는 지혜로 행하여**
b	확장	세월을 아끼라
6a	권면	**너희 말을 항상 은혜 가운데서…하라**
b	예시	소금으로 맛을 냄과 같이
c	목적	그리하면…알리라
		각 사람에게 마땅히 대답할 것을

구조

바울은 신앙고백을 생활 방식으로 드러내야 할 필요성을 보여주었다. 신자로서 적절한 행위와 부적절한 행위(3:5–17)에 대한 논의는 "또 무엇을 하든지 말에나 일에나 주 예수의 이름으로 하[라]"(3:17)는 요청에서 정점에 이른다. 이 요청은 인생의 모든 영역에서 그리스도의 주 되심을 인정하라는 논의의 연장선상에 있다. 이어지는 가족 관계에 대한 논의(3:18–4:1)는 그리스도의 주 되심을 우선적으로 적용해야 하는 구체적 상황을 소개한다. 이제 이 단락에서는 신자가 기독교 공동체 밖에서 보여야 할 처신을 다루면서 이 주제를 확장한다.

바울은 신자에게 끈질기게 기도하라는 요청으로 시작한다(2a절). 이 요청은 방심하지 말고 깨어 있으라는 언급을 수반하는데(2b절), 이는 바울이 전하는 메시지의 종말론적 긴급성을 암시한다. 종말론적 언급을 중심으로 전개되는 이 단락은 신자가 하나님의 구속 계획에 참여할 수 있는 방법을 암시한다. 첫째, 바울은 자신과 동료들이 그리스도의 비밀을 선포할 길을 열어주시도록 하나님께 기도해달라고 요청한다(3a–c절). 둘째, 바울은 자신에게 주어진 일을 감당할 수 있도록 구체적으로 기도해달라고 요청한다(4a절). 두 요청은 모두 그리스도를 위해 고난을 감수하고(3d절) 하나님이 미리 정하신 계획에 동참하는 자로서 바울이 받은 부르심에 근거한다. 이 일은 반드시 해야 하는 일이다(4b절).[5]

다음으로 바울은 기독교 공동체 밖의 사람들에게 복음을 증언해야 하는 신자의 책무를 다룬다(5–6절). 두 부분으로 구성된 이 단락은 "외인"들에 대해 지혜롭게 행하라는 요청으로 시작하며(5a절), 바로 뒤이어 이 요청의 종말론적 긴급성을 강조하는 분사절이 나온다. "세월을 아끼라"(5b절). 두 번째 요청은 은혜 가운데서 말해야 하는 것을 강조한다(6a–b절). 외인들의 질문과 도전에 반응하기 위해 필수적인 기본 내용을 알고 있어야 할 필요성을 이 요청의 근거로 제시한다(6c절). 바울이 복음을 선포하는 자신의 사명에 충실했듯이, 신자 역시 바울을 본받아 그의 선교를 계승하도록 요청받는다.

석의적 개요

➡ **I. 종말론적 세계 선교(4:2–6)**
- **A. 종말론적 긴장 속의 기도(4:2)**
- **B. 바울과 그의 선교를 위한 기도(4:3–4)**
  1. 하나님이 문을 열어주시도록(4:3a–b)
  2. 바울이 그리스도의 비밀을 드러내도록(4:3c–4)
- **C. 외부인들을 향한 증언(4:5–6)**
  1. 지혜로 행하라(4:5)
  2. 은혜 안에서 말하라(4:6)

5. 고난과 그 필연성에 대한 주제는, 바울이 그리스도의 복음을 전하도록 부름 받은 맥락에서 함께 등장한다. "이 사람은 내 이름을 이방인과 임금들과 이스라엘 자손들에게 전하기 위하여 택한 나의 그릇이라 그가 내 이름을 위하여 얼마나 고난을 받아야 할 것을 내가 그에게 보이리라 하시니"(행 9:15–16).

본문 설명

4:2 기도를 계속하고 기도에 감사함으로 깨어 있으라(τῇ προσευχῇ προσκαρτερεῖτε, γρηγοροῦντες ἐν αὐτῇ ἐν εὐχαριστίᾳ). 가정 규약에 대한 논의에 이어 기도를 거론한 점이 현대 독자에게는 생소할 수 있다. 하지만 이 예배의 주제는 3:15-17에서 강조한 내용을 그대로 연장한 것이다. "말에나 일에나"(3:17) 하나님/그리스도를 중심으로 삶을 영위해야 한다는 측면에서 예배를 재정의한 앞 단락에 비추어보면, 늘 기도하며 살라는 이 단락의 요청이 충분히 이해된다. 바울은 개인의 기도 행위라는 좁은 의미를 강조하는 것이 아니라, 기도함으로 깨어 있어야 하는 개인의 전반적 실존을 지적하고 있다.

'기도를 계속하라'는 요청은 일관되고 성실하게 예배자로 살아야 할 필요성을 가리킨다. '계속하라'는 명령형은, 특별히 박해 속에서도 오래 참는 것을 언급한 맥락에서 '끝까지 견디는 것'이라는 뜻이다(참고. 롬 12:12). 그러나 이 맥락에서는 기도 생활에 전적으로 헌신해야 함을 가리키며, 많은 현대 번역본이 선택한 "기도에 자신을 헌신하라"는 번역은 이 의미를 잘 반영한다(예를 들어, NASB, NRSV, HCSB, NLT, TNIV, NIV). 다른 본문에서 믿음의 공동체는 "마음을 같이하여 오로지 기도에 힘[쓴]"(행 1:14) 사람들로 묘사된다. 또한 골로새서 4:2에서 기도에 대한 언급은, 바울이 앞에서 신자들을 위해 지속적으로 기도한다고 말한 것을 떠오르게 했을 수 있다. "너희를 위하여 기도하기를 그치지 아니하고 구하노니 너희로 하여금 모든 신령한 지혜와 총명에 하나님의 뜻을 아는 것으로 채우게 하시고"(1:9). 골로새 성도들이 그리스도 안에서 신실하도록 기도해온 바울은 이제 그들에게 복음이 계속 전파되도록 이 동일한 일에 동참하라고 요청한다.

1:9과 연결해서 이 절을 읽으면, 바울의 저작과 신약 전반에서 기도가 지닌 중요성을 이해할 수 있다. 바울에게 기도는 단순히 개인적 소망과 바람을 하나님께 알리는 행위가 아니었다. 기도는 신자가 역사 속에서 전개되는 하나님의 구속 계획에 참여하는 하나의 방편이었다.[6] 사도행전 4:24-30에는 초대 그리스도인의 전형적인 기도가 기록되어 있다. 이들은 박해를 받는 가운데서도 고난에서 건져달라고 기도하지 않고 계속해서 담대히 말씀을 전하게 해달라고 기도했다. 여기서 바울도 이 복음 선교에 기도로 계속 참여하도록 신자를 격려한다.

'깨어 있어'(γρηγοροῦντες)라는 분사는 명령형으로 해석해서 "독립된 명령"으로 보기도 한다.[7] 그러나 다른 본문에서처럼 이 분사는 앞의 '기도를 계속하라'는 요청을 수식하는 상황의 분사로 해석해야 한다.[8] 동사 γρηγορέω는 중대한 상황에서 기도하라는 요청과 함께 등장하고["시험에 들지 않게 깨어 있어 기도하라(γρηγορεῖτε καὶ προσεύχεσθε)"(막 14:38; 참고. 마 26:41)], 종종 마지막을 염두에 둔 종말론적 맥락에서 사용된다(예를 들어, 살전 5:6; 계 3:3; 16:15; 참고. 고전 16:13).[9] 이 단락에 등장하는 종말론적 의미를 암시하는 여러 단어와 구절을 감안할 때,[10] '깨어 있어'도 이 종말론적 틀 안에서 읽어야 한다.

---

6. 이것은 바울의 사명이 복음 중심적이라는 견해와 일치한다(롬 15:30-33; 엡 1:15-23; 3:14-21; 빌 1:9-11; 골 1:9-14; 살전 3:11-13). Carson, "Paul's Mission and Prayer," 175-84.
7. Lohse, *Colossians and Philemon*, 164.
8. 이 상황의 분사의 정확한 기능이 무엇인지는 결정하기 더 어렵다. 수단의 분사로 해석되어 "감사함으로 그 안에서 계속 깨어 있음으로"라고 번역되기도 한다(James P. Sweeny, "The Priority of Prayer in Colossians 4:2-4," *BSac* 159 [2002]: 318). 그러나 이 해석은 다음 분사인 "기도하되"(3절)의 기능을 설명하는 데 어려움이 있다. "또한 우리를 위해 기도하되"(3절)는 2절의 명령형(깨어 있으라)의 수단으로 보이지 않는다. 이 두 동사는 서로 연관된 동사로서 명령형일 수 있지만 종속된 행위로만 보아야 한다.
9. 이 용어의 종말론적 의미에 대해서는 Evald Lövestam, *Spiritual Wakefulness in the Testament* (Lund: Gleerup, 1963), 76-77을 보라.
10. Dunn (*Epistles to the Colossians and to Philemon*, 262)은 골로새서 4:2-6의 다음 구절과 용어에 주목한다. '그리스도의 비밀', '선포하

이 점은 에베소서 평행 구절에서도 강조된다. 에베소서에서 '깨어 있으라'(엡 6:18)[11]는 요청은, 하나님의 전신갑주를 입고 "통치자들과 권세들과 이 어둠의 세상 주관자들과 하늘에 있는 악의 영들"(엡 6:12)과 싸우라는 부르심 뒤에 등장한다. 골로새서에서는 1:12–14에서 종말론적 시대의 여명이 밝았음을 이미 지적한 바 있다. 바울은 이제 신자가 예수 그리스도의 재림을 고대하며 깨어 있어야 함을 강조한다(참고. 3:4). 신자는 그리스도가 십자가에서 이미 이루신 결정적 승리(2:15)에 동참함으로 그 승리의 최종적 완성을 기다리며 살도록 부르심 받는다.

3:15–17에서 감사를 여러 번 언급한 점을 볼 때, "감사함으로"(ἐν εὐχαριστίᾳ)라는 표현으로 이 주제가 다시 등장한 것에 주목해야 한다. 이 구절은 그리스도의 주 되심을 강력히 천명한 앞 단락의 적절한 결론일 뿐 아니라, 그리스도의 주 되심을 인정하며 계속해서 감사하는 삶을 살아야 할 필요성을 강조한다. 종말론적 맥락에서 이렇게 감사를 언급한 사실이 현대 독자에게는 낯설게 느껴질 수 있다. 하지만 감사가 먼저 베푼 친절에 반응하는 것이라는 우리의 인식과 달리, 바울에게 감사는 마치 하나님의 미래적 사역이 이미 완성된 현실인 것처럼 그 사역에 반응하라는 요청을 상징하므로 미래적 의미를 지닌다.

예를 들어, 바울은 고린도전서 15:57에서 하나님의 구속 사역의 최종 완성에 대해 감사하라고 요청한다. "우리 주 예수 그리스도로 말미암아 우리에게 승리를 주시는 하나님께 감사하노니."[12] 그리스도의 영광이 온전히 계시될 미래를 기대하며 살아가라고 말하는 단락에서 감사는 적절한 요청이다. 그러므로 여기서 감사 모티브는, 미래에 계시될 그리스도의 영광의 확실성과 신자가 그 미래적 현실을 기대하며 그리스도의 주 되심에 복종해야 할 필요성을 확언하는 역할을 한다.

4:3a–b 또한 우리를 위하여 기도하되 하나님이 전도할 문을 우리에게 열어 주사(προσευχόμενοι ἅμα καὶ περὶ ἡμῶν, ἵνα ὁ θεὸς ἀνοίξῃ ἡμῖν θύραν τοῦ λόγου). 이제 바울은 관심을 골로새 교인에게서 공동체 외부인들에게로 옮긴다. "깨어 있으라"와 평행을 이루는 분사 "기도하되" 역시 "기도를 계속하고"(2절)를 수식한다. 이 언급에는 신자가 전심으로 구해야 할 "기도"의 내용을 명확하게 밝혀주는 측면이 있지만, 이 절과 앞 절이 평행 관계를 이룬다는 점도 중요하다.[13] 그리스도의 비밀을 선포하도록 기도한다는 것은, 이 종말론적 시대에 기도로 깨어 있음을 증명해준다.

이 절에서 두 번 사용된 대명사 "우리"(ἡμῶν, ἡμῖν)는 바울과 디모데(1:1)와 에바브라(1:7; 4:12)를 포함한 그의 동료들을 가리킬 가능성이 있다.[14] 물론 뒤에서는 단수 대명사("내가", 4절)와 1인칭 단수 동사("내가…매임을 당하였노라", 3절; "내가…나타내리라", 4절)를 사용하여 자신의 사명을 강조한다. 따라서 이 복수 대명사는 서신용 복수가 아니라, 바울이 자신의 선교에 초점을 맞추기 전에 종말론적 선교에 대해 일반적인 진술을 한 것으로 보아야 가장 적절하다.

기도에 관한 문맥에서 ἵνα는 기도의 목적이 아니라 기도의 내용을 가리킨다(참고. 1:9). 바울은 전도의 지속적 확장에 강조점을 둔다. 다른 본문에서 바울은 복음

다', '마땅히'(2번), '세월을 아끼라.'

11. 여기서 깨어 있으라는 요청에 대해 사용된 동사는 ἀγρυπνοῦντες이다.
12. 바울 서신 외에 하나님의 미래적 사역과 관련해 감사를 명시적으로 언급한 경우는, 요한계시록 11:17–18의 종말론적 감사 기도에서 볼 수 있다.
13. 현대 번역본은 대부분 이 분사를 명령형으로 해석해서(예를 들어, NRSV, NLT, NET, CEV, TNIV, ESV, HCSB, NIV) 이 평행법의 중요성을 간과한다. Barth and Blanke (*Colossians*, 452)의 말을 유의해서 보아야 한다. 이들은 두 분사절의 평행 구조를 강조한다. 또한 마태복음 26:41과 마가복음 14:38의 '기도함'과 '깨어 있음'의 평행도 주목해서 보라.
14. 이 복수는 또한 다음 10–14절에 등장하는 명단의 예고편일 수 있다.

전파의 기회에 대해 열린 "문"이라는 비유를 사용한 적이 있다(참고. 고전 16:9; 고후 2:12).[15] "전도할"(for the word, τοῦ λόγου)[16] 문을 열어달라는 표현은, 1:5의 강력한 "복음 진리의 말씀", 즉 '열매를 맺어 자라며' 청중에게 '이른' 말씀을 생각나게 한다.[17] 이 능동적이고 강력한 말씀에 대한 강조는 복음 메시지의 내재적 능력을 암시한다. 그러므로 "우리의 메시지"(NIV)처럼 '우리의'라는 대명사로 번역하는 것은 문제가 있다.

이 분사절과 앞의 분사절의 평행 관계는 깨어 있음과 선교가 연관된다는 사실을 암시하기 때문에 더 주목해야 한다. 바울은 그리스도의 재림을 기다리며 수동적으로 깨어 있는 데 머무르지 말고, 바울과 동료들처럼 그리스도가 재림하시기 전에 선교에 동참할 것을 요청하며 이 종말론적 순간의 긴박성을 인식하라고 호소한다.

신자가 깨어 있어야 한다는 것과 그들의 적극적 책임을 강조하는 것은 예수님의 교훈에서도 볼 수 있다. 이것은 마태복음 25장의 두 종말론적 비유에서 가장 잘 설명된다. 첫 번째로, 열 명의 처녀 비유에서 신자는 메시아의 오심을 기대하며 깨어 있으라고 요청받는다. 골로새서 문맥에 등장한 종말론적 용어들은 이 마태복음 본문에도 등장한다. "문"(25:10), '열린'(25:11), "깨어 있으라"(25:13). 두 번째로, 달란트 비유(마 25:14-30; 참고. 눅 19:11-27)에서는 그리스도가 재림하시기 전에 시간을 지혜롭게 사용하라고 요청하며 신자의 책임으로 초점을 이동한다.[18] 신실함에 대한 강조(참고. 마 25:21, 23)는 종말론적 시기를 살아가는 신자가 적극적으로 선교에 참여해야 함을 드러낸다. 바울은 이 맥락에서 예수님의 교훈과 마찬가지로 깨어 있는 것과 선교를 모두 강조한다. 특별히 "깨어 있으라"(2절)는 표현은 "세월을 아끼라"(5절)는 요청과 짝을 이룬다.

4:3c-d 그리스도의 비밀을 말하게 하시기를 구하라 내가 이 일 때문에 매임을 당하였노라(λαλῆσαι τὸ μυστήριον τοῦ Χριστοῦ, δι' ὃ καὶ δέδεμαι). 바울은 이제 "전도할 문"을 열어주시도록 하나님께 구하라는 요청의 목적을 구체적으로 밝힌다. 그리고 바울은 자신과 동료들의 "그리스도의 비밀을 말하[는]" 사명을 강조한다. 이 "비밀"은 앞에서 사용된 용례들을 볼 때, 종말론적 의미를 내포하고 있음이 분명하다. 이 본문의 논의와 1:25-26이 평행 관계인 이유는 "비밀"이 "하나님의 말씀"과 평행을 이루기 때문이다. 이 "비밀"은 "만세와 만대로부터 감추어졌던 것인데 이제는 그의(하나님의) 성도들에게 나타났[다]"(1:26).[19] 바울이 이 비밀을 "너희 안에 계신 그리스도"라고 밝혔을 때, 그는 "영광의 소망"(1:27)이신 그리스도라는 비밀의 종말론적 의미도 계속 강조하는 것이다. 바울은 2:2에서 자신의 사명이 "하나님의 비밀인 그리스도"를 선포하는 것이라고 단언했다.

이런 언급들은 4:3c-d을 설명하는 데 도움이 된다. 첫째, 여기서도 "그리스도의 비밀"은 종말론적 관점에서 이해되어야 한다. 바울은 골로새의 상황을 다룬 뒤 종말론적 선교가 지속되기를 기대한다. 나아가, 2:2에 비추어볼 때 "그리스도의"는 설명적 보족의 소유격('비밀, 즉 그리스도')으로 이해해야 한다.[20] 소유의 소유격("그의 은밀한 계획", NLT)이나 참조의 소유격("그리스도에 대한 비

---

15. Pokorný, *Colossians*, 186은 "문"이 구원론적 비유로서 특별한 상관성이 있음을 지적한다. (1) 좁은 입구, (2) 문이 닫힐 가능성, 따라서 심판의 주제, (3) 새로운 실존 상태의 시작을 묘사할 때 "문"이라는 표현이 사용된다.

16. '말씀을 위해'는 목적격 소유격으로 해석한 것이다.

17. 1:5에 대한 설명을 참고하라. 또한 사도행전 6:7, 12:24, 19:20에서 살아 있는 강력한 하나님의 말씀에 대한 묘사를 유의해서 보라. 유대 지혜 전승에서 강력한 말씀은 하나님의 뜻을 성취하는 도구이다(참고. Wis 18:14-16).

18. 이 비유를 그리스도의 재림이 아니라 예루살렘이 멸망하기 전 시기에 대한 언급이라고 보는 사람들에 대한 반박은 다음을 보라. Klyne R. Snodgrass, *Stories with Intent: A Comprehensive Guide to the Parables of Jesus* (Grand Rapids: Eerdmens, 2008), 533-35.

19. "비밀"의 구약적 배경에 대해서는 1:26a에 대한 설명을 보라.

20. Harris, *Colossians and Philemon*, 194; MacDonald, *Colossians and Ephesians*, 171.

밀", CEV)으로 볼 이유가 없다.[21] 바울은 앞에서 종말론을 논의할 때도 하나님의 약속의 성취가 그리스도의 영광의 마지막 계시 안에 포함되어 있다는 그리스도 중심적 시각을 견지했다(참고. 3:1–4).

"내가 이 일 때문에 매임을 당하였노라"는 바울이 복음을 위해 투옥된 것을 가리킨다. 1:24–25을 환기시키는 "비밀"에 대한 언급을 생각해볼 때, 바울의 투옥에 대한 언급은 그가 1:24에서 언급한 고난의 구체적 사례라고 할 수 있다. 1:24을 종말론적 고난이라는 더 큰 맥락에서 이해해야 하기 때문에, 바울은 여기서 자신의 투옥 역시 고난의 맥락에서 소개하는 것이다. 바울의 이야기(롬 15:22–33)와 누가의 기록(행 20–26장)은 모두 바울이 투옥된 것이 복음을 전한 직접적 결과라고 말한다. 복음 전파의 대상에는 유대인과 이방인이 모두 포함된다.

투옥과 그리스도의 비밀, 구체적으로 하나님의 구속계획에 유대인과 이방인이 모두 포함된다는 비밀(참고. 엡 3:1–7)이 맺는 관계에 대한 바울의 언급은 여기서 추가적인 수사학적 의미를 지닌다. 유대인인 바울이 이방인에게 복음을 선포하는 사명을 감당하다가 투옥되었으므로, 이 이방인은 더욱 그들 주변의 "외인"들에게 선교를 계속해야 한다(5절).

4:4 그리하면 내가 마땅히 할 말로써 이 비밀을 나타내리라(ἵνα φανερώσω αὐτὸ ὡς δεῖ με λαλῆσαι). 복음의 신실한 사역자가 되고자 하는 바울은 이제 두 번째 기도 제목을 밝힌다. 4절과 앞 절의 관계는 그동안 계속 논쟁의 대상이었는데, 크게 두 가지로 해석할 수 있다.

(1) 첫 번째는 4절을 하나님이 "문"(3절)을 열어주시도록 구하는 기도의 목적을 나타내는 목적절로 해석하는 것이다. 이 경우 이렇게 해석할 수 있다.

하나님이 문을 열어주시도록 기도하라.
그래서 우리가 그리스도의 비밀을 선포하도록
[그리고]
내가 그것을 분명하게 선포하도록…[22]

(2) 두 번째는 기도 요청의 두 번째 항목으로 읽는 것이다. 이 경우 이렇게 해석할 수 있다.

우리를 위해 기도하라.
하나님이…문을 열어주시도록 [그리고]
내가 그것을 명확하게 선포하도록…[23]

두 해석 중 후자가 더 적절해 보인다. 첫째, ἵνα라는 단어는 3b절("하나님이 전도할 문을 우리에게 열어주사")의 ἵνα와 명백한 평행 관계를 이룬다. 그러므로 바울은 신자에게 기도 요청의 두 번째 항목을 설명하고 있는 것이다. 둘째, 두 기도 항목에 자연스러운 사고의 진전이 드러난다. 첫 번째 항목은 문을 열어주실 하나님께 초점을 맞춘다면, 두 번째는 이 복음을 선포할 바울에게 초점을 맞춘다. 그러나 이렇게 해석한다고 해서 3절의 후반부와 4절의 밀접한 상관성이 부정되는 것은 아니다. 특히 두 절에서 두 동사 '선포하다/말하다'(λαλέω)와 '매이다/마땅하다'(δέω)가 사용된 것을 보면 그렇다.[24]

동사 "나타내리라"(φανερώσω)에는 종종 '계시'라는

21. Callow, *Semantic and Structural Analysis*, 152.
22. Lightfoot, *St. Paul's Epistles to the Colossians and to Philemon*, 229; O'Brien, *Colossians, Philemon*, 240; Moo, *Letters to the Colossians and to Philemon*, 325. 또한 다음을 보라. "so that I may reveal it clearly"(NRSV, 참고. HCSB).
23. Harris, *Colossians and Philemon*, 195; MacDonald, *Colossians and Ephesians*, 172; Sumney, *Colossians*, 259. 또한 TNIV, NIV도 보라. "Pray that I May proclaim it clearly" (cf. KJV, ASV, NAB, NASB, REB, NJB, CEV, GNB, NKJV, NLT, NET, ESV).
24. Bockmuehl (*Revelation and Mystery*, 192)은 λαλέω, δέω, δέω, λαλέω를 포함하는 교차 대구 구조를 여기서 볼 수 있다고 지적하고, 3절과 4절의 마지막 절이 연관된다고 주장한다.

의미가 함축되어 있다. "내가 그것을 명확히 계시하도록"(NRSV; 참고. HCSB). 이 동사는 1:26에서 하나님의 비밀에 대한 계시를 가리켜 사용되고, 3:4에서는 영광 중에 오실 그리스도의 마지막 계시를 가리켜 사용된다. 다른 바울 서신에서 이 단어는 신적 구속 사역(예를 들어, 롬 1:19; 3:21; 16:26; 딤전 3:16; 딤후 1:10)과 최후의 심판(고전 4:5; 고후 5:10; 7:12; 엡 5:13-14)을 언급할 때 가장 많이 사용된다. 그러므로 어떤 학자들은 이 절이 골로새서의 진실성을 의심하게 하는 또 다른 증거라고 생각한다.[25]

그러나 이 맥락에서 하나님이 문을 열어주시는 것은 말씀의 적극적 사역을 강조할 때 이미 함께 언급되었다(4:3). 나아가 바로 뒤의 "마땅히 할 말"이라는 어구(개역개정과는 순서가 반대임-역주) 역시 하나님의 구속 계획을 가리킨다. 그러므로 바울은 거룩한 부르심에 순종해서 복음을 전하기 때문에 이 계획의 도구일 뿐이다. 그러한 계시와 관련하여 바울의 역할과 함께 하나님의 비밀을 계시하기 위해 하나님이 먼저 하신 행동은 이미 1:25-26에서 언급한 바 있다.

> "내가 교회의 일꾼 된 것은 하나님이 너희를 위하여 내게 주신 직분을 따라 하나님의 말씀을 이루려 함이니라 이 비밀은 만세와 만대로부터 감추어졌던 것인데 이제는 그의 성도들에게 나타났고(ἐφανερώθη)."

4절은 앞에 언급된 내용을 참고해서 읽어야 한다. 바울은 자신을 단순히 하나님이 비밀을 나타내시는 데 사용하시는 도구에 불과하다고 인식했다. 자신의 역할에 대한 동일한 인식은 디도서 1:3에서도 볼 수 있다. "자기 때에 자기의 말씀을 전도로 나타내셨으니(ἐφανέρωσεν) 이 전도는 우리 구주 하나님이 명하신 대로 내게 맡기신 것이라." 여기서 바울은 자신을 이미 계시된 내용을 더 명확히 전하는 자일 뿐이라고 말한다.[26]

"내가…마땅히 할 말로서"는, 1:25의 "하나님이 너희를 위하여 내게 주신 직분을 따라"라는 구절을 다르게 풀어 쓴 것이라고 볼 수도 있다. 이런 해석은 "마땅히"(it is necessary, δεῖ)로 번역되는 헬라어에 따라 결정된다. 이 동사는 다른 신약 본문에서 하나님이 미리 정하신 계획으로 발생할 수밖에 없는 일련의 사건을 가리켜 사용된다.[27] 어떤 학자들은 δεῖ의 의미가 종말론적 담화에 뿌리를 둔다고 주장한다.[28] 4절에서 복음을 전파하는 바울의 사도적 사명을 가리켜 사용된 이 단어는, 누가가 바울이 다메섹에서 겪은 사건을 묘사할 때 하나님의 "택하신 도구로 그리스도의 이름을 위하여 고난을 받아야 하는(δεῖ)"(행 9:15-16)이라는 표현을 쓴 것과 비교할 수 있다. 바울이 하나님의 구속 계획에서 자신에게 주어진 역할에 순종하고자 하므로, 골로새서 문맥에서도 이 동사는 신적 필연성을 의미하는 것으로 이해해야 한다.

바울은 '말해야 할' 의무가 있는 대상이 누구인지 구체적으로 밝히지는 않는다. 하지만 필연성의 개념이 이방인의 사도로 부르심 받은 바울의 소명과 연관된다면, 그 대상은 이방인일 것이다. 바울은 감옥에서 풀려난 후 그들에게 복음을 전하기를 기대하고 있다. 그러나 앞 절에 언급된 투옥은 더 직접적으로 로마에 투옥된 상황을 가리킬 수 있다. 바울은 로마 감옥에 갇힌 상태에서 그를 비난하는 이들 앞에서 담대히 복음을 전했

---

25. 참고. Aletti, *Saint Paul Épître aux Colossiens*, 260.

26. '밝히다/분명하게 선포하다'(φανερόω)라는 단어의 의미론적 범위는 Bockmuehl, *Revelation and Mystery*, 192를 참고하라. 무엇보다 "φανερόω라는 단어는 ἀποκαλύπτω와 동의어가 아니다. 오히려 (경험적 혹은 논리적 의미에서) '증명하다' 혹은 '드러내다'라는 뜻이다. 이 본문에서는 이 의미가 확실하다. 곧, 바울은 복음이 드러나도록 하기를 원한다. 실제로 그렇게 해야 할 의무가 있기 때문이다."

27. 이것은 특별히 누가복음-사도행전에서 두드러진다. 참고. Charles H. Cosgrove, "The Divine ΔΕΙ in Luke-Acts: Investigations into the Lukan Understanding of God's Providence," *NovT* 26 (1984): 168-90.

28. Walter Grundman, "δεῖ, κτλ.," TDNT, 2:23.

다. 에베소서의 평행 구절(엡 6:20)에서 '담대히 선포하다'(παρρησιάσωμαι)라는 동사의 용례 역시 이 해석을 뒷받침하는 것으로 보인다. 사도들이 박해를 받는 상황에서도 포기하지 않고 계속 복음을 전하는 상황이라면 용기(παρρησία)에 관한 표현이 더 적당하기 때문이다(빌 1:20; 참고. 행 4:13; 28:31).

4:5a 외인에게 대해서는 지혜로 행하여('Εν σοφίᾳ περιπατεῖτε πρὸς τοὺς ἔξω). 복음을 전해야 하는 자신과 동료들의 사명을 강조한 바울은, 이제 종말론적 시대에 걸맞게 행동해야 하는 골로새 교인들의 책임에 주목한다. '행하다'(walk, περιπατεῖτε)는 삶을 영위한다는 의미를 표현하는 유대식 방법이다. 신자가 삶을 영위하는 방식에 대한 바울의 관심은 골로새서에서 이 동사를 반복하여 사용한 데서 드러난다(1:10; 2:6; 3:7). 이 동사가 이 단락의 여러 부분에 등장한다는 사실은, 이것이 단순히 외적 행위에 대한 관심일 뿐이라는 결론을 반대한다. 바울은 의식과 이해 그리고 몸과 행동이라는 이분법을 거부하고, 참 복음을 이해하는 것이 올바른 사고 활동과 복음에 대한 올바른 반응으로 이어진다는 사실을 강조한다.

지식과 행동의 관계는 "지혜로"라는 표현에 잘 드러난다. "지혜롭게"(NAB, NRSV, NJB, NLT, 참고. REB, GNB, TNIV, NIV)라는 번역은 이 전치사구의 부사적 기능을 정확히 반영하기는 하지만, 골로새서에 나오는 "지혜"의 의미를 제대로 반영하지 못한다. '지혜롭게'가 신자가 스스로 내린 판단에 따라 행동해야 한다는 의미를 함축할 수 있지만,[29] 골로새서의 "지혜"는 하나님이 주시며 그분께 초점을 맞춘 특별한 지혜를 가리킨다. 예를 들어, 1:9-10에서 '주께 합당하게 행하는 것'의 근거는 "모든 신령한 지혜와 총명에 하나님의 뜻을 아는 것"이다. "신령한 지혜"는 인간의 지혜나 세상의 지혜와 대비된다(참고. 고전 2:1-13). 골로새서 2:6에서 신자에게 이제 '그(그리스도) 안에서 행하라'고 요청하는 것은 그리스도 중심적 삶을 강조한다. 현재 본문처럼 신자는 "그 가운데 살 때에는 그 가운데서 행하였[던]"(3:7) 우상 숭배 행위를 거부하라고 요청받는다. 그들은 우상을 숭배하는 대신 "새 사람을 입었으니 이는 자기를 창조하신 이의 형상을 따라 지식에까지 새롭게 하심을 입은 자"(3:10)가 되어야 한다.

이 모든 언급에 비추어보면, '지혜로 행하는 것'은 그리스도 중심적인 영적 지혜로 행하는 것임이 분명하다. "그 안에는 지혜와 지식의 모든 보화가 감추어져 있[다]"(2:3; 참고. 3:16). 이 부르심에서 "지혜 있는 모양"(2:23)만 취하는 거짓 교사들을 향한 미묘한 비판을 감지할 수 있다.[30] 그러나 이런 변증의 목적 외에 바울의 초점은, 하나님의 뜻을 알고 그 뜻대로 행하며 그리스도의 주 되심에 복종하라는 신자를 향한 요청에 있다. "외인"은 불신자(참고. 고전 5:12-13; 살전 4:12), 곧 "그리스도인이 아닌 사람들"(NLT)을 말하는 것이 분명하다. 그리스도의 주 되심을 강조하는 것은 구속받은 자로서 우월적 지위에 집착하는 공동체를 만들어내지 않는다.[31] 그리스도는 만유의 주이시므로, 모든 사람에게 그분의 주 되심을 선포해야 한다(참고. 1:15-20).

4:5b 세월을 아끼라(τὸν καιρὸν ἐξαγοραζόμενοι). 불신자에게 복음을 증언해야 할 종말론적 긴급성이 드러난다. 헬라어 "아끼라"는 문자적으로 '매수하다'라는 의미

29. 참고. Moule, *Epistles to the Colossians and to Philemon*, 133. "불신자에 대해 기민하고 지혜롭게 처신하라." 다른 이들(예를 들어, Lightfoot, *St. Paul's Epistles to the Colossians and to Philemon*, 232)은 이 요청을 예수님이 제자들에게 '뱀같이 지혜로워라'(마 10:16)고 권면하신 것에 비교한다.

30. 참고. MacDonald, *Colossians and Ephesians*, 172.

31. 또 다시 그들의 공동체에서 배제된 사람을 구분하는 외형적 표식을 고집하는 거짓 교사들을 향해 비판하는 뉘앙스가 감지된다(참고. 2:16-23).

의 복합 동사를 번역한 것이다. 이 동사는 다른 본문에서 '구속'이라는 의미로 사용된다(갈 3:13; 4:5).[32] 그래서 어떤 번역본들은 이 구절을 "시간을 구속하다"로 번역하기도 한다(KJV, ASV, NKJV). 이 구절이 여기서 신학적 의미의 구속을 가리키지는 않지만, 에베소서 평행 구절에 추가된 절은 매수 개념을 지지한다('때가 악하므로', 엡 5:16). 다시 말해, "이 시대에 악이 득세하기 때문에 선을 행해야 할 기회가 더 소중해진다."[33]

더 중요한 부분은 유사한 표현이 사용된 다니엘서의 평행 구절이다. "내가 분명히 아노라…시간을 지연하려 함이로다"(단 2:8). 다니엘서의 이 문맥에서 바벨론 왕은 꿈 해몽을 해야 할 점성술사들이 시간을 지연하며 꾸물거리고 있다고 비난했다. 바울이 실제로 이 본문을 암시하는 것이라면, 이 구절의 용례와 유사성 외에도 다니엘서 문맥은 골로새서 본문을 해석할 수 있는 또 다른 단서가 된다. 바벨론 점성술사들은 왕이 제시한 "비밀"을 이해할 수 없기에 '시간을 벌어야'(buy time) 했지만, 이제 계시된 "비밀"의 지식을 가진 신자들은 이 "비밀"을 선포할 기회를 최대한 활용해야 하는 것이다.[34]

이 문맥에서 '아끼다'는 앞의 명령형 '행하라'를 수식하는 부가적 상황의 분사로 해석하는 것이 가장 적절하다. '기회'(τὸν καιρόν, 개역개정에는 번역되어 있지 않음—역주)는 종종 중대한 종말론적 시기를 가리켜 사용되는 단어이며(롬 5:6; 9:9; 13:11; 고전 4:5; 갈 6:9; 엡 1:10), 이곳에도 동일하게 종말론적 의미가 함축되어 있다.[35] 그러나 여기에서 이 단어는 특정 시기를 가리키는 것이 아니라, 종말론적 시기에 아직 남아 있는 기회를 가리킨다.[36] 하나님의 비밀이 계시됨으로 긴박성이 고조되었으므로, 신자는 공동체 밖의 사람들에게 이 비밀을 전해야 한다. 이렇게 함으로써 골로새 신자들은 "하나님의 비밀인 그리스도를 깨닫게"(2:2) 했던 바울의 사역을 계승해야 한다.

4:6a-b 너희 말을 항상 은혜 가운데서 소금으로 맛을 냄과 같이 하라(ὁ λόγος ὑμῶν πάντοτε ἐν χάριτι, ἅλατι ἠρτυμένος). 바울은 이제 "말"로 그리스도를 증언하라고 권면한다. "말"(ὁ λόγος)로 번역된 단어는 '언사'로도 번역할 수 있다. 3절의 "말"은 복음 메시지를 가리키지만, 이곳에 두 번째로 나온 말은 "너희"(ὑμῶν)라는 복수 대명사가 사용되어 인간의 말임을 명확히 밝힌다.

그런데 인간의 말은 하나님의 말씀, 즉 "그 메시지"(CEV)를 전하는 수단이라고 할 수 있다. 이 절이 5절과 연관되어 있다는 사실이 이 해석을 뒷받침한다. 5절이 외인에게 복음을 증언해야 하는 신자의 행동에 초점을 맞추었다면, 여기서는 이 복음을 전하는 수단으로서 신자의 말에 초점이 있다. 이 이중적 강조는 다시 그리스도의 주 되심에 복종하라는 앞의 요청과 연결된다. "또 무엇을 하든지 말에나 일에나 다 주 예수의 이름으로 하고 그를 힘입어 하나님 아버지께 감사하라"(3:17). 여기서 바울은 "외인"과 맺는 상호 관계 속에서 "말"과 "일"로 기독론적 고백을 확대해야 함을 강조한다.

"은혜"(χάριτι)는 하나님의 은혜를 가리키는가?[37] 아니면 인간의 자애로운 태도를 가리키는가?[38] 고대 문헌에서 "은혜"와 "말"의 합성어가 친절하거나 호감을 주는 말을 가리켜 종종 사용된다는 점을 부정할 수 없다.[39] 하지만 이 문맥에서 "은혜"는 신적 은혜와 그에 대한 인

---

32. BDAG, 343.
33. Lightfoot, *St. Paul's Epistles to the Colossians and to Philemon*, 232.
34. Beale, "Colossians," 868–89.
35. Barth and Blanke, *Colossians*, 456; Sumney, *Colossians*, 262.
36. 바울이 여기서는 "외인"에게 복음을 증거하는 데 초점을 맞추지만, 다른 본문에서는 교회 내의 사람들을 특별히 돌아보라는 요청에서 이 유사한 구절이 사용된다(갈 6:10을 보라).
37. "자애로운"(TNIV, NIV). Barth and Balnke, *Colossians*, 457.
38. "은혜로운"(NRSV, NLT, NET, ESV, HCSB). 참고. Wilson, *Colossians and Philemon*, 292; Moo, *Letters to the Colossians and to Philemon*, 330.
39. 특별히 Hultin, *The Ethics of Obscene Speech*, 168을 보라.

간의 감사를 뜻한다고 보는 것이 가장 적절하다. 첫째, χάρις는 1:2과 1:6에서 하나님의 은혜를 가리켜 사용되었다. 1:5-6에서는 특별히 '말'과 "은혜"의 관계가 뚜렷하게 드러난다. "진리의 말씀"이 골로새 신자에게 이르러서 이 공동체는 '진리 안에 있는 하나님의 은혜'를 이해하게 되었다. 이제 바울은 "외인"에게 증언하면서 동일한 "은혜"의 능력으로 이 "말씀"의 사역을 확장하라고 권면한다.[40]

둘째, 1:6에서 언급한 것처럼 "은혜"는 백성에게 나타난 하나님의 놀라운 사역을 상징한다. 은혜를 이렇게 해석하면, 바로 뒤에 나오는 "그리하면 각 사람에게 마땅히 대답할 것을 알리라"는 목적절을 이해하기가 쉽다. 복음의 메시지를 변론할 수 있는 것은, 인간의 자애로움이 아닌 신적 은혜와 능력 때문이다. "은혜"의 용례는 사도행전 6:8-10에서 스데반에 대한 누가의 설명을 떠오르게 한다. 스데반은 하나님의 은혜로 충만하여 복음에 도전하는 이들을 말과 행위로 능히 제압할 수 있었다.

마지막으로, 이 구절과 3:17과의 연관성은 (앞에서 언급한 대로) 이 절의 "은혜"(χάριτι)의 용례를 이해하는 데 도움을 준다. 바울은 "말에나 일에나"(3:17) 그리스도의 주 되심에 복종하라고 요청하기 앞서 감사하라고 권면하면서 본질적으로 동일한 표현을 사용했다(16절). 이 요청은 '감사하며'라는 분사로 17절에 다시 등장한다. 바울에게 감사는 하나님의 은혜에 대한 반응이다(참고. 고후 4:15). "은혜"라는 단어는 신학적 맥락에서 사용될 경우 은혜와 감사라는 두 가지 의미를 함축한다. "기도에 감사함으로 깨어 있으라"(2절)로 시작하는 이 단락에서 하나님의 은혜를 가리켜 두 단어가 모두 나오고, 또한 그에 합당한 반응이 언급된다고 해서 놀랄 필요는 없다(3:15-17에서 이미 언급했듯이). 에베소서의 관련 구절은 부적절한 말과 감사를 선명하게 대비한다. "누추함과 어리석은 말이나 희롱의 말이 마땅치 아니하니 오히려 감사하는 말을 하라"(엡 5:4).[41] 그러므로 신자가 복음을 증언함으로써 기독론적 고백을 확장한다는 이 구절에 "은혜"와 "감사"의 의미가 모두 암시되어 있다면 이 요청은 이렇게 풀어쓸 수 있다. '그리스도의 주 되심을 선포하고자 하는 목적으로 복종하며 말할 때, 너희 말에 하나님의 능력이 충만하도록 하라.'

"소금으로 맛을 냄과 같이 하라"는 구절에서 "소금"의 비유는 "마땅히 할 말"을 신중하게 선택하라는 의미를 강조한다.[42] 이 용례를 "세상의 소금"이 되라는 예수님의 명령(마 5:13; 참고. 막 9:50; 눅 14:34)과 비교하는 사람들은, "소금"이 "그리스도인의 말에 응당 드러나야 할 신앙적이고 도덕적인 특성"을 가리킨다고 주장한다.[43] 그렇지만 이 본문에서 신자는 "소금"이 되라고 요청받는 것이 아니다. 그들의 말이 소금과 같아야 한다는 것이다. 오히려 지혜롭고 재치 있는 말이라는 의미에서 소금의 용도와 연관된다.[44] 현명한 말은 그 자체가 목적이 아니다. 퀸틸리아누스(Quintilianus)가 지적하듯이 "소금과 같은" 말은 "경청의 갈증"을 자극할 수 있다(*Inst.* 6.3.19).[45] 세상에 복음을 증언하는 것을 강조하는 이 단락의 말미에서는 신자가 지혜롭게 복음을 전해서 외인이 구원의 메시지에 호감을 느끼도록 해야 한다고 주장한다.

4:6c 그리하면 각 사람에게 마땅히 대답할 것을 알리라(εἰδέ-

40. "은혜"를 하나님의 은혜로 명시한 에베소서의 평행 구절을 보라. "무릇 더러운 말은 너희 입 밖에도 내지 말고 오직 덕을 세우는 데 소용되는 대로 선한 말을 하여 듣는 자들에게 은혜(χάριν)를 끼치게 하라"(엡 4:29).
41. 앞에서 여러 번 지적했듯이, 이 에베소서 구절은 바울의 감사가 본질적으로 그리스도의 주 되심에 대한 감사의 복종을 의미한다고 볼 때만 이해할 수 있다. 감사하기를 거부하는 이들을 "우상 숭배자"라고 단정하는 에베소서 5:5을 보라.
42. Lohse, *Colossians and Philemon*, 169.
43. Friedrich Hauck, "ἅλας," *TDNT*, 1:229.
44. 참고. Plutarch *Mor.* 514E-F; Sumney, *Colossians*, 262.
45. Hultin, *The Ethics of Obscene Speech*, 172.

ναι πῶς δεῖ ὑμᾶς ἑνὶ ἑκάστῳ ἀποκρίνεσθαι). 골로새 신자들에게 이른 "말씀"이 이제 "은혜 가운데서" 외인에게 "말"로 전달되어야 한다면, 이 마지막 목적절은 신자의 증언이라는 수단을 통해 이 말씀이 계속 전파되어야 함을 보여준다. 이런 지속성은 '마땅하다'(δεῖ)는 비인칭 동사로 부각된다. 이것은 바울이 4절에서 자신의 사역을 가리켜 사용한 동사이다. 바울이 마땅히 할 말로서 비밀을 나타내야 하듯이, 골로새 신자 역시 말씀 사역을 마땅히 계속해야 한다.

'각 사람에게 대답하다'는 각자 처한 상황에 맞게 불신자에게 복음을 전해야 할 필요성을 암시한다.[46] 예수님이 만유의 주가 되시지만 각 개인이 하나님의 선물로 이 은혜를 받아야 한다. 앞에서는 "은혜"를 그리고 여기서는 "각 사람"이 강조된 것은 에베소서 4:5-7을 떠오르게 한다. 이 에베소서 단락에서는 "주도 한 분"이라는 언급이 나오고, 이어서 개인이 각자 신적 은혜를 받는다는 내용이 나온다. "우리 각 사람에게 그리스도의 선물의 분량대로 은혜를 주셨나니"(엡 4:7). 이제 바울은 모든 개인이 이 우주적 그리스도께 마땅한 반응을 보여야 할 필요성을 강조하며 서신의 본론을 마무리한다.

적용에서의 신학

1. 기도와 선교

이 서신의 서두에서 바울은 하나님의 구속 사역과 구속받은 백성을 중심으로 하는 기도의 모델을 제시했다.[47] 4장 본문에서는 신자가 소속된 공동체를 넘어 외인들에게 복음을 전할 때 기도가 중요하다는 사실을 강조함으로 이 논의를 다시 거론한다. 1:9-14의 기도문에서 한 걸음 더 나아가 선교와 기도의 필수적 연관성을 제시한다.

첫째, 바울은 기도로 깨어 있어야 할 필요성을 강조한다. "깨어 있으라"(2절)는 일반적 의미의 각성 상태를 가리킬 뿐 아니라, 신자가 처한 현재적 실재를 이해하는 능력이 요구되는 종말론적 상황을 가리킨다. 겟세마네 장면에서 이와 유사한 부분을 볼 수 있다. 예수님은 겟세마네에서 제자들에게 "시험에 들지 않게 깨어 있어 기도하라"(막 14:38; 참고. 마 26:41)고 말씀하셨다. 이 시점은 예수님이 당국에 넘겨져 사형 선고를 받으시기 직전이었으므로, 이 상황에는 종말론적 의미가 담겨 있다. "기도를 계속하고…깨어 있으라"(2절)는 바울의 요청 역시 각성을 요구하는 종말론적 순간을 강조한다(참고. 눅 21:36). 기도해야만 자기중심적 성향에서 벗어나서 종말론적 순간의 긴박성을 분별할 수 있다.

기도하라는 요청은 종말론적 시기의 중요성이라는 틀로 보아야 그 긴급성을 이해할 수 있다. 바울이 처한 이런 구체적인 상황에서 기도의 방향은 사도들이 말씀을 전파하도록, 특히

46. Harris (*Colossians and Philemon*, 198)가 풀어 쓴 구절인 "너희가 각 개별 개인의 필요와 상황에 맞게 대답해 주는 법을 알 수 있도록"을 참고하라.
47. 1:9-14에 대한 '적용에서의 신학'을 보라.

이방인의 사도로서 바울이 소명을 완수하도록 문을 열어주실 하나님을 향해야 한다. 다른 사람들에게 말(6절)과 일(5절)로 증언하라는 요청 역시 구문상 다른 문장에 속해 있지만, 기도하며 깨어 있을 때 얻는 실제적 성과라는 측면에서 보아야 한다. 신자가 종말론적 순간의 긴박성을 이해하면 자연히 십자가 복음을 선포하는 데 참여하게 된다.

의무로서 기도하라는 요청 외에, 구속 역사에서 개인의 위치를 확인하는 일에서 기도가 담당하는 중요성도 간과해서는 안 된다. 바울은 신자가 하나님의 구원 드라마에서 수동적인 수혜자에 머무르지 않고 각자 감당해야 할 적극적 역할이 있음을 강조한다. 우리는 기도로 구속 역사에 참여하는 데서 우리의 존엄성을 인식한다. 바울은 또한 하나님이 미리 정하신 계획의 필연적 성취를 강조하는 구절에서(참고. 4, 6절) 신자가 그 계획에 참여할 수 있는 수단으로서 기도의 의미를 강조한다. 기도를 통해, 하나님은 그분의 메신저들을 사용하셔서 사역을 지속해가시고 모든 피조물 속에서 그분의 주 되심을 확인하실 것이다.

바울이 하나님의 구속 계획에 참여하라고 언급한 이유는, "천사 숭배"(2:18)가 아니라 이 세상 속의 불신자를 대상으로 하는 사역(4:2-6)으로 기도의 방향을 조정하기 위해서였을 수 있다. 교회사를 보면 많은 사람이 기도 생활로 세상을 초월해야 한다고 강조했다. 예를 들어, 4세기 이집트 수도승인 에바그리오스 폰티코스(Evagrios Pontikos)가 쓴 글에서 기도에 대한 유사한 인식을 볼 수 있다.

> 기도에 대한 갈망이 있는가? 그렇다면 이 세상의 일을 내려놓고 이론적으로뿐 아니라 천사들과 같은 행동과 경건한 지식으로 천국의 삶을 살라.[48]

기도에 대한 이런 이해는 영적 세계와 물질 세계의 이원론을 전제로 하고, 계명을 준수하여 육신의 욕망을 통제할 수 있을 때만 기도를 드릴 수 있다고 본다. 육신의 욕망을 제어할 수 있어야 영혼이 의식을 이끌어 하나님과 교제하게 해준다는 것이다.

> 영혼이 모든 계명을 지킴으로 정결해져야 지성이 견고하게 되어 기도에 필요한 상태에 도달할 수 있다.[49]

바울은 4장 본문에서 하나님과 교제하는 것의 중요성을 부정하지 않는 동시에, 성령의 중보로 하나님의 뜻을 분별함으로 세상과 신자가 교류하게 해주는 기도에 초점을 맞춘다(롬 8:26-27). 이런 교류는 바울이 기도의 목표를 "외인"에 대한 선교라고 말한 대목에 분명하게 드러난다. 그러므로 이 문맥에서 선교와 복음 전도는 추가적 의미를 지닌다.

---

48. G. E. H Palmer, Philip Sherrard, and Kallistos Ware, eds, and trans., *The Philokalia: The Complete Text* (London: Faber and Faber, 1983), 1:70.

49. 같은 책, 1:57.

2. 복음 전도

바울은 여기서 복음 전도에 참여해야 할 신자를 위해 중요한 지침을 준다. 복음을 전파하는 인간적 행위를 강조하기 앞서 하나님이 먼저 행하신 사역을 거론한다. 첫째, 신자는 '하나님이 전도할 문을 열어주시도록'(3절) 기도해야 한다. 바울은 말씀을 전할 기회를 열어주실 분은 하나님이심을 온전히 인정하면서, 복음 전도가 하나님께 전적으로 달려 있음을 청중에게 일깨워준다. 이런 인식은 바울의 선교 활동에도 그대로 반영된다. 예를 들어, 그는 하나님이 그에게 기회의 문을 열어주신 일을 이렇게 기록한다. "내가 그리스도의 복음을 위하여 드로아에 이르매 주 안에서 문이 내게 열렸으되"(고후 2:12). 골로새서 문맥에서 "말씀"을 강조한 것은, 역시 골로새 교인들에게 '이르러' 그들 가운데 '열매를 맺고 자란' 하나님의 강력한 말씀의 역사를 떠오르게 한다(1:6). 말씀은 복음 전도의 목적이 아니라 그 주체가 된다.

"말씀"의 도구가 될 신자를 언급하며 "은혜"라는 단어를 사용한 점 역시 하나님이 먼저 행하신 사역을 암시한다(6절). 이 "은혜"를 단순히 인간적 친절함을 언급한 것으로 본다면 골로새서 전반에서 강조하는 이 용어의 의미를 부정하게 된다(1:2, 6; 3:16; 4:18). 바울의 다른 서신들도 마찬가지이다.[50] 바울은 에베소서 3:7에서도 효과적 복음 전도자가 될 수 있었던 것이 은혜로 나타난 하나님의 선행 사역 때문이라고 서술한다. "이 복음을 위하여 그의 능력이 역사하시는 대로 내게 주신 하나님의 은혜의 선물을 따라 내가 일꾼이 되었노라." 마땅히 해야 한다는 개념(골 4:4, 6)은 하나님이 먼저 행하신 사역에 비추어 이해해야 한다. 하나님은 복음을 전파할 계획과 동력까지 모두 제공하시고, 그분의 부르심에 순종하는 인간은 이 강력한 말씀의 도구일 뿐이다. 이 문맥에서 종말론과 선교의 연관성은 복음을 선포하는 인간적 행위에 하나님의 사역이 차지하는 역할과 관련하여 설명할 수 있다.

> 종말론이란 하나님 나라의 도래를 바라보는 시각으로, 나사렛 예수로 시작되고 그분의 죽음과 부활로 발전되어 이제 회개하고 성령의 선물을 받는 자들에게 허락된 시각이다. 그 나라는 모든 영광과 충만함으로 도래하기를 기다린다. 이 시각이 옳다면 세상에 좋은 소식이 있다. 전할 가치가 있는 복음이 실제로 있는 것이다. 나아가 복음 전도는 예수님을 따르는 자들이 마땅히 해야 할 일로서, 역사 속의 하나님의 통치라는 역동적이고 신비스러우며 비밀스러운 실재에 뿌리를 두어야 한다.[51]

바울은 관심을 하나님이 먼저 행하신 사역에서 인간의 역할로 옮겨가면서 신자가 복음 전도에 적극적으로 참여해야 할 필요성을 강조한다. 이 사도적 선교를 위해 기도하라는 요청

---

50. Wright, *Colossians and Philemon*, 153을 보라. 그는 신적 은혜와 인간적 자애로움이 모두 암시되어 있다고 본다.

51. William J. Abraham, *The Logic of Evangelism* (Grand Rapids: Eerdmans, 1989), 38–39.

(3-4절)은 복음 선교에 동역자로 참여하라는 요청과 같다. 이러한 이해는 기도의 능력을 진지하게 인정하는 것이다. 바울에게 기도는 단순한 의식이 아니라, 복음 선교를 완수할 수 있는 중요한 수단이다. 바울이 골로새 교인들을 위해 "모든 신령한 지혜와 총명에 하나님의 뜻을 아는 것으로 채우게" 해달라고(1:9) 기도했고, 에바브라 역시 항상 '(그들을) 위해 애써 기도했으므로'(4:12) 이제 신자는 불신자에게 하나님의 역사가 더욱 나타나기를 기대하며 이 기도에 동참해야 한다. 그러므로 바울이 선교와 전도를 강조한 점을 인정한다면 이와 같은 기도의 요청을 무시해서는 안 된다.[52]

신자는 바울의 선교에 기도로 동역해야 할 뿐 아니라, 그들 자신도 적극적으로 복음 증언에 힘쓰라고 요청받는다. 3:17에서 신자는 이미 "말에나 일에나 다 주 예수의 이름으로 하[라]"는 요청을 받았다. 이 요청은 3:23에서도 반복된다. 4장 본문에서 "지혜로 행하[라]"(5절)는 요청과 "말을 항상 은혜 가운데서…하라"(6절)는 요청은 "말에나 일에나" 그리스도의 주 되심에 복종하라는 앞의 요청과 비슷하다. 말을 통한 복음 전도와 행동을 통한 복음 전도는 별개의 행위가 아니다. 그리스도가 만유의 주라는 고백을 삶으로 살아내는 과정이다.

말과 행동으로 복음을 전한다는 것은 삶의 모든 영역을 복음 전파에 헌신해야 한다는 뜻이다. 신자는 주권자이신 하나님의 능력을 힘입어서[53] 그분이 원하시는 일을 모두 감당할 수 있다(1:15-20).[54] 여기서 두 가지 사실을 주목해야 한다. 첫째, 바울이 죽은 후 그의 선교 모델을 따르면서 탁월한 두각을 드러낸 단일 선교사 집단을 더 이상 볼 수 없게 되었지만, 오히려 초대 기독교 운동이 폭발적 성장을 이루었다는 사실이다. 이 현상을 연구하던 많은 사회 학자는 이제 "회심이 대부분 새로운 메시지를 전하는 전문 선교사들이 아니라, 친구와 친지에게 신앙을 전하는 일반 대중에 의해 일어난다는 점"을 인정한다.[55]

둘째, 이와 같이 "친구와 친지"로 인해 회심하는 경우는 종종 그들이 믿음의 생명력과 능력을 생활 속에 드러낸 덕분이었다. 신자는 '세월을 아낌으로'(5절) 다양한 상황에서 복음의 능력을 증명해야 한다. 골로새 교인들이 주변 사람에게 베푼 "사랑"으로 그들의 "믿음"이 증명되었다고 말하는 1:14을 볼 때, 신자와 외인의 관계를 다룬 이 본문 역시 사랑을 염두에 두었을 것이다. 그러므로 골로새서에서 시종일관 강조하는 사랑의 위력(1:8, 13; 2:2; 3:14)은 외인들과 "지혜로"(5절) 상호 교류하는 근거가 될 수 있다.

또한 근대의 기독교 성장을 연구한 결과도 "모든 계층을 총망라하는 개인, 가정, 종족, 집

52. 바울의 사도적 선교에 성도들이 동역자로 참여해야 한다는 강조는 빌립보서에서 훨씬 더 두드러진다(1:5, 27, 30; 4:14-15). 참고. Andreas J. Köstenberger and Peter T. O'Brien, *Salvation to the Ends of the Earth: A Biblical Theology of Mission* (Downers Grove, IL: InterVarsity Press, 2001), 194.

53. 예를 들어, 데살로니가후서 2:16-17을 보라. "우리 주 예수 그리스도와 우리를 사랑하시고 영원한 위로와 좋은 소망을 은혜로 주신 하나님 우리 아버지께서 너희 마음을 위로하시고 모든 선한 일과 말에 굳건하게 하시기를 원하노라."

54. 그리스도의 보편적 권위와 복음 전도/선교의 관계는 마태복음 28:18-20에 분명하게 명시되어 있다.

55. Rodney Stark, *Cities of God: The Real Story of How Christianity Became an Urban Movement and Conquered Rome* (New York: HarperCollins, 2006), 13. 그는 "오직 유일신론만이 포교 활동에 일반 대중이 자발적으로 동참할 수 있을 정도의 특정 믿음에 대한 높은 헌신을 이끌어낼 수 있다"라고 주장한다.

단 그리고 사회가 신적 사랑의 끈으로 하나님께 이끌림을 받은 것"을 보여주었다.[56] 기독교가 남녀노소를 가리지 않고 모든 개인에게 다가가는 "거의 무한한 융통성을 지닌 종교"로 여겨지는 것 역시 정확히 이 신적 사랑 때문이다.[57]

마지막으로, 예수 그리스도의 지위와 사역에 대한 오해로 생긴 잘못된 관례를 수정하는 데 역점을 둔 편지에서 복음을 증언하라는 요청은, 모든 것에 충만하신 그리스도에 대한 믿음을 확신하라는 요청이기도 하다. "그리하면 각 사람에게 마땅히 대답할 것을 알리라"(6절)는 마지막 목적절 역시 신자가 믿는 믿음에 굳게 서서 흔들리지 말아야 하는 것을 보여준다. 골로새서와 아주 밀접한 빌레몬서에서도 이 점이 명시된다. "이로써 네 믿음의 교제가 우리 가운데 있는 선을 알게 하고 그리스도께 이르도록 역사하느니라"(몬 1:6). 그러므로 외인에게 복음을 증언하면 예수 그리스도에 대한 믿음이 견고해질 수 있다. 나아가 사람들이 그리스도를 영접한 과정을 증언하는 일은, 신자나 "외인"에게 하나님의 은혜를 증명하는 가장 강력한 증거가 될 수 있다.

56. Mark A. Noll, *The New Shape of World Christianity: How American Experience Reflects Global Faith* (Downers Grove, IL: InterVarsity Press, 2009), 192.

57. 같은 책.

CHAPTER 11

골로새서 4:7-18

문학적 전후 문맥

이 마지막 단락은 골로새서를 마무리할 뿐 아니라, 이 편지와 그 역사적 청중을 연결하는 역할을 한다. 앞 단락(4:2-6)이 바울의 주요 논증의 본론을 마무리한다면, 이 단락은 전체 편지를 마무리하는 역할을 하며 봉투 기법의 중요한 내용을 제공한다.[1] 그런데 이 두 개의 마무리 단락은, 편지가 적절하게 수신되는 것이 그 목표이기 때문에 유사한 기능을 한다고 볼 수 있다. 앞의 본론 마무리 단락이 바울의 메시지가 지닌 종말론적 긴박성을 전달했다면, 전체 편지를 마무리하는 이 단락은 바울과 그의 동료들과 수신자들의 사회적 관계와 네트워크를 확보하는 역할을 한다. 이 편지가 개인적이고 신학적으로 호소하는 내용은 이렇게 확보된 관계와 네트워크가 관건이다.[2]

전체 편지의 마무리 단락은 또한 서두의 인사(1:1-2)와 바로 뒤의 감사와 기도문(1:3-14)과도 연관된다. 바울의 동료들, 특히 1:7에 언급된 에바브라는 이 마지막 단락에서 상당히 많은 부분(12-13절)을 할애해서 언급된다. 이런 언급들이 특별히 중요한 이유는 에바브라가 골로새 교회의 중요한 지도자이기 때문이다. 바울은 교회의 중요한 지도자를 지나치지 않고 언급함으로 이 편지가 단순히 사적 문제를 다룬 것이 아님을 강조한다. 사도적 권위를 지닌 인물들과 성장 중인 신생 교회 사이의 서신이라는 것이다.

기도라는 주제를 중시한 점 역시 서론 단락과 연관성이 드러나는 또 다른 부분이다. 1:3에서 감사의 맥락에서 기도를 언급한 것은, 1:9-14의 기도문과 함께 바울의 담론에 담긴 신학적 차원을 강조한다. 기도 요청(4:2-4)에 이어지는 이 마지막 단락에서도 바울은 기도의 모델로 에바브라를 언급한다(12절). 또한 바울은 신자에게 자신의 "매인 것"을 "생각하라"(18b절)고 당

1. Klauck, *Ancient Letters and the New Testament*, 321-22를 참고하라.
2. John L. White, *The Form and Function of the Body of the Greek Letter: A Study of the Letter-Body in the Non-Literary Papyri and in Paul the Apostle* (SBLDS 2; Missoula, Society of Biblical Literature, 1972), 39를 보라. 그는 본론에서 말한 정보가 제대로 전달되도록 전형적인 파피루스 편지의 구도에서 일반적으로 거론하는 관계들의 중요성을 강조한다.

부하고 마지막 송영("은혜가 너희에게 있을지어다", 18c절)을 하면서 기도의 어조로 이 편지를 마무리한다. 전체적으로 보면 골로새서는 다른 바울 서신처럼 예전적 행위로서 공동체의 사회·역사적 현실에 관심을 둘 뿐만 아니라, 수신자가 이 서신에 계속 강조된 영적 실재에 비추어 행동하고 반응하도록 하는 데 관심을 기울인다.[3]

바울 서신을 다른 헬라 서신과 비교해보면, 본론은 "유연하고 융통성이 있고 다양한 상황과 주제에 맞게 변화의 폭이 있는" 반면 서신의 서론과 마지막은 훨씬 예측 가능하다.[4] 하지만 개별적으로 강조하는 부분도 있다. 이 마무리 단락에는 골로새서를 쓰는 구체적인 상황의 배경뿐 아니라, 바울이 강조하려는 관심사를 반영하는 여러 요소가 등장한다. 첫째, 두기고를 "함께 종이 된 자"(4:7)로 그리고 에바브라를 "그리스도 예수의 종"(12절)이라고 지칭하여 골로새서에서 종이라는 호칭의 중요성을 드러낸다. 이것은 3:22–25에서 종의 책임을 강조하고 신자가 주를 섬기는 종으로서 살아야 하는 것(3:15–17)을 강조한 부분과 부합한다.[5]

둘째, 라오디게아 교회와 편지를 교환해서 읽으라는 요청이 인상적이다(16절). 이 절은 골로새서가 특정 지역을 넘어 더 넓은 지역과 관련되어 있음을 보여준다.[6] 하나의 문서로서 골로새서는 문학적이고 역사적인 문맥에서 읽어야 하지만, 그 상관성은 1세기 골로새 지역의 신자로만 국한되지 않는다. 나아가 서신을 회람했기 때문에 바울 서신을 수집해야 할 필요성이 이후에 대두되었을 수 있다.

마지막으로, 이 마무리 단락에서 바울의 순회 일정을 언급하지 않는 점 역시 설명이 필요하다.[7] 바울은 그들과 함께하지 못하는 문제를 그동안 간과하지 않고 간접적으로나마 다루었다. 앞에서 바울은 골로새에 방문하는 것을 언급하는 대신 골로새 교인들 가운데 말씀의 강력한 존재에 관심을 유도했다(1:5–6). 이러한 말씀의 강조는 바울 자신의 존재/부재에 대해 상대적으로 거의 언급하지 않는 이유를 이해하는 데 도움이 된다. 그러나 2:5에서는 다른 식으로 이 주제를 다룬다. 그는 "이는 내가 육신으로는 떠나 있으나 심령으로는 너희와 함께 있어"라고 주장한다. 따라서 이 편지가 바로 바울의 존재와 권위를 대신한다는 것을 알 수 있다.

이러한 관심은, 바울이 파송한 특사들을 언급(7–9절)하면서 편지를 마무리하는 이 단락에서도 감지할 수 있다. 그들은 바울의 편지를 전달하는 역할을 하지만, 여기서 바울이 그들에 대해 언급한 내용은 사도적 메시지의 신실한 해석자로서 그들의 위치를 인정한다. 바울은 복음 메시지의 충실한 해석 작업이 중단되지 않을 것을 이렇게 보장하며 골로새 교인들에게 보내는 편지를 마무리한다.

---

3. 회당의 전례가 기독교 기도 전통에 영향을 미쳤고, 또한 이런 기도들로 처음과 마지막을 장식하는 바울 서신에도 영향을 미쳤을 가능성에 대해서는 Wiles, *Paul's Intercessory Prayers*, 161을 보라.

4. Loveday Alexander, "Hellenistic Letter–Forms and the Structure of Philippians," *JSNT* 37 (1989): 90.

5. "사슬"에 매여 있다는 바울의 언급(18절)은 또한 신자를 그리스도의 종이라고 강조한 부분과 비교하며 읽을 수 있다.

6. 13–14절에서 라오디게아를, 13절에서 히에라볼리를 언급한 점이 이 사실을 확인해준다.

7. Funk, "The Apostolic *Parousia*: form and Significance," 249–68을 보라. 1:6에 대한 설명을 보라.

VI. 종말론적 세계 선교(4:2–6)

➦ **VII. 마지막 인사(4:7–18)**

- **A. 편지 전달자(4:7–9)**
- **B. 바울의 동역자들의 인사(4:10–14)**
- **C. 다른 사람에게 전하는 인사와 당부(4:15–17)**
- **D. 바울의 서명(4:18)**

주요 개념

바울은 자신이 보낸 특사들의 이름을 거론하고, 그와 동료들의 안부 인사를 전하며, 마지막 당부를 소개한 후 친필 서명으로 편지를 인증하면서 마무리한다. 그렇게 함으로써 청중에게 신실함의 본을 보이고 그 신앙의 모범을 따를 것을 촉구한다.

번역

골로새서 4:7-18

7a	주장	**두기고가 내 사정을 다 너희에게 알려 주리니**
b	동격	그는 사랑 받는 형제요
c	동격	신실한 일꾼이요
d	동격	주 안에서 함께 종이 된 자니라
8a	신원 확인	내가 그를 특별히 너희에게 보내는 것은
b	목적	너희로 우리 사정을 알게 하고
c	목적	너희 마음을 위로하게 하려 함이라
9a	동격	신실하고 사랑을 받는 형제
b	연결	오네시모를 함께
		보내노니
c	서술	그는 너희에게서 온 사람이라
d	요약	**그들이 여기 일을 다 너희에게 알려 주리라**
10a	동격	나와 함께 갇힌

b 주장 **아리스다고와[…가 문안하느니라]**
c 동격 바나바의 생질
d 명단 **마가와**
e 서술 (이 마가에 대하여 너희가 명을 받았으매

f 조건 그가 이르거든
g 권면 영접하라)
11a 신원 확인 유스도라 하는
b 목록 **예수도 너희에게 문안하느니라**

c 서술 그들은 할례파이나 이들만은 하나님의 나라를 위하여
함께 역사하는 자들이니
d 서술 이런 사람들이 나의 위로가 되었느니라

12a 동격 그리스도 예수의 종인
b 신원 확인 너희에게서 온
c 주장 **에바브라가 너희에게 문안하느니라**
d 서술 그가 항상 너희를 위하여 애써 기도하여
e 내용 너희로…완전하고…서기를 구하나니
f 확장 하나님의 모든 뜻 가운데서…확신 있게
13a 내용 그가 너희와…을 위하여 많이 수고하는 것을
b 목록 라오디게아에 있는 자들과
c 목록 히에라볼리에 있는 자들
d 주장 **내가 증언하노라**
14a 동격 사랑을 받는 의사
b 주장 **누가와…너희에게 문안하느니라**
c 명단 **또 데마가**
15a 주장 **라오디게아에 있는 형제들과…문안하고**
b 명단 눔바와
c 명단 그 여자의 집에 있는 교회에

16a 시기 이 편지를 너희에게서 읽은 후에
b 권면 **라오디게아인의 교회에서도 읽게 하고**
c 병렬 **또 라오디게아로부터 오는 편지를 너희도 읽으라**

17a 권면 **아킵보에게 이르기를**
b 신원 확인 주 안에서 받은
c 내용 직분을 삼가 이루라고 하라
18a 주장 **나 바울은 친필로 문안하노니**
b 권면 **내가 매인 것을 생각하라**
c 소망 **은혜가 너희에게 있을지어다**

구조

바울은 안부와 교훈 목록을 제시하면서 두기고와 오네시모와 그들의 임무를 소개하는 것으로 단락을 시작한다(7–9절). 두기고는 바울의 서신을 들고 가서 바울의 현재 형편과 사정을 골로새 교인들에게 알려줄 책임을 맡은 대리인이 확실하다. 골로새 교인들은 그에 대한 바울의 추천 내용(7절)을 전해 듣고서 그를 신뢰하고 그의 권위를 인정할 것이다. 또한 그를 신자가 본받아야 할 모범으로 받아들일 것이다. 이 단락에서 언급된 인물들 중 일부(예를 들어, 9, 11c–d, 12–13절)가 더 길게 설명된 이유도 이것으로 이해할 수 있다. 특별히 동일한 공동체에 보낸 편지인 빌레몬서와 관련된 오네시모에 대해서도 상당한 분량이 할애되어 있다(9a–c절).

바울은 그의 특사들을 3인칭 대명사를 사용하여 소개한 후, 그의 동역자들이 보내는 안부 인사를 전한다(4:10–14). 먼저 나오는 세 사람(아리스다고, 마가, 예수, 10–11b절)은 "할례파"로 소개되고(참고. 11c절), 마지막 세 사람(에바브라, 누가, 데마, 12–14절)은 이방인이 분명하다. 바울은 이와 같이 배열하여 지금 유대인과 이방인이 함께 자신의 복음 선교에 동참하고 있음을 알린다. 그러므로 이 안부 인사는 "헬라인이나 유대인이나 할례파나 무할례파나 차별이 [없이]"(3:11) 새 사람을 입는 의미가 무엇인지 구체적으로 예시한다고 볼 수 있다. 이 안부 인사에는 바나바의 생질 마가를 영접하라는 요청이 포함되어 있다(10e–g절). 에바브라에 대한 상세한 설명(12–13절) 역시 눈여겨볼 만하다. 그는 아마 골로새 교회의 설립자일 것이다(참고. 1:7).

동역자들을 소개한 후 바울의 관심은 골로새와 라오디게아의 신자에게로 향한다(15–17절). 그들에게 안부 인사를 전한 후(15절) 서로 편지를 교환해서 읽으라고 요청한다(16절). 그런 다음 아킵보를 특정하여 주 안에서 받은 사역을 완수하라고 권면한다(17절). 마지막으로, 바울은 친필로 안부 인사를 전하고(18a절), 감옥에 갇힌 자신을 기억하라고 당부하며(18b절), 다시 하나님의 은혜에 초점을 둔 축복 기도(18c절)로 이 편지를 마무리한다. 결국 "은혜"가 이 서신에서 바울이 펼친 논증의 근거가 되어온 셈이다(1:2c; 참고. 1:6b; 4:6a).

석의적 개요

➡ **I. 마지막 인사(4:7–18)**

A. 편지 전달자(4:7–9)

1. 두기고를 소개함(4:7)
2. 두기고가 맡은 임무(4:8)
3. 오네시모를 소개함(4:9a–c)
4. 편지의 전달자들이 맡은 임무를 다시 언급함(4:9d)

B. 바울의 동역자들의 인사(4:10–14)

1. 아리스다고(4:10a–b)
2. 마가(4:10c–g)
   a. 마가를 소개함(4:10c–d)
   b. 마가를 영접하라고 요청함(4:10e–g)
3. 예수(4:11a–b)
4. 이 사람들을 소개함(4:11c–d)
   a. 민족적이고 영적인 신분(4:11c)
   b. 바울과의 관계(4:11d)
5. 에바브라(4:12–13)
   a. 안부 인사(4:12c)
   b. 에바브라를 소개함(4:12a–b)
   c. 에바브라의 모범(4:12d–13)
6. 누가(4:14a–b)
7. 데마(4:14c)

C. 다른 사람에게 전하는 안부 인사와 당부(4:15–17)

1. 골로새 주변 지역 신자들에게 전하는 인사(4:15)
2. 서신을 교환해 읽으라고 당부함(4:16)
3. 아킵보에게 맡은 사역을 완수하라고 당부함(4:17)

D. 바울의 서명(4:18)

1. 바울의 인사(4:18a)
2. 그가 갇힌 사실을 기억하라고 당부함(4:18b)
3. 마지막 송영(4:18c)

본문 설명

4:7a 두기고가 내 사정을 다 너희에게 알려 주리니(Τὰ κατ' ἐμὲ πάντα γνωρίσει ὑμῖν Τυχικός). 바울은 두기고를 소개하는데, 그는 골로새 교인들에게 편지를 전달하고 바울에 관한 소식을 전해줄 사람이다. 사도행전 20:4에서 두기고는 고린도에서 시작해서 마게도냐로 이동한 3차 선교 여행에 바울과 동행한 인물로 등장한다. 그는 드로비모와 함께 언급되는데, 드로비모는 소아시아에서 예루살렘까지 바울과 동행했음이 분명하다(행 21:29). 어떤 이들은 그가 예루살렘으로 연보를 가지고 오는 일에 바울과 함께했다고 주장한다.[8]

두기고가 골로새서의 이 단락뿐 아니라, 비슷한 내용의 에베소서 6:21에도 등장한다는 사실은 그가 로마

8. Lightfoot, *St. Paul's Epistles to the Colossians and to Philemon*, 233.

감옥에 갇혀 있던 바울과 접촉했다는 것을 암시한다.[9] 그는 골로새와 에베소의 신자들에게 편지를 전하는 역할을 할 것이다.[10] 이 지역에 편지를 전달하는 일을 맡았다는 것은 그가 '아시아 지방' 출신이었기 때문일 수 있다(행 20:4). "너희에게서 온 사람"이라는 구절이 오네시모에게만 사용된 것을 보면, 두기고는 골로새 출신이 아닐 것이다.

또한 두기고는 바울의 사역 말기에 바울의 신임을 받는 동역자로 등장한다. 바울은 디도서 3:12에서 그를 디도가 있는 그레데로 보낸다. 바울의 마지막 편지로 추정되는 디모데후서에서도 두기고를 에베소로 보내는 내용이 등장한다(딤후 4:12). 두기고가 에베소와 관련해 여러 차례 등장한다는 사실은, 그가 에베소 출신이며 바울의 에베소 사역으로 회심했을 가능성을 암시한다.[11]

"[그가] 내 사정을 다 너희에게 알려주리니"라는 구절은 두기고가 편지를 전달할 뿐 아니라, 바울에 관한 소식도 전하는 일도 맡았음을 보여준다. "내 사정을 다"는 문자적으로 '나에 관한 모든 일'로 이해할 수 있다. 이것은 감옥에 갇혀 있는 바울의 형편을 가리킬 가능성이 높다(18절). 그래서 "내가 어떻게 지내고 있는지"(NLT)로 번역하기도 한다.[12] 그러나 이러한 번역은 구절의 의미를 축소할 수 있다. 두기고는 편지를 전달하는 일 외에 신자들을 가르치고 바울이 쓴 글을 해석해줄 수도 있기 때문이다(참고. 8절).[13]

두기고는 골로새 교인들에게 바울의 형편을 전달하는 일 외에, 오네시모를 빌레몬의 집으로 돌려보내는 일을 포함한 여러 임무를 수행해야 한다(9절). 또한 고대의 편지 전달자는 종종 송신자와 그 주변 인물들의 선물이나 물건을 전달하기도 했다(참고. 빌 4:18). 이 전달자는 편지를 공중 앞에서 낭독하는 책임을 맡았을 것이다(참고. 살전 5:27). 따라서 그 편지 내용을 구술로 설명해주어야 했고, 그 설명은 엄중한 권위를 지녔을 것이다.[14] 이 문맥에서는 바울이 두기고에게 그 일을 할 권한을 부여하고 있다.

4:7b-d 그는 사랑 받는 형제요 신실한 일꾼이요 주 안에서 함께 종이 된 자니라(ὁ ἀγαπητὸς ἀδελφὸς καὶ πιστὸς διάκονος καὶ σύνδουλος ἐν κυρίῳ). 두기고가 바울의 공식적 대리인이자 이 편지의 권위 있는 주석가 역할을 해야 하므로 이런 소개는 자연스럽다. 이 직책은 두기고와 바울의 개인적 관계 때문이 아니다. 그가 복음 사역으로 존경을 받는 위치에 있다는 반증이다.

"사랑받는 형제"[15]는 바울의 동역자로서 두기고의 위치를 가리키는 호칭이라고 보면 가장 적절하다. "사랑받는"은 여기서 피를 나눈 형제라는 비유와 함께 사용되지만, 비유적인 형제 관계를 가리키는 언급으로서 독자적으로 사용되기도 한다(참고. 롬 12:19; 고전 10:14; 고후 7:1; 12:19; 빌 2:12).[16] 빌레몬서에서 "사랑받는"이라는 호

9. 이런 유사한 진술은 에베소서가 골로새서를 기초로 한다는 주장의 근거로 사용되었다(C. Leslie Mitton, *The Epistle to the Ephesians: Its Authorship, Origin and Purpose* [Oxford: Clarendon, 1951], 58-99). 혹은 두 서신 모두 동일한 "바울 학파"의 글이라는 주장의 근거로 사용되기도 한다(Ernest Best, *Ephesians* [ICC; Edinburgh: T&T Clark], 613). 두 서신의 바울 저작설을 옹호하는 사람들조차 이 절들은 "저자가 아직 첫 편지를 수중에 가진 상태에서 다른 편지를 쓰고 있었다"는 암시일 것이라고 생각한다(Hoehner, *Ephesians*, 828).

10. 그는 또한 바울의 편지를 라오디게아인들에게 전해주었던 사람일 수 있다(참고. 16절).

11. 참고. Eckhard Schnable, *Early Christian Mission* (Downers Grove, IL: InterVarsity Press, 2004), 2:1228.

12. 다른 문맥에서 유사한 구절('나에 관한 일들', 빌 1:12, 문자적 번역)은 실제로 감옥에 갇힌 바울의 상태를 언급하며 사용되었다. 에베소서의 평행 구절에서 이 구절은 "내가 무엇을 하는지"(엡 6:21, NET)라는 추가 구절과 함께 사용되어 두기고의 보고 내용을 구체적으로 밝힌다.

13. 참고. Moule, *Epistles to the Colossians and to Philemon*, 136.

14. Randolph Richards, *Paul and First-Cnetury Letter Writing: Secretaries, Composition, and Collection* (Downers Grove, IL: InterVarsity Press, 2004), 200-201.

15. 여기서 사용된 정관사(ὁ)는 인칭 대명사의 역할을 해서 "우리의 사랑하는 형제"라 번역할 수 있다(NASB; 참고. GNB; 또한 1:2도 보라).

16. 이런 언급들에는 '형제(들)'이라는 의미가 내포되어 있다.

칭의 중요성은 빌레몬을 가리켜 사용한 병행구 "동역자"에서 확인할 수 있다(몬 1:1). 뒤에서 그를 "형제"라는 호칭으로 부른 점 역시 중요하다(몬 1:20). 이 호칭은 특별히 바울 서신의 도입부와 종결부에서 바울의 동역자를 가리켜 종종 사용된다(1:1; 4:9; 참고. 롬 16:23; 고전 1:1; 고후 1:1; 엡 6:21; 몬 1:1).[17] 그러므로 여기서 "사랑받는 형제" 역시 하나의 호칭으로 보아야 한다. "사랑받는"의 의미상 주어는 하나님일 가능성이 있다(참고. 롬 1:7). 물론 바울이 두기고에 대한 자신의 사랑을 염두에 두었을 수도 있다(참고. 빌 4:1).[18]

"신실한 일꾼"(πιστὸς διάκονος)은 하나님을 섬기는 일에서 두기고가 맡은 역할을 강조한다. "일꾼"은 종이라는 의미를 내포한다.[19] 골로새서에서는 그리스도(1:7; 참고. 고후 11:23; 딤전 4:6), 교회(1:25), 복음(1:23; 참고. 엡 3:7)을 섬기는 것과 관련해서 이 단어가 사용된다. 봉사의 대상이 권위적 인물이거나 기관을 가리키는 문맥에서는 "일꾼"의 권위가 강조된다. "그들이 보좌하는 이들과의 관계에서는 διάκονοι가 종속적 위치에 있지만, 그 외에 다른 이들에 대해서는 하나님, 복음, 교회, 사도 혹은 주교처럼 그들이 보좌하는 대상의 권위를 공유한다."[20] "신실한"(πιστός)이라는 용어도 복음 사역에 대한 두기고의 헌신을 강조한다. 이 서술어는 골로새 교회의 설립자의 경우와 같이(참고. 1:7) 그의 명예로운 지위를 강조하고, 따라서 골로새 교인들에게 그에 걸맞게 대우할 것을 요구한다.

"신실한"이라는 형용사는 "일꾼"뿐 아니라 "함께 종이 된 자"(σύνδουλος)에도 적용된다. "주 안에서"(ἐν κυρίῳ)라는 마지막 전치사구는 두 직책을 모두 수식한다고 보아야 한다. 그러므로 두기고가 "나와 함께 주를 섬기는 신실한 조력자이다"(NLT)라고 이해할 수 있다. "함께 종이 된 자"라는 용어가 이 문맥에서 특별히 중요한 이유는, 상전을 섬기는 종처럼 신자가 주를 섬겨야 할 것을 바울이 강조하기 때문이다(3:15-17, 22-25).[21] 또한 여기서 이 호칭이 중요한 이유는 두기고가 빌레몬의 종인 오네시모를 골로새로 돌려보낼 책임을 맡았기 때문이다. 이 호칭이 바울 서신에서 이 외에 사용된 유일한 경우는 에바브라를 언급한 1:7-8이라는 점도 중요하다. 1:7-8은 다음과 같이 현재 본문과 내용이 흡사하다. "이와 같이 우리와 함께 종 된 사랑하는 에바브라에게 너희가 배웠나니 그는 너희를 위한 그리스도의 신실한 일꾼이요 성령 안에서 너희 사랑을 우리에게 알린 자니라."

바울이 두기고를 묘사한 내용이 에바브라를 설명한 것과 유사하다는 사실은, 에바브라가 세운 교회에서 두기고의 위치를 재확인하기 때문에 중요하다. 또한 이런 유사성은 편지와 관련해서 그들이 유사한 역할을 맡았음을 보여준다. 에바브라는 골로새의 상황을 바울에게 보고했고, 두기고는 이제 바울의 형편을 골로새 신자들에게 전해줄 것이다.

4:8 내가 그를 특별히 너희에게 보내는 것은 너희로 우리 사정을 알게 하고 너희 마음을 위로하게 하려 함이라(ὃν ἔπεμψα πρὸς ὑμᾶς εἰς αὐτὸ τοῦτο, ἵνα γνῶτε τὰ περὶ ἡμῶν καὶ παρακαλέσῃ τὰς καρδίας ὑμῶν). 나아가 바울은 두기고를 골로새에 보내는 이유를 설명한다. "내가…보내는 것은"(ἔπεμψα)을 서간체 부정과거(epistolary aorist)라고 보는 해석은 틀리지 않다. 다시 말해, "저자가 의도적으로 수신자의 시간으로 글을 쓰는 편지에서 흔히 나타나는 부

17. 바울 서신에서 "형제"라는 호칭은 또한 초대교회 지도자들을 가리켜 가장 많이 사용되는 기독교적 호칭이다. 이 호칭에서 초기 기독교 공동체들의 교회 구조에 대한 바울의 인식을 엿볼 수 있다.
18. Aasgaard, "*My Beloved Brothers and Sisters*," 244를 보라.
19. 교회의 공식적 직책(즉, 집사)을 가리켜 이 용어가 사용되는 경우는 거의 없다(참고. 롬 16:1; 빌 1:1; 딤전 3:8, 12).
20. R. Alastair Campbell, *The Elders: Seniority within Earliest Christianity* (New York: T&T Clark, 2004), 134. Collins, *Diakonia*, 195-234도 보라.
21. 3:22-25에 대한 설명을 보라.

정과거 서술형을 사용하고 있는 것"이다.[22] 그러므로 영어 번역에서 이 구절을 현재 시제로 옮긴 것은 적절하다.[23] 또한 부정과거가 사용된 것은 두기고가 바울이 공식적으로 지명한 서신 전달자라는 뜻이다.

이 절의 내용은 에베소서 6:22에서도 등장하는 표현으로, 동일한 서신용 문맥을 언급하고 있다.[24] 바울이 동역자들을 파송했다는 언급은 여러 차례 등장한다(예를 들어, 고전 4:17; 빌 2:19, 23, 25, 28; 살전 3:2; 딛 3:12). 이것은 메신저들을 여러 교회에 파송할 수 있는 사도로서 그의 권위를 암시하고, 편지와 특사들을 통해 지역교회들을 연결하는 사회적 관계망의 시작을 보여준다.

여기서 그를 파견한 두 가지 목적을 언급함으로써 "내 사정을 다 너희에게 알려주리니"라는 7절의 내용이 구체화된다. 8절이 7절에서 언급한 목적을 반복하는 것 같지만, 실제로는 두 가지 면에서 그 목적을 확장한다. 첫째, "우리 사정"은 앞의 "내 사정"이라는 언급에 그의 동역자들을 포함하기 때문에 앞 절을 확장한다. "우리"는 디모데(1:1)는 물론이고 에바브라까지 포함할 가능성이 있다(1:7; 4:12; 참고. 몬 1:23). 바울은 두기고가 단순히 개인적인 친구 사이일 뿐만 아니라, 바울이 주도하는 사역 공동체를 대표한다는 사실을 분명히 밝힌다.

둘째, "너희 마음을 위로하게 하려 함이라"(παρακαλέσῃ τὰς καρδίας ὑμῶν)는 두기고가 단순히 소식 전달자 이상의 역할을 맡은 것을 보여준다. 바울은 앞에서 동일한 동사를 사용해 자신의 사명을 설명했다. "이는 그들로 마음에 위안을 받고 사랑 안에서 연합하여 확실한 이해의 모든 풍성함과 하나님의 비밀인 그리스도를 깨닫게 하려 함이니"(2:2). 이 본문에서 두기고가 파견되는 이유는 골로새 교인들의 마음을 위로하기 위함이다. 앞에서 지적한 것처럼,[25] 이 동사는 하나님의 종말론적 사역으로 받는 위로를 가리키므로 중요한 신학적 의미를 함축할 수 있다(참고. 사 40:1–2; 고후 1:6). 두기고는 골로새 교인들에게 바로 그러한 위로를 전할 것이다. 비록 바울이 골로새 공동체와 떨어져 있지만 두기고가 바울의 대리자로서 그의 사역을 이어갈 것이다.

4:9a–c 신실하고 사랑을 받는 형제 오네시모를 함께 보내노니 그는 너희에게서 온 사람이라(σὺν Ὀνησίμῳ τῷ πιστῷ καὶ ἀγαπητῷ ἀδελφῷ, ὅς ἐστιν ἐξ ὑμῶν). 이제 바울은 오네시모를 언급한다. 그는 두기고와 함께 골로새로 갈 것이다. 헬라어로 이 구절은 8절의 관계사절과 연결된 전치사구로 시작한다. '내가 너희에게 오네시모와 함께 보내는'(Whom I am sending to you…with Onesimus…). "오네시모"라는 이름은 빌레몬서를 제외하고 바울의 저작에서 오직 이 절에만 등장한다. 이 이름은 "유용한"이라는 뜻으로 노예의 흔한 이름이었다(참고. 몬 1:11).[26] 우리는 빌레몬서를 통해 오네시모가 빌레몬의 노예였지만 그에게서 떠났고, 감옥에서 바울을 만나 신자가 되었음을 알고 있다(몬 1:10). 그가 빌레몬을 떠난 이유는 정확히 알 수 없다(참고. 몬 1:16).[27] 그와 빌레몬 사이의 갈등이 있었을

22. Wallace, *Greek Grammar*, 562. 그러나 이 설명은 헬라어 동사의 시제가 시간을 기준으로 한다고 전제한다. 부정과거를 서신의 전체 내용을 대표하는 시제로 보고 현재적 시간적 참조의 영역(present temporal sphere of reference)을 표현하는 데 적절하다고 보는 설명에 대해서는 다음을 보라. Porter, *Verbal Aspect*, 228–30.

23. NAB, REB, CEV, NJB, NKJV, TNIV, NIV. 이와는 반대로 KJV, ASV, NASB, NRSV, NLT, NET, HCSB, ESV.

24. 에베소서와 골로새서의 관계에 관한 문제들(앞의 각주 9번을 보라)을 떠나 Richards (*Paul and First Century Letter Wrighting*, 215)는 이것이 바울이 비서들을 이용한 증거라고 주장한다(참고. 18절). "이것은 비서들이 이 편지에서 저 편지로 자주 재복사해서 쓰던 내용이었다."

25. 2:2에 대한 설명을 보라. 특히 이 동사를 '위로하다'로 번역한 점에 대한 설명을 주목하라.

26. BDAG, 711. 그러나 보다 최근에 발표된 비문과 파피루스에 나타난 오네시모라는 이름을 분석해보면 이 이름이 "신분이 있는 자유인도 쓸 수 있었던 이름이며, 따라서 비천한 신분을 가리키는 확실한 증거라는 주장은 신빙성이 없음"을 알 수 있다(A. L.Connolly, "Onesimos," *NewDocs* 4:180).

27. '빌레몬서 서론'을 보라.

것으로 추정된다(참고. 몬 1:11, 18). 빌레몬에게 편지를 쓰는 이유와 관련하여 바울은 오네시모를 "이후로는 종과 같이 대하지 아니하고 종 이상으로 곧 사랑받는 형제로" 받으라고 권면한다.

"신실하고 사랑을 받는 형제"라는 표현은 두기고를 묘사한 내용과 비슷하다. 다른 점은 오네시모에 대해서는 "일꾼" 혹은 "함께 종이 된 자"(7절)라는 표현을 쓰지 않는다는 점이다. 이 표현이 생략된 것은 오네시모의 (이전) 신분, 즉 실제 노예인 그의 신분을 부각하지 않으려 배려한 것일 수 있다. 또한 아직 신자들에게 오네시모가 바울의 동역자 중 한 사람이라는 인식이 없었다는 사실을 나타낼 수도 있다.[28] 그러나 이 표현이 빠진 또 다른 이유는 노예에게 적용한 형제라는 비유를 강조하기 위함이다. 앞에서도 지적했지만, 바울은 빌레몬에게 보내는 편지에서 그를 "사랑받는 형제"로 받아주라고 당부한다(몬 1:16). 또한 바울은 오네시모가 이제 그의 "아들"이라고 상기시킨다(몬 1:10). 이렇게 가족 용어를 사용해서 관계를 재정립하는 것은 종이나 자유인이나 차별이 없는 그리스도 안의 새로운 실존을 강조하기 위함이다(참고. 3:11). 따라서 이 경우, 오네시모를 "신실하고 사랑받는 형제"로 부른 것은 바울이 빌레몬서에서 제시할 논증이 반영된 것일 수 있다.[29]

"그는 너희에게서 온 사람이라"는 신자로서, 따라서 기독교 공동체의 한 지체로서 오네시모의 새로운 신분을 의미하는 것으로 해석되었다.[30] 그러나 바울이 이 점을 강조하려 했다면 1인칭 복수 대명사('우리')가 나와야 한다. 이 편지의 바울 저작설을 부인하는 사람들은, 이 것을 근거로 오네시모가 후에 소아시아에서 지도자로 인정을 받았다는 암시라고 주장한다.[31] 그럼에도 불구하고 바울이 두기고의 지위와 비교해서 지도자로서 오네시모의 역할을 강조한다는 어떤 암시도 본문에서 찾을 수 없다. 이 구절은 오네시모가 골로새 사람이라는 의미로 읽는 것이 가장 적절해 보인다.

공동체와의 인연을 언급하면 청중에게 설득력이 있을 것이고, 편지 내용을 수긍하기가 쉬울 것이다. 그러나 이 경우, 아직 공동체의 존경을 받을 정도는 아님이 확실한 종의 이름을 거론한다면 다른 목적이 있었을 것이다. 여기서 바울은 편지를 잘 받아들이게 하기 위해서가 아니라, 그들이 이 종을 잘 받아주기를 바랐기 때문에 그를 언급했을 것이다. 결국 빌레몬에게 보내는 편지의 목적도 이와 동일하다.

4:9d 그들이 여기 일을 다 너희에게 알려 주리라(πάντα ὑμῖν γνωρίσουσιν τὰ ὧδε). 이 하부 단락의 마지막 진술은 본질적으로 두기고의 임무에 관한 앞의 언급(7-8절)을 반복하고 있다. 이 진술은 단순히 하부 단락의 요약일 수 있지만, 오네시모를 언급한 후 다시 하는 말이므로 바울이 보낸 사람 중에 오네시모가 포함된다는 것일 수도 있다. 그러한 경우 이것은 오네시모가 존경받는 위치에 있다는 무언의 확인이다. 오네시모를 인정하고, 결국 환영하도록 청중에게 영향을 미치기 위한 의도적 표현일 수도 있다.

4:10a-b 나와 함께 갇힌 아리스다고와[…가 너희에게 문안하느

28. Schweizer, *Letter to the Colossians*, 238; Moo, *Letters to the Colossians and to Philemon*, 336. 어떤 이들은 "신실하고 사랑을 받는 형제"라는 표현 자체가 이미 그가 '종이자 함께 종 된 자'라는 의미를 함축하고 있다고 생각한다. 참고. Pokorný, *Colossians*, 191.

29. 참고. S. Scott Bartchy, "Undermining Ancient Patriarchy: The Apostle Paul's Vision of a Society of Siblings," *VTV* 29 (1999): 68-78.

30. Wright, *Colossians and Philemon*, 156을 보라. 그는 이 구절이 이중적인 내용을 언급한다고 본다. "교회는 이미 그가 **너희에게서 온 사람**이라는 것을 알고 있고, 이제 더 실제적인 의미에서 골로새인일 뿐 아니라 그리스도인이기도 하다는 점을 이해시켜야 한다"(강조체 원저자).

31. 참고. *Apostolic Constitutions* 7.46; Ignatius, *Eph.* 1.3-2.1; Sumney, *Colossians*, 270.

니라(Ἀσπάζεται ὑμᾶς Ἀρίσταρχος ὁ συναιχμάλωτός μου). 바울은 새로운 하부 단락에서 동료들의 안부 인사를 전한다. 헬라 파피루스에서는 세 가지 유형의 안부 인사를 볼 수 있다. 그중 파피루스 편지에서 상대적으로 거의 나타나지 않는 첫 번째 유형만이[32] 이 마무리 단락에서 빠져 있다.

1. 저자가 청중에게 직접 하는 인사말
2. 제삼자가 청중에게 보내는 인사(10–14절)
3. 저자가 제삼자에게 하는 인사(15절)

바울은 동료들이 보내는 인사로 시작한다. 앞 절에 거론된 오네시모의 이름처럼, 여기에 나오는 이름들은 예수(유스도)의 이름만 제외하고 모두 빌레몬서에 등장한다(23–24절). 이것은 두 편지가 공통된 배경이 있음을 다시 보여준다.

사도행전에서 "아리스다고"는 '데살로니가 출신의 마게도냐 사람'으로 소개되며(행 27:2), 바울의 3차 선교 여행에 동행한 동료 중 하나이다(19:29; 20:4). 누가가 목격한 바울의 선교 여행의 내용이 담긴 소위 "우리" 본문 중 두 곳(20:3–15; 27:1–28:16)에서 그가 등장하기 때문에,[33] 이 인사 단락에 누가가 등장하는 것은 놀랍지 않다(참고. 14절).

아리스다고는 에베소에서 폭동이 일어났을 때 바울과 함께 있었다(행 19:21–41). 에베소에서 바울이 투옥되었을 가능성이 있다면, "나와 함께 갇힌"이라는 구절은 말 그대로 에베소와 또한 로마에서 함께 투옥된 사건을 가리킬 수 있다. "나와 함께 감옥에 있던"(NLT).[34] 그런데 이런 표현은 7절의 "함께 종이 된 자"라는 호칭처럼 그리스도의 주 되심에 대한 복종을 가리키는 은유적 표현일 수도 있다. 그러한 경우 이 호칭은 주로 그가 "나처럼 그리스도의 포로다"(REB)라는 의미를 함축한다.[35] 빌레몬서 1:2에서 아킵보를 "함께 병사 된" 자라고 부른 것에서도 유사한 의미의 은유를 확인할 수 있다(참고. 빌 2:25).

4:10c–d 바나바의 생질 마가와(καὶ Μᾶρκος ὁ ἀνεψιὸς Βαρναβᾶ). 여기서 마가는, 마가의 모친의 집에서 신자들이 모였다는 누가의 기록에 요한 마가로 처음 등장하는 인물일 가능성이 크다(행 12:12). 예루살렘에 부조하러 방문했던 바울과 바나바는 안디옥으로 마가를 데리고 갔다(12:25). 마가는 바울과 바나바의 1차 선교 여행에 동행했지만 밤빌리아에서 그들을 떠났다(15:38). 바울은 2차 선교 여행 때 그를 데리고 가기를 거부했고, 결국 그와 바나바는 이 일로 크게 다투고 헤어지게 되었다. 바나바는 마가를 데리고 구브로로 갔다(15:39). 바울이 쓴 서신인 골로새서와 빌레몬서(1:24)에 마가가 다시 등장한다. 마가가 바울의 사역에 '유익하다'고 묘사된 것으로 미루어볼 때(딤후 4:11)[36] 결국 두 사람은 화해한 것으로 보인다.

---

32. Klauck, *Ancient Letters and the New Testament*, 24–25.

33. 특히 William S. Kurz, *Reading Luke-Acts: Dynamics of Biblical Narrative* (Louisville Westminster John Knox, 1993), 123–24에서 이 해석을 옹호하는 주장을 보라.

34. 바울이 지금 로마에서 편지를 쓰고 있기 때문에, 아리스다고는 로마에 함께 투옥되어 있을 가능성이 있다. Lightfoot (*St. Paul's Epistles to the Colossians and to Philemon*, 236)은 나아가 아리스다고가 "자발적으로 사도와 함께 살면서 그의 옥중 생활을 함께했을" 가능성을 지적한다. 그로써 감옥에 갇힌 그를 수발들고자 했을 것이다(참고. 빌 2:25).

35. 빌레몬서 1:23에서 아리스다고가 아닌 에바브라가 "그리스도 예수 안에서 함께 갇힌 자"라고 불린다는 사실은 이런 비유의 의미로 해석해야 한다는 주장을 뒷받침할 수도 있다. 하지만 어떤 이들(Lohse, *Colossians and Philemon*, 172 n.20)은 "그리스도 예수 안에서"라는 구절이 생략되어 있으므로 문자적 의미로 해석해야 한다고 지적한다.

36. 마가가 결국 신뢰할 수 있는 신실한 복음 전도자로 인정받았다는 사실은, 바울이 골로새서와 빌레몬서를 쓰기 전에 그의 저작에도 분명하게 드러난다.

마가는 여기서 "바나바의 생질(ἀνεψιός)"로 언급된다.[37] 마가는 흔한 이름이기 때문에, 이 구절은 바울이 언급한 이 사람을 확인하는 데 도움이 될 것이다. 바나바를 언급함으로 이 서신이 지닌 사도적 권위가 더욱 강조된다. 마가는 바나바와의 관계 외에 "하나님의 나라를 위하여" 바울과 동역한 유대 그리스도인으로 묘사된다(11절).

4:10e-g (이 마가에 대하여 너희가 명을 받았으매 그가 이르거든 영접하라)(περὶ οὗ ἐλάβετε ἐντολάς, ἐὰν ἔλθῃ πρὸς ὑμᾶς δέξασθε αὐτόν). 바울은 안부 인사를 전하는 사람들을 소개하다가 갑자기 마가를 영접하는 것에 관한 지시 내용을 청중에게 환기시킨다.[38] 이 지시가 언제 전달되었는지 그리고 이 지시를 내린 사람이 누구인지는 확실하지 않다. 바울은 골로새에 간 적이 없었고 그가 그 교회와 이전에 접촉한 증거도 전혀 없으므로, 이 지시는 바울이 아닌 다른 사람이 내렸을 가능성이 높다.[39] 베드로(참고. 벧전 5:13)와 바나바가 유력하다.

이 괄호 안의 언급은, 마가가 골로새를 방문할 것인지에 관해서나 골로새 교인들이 그의 과거 때문에 그를 영접할 것인지를 두고 "긴장이 있었을 가능성"을 암시한다.[40] 그러나 제3조건문은 마가를 영접할 것인지를 확신하지 못하는 의미로 보지 않고, 마가를 꼭 영접하라는 일반적 명령으로 해석할 수도 있다.[41] 이것이 특별히 중요한 이유는 마가가 바울과 그 동료들의 대리인이기 때문이다. 마가가 "하나님 나라를 위하여 함께 역사하는 자"라는 사실(11절)도 이 해석에 힘을 실어준다. 이 경우 바울은 골로새 교인들을 직접 방문하지 못하는 문제를 이런 방식으로 해결한다고 볼 수 있다. 이 편지와 함께 마가의 존재 역시 바울의 인격과 권위를 대변할 것이다. 사도의 대리인들이 방문함으로 바울과 골로새 공동체의 유대 관계가 돈독해질 가능성이 있다는 측면에서 이 해석은 마무리 단락의 수사학적 주제와 일치한다.[42]

4:11a-b 유스도라 하는 예수도 너희에게 문안하느니라(καὶ Ἰησοῦς ὁ λεγόμενος Ἰοῦστος). 바울의 유대인 동료의 명단에 나오는 마지막 이름은 "예수"(Ἰησοῦς)인데, 이는 흔한 유대식 이름인 여호수아의 헬라어 이름이다(참고. 눅 3:29; 행 7:45; 히 4:8). "유스도라 하는"은 "예수"라는 이름의 동명이인과 구분하는 데 도움이 된다. 로마식 이름인 "유스도"는 공정한 혹은 법을 준수한다는 의미로 유대인과 이방인 모두 흔히 사용하던 이름이었다(행 1:23; 18:7을 보라).[43] 예수에 대해서는 이 이상 알려진 내용이 없다.

4:11c 그들은 할례파이나 이들만은 하나님의 나라를 위하여 함께 역사하는 자들이니(οἱ ὄντες ἐκ περιτομῆς οὗτοι μόνοι συνεργοὶ εἰς τὴν βασιλείαν τοῦ θεοῦ). 이 절은 위에서 언급한 세 사람에 대해 중요한 정보를 주지만, 그 의미는 명확하지 않다.[44] 이 두 문장의 구문론적 관계에 대해서

37. ἀνεψιός라는 단어는 남자 조카("누이의 아들", KJV)를 뜻한다고 잘못 이해되었지만, 고대 자료는 계속 이 단어를 "사촌"의 의미로 사용한다. 민 36:11; Tob 7:2; Philo, *Embassy* 67; Josephus, *War* 1.662; *Ant.* 1.290; BDAG, 78.

38. 당연하겠지만 대부분의 주석가와 성경 번역본은 이 관계 대명사(whom)가 '마가'를 가리킨다고 해석한다.

39. 물론 이전에 편지를 썼을 가능성이나(Moule, *Epistles to the Colossians and to Philemon*, 137), 바울과 골로새 교인들이 다른 수단으로 접촉했을 가능성도 배제할 수 없다(Lightfoot, *St. Paul's Epistles to the Colossians and to Philemon*, 237-38).

40. MacDonald, *Colossians and Ephesians*, 180.

41. 또한 조건절에서 과거 가정법의 용례('그가 온다면', ἔλθῃ)는 일반적으로 비교적 큰 가능성을 의미한다. Harris, *Colossians and Philemo*, 207.

42. 참고. C. Clifton Black, *Mark* (ANTC; Nashville: Abington, 2011), 53-54.

43. 참고. 주의 형제 야고보는 나중에 "정의로운 자 야고보"로 불린다. Eusebius, *Hist. Eccl.* 2.23.4를 보라.

44. 이 뜻을 명확히 알 수 없는 이유는, 문장 그대로 해석할 경우("이 유대인들은 하나님 나라를 위하는 나의 유일한 동역자들이다") 뒤에 언급된 다른 세 동역자에 대한 부분을 해석하는 데 문제가 생기기 때문이다.

는 크게 두 가지로 해석할 수 있다.

(1) "이들은 하나님 나라를 위하는 내 동역자들 중에서 유일한 할례의 사람들이다"(참고. NRSV, NKJV, NLT, ESV, TNIV, NIV).

(2) "그 할례의 사람들 중에서 이들만이 하나님 나라를 위하는 나의 동역자이다"(참고. NJB, CEV, NEB, NET, HCSB).

첫 번째 해석은 그들만이 '할례의' 사람들이라고 말하기 때문에, 이 세 사람과 뒤의 세 사람이 대비된다. 두 번째 해석은 '할례의' 사람들 중 앞의 세 사람만이 바울의 동역자임을 강조한다. '할례의' 사람들이 아님이 분명한 뒤의 세 사람과 비교해볼 때 (1)번의 해석이 더 가능성이 있다.

(1)번의 해석은 두 가지로 나누어 설명할 수 있고, 이것은 '할례의'(ἐκ περιτομῆς)라는 표현의 정확한 의미가 무엇이냐에 따라 달라진다.

(1a) "이들은 하나님 나라를 위한 내 동역자들 중 유일한 할례의 사람들이다"(참고. NKJV, NRSV, ESV).

(1b) "이들은 하나님 나라를 위한 내 동역자들 중 유일한 유대인들이다"(참고. NLT, TNIV, NIV).

(1a)는 '할례의'라는 구절이 유대 율법의 준수를 고집하는 보수적인 유대 그리스도인을 가리키는 것으로 해석할 가능성을 남긴다. (1b)는 이 구절이 구체적으로 '유대인' 혹은 일반적인 '유대 그리스도인'을 가리키는 것이라고 이해한다. '할례의'는 갈라디아서 2:12의 "할례자들"(τοὺςἐκ περιτομῆς)을 가리킬 수도 있고,[45] 일반적인 유대인을 가리켜 사용할 수도 있다(참고. 롬 4:12).[46] 이 경우 바울은 단순히 앞의 유대인과 뒤에 소개한 이방인이 복음 선교에 참여하고 있음을 언급하는 것으로 보인다.[47] 이것은 유대인과 이방인이 모두 이 새 인류(사람)의 일부라는 사실을 증거할 것이다(참고. 3:11). 나아가 로마서의 안부 인사를 보면, 바울의 동역자 중 일부를 그의 "친척"이라고 명확하게 밝히는 내용이 등장한다(롬 16:7; 참고. 16:11; NIV, "fellow Jews"). 복음에 대해서도 유대인과 이방인이 모두 포함되는 동일한 내용을 강조하는 것으로 보인다.[48]

"함께 역사하는 자들"(συνεργοί)은 하나님의 선교에 동참하는 이 유대인들을 가리킨다. 직책을 수행하는 사람의 명예를 그럴듯한 호칭으로 드러내는 세상의 시민 단체와 달리 이 조직은 특별하고 높은 지위에 관심이 없다(참고. 롬 16:3, 9, 21; 고전 3:9; 고후 1:24; 8:23; 빌 2:25; 4:3; 살전 3:2; 몬 1:1, 24).[49] 이 용어가 바울의 핵심 동역자 집단을 가리킬 수 있지만, 강조의 핵심은 그들이 공동 선교로 사역을 함께한다는 데 있다. 그러므로 이런 의미에서 그들은 무엇보다 바울의 동역자라기보다 하나님의 동역자들이다. "우리는 하나님의 동역자들이요"(고전 3:9; 참고. 살전 3:2).[50]

"하나님의 나라를 위하여"라는 전치사구는 이러한 하나님 중심성을 적절하게 강조한다. 여기서 "하나님 나라"는 "그의 사랑하는 아들의 나라"(1:13)와 같다고 보아야 한다. 두 나라의 밀접한 관계는 "그리스도와 하나님의 나라"(엡 5:5)라는 구절에 잘 표현되어 있다.[51]

---

45. E. Earle Ellis, "Those of the Circumcision' and the Early Christian Mission," *SE* 4 (1964): 390-99.

46. '할례의'라는 구절의 용례를 신약에서 민족적 정체성에 대한 표식으로 보는 경우는 다음을 보라. Lieu, *Christian Identity in the Jewish and Graeco-Roman World*, 128.

47. Lohse, *Colossians and Philemon*, 173 n. 28; O'Brien, *Colossians, Philemon*, 251-52; Wilson, *Colossians and Philemon*, 301.

48. 참고. Andrew D. Clarke, "Jew and Greek, Slave and Free, Male and Female: Paul's Theology of Ethnic, Social and Gender Inclusiveness in Romans 16," in *Rome in the Bible and the Early Church* (ed. Peter Oakes; Carlisle, UK: Paternoster, 2002), 103-25.

49. Clarke, *A Pauline Theology of Church Leadership*, 46-47.

50. 참고. Kathy Ehrensperger, *Paul and the Dynamics of Power: Communication and Interaction in the Early Christ-Movement* (London: T&T Clark, 2007), 47-48.

51. George Eldon Ladd, "Paul's Friends in Colossians, 4:7-16," *RevExp* 70 (1973): 510. 그는 궁극적 승리를 거둘 때 아들이 아버지에게 그 나라를 넘겨드릴 것을 암시하는 고린도전서 15:25("그[그리스도]가

4:11d 이런 사람들이 나의 위로가 되었느니라(οἵτινες ἐγενήθησάν μοι παρηγορία). "위로"(παρηγορία)는 신약에서 여기서만 사용되며 지원, 격려, 위안을 뜻할 수 있다. 바울이 이 단어를 쓸 때 이것은 여러 기능을 한다. '할례의'라는 구절이 "할례파"를 의미한다고 보는 사람들에게는, 바울과 할례파와의 협력이 안디옥 사건(갈 2:1-12) 이후 이루어진 화해를 상징할 수 있고, 따라서 나중에 바울에게 위로가 되었다는 의미로 해석될 수 있다.[52] 그러나 '할례의'가 유대인들을 가리킨다면 이 구절은 복음 선교에 유대인과 이방인이 협력했고, 그들의 관계에 관심이 많았던 바울이 이 일을 흡족하게 여겼다는 의미로 해석할 수 있다(참고. 롬 9-11장; 엡 1-2장). 이 동역자들이 바울이 투옥되어 있는 동안 그에게 특정한 도움을 주었을 가능성도 배제할 수 없다.

4:12b-c 너희에게서 온 에바브라가 너희에게 문안하느니라(ἀσπάζεται ὑμᾶς Ἐπαφρᾶς ὁ ἐξ ὑμῶν). 바울은 이제 이방인 동역자들이 전하는 안부 인사를 소개한다. 에바브라는 이미 1:7-8에서 소개되었다. 이 편지의 서두와 결말에 모두 그가 등장한다는 사실은, 바울의 사역뿐 아니라 골로새 신자들에게도 그가 중요한 사람임을 드러낸다. "너희에게서 온"(ὁ ἐξ ὑμῶν)은 오네시모를 소개할 때 사용된 표현으로 에바브라 역시 골로새 태생임을 확인해준다. 1:7-8에는 에바브라가 골로새 교회의 설립자일 뿐 아니라 바울에게 골로새 사정을 전한 사람이라는 것이 서술되었다.[53] 바울과 에바브라는 이 편지에서 거짓 교사들에 대해 한 목소리로 대응하고 있다. 이런 연관성들은 공동체에서 에바브라의 위치와 바울의 사도적 권위를 다시 확인해준다.

4:12a, d-f 그리스도 예수의 종인…그가 항상 너희를 위하여 애써 기도하여 너희로 하나님의 모든 뜻 가운데서 완전하고 확신 있게 서기를 구하나니(δοῦλος Χριστοῦ [Ἰησοῦ], πάντοτε ἀγωνιζόμενος ὑπὲρ ὑμῶν ἐν ταῖς προσευχαῖς, ἵνα σταθῆτε τέλειοι καὶ πεπληροφορημένοι ἐν παντὶ θελήματι τοῦ θεοῦ). 앞에서는 에바브라를 "우리와 함께 종 된 사랑하는…너희를 위한 그리스도의 신실한 일꾼"(1:7)으로 소개했다면, 여기서는 '그리스도의 종'으로 소개한다.[54] 바울은 에바브라에게 주로 자신을 가리켜 사용하는 호칭(롬 1:1; 갈 1:10; 딛 1:1; 참고. 고전 7:22; 고후 4:5; 엡 6:6; 빌 1:1)을 적용한다. 나아가 바울은 상전에게 복종해야 하는 "종"에 대해 상세히 묘사하고(3:22-25) 그들의 복종과 하늘의 상전이신 주를 향한 신자의 복종을 서로 비교(참고. 3:15-17)한 후, "그리스도 예수의 종" 중 독보적인 모범으로 에바브라를 소개한다.

에바브라는 골로새 교인들을 위해 '항상 애써 기도하는' 사람이다.[55] 바울은 여기서 골로새 교인들을 위한(참고. '너희를 위한', ὑπὲρ ὑμῶν, 2:1) 자신의 "수고"(ἀγωνιζόμενος, 1:29)를 서술할 때와 동일한 동사를 사용한다.[56] 바울은 각자 처한 상황에서 신자가 복음을 선포함으로 그의 사역을 계승할 것을 요청하면서(4:2-6) 그러한 사랑의 수고를 감당한 사람으로 에바브라를 언급하여 그

모든 원수를 그 발 아래에 둘 때까지 반드시 왕 노릇 하시리니")을 지적한다.

52. John Gillman, "Justus," *ABD*, 3:1134.

53. 에바브라가 바울의 조언을 구하러 로마까지 여행을 할 수 있었다는 점은 그가 부유한 사람임을 암시한다. 어떤 이들은 그가 사업가일 것이라고 주장하기도 한다. 참고. Murphy-O'Connor, *Paul*, 235.

54. 일부 언셜체 사본(א A B C I L 0278)과 소문자 사본(33 81 365 629 1175 2464)에는 "예수"(Ἰησοῦ)가 포함되어 있지만, 다양한 본문 계열의 사본들(D F G Ψ 075 1739 1881 𝔐)과 일반적으로 신뢰하는 파피루스($\mathfrak{P}^{46}$)는 이 구절을 생략한다. 이 단어를 생략하는 것이 더 나은 해석이라고 생각한다.

55. "애써"와 "기도"를 연결하는 것은 겟세마네에서 예수님이 피와 땀을 흘리시며 드린 기도를 떠오르게 한다(참고. 4:2). Moule, *Epistles to the Colossians and to Philemon*, 138.

56. Ostmeyer, *Kommunikation mit Gott und Christu*, 124. 1:25-2:1과 4:12-13의 평행 관계에 대해서는 Martin Brändl, *Der Ago bei Paulus: Herkunft und Profil paulinischer Agonmetaphorik* (WUNT 2,222; Tübingen: Mohr Siebeck, 2006), 367을 보라.

사역이 계승되는 것을 상징적으로 표현한다.[57]

에바브라가 기도한 내용[58]은 골로새 신자들이 "하나님의 모든 뜻 가운데서 완전하고 확신 있게 서[는]" 것이다. 이 짧은 기도문은 크게 다음과 같은 네 가지 요소로 이루어진다. (1) '서다', (2) "완전하고", (3) "확신 있게", (4) '하나님의 뜻'. 여기서 두 번째와 네 번째 항목은 에바브라와 바울의 사역이 연관성이 있음을 암시한다. 골로새 교인들의 '완전함'(τέλειοι)은 1:28에서 바울이 추구하는 복음 사역의 핵심으로 강조된다. "우리가 그(그리스도)를 전파하여 각 사람을 권하고 모든 지혜로 각 사람을 가르침은 각 사람을 그리스도 안에서 완전한(τέλειον) 자로 세우려 함이니." 여기서 에바브라 역시 그들의 완전함을 위해 기도한다. "하나님의 뜻"(θελήματι τοῦ θεοῦ)이라는 언급도 바울이 1:9에서 골로새 교인들을 위해 드린 기도를 상기시킨다.

그런데 첫 번째와 세 번째 항목은 골로새서 어디에서도 직접적으로 언어학적 평행 관계에 있는 구절을 찾아볼 수 없다. 두 항목은 골로새 교인들이 거짓 교사들에게 맞서야 할 필요에 초점이 있다. '서다'(σταθῆτε)라는 동사[59]는 믿음의 터 안에 '굳게 서다'(참고. 고전 10:12; 고후 1:24; 엡 6:14; 딤후 2:19)라는 뜻이다.[60] 다시 말해, "믿음에 거하고 터 위에 굳게 서서 너희 들은 바 복음의 소망에서 흔들리지 아니"(1:23)한다는 뜻이다.[61] 분사 "확신 있게"(πεπληροφορημένοι)는 오직 그리스도 안에서만 발견할 수 있는 "확실한 이해(πληροφορίας)의 모든 풍성함"(2:2)을 다시 가리킨다. 그러므로 바울은 두 용어로 골로새 교인들이 그리스도와 그분의 복음에 늘 신실하도록 에바브라가 계속 기도하고 사역하는 것에 대해 말한다.

4:13 그가 너희와 라오디게아에 있는 자들과 히에라볼리에 있는 자들을 위하여 많이 수고하는 것을 내가 증언하노라 (μαρτυρῶ γὰρ αὐτῷ ὅτι ἔχει πολὺν πόνον ὑπὲρ ὑμῶν καὶ τῶν ἐν Λαοδικείᾳ καὶ τῶν ἐν Ἱεραπόλει). 바울은 이제 에바브라가 리쿠스 계곡의 신자들을 위해 "많이 수고하는 것"을 증언한다. 이것이 12절의 근거를 제시하는 절이 아니므로 접속사 '왜냐하면'(γάρ)을 번역하지 않은 번역본도 상당수 있다(예를 들어, NAB, REB, CEV, GNB, NLT, NIV). 이 접속사는 문맥과 연관되는 추가 정보를 제공하는 역할을 한다.[62] "내가 증언하노라"(μαρτυρῶ)는 이 진술이 진리임을 강조하면서 맹세의 관용 표현을 떠오르게 한다(참고. 롬 10:2; 고후 8:3; 갈 4:15). '수고하다'라는 동사는 '고된 수고'(πόνον)라는 명사를 번역한 것이다.[63] 이 구절은 '애써'와 함께 신자를 세우기 위해 에바브라가 쏟는 헌신적 노력을 강조한다.[64] NLT는 이 구절의 의미를 잘 포착한다. "그가 너희 때문에 애를 끓였다."

이 구절은 기도를 언급한 앞 문장과 분리되어서는 안 된다. 바울은 수고가 하나님의 능력의 도구일 뿐이

57. 골로새 교인들을 위한 기도에서 에바브라의 수고를 강조한 사실을 REB가 잘 포착한다. "그는 항상 너희를 위해 열심히 기도한다."
58. 앞의 기도 보고/요청에서처럼 'that'(ἵνα)라는 단어는 기도의 목적보다는 내용을 가리킨다(1:9; 4:3–4).
59. 이 과거 수동태 가정법은 능동 자동사 의미를 띤다. 참고. BDAG, 482.
60. 학자들은 '하나님의 뜻 가운데서'가 '서다'나 '확신 있게'와 직접 연결되는지를 두고 의견이 분분하다. 이 책에서 채택한 번역은 두 의미를 모두 뜻할 수 있지만 동사 '서다'를 직접 수식한다고 보는 것이 가장 타당한 것 같다. "너희가 모두 성숙하고 확신 있는 상태로 하나님의 뜻 안에 굳게 서도록"(TNIV, NIV; 참고. GNB, CEV).
61. 악한 자를 대적하는 영적 전쟁에서 굳게 '서라'(στῆναι)고 요청한 에베소서 6:11, 13에서 바울이 이 동사를 이중적으로 쓴 용례를 참고하라.
62. 참고. Wallace, *Greek Grammar*, 673. 그러나 Callow (*Semantic and Structural Analysis*, 165)는 이 접속사를 리쿠스 계곡의 신자들을 위한 에바브라의 애씀과 수고에 대한 서술 내용과 연결한다. 그렇다면 이 접속사는 그들을 위해 기도하는 에바브라에 관해 바울이 언급한 근거를 소개할 것이다.
63. BDAG, 852.
64. '애써'(ἀγών)라는 단어군과 '고된 수고'(πόνος)의 관계는 고대 헬라 문헌에서도 발견할 수 있다(예를 들어, Plato, *Phaedr*. 247 B); Lightfoot, *St. Paul's Epistles to the Colossians and to Philemon*, 240.

기 때문에 기도와 수고가 분리되어서는 안 된다고 생각한다. 인간을 통한 하나님의 역사는 바울이 리쿠스 계곡의 신자들을 위한 자신의 수고를 설명한 구절에 이미 드러나 있다. "이를 위하여 나도 내 속에서 능력으로 역사하시는 이의 역사를 따라 힘을 다하여 수고하노라"(1:29).

"너희와 라오디게아에 있는 자들과 히에라볼리에 있는 자들을 위하여"는 앞에서 바울이 수고한 정도를 언급한 내용과 비슷하다. "내가 너희와 라오디게아에 있는 자들과 무릇 내 육신의 얼굴을 보지 못한 자들을 위하여 얼마나 힘쓰는지를 너희가 알기를 원하노니"(2:1). "히에라볼리"는 오직 이곳에만 등장하며 아마 2:1에 언급된 지역에도 간접적으로 포함되었을 것이다. 라오디게아의 유명세는 골로새서에 그 이름이 여러 차례 등장한 것(참고. 2:1; 4:15-16)에서도 알 수 있고, 바울이 그 도시 신자에게 보낸 또 다른 편지가 존재한다는 점에서도 드러난다(4:16). 히에라볼리가 거론된 것은, 이 도시가 골로새와 라오디게아와 함께 리쿠스 계곡에서 가장 유명한 도시를 대표한다는 사실을 보여준다. 따라서 바울은 이 지역에서 에바브라가 감당한 사역을 강조하고 있다.

히에라볼리는 골로새에서 북서쪽으로 약 24킬로미터 떨어진 지점에 위치한 도시였다. 골로새와 마찬가지로 히에라볼리의 유대인 정착지가 그 지역의 초기 기독교 개종자들의 근거지가 되었을 것이다.[65] 에바브라가 이 도시들과 연관된다는 사실은 그가 단순히 한 지역교회의 지도자가 아니라, 그의 가정 교회를 넘어 여러 지역에서 선교 활동을 했음을 보여준다.[66] 이런 도시에 대한 언급들은 또한 바울이 말한 "외인"(5절)의 의미를 설명할 수 있다. 이 외인은 믿음의 공동체 밖의 사람들 뿐만 아니라, 그들이 사는 폴리스 밖의 사람들도 포함했다.

4:14 사랑을 받는 의사 누가와 또 데마가 너희에게 문안하느니라(ἀσπάζεται ὑμᾶς Λουκᾶς ὁ ἰατρὸς ὁ ἀγαπητὸς καὶ Δημᾶς). 바울은 이 하부 단락을 누가와 데마의 안부 인사로 마무리한다. 다른 신약 본문에서 "누가"라는 이름은 바울의 후기 서신에서만 등장한다(참고. 딤후 4:11; 몬 1:24). 이 외에 누가가 바울의 2차 로마 투옥 시기에 함께했다는 것(딤후 4:11)을 제외하면 그에 대한 추가 정보가 전혀 없다. 신약에 거의 등장하지 않지만, 여기서 누가는 중요한 인물이다. 바울의 이 동료가 누가복음과 사도행전의 저자라는 압도적인 외적 증거 때문이다.[67] 이 두 작품은 바울의 저작보다 훨씬 길다. 누가가 로마에서 바울과 함께 있다는 사실은, 사도행전의 "우리" 본문(행 16:10-17; 20:5-15; 21:1-18; 27:1-28:16)이 암시하듯 그가 2차와 3차 선교 여행의 동반자였다는 견해와 일치한다.[68] 사도행전의 이 단락에서는 누가가 로마까지 계속 바울과 동행한다.

누가를 언급한 사실에 담긴 중요성은 두 가지이다. 첫째, 11절에 대해 이 책에서 주장한 해석이 옳다면 누

65. 리쿠스 계곡에서 여러 지역 공동체를 대상으로 진행된 가장 초창기 선교 운동의 역사는 재구성하기가 쉽지 않다. 여러 집단이 골로새, 라오디게아, 히에라볼리의 지역교회 건설에 동참했을 것이다. 참고. Alastair Kirkland, "The Beginnings of Christianity in the Lycus Vally: An Exercise in Historical Reconstruction," *Neot* 29 (1995): 109-24.

66. 어떤 이들은 이 세 도시에 대한 언급에서 에바브라의 활동 범위가 "한 도시가 아닌 넓은 지역"임을 알 수 있다고 주장한다. 확실히 에바브라는 그리스도를 우주의 주로 믿었고 모든 사회·정치적 영역을 초월하시는 분으로 믿었다(참고. Trainor, *Epaphras*, 90-91). 2세기 회당 비문에서 보듯이, 에바브라가 상당한 유대인 인구가 있었을 아프로디시아스와 같은 지역의 여러 도시에서도 복음을 전했을 가능성에 대해서는 다음을 보라. Schnabel, *Early Christian Mission*, 2:1246-47.

67. 가장 중요한 외적 증거는 다음에서 볼 수 있다. (1) 누가복음의 가장 오래된 필사본인 $\mathfrak{P}^{75}$에서는 별도의 호칭으로 그를 저자라고 밝히고 있다. (2) 무라토리안 정경이 동일한 사실을 암시한다(이 정경의 연대에 대한 논쟁을 개괄적으로 다룬 내용은 P. Henne, "La datation du canon de Muratori," *RB* 100 [1993]: 54-75를 보라). (3) 2세기 말의 Irenaeus 역시 동일한 결론을 제시한다(*Haer*. 3.1.1, 3.3.3).

68. 참고. John Wenham, "The Identification of Luke," *EvQ* 63 (1991): 3-44.

가는 바울의 이방인 동역자에 포함될 것이다. 이 사실은 누가가 로마 세계의 제도와 지리에 대해 해박한 지식을 갖고 있는 것뿐만 아니라, 그가 세련된 헬라어 문체를 사용하는 이유를 부분적으로 설명할 수 있다. 칠십인역에 대한 그의 지식 역시 그가 하나님을 경외하며 회당 예배에 참여했을 가능성으로 설명할 수 있다.[69]

둘째, "사랑을 받는 의사"(ὁ ἰατρὸς ὁ ἀγαπητός)라는 구절에서 누가에 대한 추가 정보를 얻을 수 있다. 누가복음과 사도행전에서 사용된 의학 용어를 확인하는 방식으로 누가가 의사임을 보여주려는 시도는 결정적인 결과를 도출하지 못했지만,[70] 누가복음의 도입부(눅 1:1–4)는 의료 분야의 저술을 비롯해 당시 과학 문헌의 내용과 부합한다.[71] 나아가 여행에 대한 그의 관심 역시 고대 시대의 순회 의사의 모습과 맞아떨어진다.[72] 여기서 누가의 직업이 언급된 이유는 바울이 감옥에 갇혀 있는 동안 건강을 점검해야 했기 때문이다.[73] 이 언급이 동명이인의 다른 누가와 그를 구분하기 위한 목적일 가능성도 배제할 수 없다.

신약의 다른 곳에서 "데마"는 두 번밖에 등장하지 않는데 이때 누가도 함께 등장한다(몬 1:24; 딤후 4:10–11). 디모데후서 4:10에서 바울은 이 데마가 그를 '버렸고', '이 세상을 사랑했다'고 말한다. 이 구절과 비교해 해석한다면 '버렸다'는 표현은 데마가 감옥에 갇힌 사람과 교류하는 것을 두려워했을 가능성을 암시할 수도 있다.[74] 반면 '세상을 사랑했다'는 감옥에 갇힌 바울이나 심지어 그의 이후 선교에 계속 지원하기를 거부했음을 의미할 수 있다.[75] 디모데전서를 쓰기 몇 년 전으로 보이는 이 1차 로마 투옥 시기에는 아직 데마가 바울의 동역자로 신뢰를 받고 있다.

4:15 라오디게아에 있는 형제들과 눔바와 그 여자의 집에 있는 교회에 문안하고(Ἀσπάσασθε τοὺς ἐν Λαοδικείᾳ ἀδελφοὺς καὶ Νύμφαν καὶ τὴν κατ' οἶκον αὐτῆς ἐκκλησίαν). 바울은 이제 골로새 공동체 밖의 사람들에게 안부 인사를 하기 시작한다. "라오디게아에 있는 형제들"은 라오디게아에 있는 모든 신자를 가리킬 가능성이 크므로 "라오디게아의 형제들과 자매들"이라는 번역은 타당하다(NRSV; 참고. REB, CEV, GNB, NLT, NET, TNIV, NIV). 라오디게아에 있는 신자들도 바울의 편지를 받는다는 사실(참고. 16절) 때문에, 일부 주석가는 이 안부 인사가 다소 혼란스럽다고 보기도 한다. 이에 대해서 몇 가지로 해석할 수 있다. 첫째, 골로새 교인들이 편지를 라오디게아인들에게 전해야 하므로(16절) 이 안부 인사를 전하는 것은 당연하다.[76] 둘째, 이 안부 인사는 특정한 한 사람, 즉 눔바를 위한 것일 수 있다. 셋째, 안부 인사가 중요한 사회적 기능을 하기 때문에, 이 구절은 여러 지역

69. 누가의 저작에서 그가 '하나님을 경외하는 사람'에게 관심을 둔 이유도 설명될 것이다(행 10:2, 22, 35; 13:16, 26, 50; 16:14; 17:4, 17; 18:7).

70. 고전적 시도는 W. K. Hobart, *The Medical Language of St. Luke* (Dublin: Hodges, Figgis, 1882)에서 볼 수 있다. 그러나 Henry J. Casbury는, 누가가 사용하는 의료 용어가 그가 교육받은 저자라는 사실은 암시하지만 직업 의료인의 전문 용어는 아니라고 지적한다(*Studies in the Style and Literary Method of Luke* [HTS 6; Cambridge, MA : Harvard Univ. Press, 1920]).

71. Loveday C. A. Alexander, *The Preface to Luke's Gospel: Literary Convention and Social Context in Luke 1.1-4 and Acts 1.1* (SNTSMS 78; Cambridge: Cambridge Univ. Press, 1993).

72. G. H. R. Horsley, *NewDocs* 2:19–21; Martin Hengel and Anna Maria Schwemer, *Pauls zwischen Damaskus und Aniochien: Die unbekannten Jahre des Apotels* (WUNT 108: Tübingen: Mohr Siebeck, 1998), 18–22.

73. 예를 들어, Ben Witherington Ⅲ, *Conflict and Community in Corinth* (Grand Rapids: Eerdmans, 1995), 495–64를 보라. 그는 고린도후서 12:7의 '육체의 가시'라는 언급을 근거로 바울이 만성적인 건강 문제 때문에 누가의 도움이 필요했다고 주장한다.

74. Towner, *Letters to Timothy and Titus*, 622.

75. Jerome D. Quinn and William C. Walker, *The First and Second Letters to Timothy* (ECC; Grand Rapids: Eerdmans, 2000), 800–801. 이런 이해는 바울을 추종한 본심이 따로 있었던 위선자로서 데마에 대한 후대의 기억과 일치한다(참고. *Acts Paul* 3.1).

76. Schweizer, *Letter to the Colossians*, 241

공동체가 서로 교류하며 화합했음을 암시한다. 바울은 자기 대신 골로새 교인들로 하여금 라오디게아 사람들에게 안부를 전하게 하므로, 바로 이런 역할을 기대했을 수 있다.[77]

라오디게아를 언급한 뒤에 등장하는 καί의 기능에 대해서는 여러 가지로 해석이 가능하다. (1) 등위 접속사로 해석할 경우 눔바와 그녀의 교회는 라오디게아의 교회 공동체에 소속되지 않는다. "라오디게아에 있는 형제들과 또한 눔바와 그녀의 집에 있는 교회에 문안하라"(NASB).[78] (2) 이 구절이 그 집단 내의 특정한 한 사람을 부각한다고 이해한다면, 눔바와 그녀의 교회는 라오디게아의 여러 교회 중 특별히 바울이 관심을 가지고 안부를 묻는다고 볼 수 있다. "라오디게아의 신자들, 특히 눔바와 그녀의 집에서 모이는 교회에 나의 안부 인사를 전하라"(CEV).[79] (3) 설명하는 보족의 의미로 해석한다면, 눔바의 가정 교회가 라오디게아의 모든 형제자매를 대표하게 된다. '라오디게아에 있는 형제들, 다시 말해 눔바와 그녀의 집에 모이는 교회에 나의 안부 인사를 전하라.' 개인을 언급한 뒤 지리를 표기하는 형식으로 전체 공동체를 언급한 것으로 보아 (2)번의 해석이 가장 적절해 보인다.

골로새 교인들에게 전하는 안부 인사는 "눔바와 그 여자의 집에 있는 교회"에 대한 안부 인사로 마무리된다. "눔바"(Νύμφαν)의 성별에 대한 논쟁은, "그 여자의"(αὐτῆς)라는 여성형의 진정성과 이 이름의 정확한 형태에 따라 나뉜다. 대격 Νύμφαν은 남성형(Νύμφᾶς) 이름에서 파생할 수도 있고, 여성형(Νύμφα) 이름에서 파생할 수도 있다. 그러므로 성별은 이 대명사를 어떻게 보느냐에 달려 있다. 남성형 대명사('그의', αὐτοῦ)는 후대의 다수 본문(𝔐)[80]이 지지하므로 KJV는 이렇게 해석한다. "눔바 그리고 그의 집에 있는 교회"(참고. NKJV). 그러나 상대적으로 신뢰도가 높은 알렉산드리아 계열의 초기 필사본들[81]은 여성형으로 해석하는 것을 지지하고, 대부분의 현대 번역본도 이 해석을 채택한다. 2세기 이후 많은 사람이 남성의 리더십을 표준으로 인식하면서 원본의 여성형이 남성형으로 바뀌었을 가능성도 있다.[82]

눔바의 성별을 확인한다고 해도, 이 교회에서 눔바의 역할이 무엇인지는 불분명하다. 집에서 교회 모임을 할 수 있을 정도로 상당한 재산을 물려받은 과부일 수도 있다(참고. 딤전 5:9–16). 또한 기독교로 개종한 여성 재력가로서(참고. 눅 8:1–3; 행 13:50; 17:4) 교회를 재정적으로 지원했을 수도 있다(참고. 롬 16:2). 눔바가 복음 사역의 동역자일 수도 있지만(참고. 롬 16:1, 3, 6–7, 12; 빌 4:3), 그녀를 이 교회의 '리더'로 볼 수 있는지는 확실하지 않다. 어떤 경우이든 이 절은 가정에서 '교회' 모임이 열렸음을 분명하게 암시한다(참고. 행 2:46; 5:42; 8:3; 롬 16:5; 고전 16:19).

4:16 이 편지를 너희에게서 읽은 후에 라오디게아인의 교회

---

77. 이 절은 문자적으로 '라오디게아에 있는 형제들에게 문안하라'로 읽을 수 있다. 대부분의 번역본은, 이 구절을 바울이 자신을 대신해 안부를 전해달라는 요청으로 이해한다. 그러나 이 구절을 골로새 교인들 자신의 안부를 라오디게아 사람들에게 전해야 한다고 바울이 요청했다는 의미로 읽을 수도 있다(참고. Wilson, *Colossinas and Philemon*, 304). 어떤 번역본들은 그런 가능성을 열어두고 있다. "라오디게아에 있는 형제들에게 안부 인사를 하라"(NAB).

78. 여기서 히에라볼리의 신자들을 언급하지 않기 때문에(참고. 13절), 일부 학자는 눔바가 히에라볼리 사람이라고 주장한다. 참고. Marlis Gielen, "Zur Interpretation der paulinischen Formel ἡ κατ' οἶκον ἐκκλησία," *ZNW* 77 (1986): 123–24.

79. Barth and Blanke, *Colossians*, 486을 보라.

80. 또한 D [F G] Ψ.

81. B 0278 6 1739[*] 1881. 소문자 필사본 1739와 바울 전서의 가장 신뢰할 수 있는 사본 중 하나(𝔓[46])의 유사성 때문에, 이 독법이 이 중요한 파피루스의 지지를 받고 있다고 볼 수 있다.

82. 유사한 전개 양상을 보이는 로마서 16:7의 유니아의 경우는 Bernadette Brooten, "Junia…Outstanding among the Apostles (Romans 16:7)," in *Women Priests: A Catholic Commentary on the Vatican Declaration* (ed. Leonard and Arlene Swidler; New York: Paulist, 1977), 141–44를 보라.

에서도 읽게 하고 또 라오디게아로부터 오는 편지를 너희도 읽으라(καὶ ὅταν ἀναγνωσθῇ παρ' ὑμῖν ἡ ἐπιστολή, ποιήσατε ἵνα καὶ ἐν τῇ Λαοδικέων ἐκκλησίᾳ ἀναγνωσθῇ, καὶ τὴν ἐκ Λαοδικείας ἵνα καὶ ὑμεῖς ἀναγνῶτε). 이러한 지시는 바울 서신이 초대교회에서 회람되었음을 보여주고, 신약 교회들의 낭독 관례에 대해서도 중요한 정보를 제공한다. 이것은 사도와 그의 동역자(들)이 보낸 것이고 전체 공동체를 대상으로 하므로 공개적인 편지임이 분명하다. 이 사실은 수동 동사 '읽히다'를 쓴 데서 확인할 수 있고, 한 사람이 전체 회중에게 이 편지를 읽어주었음을 알려준다.[83] "너희에게서"(παρ' ὑμῖν)라는 구절에 이러한 낭송 형태가 암시되어 있다. 따라서 '너희 중에서'로 번역할 수도 있다. 두 번역 모두 이 편지의 사본이 하나밖에 없었을 가능성을 반영하고, 따라서 이런 낭송을 전문으로 하는 대중적 낭독자가 있었을 것이다.[84] "이 편지를 읽고 나면"(NLT; 참고. GNB)으로 번역한 것은, 현대의 사적인 읽기 행위에 비추어 이 구절을 해석할 위험성이 있으므로 오해를 불러일으킬 가능성이 크다.

바울이 또한 해당 청중에게 그의 편지를 낭송하라고 분명하게 요청하는 다른 본문도 있다. "내가 주를 힘입어 너희를 명하노니 모든 형제에게 이 편지를 읽어 주라"(살전 5:27). 그러므로 데살로니가전서 본문은 이 동사의 의미에 대한 이 책의 해석을 뒷받침해주고, 문맥상 "주"라는 언급도 그 편지의 공개적 낭독이 지니는 권위를 보여준다. 유대인은 회당 예배에서 율법을 큰 소리로 낭독하는 방식에 익숙했다.[85] 바울이(그리고 그의 동료들이) 자신의 사도적 권위를 강조하기 때문에 공동체 앞에서 그의 편지를 읽게 하라는 요청은 그 자체로 권위 있는 요구일 수 있다.[86]

"라오디게아인의 교회에서도 읽게 하고"라는 구절은 이 편지가 주변 교회들에게도 중요하다는 사실을 보여준다. 한편 "또 라오디게아로부터 오는 편지를 너희도 읽으라"는 구절은 바울이 쓴 또 다른 편지의 정보를 제공한다. 바울이 라오디게아의 교인들에게 쓴 편지가 있었다는 것이다.[87] 바울이 라오디게아인들에게 언제 편지를 썼는지는 확실하지 않다. 골로새서 이전에 이 공동체에 보낸 편지로서 리쿠스 계곡으로 막 떠날 채비를 하고 있던 두기고가 이 편지를 함께 전달할 가능성이 있다(참고. 7–8절).

라오디게아인들에게 보낸 편지는, 에베소인들에게 보내는 편지[88] 혹은 빌레몬에게 보내는 편지,[89] 심지어 골로새인들에게 보내는 이 편지(골로새 교인들에게 보내는 편지와 라오디게아인들에게 보내는 편지를 모두 포함한)[90]를 가리킨다는 주장이 계속 제기되었다. 그러나 대부분은 이 편지가 아직 발견되지 않았다고 생각한다. 이 구절은 후대 사람이 빌립보서와 갈라디아서 구절들을 주로 인용해서 「라오디게아인들에게 보내는 편지」(Epistle to the Laodiceans)라는 위경을 썼을 가능성을 보여준다.[91]

---

83. "모두 다 들도록 **큰 소리로 읽으라**"(BDAG, 60, 강조체 원저자). 고대에 대부분의 사람은 사적인 편지까지도 큰 소리로 낭독했다. 일반 대중의 높은 문맹율과 사본의 희귀성 때문에 공개적인 낭독이 일반적이었다. 더 자세한 논의는 Harry Y. Gamble, *Books and Readers in the Early Church: A History of Early Christian Texts* (New Haven, CT: Yale Univ. Press, 1995), 203–4를 보라.

84. 참고. "너희 앞에서"(NAB).

85. 참고. 고후 3:15. "오늘까지 모세의 글을 읽을 때에 수건이 그 마음을 덮었도다"(참고. 행 15:21).

86. Gamble (*Books and Readers in the Early Church*, 205, 326)이 지적하듯이 기독교적 본문의 공개적 낭독은 주로 예배를 드리는 상황에서 이루어졌다. 신약 후기 초창기에 쓰인 바울 서신들은 그런 상황에서 유대 성경들과 함께 낭독되었다(참고. 벧후 3:16; Polycarp, *Phil.* 3.2).

87. 문법적으로는 이 구절을 라오디게아인들이 바울에게 쓴 편지라고 해석할 수도 있다. 그러나 왜 바울이 골로새 교인들에게 그런 편지를 읽게 했는지는 확인하기 어렵다. 앞에서 골로새서를 라오디게아인들에게 읽어주라고 한 요청을 볼 때, 이 절은 바울이 쓴 또 다른 편지에 대한 언급이라고 보는 것이 더 자연스럽다.

88. Lightfoot, *St. Paul's Epistles to the Colossians and to Philemon*, 244.

89. John Knox, *Philemon among the Letters of Paul* (London: Collins, 1960), 38–47.

90. M.-É. Boismard, *La lettre de saint Paul aux Laodicéens* (CahRB 42; Paris: Gabalda, 1999).

91. 이런 위작은 라틴어로 쓰인 것만 남아 있지만, 헬라어로 쓰인 원본

또한 이 두 절은 바울의 편지를 서로 교환해서 읽었다는 가장 초기의 증거일 수 있다. 이 사실은 여러 가지 이유로 중요하다. 첫째, 바울 서신들이 해당 공동체뿐 아니라 더 넓은 지역에도 필요했음이 분명하다. 골로새 교인들이 당면한 문제는 분명히 그들의 지역 공동체에만 국한되는 문제가 아니었을 것이다. 둘째, 바울의 편지를 회람해서 읽으라는 요청은 그의 사도적 권위를 보여준다. 마지막으로, 이것은 바울 서신의 가장 초기 수집 단계를 암시할 수 있다. 이런 수집 과정을 거쳐 결국 정경화 작업이 이루어졌을 것이다.[92]

4:17 아킵보에게 이르기를 주 안에서 받은 직분을 삼가 이루라고 하라(καὶ εἴπατε Ἀρχίππῳ, Βλέπε τὴν διακονίαν ἣν παρέλαβες ἐν κυρίῳ, ἵνα αὐτὴν πληροῖς). 바울이 서명을 하고 인사를 하기 전에 마지막으로 한 이 말은 "아킵보"에게 지시하는 내용이다. 신약에서 이 이름은 바울이 빌레몬에게 보내는 편지에서 수신인 중 하나로 등장하고, 바울은 그를 '함께 병사 된 자'(몬 1:2)라고 밝힌다. 이러한 호칭과 이 본문에서 바울이 그를 언급한 점을 볼 때, 그는 빌레몬 집안 사람이 분명하며 어떤 방법으로든 바울의 사역에 동참했을 것이다.

바울은 아킵보가 완수해야 할 "직분"의 성격을 구체적으로 밝히지 않는다. "직분"(τὴν διακονίαν)으로 번역된 단어는 "일"(NLT, TNIV), "과제"(NRSV, GNB), "서비스"(NJB)를 뜻할 수 있다. 그러나 "주 안에서"라는 표현을 볼 때, 이 섬김은 복음 사역과 관련이 있을 가능성이 크다.[93] 또한 앞에 나온 관련 단어 "일꾼"(διάκονος, 1:7, 23, 25; 4:7)과 비교해볼 때, 이 섬김은 아마 바울 자신의 선교와 연관이 있을 것이다. 여기서는 "직분"(ministry, KJV, ASV, NAB, NASB, NKJV, HCSB, NET, ESV, NIV)으로 번역하는 것이 가장 적절해 보인다.

"직분"의 정확한 성격을 두고 많은 주장이 제기된다. 이것을 경건한 섬김이라는 일반적 의미로 해석하는 학자들은, 아킵보가 끝까지 하나님을 섬기는 일에 신실하도록 요청받기 때문에 책망까지는 아니더라도 경고의 의미가 담겨 있다고 본다.[94] '이루다'라는 동사는 특정한 사역 유형을 가리키는 것으로 아킵보가 불성실했다는 의미가 전혀 담겨 있지 않을 수도 있다.[95] 아킵보를 빌레몬서의 일차 수신자라고 보는 학자들은 "직분"이 오네시모를 환대하고 맞이하는 일을 의미한다고 해석한다.[96]

이 직분은 공동체를 가르치고 복음을 선포하는 일에 집중하는 사역으로 보는 것이 더 타당하다.[97] 첫째, 앞에서 말한 것처럼 "직분"은 복음 사역과 관련된 일들을 가리킨다고 보는 것이 가장 자연스럽다. 둘째, 에베소서 4:12에서 바울은 "봉사의 일"(ἔργον διακονίας)을 복음 사역과 관련해서 명확하게 규정한다. "그리스도의 몸을 세우려 하심이라." 셋째, 이 단락에서 리쿠스 계곡의 신자 공동체가 자신의 사역을 이어가주기를 바라는 바울의 마음을 볼 때(참고. 8, 11-12절), 이 절 역시 바울

은 2세기 이후에 작성되었을 가능성이 있다. 참고. J. K. Elliott, *The Apocryphal New Testment* (Oxford: Clarendon, 1993), 544.

92. 바울 서신의 수집의 기원에 대한 다양한 이론을 평가한 최근의 자료는 다음을 보라. Stanley E. Porter, "When and How Was the Pauline Canon Compiled? An Assessment of Theories," in *The Pauline Canon* (ed. Stanley E. Porter; Pauline Studies; Leiden; Brill, 2004), 95-127. 그는 바울 서신의 초기 수집에 누가가 직접 참여했을 가능성을 주장한다.

93. "주 안에서"라는 구절은 봉사의 영역("네가 주를 섬기는 일에 받은 과업", GNB), 혹은 근거("네가 주 예수와 연합하였으므로", Callow, *Semantic and Structural Analysis*, 168)를 가리키는 것으로 해석되었다.

94. Lightfoot, *St. Paul's Epistles to the Colossians and to Philemon*, 244.

95. 아킵보에게 권면한 목적은, 그의 권위를 확인해줌으로 그의 사역을 그들이 받아주도록 돕기 위함이었을 수 있다. 참고. Sumney, *Colossians*, 281.

96. Knox, *Philemon among the Letters of Paul*, 49-51; Lamar Cope, "On Re-thinking the Philemon-Colossians Connection," *BR* 30 (1985): 35-50. 그러나 이것은 빌레몬서 1:2에 대한 잘못된 해석에 근거한다(몬 1:2에 대한 설명을 보라).

97. O'Brien, *Colossians, Philemon*, 259; Wright, *Colossians and Philemon*, 125; Pokorný, *Colossians*, 195를 보라.

의 복음 사역의 연장을 의미한다고 해석해야 한다. '이루다'와 "직분"이라는 단어는 바울이 앞에서 자신의 사역을 언급한 내용과 관련될 수도 있다. "내가 교회의 일꾼(διάκονος) 된 것은 하나님이 너희를 위하여 내게 주신 직분을 따라 하나님의 말씀을 이루려(πληρῶσαι) 함이니라"(1:25). 마지막으로, "주 안에서 받은"이라는 절 역시 2:6에서 사용된 언어와 유사하다. "그러므로 너희가 그리스도 예수를 주로 받았으니 그 안에서 행하되."[98] 여기서 바울은 아킵보에게 그리스도 중심적 복음을 전함으로 신자들이 주 안에서 계속 자라가게 하라고 요청하고 있을 수 있다.

4:18a 나 바울은 친필로 문안하노니(Ὁ ἀσπασμὸς τῇ ἐμῇ χειρὶ Παύλου). 바울은 자신의 서명과 자신의 형편을 기억해달라고 하는 짧은 요청 그리고 간단한 송영으로 이 편지를 마무리한다. 바울의 친필 서명은 그의 서신 중 일부에 등장한다(고전 16:21; 갈 6:11; 살후 3:17; 몬 1:19). 친필 서명은 편지를 쓸 때 비서를 활용했을 가능성을 암시한다. 자필 서명이 없는 다른 편지[99]에는 더디오라는 비서를 명시하는 구절이 등장하기도 한다(롬 16:22). 이 본문에서 비서의 이름이 없는 것은 "비서를 사용하는 것이 고대에는 표준적 절차였고, 편지마다 꼭 명시하지 않아도 된다"라는 사실로 설명될 수 있다.[100]

그러나 친필 서명의 목적은 단순히 비서의 도움을 받았음을 보여주는 데 있지 않다. 친필 서명은 기록된 메시지의 진정성을 입증하고(살후 2:2; 3:17), 해당 서신을 법적 구속력이 있는 문서로 보장하는 인장 같은 기능을 했을 것이다.[101] 이러한 구절의 수사적 기능과 관련해서 문맹과 고대의 작문 관행에 대한 연구는, 친필 서명이 저자의 문해 능력을 확인해주는 역할을 했음을 보여준다.[102] 여기에도 권위에 대한 주장이 암시되어 있다.

4:18b-c 내가 매인 것을 생각하라 은혜가 너희에게 있을지어다(μνημονεύετέ μου τῶν δεσμῶν. ἡ χάρις μεθ' ὑμῶν). 바울이 자신이 "매인 것"을 기억하라고 요청한 것은 기도하면서 자신을 기억해달라는 것이 분명하다.[103] 개인적이고 재정적인 지원에 대한 무언의 요청도 포함되어 있을 수 있다.[104] 그러나 이것을 단순히 개인적 요청으로만 생각해서는 안 된다. 이 마지막 단락에서 강조하는 핵심에 걸맞게 이것은 신자가 복음을 위해 바울과 함께해야 한다는 요청으로 보아야 한다. "나의 매임(τοῖς δεσμοῖς μου)과 복음을 변명함과 확정함에 너희가 다 나와 함께 은혜에 참여한 자가 됨이라"(빌 1:7, NET).

복음 사역에 대한 이 넓은 의미의 언급은, 바울에게

---

98. '받다'(παραλαμβάνω)의 기술적 용례에 대해서는 2:6에 대한 주석을 참고하라.

99. 자필 서명이 없다 하더라도 마무리 단락은 저자가 직접 쓸 가능성이 높다. 따라서 실제로 자필 서명의 역할을 한다. 다른 그리스-로마의 편지뿐만 아니라 나머지 바울 서신들도 마찬가지이다. Jeffrey A. D. Weima, *Neglected Endings: The Significance of the Pauline Letter Closings* (JSNTSup 101; Sheffield: JSOT, 1994), 119-21를 보라.

100. Richards, *Paul and First-Century Letter Writing*, 81. 바울이 비서를 세웠을 가능성에 대한 더 자세한 논의는 같은 저자의 *The Secretary in the Letters of Paul*을 보라. J. Achtemeier, "*Omne Verbum sonat:* The New Testment and the Oral Environment of Late Wastern Aniquity," *JBL* 109 (1990): 12도 편지 서술의 "일반적 양식"이 구술이었음을 보여준다.

101. G. J. Bahr, "The Subscriptions in the Pauline Letters," *JBL* 87 (1968): 31. 골로새서가 공식적인 업무 계약서는 아니지만, 바울이 서론(1:1)과 결론 부분(4:10-14)에서 동역자를 거론한 사실은 정확히 이 문서가 구속력이 있음을 강조하는 데 목적이 있을 수도 있다.

102. Chris Keith, "'In My Own Hand': Grapho-Literacy and the Apostle Paul," *Bib* 89 (2008): 56. "바울이 자신의 이름을 서명하고 '친필로 문안하노라'라는 공식 진술을 쓴 것으로 보아 교육을 받은 자로서 '편지를 알고'(또한 헬라어로 된 편지도) 명성을 인정받는 사람으로서 글씨를 쓸 수 있지만, 일부러 쓰지 않으며 편지를 써줄 비서를 둘 정도로 지위가 있는 신분임을 증명하고 있다."

103. O'Brien, *Colossians, Philemon*, 260; Moo, *Letters to the Colossians and to Philemon*, 353. 그들은 바울이 기도를 언급할 때 명사형('기억', μνεία)을 자주 사용한다고 주장한다(롬 1:9; 엡 1:16; 빌 1:3; 살전 1:2; 딤후 1:3; 몬 1:4).

104. Dunn, *Epistles to the Colossians and to Philemon*, 289.

'그의 매인 것'이 수치의 상징이 아니라 '그리스도의 고난'에 참여한다는(1:24) 상징이라는 사실에서 확인된다. 다른 바울 서신에서 그의 "매임"에 대한 언급은 모두 복음 선교와 관련해 등장한다(빌 1:13, 14, 17; 딤후 2:9; 몬 1:10, 13). 이것은 골로새서 4:2–3의 기도 요청과 부합한다. 그는 거기에서 자신의 투옥 사실을 언급하지만, 동시에 복음 선교에 초점을 맞추고 있다. "기도를 계속하고 기도에 감사함으로 깨어 있으라 또한 우리를 위하여 기도하되 하나님이 전도할 문을 우리에게 열어주사 그리스도의 비밀을 말하게 하시기를 구하라 내가 이 일 때문에 매임을 당하였노라." 그러므로 이 문맥에서 그의 "매인 것"을 기억해달라는 바울의 당부 역시 신자가 그의 복음 사역을 이어받으라는 요청이라고 해석해야 한다.

이 편지는 짧막한 송영 혹은 기도의 염원으로 마무리된다. "은혜가 너희에게 있을지어다." 편지 서두(1:2c)에서 지적한 것처럼, 이 관용 표현에는 '…이 있기를 바라다'(may…be, εἴη)라는 동사와 더불어 "은혜"가 궁극적으로 "우리 아버지 하나님으로부터"(1:2) 온다는 개념도 함축하고 있을 것이다. 물론 그리스도를 은혜를 주시는 하나님의 직접적인 대리자로 보아도 틀리지 않다. 은혜에 대한 이런 언급은 모든 바울 서신의 마무리 송영에 등장하며, 종종 소유격 어구 '우리의/주 예수(그리스도)의'로 수식을 받는다. "은혜"에 대한 언급은 세속적 편지의 "상대의 안녕을 비는 작별 인사" 대신 쓴 것으로 보인다.[105]

바울의 마무리 관용 표현에서 일관되게 등장하는 "은혜"는 이 편지의 마무리 구절로 손색이 없다. 바울은 처음부터 독자들에게 그동안 받은 "하나님의 은혜"(1:6)를 상기시켰다. 그가 이 서신에서 시종일관 강조한 것은 바로 이 은혜의 충분성이었다.[106] 나아가 "은혜"는 종말론적 시대 속에서 감사하는 생활로 표현되어야 한다(참고. 3:17; 4:6). 바울이 기독론적 편지를 마무리하며 강조하는 것은 바로 우리 주 예수 그리스도의 "은혜"이다.

적용에서의 신학

1. 가르침의 실현

바울 서신에서 마무리 안부 단락들은 "지적인 내용은 거의 없고 매우 감성적인 내용 위주"[107]라는 지적을 많이 받았다. 이런 단락의 정서적 취지는 부정할 수 없을 정도로 확실하다. 하지만 지식적인 내용 역시 간과해서는 안 된다. 여기서 바울은 이 편지의 수사학적 효과를 배가하는 실력을 발휘할 뿐만 아니라, 이 정형화된 단락을 이용하여 신자가 복음 선교에 신실하게 참여하도록 끝까지 호소하는 열정적인 모습도 보여준다.

105. 헬라의 파피루스 편지들을 보면 두 동사는 두 가지 다른 마무리 양식을 대표한다. '강하라'(ἔρρωσο)와 '번창하라'(εὐτυχεῖ). 참고. Weima, *Neglected Endings*, 29–34.

106. 2:13과 3:13에서 '사하다'(χαρίζομαι)라는 관련 동사의 용례를 살펴보라.

107. Weima, *Neglected Endings*, 39는 이런 가정에 의문을 제기한다.

그러한 호소들은 이 단락에서 두 가지 측면으로 드러난다. 첫째, 바울은 자신이 가르친 대로 실천하며 살아 있는 본보기가 되는 개인들에게 초점을 맞춘다. 두기고는 "사랑받는 형제"이자 "신실한 일꾼"이다. 또한 "주 안에서 함께 종이 된 자"(7절)이기도 하다. 바울 서신에서 "함께 종이 된 자"라는 표현은 골로새서에만 등장하며(참고. 1:7), 매사에 주를 섬기라고 당부한 바울의 가르침(3:15–17)에 대한 구체적 예시를 보여준다. 이 가르침은 종과 상전 관계의 패러다임(3:22–25)을 생각나게 한다. 그리스도의 종이 되라고 강조한 내용은 에바브라에 대한 안부 인사에 다시 등장한다. 그는 "그리스도 예수의 종"이라고 불린다(12절). 이런 명칭은 신자가 따라야 할 모범을 예시하기 위해 바울이 의도적으로 사용했다고 보아야 한다.

에바브라를 "항상 너희를 위하여 애써 기도하며"(12절) "많이 수고하는"(13절) 사람으로 서술한 부분은 바울이 자신을 묘사한 내용과 유사하다(1:29; 2:1). 신자는 또한 4:2–6에서 그런 기도와 수고에 계속 동참하라는 요청을 받는데, 그들 중 하나인 에바브라가 바로 살아 있는 모범이 된다. 다음과 같은 다른 사람들에 대한 서술 역시 본받아야 할 모델을 보여준다. "신실하고 사랑을 받는 형제"(9절), "나와 함께 갇힌" 자(10절), "하나님의 나라를 위하여 함께 역사하는 자"(11절).

바울이 이 신자들을 직접 방문하지 못하기에 대신 보내는 이 편지는, "우리로 말미암아 나타난 그리스도의 편지니 이는 먹으로 쓴 것이 아니요 오직 살아 계신 하나님의 영으로 쓴 것이며 또 돌판에 쓴 것이 아니요 오직 육의 마음판에 쓴 것이[다]"(고후 3:3). 골로새 교인에게 있어 "그리스도의 편지"는 하나님의 신실한 일꾼들의 삶으로 이루어져 있다. 그 일꾼들은 그리스도의 복음을 계속 증거하는 산 목소리가 되어준다. 마무리 단락의 목회적 의도는 아킵보가 받은 최종적 당부에 잘 드러나 있다. 이 당부는 이 편지를 전달하는 사람들에게 당부하는 목적도 있을 것이다. "주 안에서 받은 직분을 삼가 이루라고 하라"(17절).

안부 단락에서 개인적인 모범을 제시하는 측면 외에 두 번째 측면도 주목할 필요가 있다. 그리스도 만유의 주의 온전한 충족성과 최종적 권위를 강조하는 편지에 이 긴 안부 단락이 나온다는 것은, 신자가 최종적으로 그리스도께 의존하는 동시에 서로 의존해야 한다는 사실을 암시한다. 예를 들어, 두기고는 골로새 교인들의 마음을 "위로"해야 하고(8절), 에바브라는 이 신자들을 "위하여" 항상 기도하며 애쓰고 있다(12절; 참고. 13절). 이 신자들은 다시 마가를 '영접해야'(10절) 하고, 바울은 "하나님의 나라를 위하여 함께 역사하는 자들"의 위로를 의지한다(11절).

그러므로 이 마무리 단락에서 안부 인사를 묻는 행위는 신자들의 상호 의존성을 보여준다. 그들 스스로는 미흡하지만, 그리스도의 '육체'로 화해가 이루어졌기 때문에 그리스도의 "몸"(1:18)으로서 "거룩하고 흠 없고 책망할 것이 없는 자로 그리스도 앞에"(1:22) 설 수 있어야 한다. 따라서 서로 안부 인사를 나눔으로써 그리스도의 모든 충분성과 더불어 인간의 불충분성을 인정하게 된다.

바로 이런 의미에서 안부 인사는 예배하는 행위로도 볼 수 있다. 예배란 "자기 충분성이라는 신화"에 도전하는 행위인 반면, 안부 인사는 "자기 충분성의 결여에 대한 인정이자 수평적 관계성에 대한 확증이다."

> 우리가 타인을 의존하는 것은 죄 때문이기도 하지만, 피조물로서 우리의 유한성 자체가 타인의 은사와 재능과 자원이 필요하기 때문에 관계성을 추구하도록 충동질하기 때문이다. 이런 의존성은 하나님의 선하신 피조물이 지닌 본성의 일부이다. 예배는 환대하는 곳이 되어야 한다. 왜냐하면 그분의 형상을 지닌 백성으로서 번성하기 위해 우리가 근본적으로 관계적인 피조물로서 창조주와 관계를 맺도록 부르심 받기 때문이다.[108]

바울은 그리스도의 몸의 공동체적 성격을 강조할 뿐 아니라, 개별적인 모범들을 제시함으로써 이 편지 본문에서 강조한 기독론적 복음을 다시 단언한다.

2. 신자의 교제

위에서는 신자들의 수평적 상호 의존성을 다루었다. 이제는 마무리 단락에서 그와 관련된 측면, 즉 개별 신자 사이의 관계와 지역의 신자 공동체들의 상호 연결망의 의미를 다룰 차례이다. 개별 신자들과 관련해서 안부, 추천, 교훈이 담긴 이 긴 단락은 다양한 개인이 유기적인 하나의 집단으로 연결되게 한다. 그들은 다양한 분야에서 복음 선교에 동참한다. 마무리 단락의 주요 하부 단락인 동료들의 안부 인사를 전하는 부분(10–14절)에서 중요한 주석은 그 집단의 절반이 '유대인'(11절)이며 나머지 절반은 문맥상 이방인임을 보여준다. 이러한 확인 작업이 중요한 이유는, 바울이 '헬라인이나 유대인이나 할례파나 무할례파나 차별이 없는'(3:11) 새 인류의 창조에서 예수 그리스도의 복음이 지닌 중요성을 재차 강조하기 때문이다. 그들이 모두 "하나님의 나라를 위하여 함께 역사하는 자들"(4:11)이라는 사실은, 한 하나님이신 만유의 주를 섬기는 신자의 하나 됨을 강조한다.

바울은 개인들의 관계에 초점을 맞출 뿐 아니라, 여러 공동체가 서로 관계망을 이루어야 하는 것도 강조한다. 사도적 권위를 지닌 인물들과 골로새 신자들의 관계는, 골로새 교회 지도자들을 "너희에게서 온 사람"(9절), "너희에게서 온"(12절) 사람이라고 밝힌 구절에서 드러난다. 사도적 권위를 지닌 인물들과 맺는 관계들 외에, 리쿠스 계곡에 있는 지역 공동체들의 관계 역시 반복적으로 언급된다. 에바브라의 사역은 골로새, 라오디게아, 히에라볼리의 교회들을 연결하는 역할을 한다(13절). 골로새 교인들에게 "라오디게아에 있는 형제들과 눔바와 그 여자의 집에 있는 교회"(15절)에 안부를 전해달라는 바울의 요청 역시 이 관계를 강조한다. 마

108. James K. A. Smith, *Desiring the Kingdom: Worship, Worldview, and Cultural Formation* (Grand Rapids: Baker, 2009), 169.

지막으로, 골로새 교인들과 라오디게아 교인들끼리 편지를 교환해서 읽으라는 요청(16절)은, 바울의 사도적 권위에 복종해야 하는 더 포괄적인 신자 공동체로 결속을 유도한다. 지역교회들 사이의 관계뿐만 아니라, 사도적 권위를 지닌 인물들과 이 공동체들의 관계가 이 언급으로 확인된다.

공동체들과 개별 신자들의 이런 관계망을 논의할 때, 관계를 서술하는 내용에 드러난 권위 구조 역시 유의해서 보아야 한다. 바울은 골로새서에서 그리고 이 마무리 단락에서 권위 있는 목소리로 말하지만, 그는 "함께 종이 된 자"(7절), "형제"(7, 9, 15절), '함께 갇힌 자'(10절), "함께 역사하는 자"(11절)라는 호칭을 사용하여 그리스도의 유일무이한 주 되심에 관심을 집중시킨다. 그러므로 "바울과 지역 공동체들 사이에 작동하는 권위 구조의 목표는, 그들의 불균형적 관계가 변화되고 바울이 결국 많은 형제 중 하나가 되게 한다는 점에서 그 권력 구조를 무용지물로 만드는 것"이라는 주장은 설득력이 있다.[109] 바울은 이 단락에서 사도로서 자신의 특별한 권위를 더 행사할 수 있지만, '하나님의 나라를 위한'(11절) 그들의 공동 사역의 우위성을 강조하는 편을 선택한다.

3. 말씀의 권위

바울은 동료들을 부르는 호칭을 통해, 일각에서 이 편지에 기술된 그의 모습이라고 주장하는 유일한 사도(*solus apostolus*)로 불리기를 단호히 거부한다.[110] 그러나 그가 전하는 복음의 유일무이한 권위마저 무시한다는 의미는 아니다. 안부 단락에 등장하는 모든 사람은 바로 이 복음을 중심으로 관계가 형성된다. 편지 전달자들을 파송하는 것은 바로 이 복음 때문이다. 그로써 복음의 신실성을 고수하기 위함이다(7-9절). 그가 "사슬"에 매인 것조차 이 복음 때문이다(2-3절). 가장 중요한 사실이겠지만, 이 편지를 공개적으로 낭독하고 그 영향이 직접적인 청중을 넘어 외부로 전달되게 하라는 요청(16절)은 기록된 말씀에 내재된 복음 메시지의 권위를 암시한다. 이 편지는 단순히 특정한 한 역사적 배경에서만 적용되는 평범한 문서가 되어서는 안 된다. 이 편지가 다루는 거짓 교훈의 문제에 국한되지 않고, 더 폭넓게 적용함으로 교회에 기여해야 한다.

마무리 단락에 담긴 정보는 바울이 골로새서를 특별한 권위를 지닌 편지로 인식했음을 보여준다. "바울이 명령할 수 있는 공식 전달자들에 맞추어 내용을 준비하고 보내며 전달했다는 면에서" '공식적 편지' 형식을 적용했다는 점도 분명히 드러난다. 나아가 "제대로 전달되도록 꼼꼼하게 정리된 이 편지는 공식적으로 모인 회중 앞에서 낭독되었다."[111] 바울은 편지 형

---

109. Ehrensperger, *Paul and the Dynamics of Power*, 62.

110. 참고. J. Christian Beker, *Heirs of Paul: Paul's Legacy in the New Testament and in the Church Today* (Minneapolis: Fortress, 1991), 68. 그는 이 편지를 바울의 제자가 쓴 것이라고 믿고, 바울이 "영웅적 지위를 부여받은" 유일한 사도(*solus apostolus*)라고 생각한다.

111. M. Luther Stirewalt Jr., *Paul the Letter Writer* (Grand Rapids:

식을 채택하여 복음을 새롭게 들어야 하는 공동체에 교훈을 주고 그들의 잘못을 교정하려 한다. 바울은 내용면에서나 형식면에서 순종하고 복종하는 태도로 복음을 들어야 한다는 사실을 강조한다.

바울은 이 편지를 '복음…진리의 말씀을…그들이 듣고 참으로 하나님의 은혜를 깨달은 날부터 그들(골로새 교인) 중에서…열매를 맺어' 자란 사실을 강조하는 것으로 시작했다(1:5-6). 마찬가지로 그는 편지 말미에서도 그들이 복음으로 힘을 공급받아 주 예수 안에서 계속 성장하기를 바라는 기대감을 드러낸다. 바울은 일차 독자들에게 이 편지를 그들의 지역 공동체에서만 낭송하고 끝내지 말라고 당부했다. 이와 같이 2천 년이 지난 지금에도 여전히 복음은 그것을 듣고 이해한 사람들 중에서 열매를 맺고 자라고 있으며, 우리 역시 이 복음에 순종하도록 부르심을 받는다.

Eerdmans, 2003), 118. 그는 바울이 다른 편지 형식도 활용했을 가능성을 인정하지만, 공식적 편지 형식을 차용했을 것이라고 주장한다. "바울이 자신을 주와 교회의 성도를 중재하는 그리스도의 대리자로 보았으므로 이런 확인은 권위에 대한 무언의 주장과 직접적인 관계가 있다. 그것은 종교 공동체에서 권위가 있는 위치로 세속 세계의 수많은 관리와 유사한 위치였다"(25-26). 그러므로 공식 편지 형식을 응용한 점은 "그리스도 예수의 사도"(1:1)로서 그의 자기 이해를 반영한다.

골로새서의 신학

바울은 이 짧은 편지에서 골로새 교인들에게 올바른 삶의 모습을 가르치기 위해 강력한 기독론을 제시하고 그리스도의 지위와 그 중요성을 명확하게 설명한다. 이 편지는 바울의 초기 저작들에 소개된 기독론과 직접적인 연관성이 있지만, 기독론을 새로운 맥락에서 다룰 필요성을 거론함으로 그 논의를 정점으로 이끌어 간다. 따라서 골로새서는 "새로운 어조의 바울 기독론"을 선보인다.[1] 이론적 토대에 해당하는 전반부는 "그리스도"라는 명칭을 논의의 핵심으로 내세운다. 또한 이 호칭은 후반부에 여러 번 등장함으로 바울이 전하는 그리스도 중심적 메시지의 함의를 설명한다.[2]

이런 일반적인 내용 외에 그리스도의 지위에 대한 실제적이고 중요한 진술들은, 기독론적 찬송시(1:15-20)에서 정점에 이르는 전반부 단락뿐만 아니라 신자에게 그리스도에 대한 총체적 복종을 요구하는 후반부 단락에도 등장한다. "또 무엇을 하든지 말에나 일에나 다 주 예수의 이름으로 하고 그를 힘입어 하나님 아버지께 감사하라"(3:17). 그러므로 골로새서를 신학적으로 분석하는 작업은, 그리스도께 초점을 맞추는 동시에 하나님 아버지와 여러 창조 영역에 대한 우리의 이해에 그리스도가 미치는 영향에 집중할 것이다.

그리스도와 신성의 충만

바울은 자신의 사도적 소명의 근거가 "하나님의 뜻"(1:1)이라고 밝히고 "하나님"(1:3)께 기도하면서 서두를 시작한다. 골로새서에서 하나님은 특별히 예수 그리스도와의 관계적 측면에서 묘사된다. 심지어 서두의 기도에서 하나님은 "우리 주 예수 그리스도의 아버지"로 언급된다(1:3).

1. Frank Matera, *New Testament Christology* (Louisville: Westminster John Knox, 1999), 145.
2. "그리스도"라는 명칭은 총 25번 나오는데, 그중 10번은 3:1 이후에 등장한다. 그러나 골로새서에서 '이론적' 단락과 '실천' 단락을 엄격히 구분하기는 어렵다. 우주에 대한 그리스도의 주 되심은 신자의 다양한 삶의 영역을 다스리는 그분의 권위와 분리할 수 없기 때문이다.

아버지 하나님이 그리스도께 능력과 권세를 주신다는 점이 거듭 언급된다. 하나님은 죽은 자 가운데서 예수님을 일으키시고(2:12), 예수 그리스도의 복음의 배후에서 능력으로 역사하신다(1:6, 27).[3] 또한 공간적이고 관계적 측면에서 아버지와 아들이 밀접한 관계를 맺고 있음을 보여준다. 그리스도는 "하나님 우편에 앉아"(3:1) 계신 분이며, 신자는 '그리스도와 함께 하나님 안에 감추어져 있다'(3:3).

그리스도가 곧 하나님이라는 진리가 골로새서의 토대를 이룬다는 점은 더욱 중요하다. 바울은 기독론적 찬송시(1:15-20)에서 이 사실을 명확하게 드러내고, 이 사실은 그의 논증의 토대를 이룬다. 이 찬송시 앞에서 이미 하나님의 사역이 "그의 사랑의 아들의 나라"(1:13)와 관련이 있다는 언급이 등장하는데, 이 진술은 찬송시에서 전개되는 "기독론의 신학적 토대"가 된다.[4]

기독론적 찬송시의 몇 가지 중요한 주장은 다음과 같다. 첫째, 그리스도는 "보이지 아니하는 하나님의 형상"(1:15)이다. 그분은 하나님의 권위적 대리자이며, 하나님을 계시하시는 중재자이다. 둘째, 그리스도는 창조의 주체이다. "만물이 그에게서 창조되되…만물이 다 그로 말미암고 그를 위하여 창조되었[다]"(1:16). 구약이 하나님을 종종 유일한 창조주로 제시하기 때문에(참고. 창 14:19, 22; 시 96:5; 121:2; 146:5-6; 사 40:12-31; 51:13), 그리스도를 창조의 주체로 본다는 것은 성부 하나님과 그분을 동일시하는 것과 마찬가지이다. 셋째, 그리스도가 창조의 주체이므로 그분은 하나님으로서 "만물의 으뜸"(1:18)이 되신다. 넷째, "그의 사랑의 아들의 나라"(1:13)라는 언급은 "하나님의 나라"(4:11)와 같은 뜻으로 이해해야 한다. 마지막으로, 그리스도의 충만한 신성은 "아버지께서는 모든 충만으로 예수 안에 거하게 하시고…기뻐하심이라"(1:19, 20)는 진술에 명시된다.

골로새서 전반에 걸쳐 그리스도와 하나님 아버지와의 관계가 전제되고 재확인된다. 예를 들어, 2:2에서 "그리스도"는 "하나님의 비밀"로 소개된다. '무엇을 하든지 주 예수의 이름으로 하라'와 "그를 힘입어 하나님 아버지께 감사하라"(3:17)의 평행 관계는, 그리스도와 하나님 아버지의 불가분한 관계를 강조한다. 그러므로 그리스도는 역사에 나타난 하나님의 사역이다.[5] 하나님과 그리스도의 관계에 대한 이러한 이해가 골로새서에 담긴 신학적 주장의 근거를 이룬다.

---

3. 또한 신자가 머리 되신 그리스도를 붙들라고 요청하는 2:19도 보라. "몸이 머리로 말미암아 마디와 힘줄로 공급함을 받고 연합하여 하나님이 자라게 하시므로 자라느니라."

4. Udo Schnelle, *Theology of the New Testament* (trans. M. Eugene Boring; Grand Rapids: Baker, 2009), 540.

5. Marianne Meye Thompson, *Colossians and Philemon* (THNTC; Grand Raipds: Eerdmens, 2005), 111. "기독론적 진술들은 독자적으로 사용되지 않고 하나님의 속성과 목적, 세상 속에서의 사역에 대한 확신을 표현하는 역할을 한다."

죽음과 부활을 통한 그리스도의 승리

기독론적 찬송시에는 그리스도의 죽음과 부활의 핵심적 중요성을 확증하는 내용이 담겨 있다. 여기서 두드러지는 부분은 첫 번째(옛) 창조와 두 번째(새) 창조의 평행 관계이다. 첫 번째 창조(1:15–16)에서는 그리스도의 능력이 그분의 창조적 능력으로 드러난다. 두 번째 창조(1:18b–20)에서는 그분의 능력이 "그의 십자가의 피로"(1:20) 계시된다. 그리고 이 새 창조는 "죽은 자들 가운데서 먼저 나신"(1:18) 그리스도로 구체화된다. 십자가에서 흘리신 피의 능력이 기독론적 찬송시의 중심 메시지라는 사실은 다음 단락에서 확인된다. 바울은 그다음 단락에서 하나님으로부터 소외된 사람들이 그리스도의 "육체의 죽음으로"(1:22) 하나님과 화목하게 되었다고 주장한다.

그리스도의 죽음과 부활에 대한 유사한 내용은 2:11–12에서도 서술된다. 이 내용에 이어 십자가의 능력에 초점을 둔 내용이 소개된다. 그리스도는 그분께 속한 자들을 대적하는 세력을 붙들어 '십자가에 못 박으셨다'(2:14). 이것은 신약에서 가장 중요한 진술 중 하나로서 그리스도의 죽음에 담긴 속죄의 의미를 제시한다.[6] 이곳에 쓰인 언어를 보면 바울이 복음서의 수난 내러티브들을 알고 있었던 것으로 보인다.[7]

부활은 그리스도가 죽음에 대해 승리하신 것을 의미한다(참고. 3:1–4). 그렇기 때문에 부활은 그리스도에 대한 바울의 묘사에서 동일하게 중요하다. '승리'의 시각은 그리스도의 죽음과 부활을 이해하는 유익한 카테고리로 활용된다.[8] 골로새서에서 승리는 거의 항상 구원하신 자들을 위한 그리스도의 강력한 사역과 관련해서 묘사된다. 기독론적 찬송시의 앞 단락에서 하나님의 "영광의 힘"의 "능력"은 그리스도의 '구속' 사역으로 구체화되었다(1:11–14). 신자는 거짓 복음의 노예가 되어서는 안 된다. 그리스도는 "모든 통치자와 권세의 머리"이며(2:10) 그분의 머리 되심은 부활로 증명된다(2:12). 이 승리는 십자가에서 이루신 그리스도의 업적으로 즉각 재천명된다. 그분은 '권세들과 통치자들을 무력하게 만드셨다'(2:15). 그분과 함께 죽고 부활한 사람은 "그와 함께 영광 중에 나타[날]" 것이다(3:4).

바울이 그리스도의 대속의 죽음이 지닌 능력과 충분성을 입증한 부활을 이렇게 강조하는 이유는, 거짓 교사들을 반박해야 했기 때문이다. 그들은 완전함의 경지에 도달해서 신의 용납을 받기 위해서는 환상의 체험과 금욕주의적 고행이 추가로 필요하다고 주장했다. 바울은 거짓 교사들에게 대응하는 차원에서 그리스도의 죽음과 부활로 우주적 화해가 이루어졌다고 주장한다. 그리스도께 긍정적으로 반응하는 각 신자들에게 이 화해는 완전하고도 최종적

---

6. 속죄의 이론에서 이 절이 갖는 의미에 대해서는 다음을 보라. Eugene C. Best, *An Historical Study of the Exegesis of Colossians 2, 14* (Rome: Ponificia Universitas Gregoriana, 1956), 11–133.
7. 최근의 논의는 Dale C. Allison Jr., *Constructing Jesus: Memory, Imagination, and History* (Grand Rapids: Baker, 2010), 413–14를 보라.
8. 이 점에 대해서는 특별히 Colin Gunton, "*Christus Victor* Revisited: A Study in Metaphor and the Transformation of Meaning," *JTS* 36 (1985): 129–45를 보라.

인 죄 사함을 선사한다.

그리스도의 죽음과 부활은 우주적 화해를 선사한다. 바울은 1:20에서 그리스도의 십자가 죽음으로 "만물"이 그분과 화해를 이룬다는 점을 명확히 밝힌다. 개인적 차원에서 "떠나 마음으로 원수가 되었던" 자들은 이제 "그의 육체의 죽음으로 말미암아 화목하게" 되었다(1:21-22).[9] 하나님과 화목한 사람들은 이미 "흑암의 권세에서 건져내사 그의 사랑의 아들의 나라로 옮기셨으니 그 아들 안에서…속량 곧 죄 사함을 얻었[다]"(1:13-14). 이 신자들은 이제 "거룩하고 흠 없고 책망할 것이 없는 자로 그 앞에"(1:22) 설 수 있다. 그리스도가 십자가에서 죽으셨듯이 신자들은 죄로 죽었고(2:13), 그리스도가 죽은 자 가운데서 살아나셨듯이 신자들은 그리스도의 최종적 사역을 인정하지 않는 이들에게 더 이상 정죄당하지 않는다(2:16-19).[10] 구원 계획에서 그다음에 일어날 일은 신자 개인의 행위가 아니라, 영광 가운데 그리스도가 최종적으로 나타나시는 것이다(3:4).

개인적인 측면에서, 바울은 그리스도의 죽음과 부활에 참여하는 것이 '그리스도 안에, 그리스도와 함께' 하는 것이라고 여긴다. 이미 바울은 서두 인사에서 골로새 교인들을 "그리스도 안에서 신실한 형제들"(1:2)이라고 밝혔다. "그리스도 안에서"라는 관용 표현은 바울이 최종적 충분성을 지닌 그리스도의 사역을 강조하고자 사용한 것이다(참고. 1:27-28). 신자가 "그리스도 안에" 있는 것이 중요한 이유는, '그분 안에서 만물이 창조되었고'(1:16), '그분 안에 만물이 함께 서 있으며'(1:17), '그 안에 모든 충만이 거하기를 기뻐하기'(1:19) 때문이다. 따라서 고등 기독론과 그리스도가 하신 사역의 충분성은 "그리스도 안에서"라는 관용 표현에서 서로 교차된다. 개인의 신앙은 오직 "그리스도 안에서"의 신앙이어야 하고(1:4; 2:5), 참된 성숙은 오직 "그리스도 안에서"만 얻을 수 있기 때문이다(1:28).

바울은 이런 일반적인 주장들 외에 "그리스도와 함께"라는 관용 표현을 사용해서 신자가 그리스도의 죽음(2:20)과 부활(3:1)에 함께 참여한다는 사실을 강조한다. 오늘날의 신자가 최종 완성을 기다리고 있듯이, 바울 역시 '하나님 안에 네 생명이 감추어져 있다'(3:3)고 지적한다. 그러므로 이 편지에서 '그리스도 안에, 그리스도와 함께'라는 관용 표현은, 그리스도 안에서 하나님의 사역이 신자에게 갖는 핵심적 의미를 도출하는 연결 고리가 된다.

---

9. 그러나 이 개인적인 측면은 단순히 '개인주의적' 측면으로 이해해서는 안 된다. 그리스도의 죽음의 종말론적 의미에 대해서는 교회를 다스리시는 그리스도의 주 되심에 대한 뒤의 설명을 보라.

10. 이 논의에서는 그리스도의 대속이라는 패러다임 속에서 용서의 은사를 제시한다. 그리스도의 주 되심이 일차적 기준인 송영 패러다임으로 이 은사를 해석하는 경우는 다음을 보라. Richard B. Hays, "The Story of God's Son: The Identity of Jesus in the Letters of Paul" in *Seeking the Identity of Chirst: A Pilgrimage* (ed. Beverly Roberts Gaventa and Richard Hays; Grand Rapids: Eerdmans, 2008), 193-95.

그리스도의 주 되심

바울은 그리스도의 충만한 신성과 그분의 죽음과 부활을 토대로 존재의 모든 영역에서 주가 되심을 일관되게 논증한다. 그는 만물과 각 신자의 인생에 이르기까지 전 영역에서 그리스도가 최종적 권위를 지니신다는 사실을 이론 단락과 실천 단락에서 확증한다.

만물에 대한 주 되심

만물에 대한 그리스도의 주재권은 기독론적 찬송시(1:15-20)에서 가장 분명하게 확증된다. 이 주 되심은 여러 가지 핵심 요소로 이루어진다. 첫째, 그리스도는 "모든 피조물보다 먼저 나신 [분]"(1:15)이고[11] 창조의 주체로서 '만물이 그분에게서 창조되었다'(1:16). "하늘과 땅에서 보이는 것들과 보이지 않는 것들과 혹은 왕권들이나 주권들이나 통치자들이나 권세들이나 만물"(1:16)에 대한 그리스도의 주권이 매우 생생하게 강조된다. 창조 언어를 사용해 신적 존재의 능력을 강조하는 구약과 고대 근동의 배경에 비추어볼 때, 그리스도의 주 되심은 특별히 중요하다.[12] 찬송시에서 그리스도는 창조의 유일한 주체로 묘사된다. 그리고 이 사실은 유대의 유일신론이라는 구도 속에서 그리스도께 더 강력한 권세를 부여한다.

둘째, 새 창조의 필요성(1:18b-20)은 타락을 전제로 하고, 그리스도의 죽음이 결정적인 중요성을 띤다는 사실을 강조한다. 새 창조는 '신성 우주론'(sacred cosmology)의 의심을 모두 해결해 준다. 바울은 그리스도의 창조와 구속 사역을 떠나서는 창조에 어떤 내재적 가치도 없다고 생각한다. 새 창조조차 그리스도의 영광이 최종적으로 계시되는 것으로 이루어질 최종적 구속을 기다린다(3:4).

셋째, 창조에 대한 그리스도의 주 되심은 복종과 예속만을 요구하지 않는다. 창조 질서 안에서 의미와 목적을 함께 제시한다("만물이 다…를 위하여 창조되었고", 1:16). 나아가 그분은 만물을 붙드신다. "만물이…그 안에 함께 섰느니라"(1:17). 이 행위는 기계론적인 의미가 아닌 모든 존재의 근거가 그리스도이심을 가리키는 것으로 해석되어야 한다.[13] 구약과 고대 근동의 문맥은 창조가 단순히 만물을 존재하게 하는 행위일 뿐 아니라, 혼동과 무의미로 가득한 실존에 질서를 부여하는 행위라는 것을 이해하도록 돕는다.

---

11. 단순히 시간적으로 앞선다는 의미가 아닌 서열과 지위 면에서 앞선다는 의미로 "먼저 나신"을 이해한 경우는, 1:15b에 대한 설명을 참고하라.

12. Lee, "Power not Novelty: The Connotations of ברא in the Hebrew Bible," 199-212.

13. Barclay, *Colossians and Philemon*, 80은 1:17에 대해 이렇게 지적한다. (이 구절은) "단순히 창조라는 원시적 역할을 가리키는 것도 아니고, 이방 세계에 대한 외부의 지배를 의미하지도 않는다. 그 의미와 진실성에 관한 그리스도와 피조물 사이의 내적 관계를 가리킨다."

교회에 대한 주 되심

기독론적 찬송시는 교회에 대한 그리스도의 주권을 확인해준다. 그분의 죽음과 부활로 실현된 새 창조가 "교회"를 중심으로 하고, 그리스도는 그분의 "몸"인 교회의 "머리"이시기 때문이다(2:18; 참고. 1:24). 이 점은 하나님의 창조가 자신의 백성을 창조하시는 데서 정점에 이른다는 구약적 이해와 일치한다(참고. 시 74:12-17; 89:5-37). 그리스도는 교회의 머리가 되시므로 교회에 대해 최종적 권한을 가지신다. 몸이 머리와 연결되어 있고 "하나님이 자라게 하시므로 자라[기]"(2:19) 때문에, "머리"는 또한 온몸에 필요한 자양분을 공급한다.

또한 그리스도의 하나 된 몸의 지체로서 교회는 몸이 연합한다는 증거가 된다. 이미 구약에서 하나님의 새 창조 사역의 최고봉으로서 종말론적 공동체의 개념이 등장한다(참고. 사 43:12; 45:9-18; 51:12-16). 이 공동체의 정체는 골로새서에서 "헬라인이나 유대인이나 할례파나 무할례파나 야만인이나 스구디아인이나 종이나 자유인이 차별이 있을 수 없[는]"(3:11) 새 사람으로 드러난다. 이 새 백성은 이스라엘 민족을 상징하는 할례(2:11), 안식일, 정결법(2:16)과 같은 정체성을 드러내는 표식에 의지하지 않고, 오직 '그리스도 예수를 주로 받고' 이제 '그분 안에서 행하는'(2:6) 자들이다. 그리스도가 "보이지 아니하는 하나님의 형상"(1:15)이듯이 그분의 몸인 교회는 "자기를 창조하신 이의 형상을 따라"(3:10) 연합하고 화합하며 한 백성으로 살아가야 한다.

가정에 대한 주 되심

가정은 교회와 개인의 중간에 자리잡은 일종의 사회적 기관이다. 1세기 신자들은 가정집에서 모였기 때문에 가정은 교회와 깊은 관련이 있다(참고. 4:15). 또한 가정은 개인이 서로 관계를 맺는 가장 기본적인 사회 단위이므로 개인의 처신과도 연관된다. 이것은 골로새서에서 가족 관계가 논의된 이유를 설명해준다(3:18-4:1).

여러 세속적인 헬라의 가정 규약은 기본적으로 남성 가장의 권위를 중시한다. 남편/아버지/상전은 가정을 이끌도록 자연이 정해준 유일한 사람으로 인식되었다(참고. Aristotle, *Pol.* 1.1259).[14] 그러나 골로새서의 가정 규약에서는 그리스도를 가리켜 "주"(ὁ κύριος)라는 호칭을 언급하는 경우가 여러 번 등장한다(3:18, 20, 22, 23, 24; 4:1). 오직 "주 그리스도"(3:24)만을 완전한 복종과 섬김의 대상으로 삼아야 한다. 육신의 상전이라 할지라도 "하늘에 상전이 계심"(4:1)을 인정해야 한다.

그러므로 가정 관계에 대한 논의는 '그리스도 예수가 주'라는 신앙고백을 적용한 것이다

14. 로마법에서는 가정의 남자 가장(*paterfamilias*)이 법의 인정을 받는 유일한 사람이었다. 참고. Barry Nicholas, *An Introduction to Roman Law* (Oxford: Clarendon, 1975), 65-68.

(2:6).[15] 진정한 주는 그리스도 예수이시다. 이러한 초점의 변화는 골로새서의 전반부에서 설명한 기독론적 신앙고백을 일상의 삶으로 살아내야 한다는 것을 보여준다. 그리스도의 주 되심은 우주론적 영역이나 교회 생활에만 국한되지 않는다. 모든 인간 관계에도 적용된다.

신자들에 대한 주 되심

예수님이 주라는 사실은 신자의 행동에 직접적인 의미를 지닌다. 골로새서의 가정 규약에는 종에게 요구되는 행실에 관한 논의가 등장한다. 그들은 "모든 일"에 상전을 섬겨야 한다(3:22). 바울이 종에 대해 상당한 지면을 할애한 점(3:22–25)이 인상적이다. 그가 종의 처신을 강조한 것은, 종과 상전의 관계가 신자와 주 예수 그리스도의 관계를 반영한다는 면에서 충분히 납득된다.

종의 비유에 대한 바울의 강조는 여러 부분에서 확인된다. 첫째, 종이 상전에게 복종하되 "마음을 다하여 주께 하듯 하고 사람에게 하듯 하지 말라"(3:23)는 요청은, 가정 규약 앞의 3:17에서 주께 복종하라는 신자를 향한 요청과 비교할 수 있다("또 무엇을 하든지 말에나 일에나 다 주 예수의 이름으로 하고"). 그리스-로마의 노예에게 요구되는 처신은, 그리스도의 주 되심 아래 있는 신자에게 요구되는 행실을 설명하기 위한 바울의 모델이 된다.

둘째, 3:11의 새 사람이라는 중요한 개념에 암시된 관계가 가정 규약 중 "종"과 "자유인"밖에 없다는 사실은, 골로새서의 전체 논증에서 이 논의가 갖는 역할을 보여준다.

마지막으로, 신자가 그리스도의 "종"으로 부르심 받는다는 사실은 골로새서의 다른 본문에 사용된 종의 비유로 확인된다. 골로새 교회의 설립자 에바브라는 "우리와 함께 종이 된 사랑하는"(1:7)자이자 "그리스도 예수의 종"(4:12)이다. 그리고 골로새서를 전달한 중요 인물이자 공동체의 존경받는 인물임이 분명한 두기고는 "주 안에서 함께 종이 된 자"(4:7)이다. "종"의 비유가 사용된 것의 중요성은, 실제로 종이지만 "종"인 동시에 "신실하고 사랑을 받는 형제"(4:9)인 오네시모로 더욱 강조된다. 그러므로 이 서신에서 노예제라는 역사적이고 사회적인 제도는 바울의 논증에서 핵심이 아니다. 오히려 그는 잘 알려진 제도를 사용하여 신자에게 요구되는 행실을 설명한다.[16] 결국 누군가를 모든 삶의 영역에서 "주"로 모시기 위해서는 "종"으로서 그에게 복종해야 하고, 그의 유일한 목적은 주인의 뜻에 자신의 뜻을 복종하는 것이다.

신자는 그리스도의 종이 되기 위해 옛 생활 방식을 거부하고(3:5–9), 하나님 백성의 공동체를 이루고자 힘써야 한다(3:10–17). 바울에게 그런 윤리적 교훈은 높아지신 그리스도 안에서 신자의 정체성을 고백하는 토대 위에 형성된다(3:1–4). 옛 생활 방식을 거부하라는 요청은

15. 바울이 가정 경영에 관한 일반적 기대를 다르게 변형한 방식들에 대해서는 3:18–4:1에 대한 '적용에서의 신학'을 보라.

16. 신약에서 종의 비유에 대한 용례는 Combes, *Mataphor of Slavery*, 68–94의 논의를 보라. 그는 바울이 이 비유를 집중적으로 사용한 것이 노예 생활에 대한 자신의 경험을 토대로 한다고 주장한다. 이 노예제는 다시 그리스도의 삶과 행적이라는 틀 속에서 이해된다(77).

악한 욕망의 목록(3:5)을 소개하는 것으로 시작되고, 이 목록은 독자에게 우상을 섬기는 마음이 외형적으로 표현되는 것을 선별하여 제시한다.[17] 이 목록은 죄악 된 행동의 모든 목록이 아니라, 신자의 반역적인 과거를 상징하는 행동 양식을 대표한다(참고. 3:6). 두 번째 악덕 목록은 대인 관계의 악덕을 소개한다(3:8–9). 이 목록은 "너희가 서로 거짓말을 하지 말라"(3:9)는 권면으로 마무리된다. 이 권면은 언어의 문제와 관련될 뿐만 아니라, 그리스도의 죽음과 부활에 참여하는 실재를 부정하는 거짓된 생활과도 연관된다.

바울은 긍정적인 언어로 신자에게 '택하사 거룩하고 사랑받는' 하나님의 백성으로서 그들의 정체성에 부합하는 새로운 생활 방식을 '옷 입으라'고 권면한다(3:12). 이 미덕 목록은 하나님 백성의 공동체를 세우는 미덕에 초점을 맞추고, 서로를 용서하라는 요청에서 정점에 이른다(3:13). 신자는 그리스도가 십자가에서 죽으심으로 하나님의 은혜의 사역이 드러낸 용서의 능력을 삶으로서 증명하라고 요청받는다. 이 역시 바울의 윤리학이 기독론에 토대를 둔다는 것을 보여준다. 이것은 '사랑을 입으라'(3:14)는 요청으로 확인된다. "사랑 안에서 연합"하는 것은, "확실한 이해의 모든 풍성함과 하나님의 비밀인 그리스도를 깨닫게 하려 함"(2:2)이 의미하는 것의 일부이기 때문이다.

그리스도의 주 되심에 대한 반응

골로새서는 신자가 주 예수 그리스도의 "종"임을 확인하는 데서 더 나아가 신자의 다른 책임을 거론한다. 이 책임 중 숙고해야 하는 것은 두 가지, 즉 예배와 감사이다.

예배

그리스도의 주 되심에 대해 신자는 '주께 합당한'(1:10) 행함으로 반응해야 한다. 예배가 개인의 행동을 재조정하는 것이고 그리스도를 통한 하나님의 구속 사역에 반응하는 것이라고 정의된다면, 바울이 요구하는 것은 바로 예배의 삶이다. 부정적인 면에서 신자는 우상 숭배를 피해야 한다. 그리스도를 외면하게 하는 가르침은 '사람의 전통을 따르는…철학과 헛된 속임수'(2:8)이다. 바울의 이러한 설명은 우상을 인간의 손으로 만든 것에 불과하다고 보는 구약의 우상 배격 변증과 유사하다(참고. 사 40:18–24; 41:4–7; 44:9–11). 이러한 '헛된 철학'은 2:22에서 "사람의 명령과 가르침"을 따르는 것으로 묘사된다. 이런 인간 전통들은 '그리스도를 따름이 아니므로'(2:8) 배격해야 한다. 거짓 교사들의 전통이나 관례와 반대로 신자는 "손으로 하지 아

17. 우상 숭배와의 관계는, "우상 숭배니라"(5절)라는 마지막 설명 구절에 명시된다.

니한" 할례를 받았다(2:11). 그러므로 바울은 단순히 생활 방식의 선택이 아니라 예배의 대상을 선택하는 데 관심을 둔다. 즉, 창조주를 섬길 것인지 아니면 피조물을 섬길 것인지 선택하는 것이다(참고. 1:15-20).

우상을 숭배하는 삶은 골로새서 3장에서 두 개의 악덕 목록으로 예시된다. 첫 번째 목록은 "탐심은 우상 숭배니라"에서 정점에 이르고(3:5), 그리스도의 주 되심에 복종하기를 거부하는 구체적 행위를 대표적으로 보여준다. 두 번째 목록의 여러 악덕은 신앙고백대로 살지 않는 자들이 '입'으로 저지르는 악을 보여준다. 신앙고백은 예수 그리스도를 주로 인정하고 하나님께 찬양을 드림으로 이루어진다(3:8).

긍정적인 면에서 신자는 예수님을 만유의 주로 고백하고, 그 고백대로 살도록 부르심 받는다. 가장 두드러지는 내용은 3:16-17에서 볼 수 있다. 여기서는 예배의 언어와 그리스도를 중심에 둔 생활 방식에 대한 요청이 평행 관계를 이룬다. 3:16에서 신자는 "시와 찬송과 신령한 노래를 부르며 감사하는 마음으로 하나님을 찬양하고" 서로 가르치며 훈계하라고 요청받는다. 이런 제의적 표현에 이어 "무엇을 하든지…주 예수의 이름으로" 하라는 포괄적인 요청이 등장한다(3:17). 이어지는 가족 관계에 대한 논의는 예배 생활이 삶의 모든 영역에 어떤 영향을 미치는지 예시한다.

개인의 예배 생활의 긍정적인 영향은 3:12-14의 미덕 목록에 반영되어 있다. 신자는 십자가에서 자기 생명을 내어주신 아들의 아버지이신 하나님을 예배하며 은혜와 용서의 생활로 반응하라는 부르심을 받는다. 개인적인 측면에서 하나님의 최종적인 구속의 은혜를 받아들이면, 삶으로 은혜를 표현함으로 새 창조라는 새로운 실존을 입증하게 된다. 공동체적 측면에서 은혜의 원리는 개인의 민족적, 문화적, 사회적 정체성에 얽매이지 않고 하나님의 한 백성으로서 산다는 뜻이다(3:11). 바로 이런 의미에서 새로운 인류는 예배하는 공동체인 것이다.

감사

예배와 밀접하게 관련된 주제는 감사이다. 바울에게 감사는 단순히 올바른 예의와 태도의 문제가 아니다. 감사는 모든 선한 것의 유일한 원천으로서 창조주를 인정하는 것이다.[18] 그러므로 독자는 그리스도의 주 되심을 강조하는 편지에서 감사라는 주제가 강조되는 것을 이상하게 여길 필요가 없다.

바울은 다른 서신에서처럼 골로새 교회에 나타난 아들을 통한 하나님의 사역을 인정하는 감사 기도로 시작한다(1:3-8). 1:10-12은 '열매를 맺고', '자라며', '능하게 되는 것'과 더불어 '감사를 드리는' 것 역시 삶의 모든 영역에서 그리스도를 기쁘게 해드릴 수 있는 수단이라고 말

---

18. 이것은 또 다른 바울의 옥중 서신에 가장 잘 예시되어 있다. 거기에서는 "감사"를 "우상 숭배" 행위와 대조한다(엡 5:3-4). 바울의 감사 모티브가 지닌 이 측면을 더 자세히 알고 싶다면 Pao, *Thanksgiving*, 15-38을 보라.

한다. 주 예수 그리스도를 굳게 의지하여 성숙함에 이른 증거가 감사이기 때문에 감사의 삶은 중요하다. 그다음에 나타난 감사의 주제가 이 해석을 뒷받침한다. "그 안에 뿌리를 박으며 세움을 받아" '믿음에 굳게' 섰다면 예수님을 주로 고백하고 그 신실함을 유지한다는 증거로서 "감사함을 넘치게" 해야 하는 것이다(2:7).

감사에 대한 가장 중요한 논의는 3:15–17에 등장한다. 여기서는 그리스도의 주 되심에 복종하는 것과 감사의 요청이 명시적으로 연결되어 있다. '감사하라'는 요청은 "그리스도의 평강이 너희 마음을 주장하게 하라"(3:15)는 의미로 해석된다. 마찬가지로 "시와 찬미와 신령한 노래"로 예배하라는 요청에 이어 "감사하는 마음으로"라는 구절이 등장한다. 이를 통해 바울은 그리스도를 섬기며 복종하는 것의 중요성을 강조한다. 나아가 신자는 "무엇을 하든지 말에나 일에나 다 주 예수의 이름으로 하고 그를 힘입어 하나님 아버지께 감사"해야 한다(3:17). 여기서 감사하라는 요청은, 감사를 고백하는 것과 감사하는 삶을 통해 그 고백을 실천하는 것을 이어준다.

감사에 대한 마지막 언급은 4:2에서 종말론적 의미에서 깨어 있음을 요구하는 문맥에 등장한다. 감사는 종종 하나님이 과거에 행하신 긍휼의 행위와 연관되지만, 바울에게 그 과거의 행위는 아들을 통한 하나님의 은혜로운 사역의 완성을 기대하는 근거로 작용한다. 그 일이 완성되기까지 신자는 그에 상응하는 신실함으로 하나님의 언약적 신실하심에 반응하며 감사를 드려야 한다.

그리스도의 주 되심의 능력에 대한 묵상

그리스도의 최종적 권위와 그분의 죽음과 부활의 완전한 충족성이 핵심인 이 편지에서 신적 사역의 능력을 제대로 묵상하는 것은 중요하다. 그리스도의 사역과 권위는 최종적이기 때문에 이것을 묵상하는 일이 신적 구속 사역에 기여하지는 않지만, 이 능력을 경험해야 하는 사람들에게 중요한 매개가 된다. 대표적으로 이 중재 역할을 하는 몇 가지를 살펴보겠다.

복음

바울에게 "복음"은 하나님이 아들을 통해 이루신 일이 구체적으로 표현된 것이다. 복음은 "모든 믿는 자에게 구원을 주시는 하나님의 능력"(롬 1:16)이다. 이 능력의 구체적인 표현인 복음은 이루고자 보내심을 받은 그 일을 성취한다. 1:5은 "복음"을 "진리의 말씀"으로 이해한다. 복음은 하나님의 능동적 대리자로서 "너희에게 이르매…온 천하에서도 열매를 맺어 자[란다]"(1:6). 바울은 복음의 "일꾼"이 되었다는 주장으로 그 의미를 실제적으로 설명한다(1:23). "사람의 전통"(2:8)에서 벗어나야 한다는 바울의 주장이 보여주듯이 능동적 복음의 선행 역사를 강조하는 것은 중요하다. 인간적인 가능성과 관계없이 복음은 "천하 만민에게 전파"되었고 (1:23) 그것을 받은 자들을 세우고 있다.

"복음"과 밀접한 관계가 있는 "말씀"은 복음을 수용하고 적용하게 하는 수단이다.[19] 그러나 개인이 복음을 영접했다고 해서 "말씀"이 활동을 멈추지는 않는다. "말씀"은 하나님의 백성 가운데 '거하며' 그들이 그리스도를 중심으로 삶을 영위하도록 이끌어준다(3:16). 바울은 부르심에 합당하게 행하도록 신자를 권면하면서 "말씀"이 그 과업을 달성할 수 있음을 분명히 밝힌다. 마지막으로, 바울은 각자 속한 공동체를 넘어 '전도할 문을 열어주셔서' 다른 공동체들도 그분의 구속 능력을 경험하게 해달라고 하나님께 기도한다(4:3). "그리스도의 말씀"(3:16)의 능력을 강조한 것은 그가 제시하는 그리스도 중심적 복음과 일치한다.

사도

"사도"에 대한 내용을 다루는 것은, 복음의 중재적 역할과 인간 대리자의 역할에 나타난 중요한 범주의 차이를 무시하지 않는다. 바울은 복음의 사도로서 자신의 역할을 강조하지만, 오직 복음의 "일꾼"으로서 맡은 역할을 강조할 뿐이다(1:23). 그의 역할을 제대로 이해하는 일은 하나님의 구속 계획을 이해하는 데 중요하다.

바울은 골로새서 서두에서 자신을 "그리스도 예수의 사도"로서 "하나님의 뜻으로" 선택되고 파송받았다고 밝힌다(1:1). 이 호칭은 그의 권위와 능력의 근원이 어디에 있는지를 보여준다. 사도로서 그의 구체적인 역할은, 기독론을 소개한 단락(1:15–23)과 골로새 교인들에 대한 권면 단락(2:6–4:1) 사이에 위치한 1:24–2:5에서 다루어진다. 논증을 이런 식으로 배치한 것만 보아도 그의 자기 이해를 엿볼 수 있다. 바울은 자신을 복음의 직접적 중재자는 아니더라도, 교회에 그리스도의 복음을 전달한 자로 인식한다.

바울은 이 단락에서 자신의 소명이 '하나님의 말씀을 이루고자 하나님이 주신 직분'(1:25)에 기초를 둔다는 신념을 다시 언급한다. 하나님의 구속 계획이라는 측면에서 유대인과 이방인에게 하나님의 구원을 알려야 할 시기가 도래했고, 이때 복음을 선포하도록 부르심 받은 자로서 자신이 지닌 책임을 구체적으로 밝힌다(1:26–28). 그는 종말론적 시대의 도래와 함께 하나님의 새 창조로 새 인류가 등장하게 된 것을 증언할 특권을 받았다고 생각한다(3:11).

바울은 자기소개에 '선지자'라는 호칭을 사용하지는 않지만, 스스로 하나님의 말씀을 선포하는 선지자의 역할, 특별히 이사야서에 묘사된 종말론적 선지자의 역할을 맡았다고 생각하는 것 같다. 종말론적 복된 소식의 선포에 사용되는 "복음"의 단어군(εὐαγγελίζομαι, 사 40:9;

19. 그러나 이 문맥에서 "말씀"은 단순히 입으로 하는 말이 아니라 전체 복음 메시지를 가리킨다. 복음이 그런 입으로 하는 말이 아니라는 사실은 데살로니가전서 1:5에서 분명하게 지적한다. "우리 복음이 너희에게 말로만 이른 것이 아니라 또한 능력과 성령과 큰 확신으로 된 것임이라."

52:7; 60:6; 61:1)과 복된 소식의 내용과 관련된 "위로"의 단어군(παρακαλέω, 사 40:1, 2, 11; 49:10, 13; 51:12; 61:2; παράκλησις, 57:18)이 모두 이사야서에 등장한다. 골로새서에도 이와 동일한 단어의 조합을 볼 수 있다. 1:24-2:5에서 바울은 자신을 "복음"(τοῦ εὐαγγελίου, 1:23)의 일꾼으로 밝히며 '그들로 마음의 위안을 받도록(παρακληθῶσιν)'(2:2) 애쓰고 있음을 분명히 밝힌다. 위로의 궁극적 목적은 신자가 "확실한 이해의 모든 풍성함과 하나님의 비밀인 그리스도를 깨닫게 하려 함"(2:2)이다. 바울은 옛 선지자들이 예언한 복음을 선포함으로 그 예언을 성취하는 선지자가 된다.[20]

구약 선지자의 시선으로 읽으면 1:24-2:5에 대한 바울의 자기 묘사를 더 잘 이해할 수 있다. 이것은 사도로서 그의 역할을 과장하는 데 목적이 있는 "허구적인 자기소개"로 보아서는 안 된다.[21] 오히려 선지자적 틀에서 본 자기 이해로서 진짜 바울의 글로 보아야 한다. 나아가 다른 서신에서처럼 바울이 집중적으로 강조하는 것은 자신의 카리스마나 능력이 아니라, 그리스도의 고난을 체현하는 그의 고난이다(1:24; 참고. 고후 11:30; 12:9). 그리스도의 고난에 참여할 때, 전복적인 복음은 거짓된 실재관에 도전하고 그리스도의 부활과 재림의 영광이 진정으로 나타나게 한다(참고. 3:4).

신자

세상에 대한 신자의 책임을 다룬 짧은 단락(4:2-6)을 소홀히 보아서는 안 된다. 바울 자신에 대한 단락(1:24-2:5)이 그리스도(1:15-23)와 교회(2:6-4:1) 단락 사이에 등장한다면, 교회 단락(2:6-4:1)은 바울 단락(1:24-2:5)과 세상에 대한 단락(4:2-6) 사이에 나온다. 바울이 하나님의 구속 계획과 관련하여 자신의 역할을 인식하듯이, 신자 역시 사람들로 하여금 하나님의 아들의 죽음과 부활로 성취된 복음의 능력을 경험하게 하는 역할을 감당해야 한다. 골로새서 본론의 마지막 단락에서 교회 선교와 바울의 선교의 연관성은 두 가지로 언급된다. 첫째, 신자는 바울과 동역자들이 복음을 위해 섬길 때(4:2-4) 기도의 사역에 참여하도록 부르심을 받는다. 둘째, 신자도 복음의 능력의 중재자가 되도록 부르심을 받는다. 외부인을 향한 신자의 책무를 갑자기 강조하는 것이 놀랍기는 하지만, 문맥상 이것은 그리스도의 주 되심에 복종하라는 요청의 연장선상에 있다. 신자는 "말"에나 "일"에나 이 고백을 삶으로 표현해야 하듯이(3:17), 이제 "지혜로 행하[며]"(4:5) "말을 항상 은혜 가운데서" 하도록(4:6) 요구받는다. 외부인에게 증언하는 일은 즉흥적으로 부과된 의무가 아니다. 이는 복음이 가장 중요하게 요

20. Karl Olav Sandnes, Paul-One of the Prophets? (WUNT 2.43; Tübingen: Mohr Siebeck, 1991), 218을 보라. '선지자'와 "사도"의 연관성은 골로새서가 강조하는 주제 중 일부가 등장하는 옥중 서신인 에베소서 2:20, 3:5에서 명확하게 지적한다.

21. 참고. Nicole Frank, *Der Kolosserbrief im Kontext des paulinischen Erbes: Eine intertexttuelle Studie zur Auslegung und Fortschreibung der Paulustradition* (WUNT 2.271; Tübingen: Mohr Siebeck, 2009), 89-124.

구하는 것이다.

그리스도의 주 되심의 최종적 완성

신자가 그리스도의 부활에 참여하는 경험에 대한 언급을 지적하면서(참고. 2:12–13; 3:1) 일부 학자는 이렇게 결론을 내린다. "바울의 신학적 전제들을 감안할 때 (바울이) 이런 식으로 말할 리가 없다. 그러므로 여기서 골로새서의 종말론과 바울의 종말론의 결정적 차이가 드러난다."[22] 그러나 바울은 그리스도의 구속 사역의 최종성을 의심하는 새로운 청중에게 편지를 쓰고 있다. 그렇기 때문에 우리는 그가 그리스도의 사역의 최종성뿐만 아니라 신자가 그 일에 참여해야 함을 강조한 이유를 이해할 수 있다. 또한 바울은 로마서 6:4에서 신자가 그리스도와 함께 "새 생명"으로 살리심을 받았음을 강조한다. 라이트(N. T. Wright)가 지적한 것처럼, 제2성전기 유대교의 유사한 가르침에 노출된 사람들은 은유적 부활과 미래의 실제적 부활의 관계를 금방 이해할 수 있었다.

> "부활"을 "포로 생활에서의 귀환"이라는 은유적 의미로 사용했던 유대 사상에서는, 이스라엘 민족의 죄악에 대한 최종적 용서가 부활 소망의 한 핵심을 차지한다. 이런 사상적 흐름에서 그리스도인의 **현재적인** 은유적 "부활"은, 일부 유대 본문의 은유적 용례를 대체하고 죽은 자 가운데서 실제로 살아나신 "메시아" 안에서 그들이 서 있는 위치를 알려준다. 그리고 그 부활은 메시아의 영광에 참여하는 **미래의** 실제적 "부활"을 고대하고 있다는 사실에서 그 의미가 구체화된다.[23]

그러므로 바울이 골로새 교인의 특정 문제를 다룬 편지에서 "이런 식으로 말할 리가 없다"라고 주장한다는 것은 주제넘어 보인다. 신자가 은유적 의미에서 현재적 부활을 누린다는 그의 언급은, 앞으로 있을 부활에 대한 바울의 견고한 확신을 반영한다고 보아야 한다.

골로새서에서 하나님의 구속 계획의 미래적 완성을 언급한 내용도 동일하게 중요하다. 특별히 두 가지 언급을 유의해서 보아야 한다. 두 언급 모두 바울의 논증에서 실제적인 의미를 지닌다. 첫째, 바울은 1:27에서 그리스도를 "영광의 소망"이라고 밝힌다. 그리스도가 영광의 소망이라는 사실은, 토라가 이스라엘의 '소망'을 드러낼 수단이라는 인식에 비추어볼 때 중요한 의미를 띤다. 여기서 바울은 영광의 수단이자 내용이 바로 그리스도라고 주장한다. 하나님의 구속 계획에서 바울이 맡은 역할을 다루는 문맥에서(1:24–2:5) 이런 언급을 한 사실도 중

22. 예를 들어, Schnelle, *Theology of the New Testament*, 555를 보라.
23. N. T. Wright, *Resurrection of the Son of God* (Minneapolis: Fortress, 2003), 238–39(강조체 원저자).

요한 의미가 있다. 그의 현재적 고난은 오직 그리스도 안에서 발견된 미래의 영광이 있어야만 정당성을 지닐 수 있다.

둘째, 바울은 3:4에서 그리스도가 그분께 속한 자들과 함께 재림하실 때의 미래적 영광을 강조한다. "우리 생명이신 그리스도께서 나타나실 그때에 너희도 그와 함께 영광 중에 나타나리라." 환상 체험과 금욕주의적 고행으로 현재적 영광과 성취를 강조하는 거짓 교사들과 반대로, 바울은 그런 영광이 오직 그리스도가 영광 가운데 재림하실 말세에만 얻을 수 있다는 기독론적 논증에 호소한다.

바울의 미래적 종말론을 반영한 다른 언급들도 이 서신에서 찾을 수 있지만,[24] 두 주제는 바울의 주요 논증에 실질적인 부분이므로 특별히 중요하다. 이런 언급들의 의미를 부정하면, 그리스도의 죽음, 부활 그리고 최종적 나타나심이 중심을 이루는 골로새서에서 바울이 강조하는 논증의 핵심 요소를 놓치게 된다. 골로새서 전체에 일관성과 통일성을 부여하는 것이 바로 이 요소이기 때문이다.

24. 예를 들어, "하나님의 진노"(3:6)와 "깨어 있으라"(4:2)는 요청이 여기에 해당한다. 이 서신의 미래적 종말론에 대한 내용은 Still, "Eschatology in Colossians," 125–38을 보라.

빌레몬서 서론

빌레몬서는 "그동안 기록된 편지들 중 가장 매력적인 편지 중 하나"[1]로 손꼽히지만, 일각에서는 바울이 노예제 문제를 다루면서 이 압제적 제도에 대해 명확하게 비판적 목소리를 내지 않는다고 부정적으로 보기도 한다. 이 편지가 분량과 주제(두 개인 사이의 사적인 문제를 다룸)의 면에서 중요한 편지가 아니라고 치부하는 이들도 있다. 나아가 바울이 이 편지로 무엇을 말하고자 하는지도 명확하지 않아 보인다. 또한 중요한 교리적 문제나 기독교적 실천 규율도 다루지 않기 때문에, 현대 독자에게는 기껏해야 가치 없는 고대 편지 정도로 여겨진다.

이 책은 그런 오해를 바로잡는 동시에 이 서신이 지닌 내재적 힘에 주목한다. 빌레몬서는 완전히 개인적인 편지가 아니며, 복음의 능력에 대한 우리의 인식과 그 인식이 개인적, 공동체적 수준에서 적용되는 방식에 근본적인 변화를 가져다줄 것을 약속한다. 신학적 관용 표현은 거의 찾아볼 수 없지만, 십자가에서 치러진 그리스도의 구속적 죽음에 담긴 실제적 의미와 그것이 하나님의 공동체에 미치는 영향을 일관되게 강조하는 바울의 깊은 신념이 담겨 있다. 역사적 청중에게 적용된 복음 메시지를 통해 우리는 이 동일한 복음이 현재 상황에 어떻게 적용될 수 있는지 이해하게 된다.

저자와 저술 장소와 시기

이 편지는 "그리스도 예수를 위하여 갇힌 자 된 바울"이라고 자신의 신원을 밝히며 시작된다.[2] 초대교회에서는 바울이 이 편지를 썼다는 사실을 거의 보편적으로 인정하는 분위기였다. 심지어 비판적인 마르시온(Marcion)도 이 점을 인정한다. 19세기 독일의 일부 학자가 여기에 이견

1. John Knox, *Philemon among the Letters of Paul* (London: Collins, 1960), 9.

2. 이 서신의 도입부에 나타난 디모데의 역할에 대해서는 1:1에 대한 설명을 보라.

을 제시했지만,[3] 대부분의 현대 학자는 이 편지의 진정성을 인정한다. 골로새서와 밀접한 관련이 있지만, 골로새서의 진정성을 인정하지 않는 사람들조차 빌레몬서를 바울이 아닌 다른 사람이 썼다고 볼 어떤 이유도 제시하지 못한다.[4] 더욱이 다른 서신들의 바울 저작설을 의심하는 학자들은 빌레몬서와 유사하다는 이유로 골로새서의 진정성을 옹호한다.[5]

대부분의 학자는 빌레몬이 이 서신의 일차 수신자라고 생각한다. "우리의 사랑을 받는 자요 동역자"(1절)라는 빌레몬에게 부과된 호칭도 간과해서는 안 된다. 이 호칭은 복음 사역에서 그가 차지하는 위치를 암시하고, 이것이 단순히 친구에게 보낸 개인적 편지가 아닐 가능성을 나타낸다. "자매 압비아"와 "우리와 함께 병사 된 아킵보"(2절)처럼 각자의 호칭과 함께 이름을 소개한 목록은 이런 해석을 지지한다. 서두 안부 인사의 마지막 언급("네 집에 있는 교회에 편지하노니", 2절)은 바울이 빌레몬의 집에서 모이는 교회에 편지를 보낸 것을 보여준다.[6]

빌레몬서를 공적인 편지로 이해하는 것은, 바울이 빌레몬의 "믿음의 교제"(6절)를 강조한 이유와 그의 노력이 "모든 성도에 대한"(5절) 노력인 이유를 설명해준다. 더 중요한 것은, 이 편지를 공적인 편지로 이해하면, 여기에서 다루어진 문제와 관련 요청들을 단순히 한 개인과 그 가정뿐만 아니라 하나님의 전체 가정에 영향을 미치는 문제로 이해할 수 있다는 점이다. 이러한 이해는 빌레몬서의 중요성과 이 편지가 하나님 백성의 공동체에 지속적으로 유효하다는 사실을 현대 청중에게 보여준다.

골로새서 4:9은 빌레몬의 종이 분명한 오네시모를 "너희에게서 온 사람(즉, 골로새인)"으로 서술한다. 그러므로 빌레몬과 그의 가정은 골로새에 거주하고 있을 가능성이 크다. 에바브라, 마가, 아리스다고, 데마, 누가의 이름이 등장하는 이 편지의 마지막 인사(23–24절)와 골로새서의 마지막 인사(4:10–17) 역시 두 편지가 동일한 공동체에게 보낸 편지임을 보여준다.

바울이 옥중에서 쓰고 있는 편지인 것은 분명하지만, 정확한 발신지가 어디인지는 결정하기 어렵다(1, 9, 10, 13, 23절). 골로새서와 마찬가지로 크게 가이사랴,[7] 에베소,[8] 로마[9]로 추정할 수 있다. 골로새서 4:14과 빌레몬서 1:24에 누가가 언급된 것으로 보아 두 편지 모두 가이사랴에서 쓰였을 가능성도 있다. 사도행전 27:1–2의 "우리"라는 표현이 입증하듯이 누가는 가이사

3. 특별히 Ferdinand Christian Baur, *Paul, the Apostle of Jesus Christ: His Life and Works, His Epistles and Teachings. A Contribution to a Critical History of Primitive Christianity* (London: Williams & Norgate, 1875), 2:84를 보라. 그는 이 서신이 "교리적 측면이나 교회사적 측면에서 중요한 내용을 전혀 담고 있지 않은" 편지라고 생각한다.

4. 참고. Raymond Brown, *Introduction to the New Testament* (New York: Doubleday, 1977), 612.

5. 참고. W. Kümmel, *Introduction to the New Testament* (rev. and enlarged; Nashville: Abingdon, 1986), 345.

6. 고대 편지에서는 중요한 수신자가 한 명일지라도 여러 수신자를 언급하는 것이 일반적이었다. 참고. Peter Arzt-Grabner, Philemon (Papyrologische Kommentare zum Neuen Testament 1; Göttingen: Vandenhoeck & Ruprecht, 2003), 111–14. 빌레몬의 집에서 모이는 "교회"라는 언급은 이 편지의 공적 성격을 강조한다.

7. 가이사랴 기원설을 옹호하는 주장에 대해서는 E. Earle Ellis, *The Making of the New Testament Documents* (BIS 39; Leiden: Brill, 1999), 266–75를 보라.

8. Eduard Lohse, *Colossians and Philemon* (trans. William R. Poehlmann and Robert J. Karris; Hermeneia: Philadelphia: Fortress, 1971), 188; Charles B. Cousar, *Philippians and Philemon: A Commentary* (NTL; Louisville: Westminster John Knox, 2009), 187.

9. 특히 Markus Barth and Helmut Blanke, *The Letter to Philemon* (ECC; Grand Rapids: Eerdmans, 2000), 122–26을 보라.

랴에서 바울과 함께 있었다. 그러나 바울의 옥중 서신 중 가이사랴를 언급하는 편지가 한 통도 없고, 초대 기독교 자료들도 가이사랴 기원설을 거의 지지하지 않는다.

빌레몬서 자체만 본다면 골로새와 가까운 지역이므로 에베소가 유력하다. 이 견해는 오네시모가 인근 도시로 도망했을 가능성과 바울이 석방 이후 골로새로 돌아가려 한 계획을 모두 설명해준다(참고. 22절). 그러나 이것은 오네시모가 한정된 자금을 이용해 빌레몬에게서 '도망한 것'을 전제하며,[10] 바울의 장래 계획이 근처 지역에 한정된다고 가정할 경우에만 성립된다. 또한 정경에서 그가 에베소에 투옥되었다는 명시적 증거를 전혀 찾을 수 없다. 빌레몬서와 골로새서를 동일한 장소와 시기에 쓰인 것으로 본다면 로마설이 가장 최선의 선택이다.[11] 로마설은 상대적으로 초기의 필사본과 번역본에 추가된 일종의 후기(subscriptions)에서 가장 강력한 지지를 받는다.[12] 로마 지방이 유력하다면 빌레몬서 저작 연대는 주후 60–62년경으로 추정된다.

본문의 배경 상황

바울이 빌레몬서를 쓴 목적이 비교적 직접적으로 언급되지 않는다는 점은 대다수가 동의할 것이다. 이 편지를 쓰게 된 정황 역시 불분명해 보인다. 이에 대해서는 여러 해석이 제기되었다.

(1) 대표적인 전통적 해석은 칼빈의 간결한 언급에 나타난다. "그는(바울) 도망 노예이자 절도범을 돌려보내면서 그를 용서해달라고 간청한다."[13] 이 언급을 확장한 논의는 이 해석을 지지하는 것으로 보이는 바울의 여러 진술을 언급한다.

> 오네시모는 골로새 지역에 사는 빌레몬의 노예로서(참고. 골 4:9), 주인에게서 도망친 데서 그치지 않고 빌레몬의 돈과 재산의 일부를 갖고 탈주했다. 그는 거대한 메트로폴리스의 익명성과 신나는 분위기에 매료되어 로마로 도망갔고…그곳에서 감옥에 갇힌 바울을 만났다.[14]

이 해석이 역사적으로 수많은 주석가의 지지를 받았지만, 이 해석의 문제점을 지적하는 이들이 점점 늘어나고 있다. 첫째, 오네시모가 도망 노예라는 주장[15]이 명시적으로 언급된 본문이 전혀 없다.[16] 그가 '절도범'이라는 추측은, 18절의 조건절("그가 만일 네게 불의를 하였거나 네게

10. 다음 논의 주제인 '본문의 배경 상황'을 보라.

11. 이 주제에 대한 더 자세한 논의는 '골로새서 서론'을 보라.

12. 참고. Bruce M. Metzger, *Textual Commentary on the Greek New Testament* (2nd ed.; Stuttgart: United Bible Societies, 1994), 589–60.

13. John Calvin, *Commentaries on the Epistles to Timothy, Titus, and Philemon* (trans. William Pringle; Grand Rapids: Baker, 2003), 347–48.

14. Murray J. Harris, *Colossians and Philemon* (Exegetical Guide to the Greek New Testament; Grand Rapids: Eerdmans, 1991), 241.

15. 바울이 다른 서신에서 노예의 비유를 사용한 점을 들어, 오네시모가 진짜 빌레몬의 노예가 맞는지 의문을 제기하는 이들도 있다. Allen D. Callahan, "Paul's Epistle to Philemon: Toward an Alternative Argumentum," *HTR* 86 (1993): 357–76; 같은 저자, *Embassy of Onesimus: The Letter of Paul to Philemon* (Valley Forge, PA: Trinity International, 1997). 그러나 이 해석은 설득력이 없다. 빌레몬서 1:15–16에 대한 설명을 보라.

16. Sarah B. C. Winter, "Paul's Letter to Philemon," *NTS* 33 (1987): 1–15.

빚진 것이 있으면")을 그런 행위가 사실이라고 인정하는 직설법적으로 해석한 데서 기인한다.[17]

본문과 관련해 1세기 로마의 역사적 사실을 살펴보면 다음과 같다.

> 도망 노예 이론은 오네시모가 어떻게 감옥에서 바울과 만나게 되었는지 혹은 바울이 어떻게 그를 되돌려보낼 권한을 갖게 되었는지 제대로 설명해주지 않는다. 또한 오네시모가 그 많은 사람 중에서 하필 자신의 상전을 알고 대신 중재할 위치에 있는 한 사람과 접촉했다는 특이한 우연의 일치를 설명해주지도 않는다.[18]

더 구체적으로 노예는 로마 시민권자와 한 감옥에 갇힐 수도 없었고, 바울이 죄수가 아니었다 해도 도망 노예와 함께 있는 것이 허락되지도 않았을 것이다. 또한 도망 노예를 받아주어서 전체 사역과 동료들을 위험에 빠뜨리려 하지도 않았을 것이다.[19]

이러한 역사적 고찰뿐 아니라 그리스-로마 서신 중 도망 노예를 선처해주라고 명시적으로 호소하는 평행 구절들도 이런 해석을 지지하지 않는다. 소 플리니우스(Pliny the Younger)의 글에서 평행 구절로 여겨지는 대목(*Ep.* 9.21; 9.24)은, 오네시모의 뉘우치는 모습을 담은 내용이나 빌레몬에게 그를 용서하고 자비를 베풀어주라고 직접 요청하는 대목이 없다는 점만 보여줄 뿐이다.[20]

(2) 전통적 해석에 분명히 문제의 소지가 있지만, 다른 해석들 중에서 어떤 해석을 선택해야 할지도 분명하지 않다. 빌레몬과 오네시모가 서로 좋은 관계가 아니었음을 인정하면서 오네시모가 주인을 피해 바울에게 도망갔다고 주장하는 이들도 있다.[21] 1세기에 신전은 도망 노예들의 피신처로 이용할 수 있었고, 유명한 가정 종교(dominant family cult)는 아마 그러한 역할을 했을 것이다.[22] 그러나 바울이 투옥되어 있다는 점(혹은 가택 연금 상태라는 점)을 볼 때, 그런

---

17. 이 절의 수사학적 기능에 대해서는 다음을 보라. Clarice J. Martin, "The Rhetorical Function of Commercial Language in Paul's Letter to Philemon (Verse 18)," in *Persuasive Artistry: Studies in New Testament Rhetoric in Honor of George A. Kennedy* (ed. Duane F. Watson; JSNTSup 50; Sheffield: Sheffield Academic, 1991), 321-37.

18. I. Howard Marshall, "The Theology of Philemon," in *The Theology of the Shorter Pauline Letters* (ed. Karl P. Donfried and I. Howard Marshall; Cambridge: Cambridge Univ. Press, 1993), 178. 도망 노예가 도망칠 수 있는 곳에 대해서는 다음을 보라. Peter Stuhlmacher, *Der Brief an Philemon* (4th ed., EKKNT 18; Neukirchen-Vluyn: Neukirchener and Düsseldorf: Banziger, 2004), 22-23.

19. Brian M. Rapske, "The Prisoner Paul in the Eyes of Onesimus," *NTS* 37 (1991): 189-90.

20. Craig S. Wansink, *Chained in Christ: The Experience and Rhetoric of Paul's Imprisonments* (JSNTSup 130; Sheffield: Sheffield Academic, 1996), 176. 두 부류의 편지가 보이는 '어조'상의 차이도 중요하다. J. A. Harrill, "Paul and Slavery," in *Paul in the Greco-Roman World: A Handbook* (ed. J. Paul Sampley; Harrisburg, PA: Trinity International, 2003), 590을 보라. 그러나 어떤 이들은 이 편지에서 바울이 처한 어려움과 관련해 직접적인 요청 내용이 없는 이유가 도망 노예를 받아주었기 때문이라고 본다. David M. Russell, "The Strategy of a First-Century Appeals Letter: A Discourse Reading of Paul's Epistle to Philemon," *JOTT* 11 (1998): 1-25. 마찬가지로 전통적 해석을 지지하는 이들 중에는 바울의 의도가 사적인 문제를 해결하는 것이 아니라 교회 내의 '사랑과 형제애'를 북돋우는 데 있다고 주장하는 이들이 있다. F. Forrester Church, "Rhetorical Structure and Design in Paul's Letter to Philemon," *HTR* 71 (1978): 32. 이런 주장들은 빌레몬서를 Pliny the Younger의 편지를 참고해 해석할 때 생기는 문제를 지적한다는 면에서 긍정적이기는 하지만, 전통적 해석을 충분히 방어하기에는 여전히 미흡하다.

21. E. R. Goodenough, "Paul and Onesimus," *HTR* 22. (1929): 181-82.

22. 참고. Barth and Blanke, *Letter to Philemon*, 28-30.

일시적인 거주 장소를 피난처로 보기는 어렵다. 바울이 이방신을 섬기는 성소에 거주했을 가능성은 더욱 없다.

(3) 오네시모가 중재를 받아 집으로 돌아가기를 바라며 주인의 친구에게 의도적으로 접근했으리라는 가정은 좀 더 설득력이 있다.[23] 1세기 로마 세계에서 고립된 노예는 중재자에게 도움을 청함으로 도망 노예라는 오명을 덮어쓰지 않을 수 있었다. 바울은 "죄수라는 불리한 조건을 상쇄할 정도로 종교적 영향력이 큰 인물이었으므로 그는 주인의 친구(*amicus domini*)로서 중재자 역할을 할 수 있었을 것이다."[24] 이 해석은 오네시모를 도망 노예로 보는 어떤 언급도 없다는 점을 받아들인다. 더욱이 이런 시나리오는 노예에게만 과오가 있다고 일방적으로 전제할 필요가 없다. 그러므로 오네시모가 잘못을 뉘우쳤다는 언급이 없다는 점도 해결될 수 있다.[25]

이 가설은 납득할 만하지만 여전히 문제가 있다. 첫째, 오네시모가 주인인 빌레몬에게 돌아가려 시도하고 있다는 증거가 없다. 대신 그의 귀환은 오네시모가 복음의 정신에 계속 충실하기를 바라는 바울의 소망과 밀접한 관련이 있는 것으로 보인다(10-14절).[26] 둘째, 바울은 무엇보다 주인의 친구라는 입장에서 말하지 않는다. 오히려 노예의 친구가 된 입장에서 말한다. 이처럼 뒤바뀐 역할은 애초에 오네시모가 바울과 만났다는 이 해석을 반대할 수 있다.[27] 셋째, 전통적인 해석과 달리 오네시모를 위한 어떤 명시적 호소도 없다는 점이 두드러진다.[28] 노예가 주인과의 불편한 관계에 실질적인 책임이 없다고 해도 그러한 호소는 당연히 나와야 한다. 마지막으로, 이런 가정은 최소한 빌레몬서에 담긴 자료에 나타나는 편지 작성 목적을 설명하지 못한다.

(4) 적어도 이 본문에 담긴 자료와 부합하고 이 책이 선호하는 이론은, 오네시모가 도망 노예라는 전통적 해석을 거부하며 빌레몬이 바울을 돕기 위해 오네시모를 보냈다고 해석하는 입장이다. 이 해석의 선두 주자인 윈터(Winter)는 "오네시모가 바울과 감옥에 있었던 이유는 그가 골로새 회중에게 파견받았기 때문이다"라고 주장한다.[29] 윈터는 "[내가] 들음이니"(5절),

---

23. Peter Lampe, "Keine 'Sklavenflucht' des Onesimus," *ZNW* 76 (1985): 135-37. 또한 다음을 보라. C. F. D. Moule, *The Epistles of Paul the Apostle to the Colossians and to Philemon* (Cambridge: Cambridge Univ. Press, 1957), 20; Lohse, *Colossians and Philemon*, 187; Jerome Murphy-O'Connor, *Paul: A Critical Life* (Oxford: Clarendon, 1996), 177; James D. G. Dunn, *The Epistle to the Colossians and to Philemon* (NIGTC; Grand Rapids: Eerdmans, 1996), 303-5; J. M. G. Barclay, *Colossians and Philmon* (Sheffield: Sheffield Academic, 1997), 101; Reidar Aasgaard, *"My Beloved Brothers and Sisters!" Christian Siblingship in Paul* (JSNTSup 265; London: T&T Clark, 2004), 242.

24. Rapske, "The Prisoner Paul in the Eyes of Onesimus," 202.

25. Max Turner, "Human Reconciliation in the New Testament with Special Reference to Philemon, Colossians and Ephesians," *EuroJTh* 16 (2006): 39.

26. 또한 다음을 보라. Neil Elliott, *Liberating Paul: The Justice of God and the Politics of the Apostle* (Maryknoll, NY: Orbis, 1994), 51; Harrill, "Paul and Slavery," 590; idem, "Using the Roman Jurists to Interpret Philemon: A Response to Peter Lampe," *ZNW* 90 (1999): 135-38.

27. Donald M. Steele, "Releasing the Captives-Release the Captors: The Letter to Philemon and the Relationship of North American Christians and the Peoples of the Two-Thirds World" (PhD.diss., Graduate Theological Union, 1994), 92-93을 보라.

28. 참고. Wansink, *Chained in Christ*, 188. "바울이 오네시모를 중재하고 있다면 너무나 미묘하게 중재하는 것이다."

29. Winter, "Paul's Letter to Philemon," 3. 또한 다음을 보라. Winter,

"주 예수와 및 모든 성도에 대한 네 사랑과 믿음"(5절), "네 믿음의 교제"(6절), "성도들의 마음이 너로 말미암아 평안함을 얻었으니"(7절)와 같은 구절을 특별히 강조하며 감사 단락을 중점적으로 분석했다. 바울이 이 편지에서 빌레몬이 베푼 선행을 근거로 여러 호소를 하고 있음을 암시하기 때문에, 윈터의 분석은 이 주장에 상당한 힘을 실어준다.[30]

나아가 다음과 같은 윈터의 지적에 동의할 수밖에 없다. "느슨한 가택 연금 상태에서는 방문객의 출입이 허용되었을 뿐만 아니라, 음식과 물자를 외부에서 공급해야 했다. 배경을 이렇게 이해하는 것은, 에바브라를 감옥에 있는 바울에게 파송했다고 소개하는 빌립보서와 부합한다."[31] 바울이 빌레몬으로 '평안함을 얻었다'(7절)는 언급은 정확히 도움이 필요할 때 그가 오네시모를 보내어 지원하게 했다는 의미일 것이다.[32] 이런 해석은 설득력 있는 배경 지식을 제공하고, 바울이 빌레몬과 그의 집에 모이는 교회와의 관계에 관심을 보이는 데서 나타나듯 이 편지의 공적 성격을 설명해준다.[33]

빌레몬서에 대한 평행 구절을 제공한다고 여겨지는 플리니우스의 편지보다 더 가까운 평행 구절은, 이그나티우스가 에베소인에게 보낸 편지에서 확인할 수 있다. 이 편지에는 복음의 일꾼을 지원하도록 노예를 파견해 계속 도와달라는 요청이 등장한다(참고. *Eph.* 2.1–2).[34] 여기서 나아가 바울이 편지를 쓴 목적이 파견된 종의 귀환이 늦어져서라고 주장하는 학자들도 있다. 이 역시 다른 고대 서신들에서 유사한 사례를 볼 수 있다(Cicero, *Fam.*, 9.3; *Att.* 11.2–3).[35]

이 해석을 반대하는 사람들은 종종 빌레몬이 "무익한" 노예를 보내서 바울을 돕게 했을 리가 없다고 주장한다(참고. 11절).[36] 그러나 "무익한"이라는 단어는 오네시모에 대한 언어유희임을 기억해야 하며,[37] 오네시모의 가치를 객관적으로 진술한 것이라고 여겨서는 안 된다.[38] 빌레몬이 비그리스도인 노예를 보내서 바울을 섬기게 했는지의 여부는, 1세기 기독교 회심자들의 사회적 현실에 비추어 10절의 의미를 다시 고려해야 한다. 한 가정의 가장이 기독교로 개종하면 온 집안이 최소한 명목상이라도 '개종'해야 했다. 따라서 오네시모가 바울의 아들이 되었

"Methodological Observations on a New Interpretation of Paul's Letter to Philemon," *USQR* 39 (1984): 203–12. 그리고 다음을 보라. Wolfgang Schenk, "Der Brief des Paulus an Philemon in der neueten Forschung," *ANRW* II.25.4 (1987): 3439–95. John Knox는 *Philemon among the Letters of Paul*, 18–27에서 초기 버전의 이 주장을 제시한다. 그는 이 편지가 실제로 오네시모의 주인으로 보이는 아킵보에게 쓴 것이라고 말한다. Knox에게 이 편지의 목적은 아킵보가 오네시모를 자유인으로 풀어주어 장래 사역에 바울과 동역할 수 있게 하는 것이었다.

30. 이 편지에 대해 이 가설을 지지하는 더 상세한 주장은 다음을 보라. Brook W. R. Pearson, "Assumptions in the Criticism and Translation of Philemon," in *Translating the Bible: Problems and Prospect* (ed. Stanley E. Porter and Richard S. Hess; JSNTSup 173; Sheffield: Sheffield Academic, 1999), 253–80.

31. Winter, "Paul's Letter to Philemon," 3. 이에 대해서는 Brian M. Rapske, "The Importance of Helpers to the Imprisoned Paul in the Book of Acts," *TynBul* 42 (1991): 3–30도 보라.

32. Ignatius의 두 편지(*Trall.* 12.1; *Mag.* 15.1)를 보면 감옥에 있는 그를 보필한 이들에 대해 동일한 단어군이 사용된다(Wansink, *Chained in Christ*, 195).

33. 이런 해석은 바울의 열정과 신념을 반영한 이 편지에 선교론적 의미뿐 아니라 교회론적 의미도 있음을 암시한다.

34. Wansink, *Chained in Christ*, 196.

35. Harrill, "Paul and Salvery," 591.

36. 예를 들어, Barclay, *Colossians and Philemon*, 100; Douglas J. Moo, *The Letters to the Colossians and to Philemon* (PNTC; Grand Rapids: Eerdmans, 2008), 166.

37. 1:11에 대한 설명을 보라.

38. 고린도전서 15:31–33에 나오는 '유익이 있다'(χρηστός)와 "그리스도"(Χριστός)라는 단어에 대한 유사한 언어유희도 보라. 참고. Steele, "Releasing the Captives," 93–103.

다는 언급은 복음에 대한 그의 재헌신으로 이해해야 한다.[39] 그러한 경우 빌레몬이 오네시모를 바울에게 보낸 뒤, 오네시모가 바울과 함께 체류하면서 복음의 능력을 더 직접적이고 깊이 있게 체험했으리라 볼 수 있다.

증거는 이 파견자(emissary) 가설을 지지하는 것처럼 보이지만, 본문 자체의 자료는 오네시모가 바울과 만난 실제적인 목적이 이것임을 증명하지 못한다. 나아가 두 해석을 조합하는 것도 가능하다. 예를 들어, 오네시모가 빌레몬의 파견을 받았지만 주인의 물건을 훔쳤다고 고백했을 수도 있다.[40] 해석의 이런 다양한 가능성은 본문의 배경 상황에 대한 모든 가설 중 확정적인 것이 없음을 보여준다.

저술 목적

빌레몬서를 저술한 배경이 되는 상황이 무엇이든, 여전히 이 서신의 목적에 관한 질문을 제기해야 한다. 바울은 이 편지를 통해 무엇을 요구하는가? 이 일반적인 질문은 두 개의 더 구체적인 질문을 포함한다. 바울은 오네시모가 노예 신분에서 해방되기를 바랐는가? 빌레몬이 오네시모를 인정해주는 것 외에 다른 중요한 목적이 있었는가?

오네시모의 법적 지위에 대해서는 그동안 15-16절에 관심이 집중되었다. "너로 하여금 그를 영원히 두게 함이리니 이후로는 종과 같이 대하지 아니하고 종 이상으로 곧 사랑받는 형제로 둘 자라." 어떤 학자들은 바울이 여기서 빌레몬에게 그의 노예를 해방하라고 제안하는 것이 분명하다고 주장한다.[41] 하지만 바울이 오네시모의 법적 지위에 대해서는 전혀 관심을 두지 않았을 가능성이 더 크다.[42] 바울의 중요한 관심사는 오네시모를 그리스도인 형제로 다시 환대하고 바울처럼 대해주기를 바라는 것이었다. "종과 같이 대하지 아니하고"는 빌레몬이 오네시모를 자유인으로 받아주거나 그를 즉시 해방해주라는 의미는 아니다. 오히려 "…과 같이"(as, ὡς)는 세속적 지위에도 불구하고 빌레몬이 오네시모를 형제로 받아주어야 한다는 생각을 표현한 것이다. 다시 말해, "오네시모가 종으로 남든 아니든 더 이상 노예 취급을 받아서는 안 된다는 것이다."[43] 고대 세계의 노예 해방 문제는 바로 뒤에서 다시 다룰 것이다.

바울은 빌레몬에게 오네시모를 사랑하는 형제로 받아주라고 요청함으로 사람들이 관계를

39. N. H. Taylor, "Onesimus: A Case Study of Slave Conversion in Early Christianity," *R&T* 3 (1996): 259-81.
40. Gary Wills, *What Paul Meant* (New York: Viking, 2006), 112-13.
41. F. F. Bruce, *Epistles to the Colossians, to Philemon, and to the Ephesians* (NICNT; Grand Rapids: Eerdmans, 1984), 217; Norman R. Petersen, *Rediscovering Paul: Philemon and the Sociology of Paul's Narrative World* (Philadelphia: Fortress, 1985), 97; Stuhlmacher, *Der Brief an Philemon*, 54.
42. Lohse, Colossians and Philemon, 203; J. M. G. Barclay, "Paul, Philemon and the Dilemma of Christian Slave Ownership," NTS 37 (1991): 170; Dunn Epistles to the Colossians and to Philemon, 334-35; Barth and Blanke, Letter to Philemon, 414-416.
43. Peter O'Brien, *Colossians, Philemon* (WBC 44; Waco, TX: Word, 1982), 287.

맺는 사회 제도에 균열을 내고 있다. 하나님이 "아버지"가 되시고 예수님이 "주"(3절)가 되시는 구조 속에서 빌레몬, 압비아, 아킵보는 하나님의 가정에서 형제자매이자 동역자로 관계를 맺어야 한다. 오네시모는 빌레몬과 동일하게 "형제"라는 호칭으로 불린다(7, 20절). 그 역시 그리스도의 몸의 지체가 되었고, 이 새로운 구조는 등장 인물들의 상호 관계에 관해서는 가장 일차적인 기준이 된다.[44]

바울은 이 새로운 틀로 빌레몬서의 기본 목적을 암시한다. 그는 21절에서 "나는 네가 순종할 것을 확신하므로 네게 썼노니 네가 내가 말한 것보다 더 행할 줄을 아노라"고 말한다. 바울은 빌레몬이 자신을 영접하듯이 오네시모를 영접해주기를 바란다고 이야기한다(17절). 그러므로 오네시모의 법적인 자유 이상의 문제에 관심이 있어 보인다. 앞에서 바울은 오네시모가 계속 머물면서 바울의 복음 사역을 지원하기를 바란다고 말했다(13절). 행간을 읽으면 21절의 "더"는 오네시모가 바울에게 돌아와 복음 사역을 돕기를 바라는 것이라고 해석할 수도 있다.[45] 그러한 경우 빌레몬이 바울에게 빚을 졌다는 19절의 언급은 이 무언의 요청에 대한 예고편일 수 있다.

나아가 "주 안에서"와 "그리스도 안에서"와 같은 20절의 표현은, 빌레몬이 오네시모를 바울에게 돌려보내서 복음 사역을 돕게 하는 것이 실제로 "주 안에서" 그리고 "그리스도 안에서" 바울을 평안하게 하는 행동임을 암시하는 것이라고 이해할 수 있다. 마지막으로, 여러 수신자와 바울의 동역자를 언급(1절)하는 빌레몬서의 공적 성격은, 이 편지가 더 큰 기독교 집단과 관련된 문제를 다룬다는 것을 입증할 수 있다.[46] 곧, 빌레몬과 그의 교회는 오네시모를 복음 사역의 일꾼으로 파송해야 한다는 것이다.

그러나 이런 지적들 중 어느 것도 결정적이지 않다. 그러나 빌레몬서에 실제로 의도한 목적이 있는데 두드러지는 중요한 제안이 보이지 않는다면, 이 가설은 빌레몬서를 읽는 실제적인 참고 자료가 될 수 있다.

바울과 노예제

본문의 배경을 이루는 상황을 심층적으로 이해하기 위해 고대 세계의 노예제를 자세히 살펴볼 필요가 있다. 이러한 이해는 오네시모가 살던 세계를 들여다볼 창을 열어주고, 노예 해방 문제를 이해하는 데 도움을 줄 것이다. 헬라 세계에서 아리스토텔레스는 노예를 "움직이

44. 인간 관계의 재조정에 대한 심층적 논의는 '빌레몬서의 신학'을 보라.

45. 이 서신의 목적에 관한 이런 이해는, 오네시모가 바울과 처음 만난 배경에 대한 이해와 부합하지만 반드시 이 이해와 연관되지는 않는다. 참고. Marshall, "Theology of Philemon," 179; S. H. Polaski, *Paul and the Discourse of Power* (Biblical Seminar 62; Sheffield: Sheffield Academic, 1999), 66.

46. 어떤 이들은 또한 바울이 오네시모를 "형제"(16절)라고 부른 것은 복음 사역의 동역자로서 위치를 강조하는 것이라고 주장한다(참고. 롬 16:1, 23; 고전 1:1; 16:12; 고후 1:1; 2:13; 빌 2:25; 살전 3:2); Aasgaard, "*My Beloved Brothers and Sisters*," 249–50, 296–97.

는 재산 항목의 하나"(*Pol.* 1253b)라고 인식했다. 이것은 당대 사람 대부분의 생각을 반영할 것이다. 로마 시대에 노예를 "물건"(*res*)으로 보는 이런 인식은 법전에 그대로 반영되어 있다(참고. Justinian, *Digest* 21.1.23.3).[47] 노예의 실제 생활은 개인의 환경과 지리적 위치에 따라 다를 수 있었지만, 사회적으로는 "날 때부터 소외되고 일반적으로 천시받는 사람들"로 여겨졌다.[48] 심지어 노예에게 다양한 '자유'를 허용한다는 보고서조차 로마법이 보호하는 대상에서 열외로 규정한 노예의 지위를 부정하지 않았다.

노예는 일반적으로 (1) 농장이나 광산 노예와 (2) 가내 노예로 구분되었다. 전자는 종종 전쟁 포로와 죄수로 이루어졌다. 그들은 가혹한 대우를 받았고 노예 신분에서 해방될 가능성이 지극히 낮았다. 그런데 가내 노예는 주인의 가정사에서 다양한 역할을 맡았고, 숙련 노예는 신분 상승의 기회도 보장받으며 더 나은 대우를 받았다.[49] 그러나 두 부류가 명확하게 구분되지는 않았고, 전쟁과 정복의 시기를 지나 초기 제국 시대의 평화 시기에 이르는 동안 노예의 공급원도 영향을 받았다.[50] 나아가 초기 제정 시대에 채무나 신분 상승의 가능성 때문에 스스로 노예가 된 사람이 많았다는 사실은, 1세기에 그런 제도와 관련 관행이 복합적이었다는 것을 암시한다. 현대 (서구) 독자는 미국의 노예제와 달리 그리스-로마의 노예제에서는 인종이 그다지 중요하지 않았음을 유의해야 한다.

오네시모는 가내 노예로서 행정 업무부터 소소한 가정사까지 가정에서 많은 일을 책임지고 있었을 것이다. 그가 빌레몬을 떠났을 때 빌레몬의 가정 경영에 문제가 생겼을 가능성도 있지만, 빌레몬의 유일한 노예였을 가능성은 거의 없다.[51] 오네시모가 도망 노예라면, 그와 접촉한 사람은 누구든지 20일 안에 신고하지 않으면 벌금을 물었다.[52] 이것은 모든 로마인이 받아들이던 사실이었다.

> 도망 노예를 숨겨주는 자는 절도범이다. 원로원에서는 도망 노예가 삼림 지대로 숨지 못하게 하고, 주인의 토지 관리인이나 집사가 보호해주지 못하게 하는 법령을 발표했고 벌금을 확정했다. 그러나 20일 내에 도망 노예를 주인에게 돌려보내거나 판사 앞에 세우면 원로원은 그들의 죄를 용서해주게 했다(Justinian, *Digest* 11.4.1).[53]

47. 노예에 대한 다른 개념은 '소지품'(*mancipium*)과 '유한한 물건'(*res mortales*)이 포함된다. S. Scott Bartchy, *First-Century Slavery and 1 Corinthians 7:21* (SBLDS 11; Atlanta: Scholars, 1973), 38.

48. Orlando Patterson, *Slavery and Social Death: A Comparative Study* (Cambridge, MA: Harvard Univ. Press, 1982), 13.

49. 이것은 남자 노예에게만 해당되는 사항이고, 여자 노예는 특정 분야에서 훈련을 받을 기회가 적었고 여러 면에서 착취 대상이었다. 참고. Lynn H. Cohick, *Women in the World of the Earliest Christians: Illuminating Ancient Ways of Life* (Grand Rapids: Baker, 2009), 257-84.

50. Keith Hopkins, *Conquerors and Slaves* (Sociological Studies in Roman History 1; Cambridge: Cambirdge Univ. Press, 1978), 11.

51. 고대 그리스-로마 세계에서 최소한 여러 노예를 소유하지 못하면 매우 가난하다는 뜻이었을 것이다(참고. Libanius, *Oratio* 31.11); Barclay, "Paul, Philemon and the Dilemma of Christian Slave Ownership," 166 n. 19.

52. Apuleius, *Metam.* 6.4; William Linn Westermann, *The Slave Systems of Greek and Roman Antiquity* (Philadelphia: American Philsophical Society, 1955), 108.

53. Theodor Mommsen의 번역, Paul Krueger, and Alan Watson, eds.,

고대든 근대든 노예에게 해방은 일생의 목표이자 고된 노동의 이유라고 할 수 있다. 이것은 해방된 노예가 인생의 가장 중요한 사건으로 자신이 해방된 날을 축하하는 로마의 수많은 묘비에서 확인할 수 있다.[54] 그러나 많은 노예에게 해방이 항상 좋은 일만은 아니었고, 해방된다고 자동적으로 독립적인 생활을 할 수 있는 것도 아니었다. 첫째, 해방된 노예는 법적으로는 자유인이지만 사회·경제적으로 전 주인에 대한 의무를 계속해야 했다. 전 주인을 위해 계속 일하고(*operae*) 복종해야(*obsequium*) 했으므로, 자유인이 된 노예는 후원자–피후원자의 관계가 되어 전 주인을 계속 섬겼다. 그리스–로마의 노예 해방(manumission)은 일반적인 해방(emancipation)으로 이해되어서는 안 되고, 자유와 노예제는 사회·정치적 관계의 복합적인 그림의 양극에 해당할 뿐이었다.[55]

로마의 해방 노예가 로마 시민이 될 수 있었다 해도 노예라는 신분에서 결코 자유롭지는 않았다. 지원받을 수 있는 관계를 구축하지 않고 사회에 입문할 경우 이 자유인은 "결코 완전히 자유로운" 존재가 아니었다.[56] 더 이상 주인의 보호와 부양을 기대할 수 없으므로 이전보다 더 비참한 처지가 되기도 했다. 전 주인과 밀접하게 관계를 지속하지 않으면 "한 명이 아닌 여러 명을 섬기는 노예 신세"로 전락하기도 했다(Epictetus, *Disc.* 4.1.35–37).[57] 주인이 노예 신분에서 해방될 수 있다는 희망을 통제와 조작의 도구로 이용하여 노예에게 자신의 뜻을 강요했기 때문에, 노예 해방이 노예제를 강화하는 손쉬운 수단으로 사용될 수 있었다는 인식도 동일하게 중요하다.[58] 그러므로 노예 해방에 관한 논의는 노예제를 강화하는 측면도 동시에 고려해야 한다.

오네시모를 해방하라는 명시적 요청이 없는 이유는 바로 이런 배경에서 이해할 수 있다. 그러나 이 편지에서 바울은 오네시모를 하나님의 가정의 더 중요한 관계망 안으로 회복하고자 하기 때문에, 단순히 노예 해방이라는 차원을 뛰어넘는 것으로 보인다. 오네시모를 "종과 같이 대하지 아니하고 종 이상으로 곧 사랑 받는 형제로"(16절) 받아주라는 요청은, 단순한 은유적 비유가 아니라 중대한 함의를 지닌다. 바울은 노예로서 그의 정체성을 탈피하는 것만이 아니라, 새로운 관계망으로 들어가는 것을 염두에 두고 있다. 그러므로 바울이 옹호하는 것은 "단순히 노예 해방보다 훨씬 급진적인 주장이다." 왜냐하면 "그의 기대는 그리스–로마 사회의 집산주의적, 권위주의적, 가부장적 가치를 사실상 약화하는 것이었기 때문이다."[59]

The Digest of Justinian (Philadelphia: Univ. of Pennsylvania Press, 1985), 1:334.

54. Orlando Petterson, *Freedom*, vol. 1: *Freedom in the Making of Western Culture* (New York: HarperCollins, 1991), 236.

55. 특히 Bartchy, *First-Century Salvery*, 40; Craig S. De Vos, "Once a Slave, Always a Slave? Slavery, Manumission and Relational Patterns in Paul's Letter to Philemon," *JSNT* 82 (2001): 99를 보라. 그러나 도시 노예는 해방되는 경우가 종종 있었다고 해도 이것이 자동적인 과정은 아니었고, 해방해주어야 하는 기한이 정해져 있지도 않았다는 점을 지적해야 한다. 참고. Harrill, "Paul and Slavery," 580–81.

56. R. Zelnick–Abramovitz, *Not Wholy Free: The Concept of Manumission and the Status of Manumitted Slaves in the Ancient Greek World* (Mnemosyne Supplementa 266; Leiden/Boston: Brill, 2005), 333.

57. K. R. Bradley, *Slaves and Masters in the Roman Empire: A Study in Social Control* (New York: Oxford Univ. Press, 1987), 82.

58. 같은 책, 83–112.

59. De Vos, "Once a Slave, Always a Slave?" 104.

이런 중요한 지적들 외에 바울이 노예 해방을 명시적으로 요청하지 않은 다른 이유도 생각해볼 수 있다. 첫째, 1세기 로마 세계의 정치 현실 속에서 노예 해방을 대놓고 요구했다면 교회는 정치적으로 위험한 입장에 처하게 되었을 것이다.[60]

둘째, 바울이 복음 사역에 지대한 관심을 두었기 때문에 사회 제도에 대한 관심은 상대적으로 약했을 것이다. 혹자는 이것을 다음과 같이 직접적으로 표현한다. "오네시모의 해방 문제는 브리기아와 여러 지역에 복음을 전하고자 하는 그의 거대한 열정과 노력에 비하면 아무것도 아니었을 것이다."[61] 종말론적 시각에서 선교에 대한 이런 관심은, 바울이 가정 교회 생활이라는 맥락과 별도로 이 문제를 다룬 이유를 설명해준다.[62]

셋째, 일부 학자는, 바울이 노예 해방 문제를 언급하지 않은 것이 노예 해방의 요구나 기존 제도를 유지하고자 하는 요구와 관련된 사안의 어려움 때문에 "어떻게 처리할지 몰랐다는" 사실을 반영한다고 생각한다.[63] 그러나 이런 해석은 바울이 그리스도 안의 새로운 실재를 논의하면서 옹호한 주장을 고려하지 않는다. 또한 바울의 논쟁 방식의 수사학적 의미도 제대로 인식하지 못한다.[64]

마지막으로, 바울이 복음의 능력을 기반으로 두는 새로운 사회를 역설한 것을 볼 때, 노예 해방을 요구하는 것이 오히려 더 쉬운 길이었으리라고 볼 수 있다. 바울은 더 심층적인 실재 구조에 관심이 있었다.[65] 우리는 독자가 기대할 것 같은 내용보다 이 편지가 옹호하는 내용에 초점을 맞추어야 한다. 그렇게 해야만 이 짧은 편지를 제대로 이해할 수 있다.

빌레몬서의 의의

앞에서 이 짧은 편지의 의미에 대해 소개했다. 바울은 한 노예와 주인의 관계에 집중하는 대신, 하나님의 말씀의 사역으로 개인적이고 사회적 관계를 개혁하는 복음의 능력을 집중적으로 다룬다. 빌레몬서에 대한 이 책의 해석이 옳다면, 이 서신은 또한 한 가정 교회가 역사적인 하나님의 구원 계획을 성취하는 사도적 선교에 참여하는 문제를 다룬다고 볼 수 있다. 빌레몬서는 사적으로 보이는 문제의 전체적 함의를 능숙하면서도 목회적으로 섬세하게 다룬다.

바로 이런 의미에서 이 짧은 서신에 나타난 바울의 수사적 기교와 기법을 잘 파악해야 한

---

60. J. B. Lightfoot, *St. Paul's Epistles to the Colossians and to Philemon* (London: Macmillan, 1897), 322–23.

61. J. Duncan M. Derrett, "The Function of the Epistle to Philemon," *ZNW* 79 (1988): 84–85.

62. 어떤 이들은 바울이 노예 해방 문제를 논의하지 않은 점이 현 세계의 임박한 종말에 대한 그의 확신을 반영한다고 생각한다. Marion L. Soards, "Benefitting from Philemon," *Journal of Theology* 91 (1987): 49–50; Mark D. Chapman, "The Shortest Book in the Bible," *ExpTim* 118 (2007): 546. 그러나 이런 해석은 사회·정치적 제도를 실제적으로 다룬 구절의 의미를 제대로 설명하지 못한다(예를 들어, 롬 13:1–7; 골 3:18–4:1 등).

63. Barclay, "Paul, Philemon and the Dilemma of Christian Slave Ownership," 175.

64. Elliott, *Liberating Paul*, 44.

65. James Tunstead Burtchaell, *Philemon's Problem: A Theology of Grace* (Grand Rapids: Eerdmans, 1998), 28.

다.[66] 바울이 여기에서 요구 사항을 명확하게 표현하지 않는다는 비판을 종종 받지만, 빌레몬서의 힘은 정확히 바로 이 부분에서 확인할 수 있다. 바울은 직접적으로 명령하는 대신 빌레몬이 이 사도의 권위에 복종할 수밖에 없는 틀을 제시한다. 이 틀의 두 기둥은 믿음과 사랑으로 4-7절에 소개되며, 그리스도 안에 뿌리를 두고 있다(6절). 그리스도는 바울과 빌레몬의 파트너십의 근거가 되신다(17절).

또한 바울은 이런 신학적 토대 외에 오네시모와 자신의 관계(8-16절) 그리고 자신과 빌레몬의 관계(17-20절)에 호소한다. 이를 통해 다양한 감정에 호소함으로 논증의 수사학적 효과를 강화한다. 기쁨(7절), 위로(7절), 공감(1, 9, 10, 13, 23절), 채무 의식(13, 19절), 존경심(19절), 자부심/수치심(1-2, 23-24절)이 그것이다.[67] 마지막으로, 바울은 사도로서 권위를 행사하지 않겠다고 주장하는데(8절), 빌레몬이 순종으로 반응할 것에 대해 신뢰를 표현(21절)하는 것을 통해 오히려 자신의 사도적 권위를 행사한다. 그리고 자신의 방문을 예고하여 이런 주장을 실행할 확고한 의지가 있음을 피력한다(22절). 골로새서에서 바울은 명확하게 드러난 거짓 복음에 맞섰다. 이와 달리 빌레몬서에 나타난 바울의 수사학적 전략은, 성격상 개인적인 문제지만 중요한 신학적 함의를 지닌 문제를 다루는 그의 섬세함과 능숙함을 잘 보여준다.

바울이 요구 사항을 명확하게 표현하지 않는데도 이 편지는 또 다른 공헌을 한다. 신약에서 노예와 주인의 관계에 대해 가장 길면서도 미묘한 논증을 제공하고 있는 것이다. 바울의 논증은 그리스도인 가정의 자유와 평등에 관한 문제에 중요한 역할을 한다. 또한 그리스도를 통한 하나님의 사역으로 시작된 새로운 실재를 설명하는 방식에서 독자는 노예제라는 좁은 차원의 논증을 넘어서 인간 실존의 모든 영역에 복음이 미치는 전체적 영향에 주목할 수 있다. 독자는 포괄적 논증으로 특정 사회의 문제에 어떻게 접근해야 하는지 깨닫는다.

마지막으로, 빌레몬서가 신약에 포함된 사실로 추론해볼 때, 이 편지에 기록된 바울의 요구가 성공적으로 이루어졌다는 결론은 합리적일 것이다.[68] 그러나 그러한 성공이 빌레몬서를 판단하는 유일한 기준이 되어서는 안 된다.

---

66. 어떤 이들은 이 편지의 주요한 공헌이 바로 이 점에 있다고 생각한다. Todd D. Still, "Philemon among the Letters of Paul: Theological and Canonical Considerations," *ResQ* 47 (2005): 139-40.

67. Peter Lampe, "Affects and Emotions in the Rhetoric of Paul's Letter to Philemon: A Rhetorical-Psychological Interpretation," in *Philemon in Perspective: Interpreting a Pauline Letter* (ed. D. Francois Tolmie; BZNW 169; New York/Berlin: De Gruyter, 2011), 65-66.

68. Stanley E. Porter, "Is Critical Discourse Analysis Critical? An Evaluation Using Philemon as a Test Case," in *Discourse analysis and the Testament: Approaches and Results* (ed. Stanley E. Porter and Jeffrey T. Read; JSNTSup 170; Sheffield: Sheffield Academic, 1999), 63.

개요

골로새서와 함께 빌레몬서 역시 심의적 수사학의 한 예로 해석된다.[69] 그러나 이런 구분이 논증을 전개하는 바울의 방식을 지배하지는 않는다.[70] 논증의 흐름에 대해서는 각 단락의 논의의 서두에서 상세하게 소개할 것이다. 여기서는 전체적인 개요를 소개하는 것으로 충분할 것이다.

I. 안부 인사(1–3절)
II. 믿음과 사랑(4–7절)
  A. 감사(4–5절)
  B. 중보기도(6–7절)
III. 오네시모에 관한 요청(8–20절)
  A. 바울과 오네시모의 관계에 근거한 호소(8–16절)
  B. 바울과 빌레몬의 관계에 근거한 지시(17–20절)
IV. 마지막 인사(21–25절)
  A. 추가 지시(21–22절)
  B. 바울의 동역자들의 인사(23–24절)
  C. 송영(25절)

69. 참고. Martin, "The Rhetorical Function of Commercial Language," 321–37.

70. 바울의 편지에 고대 수사학 교본에 소개된 모델을 적용하는 한계에 대해서는 '골로새서 서론'을 보라.

빌레몬서의 참고문헌

(In addition to works listed in the Colossian bibliography)

Aasgaard, R. *"My Beloved Brothers and Sisters!": Christian Siblingship in Paul*. JSNTSup 265. London: T&T Clark, 2004.

Allen, David L. "The Discourse Structure of Philemon: A Study in Textlinguistics." Pages 77–96 in *Scribes and Scripture: New Testament Essays in Honor of J. Harold Greenlee*. Ed. David Alan Black. Winona Lake, IN: Eisenbrauns, 1992.

Arzt-Grabner, Peter. *Philemon*. Papyrologische Kommentare zum Neuen Testament. Göttingen: Vandenhoeck & Ruprecht, 2003.

Barclay, J. M. G. "Paul, Philemon and the Dilemma of Christian Slave Ownership." *NTS* 37 (1991): 161–86.

Bartchy, S. Scott. *First-Century Slavery and 1 Corinthians 7:21*. SBLDS 11. Atlanta: Scholars, 1973.

Barth, Markus, and Helmut Blanke. *The Letter to Philemon*. ECC. Grand Rapids: Eerdmans, 2000.

Barton, S. C. "Paul and Philemon: A Correspondence Continued." *Theology* 90 (1987): 97–101.

Bieberstein, Sabine. "Disrupting the Normal Reality of Slavery: A Feminist Reading of the Letter to Philemon." *JSNT* 79 (2000): 105–16.

Burtchaell, James Tunstead. *Philemon's Problem: A Theology of Grace*. Grand Rapids: Eerdmans, 1998.

Callahan, A. D. *Embassy of Onesimus: The Letter of Paul to Philemon*. Valley Forge, PA: Trinity International, 1997.

Chapman, Mark D. "The Shortest Book in the Bible." *ExpTim* 118 (2007): 546–48.

Church, F. Forrester. "Rhetorical Structure and Design in Paul's Letter to Philemon." *HTR* 71 (1978): 17–33.

Clarke, Andrew D. "'Refresh the Hearts of the Saints': A Unique Pauline Context." *TynBul* 47 (1996): 277–300.

Cousar, Charles B. *Philippians and Philemon: A Commentary*. NTL. Louisville: Westminster John Knox, 2009.

Daube, David. "Onesimos." Pages 40–43 in *Christians among Jews and Gentiles: Essays in Honor of Krister Stendahl on His Sixty-fifth Birthday*. Ed. George W. E. Nickelsburg and George W. MacRae. Philadelphia: Fortress, 1986.

Derrett, J. Duncan M. "The Function of the Epistle to Philemon." *ZNW* 79 (1988): 63–91.

De Vos, Craig S. "Once a Slave, Always a Slave? Slavery, Manumission and Relational Patterns in Paul's Letter to Philemon." *JSNT* 82 (2001): 89–105.

Du Plessis, Isak J. "How Christians Can Survive in a Hostile Social-Economic Environment: Paul's Mind concerning Difficult Social Conditions in the Letter to Philemon." Pages 387–413 in *Identity, Ethics, and Ethos in the New Testament*.

Ed. Jan G. van der Watt. BZNW 141. Berlin/New York: de Gruyter, 2006.

Elliott, Neil. *Liberating Paul: The Justice of God and the Politics of the Apostle*. Maryknoll, NY: Orbis, 1994.

Fitzmyer, Joseph. *The Letter to Philemon: A New Translation with Introduction and Commentary*. AB 34C. New York: Doubleday, 2000.

Frilingos, Chris. "'For My Child, Onesimus': Paul and Domestic Power in Philemon." *JBL* 119 (2000): 91–104.

Getty, Mary Ann. "The Theology of Philemon." *SBLSP* 26 (1987): 503–8.

Glancy, Jennifer A. *Slavery in Early Christianity*. New York: Oxford University Press, 2002.

Harrill, J. A. "Paul and Slavery." Pages 575–607 in *Paul in the Greco-Roman World: A Handbook*. Ed. J. Paul Sampley. Harrisburg, PA: Trinity International, 2003.

———. *The Manumission of Slaves in Early Christianity*. Tübingen: Mohr Siebeck, 1998.

Harris, Murray J. *Slave of Christ: A New Testament Metaphor for Total Devotion to Christ*. NSBT 8. Downers Grove, IL: InterVarsity Press, 1999.

Haykin, Michael A. G. "Praying Together: A Note on Philemon 22." *EvQ* 66 (1994): 331–35.

Hays, Richard. "Crucified With Christ: A Synthesis of the Theology of 1 and 2 Thessalonians, Philemon, Philippians, and Galatians." Pages 227–46 in *Pauline Theology*, vol. 1: *Thessalonians, Philippians, Galatians, Philemon*. Ed. Jouette M. Bassler. Minneapolis: Fortress, 1991.

Heil, John Paul. "The Chiastic Structure and Meaning of Paul's Letter to Philemon." *Bib* 82 (2001): 178–206.

Hock, Ronald F. "A Support for His Old Age: Paul's Plea on Behalf of Onesimus." Pages 67–81 in *The Social World of the First Christians: Essays in Honor of Wayne A. Meeks*. Ed. L. Michael White and O. Larry Yarbrough. Minneapolis: Fortress, 1995.

Kea, Perry V. "Paul's Letter to Philemon: A Short Analysis of Its Values." *PRSt* 23 (1996): 223–32.

Kumitz, Christopher. *Der Brief als Medium der ἀγάπη: Eine Untersuchung zur rhetorischen und epistolographischen Gestalt des Philemonbriefes*. Europäische Hochschulschriften 23.787. Frankfurt: Peter Lang, 2004.

Lampe, Peter. "Keine 'Sklavenflucht' des Onesimus." *ZNW* 76 (1985): 135–37.

Lyons, Kirk D., Sr. "Paul's Confrontation with Class: The Letter to Philemon as Counter-Hegemonic Discourse." *Cross Currents* 56 (2006): 116–32.

Marshall, I. Howard. "The Theology of Philemon." Pages 177–91 in *The Theology of the Shorter Pauline Letters*. Ed. Karl P. Donfried and I. Howard Marshall. Cambridge: Cambridge University Press, 1993.

Martens, John W. "Ignatius and Onesimus: John Knox Reconsidered." *Second Century* 9 (1992): 73–86.

Martin, Dale. *Slavery as Salvation: The Metaphor of Slavery in Pauline Christianity*. New Haven, CT: Yale University Press, 1990.

Mitchell, Margaret M. "John Chrysostom on Philemon: A Second Look." *HTR* 88 (1995): 135–48.

Mullins, Terence Y. "The Thanksgivings of Philemon and Colossians." *NTS* 30 (1984): 288–93.

Nordling, J. G. "Onesimus Fugitivus: A Defense of the Runaway Slave Hypothesis in Philemon." *JSNT* 41 (1991): 97–119.

Olson, Stanley N. "Pauline Expressions of Confidence in His Addressees." *CBQ* 47 (1985): 282–95.

Osiek, Carolyn. *Philippians, Philemon*. ANTC. Nashville: Abingdon, 2000.

Pearson, Brook W. R. "Assumptions in the Criticism and Translation of Philemon." Pages 253–80 in *Translating the Bible: Problems and Prospect*. Ed. Stanley E. Porter and Richard S. Hess. JSNTSup 173. Sheffield: Sheffield Academic, 1999.

Petersen, Norman R. *Rediscovering Paul: Philemon and the Sociology of Paul's Narrative World*. Philadelphia: Fortress, 1985.

Polaski, S. H. *Paul and the Discourse of Power*. Biblical Seminar 62. Sheffield: Sheffield Academic, 1999.

Porter, Stanley E. "Is Critical Discourse Analysis Critical? An Evaluation Using Philemon as a Test Case." Pages 47 – 70 in *Discourse Analysis and the New Testament: Approaches and Results*. Ed. Stanley E. Porter and Jeffrey T. Reed. JSNTSup 170. Sheffield: Sheffield Academic, 1999.

Rapske, Brian M. "The Prisoner Paul in the Eyes of Onesimus." *NTS* 37 (1991): 187 – 203.

Russell, David M. "The Strategy of a First-Century Appeals Letter: A Discourse Reading of Paul's Epistle to Philemon." *JOTT* 11 (1998): 1 – 25.

Ryan, Judith M. "Philemon." Pages 167 – 261 in *Philippians and Philemon*. SP 10. Minneapolis: Liturgical, 2003.

Sanders, Laura L. "Equality and a Request for the Manumission of Onesimus." *ResQ* 46 (2004): 109 – 14.

Schenk, Wolfgang. "Der Brief des Paulus an Philemon in der neueren Forschung." *ANRW* II.25.4 (1987): 3439 – 95.

Shyman, A. H. "A Semantic Discourse Analysis of the Letter to Philemon." Pages 83 – 99 in *Text and Interpretation: New Approaches in the Criticism of the New Testament*. Ed. P. J. Hartin and J. H. Petzer. Leiden: Brill, 1991.

Soards, Marion L. "Some Neglected Theological Dimensions of Paul's Letter to Philemon." *PRSt* 17 (1990): 209 – 19.

Steele, Donald M. "Releasing the Captives — Release the Captors: The Letter to Philemon and the Relationship of North American Christians and the Peoples of the Two-Thirds World." PhD diss., Graduate Theological Union, 1994.

Still, Todd D. "Philemon among the Letters of Paul: Theological and Canonical Considerations." *ResQ* 47 (2005): 133 – 42.

Stuhlmacher, Peter. *Der Brief an Philemon*. 4th ed. EKKNT 18. Neukirchen-Vluyn: Neukirchener and Düsseldorf: Benziger, 2004.

Taylor, N. H. "Onesimus: A Case Study of Slave Conversion in Early Christianity." *R&T* 3 (1996): 259 – 81.

Tolmie, D. Francois, ed. *Philemon in Perspective: Interpreting a Pauline Letter*. BZNW 169. New York/Berlin: de Gruyter, 2011.

Urbainczyk, Theresa. *Slave Revolts in Antiquity*. Berkeley and Los Angeles: University of California Press, 2008.

Vanhoozer, Kevin J. "Imprisoned or Free? Text, Status, and Theological Interpretation in the Master/Slave Discourse of Philemon." Pages 51 – 94 in *Reading Scripture with the Church: Toward a Hermeneutic for Theological Interpretation*. Ed. A. K. M. Adam et al. Grand Rapids: Baker, 2006.

Wansink, Craig S. *Chained in Christ: The Experience and Rhetoric of Paul's Imprisonments*. JSNTSup 130. Sheffield: Sheffield Academic, 1996.

Wilson, Andrew. "The Pragmatics of Politeness and Pauline Epistolography: A Case Study of the Letter to Philemon." *JSNT* 48 (1992): 107 – 19.

Winter, Sara B. C. "Methodological Observations on a New Interpretation of Paul's Letter to Philemon." *USQR* 39 (1984): 203 – 12.

———. "Paul's Letter to Philemon." *NTS* 33 (1987): 1 – 15.

———. "Philemon." Pages 301 – 12 in *Searching the Scriptures: A Feminist Commentary, II*. Ed. Elisabeth Schüssler Fiorenza. New York: Crossroad, 1994.

Witherington, Ben, III. "Was Paul a Pro-Slavery Chauvinist? Making Sense of Paul's Seemingly Mixed Moral Messages." *BR* 20:2 (2004): 8, 44.

Wright, N. T. "Putting Paul Together Again: Toward a Synthesis of Pauline Theology (1 and 2 Thessalonians, Philippians, and Philemon)." Pages 183 – 211 in *Pauline Theology*, vol. 1: *Thessalonians, Philippians, Galatians, Philemon*. Ed. Jouette M. Bassler. Minneapolis: Fortress, 1991.

Zelnick-Abramovitz, R. *Not Wholly Free: The Concept of Manumission and the Status of Manumitted Slaves in the Ancient Greek World*. Mnemosyne Supplementa 266. Leiden/Boston: Brill, 2005.

CHAPTER 12

빌레몬서 1:1–7

문학적 전후 문맥

골로새서에서처럼 바울은 편지의 공동 저자와 수신자를 밝히고 짧은 인사로 편지를 시작한다(1–3절). 그러나 골로새서와 달리 여기서는 자신을 "갇힌 자"(1절)라고 밝힌다. 이 명칭은 빌레몬서에서 중요한 수사학적 효과가 있는 호칭이다. 나아가 각각 호칭과 함께 수신자를 소개하는 긴 목록(1–2절)은 이 편지의 교회론적 중요성을 강조할 뿐만 아니라, 빌레몬서의 공적 성격을 암시한다.

서론 단락은 감사 단락(4–5절)과 기도문(6–7절)으로 이루어져 있다. 두 단락은 모두 하나님 백성의 공동체를 향한 사랑의 수고로 표현되는 빌레몬의 믿음을 강조한다. 믿음과 사랑의 관계는 이미 골로새서 1:4에서 언급된 바 있다. 바울은 이 골로새서 본문에서 골로새 교인들의 '그리스도 안의 믿음'이 "모든 성도에 대한 사랑"으로 표현되었다고 말한다.[1] "믿음"과 "사랑"의 관계는 감사 단락과 기도문에 모두 등장한다. 바울은 감사를 통해 사랑으로 나타난 빌레몬의 믿음을 강조한다(5절). 기도문에서는 빌레몬에게 과거처럼 믿음과 사랑의 행보를 지속하라고 권면한다(6–7절). 이 역시 단순히 바울이 자신과의 개인적인 관계보다는 그의 독자[2]가 하나님 그리고 다른 성도들과 맺는 관계에 관심을 둔다는 점을 보여준다.[3]

서론 단락이 강조하는 "믿음"과 "사랑"이라는 주제는 빌레몬서의 핵심 관심사를 보여준다. 빌레몬의 선행을 언급한 부분은 수사학적 의미에서 그가 바울의 메시지를 우호적으로 수용하는 데 도움이 된다(참고. Quintilian, *Inst.* 4.1.5). 바울은 두 덕목을 강조함으로 빌레몬에게 존경받을 길을 따르라고 권면한다(참고. Quintilian, *Inst.* 3.8.1). 또한 오네시모에게 "사랑"을 베풀어 줌으로 주를 향한 "믿음"을 삶으로 보여주라고 권면한다. 믿음의 삶에는 다른 성도들을 사랑

1. 접속사 καί를 보충 설명의 기능으로 본 골로새서 1:4에 대한 설명을 보라.
2. 이 편지는 동일한 가정 교회 내의 여러 동역자에게 보낸 편지이지만, 일차적인 수신자는 빌레몬이다(2, 4, 5, 6, 7절의 단수형 '네', σου를 유의해서 보라).
3. 헬라의 파피루스 편지에서 사용되는 서론 형식과 바울이 이 빌레몬서에서 강조하는 관심의 차이 문제는 골로새서 1:1–8에 대한 설명을 보라.

하는 것도 포함될 것이다. 빌레몬에게 이렇게 권고한 이유는 오네시모가 하나님의 집에서 "형제"로 섬기도록 허락받았기 때문이다(참고. 9절).[4]

서론 단락의 다른 중요한 주제와 어휘는 빌레몬서의 나머지 단락에도 등장한다. "교제"(κοινωνία/κοινωνός, 6, 17절), "마음"(σπλάγχνα, 7, 12, 20절), "형제"(ἀδελφός, 1, 7, 16, 20절)가 그에 해당한다. 이 단어들은 서론 단락과 본론을 연결할 뿐만 아니라, 바울이 펼치는 논증의 중요한 근거를 암시하고 이 편지에 담긴 바울의 개인적이고 정서적인 심경을 강조한다.

➦ **I. 안부 인사(1–3절)**
II. 믿음과 사랑(4–7절)
  A. 감사(4–5절)
  B. 중보기도(6–7절)
III. 오네시모에 관한 요청(8–20절)

주요 개념

빌레몬서의 교회론적 배경을 강조한 안부 인사에 이어 바울은 사랑의 수고로 빌레몬의 믿음이 증명된 것에 대해 하나님께 감사한다. 빌레몬의 믿음과 사랑은 바울의 기도에서 핵심을 이루고, 바울은 빌레몬에게 그리스도 안에서 이 선한 일을 계속하라고 격려한다.

번역

빌레몬서 1:1-7

1a	동격	그리스도 예수를 위하여 갇힌 자 된
b	안부 인사	바울과 및
c	동격	형제
d	병행구	디모데는
e	동격	우리의 사랑을 받는 자요

4. Winter, "Paul's Letter to Philemon," 3은 "은혜"와 "용서"의 주제가 서론 단락에 나오지 않는 사실이 도망 노예라는 가설이 틀리다는 증거라고 주장한다. 서론 단락에서는 서신의 중요한 주제가 소개되는 것이 통상적이기 때문이다. 그러나 바울이 강조한 "사랑"은 이런 주제들을 모두 포함하는 것이 분명하다.

5. 1:5에 대한 설명을 보라.

f	동격	동역자인	
g	수신자	빌레몬과	
2a	동격	자매	
b	명단	압비아와	
c	동격	우리와 함께 병사 된	
d	명단	아킵보와	
e	명단	네 집에 있는 교회에 편지하노니	
3	소망	하나님 우리 아버지와 주 예수 그리스도로부터 은혜와 평강이 너희에게 있을지어다	
4a	주장	**내가 항상 내 하나님께 감사하고**	
b	시기	기도할 때에 너를 말함은	
5a	구체적 대상	주 예수와 및	[b′]
b	구체적 대상	모든 성도에 대한	[a′]
c	근거	네 사랑과…들음이니	[a]
d	병행구	믿음이 있음을	[b]
6a	4b의 내용	이로써 네 믿음의 교제가…역사하느니라	
b	영역	우리 가운데 있는 선을 알게 하고	
c	구체적 확인	그리스도께 이르도록	
7a	이유	형제여 성도들의 마음이 너로 말미암아 평안함을 얻었으니	
b	5c의 확장	내가 너의 사랑으로 많은 기쁨과 위로를 받았노라	

구조

바울은 "그리스도 예수를 위하여 갇힌 자"(1a절)로서 자신을 밝히면서 편지를 시작한다. 이 호칭은 이후의 호소와 논증의 수사학적 효과를 강화하는 데 기여한다. 바울은 디모데와 함께(1c–d절) 이 편지의 수신자로 빌레몬, 압비아, 아킵보 그리고 빌레몬의 집에서 모이는 교회를 거론한다(1e–2절). 이 명단은 빌레몬서의 교회론적 중요성을 나타내고, 명단의 각 이름과 함께 나오는 호칭이 이것을 확인해준다. 서두의 인사는 "은혜"와 "평강"이 사용되는 익숙한 바울식 인사로 마무리된다(3절).

다음 단락은 믿음과 사랑에 초점을 맞추는 감사(4–5절)에서 중보기도(6–7절)로 이어지는 기도문으로 구성된다. 바울은 "모든 성도에 대한…사랑"으로 표현된 주 예수에 대한 빌레몬의 믿음을 감사하며 시작한다. 믿음과 사랑이 맺는 불가분의 관계는 헬라어로 5절의 교차 대구 구조로 표현된다. 이 구조에서는 모든 성도에 대한 사랑이 주 예수를 향한 믿음을 감싸고 있다.[5] 이런 교차 대구 구조 역시 사랑으로 표현되는 믿음의 기본적 토대를 강조한다.

문법적으로 6절("네 믿음의 교제가…역사하느니라")은 4절("내가…기도할 때에 너를 말함은")의 목적절로 해석할 수 있다. 하지만 생략된 동사인 '나는 기도한다'의 내용일 수도 있다. 5절의 감사는 이어지는 기도의 핵심 내용의 근거가 된다.[6] 바울의 중보는 이 감사를 근거로 삼고, 그는 이것으로 믿음(6절)과 사랑(7절)의 주제를 확장한다. 바울이 중보기도하는 목적은, 믿음의 교제를 통해 빌레몬이 그리스도 안에서 발견할 수 있는 모든 선한 것을 온전히 알아가는 것이다. 이 중보의 확신은, 많은 사람의 마음을 평안하게 한 빌레몬의 사랑을 바울이 확인한 데서 비롯된다. 바울은 다소 까다로운 구조를 사용하여 다시 믿음과 사랑의 관계에 초점을 맞추고, 또한 다른 사람들의 마음을 평안하게 한 빌레몬이 계속해서 바울의 마음도 평안하게 해 주기를 바란다는 무언의 요청을 한다(참고. 20절).

석의적 개요

➦ **I. 안부 인사(1-3절)**

A. 발신자와 공동 발신자 소개(1a-d절)

B. 수신자 소개(1e-2절)

C. 인사(3절)

II. 믿음과 사랑(4-7절)

A. 감사(4-5절)

1. 기도하는 이유(4절)

2. 그리스도에 대한 믿음과 모든 성도를 향한 사랑(5절)

B. 중보기도(6-7절)

1. 빌레몬의 믿음이 더 깊어지도록(6절)

2. 많은 사람의 마음을 평안하게 한 그의 사랑에 근거함(7절)

---

6. David L. Allen, "The Discourse Structure of Philemon: A study in Textlinguistics," in *Scribes and Scripture: New Testament Essays in Honor of J. Harold Greenlee* (ed. David Alan Black; Winona Lake, IN: Eisenbrauns, 1992), 85에서 주장한 구조를 보라. 서론(4-5절), 본문(6절), 이유(7절).

본문 설명

1:1a-d 그리스도 예수를 위하여 갇힌 자 된 바울과 및 형제 디모데는(Παῦλος δέσμιος Χριστοῦ Ἰησοῦ καὶ Τιμόθεος ὁ ἀδελφός). 바울은 이 편지의 저자(그리고 공동 저자)와 수신자들을 밝히는 것으로 시작한다. 동일한 시기에 동일한 지역의 그리스도인들에게 쓰였을 것으로 보이는 골로새서에서 바울은 자신을 "그리스도 예수의 사도"(골 1:1)라고 밝힌다. 그러나 여기서는 자신을 "그리스도 예수를 위하여 갇힌 자"로 소개한다.

혹자는 이런 변화가 빌레몬서가 개인적 성격을 띠는 근거라고 주장하지만,[7] "사도"라는 칭호는 바울이 디모데(딤전 1:1; 딤후 1:1)와 디도(딛 1:1)에게 보내는 개인 편지의 서두 인사에도 등장한다. 또한 에베소에 보내는 편지에는 '그리스도의 갇힌 자'라는 표현이 등장한다(엡 3:1). 그래서 일부 학자는 "그리스도 예수를 위하여 갇힌 자"라는 바울의 자기소개가 단순히 그의 투옥 사실을 반영하는 것뿐이라고 주장한다(참고. 딤후 1:8).[8] 그러나 다른 옥중 서신들이 이 호칭을 사용하지 않는다는 사실은 충분한 설명이 되지 못한다. 이 서신들은 이 호칭을 사용하지 않고 그가 투옥된 사실을 여러 차례 언급한다(참고. 빌 1:7, 13, 14, 17; 골 4:3, 18).

그가 투옥된 사실을 여러 번 언급한 부분(참고. 10, 13, 23절)과 더불어 9절에 이 호칭이 다시 사용된 점은, 이 호칭이 빌레몬서에서 중요한 수사학적 기능을 하고 있음을 암시한다. 바울은 이것이 "그의 친구의 마음을 움직일 호칭"이라고 생각했을 수 있다.[9] 그러나 복음 사역을 위해 투옥된 사실을 명예롭게 생각하는 13절 내용을 감안할 때, 동정심에 호소한다는 해석은 설득력이 약하다. 바울이 빌레몬에게 자신의 모범을 따라 복음 사역에 순종하라고 요구하는 것이라는 견해가 더 설득력이 있다. 바울이 그 소명을 감당함으로 하나님의 뜻에 복종하듯이, 빌레몬 역시 복음이 요구하는 바에 순종하도록 요청받는 것이다(빌레몬서의 본론에 나오는 바울의 호소가 암시하는 것처럼).[10]

"그리스도 예수를 위하여"(of Christ Jesus)라는 소유격 한정사 역시 중요하다. "그리스도 예수의 복음 선포 때문에",[11] "그리스도 예수를 위하여"(GNB),[12] "그리스도 예수께 속한",[13] "그리스도의 권위에 전적으로 헌신된"[14]이라는 의미로 해석할 수도 있다. 이 본문의 경우 이 한정사는 다양한 기능을 한다.

바울은 골로새서 1:1에서처럼 이 서신의 공동 발신자로 "우리의 사랑을 받는…디모데"를 언급한다. 다른 옥중 서신에도 그의 이름이 등장하므로(빌 1:1), 그가 투옥된 바울과 함께 있다는 사실은 이 옥중 서신에 그가 등장하는 이유를 설명해줄 수 있다. 그는 또한 이 편지를 쓸 때 바울을 도운 비서였을 가능성도 있다. 그의 존재는 빌레몬서가 사적인 개인 편지가 아닌 사도가 동역자들과 함께 쓴 편지로서, 그들이 교회와 나아가 복음 사역과 관련된 문제를 함께 처리한다는 사실을 독자가 인식하도록 돕는다.

디모데라는 이름이 지닌 수사학적 효과라는 측면을 본다면, 이것은 "바울의 권력의 언어학적 양보"를 상징할 수도 있다.[15] 빌레몬이 바울의 요청에 우호적으로

---

7. 예를 들어, Moo, *Letters to the Colossians and to Philemon*, 379를 보라.
8. Murray J. Harris, *Slave of Christ: A New Testament Metaphor for Total Devotion to Christ* (NSBT 8; Downers Grove, IL: InterVarsity Press, 1999), 117–18.
9. Lightfoot, *St. Paul's Epistles to the Colossians and to Philemon*, 333.
10. "갇힌 자"는 바울의 다른 저작처럼 권위의 의미를 전달할 수도 있다(참고. 엡 3:1; 4:1; 딤후 1:8).
11. "바울, 그리스도 예수에 대한 복된 소식을 선포하는 죄수"(NTL).
12. Wansink, *Chained in Christ*, 171.
13. 참고. Harris, *Slave of Christ*, 118.
14. 참고. John Paul Heil, "The Chiastic Structure and Meaning of Paul's Letter to Philemon," *Bib* 82 (2001): 189.
15. Stanley E. Porter, "Is Critical Discourse Analysis Critical?" 58.

반응하도록 압력을 넣는 일에서 다른 그리스도인 지도자의 지지가 있음을 환기하기 때문이다. 또한 '우리 형제'(개역개정에는 "형제"-역주)라는 호칭은, 하나님의 가정에서 신자가 그리스도의 주권에 복종하며 형제자매로서 관계를 형성한다는 사실을 빌레몬에게 상기시키기 위한 예비 단계일 수 있다.

1:1e-g 우리의 사랑을 받는 자요 동역자인 빌레몬과(Φιλήμονι τῷ ἀγαπητῷ καὶ συνεργῷ ἡμῶν). 여러 수신인 중 가장 먼저 "빌레몬"[16]이 거론된 것은, 그가 바울이 의도하는 가장 중요한 수신자라는 것을 나타낸다.[17] 이것이 전체 가정 교회에 보낸 편지라면, 빌레몬은 이 가정의 가장임이 분명하다. 빌레몬은 아마 재력가일 것이다. 자기 집에서 교회 모임을 할 정도였고(2절), 다른 사람들을 후원하며(5-7절), 방문한 손님이 편안히 묵어가도록 지원할 능력이 있었다(22절).[18]

형용사 "사랑을 받는"(τῷ ἀγαπητῷ)은 종종 "사랑하는 친구"로 번역되지만(NRSV, NET, TNIV, HCSB, NIV; 참고. GNB), 이 문맥에서는 바울과 빌레몬 주변 사람들 사이의 유대 관계를 강조하는 애칭으로만 사용된 것이 아니다. 이 사랑의 행위의 주체는 하나님(롬 1:7; 11:28; 엡 5:1)이나 바울 자신일 수 있다(롬 16:9; 고전 4:14; 골 4:7, 9, 14). 혹은 둘 다일 수도 있다.[19] 더 중요한 것은 이 호칭이 이후 단락에서 사랑을 강조하기 위한 예고편이라는 점이다(5, 7, 9절). 빌레몬이 사랑의 대상이므로 그 역시 사랑의 주체로서 계속 행해야 한다.

"동역자"(συνεργῷ)라는 호칭 역시 바울의 수사학적 전략에 중요하다. 이 호칭은 빌레몬이 그들의 공동 사역에 참여함을 의미한다.[20] 그들이 함께 하나님을 섬기기 때문에, 바울은 빌레몬에게 이 정체성을 인식하고 "동역자"(17절)로 계속 참여하여 오네시모를 용납하고 처리하는 문제에 대한 자신의 요청을 들어달라고 촉구할 수 있다.

1:2 자매 압비아와 우리와 함께 병사 된 아킵보와 네 집에 있는 교회에 편지하노니(καὶ Ἀπφίᾳ τῇ ἀδελφῇ καὶ Ἀρχίππῳ τῷ συστρατιώτῃ ἡμῶν καὶ τῇ κατ᾽ οἶκόν σου ἐκκλησίᾳ). 바울은 여기서 이 편지의 수신인의 범위를 확대한다. 이 명단의 존재는 설명이 필요하다. 유명하지만 설득력이 약한 존 녹스(John Knox)의 설명을 보면, 그는 "아킵보"가 일차 수신자이자 오네시모의 상전이라고 주장한다.[21] 그러나 주석가는 대부분 "네"(your, σου)라는 표현이 빌레몬을 가리키는 것이 분명하고, 이 명단에서 제일 먼저 언급되는 편지의 가장 중요한 수신인이라고 생각한다. 어떤 번역들은 "네 집에 있는 교회"라는 어구를 이 절 앞에 배치하여 이 점을 명확하게 드러낸다.[22]

각 개인의 신분에 대해서는 "압비아"를 빌레몬의 아내로 보고, "아킵보"를 그들의 아들로 보는 초기 기독교적 해석을 수용하는 이들이 많다.[23] 가정을 배경으로 하기 때문에 이 세 사람이 가족 관계일 가능성이 있지

16. 빌레몬은 1세기에 흔한 이름이었다. G. H. R. Horsley, "Philemon," *NewDocs* 3:91.
17. 2, 4, 5, 6, 7절에서 2인칭 단수 대명사(σου)로 바뀌는 것을 주목하라.
18. Wayne A. Meeks, *The First Urban Christians: The Social World of the Apostle Paul* (2nd ed.; New Haven, CT: Yale Univ. Press, 2003), 59-60. 그는 "빌레몬이 최소한 재산 규모가 상위층에 해당할 뿐 아니라 교육 수준 역시 상위에 속하는 사람이다"라고 결론내린다.
19. 빌레몬이 다른 많은 그리스도인의 사랑을 받는 사람이라는 암시일 수도 있다. Aasgaard, "*My Beloved Brothers and Sisters*," 244.
20. Andrew D. Clarke, *A Pauline Theology of Church Leadership* (LNTS 362; New York/London: T&T Clark, 2008), 208. 이 호칭이 특별히 평등보다는 목적의 통일성을 가리키는 것이라는 그의 지적은 틀리지 않다(골 4:11에 대한 설명을 보라).
21. 이것은 단수형 "네"(σου)에 바로 이어 아킵보라는 이름이 등장하기 때문이다(Knox, *Philemon among the Letters of Paul*, 49-61).
22. CEV, GNB를 보라. NIV가 "우리 자매 압비아에게, 함께 군사 된 아킵보에게"라는 구절을 대쉬 부호로 묶어 표시한 부분을 유의하라.
23. 참고. Lightfoot, *St. Paul's Epistles to the Colossians and to Philemon*, 333; Lohse, *Colossians and Philemon*, 190; O'Brien, *Colossians, Philemon*, 273; R. McL. Wilson, *Colossians and Philemon* (ICC; Edinburgh: T&T Clark, 2005), 334.

만, 이들이 소개된 방식은 교회 내의 각자의 위치에 초점이 집중된다. '우리 자매'(τῇ ἀδελφῇ…ἡμῶν, 개역개정에는 "자매"–역주)는 1절에서 디모데에게 적용된 '우리 형제'와 유사한 호칭이라고 보아야 하고, 따라서 그리스도인으로서 압비아의 독자적 위치와 그녀가 교회 지도자일 가능성이 부각된다.[24] "압비아"라는 이름이 구체적으로 언급된 것은, 그녀가 이 기독교 공동체의 후원자일 가능성을 암시할 수도 있다(참고. 롬 16:1).

아킵보에게는 상당히 다른 호칭이 적용된다. '우리 동료 병사'(τῷ συστρατιώτῃ ἡμῶν, 개역개정에는 "우리와 함께 병사 된"–역주). 빌립보서 2:25에서는 에바브로디도를 언급하면서 '동역자'라는 표현과 함께 이 호칭을 사용한다.[25] 그러므로 이 본문 문맥에서 '동료 병사'는 아킵보가 복음 사역에 함께 참여하고 있음을 강조한다. 이곳의 아킵보가 골로새서 4:17("아킵보에게 이르기를 주 안에서 받은 직분을 삼가 이루라고 하라")의 아킵보와 동일 인물이라면 그는 교회 지도자일 것이다. 또한 단수 대명사("네 집", οἶκόν σου)가 쓰인 것은 빌레몬, 압비아, 아킵보를 가족 관계로 보는 해석을 반박할 수 있다. 파피루스 편지의 유사한 첫 인사에서 보듯이 가족 관계라면 복수 대명사를 사용하는 것이 상식이기 때문이다. "아폴로니우스가 히팔로스와 사라피온과 베레니케와 그들의 집에 있는 모든 이들에게 인사를 전한다"[P.Lond. I 33b (161BC)].[26]

빌레몬이 주요 수신자인 편지에 등장하는 이름들의 의미를 무시해서는 안 된다. 첫째, 호칭과 함께 이들이 거론된 것은 이 편지가 공적인 성격을 띠는 것을 암시한다. 이 편지가 "개인적" 편지인 것은 분명하지만, 빌레몬과 그의 종 오네시모의 관계가 전 교회에 영향을 미치기 때문에 엄격한 의미의 "사적" 편지로 보기는 어렵다.[27] 그러나 빌레몬에게 이 편지의 공개 여부를 결정할 권한이 있었기 때문에 그의 핵심적 역할을 부정하지는 않는다.[28]

빌레몬 외에 거론된 이름들의 정확한 역할과 관련하여 이것을 "예의"의 차원으로 보는 이들이 있다.[29] 반면 이 편지에 담긴 요청이 잘 해결되게 하기 위한 목적이라고 주장하는 이들도 있다.[30] 바울의 요청과 빌레몬의 반응이 전체 기독교 공동체와 관련되기 때문에 이들이 언급되었을 가능성도 있다. 이런 해석은 최소한 부분적으로나마 이 편지가 신약 정경에 포함된 이유를 설명해줄 수 있다.

"네 집에 있는 교회에"라는 구절은 빌레몬서의 교회론적 중요성을 다시 한번 확인해준다. 교회가 종종 가정이라는 환경에서 모였다는 사실은 골로새서 4:15에 언급된 바 있다(참고. 롬 16:3-5a). 그리스-로마 세계에서 가정의 문제들은 공적인 "공회"(assembly, ἐκκλησία)에서 다룰 수 있는 문제였다.[31] 바울이 이런 관행을 따르고 있을 가능성도 있지만, 전체 기독교 공동체에 가족 관계가 지니는 중요성을 언급한 본문들은 따로 있다.[32] 여기서 빌레몬과 오네시모의 관계는 "종이나 자유인"이나 차별이 없는(골 3:11) 복음을 토대로 구축되기 때문에 전 교회의 관심사가 된다. 더욱이 바울은 "복음을 위하

24. 참고. Meeks, *First Urban Christians*, 60.

25. 옥중 서신에서 이런 군사적 심상의 용례는 감옥이라는 환경에 군사들이 있었을 가능성으로 설명될 수 있다. Wansink, *Chained in Christ*, 170.

26. Hans-Josef Klauck, *Ancient Letters and the New Testament: A Guide to Context and Exegesis* (trans. Daniel P. Bailey; Waco, TX: Baylor Univ. Press, 2006), 329.

27. 특별히 U. Wickert, "Der Philemonbrief-Privatbrief oder apostolisches Schreiben?" *ZNW* 52 (1961): 230-38을 보라.

28. Arzt-Graber, *Philemon*, 111-15.

29. O'Brien, *Colossians, Philemon*, 273.

30. Petersen, *Rediscovering Paul*, 99.

31. Ronald f. Hock, "A Support for His Old Age: Paul's Plea on Behalf of Onesimus," in *The Social World of the First Christians: Essays in Honor of Wayne A. Meeks* (ed. L. Michael White and O. Larry Yarbrough; Minneapolis: Fortress, 1995), 77.

32. 골로새서 3:18-4:1에 대한 논의를 보라.

여"(몬 1:13) 투옥된 자신을 돕는 일에 오네시모가 계속 함께하기를 바란다는 희망 사항을 명시적으로 피력한다. 이런 논의들은 교회론적 맥락에서 논의하는 것이 가장 적절하다.

1:3 하나님 우리 아버지와 주 예수 그리스도로부터 은혜와 평강이 너희에게 있을지어다(χάρις ὑμῖν καὶ εἰρήνη ἀπὸ θεοῦ πατρὸς ἡμῶν καὶ κυρίου Ἰησοῦ Χριστοῦ). 바울 서신의 다른 첫 인사와 마찬가지로 이 단락도 "은혜"와 "평강"이라는 중요한 신학적 주제를 언급한 인사말에서 정점에 이른다. 이와 동일한 인사말은 바울의 여러 서신에서 볼 수 있다(롬 1:7; 고전 1:3; 고후 1:2; 갈 1:3; 엡 1:2; 빌 1:2; 살후 1:2). 빌레몬서와 역사적, 지리적 배경이 유사한 골로새서 1:2에는 마지막 구절인 "주 예수 그리스도"가 생략되어 있다. 아마 골로새서의 두 번째 주요 단락(골 1:15-2:4)에서 다룰 그리스도의 주재권에 대한 관심 때문일 것이다.

"은혜"(χάρις)는 그리스도를 통한 하나님의 구원 사역을 암시하면서(예를 들어, 롬 3:24; 5:17) 전형적인 헬라의 '인사말'(χαίρειν) 대신 쓰인다. 그리고 "평강"(εἰρήνη)은 하나님의 중대한 사역으로 가능해진 화해를 가리킨다(참고. 롬 5:1; 엡 2:14-18; 골 3:15).[33] 바울의 전형적인 서두 인사말의 일부이지만, "은혜"와 "평강"이라는 개념은 신적 은혜에 대한 적절한 반응으로서 인간의 용서와 화해를 강조하는 빌레몬서의 논증을 위한 토대를 형성한다. 나아가 마지막 송영(25절)에서 "은혜"가 다시 등장해서 "이 편지 전체를 회중의 예배라는 틀에서 바라보게 해준다."[34] 이것은 또한 여기서 빌레몬의 집에 모이는 교회를 가리켜 복수 명사("너희", ὑμῖν)를 사용한 이유를 설명해줄 수 있다.[35]

"주 예수 그리스도"와 "하나님 우리 아버지"를 함께 언급한 것은 그리스도의 높아지신 지위와 정체성을 강조한다. "우리 아버지"라는 호칭이 빌레몬서에서 특별히 중요한 이유는, 바울이 하나님의 가정에 적용될 새로운 준거 틀을 주장하기 때문이다. 하나님은 "아버지"이시고 예수님은 "주"이시므로 신자는 서로 "형제"(1절)와 "자매"(참고. 2절)로서 관계를 형성한다. 따라서 "형제"(7, 20절)인 빌레몬은 심지어 자신의 노예일지라도 '더 이상 노예가 아니라 노예 이상의 사랑하는 형제'(16절)로 대우해야 한다.[36]

1:4 내가 항상 내 하나님께 감사하고 기도할 때에 너를 말함은(Εὐχαριστῶ τῷ θεῷ μου πάντοτε μνείαν σου ποιούμενος ἐπὶ τῶν προσευχῶν μου). 여기서 바울의 전형적인 감사 단락이 시작된다. 폴 슈베르트(Paul Schubert)에 따르면, 빌레몬서의 감사 단락은 바울의 전형적인 감사 문구의 초기 유형의 완벽한 사례이고, 이 문구가 주동사 '감사하다'(εὐχαριστῶ) 뒤에 그것을 수식하는 분사구문을 하나 이상 포함한다고 주장한다.[37] 후속 연구들은 충분한 사례가 없다는 이유로 이런 분류 체계에 이의를 제기했다.[38] 형식상의 특징 외에 바울이 독자와 하나님의 관계에 초점을 맞춘 신학적 맥락 속에서 담론을 제기한다는 점은 분명하다. 바울은 편지 본론에서 제기할 주요 논증을 준비하는 차원으로 감사 단락에서 중요한 주제들을 소개한다.

단수 동사 '나는 감사하다'는 바울이 이 편지의 작성을 주도하는 가장 중요한 당사자임을 보여준다. 그는 서두 인사에서 동역자들을 거론할 때 이 동사를 종종 사

33. 전형적인 헬라식 인사에 대해서는 골로새서 1:2에 대한 설명을 보라.

34. Barth and Blanke, *Letter to Philemon*, 265.

35. 이 두 번째 인칭 복수 대명사는 이 절과 22, 25절에만 등장한다.

36. 이 준거 틀에서 바울이 오네시모를 그의 "아들"이라 부르는 것이 인상적이다(10절). 이 호칭은 바울과 오네시모의 친밀한 관계를 강조하고, '아버지'로서 그리고 빌레몬에 대한 권위를 가진 자로서 바울의 위치도 강조한다.

37. Paul Schubert, *The Form and Function of the Pauline Thanksgiving* (Berlin: Töpelmann, 1939), 13.

38. 골로새서 1:3에 대한 설명을 보라.

용한다(참고. 고전 1:1, 4; 빌 1:1, 3).[39] 바울이 하나님께 감사드리는 기도의 문맥에 등장한 "내 하나님"은 시편의 언어와 흡사하다(참고. 시 3:7; 5:2; 7:1, 3; 13:3; 18:2, 6, 21; 22:1, 2; 42:5, 11; 43:4-5; 71:22; 86:2 등). 부사 "항상"은 감사를 언급하는 부분에서 거의 빠지지 않는 표현이다(롬 1:8-10; 고전 1:4; 빌 1:4; 골 1:3; 살전 1:2-3; 2:13; 살후 1:3; 2:13). 이것을 단순히 "고대 서신의 특징 중 일부"라고 주장하는 사람들도 있지만,[40] 이 단어는 바울에게 신학적으로 의미가 있다.

전인격적 예배를 강조하는 구약 정신이 여기서 바울이 강조하는 태도의 배경으로 작용한다("너는 마음을 다하고 뜻을 다하고 힘을 다하여 네 하나님 여호와를 사랑하라", 신 6:5).[41] 바울은 골로새서 3:17에서도 감사로 그리스도의 주 되심을 인정하는 가운데 전인격으로 하나님을 예배해야 한다는 것을 언급했다("또 무엇을 하든지 말에나 일에나 다 주 예수의 이름으로 하고 그를 힘입어 하나님 아버지께 감사하라"). 이런 해석이 가능한 이유는 바울에게 감사란 단순히 예의의 문제가 아닌 예배의 문제이기 때문이다.

기도하면서 상대를 기억하고 감사하는 것은, 바울이 하나님의 백성에게 요구되는 올바른 예배 행위를 어떻게 인식하는지에 대한 중요한 단면을 보여준다(참고. 엡 1:16; 빌 1:3; 살전 1:2; 딤후 1:3). 세속 헬라어에서 '기억하다'의 단어군은 종종 감사하는 행위를 가리켜 사용되었다.[42] 구약에서 하나님께 감사하는 것은 백성을 위해 행하신 그분의 역사를 기억하는 것을 말한다. "내가 왕의 이름을 만세에 기억하게 하리니 그러므로 만민이 왕을 영원히 찬송하리로다"(시 45:17). 하나님의 백성에게 기억하는 행위는, 그분이 하신 일에 올바로 반응해야 한다는 것을 알려주는 언약적 행위이기도 하다(참고. 신 4:23-24; 왕하 17:38-9; 사 46:9).[43] 반대로 기도하는 가운데 그분의 백성을 '기억해달라'고 하나님께 요청하는 것은, 언약적 백성을 포기하시지 않는 그분의 신실하심에 호소하는 것이다(참고. 출 2:24; 6:5; 레 26:42-45; 신 4:31; 시 105:42; 106:45).

이 문맥에서 '내가 기억할 때'(개역개정에는 "내가…기도할 때에"-역주)라는 구절은, 문자적으로 '너에 대한 기억을 만들 때'(when I make remembrance of you)로 번역할 수 있다.[44] 이것이 단순히 바울이 기도할 때 빌레몬을 기억한다는 것을 우회적으로 표현하는 것이 아니라면, "하나님이 너를 기억하시도록 내가 요청할 때"[45] 혹은 "그(빌레몬)가 너희를 기억하도록 내가 요청할 때"[46]라는 의미일 수도 있다. 아마 여기서는 두 가지 의미를 모두 의도했을 것이다. 바울은 독자들의 신실함을 기억해달라고 하나님께 호소하고, 독자들은 신실한 행동을 함으로써 하나님을 기억해야 한다.

1:5 주 예수와 및 모든 성도에 대한 네 사랑과 믿음이 있음을 들음이니(ἀκούων σου τὴν ἀγάπην καὶ τὴν πίστιν ἣν ἔχεις πρὸς τὸν κύριον Ἰησοῦν καὶ εἰς πάντας τοὺς ἁγίους).[47] 앞

39. 명백한 예외는 골로새서 1:3에서 볼 수 있다. 이 절은 복음의 우주적 영향을 강조한다(참고. 1:6).
40. Peter T. O'Brien, *Introductory Thanksgiving in the Letters of Paul* (NovTSup 49; Leiden: Brill, 1977), 21.
41. Roger D. Aus, "The Liturgicla Background of the Necessity and Propriety of Giving Thanks According to 2 Thess 1-3," *JBL* 46 (1973): 436.
42. Hendrik S. Versnel, "Religious Mentality in Ancient Prayer," in *Faith, Hope and Worship: Aspects of Religious Mentality in the Ancient World* (ed. H. S. Vernel; Leiden: Brill, 1981), 59를 보라.
43. Brevard S. Childs, *Memory and Tradition in Israel* (London: SCM, 1962)을 보라.
44. "내가 기도 중에 너를 기억할 때"(μνείαν σου ποιούμενος ἐπὶ τῶν προσευχῶν μου)는 더 문자적으로 "내 기도 중에 너를 언급하면서"로 번역할 수 있다(NASB; 참고. BDAG, 654; Moule, *Epistles to the Colossians and to Philemon*, 140-41). 그러나 구약 전승에서 '감사'와 '기억'의 포괄적 관련성을 볼 때 기억하는 행위가 번역에 반영되어야 한다.
45. Moo, *Letters to the Colossians and to Philemon*, 386.
46. Barth and Blanke, *Letter to Philemon*, 269.
47. 이 절에 해당하는 영어 번역(Because I hear of your love for all the saints and your faith in the Lord Jesus)은 앞의 '번역' 부분에서 제시한 문장

절이 감사와 기도를 연결했다면, 이 절은 바울이 감사하는 근거를 설명한다. 그리고 다음 절에서는 기도의 목적을 알려준다. 그러므로 이 절 도입부의 분사는 이유의 분사('내가 들었기 때문에', ἀκούων)로 해석해야 한다.[48] '듣다'라는 동사가 사용된 것과 이어지는 설명은, 빌레몬의 사랑과 믿음에 대해 보고받았다는 것을 암시한다.

바울은 누구에게서 그런 정보를 받았는지 구체적으로 밝히지 않는다. 오네시모를 도망 노예로 보고 그가 바울에게 빌레몬에 대해 긍정적인 내용을 보고할 리가 없다고 여기는 이들은, 골로새 교회의 또 다른 사람, 아마 에바브라(23절을 보라)가 이 정보를 전한 것이 분명하다고 본다.[49] 그러나 골로새서 1:8의 유사한 문맥에 "에바브라"가 등장하기 때문에, 이 본문에 그가 빠진 것은 해석에 어려움을 더한다. 오네시모와 빌레몬의 이별이 더 우호적인 상황에서 일어났다고 보는 사람들은, 오네시모가 빌레몬에 대해 긍정적으로 보고했을 가능성이 있다고 본다.[50] 오네시모가 그 보고를 한 사람이라면, 이것은 빌레몬이 그의 종이 보고한 내용과 부합하는 행동을 해야 한다는 논증을 예고하는 것일 수 있다. 오네시모의 이름이 빠진 것은, 10절에서 그의 이름을 소개할 목적으로 내러티브의 긴장을 높이는 문학적 전략으로 이해할 수 있다. 10절은 오네시모의 이름을 명시한 유일한 절이다.

헬라어 원문으로 단어 순서를 이해하면, 이 절은 문자적으로 다음과 같이 읽을 수 있다. "내가 주 예수와 모든 성도를 향한 네 사랑과 믿음을 듣고 있기 때문에"(NASB; 참고. NAB, NJB, NKJV, REB, HCSB, ESV). 어떤 학자들은 두 명사 뒤에 두 전치사구가 배열되는 조합을 "흉물스러운 중복"(ugly duplication)이라고 여긴다.[51] 두 명사를 하나의 단어군으로 보고 두 전치사구는 두 명사를 수식하는 것으로 보는 사람들은, "믿음"이라는 단어가 "신실함"을 뜻할 것이라고 생각한다.[52] 이런 해석을 주장하는 사람들은 "사랑과 믿음이 기독교적 생활 방식의 요체이고, 따라서 '주 예수'와 '모든 성도'와 모두 관련이 있다고 바울이 생각하지 않을 이유가 전혀 없다"[53]라고 주장한다.

그러나 일부 학자는 여기서 다음과 같이 교차 대구 구조를 찾아낸다.[54]

a 사랑
  b 믿음
  b′ 주 예수에 대한
a′ 모든 성도에 대한

이런 구문에서 '주 예수에 대한'(in the Lord Jesus, πρὸς τὸν κύριον Ἰησοῦν)은 "믿음"(τὴν πίστιν)을 수식하는 반면, "모든 성도에 대한"(εἰς πάντας τοὺς ἁγίους)[55]은 "사랑"(τὴν ἀγάπην)을 수식한다. "내가 그분의 모든 거룩한 백성에 대한 네 사랑과 주 예수에 대한 네 믿음을 듣고 있기

분석 흐름과 정확히 일치하지 않는다. 앞의 분석에서는 헬라어 순서를 따라 교차 대구 구조가 비교적 선명히 드러나 있다. 그런데 이곳의 영어 번역은 그런 구조로 전달하고자 하는 의미를 반영했다.

48. 현재 시제는 지속적 행위를 가리키는 것으로 볼 수 있다. "내가 계속 듣고 있기 때문에"(NLT).

49. Lightfoot, *St. Paul's Epistles to the Colossians and to Philemon*, 334; Barth and Blanke, *Letter to Philemon*, 271.

50. Winter, "Paul's Letter to Philemon," 3.

51. Barth and Blanke, *Letter to Philemon*, 271.

52. 참고. F. F. Bruce, "St Paul in Rome. 2. The Epistle to Philemon," *BJRL* 48 (1965): 81.

53. Dunn, *Epistles to the Colossians and to Philemon*, 317. 또한 "믿음"과 "사랑"의 대상이 모두 "그리스도 예수"이며 그 안에 근거를 두는 데살로니가전서 1:3도 보라.

54. Lohse, *Colossians and Philemon*, 193; Stublmacher, *Der Brief an Philemon*, 31-32; O'Brien, *Colossians, Philemon*, 278; Judith M. Ryan, "Philemon," in *Philippians and Philemon* (SP 10; Minneapolis: Liturgical, 2003), 223.

55. 이 구절의 의미에 대해서는 골로새서 1:4에 대한 설명을 참고하라. 그러나 강조의 "모든"은 이 문맥에서 하는 기능이 다르다. 바울이 거짓 교사들이 강요하는 엘리트주의적 훈련을 반박하므로 골로새서의 초점은 복음의 보편적 영향에 있지만, 이 문맥에서 "모든"은

때문에"(NIV; 참고. NRSV, GNB, TNIV).[56] 여러 이유로 이 해석이 더 설득력이 있다. 첫째, 이 교차 대구 구조는 두 전치사구가 연속적으로 배열된 이유를 설명해주고, 보통 πίστις를 '신뢰'나 "믿음"이라는 의미로 사용하는 바울의 용례를 그대로 유지한다. 나아가 헬라어 구문상 구조가 더 단순한 에베소서의 평행 구절이 이 해석을 지지한다. "이로 말미암아 주 예수 안에서 너희 믿음과 모든 성도를 향한 사랑을 나도 듣고"(엡 1:15).

골로새서의 평행 구절은 동일하게 2부 구조로 되어 있다("이는 그리스도 예수 안에 너희의 믿음과 모든 성도에 대한 사랑을 들었음이요", 골 1:4). 이 구절의 "사랑"과 "믿음"의 관계는 빌레몬서 본문에 나오는 두 단어의 관계를 이해하는 데 도움을 준다. 골로새서에서 접속사 καί는 보충 설명의 접속사일 것이다. '우리가 그리스도 예수에 대한 너희의 믿음, 모든 성도를 향해 품은 사랑으로 표현되는 믿음에 대해 들었기 때문에.' 감사 단락 말미에 "사랑"만 다시 등장하는 것이 이 해석을 뒷받침한다(골 1:8).

빌레몬서에서도 바울의 핵심 강조점은 "사랑"이다. 이렇게 사랑을 강조함으로 바울은 빌레몬에게 성도를 향한 "사랑"을 견지하라고 호소할(7절) 무대를 마련한다. 이 호소는, 빌레몬에게 그리스도인으로서 일관되게 행동하라고 촉구하는 9절에서 오네시모의 운명과 연결된다. 골로새서에서 짝을 이루어 나오는 "믿음"과 "사랑" 중 이 감사 단락 외에 다시 등장하는 것은 "사랑"이다. 그러나 두 편지 모두 그리스도를 중심으로 하는 "믿음"이 "사랑"하라는 호소의 중요한 근거가 된다. 이 관계는 갈라디아서 5:6이 가장 잘 설명한다. "사랑으로써 역사하는 믿음"(참고. 엡 3:17).

골로새서가 이 절을 해석하는 틀이 된다고 볼 경우, 이곳에 "소망"이 빠진 이유에 대한 설명이 필요하다(골로새서 1:5과 믿음, 소망, 사랑이 함께 등장하는 익숙한 다른 단락에서는 "소망"이 등장한다. 참고. 롬 5:1-5; 고전 13:13; 살전 1:3; 5:8). "사랑"을 강조하기 위해 소망이 빠졌다고 보는 것이 부분적으로나마 설명이 될 수 있다.[57] 또한 여기서 바울의 주요 관심사는 예수 그리스도의 복음이 지닌 영향력의 현재적 실재이다(16, 20절).

1:6a 이로써 네 믿음의 교제가…역사하느니라(ὅπως ἡ κοινωνία τῆς πίστεώς σου ἐνεργὴς γένηται). 바울은 빌레몬에게 요청할 것을 염두에 두고서 빌레몬이 바울 및 다른 동역자와 맺은 동역자 관계에 호소한다. 종종 "이 편지에서 가장 모호한 절"[58]로 여겨지는 감사 단락의 이 부분은 다양하게 해석할 수 있다. 이 절의 여러 요소가 다양한 구문론적 관계를 맺고 있고, 여러 핵심 용어를 여러 가지로 해석할 수 있기 때문이다. 이 절의 내용을 검토하기 전에 앞 절들과의 관계를 살펴보아야 한다.

어떤 학자들은 접속사 "이로써"(ὅπως)가 바로 앞의 의미 단위의 결과를 가리킨다고 해석한다. '너는 사랑과…믿음을 가짐으로 네 교제가….' 그러나 이런 구문은 여기에서 의미가 통하지 않는다. 따라서 대부분의 주석가는 이 절이 4절에 언급된 기도 내용을 표현한 것이라고 해석한다('내가 기도 중에 너를 기억함으로 네 교제가…'). 어떤 번역본들은 이런 관계를 명확하게 드러내기 위해 이 절 앞에 다음과 같은 추가 구문을 삽입한다. "나는…하기를 기도한다"(I pray that…, NRSV, CEV, GNB, NJB, HCSB, NET, TNIV, NIV; 참고. NASB, REB, NLT, ESV).

바울이 그의 집의 노예를 비롯한 모든 이들에 대해 이 기독교적 사랑을 일관되게 보여야 한다는 것을 강조한다.

56. 교차 대구적 해석을 선택하는 다른 번역본들은 믿음을 먼저 거론한다. "내가 주 예수에 대한 네 믿음과 하나님의 모든 거룩한 백성을 향한 네 사랑에 대해 들었기 때문에"(참고. CEV; NLT; NET).

57. 참고. Church "Rhetorical Structure and Design," 22.

58. Moule, *Epistles to the Colossians and to Philemon*, 142.

한 가지 난제는 "네 믿음의 교제"(ἡ κοινωνία τῆς πίστεώς σου)라는 구절의 정확한 의미이다. 여기서 "교제"(partnership)로 번역된 단어의 정확한 의미는 여러 가지로 해석할 수 있다. 따라서 대명사 "네"의 위치뿐만 아니라 "믿음"의 의미도 다양하게 해석될 수 있다. "교제"(ἡ κοινωνία)의 의미에 대해서는 크게 네 가지로 해석할 수 있다.

(1) **'사귐'이라는 수동적 의미.** 이 해석은 친밀한 교제라는 의미의 κοινωνία에 대한 일반적 용례에 근거한다(고전 1:9; 고후 13:13; 빌 1:5). 하지만 친밀한 교제를 믿음 자체가 아닌, 그 믿음을 공유하는 사람들과의 관계에서 해석한다. 이 해석을 지지하는 주석가는 친밀한 인간 관계를 가리키는 이 단어의 현대적 용례를 지적한다.[59] 그러므로 "나의 기도는 신자로서 너와 우리의 교제가…을 이루기를 바라는…"(GNB). 그러한 경우 믿음은 일반적인 그리스도인의 믿음을 가리킨다. 물론 이 범주에는 "네 믿음"을 빌레몬의 믿음을 언급한 것으로 보는 이들도 포함될 것이다. "그리스도에 대한 네 믿음으로 인한 상호 참여가 효과를 보도록 나는 기도하고 있다."[60]

(2) **'공유한다'는 수동적 의미.** 이것은 (1)번의 해석과 관련이 있고, κοινωνία라는 단어를 '참여'라는 의미로 보는 용례에서 기인한다. 이 용어가 믿음을 공유하는 사람들보다는 직접적인 믿음의 참여를 가리킨다는 부분은 앞의 해석과 다르다(예를 들어, 빌 3:10; 고후 8:4). 그러므로 "네 믿음의 참여가…하는 데 효과가 있기를…."[61] 현대의 몇몇 번역본이 이 해석을 채택한다. "네 믿음의 참여가 효과가 있기를 기도한다"(HCSB; 참고. NJB, REB, NET). 이렇게 해석할 경우 대명사 "네"는 '참여'와 연결되고, "믿음"은 기독교적 신앙을 가리킨다.

(3) **'파트너십'이라는 능동 자동사적 의미.** 단순히 수동적인 '교제'와 '참여' 대신 이 해석은 믿음의 사역의 적극적인 '파트너십'을 전제한다.[62] 최근의 많은 주석가가 이 해석을 지지하지만,[63] 오직 TNIV와 NIV만 이 해석을 채택한다. "믿음에 대해 너와 우리의 파트너십이…에 효과가 있기를 기도한다." 이렇게 해석할 경우 "믿음"은 복음 사역으로 이해할 수 있다. 물론 인칭 대명사는 두 단어와 모두 연결된다고 주장할 수도 있다. "네가 이미 보여준 믿음 안의 네 파트너십이…효과가 있기를 기도한다."

(4) **'나눔'이라는 능동 타동사적 의미.** 이 해석은 "믿음"을 목적어로 보고 사람들에게 믿음을 전하는 복음 전도 활동을 가리키는 것으로 해석한다. 이런 해석은 선의의 행동을 가리켜 κοινωνία라는 단어를 사용하는 비교적 드문 용례에 기반을 둔다(고후 13:13). 이 해석은 일부 번역본이 받아들인다. "나는 네 믿음의 나눔이 효과가 있기를 기도한다"(NRSV; 참고. CEV, NKJV).[64] 이때 "믿음"은 복음 메시지 자체가 된다. 다른 주석가들은 선의의 행동이라는 이 해석을 관용을 의미하는 것으로 받아들인다. "네 믿음으로 촉발된 관용이 효과적으로…확대되기를 기도한다."[65] 그렇다면 이 "믿음"은 빌레몬의 개인적 믿음을 가리킨다.

확정할 수는 없지만 (3)번의 해석이 가장 설득력이

---

59. 참고. Arzt-Grabner, *Philemon*, 182-85.
60. Moo, *Letters to the Colossians and to Philemon*, 394. Joseph Fitzmyer, *The Letter to Philemon: A New Translation with Introduction and Commentary* (AB 34C; New York: Doubleday, 2000), 97.
61. Lohse, *Colossians and Philemon*, 192. 참고. Dunn, *Epistles to the Colossians and to Philemon*, 318.
62. κοινωνία의 이 용례는 특별히 바울만의 특징이 아니라 세속 헬라어에서 광범위하게 사용된다. 참고. Friedrich Hauck, "κοινός, κτλ.," *TDNT*, 3:798; Nigel Turner, *Christian Words* (Edinburg: T&T Clark, 1980), 163.
63. 참고. Stuhlmacher, *Der Brief an Philemon*, 33; Ryan, "Philemon," 223. 또한 Marshall, "Theology of Philemon," 183의 논의도 참고하라.
64. 능동 타동사적이라는 이 해석은, 자신의 믿음이 다른 사람들의 삶에서 실현되도록 한다는 적극적 의미에서 '역사하다'(become effective, ἐνεργὴς γένηται)로 해석한다.
65. Harris, Colossians and Philemon, 254; 참고. O'Brien, *Colossians, Philemon*, 279-80.

있다. κοινωνία라는 단어 뒤에 비인칭 소유격 한정사가 있다고 보는 (1)번의 해석은 배제된다.[66] 이 명사가 능동 타동사적 의미로 드물게 사용된다는 점은 (4)번의 해석을 반박한다. (2)번과 (3)번 중 몇 가지 요인은 (3)번의 해석에 힘을 실어준다. 첫째, 바울이 빌레몬의 "사랑"과 "믿음"에 감사한 앞 절에서 "믿음"은 분명히 능동적 의미로 이해된다.

둘째, 빌립보서 1:5에서 유사한 용례를 볼 수 있다. 여기서는 이 단어가 '파트너십'의 의미로 분명하게 사용되고 있다. "첫날부터 지금까지 복음에 대한 너의 파트너십으로 인해"(개역개정에는 "너희가 첫날부터 이제까지 복음을 위한 일에 참여하고 있기 때문이라"-역주).[67] 이 단어군이 빌레몬서 1:17에 다시 등장한다는 사실은 매우 중요하다. 17절에서는 빌레몬에게 오네시모를 '주 안에서 형제'(16절)로 다시 받아줌으로써 복음 사역에 바울의 "동역자"(κοινωνία)가 되라고 촉구한다. 빌레몬이 계속 믿음의 파트너십에 참여할 수 있게 해달라는 바울의 기도는, 오네시모가 돌아가면 똑같이 대해달라는 호소의 예고편이다.[68]

마지막으로, 이 해석은 대명사 "네"(σου)를 '역사하는'(ἐνεργής)[69]과 같이 배열한 것이 앞에서 빌레몬에게 적용한 "동역자"(συνεργῷ, 1절)라는 호칭의 언어유희일 수 있고, 따라서 "여기서 κοινωνία가 복음의 확장을 위한 동역자로서 바울과 빌레몬의 파트너십을 말한다고"[70] 보는 해석과도 부합한다. 이 해석은 (4)번의 해석과도 부합하지만 κοινωνία를 능동 타동사적으로 보지 않는 점이 다르다.

1:6b-c 우리 가운데 있는 선을 알게 하고 그리스도께 이르도록(ἐν ἐπιγνώσει παντὸς ἀγαθοῦ τοῦ ἐν ἡμῖν εἰς Χριστόν). 이 절의 전반부를 어떻게 해석하느냐에 따라 해석의 가능성이 제한되기는 하지만, 6절의 후반부도 동일하게 모호하다. 전치사 ἐν은 "수단"[71]이나 "시간"[72]의 의미로 해석되었지만, κοινωνία가 '파트너십'을 뜻한다면 이 전치사는 아마 파트너십이 효과를 발휘하는 '영역'을 가리킬 것이다.

'효과적인'(개역개정에는 "역사하느니라"-역주)과 '앎'(개역개정에는 "알게 하고"-역주)의 조합은 동사적 행위를 전제로 하고, 따라서 이 책의 번역에서는 '얻다'(gaining)라는 단어를 삽입한다(become effective in gaining the knowledge of). 바울의 여러 옥중 서신과 마찬가지로 바울은 여기서도 서두의 기도문의 내용을 독자(들)가 알고 있음을 암시한다(참고. 엡 1:17; 빌 1:9; 골 1:9). 동일한 시기에 동일한 청중에게 쓴 골로새서의 구절이 특별히 관련이 있다.

> "이로써 우리도 듣던 날부터 너희를 위하여 기도하기를 그치지 아니하고 구하노니 너희로 하여금 모든 신령한 지혜와 총명에 하나님의 뜻을 아는 것(τὴν ἐπίγνωσιν)으로 채우게 하시고 주께 합당하게 행하여 범사에 기쁘시게 하고 모든 선한 일(παντὶ ἔργῳ ἀγαθῷ)에 열매를 맺게 하시며 하나님을 아는 것(τῇ ἐπιγνώσει)에 자라게 하시고"(골 1:9-10).

이 구절은 빌레몬서의 이 구절의 여러 단어의 의미를 이해할 수 있는 단서를 준다. 첫째, 골로새서 1:9

66. 참고. Harold Riesenfeld, "Faith and Love Promoting Hope: An Interpretation of Philemon v.6" in *Paul and Paulineism: Essays in Honour of C. K. Barrett* (ed. M. D. Hooker and S. H. Wilson; London: SPCK, 1982), 254.

67. Wilson, *Colossians and Philemon*, 340.

68. Winter, "Paul's Letter to Philemon," 3. κοινωνία를 '파트너십'의 의미로 해석하는 그는 빌레몬이 오네시모를 바울에게 보내어 투옥된 그를 돕게 하여 바울과 복음 사역에 간접적으로나마 동역하도록 했다는 의미가 이 절에 포함되어 있다고 주장한다.

69. 이 형용사는 '효과적인', '적극적인', '강력한'이라는 뜻이다. BDAG, 335.

70. Heil, "The Chiastic Structure and Meaning of Paul's Letter to Philemon," 192 n. 25.

71. "앎을 통해"(NASB; 참고. KJV, NKJV, HCSB).

72. "네가 알 때"(NRSV).

에 언급된 "아는 것"은 독자의 '앎'을 말한다. 마찬가지로, 빌레몬서의 '앎'은 일반적인 신자의 지식이 아니라(κοινωνία가 믿음의 공유를 의미한다면 이 경우에 해당할 것이다) 빌레몬의 지식이다. 바울은 빌레몬이 복음 사역의 파트너가 되어 동일하게 이 복음의 능력을 체험하라고 격려한다.

골로새서처럼 이 '앎'은 추상적인 지식이 아니라, 받은 복음에 신실하게 살고자 노력하며(참고. 골 1:5-6) '그분의 뜻을 아는 지식'을 말한다. 이것은 또한 '모든 선한 것'(παντὸς ἀγαθοῦ, 개역개정에는 "선"-역주)이라는 구절을 이해하는 데 도움이 된다. 이 "선"은 당연히 "하나님의 뜻"을 가리킨다.[73] 이 구절은 또한 7절의 사랑으로 전환하는 역할을 한다. 골로새서의 유사한 구절("모든 선한 일", παντὶ ἔργῳ ἀγαθῷ)은 '하나님을 아는 것'에 부합하는 실제적 행동을 가리킨다. 이제 바울은 빌레몬의 "선"에 대한 지식이 하나님의 뜻을 아는 결과물인 사랑의 행동으로 이어지게 해달라고 기도한다.[74]

마지막으로, '그리스도를 위해'(for Christ, εἰς Χριστόν, 개역개정에는 "그리스도께 이르도록"-역주)라는 마지막 전치사구 역시 설명이 필요하다. 이 구절은 "그리스도를 향해"(ASV),[75] "그리스도께로"(NET; 참고. GNB),[76] "그리스도를 위하여"(TNIV, ESV, NIV; 참고. NASB, NJB, NRSV, NLT),[77] "그리스도의 영광을 위하여"(HCSB)[78]로 다양하게 번역되었다. 바울이 여러 문맥에서 이 구절을 사용하기 때문에 정확한 의미를 단정할 수 없지만, '모든 선한 것을 아는 것'의 그리스도 중심성이 강조되는 것이 분명하다. 이 절이 하나님의 뜻을 수행함에 있어서 파트너십의 중요성을 강조한다고 보는 이 책의 해석을 감안하면, 가장 적절한 해석은 '그리스도를 위해'이다. 이러한 사상은 바울이 "그리스도 안에서"(ἐν Χριστῷ, 20절) 그의 마음을 기쁘게 해달라고 빌레몬에게 당부하며 사용한 다른 구절에서도 표현된다.

1:7b 내가 너의 사랑으로 많은 기쁨과 위로를 받았노라(χαρὰν γὰρ πολλὴν ἔσχον καὶ παράκλησιν ἐπὶ τῇ ἀγάπῃ σου). 바울은 이 단락을 마무리하면서 빌레몬이 그동안 주위 신자들에게 사랑을 베푼 사실을 강조한다. 헬라어 원문을 보면, 앞 절이 이 서론 단락의 본론에 해당하는 긴 문장을 마무리한다. "구조상으로는 단락이 끝났는데도" 7절이 이 서론 단락을 연장하고 있다는 주장도 있다.[79] 그러나 이 절은 여러 면에서 중요하다. 첫째, "사랑"을 강조하는 것은 5절의 "사랑"에 대한 언급을 반복하는 것이다. 6절이 "믿음"의 주제를 확대하듯이 이 절은 "사랑"의 주제를 확대한다. 여기서도 교차 대구 구조를 볼 수 있다.

a 사랑(5c절)
  b 믿음(5d절)
  b′ 믿음(6절)
a′ 사랑(7절)[80]

---

73. Moule, *Epistles to the Colossians and to Philemon*, 143. 그는 골로새서 평행 구절이 아니라 하나님의 뜻이라는 유대적 개념과의 유사성을 통해 동일한 결론에 도달한다. 유대인에게 '모든 선한 것'은 하나님의 뜻을 계시하는 율법 안에서 찾을 수 있다. 그러나 바울에게는 그리스도 예수를 믿는 '믿음'으로만 발견할 수 있다.

74. 14절에서 빌레몬이 오네시모를 영접함으로 성취해야 할 것을 가리켜 "선한 일"(τὸ ἀγαθόν)이라는 단어가 사용되는 것을 유의해서 보라.

75. 예를 들어, N. T. Wright, *The Epistles of Paul to the Colossians and to Philemon* [TNTC; Grand Rapids: Eerdmans, 1986], 177.

76. 예를 들어, Fizmyer, *Letter to Philemon*, 98.

77. 예를 들어, Moo, *Letters to the Colossians and to Philemon*, 394.

78. 참고. "in expectation of Christ"; Barth and Blanke, *Letter to Philemon*, 291.

79. Ryan, "Philemon," 225.

80. Heil, "The Chiastic Structure and Meaning of Paul's Letter to Philemon," 182. 그는 4절과 7절의 전치사 'in/from'(ἐπί)의 용례가 인클루지오를 이룬다고 지적한다. "바울이 빌레몬의 사랑(5절)에 대해 하나님께 감사하는 것은 그의 기도 **안에서다**. 바울이 많은 기쁨과 격려를 얻은 것은 그의 사랑 **안에서**이기 때문이다(7절)"(강조체 원저자).

둘째, 이 본문의 후치 분사(for, γάρ)도 유념해야 한다. 영어 단어 'for'로는 이 분사의 여러 다양한 기능을 전달하기 어려우므로 이 분사는 번역되지 않았다. 이것은 앞의 내용의 근거를 제공하는 데 사용될 수 있다. 그러한 경우, 4절에서 바울이 감사를 드린 근거를 소개한다. "내가 내 하나님께 감사를 드리는 이유는 너의…한 사랑과…믿음을 들었기 때문이며, 너의 사랑으로 많은 기쁨과 위로를 받았기 때문이다."[81] 반면 바로 앞 절의 이유를 소개할 수도 있다. "믿음에 대한 네 파트너십이…하는 데 효과가 있기를 (내가 기도한다)…이는 내가 네 사랑으로 많은 기쁨과 위로를 받았기 때문이다."[82] 또한 이 분사는 "강조의 부사"[83]로서 6절에서 주장하는 요지를 강조하는 것으로 해석할 수도 있다. "내가 실제로 네 사랑으로 많은 기쁨과 격려를 받아왔다"(NRSV).

셋째, 이 절은 빌레몬서 본론으로 전환하는 역할을 한다. "사랑"(τῇ ἀγάπῃ)을 언급하는 것은 9절의 '사랑하라'는 호소의 근거로 사용되고, 7a절의 신자들의 "마음"(τὰ σπλάγχνα)을 평안하게 하라는 언급도 바울이 7절과 20절에서 빌레몬에게 자신의 마음을 평안하게 해달라고 호소하는 것을 예고한다.

바울에게 "기쁨"(참고. 롬 14:17; 15:13; 갈 5:22; 빌 1:25; 골 1:11)과 "위로"(고후 1:3-7; 빌 2:1)는 모두 하나님의 구원 역사에 대한 긍정적인 경험을 뜻할 수 있다. 또한 신자의 신실함에 대한 바울 자신의 반응을 가리켜 사용되기도 한다("기쁨", 고후 2:3; 7:4; 빌 4:1; "위로", 고후 7:4). 여기서 "위로"(παράκλησιν)라는 단어(참고. NASB, NLT, ESV)는 "격려"로 번역될 수 있다(참고. NRSV, GNB, HCSB, TNIV, NET, NIV). 아마 "위로"라는 번역이 동사형으로 하나님의 종말론적 구원의 도래를 표현하는 구약의 관용 어구를 더 잘 반영할 것이다(참고. 사 40:1). 바울은 빌레몬의 사랑의 행동에 초점을 맞추는 동시에 그 사랑의 근거를 선행하는 신적 사역에서 찾으려 한다. 신적 사역과 빌레몬이 보였던 반응을 토대로 바울은 빌레몬이 동일하게 행동하기를 계속 '호소한다'(παρακαλῶ, 9, 10절). 고린도후서 7:13에서도 유사한 단어 조합을 볼 수 있다.

> "이로 말미암아 우리가 위로(παρακεκλήμεθα)를 받았고 우리가 받은 위로(τῇ παρακλήσει) 위에 디도의 기쁨(τῇ χαρᾷ)으로 우리가 더욱 많이 기뻐함(ἐχάρημεν)은 그의 마음이 너희 무리로 말미암아 안심함(ἀναπέπαυται)을 얻었음이라."

바울이 "위로"와 "기쁨"을 누리는 이유는 빌레몬이 모든 성도에게 베푼 "사랑"(τῇ ἀγάπῃ)때문이다. 이후로도 바울은 이 편지에서 "사랑"을 중점적으로 거론할 것이다.

1:7a 형제여 성도들의 마음이 너로 말미암아 평안함을 얻었으니(ὅτι τὰ σπλάγχνα τῶν ἁγίων ἀναπέπαυται διὰ σοῦ, ἀδελφέ). 바울이 기뻐하며 위로를 받는 이유는, 빌레몬의 사랑의 수고 덕분에 신자의 "마음"이 평안을 얻었기 때문이다. 전환 구절로서 이 절의 성격은 여러 중요한 단어를 통해 명확히 드러난다. "마음"(τὰ σπλάγχνα)으로 번역된 단어는 원래 사람(혹은 동물)의 "내장"(inner parts)[84]을 가리킨다. 바울에게 마음은 "가장 심층적 차원에서 표현된 총체적 인격"[85]을 뜻한다. 이 단어는 빌레몬서에서 세 개의 하부 단락에 세 번 등장한다. "이

81. Lightfoot, *St. Paul's Epistles to the Colossians and to Philemon*, 334.

82. Arthur A. Rupprecht, "Philemon," Expositor's Bible Commentary (ed. Tremper Longman Ⅲ and David E. Garland; 2nd ed.; Grand Rapids: Zondervan, 2006), 12:637.

83. Herbert W. Smyth, *Greek Grammar* (rev. Gordon M. Messing; Cambridge, MA: Harvard Univ. Press, 1984), 2803.

84. 참고. "창자"(bowels, KJV).

85. Helmut Köster, "σπλάγχνον, κτλ.," *TDNT*, 7:555.

단어들은 자체로 바울의 논증의 기준인 삼단 논법을 구성한다. 빌레몬이 성도들의 마음을 평안하게 하면(7절) 그리고 오네시모가 바울의 심장 자체라면(12절), 빌레몬은 바울의 마음을 평안하게 하기 위해 오네시모의 마음을 평안하게 해야 한다(20절)."[86]

'평안함을 얻다'(have been refreshed, ἀναπέπαυται)라는 동사 자체는 휴식을 취한다는 의미일 수 있다.[87] 이 문맥에서는 바로 그러한 뜻으로 해석되어왔다.[88] 그러나 다른 바울 서신에서 이 동사는 여러 차례 사람의 마음과 영을 새롭게 회복한다는 의미로 사용된다(고전 16:18; 고후 7:13; 몬 1:20). 이 구절들을 각각 살펴보면, "새로운 회복은 자신의 행동이 아니라 타인의 행동으로, 실제로 자신이 행동하지 않음(물리적 휴식)으로 가능하다."[89]

나아가 '평안하게 하다'(refresh)라는 동사를 인간의 마음이나 영과 관련해 사용하는 경우는 1세기(그리고 고대) 헬라 저자 중에서 바울만이 보이는 특징이기 때문에, 이 구절의 의미에 대해 연구가 필요하다. 바울이 이 단어를 쓴 경우는 모두 긍정적인 칭찬의 의미를 내포하고 있다. 빌레몬서에서 이 구절의 용례와 가장 가까운 평행 구절은 고린도전서 16:18이다. 두 문맥에서 모두 "전통적인 사회적 장벽"을 뛰어넘는 내용이 등장한다.[90] 빌레몬서 1:20에 이 동사가 다시 등장함으로써 수사의 방향이 서술형에서 명령형으로 바뀐다. 바울은 빌레몬에게 오네시모를 "형제"(16절)로 받아주어서 자신의 마음을 평안하게 해달라고 요청한다.

이러한 해석은 7절과 20절에서 호격의 "형제"(ἀδελφέ)가 등장하는 이유를 설명해준다. 바울은 여기서 하나님의 가정에서 빌레몬의 위치를 상기시킨다. 고린도전서 16:18과 고린도후서 7:13처럼 평안하게 하는 행위는, 단순히 시혜적 행위가 아니라 현재적 실재관에 도전하는 복음의 능력을 증명하는 것이다.

적용에서의 신학

1. 하나님의 가정

바울은 이 서론 단락에서 이후에 전개할 논증의 근거로서 하나님과 수신자들의 관계에 집중하는 의례적 절차를 따른다. 그는 예수 그리스도의 복음으로 생겨난 실재를 인정해야 한다는 사실을 강조한다. 이 실재는 두 가지 면에서 일상의 인지된 실재와 중첩된다.

첫째, 복음 사역의 영향은 모든 사회적 단위 중 가장 기본이 되는 곳에서 확인되므로, 개인적이고 사적인 문제는 교회적인 문제가 된다. 이 점은 서두의 인사말에서 명확하게 드러난다. 바울은 공동 저자인 디모데를 언급하고 교회의 여러 지체(그리고 아마 지도자들)를 거론하

86. Church, "Rhetorical Structure and Design," 24.

87. BDAG, 69.

88. Wright, *Colossians and Philemon*, 178. "매일 주를 위해 싸우는 데 지친 골로새 그리스도인들은 빌레몬에게서 평안과 안식을 얻음으로 새롭게 영적 싸움을 할 힘을 얻는다."

89. Andrew D. Clarke, "'Refresh the Hearts of the Saints': A Unique Pauline Context," *TynBul* 47 (1996): 298-99.

90. Clarke, "'Refresh the Hearts of the Saints'," 296.

면서(빌레몬, 압비아, 아킵보, 1-2절), 공동 저자('우리 형제')와 수신자들("우리의 사랑을 받는…동역자", '우리 자매', "우리와 함께 병사 된")의 여러 관련 호칭을 덧붙여 소개한다. 이것은 빌레몬의 가정 교회에 대한 언급에서 정점에 이른다. "네 집에 있는 교회"(2절). 단순히 빌레몬에게 압력을 가하는 방식이 아니라 이렇게 교회론적 의미를 강조하는 것은, 여기서 거론된 문제가 중요하며 한 가정 교회가 전체 교회에 미치는 영향을 보여준다. 나아가, 주 예수는 만유의 주이시므로 개인적 영역과 공적 영역의 경계가 희미해진다.

이 교회론적 강조는 빌레몬서의 핵심 인물들이 하나님의 집의 지체로서 묘사된 것과 관련된다. 우리는 골로새서에서 바울이 가정 규약을 활용해 그리스도의 주 되심을 선언하고, 신자가 이 주를 섬기는 자라고 규정한 것을 살펴보았다.[91] 빌레몬서에서 바울이 관심을 갖는 핵심은 그리스도의 주 되심 아래 그리스도인 가정의 지체가 맺는 상호 관계성이다. 바울 서신 중 친족에 관한 언어를 가장 집중적으로 사용한 편지 중 하나인[92] 빌레몬서는, 현안을 다루어야 하는 상황에서 여러 지체의 관계를 규정할 때 친족 용어에 담긴 중요성을 드러낸다.[93]

바울은 하나님의 가정에서 빌레몬의 역할을 상기시키기 위해 먼저 자신의 동역자를 "형제"(1절)로, 빌레몬이 속한 교회의 한 지체를 "자매"(2절)라고 호칭하며 가정에 대한 묘사를 시작한다. 바울은 형제자매 관계 속에서 빌레몬이 하나님 가정의 한 지체임을 보여준다. 이 서론 단락의 말미에서는 호격 "형제"(7절)를 사용하여 빌레몬을 직접 부른다. 이 호격은, 바울이 빌레몬에게 하나님의 가정에서 그가 갖는 위치에 걸맞게 처신하라고 당부하는 서신 본론의 마지막 절에 다시 등장한다(20절). 그러므로 오네시모를 "종과 같이 대하지 아니하고 종 이상으로 곧 사랑받는 형제로 둘 자"로 받아주라는 16절의 핵심적 호소는 더욱 강력하게 다가온다.[94] 이 호소는 새로운 준거 틀의 실재를 인정할 경우에만 실현될 수 있다.

하나님의 가정에서 "하나님"은 자연히 "우리 아버지"(3절)가 되시고 "예수 그리스도"는 "주"가 되신다(3, 5, 25절). 빌레몬을 향한 바울의 당부는 바로 이 주 되심 아래 이루어진다. 이것은 빌레몬서에서 이 당부가 항상 "주 안에서"라는 표현과 함께 등장하는 데서 알 수 있다(16, 20절). 인지된 현실과 복음으로 가능해진 실재의 공존은, 16절에서 "육신"과 "주 안에서"라는 두 표현이 함께 사용된 데서 드러난다. 바울은 친족 용어를 사용하여 결정에 필요한 가장 중요한 준거 틀로서 하나님의 가정의 중요성을 강조한다.

마지막으로, 바울은 편지 본론에서 자신을 "나이가 많은 나"(9절)라고 소개하고 오네시모는

91. 골로새서 3:18-4:1에 대한 '적용에서의 신학'을 보라.

92. Raymond E. Collins, *The Power of Images in Paul* (Collegeville, MN: Liturgicla, 2008), 76. "갈라디아서를 제외하면, 신약에서 빌레몬과 그의 집에서 모이는 가정 교회에 보낸 편지처럼 친족 용어를 중시하는 본문은 없을 것이다."

93. 이 가상의 친족 용어는 바울 서신에서 두루 사용되지만 그 기원은 예수님께로 거슬러 올라갈 수 있다. 예수님은 제자들을 "형제"라고 부르셨다(예를 들어, 마 12:50; 28:10; 막 3:35; 요 20:17). 신자가 서로 형제자매 관계가 될 수 있는 것이 예수님 때문이라는 사실도 중요하다. 참고. Stanley E. Porter, "Family in the Epistles," in *Family in the Bible: Exploring Customs, Culture, and Context* (ed. Richard S. Hess and M. Daniel Carroll R.; Grand Rapids: Baker, 2003), 148-66.

94. 고대 문맥에서 "노예" 역시 가정과 관련된 용어임을 기억하라.

"아들"(10절)이라고 부른다. 바울은 "나이가 많은"이라는 언급으로 주 예수 그리스도의 최종적 권위 아래서도 자신의 말을 권위 있는 말로 받아들여야 함을 드러낸다. 그리고 오네시모를 "아들"이라는 호칭으로 부른 것은, 노예라는 그의 현실적 신분이 하나님의 집에 속한 자로 변했음을 보여준다. 바울이 오네시모의 신분이 이미 달라졌다고 보기 때문에, 빌레몬은 이 현실을 인정해야 한다. 바울의 "아들"이 빌레몬의 "형제"가 됨으로 아비인 바울의 위치가 확인된다. 그러므로 빌레몬은 바울의 "아들"이 된다. 이것은 빌레몬 "자신"이 바울에게 '빚졌다'고 말하는 19절에 함축되어 있다.

이 논의는 단순히 추상적인 학술적 논의가 아니라, 구체적인 행동으로 실행하기 위한 중요한 준거 틀을 보여준다. '이론적/교리적' 단락과 '실제적/윤리적' 단락을 엄격히 분리하는 다른 바울 서신과 달리, 빌레몬서에는 그런 이중 구조가 나타나지 않는다. 그러나 새로운 준거 틀은 명령형 권고의 기초가 되는 '서술형' 진술에 있다. 이 서신을 적용할 때도 이런 중요한 신학적 방향을 무시할 수 없다.

현대적 배경에서 이 실재를 어떻게 적용할 수 있는가? 서구에 만연한 개인주의를 감안할 때, 가족 용어는 '핵'가족 밖에서는 거의 사용되지 않는다. 그러나 같은 민족 집단을 중심으로 모이는 교회에서 그런 용어는 여러 지체 사이의 유대를 형성할 때 의미를 갖는다. 또한 가족 용어는 세대 갈등을 해결할 수 있는 수단을 제공한다. 그리하여 그리스도의 주 되심에 초점을 맞춘 성경적 렌즈를 통해 효도의 의미가 변화될 때 새로운 정체감이 생길 수 있다.[95] 그런 공동체에서는 한 개인이 여러 입양 부모와 이모 혹은 삼촌을 두게 되고, 그들은 서로를 인정하고 격려하는 공동체 안에서 공동 양육의 책임을 진다. 상호 존중, 복종, 책임은 십자가의 변화시키는 능력을 입증한다. 이러한 일은, 형식은 다르겠지만 하나님의 가정의 실재를 삶에 적용하는 다른 기독교 공동체에서도 실천될 수 있다.

오늘날 서구의 교회는 규모가 작은 소수 민족 기독교 공동체에게서 배울 점이 있다. 그들은 빌레몬서가 서술한 일종의 상호 의존적인 하나님의 가정에 대해 더 좋은 본보기가 된다. 한 교회가 상호 책임성과 그 외 다른 친밀함을 고양할 미덕을 실천하는 가족이 되기 위해서는 규모가 어느 정도 영향을 미친다. 대형 교회는 소그룹 단위로 교제를 나눔으로써 그런 미덕의 모범을 보일 수 있다. 이렇게 서로를 돌보고 관여하는 믿음의 가정을 이루는 데 방해가 되는 큰 요인으로는, 개인주의와 자기만족을 이상으로 삼는 서구적 사상이다. 빌레몬서는 이 두 가지 태도에 도전한다.

---

95. 예를 들어, Peter T. Cha, "Constructing New Intergeneratuinal Ties, Cultures and Identities Among Korean American Christians: A Congregational Case Study," in *This Side of Heaven: Race, Ethnicity, and Christian Faith* (ed. Robert J. Priest and Alvaro L. Nieves; Oxford: Oxford Univ. Press, 2007), 259–73의 유익한 논의를 보라.

2. 믿음과 사랑

'서술형'과 '명령형'의 관계에 대한 논의는 자연스럽게 빌레몬서의 "믿음"과 "사랑"에 관한 논의로 이어진다. 이런 관련성은 골로새서를 살펴볼 때 이미 확인했다.[96] 골로새서는 개인의 행동의 근거로서 올바른 믿음의 중요성을 피력했다. 반면 빌레몬서는 빌레몬이 올바른 신앙을 소유했다면 응당 보여야 하는 올바른 행동에 초점을 맞춘다. 이 편지의 본론이 빌레몬에게 "사랑"으로 하는 간청에 분명하게 초점을 맞추지만(9절), 서론 단락은 "믿음"과 "사랑"의 불가분한 관계를 강조한다.

이 관계의 예시는 두 가지 방법으로 제시된다. 첫째, 교차 대구법으로 설명할 수 있는 5절의 난해한 구조는 "믿음"의 근본적 중요성을 강조한다. 5절 전반부에 나오는 "사랑"은 마지막 어구인 "모든 성도에 대한"에서 다시 연결되고, 두 요소는 5절 중앙에 있는 '주 예수에 대한(πρός) 믿음'을 감싸고 있다(몬 1:5에 대한 설명을 보라-역주). "모든 성도에 대한…사랑"은 '주 예수를 향한 믿음'에 근거를 두는 것이다. 둘째, 5-7절의 구조 역시 바울이 "사랑"에 대한 언급으로 시작해서 마무리하고(5c, 7절), 중앙에서 "믿음"을 논의(5d, 6절)하는 형태로 두 번째 교차 구조를 이룬다. 여기서도 마찬가지로 믿음이 "그리스도"와의 관계에서 규정된다(6절).

그러므로 바울은 본격적으로 당부하기 앞서 예수님을 주로 고백하는 행위의 근본적인 중요성을 지적한다. 이 고백은 빌레몬과 자신이 공유하는 고백이기도 하다. 그러므로 바울이 호소하는 사랑은 단순히 친절함을 베푼다는 일반적인 태도가 아니라 그리스도가 먼저 행하신 사역, 신자가 믿음으로 전유하는 사역에 근거한 사랑이다. 사랑에 대한 이런 이해는 빌레몬을 "사랑을 받는"(1절) 자라고 언급한 이유를 설명해준다. 여기서 그를 사랑하는 주체는 바울과 디모데뿐 아니라 궁극적으로는 하나님까지 포함된다. 그리스도의 구속 사역으로 하나님의 사랑을 체험했기 때문에 빌레몬은 선행하는 은혜의 행위에 반응해야 한다.

"믿음"과 "사랑"의 관계를 이렇게 이해하는 것은, 이웃을 향한 사랑이 유일하신 하나님에 대한 예배에 기반한다는 구약적 고백에 뿌리를 두고 있다.

> 사랑하라는 명령은 사랑에 대한 포괄적인 신학적 개념의 일부이고, 이 개념은 하나님의 언약적 사랑과 이스라엘의 근본적 고백에 드러나는 사랑의 반응을 모델로 삼는다. "이스라엘아 들으라 우리 하나님 여호와는 오직 유일한 여호와이시니 너는 마음을 다하고 뜻을 다하고 힘을 다하여 네 하나님 여호와를 사랑하라"(신 6:4-5).[97]

하나님 사랑과 이웃 사랑의 관계는, 예수님이 가장 중요한 계명이 무엇이냐는 질문에 대답

96. 골로새서 1:1-8에 대한 '적용에서의 신학'을 보라.

97. Carter Lindberg, *Love: A Brief History through Western Christianity* (Oxford: Blackwell, 2008), 28.

하시면서 이미 언급하셨다. 예수님은 신명기 6:4-5을 인용한 후 레위기 19:18을 덧붙이셨다. "둘째는 이것이니 네 이웃을 네 자신과 같이 사랑하라 하신 것이라 이보다 더 큰 계명이 없느니라"(막 12:31; 참고. 마 22:39-40; 눅 10:27).

비록 이 짧은 편지에 직접적인 신학적 진술은 많이 나오지 않지만, "믿음"과 "사랑"의 관계는 빌레몬서 전반의 중요한 근거가 된다. 현대 그리스도인은 믿음의 이론적 진술만 인정하는 데 그쳐서는 안 된다. 우리 역시 이 믿음이 단언하는 필수적인 실재를 삶으로 직접 실천해야 한다. 마찬가지로 단순히 친절한 행위에 만족해서는 안 된다. 우리는 자기중심적인 삶을 하나님을 예배하는 삶으로 변하게 해줄 복음을 삶으로 드러내야 한다. 그렇게 할 때 하나님의 가정의 형제자매인 다른 사람들을 사랑할 수 있다.

3. 사역의 파트너십

마지막으로, 6절의 코이노니아(*koinōnia*)에 대해 짧게 언급해야 한다. 6절은 종속절이지만 감사와 중보가 모두 등장하는 긴 기도가 포함된 단락에 나오는 목적절이다. 6절은 이 기도의 목적을 알려주기 때문에 서론 단락의 절정 부분이라고 볼 수 있다. 이 절의 정확한 의미를 파악하기는 어렵지만 바울이 빌레몬에게 복음 사역에 동참하라고 요청하고 있음은 분명하다.[98] 문법적, 구문론적으로 모호하지만 사역에 대한 명확한 비전은 뚜렷이 드러난다.

첫째, 바울은 신자가 복음 사역에 파트너로 협력해야 한다고 주장한다. 그의 사도적 권위는 의심할 수 없는 확실한 것이지만, 그는 그 권위가 복음 선교를 이루어가는 특별한 도구로서 자신의 위치를 인식하는 근거라고 생각하지 않는다. 바울은 디모데를 이 편지의 공동 발신자로 언급하면서 이 점을 암시했다(1절). 더 중요한 것은 바울이 "동역자"(1절)로, 그리하여 복음 사역의 '파트너'로서 빌레몬에게 당부한다는 점이다. 그러므로 자신의 사도적 권위를 언급한다고 해도(8절) 서로 공유하는 믿음을 근거로 빌레몬에게 당부한다. 코이노니아는 참여, 교제, 공통된 근거를 공유하는 것을 뜻하는 단어로서, 공통된 믿음에 대한 바울의 인식을 가장 잘 표현한다. 따라서 이것은 복음 사역의 공통된 소명 의식을 가장 잘 드러내는 단어이다.

둘째, 복음 사역의 파트너십에 대한 바울의 인식 역시 주목해야 한다. 이 파트너십은 동일한 시간과 공간에 있는 동년배의 물리적 협력을 의미하지는 않는다. '그리스도를 위한'(6절) 동일한 목표를 가지고 동일한 복음 사역에 동참하는 것을 가리킨다. 또한 이러한 목표의 일치는 바울이 자신과 다른 사람들을 하나님의 "동역자"로 보는 본문을 이해하게 해준다(고전 3:9; 살전 3:2).[99] 다시 말해, 바울과 빌레몬이 "동역자"임을 강조하는 것은 단순히 복음 프로젝트에 협력하라는 말이 아니다. 이것은 그리스도와 그분의 나라를 위한 동일한 소명을 공유하고, 복

98. 이 절의 핵심 요지를 다시 풀이해서 쓰는 일반적인 방법은, 이 절의 한 가지 해석에만 의존하는 것으로 이 적용의 근거를 찾으려 하지 않는다.

99. Clarke, *A Pauline Theology of Church Leadership*, 93.

음 사역에 순종하며 의존한다는 더 중요한 사실을 강조한다. 즉, 바울은 빌레몬에게 자신의 개인적 조력자가 되라고 부르는 것이 아니라, 하나님의 신실한 일꾼으로서 공통된 소명에 동참하라고 요청하고 있는 것이다.[100]

마지막으로, 바울에게 복음 사역의 파트너가 된다는 것은 개인적으로 성장하고 성화될 기회가 생긴다는 뜻이다. 바울은 빌레몬의 "믿음의 교제가 우리 가운데 있는 선을 알게 하고 그리스도께 이르도록 역사하[게]"(6절) 해달라고 기도할 때 이 점을 명시적으로 언급한다. 이것은 빌레몬을 복음 사역의 적극적 기여자가 아닌, 하나님의 역사적 사역에 순종하는 증인으로 정의한다. 바울은 빌레몬에게 할당된 과업을 이루라고 간청하지 않고, 하나님의 역사적 사역에 참여함으로 자신의 존엄과 명예를 인정하라고 도전한다. 이로써 그는 백성 안에서 역사하시는 하나님의 놀라운 사역을 더 잘 이해하게 될 것이다.

우리 역시 하나님의 역사적 사역의 증인으로 합류하라고 부르심 받고 있다. 이것은 그리스도의 구속 사역에 근거한다. 그리스도가 모든 복음 사역의 목표가 되시기 때문이다. 오직 그러한 시각으로 바라볼 때만 사람은 자신의 역할을 인식할 수 있다. 곧, 복음 사역에 참여함으로 하나님의 은혜를 누릴 특권을 지닌, 순종하며 의지하는 존재로 자신을 인식하는 것이다. 파트너십에는 기도, 재정적 지원, 개인 전도와 상담, 상호 용서와 화해, 심지어 하나님의 특정한 소명에 대한 순종과 복종이 포함된다.

100. 바울이 자신의 "동역자"라고 생각하는 지역 지도자들과 그의 관계에 대해서는 Robert Banks, *Paul's Idea of Community* (rev. ed.; Peabody, MA: Hendrickson, 1994), 163–65를 보라.

CHAPTER 13

빌레몬서 1:8-16

문학적 전후 문맥

안부 인사(1-3절), 감사(4-5절), 기도(6-7절)로 이루어진 앞 단락은 이 중심 단락의 예고편에 해당한다. 이 중심 단락에는 오네시모에 대한 바울의 당부가 포함되어 있다(8-10절). 서론 단락에서 바울은 하나님의 가정에서 각자의 위치로 관련 인물들을 소개하는 방식을 통해 당부를 전달하기 위한 틀을 제시했다. 하나님은 "우리 아버지"(3절)이시고, 예수 그리스도는 "주"(3절)이시며, 빌레몬은 "형제"(7절)이다. 이런 구도는 빌레몬이 오네시모를 영접할 때 그가 신자로서 새로 얻게 된 위치, 즉 투옥 생활 중에 바울이 낳은 "아들"로서의 위치(10절)를 참작하여 "형제"(16절)로 받아들여달라는 당부를 예고한다.

감사와 기도문 역시 이 중심 단락의 토대가 된다. 바울이 감사하는 이유는 빌레몬의 "모든 성도에 대한 사랑"과 '주 예수에 대한 믿음'(5절) 때문이었다. 기도문도 "믿음"(6절)과 하나님의 가정의 한 지체를 향한 "사랑"(7절)에 초점을 맞춘다. 편지 본론에서는 "사랑"이 빌레몬에게 요청하는 근거가 된다(9절).

대부분의 학자는 본론이 8절에서 시작된다는 데 동의한다. 그러나 본론이 어디서 마무리되는지와 이 본론을 단락별로 분명하게 나눌 수 있는지에 대해서는 의견이 분분하다. 이렇게 합의가 이루어지지 않는 이유는, 한편으로는 8-16절과 17-20절간의 밀접한 관련성 때문이고, 또 다른 한편으로는 21-22절에 바울이 당부하는 내용이 다시 나오기 때문이다.

먼저 본론의 마지막 부분부터 살펴보겠다. 본론이 빌레몬을 향한 바울의 부탁과 권면에 초점을 맞추는 것이 분명하므로, 일부 학자는 22절까지를 본론으로 본다(참고. GNB, CEV, NEB, HCSB, NET, NLT, ESV).[1] 이 견해는 22절에 마지막 지시 내용(바울이 묵을 방을 준비하라는)이 나오고, 23절에서 인사로 넘어간다는 점으로 뒷받침된다. 본론이 오네시모에 관한 문제를

1. Wright, *Colossians and Philemon*, 178-79; Rupprecht, "Philemon," 635; Arzt-Grabner, *Philemon*, 192.

집중적으로 다룬다고 보는 학자들은 본론을 21절까지로 보는 것이 자연스럽다고 생각한다. 바울이 빌레몬에게 자신의 당부에 순종하라는 마지막 훈계로 끝내기 때문이다(참고. NRSV, NJB, TNIV, NIV).[2] 마지막으로, 21절을 편지의 본론의 긴급성을 강조하는 마무리 발언으로 보는 학자들은, 20절을 본론의 마지막으로 보는 것이 자연스럽다고 생각한다(참고. NAB).[3]

8–20절이 빌레몬서의 본론이라고 보는 해석이 가장 타당해 보인다. 첫째, 22절 서두의 '동시에'(ἅμα δέ, 개역개정에는 번역되어 있지 않음–역주)라는 표현은 22절과 21절을 연결하는 역할을 한다. 22절이 바울의 방문 계획을 다루므로, 바울 서신에 나타나는 마무리 단락의 특징과 부합하는 면이 있다(참고. 롬 15:22–32). 그러므로 21절부터 마무리 단락이 시작된다고 보는 것이 가장 적절하다. 둘째, 서론 단락을 마무리할 때(7절) 사용된 "형제"(ἀδελφέ)와 '평안하게 하다'(ἀνάπαυσον)와 "마음"(τὰ σπλάγχνα)이라는 단어는 20절에 다시 등장하고, 이로써 두 번째 단락을 마무리한다.

본론의 두 단락은 그 경계가 훨씬 모호하다.[4] 이 책에서 선택한 단락 구분은 다음과 같다. 즉, 첫 하부 단락이 오네시모와의 관계를 근거로 바울의 당부를 소개하고(8–16절), 두 번째 단락은 바울과 빌레몬과의 관계를 근거로 지시 사항을 소개하는 것으로 본다(17–20절). 이런 구분은 8–16절에는 명령형이 하나도 나오지 않는데, 9, 10절에서 '간구하다'(παρακαλῶ)라는 동사가 사용된 점을 근거로 한 것이다. 반면, 17–20절에서는 명령형이 세 번이나 등장한다(17, 18, 20절). 8절의 "이러므로"(διό)와 17절의 비교를 나타내는 표현(οὖν)은 본론을 이렇게 두 단락으로 구분하는 방식을 지지한다.[5]

바울은 8–16절에서 자신의 권위에 호소하면서(8절) 당부의 근거를 사랑에서 찾는다(9절). 또한 오네시모와 자신의 관계(10절), 오네시모가 그에게 유익한 존재라는 점(11–14절), 그리스도 안에서 그의 새로운 관계와 그로 인해 바울의 마음에서 그가 차지하는 위치(15–16절)를 보여준다. 바울은 이런 호소와 함께 17–20절에서 빌레몬에게 오네시모를 영접하고 바울의 마음을 평안하게 해달라고 구체적으로 지시한다.

---

2. Herbert Carson, *The Epistles of Paul to the Colossians and Philemon* (TNTC; Grand Rapids: Eerdmans, 1960), 112.

3. Lohse, *Colossians and Philemon*, 198; O'Brien, *Colossians, Philemon*, 286; Stuhlmacher, *Der Brief an Philemon*, 324; Barth and Blanke, *Letter to Philemon*, 487; Ryan, "Philemon," 253; Wilson, *Colossians and Philemon*, 362; Moo, *Letters to the Colossians and to Philemon*, 397–98.

4. 또 다른 이들은 본론의 두 단락을 다르게 나누어야 한다고 주장한다(8–14절, 15–20절, 예를 들어, Dunn, *Epistles to the Colossians and to Philemon*, 322). 세 단락으로 나누어야 한다고 주장하는 이들도 있다(8–14절, 15–16절, 17–20절, 예를 들어, Moo, *Letters to the Colossians and to Philemon*, 399).

5. Allen, "The Discourse Structure of Philemon," 87도 보라. 그는 또한 8절의 "그리스도 안에서"와 16절의 "주 안에서"라는 구절로 인클루지오를 이룬다고 주장한다.

주요 개념

바울은 오네시모가 자기 아들로서 그에게와 복음 사역에 유익한 자라고 단언하고, 빌레몬에게 그를 더 이상 종이 아니라 사랑을 받는 형제로 받아주라고 촉구한다. 이런 새로운 실재관은 다음 단락에서 바울의 명시적 지시의 근거로 사용된다.

번역

빌레몬서 1:8-16

8a	9a의 양보	이러므로 내가 그리스도 안에서 아주 담대하게
b	서술	네게 마땅한 일로 명할 수도 있으나
9a	기대와 반대	**도리어 사랑으로써 간구하노라**
b	동격	나이가 많은
c	동격	나 바울은
d	9b의 확장	지금 또 예수 그리스도를 위하여 갇힌 자 되어
10a	서술	갇힌 중에서 낳은
b	9a의 확장	**아들…를 위하여 네게 간구하노라**
c	동격	오네시모
11a	서술	그가 전에는 네게 무익하였으나
b	대조	이제는 나와 네게 유익하므로
12a	10c의 연속	네게 그를 돌려 보내노니
b	10b의 서술	그는 내 심복이라
13a	소망	그를 내게 머물러 있게 하여
b	시기	내 복음을 위하여 갇힌 중에서

c	목적	네 대신 나를 섬기게 하고자 하나
14a	13a와 대조	다만 네 승낙이 없이는 내가 아무 것도 하기를 원하지 아니하노니
b	목적	이는 너의 선한 일이 억지 같이 되지 아니하고
c	대조	자의로 되게 하려 함이라
15a	주장	**아마 그가 잠시 떠나게 된 것은** [이 이유 때문이니]
b	목적	너로 하여금 그를 영원히 두게 함이리니
16a	태도	이 후로는 종과 같이 대하지 아니하고
b	대조	종 이상으로
c	확장	곧 사랑 받는 형제로 둘 자라
d	의미에 대한 설명	내게 특별히 그러하거든
e	비교	하물며…상관된 네게랴
f	영역	육신과 주 안에서

구조

바울은 오네시모와 자신의 관계에 근거하여 빌레몬에게 호소한다. 먼저 빌레몬에 대한 자신의 권위를 언급하지만, 오히려 사랑을 근거로 빌레몬에게 호소하기로 했음을 알려준다(9a절). 그러므로 자신을 사도로 소개하지 않고, 죄수이자 노인으로 묘사한다(9b–d절). 이는 사랑으로 호소하는 것이지만, 이 자기소개는 이후에 언급할 특별한 부탁에 힘을 실어줄 충분한 수사학적 효과를 발휘한다.

바울은 10절에서 오네시모를 자신이 감옥에 갇혀 있는 동안 태어난 "아들"이라고 소개하며 호소를 시작한다. 아버지와 아들이라는 관계는 빌레몬이 이후의 요청을 거부하기 어렵게 한다. 바울은, 빌레몬에게는 아닐지 모르지만(11절) 자신에게는 오네시모가 '유익한' 사람이라고 설명한다. 그는 오네시모를 빌레몬에게 돌려보내기로 결정했다고 언급하면서 한 걸음 더 나아가 오네시모를 자신의 "심복"(heart, 12절)이라고 단언한다. 이어서 그는 오네시모를 계속 곁에 두고 자신을 돕게 함으로써 복음의 대의를 위해 힘쓰게 하고 싶다는 소망을 피력하고, 자신이 이 복음을 위해 갇혔다고 말한다(13절). 호소의 근거로 사랑이라는 앞의 감정을 다시 거론하면서(참고. 10절), 바울은 빌레몬이 강제로 복종하게 하고 싶지 않고 자발적으로 순종하도록 격려하고 싶다는 심경을 다시 이야기한다(14절).

이 단락의 세 번째 문장에서 바울은 신적 수동형을 사용하여("떠나게 된", he was separated, ἐχωρίσθη, 15절) 빌레몬과 오네시모의 이별이 하나님의 뜻일 가능성을 언급한다. 이를 통해 빌레몬이 오네시모를 '더 이상 종이 아니라 종 이상의 사랑받는 형제'(16a–c절)로 받아달라는 당부를 암묵적으로 전달한다.[6] 여기서도 바울은 오네시모를 "사랑받는 형제"라고 부르고, 빌레몬에게 이런 인식에 동참하라고 촉구한다(16d–e절). 이 단락에서 초점이 바울과 오네시모의 개인적 관계에서 하나님과 빌레몬의 관계로 이동한다.[7] 하나님에 대한 이런 언급은 오네시모를 "사랑받는 형제"로 생각하라는 당부의 틀을 이루고, 이 편지에 나타난 바울의 호소의 절정으로 볼 수 있다.

석의적 개요

➡ **I. 바울과 오네시모의 관계에 근거한 호소(8–16절)**
- **A. 권위가 아닌 사랑에 근거함(8–9절)**
- **B. 바울의 아들인 오네시모(10절)**
- **C. 바울에게 유익한 오네시모(11절)**
- **D. 바울의 심복인 오네시모(12절)**
- **E. 오네시모를 계속 곁에 두고 싶은 심정(13–14절)**
- **F. 신적 뜻에 대한 언급(15–16절)**
  1. 빌레몬이 형제로서 받아들여야 할 오네시모(15–16c절)
  2. 바울의 사랑을 받는 형제인 오네시모(16d–f절)

본문 설명

1:8 이러므로 내가 그리스도 안에서 아주 담대하게 네게 마땅한 일로 명할 수도 있으나(Διό, πολλὴν ἐν Χριστῷ παρρησίαν ἔχων ἐπιτάσσειν σοι τὸ ἀνῆκον,). 권위에 호소하지 않겠다는 바울의 주장은 오히려 그의 권위를 암묵적으로 확인해준다. "이러므로"(διό)[8]는 새로운 단락이 시작되는 것을 알린다. 이 접속사 뒤와 이 절 끝에 쓰인 콤마는 이 부사와 다음 절에 사용되는 동사를 연결하는 주석상의 결정이 반영된 것이다. 따라서 "이러므로…간구하노라"가 된다.[9] 여기에서 이 접속사는 7절이 바울의 호소의 근거임을 암시한다. '과거에 너를 통해 성도들의 마음이

6. 여기서는 '호소하다'(παρακαλῶ)라는 동사도, 이 동사의 명령형도 보이지 않지만 대부분의 학자는 신적 뜻에 대한 이 언급에 무언의 호소가 내재되어 있음을 인정한다. 이 중요한 문장에 명시적 호소가 없다는 점은, 부분적으로는 특별히 빌레몬에게 "사랑"으로 호소하기로 한 바울의 결정이 그 원인이라고 할 수 있다(9절).
7. 이렇게 해서 하나님이 바울의 호소의 중심이 되지만, 또한 바울이 빌레몬에게 당부 사항을 전하면서(17–20절) 그와 빌레몬의 관계라는 또 다른 대인 관계를 고려하는 예고편 역할을 한다.
8. 이것은 강한 추론의 의미로 쓰인 접속사이다. 신약에서 이 접속사의 기능은 더 빈번하게 사용되는 분사, οὖν에 비교할 수 있다. διό는 사도행전과 서신서에 집중적으로 사용된다. 참고. BDF §451.
9. 현대 성경 번역 중 GNB만이 이 접속사와 분사(ἔχων)를 연결한다. "이 이유로 충분히 담대할 수 있다"(For this reason I could be bold enough).

많은 위로를 받았기 때문에, 내가 네게…하기를 호소한다.' 그러나 7절은 4–7절의 믿음과 사랑에 관한 논의에 포함된다. 이 절들은 편지 본론에서 바울의 핵심적 호소의 서두에 해당하기 때문에, 이 접속사는 전체 감사와 기도문을 가리킨다고 보는 것이 가장 적절하다.

분사 "내가…할 수도 있으나"(ἔχων)는 양보의 상황적 분사이다. '담대함'(παρρησίαν)이라는 단어의 의미는 아주 다양하다. 이것은 표현이 '공개적'이고(막 8:32; 요 7:4, 13, 26; 11:54) '명확한'(요 11:14; 16:25, 29) 성격을 띤다는 의미일 수 있다. 또한 개인의 권한과 권위라는 상대적 지위에 근거한 '확신'(행 2:29; 고후 7:4; 히 10:35)과 '담대함'(행 4:29, 31; 28:31; 빌 1:20; 고후 3:12; 엡 3:12)을 가리킬 수도 있다. 이 본문 문맥에서 대부분의 해석은 그리스도와의 관계와 위치에서 비롯된 바울의 특별한 권위를 말하는 것이라고 인정한다. 이 단어를 '자유'로 해석하는 학자들에게는 주가 "입을 벌려 거리낌 없이 용감하게 말하도록 해주시기" 때문에 "자유로이 말할 수 있는 능력"을 의미한다.[10] "자신감"[11]이나 "담대함"[12]으로 번역하는 사람들에게는 개인의 선천적 권리에 근거한 권위보다는 그리스도의 권위에 근거한 자신감을 말한다.

"그리스도 안에" 근거한 이 '담대함'은 신자가 그리스도의 승리로 말미암아 경험하는 '담대함'을 가리킬 수 있다(빌 1:20; 딤전 3:13; 참고. 골 2:15). 그러나 여기서는 동사 '명하다'(ἐπιτάσσειν)와 함께 사용되므로, 빌레몬에 대한 바울의 특별한 권위를 말하는 것이 분명하다.[13] 그렇다면 이 '담대함'은 "하나님의 뜻으로 말미암아 그리스도 예수의 사도 된" 위치에서 비롯된 "사도적 παρρησία"로 이해할 수 있다.[14] 자신을 사도로 소개하는 내용은 그의 서신 서두에 자주 등장한다(고전 1:1; 고후 1:1; 엡 1:1; 골 1:1; 딤후 1:1).

중요한 것은 바울이 다른 서신에서 "명령할 수 있는" 권위를 행사한다고 말한 적이 한번도 없다는 점이다.[15] 그는 명사형('명령', ἐπιταγή)을 사용하여 신자들에게 명령하기를 주저하는 마음을 여러 번 표현한 적이 있다(참고. 고전 7:6; 고후 8:8). 아마 명령하는 분은 오직 하나님뿐이라는 확신 때문일 것이다(롬 16:26; 고전 7:25; 딤전 1:1).[16] 그러므로 바울이 그 권위를 여기서 주장한다는 사실은 인상적이다. 그런 권위를 사용하지 않겠다고 주장하기는 하지만, 단순히 권위를 언급한다는 것 자체가 강력한 권력을 행사하는 것과 마찬가지이다. 따라서 이 절에서 "바울은 이론상 그의 서신 어디에서도 볼 수 없는 사도적 권위를 선보이고 있다"라는 지적은 틀리지 않다.[17] 나아가 빌레몬이 "순종할" 것이라는 기대(21절)는 바울이 사도적 권위를 행사하는 것을 전제로 한다.[18]

"마땅한 일"(τὸ ἀνῆκον)에는 문맥상 의무감이 암시되어 있는데, 어떤 번역들은 이 점을 명확하게 표현한다. "요구받은 것"(ESV), "너의 의무"(NRSV). 그럼에도 "그리스도 안에서" 바울의 권위를 언급한 것으로 볼 때, 이 언급은 그리스도 안에서 요구되는 적절한 품행이라는 포괄적인 의미로 보는 것이 가장 적절하다. 따라서 '그리스도의 권위 아래 사는 이들에게 적절한 것'이라고 번역할 수 있다. 골로새서 3:18의 "주 안에서 마땅하니라"

10. Barth and Blanke, *Letter to Philemon*, 307–8. 참고. Moule, *Epistles to the Colossians and to Philemonm*, 144; Fitzmyer, *Letter to Philemon*, 104.

11. NASB, NET; Wilson, *Colossians and Philemon*, 346.

12. ASV, HCSB; 참고. KJV, NKJV, NRSV, GNB, NLT, TNIV, ESV, NIV; Harris, *Colossians and Philemon*, 268.

13. 참고. Lohse, *Colossians and Philemon*, 196. "그리스도 안에서 네게 명령할 온전한 권위가 내게 있다 하더라도."

14. Heinrich Schlier, "παρρησία, κτλ.," *TDNT*, 5:882.

15. 바울이 명령할 수 있는 권위를 행사할 때도 이 동사를 사용한 적이 없다(참고. 고전 5:1–5). Polaski, *Paul and the Discourse of Power*, 63 n. 48.

16. 그러나 바울은 디도에게 그런 권위를 행사하도록 격려한다(참고. 딛 2:15).

17. John Howard Schutz, *Paul and the Anatomy of Apostolic Authority* (SNTSMS 26; Cambridge: Cambridge Univ. Press, 1975), 221.

18. 참고. Petersen, *Rediscovering Paul*, 132.

는 구절도 이 해석을 뒷받침한다.

1:9a 도리어 사랑으로써 간구하노라(διὰ τὴν ἀγάπην μᾶλλον παρακαλῶ). 바울은 '명령' 대신 빌레몬에게 사랑으로 호소한다. '내가 간구하다'(παρακαλῶ)는 요청하는 의미를 내포하지만,[19] 강력한 정서적 감정을 수반하는 요청이다.[20] '명령하다'와 반대로 '간구하다'라는 동사는 바울과 빌레몬의 상호 관계를 규정할 수 있는 다른 관계 구조를 암시한다. '명령하다'가 사회적, 정치적으로 지위가 다른 공식적인 두 당사자의 관계를 암시한다면, '간구하다'는 개인적 우정의 차원에서 제시되는 요청이다. 그러므로 바울은 위계 구조에 근거하여 권위를 행사하는 것을 반대하고, 궁극적으로 그리스도와의 개인적 관계에서 파생된 준거 틀을 의지한다. 또한 이 "간구"는 빌레몬이 종과의 관계에서 추구해야 할 본보기가 된다. "바울은 도망 노예를 범죄자가 아닌 형제로 대하라고 빌레몬에게 간청하기 위해 형제애라는 전통적 정서를 사용한다."[21]

'명령하다'와 '간구하다'가 대조되지만, 바울은 빌레몬에게 순종하고 복종하라고 요청함으로 자신의 권위를 분명히 확인한다. 그러나 바울이 "지배와 통제"의 수사에 도전하면서 주 예수의 복음 메시지에 내재된 변화의 능력을 강조하기 때문에, '간구하다'에 무게가 실리는 것은 권력을 사용하는 그의 방식이 다르다는 사실을 보여준다(참고. 3, 5, 16, 20, 25절).[22] 바울의 수사를 뒷받침하는 것은 바로 이 메시지의 권위이다.

바울이 간구하는 '근거'(διά+대격, 개역개정에는 번역되어 있지 않음-역주)로서 이 사랑은 그가 호소하는 방식을 가리키지 않는다. 이것은 빌레몬이 이미 보여준 사랑의 행동이 간구의 근거임을 말한다.[23] 바울이 간청하는 방식에 초점을 두었다면, 다른 곳에서처럼 διά+소유격을 사용했을 것이다. "형제자매들아 주 예수 그리스도와 성령의 사랑으로 너희에게 호소하노니"(롬 15:30, NRSV). 이 빌레몬서 본문에서 바울이 간구하는 근거로 내세운 "사랑"은 서론 단락에서 이미 언급한 주제이다(5, 7절). 그러므로 이 근거는 사도 바울이 부과하는 외적인 권위가 아니라, 주 예수 그리스도에 대한 믿음에서 파생하는 빌레몬의 사랑에서 찾을 수 있다.

1:9b-d 나이가 많은 나 바울은 지금 또 예수 그리스도를 위하여 갇힌 자 되어(τοιοῦτος ὢν ὡς Παῦλος πρεσβύτης, νυνὶ δὲ καὶ δέσμιος Χριστοῦ Ἰησοῦ). 빌레몬이 이전에 베푼 사랑을 이야기하던 바울은 이제 자신이 처한 환경을 설명한다. 여기서 번역되지 않은 분사(ὢν)는 이유('…때문에')나 양보('…한다고 해도')로 해석되었다. 이 분사의 해석은, πρεσβύτης라는 단어를 긍정적인 의미('대사')로 번역할지 혹은 부정적인 의미('노인')로 번역할지에 달려 있다. "내가 늙었으므로"(NASB), "내가 그리스도 예수의 대사라 하더라도"(GNB). 이 책에서 채택하는 번역은 이 절을 구문론상 앞 절과 독립된 삽입 구문으로 보는 입장과 동일하다(NRSV, NLT, NET, ESV). 10b절은 '내가 간구하다'(παρακαλῶ)라는 표현을 되풀이하여 9a절에서 제시한 주제를 다시 소개한다.

바울이 여기서만 자신을 "나이가 많은" 사람[24]으로

19. 참고. "나는 요구한다"(TEV).

20. 참고. BDAG, 764. "강하게 촉구하다" 혹은 "무엇인가를 강하게 요청하다."

21. David Hartman, "Epistolary Conventions and Social Change in Paul's Letters," in *Ancient History in a Modern University* (ed. T. W. Hillard et al.; Grand Rapids: Eerdmans, 1998), 2:203.

22. 참고. Kathy Ehrensperger, *Paul and the Dynamics of Power: Communication and interaction in the Early Christ-Movement* (London: T&T Clark, 2007), 174–75.

23. 사랑에 대한 바울의 수사에 대한 더 심층적 논의는 다음을 보라. Christopher Kumiz, *Der Brief als Medium der ἀγάπη: Eine Untersuchung zur rhetorischen und epistolographischen Gestalt des Philenonbriefes* (Europäische Hochschulschriften 23.787; Frankfurt: Peter Lang, 2004), 211–14.

밝힌 이유를 이해하기 어렵다는 이유로, 어떤 학자들은 이것이 '사신'(ambassador)이라는 뜻이라고 주장한다(참고. 고후 5:20; 엡 6:20). 이 해석을 지지하는 사람들은 여러 요인을 지적한다.[25] (1) 다른 본문에서 바울은 자신을 "쇠사슬에 매인 사신"(πρεσβεύω ἐν ἁλύσει, 엡 6:20)이라고 밝혔다. (2) '사신'(πρεσβυετής)이라는 단어는 '노인'(πρεσβύτης)과 단 한 글자만 다르고, 현재의 헬라어 본문 해석은 본문이 처음부터 훼손되었음을 암시한다. (3) 이 단어들 사이의 혼란 때문에 대사, 즉 사신을 가리켜 πρεσβευτής가 아닌 πρεσβύτης를 사용한 여러 문헌을 볼 수 있다(예를 들어, 1 Macc 13:21; 14:22).

현대 번역본 대다수[26]와 많은 주석가는 '노인'이 올바른 해석이라고 생각한다.[27] 첫째, '사신'을 지지하는 용어상의 근거가 희박하고, 사신이라고 해석한 몇 안 되는 번역은 필사자의 실수일 가능성이 있다.[28] 둘째, 이 본문에서 '사신'(πρεσβευτής)이라고 번역해야 할 사본상의 증거를 찾을 수 없다. 셋째, 바울이 바로 앞에서 힘과 통제의 수사를 포기했으므로(8절), 그가 자신을 '사신'과 같은 수준으로 갑자기 격상시킨다면 이상할 것이다.[29]

바울의 논증에서 '노인'과 '죄수'는 쇠약해서 의존해야 할 처지를 가리키기 때문에, 문맥상 '노인'이 적합하다.[30] 여기서 "바울은 자신에 대해 상당한 동정심을 유발한다. 즉, 노인이자 죄수로서 지원이 필요한 처지를 부각한다. 동시에 그는 이제 자신을 부양할 책임을 진 자식으로서 오네시모의 위치를 밝히는 방식으로 빌레몬을 향한 논증을 시작한다."[31] 힘의 수사를 사용하던 바울은 이제 약함의 수사를 사용하여 빌레몬에게 새로운 준거 틀에서 오네시모와 자신의 관계를 숙고하도록 촉구한다.

"그리스도를 위하여 갇힌 자"라는 바울의 자기소개는, 의존과 약함이라는 인식을 기반으로 하고 그의 논지를 한 걸음 더 나아가게 한다. '노인'이 되는 것은 인생의 여정에서 자연스러운 현상이지만, '그리스도의 예수의 죄수'가 된다는 것은 신적 부르심에 부응해서 순종하고자 한 의지를 암시한다.[32] 여기서 바울은 빌레몬에게 자신처럼 자율성과 우월성에 대한 의식을 포기하고 신적 의지에 복종하라고 요청한다. 다른 본문에서도 바울은 "주를 위하여 갇힌 자 된" 자신과 함께하며 "복음과 함께 고난"을 받으라고 요청한다(딤후 1:8).

1:10 갇힌 중에서 낳은 아들 오네시모를 위하여 네게 간구하노라(παρακαλῶ σε περὶ τοῦ ἐμοῦ τέκνου, ὃν ἐγέννησα ἐν τοῖς δεσμοῖς Ὀνήσιμον). 바울은 이제 중요한 핵심 인물의 이름을 거론하면서 간구의 내용을 소개한다. 앞 절에서 '나는 간구하다'(παρακαλῶ)에는 목적어가 없었다.[33] 그러나 이 절에서는 목적어가 등장한다. '내가 네게(σε) 간구

24. 신약에서 사가랴만이 자신을 '노인'으로 밝히지만(눅 1:18), 권위나 호소의 수사적 효력을 높여줄 문맥에서는 이 단어가 사용되지 않는다.
25. Lightfoot, *St. Paul's Epistles to the Colossians and to Philemon*, 338–39; O'Brien, *Colossians, Philemon*, 290; Petersen, *Rediscovering Paul*, 126–28; Harris, *Colossians and Philemon*, 259–60; Barth and Blanke, *Letter to Philemon*, 321을 보라.
26. GNB와 REB는 예외이다.
27. Lohse, *Colossians and Philemon*, 199; Struhlmacher, *Der Brief and Philemon*, 37–38; Fitzmyer, *Letter to Philemon*, 105; Wilson, *Colossians and Philemon*, 348; Ben Witherington Ⅲ, *Letters to Philemon, the Colossians, and the Ephesians* (Grand Rapids; Eerdmans, 2007), 67; Moo, *Letters to the Colossians and to Philemon*, 405; Cousar, *Philippians and Philemon*, 102.
28. N. Birdsall, "ΠΡΕΣΒΥΤΗΣ in Philemon 9: A Study in Conjectural Emendation," *NTS* 39 (1993): 625–30을 보라.
29. Wansick, *Chained in Christ*, 161.
30. 어떤 이들은 '노인'이 고대 세계에서 명예로운 호칭으로 인식되었다고 주장한다. 참고. Carolyn Osiek, *Philippians, Philemon* (ANTC; Nashville: Abingdon, 2000), 135. 그러나 이것이 본문이 강조하는 핵심은 아닌 것 같다.
31. Ronald F. Hock, "A Support for His Old Age: Paul's Plea on Behalf of Onesimus," 79. Hock는 또한 곤궁한 처지의 사람에 대한 고전적 묘사에 반영된 공통된 정서를 지적한다. "아무 생계 수단이 없는 노인"(Diogenes Laertius 6.51).
32. 이 호칭의 논의에 대해서는 1절에 대한 설명을 보라.
33. 9절에 대한 이 책의 번역에서 'to you'는 명확하게 뜻을 전달하는 차

한다.' 이것으로 바울이 9절부터 강조한 생각을 다시 강조한다는 것을 알 수 있고, 그 중간의 내용은 부연 설명을 위한 삽입 구문으로 보아야 한다.

동사 '간구하다'와 함께 사용된 전치사 '…에 관하여'(περί, 개역개정에는 "위하여"–역주)는 이례적인 용례이고, 이 편지의 배경과 목적을 둘러싼 뜨거운 논쟁의 대상이 되고 있다. 많은 번역본이 "내가 네게 내 아들/자녀를 위하여 간청한다"라고 번역한다(KJV, ASV, NASB, NKJV, NRSV, HCSB, ESV, TNIV, NIV). 하지만 이 번역들의 "…를 위하여"는 '…대신'이라는 의미로 보이며(NAB, GNB) 대부분의 주석가는 이 해석을 채택한다.[34] 그러나 일부 학자는 이 전치사가 오네시모가 호소의 목적임을 보여준다고 주장한다. "내가 [그]를 위해 요청한다" [I ask for (him)].[35] 이 해석을 지지하는 이들은 '…대신 요청하다'라는 의미는 다른 헬라어 구문(παρακαλῶ ὑπέρ)으로 사용할 수 있다고 주장한다(참고. 고후 5:20; 12:8; 살전 3:2).[36] 그러나 전통적 해석을 옹호하는 이들은, 이 전치사를 '…대신에'로 해석하는 것을 지지하는 파피루스의 증거가 있다고 지적한다.[37] 나아가 데살로니가전서 3:2처럼 두 전치사는 의미상 중첩되는 부분이 있다.[38]

그러나 이런 주장들은 단순히 이 구절을 '…대신 내가 간청한다'라는 의미로 해석해야 할 가능성만 보여줄 뿐이다. 다시 말해, 이 해석이 압도적으로 설득력이 높다거나 유일한 해석임을 입증해주지는 않는다. 이 동사와 함께 사용된 περί의 용례는 파피루스 문헌에서 소환 문구에 종종 등장하고,[39] 바울이 '내가…를 위해 요청한다'(I ask for)라는 의미로 동일한 문구를 사용하고 있을 가능성도 배제할 수 없다. 간단히 말해, 바울이 오네시모에 '관해' 간청하는 것이 분명하지만 그를 '대신해서' 호소하는지(이 편지를 주로 사죄를 구하는 편지로 본다) 혹은 그를 '위해' 호소하는지(이 편지를 오네시모가 자신에게 돌아오게 해달라고 요청하는 편지로 본다. 참고. 13절)는 분명하지 않다. 전치사 자체는 어느 해석을 배제하거나 확정할 정도로 결정적 역할을 하지 않는다.

바울은 오네시모를 '나의 자식'(my child, τοῦ ἐμοῦ τέκνου)이라고 밝힌다. 이것은 디모데에게도 해당하는 호칭이다(고전 4:17; 빌 2:2). 두 경우 모두 "바울은 수신자에게 자신이 보내는 사람을 추천한다는 의미로 이 용어를 사용한다."[40] 이런 문맥에서 이 호칭은 상당한 수사적 효과를 발휘한다. 바울과의 관계 때문에 수신자들이 그들을 맞이할 방식을 고민하도록 일종의 강제력을 발휘하기 때문이다. 이 관계는 바울과 오네시모의 관계를 부자 관계로 묘사한 다음 문장에서 명확하게 드러난다.

이 절에서 드디어 바울의 논의의 핵심 인물인 오네시모('Ονήσιμον)라는 이름이 등장한다.[41] 노예에게 붙여주는 흔한 이름[42]인 "오네시모"는 바울이 골로새서 4:9

원에서 추가한 것이다.

34 O'Brien, *Colossians, Philemon*, 290; Barth and Blanke, *Letter to Philemon*, 325; Moo, *Letters to the Colossians and to Philemon*, 406–7을 보라. Knox, *Philemon among the Letters of Paul*, 20.

35. Knox, *Philemon among the Letters of Paul*, 20.

36. Winter, "Paul's Letter to Philemon," 6.

37. P.Oxy. 7.1070.8; 10.1298.4; 12.1494.6; Fitzmyer, *Letter to Philemon*, 107; Peter Arzt-Grabner, "'Bitten für' oder 'Bitten um'? Zur Problematik des Textvergleichs am Beispiel von Phlm 10," *PzB* 13 (2004): 49–55. 신약에서 주제를 소개하는 용도로서 이 전치사의 용례를 지적하는 이들도 있다('…에 관해'). 고전 7:25; 8:1; 12:1; 16:1, 12; 살전 4:9, 13; 5:1; 참고. Petersen, *Rediscovering Paul*, 179 n. 50.

38. J. G. Nordling, "Onesimus Fugitivus: A Defense of the Runaway Slave Hypothesis in Philemon," *JSNT* 41 (1991): 110.

39. P. Oxy. 1.1097.7–10; P.Tebt. 1.58.52.55; T.Sarap.92; P.Sarap.95; 참고. Brook W. R. Pearson, "Assumtions in the Critcism and Trandlation of Philemon," 262–63. 그는 περί와 ὑπέρ의 의미가 중첩되므로 두 가지 뜻을 모두 함축한다고 주장한다. περί가 예상되는 문맥에서 ὑπέρ가 사용되기도 하기 때문이다(요 1:30; 고후 7:4).

40. Meeks, *First Urban Christians*, 87.

41. 헬라어로 이 이름은 이 절 말미에 등장하며, 따라서 이 본문의 긴장이 뒷부분에 집중된다(참고. ASV, REB, NJB, HCSB, NET). 그러나 영어로는 이 이름이 이 절의 중앙에 놓인다(참고. NAB, NASB, NKJV, NRSV, TNIV, ESV, NIV).

42. 반드시 그런 경우는 아니다. 참고. A. L. Connolly, "Onesimos," *NewDocs* 4:179–81.

에서 "신실하고 사랑을 받는 형제"로 소개한 오네시모와 동일 인물일 가능성이 크다. 바울은 그를 자신의 '자식'(개역개정에는 번역되어 있지 않음–역주)으로 소개한 후 "갇힌 중에서 낳은 아들"이라고 묘사한다. 이 관계사절은 문자적으로 "내가 갇힌 상태에서 낳은"(NASB, "whom I have begotten in my imprisonment")으로 읽을 수 있다. 이 구절은 종종 오네시모의 회심을 가리킨다고 해석된다.[43] 여기에는 노예를 가정의 어엿한 구성원으로 보는 구약 전통이 반영되어 있다(참고. 창 17:9–14).[44] 아들이 그 아버지에게 직접 토라를 배우기 때문에 유대 전승에서 회심자는 "갓 태어난 자녀"(*b. Yebam.* 22a)에 비유되었다.[45]

이러한 관계 때문에 이 비유가 회심의 시기 이후에도 적용된다고 볼 수 있다. 예를 들어, 빌립보서 2:22에서 디모데가 바울의 아들로 인정받는 이유는 그가 바울의 사역에 함께했기 때문이다. "디모데의 연단을 너희가 아나니 자식이 아버지에게 함같이 나와 함께 복음을 위하여 수고하였느니라." 그러므로 이 비유는 "일종의 변화된 관계"를 가리킬 수 있다.[46] 어떤 이들은 빌레몬의 가정이 기독교 공동체의 일원이 되면서 오네시모가 일반적인 의미로 "회심했고", 그를 낳았다는 10절의 언급은 "오네시모가 기독교적 교제에 다시 합류했음"을 암시한다는 가설을 주장한다.[47] 어떤 경우이든 이 언급은 바울과 오네시모의 관계를 강조하고, 이 구절의 수사적 효과를 강화한다.

1:11 그가 전에는 네게 무익하였으나 이제는 나와 네게 유익하므로(τόν ποτέ σοι ἄχρηστον νυνὶ δὲ [καὶ] σοὶ καὶ ἐμοὶ εὔχρηστον). 바울은 오네시모의 이름의 의미를 이용한 언어유희로 복음 사역에서 그의 새로운 위치와 역할을 강조한다. 이 절은 헬라어로 보면 별개의 독립된 문장이 아니라, 오네시모에 대해 더 상세하게 서술한 내용(관계 형용사절)임을 알 수 있다. "전에는 네게 무익하였지만 이제 너와 내게 유익한"(NASB). 이 본문은 '유익한'이라는 뜻의 이름인 "오네시모"라는 이름 바로 뒤에 나오는 문장이다.[48] 이런 언어유희는 오네시모의 과거와 진정한 신자로서 그의 현재적 위치를 대조적으로 드러낸다. '무익한'(ἄχρηστον)과 '유익한'(εὔχρηστον)이라는 쌍을 이루는 단어는 또한 '이익이 안 되는'과 '이익이 되는'으로 번역되기도 한다(참고. KJV, ASV, NKJV). 바울은 오네시모가 어떤 면에서 빌레몬에게 "무익"했는지 구체적으로 말하지 않는다. 어떤 이들은 오네시모가 주인에게서 도망한 사실을 가리킨다고 주장하는 반면,[49] 또 다른 이들은 그가 빌레몬에게 저지른 잘못(18절에 암시된 것처럼)이나,[50] 단순히 그가 하는 일이 미덥지 못하다는 것[51]을 가리킨다고 주장한다.

그러나 오네시모라는 이름의 의미를 이용한 대비적인 두 의미가 반드시 실제 현실에 관한 대비라고 이해할 필요는 없다는 점을 지적해야 한다. 바울이 오네시모의 유용성에 초점을 맞추고 있다면, "ἄχρηστον이 언어유희에 사용되지 않는 경우 문자적 의미로 사용될 필요가 없다."[52] 더욱이 브리기아 출신 노예는 "저속한 유형의 노예 범죄"로 악명이 높았다고 한다.[53] 바울은 이

43. 예를 들어, "내가 그를 여기 감옥에서 그리스도께로 인도하였기 때문에 그는 내게 아들과 같다"(CEV)를 보라.
44. Derrett, "The Function of the Epistle to Philemon," 76.
45. 참고. Collins, *The Power of Image in Paul*, 73.
46. Osiek, *Philippians, Philemon*, 127.
47. Taylor, "Onesimus," 259–81.
48. BDAG, 711.
49. 예를 들어, Robert G. Bratcher and Eugene A. Nida, *A Translator's Handbook on Paul's Letters to the Colossians and to Philemon* (Stuttgart: Unted Bibe Societies, 1977), 125.
50. 예를 들어, Fitzmyer, *Letter to Philemon*, 108.
51. 예를 들어, O'Brien, *Colossians, Philemon*, 292.
52. Winter, "Paul's Letter to Philemon," 4.
53. Lightfoot, *St. Paul's Epistles to the Colossians and Philemon*, 312. Allen D. Callahan, "Paul's Epistle to Philemon: Toward an Alternative Argumentum," *HTR* 86 (1993): 361.

제 쓸모가 많은 오네시모의 현재 상태를 강조하면서 그런 악명을 암시하는 것일 수 있다. 어떤 학자들은 이 무익함이 불신자로서 오네시모의 과거를 가리킨다고 주장한다. 모든 인간이 그러하듯 오직 하나님의 은혜로만 그분의 계획 속에서 유용한 역할을 할 수 있다는 것이다.[54]

어떤 경우이든, '무익함'과 '유익함'의 대비는 무엇보다 그리스도인 제자로서 오네시모가 이제 복음 사역에 유익한 존재가 된 사실을 강조하는 것이 목적이라고 볼 수 있다.[55] 13절에서 바울이 자신을 돕도록 계속 옆에 두고 싶다는 언급 역시 이 해석을 뒷받침해줄 수 있다. 과거의 무익함보다 현재의 유익함을 강조한 내용은 여기서 '실제로'(καί, 개역개정에는 번역되어 있지 않음-역주)라는 단어가 사용됨으로 구체적으로 언급된다.[56]

언어유희에 대한 이해를 바탕으로 "나와 네게"(σοὶ καὶ ἐμοί)라는 구절을 설명할 수 있다. 이 두 대명사 역시 바울과 빌레몬 사이의 신앙적 파트너십을 가리킬 수 있다(참고. 6, 17절).[57] 골로새서 4:9에서 바울은 오네시모를 '충성스러운' 형제라고 설명했다. 여기서는 복음이라는 공통의 근거로 오네시모가 복음의 진보에 어떤 식으로든 계속 기여하도록 빌레몬이 허락해야 한다는 바울의 주장을 암시할 수 있다. 오네시모가 지금 그의 복음 사역에 유익하다는 의미로 바울이 이 말을 했을 가능성은 크지 않다. 그가 빌레몬에게 돌아갔을 때 쓸모 있는 노예가 될 것이라는 말일 것이다.

오네시모에 대한 언어유희 외에 '그리스도'(Χριστός)라는 단어와 '유익한'(χρηστός)에 해당하는 단어 역시 언어유희가 사용되고 있다고 보는 사람이 많다. 두 단어 모두 일상 헬라어(Hellenistic Greek)에서 발음이 동일하다.[58] 이것은 문맥과 부합하지만, 이 언어유희가 담겨 있다면 바울은 여기서 '유익한'에 대해 εὔχρηστον이 아닌 χρηστόν이라는 단어를 사용해야 할 것이다.

1:12 네게 그를 돌려 보내노니 그는 내 심복이라(ὃν ἀνέπεμψά σοι, αὐτόν, τοῦτ' ἔστιν τὰ ἐμὰ σπλάγχνα). 바울은 오네시모가 빌레몬에게 돌아가는 문제를 거론하고 있기 때문에 오네시모가 얼마나 중요한 존재인지 다시 강조한다. 12절은 10a, 10c-11절처럼 헬라어 원문으로는 실제로 관계사절로서 오네시모에 대해 더 자세하게 서술한다. '내가 네게 보내는, 나의 심장인 그를'(whom I am sending back to you, him, who is my own heart).

이 절이 관계대명사(whom, ὅν)와 중복으로 나오는 듯 보이는 3인칭 대명사(him, αὐτόν)를 사용하기 때문에 본문은 그 역사가 복잡하다. 따라서 문자적으로 '내가 네게 보내는, 나의 심장인 그를'로 번역된다. 이 책에서 선택한 해석('나는 나의 심장인 그를 네게 보내고 있다', I am sending him, who is my own heart, back to you)은 "나머지 해석의 기원을 가장 잘 설명하는" 해석으로 인정받는다.[59] 어색한 αὐτόν의 등장은 오네시모의 이름을 직접 언급하지 않은 상태에서 논의의 적절한 주어로 오네

54. Barth & Blanke, *Letter to Philemon*, 340-41의 논의를 보라. 이런 대비를 이용하는 경우는 Hermas, *Vision* 3.6; Marianne Meye Thompson, *Colossians and Philemon* (THNTC; Grand Rapids: Eerdmans, 2005), 217에서도 볼 수 있다.
55. Ryan, "Philemon," 235.
56. 이 단어는 다양한 본문 전승의 여러 필사본들이 생략하고 있다(א² A C D 0278 1739 1881 𝔐).
57. Andrew Wilson, "The Pragmatics of Politeness and Pauline Epistolography: A Case Study of the Letter to Philemon," *JSNT* 48 (1992): 113. 그는 이 구문이 그들의 공통된 필요를 강조하고 있다고 생각한다.
58. Lohse, *Colossians and Philemon*, 200. 특히 많은 이가 알고 있는 두 용어의 혼란에 대해서는 Suetonius, *Claud*. 25.4를 참고하라. 초기 기독교 몇백 년간의 문헌에서는 '유익한'과 '그리스도인들'의 언어유희가 사용된다. G. H. R. Horsley, "Christian Inscriptions from Phrygia," *NewDocs* 3:129를 보라.
59. Metzger, *Textual Commentary*, 589. 이 해석은 א* A 33으로 뒷받침된다. 일부 필사본은 명령형 '받다'(προσλαβοῦ, 17절을 보라)를 대격 αὐτόν과 함께 사용되는 동사로 표기한다.
60. 참고. "내가 그를 너에게 다시 돌려보낸다. 그리고 그와 함께 내 마

시모를 강조하기 위해서일 수 있다.[60] 그리고 여기서 명령형을 사용하지 않은 것은 독자가 17절까지 호기심을 가지고 기다리게 하기 위해서일 가능성이 있다. 바울은 17절에 가서야 다시 오네시모를 자신처럼 대하라고 말하며 필요한 요청을 구체적으로 밝힌다. "그를 영접하기를 내게 하듯 하고."

거의 모든 현대 번역본은 ἀνέπεμψα라는 동사를 "내가 다시 돌려보내고 있다"라는 뜻으로 해석한다.[61] 그러나 이 동사가 신약에서 '사건을 환송하다'라는 의미로 자주 사용된 점을 근거로, "내가 위로 올려보내고(상고하고) 있다"(I am sending up)로 번역해야 한다고 주장하는 이들도 있다.[62] 그러한 경우 이 절은 법률적 의미로 해석된다. "이 새로운 오네시모(실제로 오네시모 자신)의 사건을 내가 네게 환송하고 있고(ἀνέπεμψα), 이제 내가 그를 보내니 내 마음을 보내는 것 같다."[63] 이 해석 역시 전통적 해석에 이의를 제기하지만 전통적 가설, 즉 오네시모를 도망 노예로 보고 이 편지를 용서를 간청하는 편지로 보는 이들은 "내가 올려보내고 있다"가 적절한 번역이라고 생각한다.[64] 고대 문서에서 이렇게 법률적 의미로 흔히 사용된 것이 사실이지만, 헬라의 파피루스 문서가 이 단어를 "돌려보내고 있다"라는 "대안적 의미"로 사용하는 것을 볼 수 있고[65] 이 해석이 본문 문맥상 더 잘 부합한다.

바울이 오네시모를 "내 심복"(τὰ ἐμὰ σπλάγχνα)이라고 밝힐 때 여기서 "심복"(heart)이라는 단어가 다시 등장한다(참고. 7절). 이 구절은 "내 자신의 일부"로 번역할 수 있다(HCSB). 바울은 바로 자신을 빌레몬에게 보내고 있고, 오네시모를 자신과 똑같이 대우해주기를 기대한다(17절).[66] 나아가 바울이 노예를 "내 심복"으로 묘사하는 것은 그리스도 안에 있는 새로운 준거 틀로 그의 존재를 확인한다. 이런 확인은 빌레몬이 오네시모의 새 위치를 받아들일 수밖에 없게 압박하는 효과가 있다. 무엇보다 "심복"을 받아줌으로 빌레몬은 바울과의 파트너십뿐만 아니라(17, 20절) 모든 성도를 향한 사랑의 수고를 중단하지 않고 계속 매진하는 것을 보여줄 수 있다(7절).

1:13 그를 내게 머물러 있게 하여 내 복음을 위하여 갇힌 중에서 네 대신 나를 섬기게 하고자 하나(ὃν ἐγὼ ἐβουλόμην πρὸς ἐμαυτὸν κατέχειν, ἵνα ὑπὲρ σοῦ μοι διακονῇ ἐν τοῖς δεσμοῖς τοῦ εὐαγγελίου). 바울은 오네시모에 대해 더 소개하면서 바울과 복음을 위해 앞으로 그가 봉사할 가능성을 내비친다. 헬라어 원문을 보면 이 관계사절은 오네시모에게 초점을 맞춘다. 바울이 복음 사역으로 섬길 때 가장 원하는 인물이 바로 오네시모이다. "나와 함께 계속 있기를 바라는, 그래서…하도록"(NASB).

강조의 1인칭 대명사 '나'(ἐγώ)는 바울의 소망을 부각하여 그의 소망과 환경에 따른 불가피한 결정을 대비하게 한다. 그러므로 "나는 실제로…하기를 원했다"(NLT). 불완전 동사 '나는…하고자 원했을 것이다'(ἐβουλόμην)는 다음 절의 부정과거 동사 '원하노니'(I preferred)와 함께 읽어야 한다. 어휘와 시제의 변화가 중요하다. 이 문맥에서 "불완전 동사는 일시적이고 시작 단계의 과정을 암시하는 반면, 부정과거 동사는 명확하면서 완료된 행동을 서술할 때 쓰인다."[67] 그러므로 이 불완전 동사는 이루어지지 않은 소망의 의미로 번역할 수 있다. "…하고

음이 간다"(NLT).

61. 이 동사는 서신용 과거형으로서 영어로는 현재 시제로 해석되어야 한다.
62. 참고. 눅 23:7; 23:15; 행 25:21; Winter, "Paul's Letter to Philemon," 21.
63. Knox, *Philemon among the Letters of Paul*, 21.
64. Moule, *Epistles to the Colossians and to Philemon*, 145.
65. MM, 37.
66. 오네시모가 떠나면 바울의 마음이 슬프겠지만 이 표현의 핵심 요지는 아니다(참고. "오네시모를 돌려보내는 것이 나를 매우 슬프게 한다", CEV). 이 단어를 감정적 표현으로 협소하게 볼 경우 이 소개의 수사학적 효과를 놓치게 된다.
67. Lightfoot, *St. Paul's Epistles to the Colossians and to Philemon*, 341.

자 원했다"(NIV; 참고. ESV).[68] 반면 부정과거 동사는 확정적 행동의 의미로 번역한다. "나는…하는 편을 먼저 택했다"(I preferred…, NRSV). 의미상 두 동사 모두 '소망, 바람'을 표현하는 데 사용되므로 상당한 부분에서 의미가 중첩되어 사용된다.[69] 굳이 구분한다면 "…하고자 원했겠으나"는 바울의 "소망"을 가리키는 반면, "나는…하는 편을 먼저 택했다"는 바울의 "뜻" 혹은 "결정"을 가리킨다고 볼 수 있다.[70] 종합해서 보면, 바울은 적절하고 불가피한 일을 하겠다는 결정으로 그가 바라는 소망을 억누르고 있는 것이다.

앞 절에서 바울은 오네시모를 빌레몬에게 돌려보낸다고 언급했다. 여기서는 그를 보내고 싶지 않은 마음을 표현하고 있고, 다음 절에서는 그가 그렇게 결정한 이유를 설명한다. 바울 자신의 원함과 그의 최종 결정의 불일치를 근거로, 어떤 이들은 부정사 '머무르다'(κατέχειν)를 "상전과 화해하고 보상하기 위해 돌아가기를 원하는 이가 오네시모임을 암시하는" 동사라고 해석했다.[71] 어떤 학자들은 "바울이 투옥 생활을 하는 도시에 살고 있는 회중이 바울에게 일종의 압력을 행사하면서 너무 오랫동안 데리고 있던 도망자와 결별하라고 조언했을" 가능성이 있다고 주장한다.[72] 이런 해석들은 빌레몬과 오네시모가 결별하게 된 특별한 배경이 있을 것이라고 가정하는 동시에, 바울의 결정이 외부 요인 때문이라고 본다. 그러나 바울은 오네시모를 돌려보내는 것이 자신의 뜻임을 강조한다. 아마 빌레몬과 '파트너십'을 지속하고 싶어서일 것이다(6, 17절). 그의 논증의 근거를 형성하는 것이 정확히 이 '파트너십'이다.

바울이 오네시모를 데리고 있고자 했던 이유는 감옥에 갇힌 자신을 '섬기게 하기'(διακονῇ) 위함이었다. 바울 서신에서 동사 διακονέω는 항상 종교적, 신학적 배경에서 사용된다. 그러므로 바울은 오네시모가 복음의 사역자로 섬기게 하고 싶은 마음을 표현하는 것일 가능성이 있다.[73] 바울을 섬기는 것이 곧 복음을 섬기는 것이라는 사실은, "내 복음을 위하여 갇힌 중"이라는 언급으로 명확해진다. 그의 곤경은 복음 사역자로서 그의 소명의 일부였다. 바울이 오네시모를 복음 선교사로 섬기게 하고 싶다는 소망을 피력하는 이 절을 바울의 간청의 핵심이라고 보는 이들도 있다.[74] 오네시모가 반성했다는 언급이 없이 간접적인 간청이 나오므로 빌레몬서의 배경과 그에 따른 이 편지의 목적을 재점검하는 작업이 필요할 수 있다. 용서를 부탁하는 내용 없이 오네시모의 유익함을 강조하고(11절) 그가 복음 사역을 '섬기게' 하고 싶다는 바울의 언급은, 빌레몬서의 중심에 목회와 복음 전파라는 더 중대한 관심사가 있음을 보여준다.

"…대신"(ὑπὲρ σοῦ)이라는 구절은 여러 면에서 중요할 수 있다. 먼저, 빌레몬이 오네시모를 보내서 옥중의 바울을 섬기게 했다면, 이 전치사는 그 사실을 전제로 하고 빌레몬이 오네시모를 영원히 자유인으로 풀어주고 빌레몬 대신 바울을 계속 섬기게 해야 함을 암시한다. 나아가 빌레몬이 어떤 식으로든 바울을 섬겨야 할 필요는 그에게 갚아야 하는 빚이 있음을 전제로 할 것이다. 이러한 전제는 바울이 19절에서 빌레몬에게 그가 빚진 것이 있다고 상기시킬 때 다시 등장한다. 그러한 경우

68. 이 동사의 이 용례에 대해서는 사도행전 25:22, "나도 이 사람의 말을 듣고자 하노라(ἐβουλόμην)"를 참고하라. 참고. BDF §359(2).
69. Louw and Nida, 25.
70. 참고. BDAG, 182, 448.
71. Dunn, *Epistles to the Colossians and to Philemon*, 330, 참고. Fitzmyer, *Letter to Philemon*, 110.
72. Barth and Blanke, *Letter to Philemon*, 363.
73. Winter, "Paul's Letter to Philemon," 9; Pearson, "Assumptions in the Criticism and Translation of Philemon," 276–77; Ryan, "Philemon," 236; Wilson, *Colossians and Philemon*, 352–53.
74. 참고. Wolf-Henning Ollrog, *Paulus und seine Mitabeiter: Untersuchungen zu theorie und Praxis der paulinischen Mission* (WMANT 50; Neukirchen-Vluyn: Neukirchener, 1979), 101–6.

"…대신"이라는 전치사는 바울의 논증에 추가적인 수사적 힘을 실어준다.

"내 복음을 위하여 갇힌 중에서"라는 번역은 이 전치사구를 바울의 투옥에 대한 묘사로 받아들인 것이다. 이 표현이 오네시모가 앞으로 복음을 위해 섬기다가 투옥될 것을 가리킬 가능성은 낮다. "복음의 사슬에 매인 채 그가 나를 섬길 수 있다."[75] 이것이 바울의 투옥을 가리킨다는 해석은, 바울 서신에서 '사슬/갇힘'(δεσμός)이라는 단어가 모두 그의 투옥을 가리킨다는 사실로 뒷받침된다(빌 1:7, 13, 14, 17; 골 4:18; 딤후 2:9; 참고. 몬 1:10). "복음을 위하여"(τοῦ εὐαγγελίου)라는 구문은 그가 투옥된 원인과 목적을 모두 설명하는 참조의 소유격으로 보아야 한다. "복음을 위하여"(NET; 참고. GNB).[76] "복음"이 복음의 내용을 가리키는지[77] 아니면 복음 전파의 행위를 가리키는지는 분명하지 않다. 두 뜻이 모두 암시되어 있지만, 9절("예수 그리스도를 위하여 갇힌 자")은 복음의 내용으로 해석해야 함을 암시한다.

1:14a 다만 네 승낙이 없이는 내가 아무 것도 하기를 원하지 아니하노니(χωρὶς δὲ τῆς σῆς γνώμης οὐδὲν ἠθέλησα ποιῆσαι). 긴 문장의 마지막 부분인 이 절은, 관심의 대상이 오네시모에서 빌레몬으로 이동하게 하는 역할을 한다.[78] 바울은 빌레몬이 그의 간청에 자발적으로 부응하기를 원한다.

이 절은 또한 앞 절과 대비를 이룬다. 이 대비는 역접 접속사 '그러나'(δέ, 개역개정에는 "다만"-역주)로 강조될 뿐만 아니라, 2인칭 단수 대명사의 단순한 소유격 형태(σου, 13절) 대신 더 강한 소유 대명사인 강조의 "네"(σῆς)가 사용되어 강화된다.[79] 이 대명사는 앞 절에 나오는 강조의 1인칭 대명사 '나'(ἐγώ, 개역개정에는 번역되어 있지 않음-역주)와 대응을 이룬다. 여기서 바울이 강조하고자 하는 핵심은 분명하다. 바울이 원하는 바가 있지만, 빌레몬의 판단을 존중하고 자기 권리를 기꺼이 포기하겠다는 것이다. 이를 통해, 바울은 빌레몬이 자신의 권리를 포기하고 그리스도 안에 있는 새로운 실재에 부합하게 행동하기를 희망한다.

'원하다'(ἠθέλησα)의 의미는 13절에 대한 설명에서 이미 언급했다. 이 책이 채택한 번역(I preferred to do nothing)은, 보다 자연스럽게 풀어 쓴 "아무 것도 하기를 원하지 않았다"(NASB, NAB, REB, TNIV, NET, NIV; 참고. HCSB, NLT)라는 번역에 비해 13절과의 대비가 명확하게 드러난다. 따라서 자신의 의지와 확신에 따른 바울의 행동과 선명하게 대비된다.

"승낙"이라는 뜻의 γνώμη는 헬라 문헌에서 흔하게 사용되는 단어이다.[80] 바울이 빌레몬의 승낙을 바란 것은 그가 오네시모의 법적 "상전"이라는 인식 때문일 수 있다.[81] 어떤 학자들은 이 요청을 하게 된 가장 중요한 동기가 빌레몬과 바울의 개인적 관계 때문이라고 주장한다.[82] 그러나 빌레몬이 그리스도 안에 있는 새로운 실재관에 맞게 행동하도록 설득하려는 바울의 시도에 비추어볼 때, 바울이 마음대로 권리를 행사하지 않은 일차적 동기는 믿음 안의 동역자(1절)와의 파트너십(참고. 6,

---

75. Barth and Blanke, *Letter to Philemon*, 371. 나아가 이들은 이렇게 주장한다. "오네시모가 결국 앞으로 바울을 섬길 것이라는 식으로 적용하면 이 전치사구는 오네시모가 고난을 피할 수 없다 해도 명예로운 인정을 받을 것이며 하나님이 직접 풍성하게 보상해주실 것이라는 뜻이다"(375).

76. 참고. Harris, *Colossians and Philemon*, 264.

77. 참고. "그리스도를 위해 나는 감옥에 있다"(빌 1:13, NET).

78. Heil, "The Chiastic Structure and Meaning of Paul's Letter to Philemon," 184. 그는 이 절이 이 편지의 바울의 논증에서 교차 대구 구조의 중앙에 위치한다고 주장한다.

79. 이 소유 대명사('네', σῆς)는 "강조하거나 대비하는 역할을 한다." BDAG, 934를 보라.

80. 참고. P.Grenf. II.14(a), P.Tebt. I.6, P.Tebt. I.104, BGU IV.1051; MM, 129. 또한 Arzt-Grabner, *Philemon*, 220을 보라.

81. S. R. Lelwelyn and R. A. Kearsley, "'Slave, Obey Your Masters': The Legal Liability of Slaves," *NewDocs* 7:194.

82. Wilson, *Colossians and Philemon*, 352.

17절) 때문이라고 보는 것이 가장 설득력이 있다.

1:14b–c 이는 너의 선한 일이 억지 같이 되지 아니하고 자의로 되게 하려 함이라(ἵνα μὴ ὡς κατὰ ἀνάγκην τὸ ἀγαθόν σου ᾖ ἀλλὰ κατὰ ἑκούσιον). 바울은 이제 변함없이 신앙의 길을 걷고자 하는 빌레몬의 결단에 호소한다. 현대 독자는 "선한 일"(τὸ ἀγαθόν)을 "호의"(TNIV, NIV)로 번역하거나, 심지어 '(나를) 돕다'라는 동사를 넣어(GNB, NLT) 번역하고 싶을 것이다. 그러나 이런 번역은 적절하지 않다. 여기서 "선한 일"은 6절의 '모든 선한 것'(παντὸς ἀγαθοῦ, 개역개정에는 "선"–역주)을 가리킨다. 6절에서 '선한 일'은 "우리 가운데 있[고]…그리스도께 이르[는]" 것으로 묘사된다. "선한 일"은 다른 사람에게 베푼 착한 일로만 한정되지 않는다. 이것은 그리스도 안에서 살 때 행해야 하는 마땅한 일을 말한다. 그러므로 이 문맥에서 바울은 단순히 빌레몬이 그에게 베풀어야 하는 '호의'를 말하는 것이 아니고, 빌레몬의 도움을 요청하는 것도 아니다. 빌레몬이 스스로 이미 인정한 실재, 즉 하나님의 가정에서 삶으로 보여야 하는 새로운 실재를 삶으로 드러내라는 것이다.

"선한 일"을 언급함으로 여기서 요구하는 암묵적 요청이 무엇인가 하는 문제가 다시 대두된다. 13절에 비추어볼 때, "선한 일"은 감옥에 갇힌 바울이 주를 섬길 수 있도록 오네시모에게 자유를 주고 바울을 돕게 하는 일이라고 보는 것이 가장 설득력이 있어 보인다.[83] "편지의 수신인에게 지시한 구체적인 사항의 이행에 국한되지 않는 일반적인 표현"[84]이라고 보는 이들은, 이 절을 해석할 때 앞 절의 중요함을 간과하고 있다.

"억지같이"(ἀνάγκην)는 "필연성"(KJV, ASV)과 "강요"(NASB, NKJV, NET, ESV)라는 뜻을 함축한다. 고린도전서 7:37에서 이 단어는 "자기 뜻대로 하는"(NIV) 사람과 반대의 의미로 사용된다. "자의로"(ἑκούσιον)라는 단어도 마찬가지이다. "즉흥적으로"라는 번역[85]에 익숙한 독자는, 이 단어를 "'미리 숙고된'이 아닌 '비자발적'의 반대말"로 이해해야 한다는 사실을 기억해야 한다.[86]

바울이 노예에 대한 적절한 처우 문제를 다루는 서신에서 "억지같이"와 "자의로"라는 대조적 태도를 언급하는 것은 우연이 아니다. 바울은 빌레몬에게 본을 보이는 차원에서 그리스도 안에서 맺는 파트너십과 새로운 실재에 비추어 그 뜻대로 처신하는 자유를 주기로 결정했다(참고. 15절). 그렇게 함으로써 빌레몬도 오네시모가 노예로서 억지로 하는 것이 아니라, 자의적인 결정으로 봉사의 요청에 부응할 자유를 허락하기를 바란 것이다. 이 절은 논증의 수사학적 효과를 강화하는 기능 외에 빌레몬이 따를 수 있는 모범을 바울이 몸소 실천한다는 점에서 중요하다.

1:15a 아마 그가 잠시 떠나게 된 것은(τάχα γὰρ διὰ τοῦτο ἐχωρίσθη πρὸς ὥραν). 바울은 드디어 오네시모가 빌레몬을 떠난 일을 언급한다. 그는 이것이 하나님의 뜻의 일부라고 생각한다. 여기서 번역되지 않은 후치사 γάρ(참고. "왜냐하면 아마도 바로 이런 이유로", NET)[87]는 15–16절과 앞 문장이 구문론적으로 관계가 있음을 암시한다. 바울은 빌레몬과 오네시모가 그리스도 안에 있는 하나

83. Lightfoot, *St. Paul's Epistles to the Colossians and to Philemon*, 342; Ryan, "Philemon," 237; Wilson, *Colossians and Philemon*, 354. Witherington, *Letters to Philemon, the Colossians, and the Ephesians*, 76은 "선한 일"이 빌레몬이 해야 할 일련의 일을 말한다고 주장한다. 예를 들어, 오네시모를 우호적으로 받아주고, 그에게 자유를 주며, 바울을 섬기도록 그를 돌려보내는 일이다.

84. Lohse, *Colossians and Philemon*, 202.

85. 이 번역은 NIV 초기 번역본들이 채택한 것이다(1973–84). TNIV와 2011년도판 NIV가 'voluntary'로 바꾸어 번역한 것을 유의하라.

86. Wright, *Colossians and Philemon*, 184. 아테네 법률 본문에서 이 단어는 "사전에 계획한"(ἑκούσιοι) 살인 대 "사전에 계획하지 않은"(ἀκούσιοι) 살인을 가리켜 사용되었다. 참고. P. Dimakis, "The Vocabulary of Legal Terms," in *History of Ancient Greek* (ed. A.-F. Christidis, Cambridge: Cambridge Univ. Press, 2007), 1084.

87. 많은 현대 성경은 이 접속사를 번역하지 않는다(참고. NAB, REV, NJB, NRSV, CEV, GNB, NLT, TNIV, NIV).

님의 가정이라는 새로운 틀 속에서 관계를 맺을 가능성을 염두에 두고, 자신 곁에 두고 싶지만 오네시모를 돌려보낸다는 것이다.

'이런 이유 때문에'(for this reason, διὰ τοῦτο)는 15절 후반부의 내용을 예고하며, 오네시모가 빌레몬과 잠시 떨어져 있는 이유를 말해준다. 이 점을 명시하는 번역들도 있다. "아마 그가 너를 잠시 떠나 있는 이유는, 네가 그를 영원히 돌아오게 하기 위해서일 것이다."[88] 그러한 경우 이 구절은 바로 뒤의 이유를 나타내는 ἵνα(so that) 절과 연결된다. 그렇다면 오네시모가 빌레몬과 잠시 떨어져 있는 것은, 하나님의 역사하심으로 두 사람의 관계가 영구히 변화될 수 있는 이유가 된다.

기능적 면에서 "아마"와 "그가…떠나게 된 것"이라는 두 구절은 신학적으로 상당히 중요하다. 이 문맥에서 "아마"(τάχα)는 "만일의 가능성을 나타내는 표현"[89]이고, 의심이나 불확실성을 강조하기 위한 표현이 아니다. 이것은 더 깊이 숙고하고, 눈에 보이는 것을 넘어 더 멀리 볼 필요성을 요청하는 표현이다. 그러므로 많은 학자는 이 단어가 "추가적인 신중한 생각"을 소개한다고 보는 반면,[90] 또 다른 학자들은 "신적 개입"을 가리킨다고 주장한다.[91] 어떤 경우이든 이 두 절의 목표는 빌레몬이 믿음의 눈으로 사건들을 보게 하는 것이다.

마찬가지로, "그가…떠나게 된 것"(ἐχωρίσθη)은 신적 개입을 암시한다고 해석해야 한다. 이 수동 동사는 '신적 수동형'으로 보는 것이 맞다. 따라서 일어난 사건의 궁극적 주체는 하나님이시다.[92] 어떤 이들은 이 동사를 "완곡형 동사"로 보며,[93] 바울이 이 동사를 사용한 것은 "빌레몬이 그동안 겪은 피해를 다시 떠올리지 않도록" 배려하는 것이라고 본다.[94] 일부 학자는 바울이 이 동사를 사용하여 "오네시모를 보호하면서 주인에게 오네시모가 지은 죄를 정확히 암시하려" 의도했다고 주장한다.[95]

그러나 이런 추론들은 근거가 없다. 헬라 문헌의 다른 용례들과 마찬가지로, 이 동사는 신약에서 한 지역을 떠나는 것(행 1:4; 18:1, 2) 혹은 물건이나 사람과의 분리(롬 8:35-39; 히 7:26)를 가리켜 사용되거나, 이혼 논증에서처럼 확대된 의미로 사용된다(마 19:6; 막 10:9; 고전 7:10, 11, 15). 이 단어는 고대 문서에서 도망치는 행위를 가리켜 사용되지도 않았고, 범죄 행위를 에둘러 표현하는 완곡 어구도 아니었다. 그러므로 이 동사를 근거로 이별을 촉발한 것이 일종의 범죄 행위라고 주장할 수 없다.[96]

이 동사의 초점이 하나님이라고 보는 것이 가장 설득력 있는 관점이다. 바울은 이 동사를 사용해서 하나님이 더 중요한 목적을 위한 도구로서 오네시모를 만나게 하셨을 가능성을 암시한다. 그 만남을 통해 오네시모가 신자이자 제자가 되도록 변화되게 하셨다는 것이

88. 대부분의 주석가는 이 구절을 이렇게 해석한다. 예외적으로는 Callahan, *Embassy of Onesimus*, 43이 있다. 그는 이 구절을 후치사 'for'(γάρ)와 혼동함으로 이 구절이 "오네시모가 빌레몬을 섬기게 하고 싶은 바울의 소망 때문에"라는 내용이라고 해석한다.

89. BDAG, 992. 신약 다른 본문에서 이 단어는 로마서 5:7에만 나온다.

90. Fitzmyer, *Letter to Philemon*, 112. 참고. Wright, *Colossians and Philemon*, 184.

91. Bratcher and Nida, *Translator's Handbook*, 127.

92. Lohse, *Colossians and Philemon*, 202; O'Brien, *Colossians, Philemon*, 295; Harris, *Colossians and Philemon*, 265; Fitzmyer, *Letter to Philemon*, 112; Ryan, "Philemon," 245. Moo, *Letters to the Colossians and to Philemon*, 419. 그러나 어떤 이들은 이 동사를 '떠나다' 혹은 '출발하다'라는 적극적 의미의 혼동태 동사로 본다. 참고. Isak J. du Plesis, "How Christians Can Survive in an Hostile Social-Economic Environment: Paul's Mind concerning Difficult Social Conditions in the Letter to Philemon," in *Identity, Ethics, and Ethos in the New Testament* (ed. Jan G. vander Watt; BZNW 141; Berlin/New York: der Gruyter, 2006), 402; Arzt-Graber, *Philemon*, 103-4.

93. Lightfoot, *St. Paul's Epistles to the Colossians and to Philemon*, 342.

94. Fitzmyer, *Letter to Philemon*, 112.

95. Nordling, "Onesimus Fugitivus," 109.

96. Pearson, "Assumptions in the Criticism and Translation of Philemon," 265. 또한 Barth and Blanke, *Letter to Philemon*, 395도 보라. "다수가 주인의 집에서 탈출한 노예의 '죄'라고 말하는 행위를 바울이 '숨길 목적으로' 수동형을 사용한 것이 아니었다."

다. 이를 통해 그는 하나님 가정 안에서 형제자매가 되는 관계망 안으로 들어오게 되었다. 빌레몬이 오네시모를 받아들이는 것은 "하나님의 계획이 완성된다는 의미이다."[97]

1:15b 너로 하여금 그를 영원히 두게 함이리니(ἵνα αἰώνιον αὐτὸν ἀπέχῃς). 앞에서 언급한 대로 이 절은 '이런 이유 때문에'라는 전치사구의 내용을 알려준다. 바울은 빌레몬이 오네시모를 형제 된 성도로 받아주는 것을 하나님의 뜻이라고 생각한다. "너로 하여금…두게 함이리니"(You may have…back, ἀπέχῃς)는 상업적 거래에서 '비용을 다 받다'라는 뜻일 수 있지만(참고. 빌 4:18),[98] 여기서는 오네시모를 흔쾌히 받아준다는 뜻으로 사용된다.

앞 절과의 대조는 단어 순서에서 드러난다. 앞 문장은 "잠시"(문자적으로, '한 시간 동안', πρὸς ὥραν)로 끝나는 반면, 이 문장에서는 접속사 ἵνα 바로 뒤에 "영원히"(αἰώνιον)라는 단어가 등장한다. 일시적인 떠남은 "영원히" 지속되는 새로운 관계로 보상받는다. 다음 절의 초점은 바로 이 새로운 관계이다. 여기서 "영원히"는 '영구적으로'라는 뜻으로 보인다(HCSB).

"영원히"의 용례는 출애굽기 21:6의 사례와 유사할 수 있다. 이 출애굽 본문은 자발적 노예인 경우 귀를 뚫고 "종신토록(εἰς τὸν αἰῶνα) 그 상전을 섬기[라고]" 규정한다.[99] 그러나 바울이 빌레몬에게 오네시모를 더 이상 "종과 같이 대하지 아니하고 종 이상으로" 받아줄 것을 분명히 언급하는 뒤의 문장과 비교해볼 때, 바울은 오네시모가 노예로서 빌레몬을 영원히 섬겨야 한다고 말하는 것이 아니다. 그러므로 "그를 영원히 두게 함"은 세속적 관계를 뛰어넘는 새로운 관계를 가리킨다. 이것은 "사랑받는 형제"(16절)의 의미를 가리킬 가능성이 있다.

1:16a–c 이 후로는 종과 같이 대하지 아니하고 종 이상으로 곧 사랑 받는 형제로 둘 자라(οὐκέτι ὡς δοῦλον ἀλλὰ ὑπὲρ δοῦλον, ἀδελφὸν ἀγαπητόν). 바울은 이제 빌레몬과 오네시모의 새로운 관계를 언급한다. 이 절은 "두게 함이리니"(you may have…back, ἀπέχῃς)라는 동사를 수식하고, 오네시모를 어떻게 대우해야 할지와 관련해 더 자세한 개념을 제시한다. 이 절은 가정법 동사 ἀπέχῃς가 사용된 목적절을 수식하기 때문에 "이후로는"(no longer)에 οὐκέτι보다는 μηκέτι가 사용되리라 예상할 수 있다.[100] 여기서 οὐκέτι의 용례는 "빌레몬이 인정하든 안 하든 '종 이상으로'가 절대적인 사실임"을 강조하는 것으로 보인다.[101] 그러한 경우, 이 진술이 바울의 수사학적 전략에 갖는 의미를 간과해서는 안 된다.

분사 ὡς(as, 개역개정에는 "…과 같이"–역주)는 여러 의미로 해석되었다. 이것을 '…인 것처럼'(as though)으로 해석해서 사실의 반대를 가정하는 의미로 보는 것은 설득력이 약하다. 이 해석은 오네시모가 실제로 노예가 아니므로 그런 존재로 취급해서는 안 된다고 가정한다.[102] 이 분사가 이렇게 쓰인 사례는 신약에서 찾아보기 어렵다(유일한 예외는 고후 10:9일 것이다). 그러므로 이것은 "어떤 일이나 활동을 기능 또는 역할이나 특성의 관점에서 이해하거나 보는 시각을 소개하기 위한 단어"로 보는 것이 가장 설득력이 있다.[103]

97. Martin, "The Rhetorical Function of Commericial Language," 328.

98. Stuhmacher, *Der Brief an Philemon*, 41.

99. Moule, *Epistles to the Colossians and to Philemon*, 146.

100. 로마서 6:6의 평행 구절을 참고하라. 여기서는 노예의 예속 상태에서 해방이라는 유사한 생각이 목적절로 표현되어 있다. "우리가 알거니와 우리의 옛 사람이 예수와 함께 십자가에 못 박힌 것은 죄의 몸이 죽어 다시는(μηκέτι) 우리가 죄에게 종 노릇 하지 아니하려 함이니."

101. Lightfoot, *St. Paul's Epistles to the Colossians and to Philemon*, 3, 43.

102. 특히 Callahan, *Embassy of Onesimus*, 44–47를 참고하라. 그는 "이 절은 오네시모가 둘로스(*doulos*)라고 할 경우 바울과 그의 동료들처럼(빌 1:1을 보라) *doulos tou theou*, 즉 하나님의 노예라고 보아야 함을 암시하고 있다"라고 주장한다.

103. BDAG, 1104.

그렇다고 해도 이 분사가 단순히 주관적 시각을 소개하는 것인지 혹은 객관적 실재를 반영하는 시각(최소한 저자의 입장에서)을 소개하는 것인지는 명확하지 않다. 어떤 학자들은 ὡς가 단순히 이 상황에 대한 바울의 주관적 해석을 가리키고, 노예로서 오네시모의 신분이라는 객관적 사실은 건드리지 않는다고 본다.[104] 그러나 바울이 그리스도 안의 실재, 즉 그리스도의 구속적 죽음으로 말미암아 생겨난 새 인류 안의 "종"도 "자유인"(골 3:11)도 없는 실재를 단순히 주관적인 견해로 여기는지는 확실하지 않다. 그러나 ὡς가 인간의 눈에 보이지 않는 실재를 가리키는 것이라는 점은 의문의 여지가 없다. 따라서 "이후로는 종과 같이 대하지 아니하고"는 현재의 사회·정치적 현실의 상대성을 인정하는 동시에, 현 시대에서 그러한 실재를 완전히 부정하지는 않는 새로운 틀 안에서 이 노예를 받아들일 것을 암시한다. 이것은 바울이 골로새서 3:23에서 종에게 한 권면과 부합한다. "무슨 일을 하든지 마음을 다하여 주께 하듯 하고 사람에게 하듯 하지 말라."

이런 해석은 다음 구절인 "종 이상으로"(ἀλλὰ ὑπὲρ δοῦλον)가 뒷받침해주는 것으로 보인다. 전치사 "…이상으로"(ὑπέρ) 자체는 노예라는 세속적 신분을 부정하지 않는다. 하지만 현재적 신분을 "초월하는" 그의 새로운 신분을 가리키는 것은 분명하다.[105] 바울이 한 걸음 더 나아가 이 구절을 "사랑받는 형제"(ἀδελφὸν ἀγαπητόν)라는 구절로 수식할 경우, 독자는 상충하는 실재들의 모호성과 긴장을 다시 떠올리게 된다. 어떤 학자들은 종과 형제라는 호칭을 병기한 것이 노예 해방에 대한 요청을 암시한다고 해석한다.[106] 반면, 또 다른 학자들은 바울이 이 시점에서 사회적 관계에 관해서는 상대적으로 관심이 적다고 본다.[107] 이런 모호성 때문에 어떤 이들은 바울이 "무엇을 권해야 할지 몰랐다"라고 결론 내린다.[108]

이러한 해석상의 어려움을 인정하기 앞서 몇 가지 핵심을 지적할 필요가 있다. 첫째, 1세기 로마의 사회적 현실 속에서 로마의 사회·정치적 체제 전체에 대한 근본적인 변화 없이 단순하게 노예 해방을 요구하는 것은 이상주의적 주장에 불과할 것이다. 나아가 그런 맥락 속에서 "노예 해방은 빌레몬의 의무를 줄여주지만 오네시모의 안녕이나 안정을 보장하지는 않았을 것이다."[109]

둘째, 바울이 빌레몬에게 노예 해방을 요청하는지와 상관없이, 이 절에서 사고의 흐름은 그리스도 안에서 이루어진 새로운 형제 관계의 중요성을 강조하는 것이 분명하다.

셋째, 형용사 "사랑받는"(ἀγαπητόν) 역시 유의해서 보아야 한다. 빌레몬은 1절에서 "사랑을 받는" 자로 소개되고, "모든 성도에 대한…사랑"을 일관되게 표현해왔다(5절; 참고. 7, 9절). 따라서 바울은 그에게 오네시모를 맞아들여서 이 사랑의 궤적을 완성하라고 권면한다. 이 사랑은 그들 사이의 잠재적 긴장뿐만 아니라, 이전의 신분과 관계를 비롯한 옛 실재들을 초월한다.

마지막으로, "종"과 "형제"라는 호칭의 인상적인 병기에 주목해야 한다. 이런 병기는 신약에서 특이한 경우

104. Lohse, *Colossians and Philemon*, 203; O'Brien, *Colossians, Philemon*, 297.

105. 참고. BDF §230. 참고. "노예보다 나은"(TNIV, NIV).

106. 어떤 이들은 노예 해방의 명시적 요청이 없음을 인정하면서도 본문 서두에서 암묵적 요청의 가능성을 볼 수 있다고 주장한다. 예를 들어, Stuhlmacher, *Der Brief an Philemon*, 43; G. Francois Wessels, "The Letter to Philemon in the Context of Slavery in Early Christianity," in *Philemon in Perspective: Interpreting a Pauline Letter* (ed. D. Francois Tolmie; BZNW 169; New York/Berlin: de Gruyter, 2011), 164–68.

107. 예를 들어, Wright, *Colossians and Philemon*, 185를 참고하라.

108. Barclay, "Paul, Philemon and the Dilemma of Christian Slave Ownership," 175. 그는 이렇게 지적한다. "실제적인 측면에서 이 상황을 생각해보면 빌레몬에게 이 중대한 두 선택, 즉 오네시모를 계속 노예로 둘 것이냐 아니면 자유인으로 해방해줄 것이냐 하는 선택의 문제가 매우 어려운 일이었다고 볼 수 있다."

109. Taylor "Onesimus," 271. 노예 해방에 대해서 더 알고 싶다면 '빌레몬서 서론'을 보라.

이고,[110] 가정에서 노예가 이방인으로 인식된다는 사실은 형제라는 용어의 중요성을 강조한다. 또한 노예 해방 자체로는 이 상황을 바로잡을 수 없고, 오히려 노예가 그 가정에서 더욱 고립될 수 있다는 점도 유의해서 보아야 한다. 이는 "노예를 해방하는 것이 가족의 재산이 사라진다는 의미이기도 하지만, 동시에 비록 열등한 신분이기는 하지만 오이코스(*oikos*)에서 한 구성원이 이탈된다는 뜻이기도 했다."[111] 그러므로 1세기의 사회·정치적 현실 속에서 '노예'를 "사랑받는 형제"로 여기는 것은, 적어도 단순한 노예 해방에 대한 요구 못지않게 중요한 의미를 내포한다.

1:16d-f 내게 특별히 그러하거든 하물며 육신과 주 안에서 상관된 네게랴(μάλιστα ἐμοί, πόσῳ δὲ μᾶλλον σοὶ καὶ ἐν σαρκὶ καὶ ἐν κυρίῳ). 바울은 오네시모와 자신의 관계를 토대로 이제 빌레몬에게 오네시모와 관계를 맺는 방식의 변화를 촉구한다. 두 사람 모두 믿음 안에서 바울의 아들이 되었다. 최상급 부사 '특별히'(μάλιστα)와 비교급 형태인 '더욱 더'(more, μᾶλλον)의 조합은 "심각한 비논리성"[112]을 띤다는 평가를 받았다. 이것은 문자적으로 "무엇보다 특별히 내게…가장 특별한 그 이상으로 네게"(most of all to me…more than most of all to thee)로 번역할 수 있다.[113] "내게 특별히"는 바울과 오네시모의 친밀한 관계를 강조한다. 오네시모는 바울이 투옥되어 있는 동안 그의 아들이 되었다(10절). 그렇다면 "하물며…랴"는, 하나님의 가정에서 오네시모와 빌레몬이 새롭게 형성한 관계를 가리킨다.

또한 바울의 전체 논증이라는 맥락에서 이 최상급과 비교급의 조합으로 수사학적 효과가 배가된다. 오네시모가 바울에게 매우 중요한 존재라면, 빌레몬에게는 훨씬 더 중요한 존재가 되어야 한다. 이는 오네시모가 그리스도 안에서 "사랑받는 형제"일 뿐만 아니라, 바울의 아들이기도 하기 때문이다. 이 강조의 언급에는 17절에서 명시할 요청이 전제되어 있다. "그를 영접하기를 내게 하듯 하고."

'육신으로'(ἐν σαρκί)와 "주 안에서"(ἐν κυρίῳ)의 대비로 이 문장의 주제가 완성된다. 이 대조는 이 본문 외에 바울 서신의 어디에서도 보기 어렵다. 그러나 동일한 공동체에게 보낸 편지에 나타난 가족 관계의 논의가 도움이 될 수 있다. 골로새서 3:18-4:1에서 그리스도의 주 되심이 "주"라는 호칭을 통해 반복적으로 강조된다(3:18, 20, 22, 23, 24; 4:1). 중요한 점은 바로 이 문맥에서 노예의 주인이 '육신의 상전/주'(문자적으로, τοῖς κατὰ σάρκα κυρίοις, 3:22)로 확인된다는 점이다. 골로새서의 문맥에서 '상전들'의 권위는 "육신"이라는 언급으로 상대화된다. 그러나 빌레몬서의 문맥에서는 정반대의 전략이 사용되고, 강조하고자 하는 요지도 매우 인상적이다. 우리는 보통 바울이 오네시모를 '육신의' 종으로 받아들이는 동시에 '주 안에서 사랑받는 형제'로 받아야 한다고 말하리라 예상할 것이다. 그러나 바울은 두 전치사구를 모두 "사랑받는 형제"와 연결한다.[114] 다시 말해, 오네시모는 단순히 영적인 의미에서 "사랑받는 형제"이고, 세상의 사회·정치적 의미에서도 "사랑받는 형제"인 것이다.

---

110. 그러므로 이것은 이 문장에서 바울의 수사학적 효과의 핵심에 해당한다. Witherington, *Letter to Philemon, the Colossians, and the Ephesians*, 80; Aasgaard, "*My Beloved Brothers and Sisters*," 257-60.

111. Zelnick-Abramoviz, *Not Wholly Free*, 336.

112. Moule, *Epistles to the Colossians and to Philemon*, 148.

113. Lightfoot, *St. Paul's Epistles to the Colossians and to Philemon*, 343.

114. 가령 Harris, *Colossians and Philemon*, 269는 "육신으로"는 노예라는 오네시모의 세상적 신분을 가리키고, "주 안에서"는 형제로서 그의 영적 정체성을 가리킨다고 본다. 따라서 "그가 이제 네 집의 노예라는 인간적 관계뿐 아니라 동료 그리스도인으로서 영적 관계로 연결되어 있으므로"라고 번역한다. 일부 현대 성경도 이 해석을 채택한다. "주 안에서 남자이자 형제로서"(NLT; 참고. GNB). 그러나 이것은 두 전치사구 모두 "내게 특별히 그러하거든 하물며…네게랴"를 수식하는 것이 분명하고, 다시 "사랑받는 형제"를 수식하는 헬라어 원문을 잘못 해석한 것이다. 자세한 내용은 Barth and Blanke, *Letter to Philemon*, 450-73을 보라.

이 요구에서 여러 가지 함의를 도출할 수 있다. 첫째, 앞에서 지적한 대로 이 문장의 정점은 오네시모가 "사랑받는 형제"로 대우받아야 한다는 주장에 있다. 대비를 이루는 두 쌍의 전치사구를 이 구절과 연결한 것은, 하나님의 가정에서 이 실재의 포괄적 성격을 보여준다. 노예 해방이 이 문장의 핵심 요점은 아니지만, 바울이 강조하는 관심의 초점은 "사랑받는 형제"로서 오네시모의 위치이다. 더욱이 가정 노예로서 그는 빌레몬이 개종할 때 함께 개종했지만, 바울의 지도 아래 진정한 회심을 경험함으로 믿음의 가정의 온전한 지체로서 그의 집으로 돌아갈 수 있었을 것이다.[115] 마지막으로, 바울은 빌레몬이 이 가정의 온전한 지체로 오네시모를 맞아주는 것 못지않게 빌레몬에게 새로운 실재의 중요성을 설득하는 문제에도 관심을 둔다.

적용에서의 신학

1. 참된 자유

현대의 빌레몬서 독자는 바울이 오네시모라는 노예를 해방하는 문제에 대해 어떤 입장인지를 확인하는 데 종종 열을 올린다. 그러나 이 본문의 내용을 읽고 대부분 실망을 금하지 못한다. 이 본문이 노예 해방을 암묵적으로 지지한다고 보는 이들은 특별히 16절을 중요하게 여긴다. "이후로는 종과 같이 대하지 아니하고 종 이상으로 곧 사랑받는 형제로 둘 자라…육신과 주 안에서." "육신과 주 안에서"라는 마지막 전치사구가 "사랑받는 형제"를 수식한다는 사실은, 하나님의 가정 안에서 형제라는 오네시모의 새로운 위치가 세속적인 의미에서도 중요하다는 것을 암시한다.

나아가 오네시모를 "사랑받는 형제"라고 부름으로 절정에 이르는 바울의 수사학적 전개 과정 역시 노예라는 그의 (이전) 신분을 상대화한다는 면에서 그의 새로운 호칭을 강조하는 데 기여한다. 이것을 노예 해방에 대한 요청으로 보지 않는 사람들은 그렇게 해석할 명시적 요청이 나오지 않는다고 지적한다. 더욱이 바울이 '더 이상 종이 아니라'고 하지 않고 '더 이상 종과 같이 대하지 아니하고'라고 말한 사실은, 그가 사회 제도 개혁에 관심이 없다는 방증이라고 주장한다. 양측의 주장이 일치하는 부분은, 최소한 노예 해방 문제에 관한 한 바울이 자신의 의도를 더 명확히 표현할 수 있었지만 모호한 입장을 취했다는 것이다. 이 때문에 일부 학자는 바울이 어떤 입장을 취해야 할지 정확히 확신하지 못했기에 어중간한 태도를 보이는 것이라고 단정 짓는다.[116]

115. Taylor "Onesimus", 272는 이 귀향을 그의 회심의 완성이라고 본다. 이는 "이미 법적으로 한 구성원인 가정에 다시 소속되되 그 제의적 생활에 완전한 일체감을 느낄 것이기 때문이다".

116. Barclay, "Paul, Philemon and the Dilemma of Christian Slave Ownership," 175. 또한 16절에 대한 설명도 보라. 이에 대해 Taylor, "Onesimus", 269는 이렇게 지적한다. "21절을 볼 때 바울이 빌레몬

그러나 독자는 노예 해방이라는 문제가 아니라, 바울이 실제로 제시하는 의제에 집중해야 한다. 빌레몬서에서 바울은 이상적인 국가의 틀을 제시할 임무를 띤 철학자 혹은 1세기의 사회·정치적 현실을 제도적으로 개혁할 수 있는 권한을 지닌 정치 지도자로서가 아니라 사도로서 글을 쓰고 있다. 사실 그는 그런 담론에 무지하지도 않고, 그런 이상에 무관심하지도 않다. 하지만 바울은 이 편지에서 오네시모의 신분과 정체성이라는 더 직접적인 문제에 직면한다. 단순히 오네시모를 빌레몬의 집에서 해방시켜 감옥에 갇힌 자신을 섬기게 하는 일보다 더 어려운 과제를 해결하려 하고 있다. 그런 이유에서 훨씬 미묘하고 세련된 편지가 등장하게 된 것이다.

자신을 "그리스도 예수"를 섬기는 자로 인식하는(1절) 바울은, 그리스도의 복음으로 찾아온 실재를 받아들이도록 오네시모와 빌레몬을 설득하는 것이 자신의 가장 중요한 과제라고 여긴다. 스스로 오네시모의 아버지라고 자처하는(10절) 바울은 그를 주인의 집으로 돌려보내서 이 영적 가정의 온전한 구성원이 되도록 돕고자 한다. 그는 빌레몬이 오네시모가 없어도 살 수 있다고 설득하기보다 오히려 정반대되는 시도를 한다. 따라서 그는 오네시모가 '유익하며'(11절) '종과 같이 대하지 아니할 종 이상'의 존재라고 강조한다(16절). 오네시모가 빌레몬에게 돌아가고 빌레몬이 그를 흔쾌히 맞아줌으로써, 그들은 그리스도 안에 있는 새 사람임을 증명할 수 있을 것이다(참고. 골 3:11). 한편으로는 노예 해방을 초월하는 길을 제시하고, 다른 한편으로는 기존 상태를 강화하는 길을 제시한 바울은 두 선택이 빌레몬과 오네시모 두 사람에게 모두 유해하다는 생각을 드러낸다. 대신 그는 하나님이 보시기에 두 사람 모두 "사랑받는" 존재이기에 "사랑받는 형제"로서 관계를 형성하고(참고. 16절), 이것을 통해 "육신과 주 안에서"(16절) 복음 메시지의 진리를 삶으로 보여주기를 기대한다.

현대 그리스도인으로서 우리도 이 복음의 메시지와 복음으로 찾아온 실재의 우선성을 기억해야 한다. 일각에서는 거부감을 보이지만, 복음 전도와 선교는 여전히 그리스도인의 가장 중요한 소명이다. 그러나 그렇다고 해서 현재의 어려운 현실을 무시하거나 우리 주변에 존재하는 제도적 악을 미화해서는 안 된다. 우리는 우리에게 훨씬 많은 것을 요구하는 복음 메시지에 집중하도록 부르심을 받는다. 복음은 단순히 인간적 상상력을 투사한 하나님이 아닌, 진정한 하나님을 증언한다.

> 아버지라는 하나님의 이름은 단순히 부성애, 남성성, 힘, 이 세상 권력에 대한 경험을 모방해서 붙여진 호칭이 아니다…아니, 이 하나님은 다른 하나님이다…현존하는 법적 질서와 전체 사회 체제를 전복하지 않지만 인류를 위해 그것을 무두질하시는 하나님이다. 따라서 선인과 악인, 친구와 적, 이웃과 타인, 직장인과 실직자를 범주화하는 장벽이 제거되기를

의 순종을 기대하고 있음은 매우 분명하고, 이것은 그가 전략적으로 모호하게 지시하고 있음을 전제로 한다."

원하시는 하나님이다. 이것은 겸손함, 자기부정, 사랑, 무한한 용서, 보상을 바라지 않는 섬김, 무조건적 희생을 통해 이루어진다.[117]

이 하나님은 십자가 상의 자기 아들의 죽음을 통해 철저히 무력한 행위로, 그러나 모든 권세와 세력에 도전하는 행위로 세상을 정복하시는 분이다(골 1:15-20). 그러므로 바울은 자신의 사도적 권한을 이용해 일방적으로 오네시모를 해방하지 않고, 이 십자가의 복음, 곧 세상적인 도구를 들고 이 세상 체제에 도전하기를 거부하는 복음을 증언한다.

2. 약함의 수사학

바울은 자유에 대한 개인적 갈증에 초점을 맞추지 않고, 서로를 섬기고 그리스도 안에서 정체성을 확인할 수 있는 신자의 자유를 강조한다. 바울은 자유에 대한 이런 시각을 표명함으로 자신 역시 기꺼이 복음을 위해 자유를 포기할 뜻이 있음을 명확히 밝힌다. 바울은 "갇힌 자"이자(1, 9절) "나이가 많은"(9절) 자로서, 자기 뜻을 행사하는 것을 부차적으로 여기는 실재에 복종한다. 따라서 '사랑으로써 간구하겠다'는 결정(9절)은 단순히 수사적 책략이 아니다. 이런 태도는, 특히 빌레몬에게 받을 빚이 있음(19절)을 빌미로 그의 합법적 권한을 행사하지 않을 것이라는 결심으로 구체화된다. 또한 이것은 오네시모를 돌려보내서 빌레몬이 "자의로"(14절) 올바른 결정을 내릴 권리를 행사할 수 있게 한 이유를 설명해준다.

이런 약함의 수사는 단순한 수사가 아니다. 바울에게 이것은 십자가의 실재를 의미하고, 이 실재는 화해를 이루는 십자가의 복음을 삶으로 증명하는 것이다(참고. 골 1:21-23). 그러므로 바울은 이 편지에서 강제성을 띠는 명령이 아닌, 사랑을 드러내는 구도를 중점적으로 드러낸다. 바울은 자신에게 주어진 권한을 사용하여 빌레몬이 자기 권리를 포기하게 하고 싶은 유혹에 굴복하지 않는다. 다른 본문에서 천명한 대로 그가 "자랑"할 수 있는 "능력"이 있다면 그것은 약함 가운데 나타나는 능력이었다.

> "그러므로 도리어 크게 기뻐함으로 나의 여러 약한 것들에 대하여 자랑하리니 이는 그리스도의 능력이 내게 머물게 하려 함이라 그러므로 내가 그리스도를 위하여 약한 것들과 능욕과 궁핍과 박해와 곤고를 기뻐하노니 이는 내가 약한 그때에 강함이라"(고후 12:9-10).

약함의 수사가 가능한 이유는, 그리스도가 "약하심으로 십자가에 못 박히셨으나 하나님의 능력으로 살아 계시[기]" 때문이다(고후 13:4).

117. Hans Küng, *Why I Am Still a Christian* (trans. David Smith et. al.; de. E. C. Hughes Nashville: Abingdon, 1987), 51-52.

약함을 자랑하는 삶에 대한 설명은, 빌레몬이 오네시모에게 자유를 주어야 한다는 것을 강력하게 지지한다. 바울이 오네시모에 대한 권리를 기꺼이 포기한 것처럼(13절), 빌레몬도 그렇게 해야 한다. 바울이 다른 사람들에게 자신의 뜻을 강요하지 않듯(14절) 빌레몬도 그렇게 해야 한다. 일어난 사건들의 배후에 주권자 하나님이 계시므로(15절), 빌레몬도 하나님의 주권에 복종해야 한다. 하나님의 주권을 인정하고 그분의 뜻에 자발적으로 복종한 바울은, 빌레몬이 오네시모에 대한 권리를 자발적으로 포기하도록 가장 강력한 논증을 제시한다. 이로써 빌레몬도 자발적으로 하나님을 섬길 수 있게 한다. 빌레몬서에는 노예 해방이 명시적으로 요청되지 않는다. 하지만 그런 요청의 강력한 근거를 찾아볼 수 있다. 이 요청은 세상에 순응하라고 요구하지도, 세상을 '식민지화'하라고 요구하지도 않는다. 대신 단순히 이 새로운 실재로 거듭났다는 사실만으로 우리의 현재적 실존이 새롭게 태어나게 된다.[118]

> 그리스도인은 밖에서 지금의 사회로 들어와서 (2세대 이주민처럼) 새로운 집에 순응하려 애쓰고, (식민주의자가 그러듯이) 두고 온 집의 모양대로 집을 꾸미는 데 공을 들이거나, (재류 외국인처럼) 낯선 신세계에 옛것을 떠올리는 작은 피난처를 세우려고 하는 외인이 아니다. 내부인이 되려고 애쓰거나 외부인으로서 그 상태를 유지하려고 안간힘을 쓰지 않는다. 그리스도인은 거듭남으로 이전 문화와 결별한 **내부인**이다. 그들은 이전의 모습에서 변화된 자들이며 이전의 삶에서 벗어나 다른 삶을 살아간다. 그러므로 기독교적 변화는 낡은 것에 새 것을 집어넣는 것이 아니다. 그것은 **정확히 옛것의 적절한 곳**에서 새로운 것이 터져 나오는 것이다.[119]

바울이 빌레몬에게 보내는 편지에서 우리는 새 신자가 각자 처한 사회·문화적 배경에서 자신의 정체성을 재평가하도록 부르심 받는 과정의 놀라운 사례를 볼 수 있다. 이 메시지는 노예 문제가 아니더라도 나름의 어려움과 싸우는 현대 독자에게도 교훈을 준다. 개인의 자유와 권리를 숭배하는 자기중심적인 삶에서 떠나, 우리는 복음 메시지의 강력한 요구에 복종하고 온 의지와 힘을 다해 하나님을 섬겨야 한다. 하나님의 능력, 곧 우리의 현재적 실존에서 터져나오는 능력은 바로 약함의 태도를 취할 때 체험할 수 있다.

구체적으로 오늘날 개인의 자유와 권리를 탐닉하는 사례는 무엇이 있는가? 일단 교회에서는 신적 영감이라는 명목으로 자신의 의견을 주장하는 일, 권력과 관심을 차지하기 위한 싸움, 위원회와 찬양팀에서 지배력을 구축하려는 시도 등이 해당될 수 있다. 직장에서는 온갖 수단을 동원해서 다른 사람보다 앞서려는 끝없는 욕망, 신앙적 양심을 희생해서라도 회사에

118. 이것으로 이 편지에서 오네시모(10절)와 빌레몬(19절)의 회심에 대한 간접적인 언급의 중요성이 설명될 수 있다.

119. Miroslav Volf, "Soft Difference: Theological Reflections on the Relation between Church and Culture in 1 Peter," *ExAud* 10 (1994): 18–19(강조체 원저자).

서 확고한 입지를 구축하려는 욕심이 포함될 수 있다. 사회적으로는 개인의 자유와 권리를 추구하고자 하는 욕망을 낙태, 안락사, 성도덕과 같은 수많은 사회 문제에 대한 입장으로 포장하는 경우가 이에 해당한다. 바울이 강조하는 약함의 수사는, 이 모든 문제에 대해 자율적 자아를 추구하지 말고 창조 질서와 하나님의 넓은 계획 속에서 우리가 서 있는 위치를 자각하라고 촉구한다.

3. 하나님의 나라

개인적 자유에 연연하지 않는 약함의 수사를 강조하다가 하나님의 나라를 소홀히 하는 잘못을 저질러서는 안 된다. "그리스도 예수를 위하여 갇힌 자"라는 바울의 자기소개(1, 9절)는 그리스도 중심의 준거 틀을 암시한다. 오네시모가 '나와 네게 유익하다'(11절)는 언급은 신자로서 오네시모의 새로운 봉사를 가리킬 가능성이 크다. '복음을 위해 갇혀'(13절) 있는 동안 오네시모를 곁에 두고 싶다는 바울의 생각은, 그가 말하고자 하는 요청의 핵심을 보여준다. 관심의 핵심이 오네시모의 운명이라면 이런 언급은 지엽적인 것이겠지만, 바울이 복음 사역에 유익한 일에 초점을 맞추므로 이 언급들은 그의 계획에 꼭 필요하고 중요한 것이다.

빌레몬서에 신학적 의미가 담겨 있지 않다는 일부의 주장과 달리, 이 서신은 오히려 매우 깊이 있고 심오한 신 중심적, 그리스도 중심적 시각을 드러낸다. "복음을 위하여"(13절) 갇힌 자신을 오네시모가 섬길 수 있게 해달라는 바울의 간접적인 요청은 빌레몬서의 선교 중심적 관심사를 보여준다. 나아가 빌레몬이 오네시모와 "사랑받는 형제"(16절)와 같은 관계가 되기를 바라는 관심사는, 그리스도의 주 되심에 복종하는 새 공동체를 묘사할 때 형제라는 용어가 중요한 역할을 하는 교회론적 시각으로 이 관계를 논의해야 함을 보여준다. 이런 선교론적, 교회론적 강조는 그리스도의 구속적 죽음을 근거로 하고, 그분의 죽음은 18절에 나오는 제안의 본보기가 되었을 것이다(18절에 대한 설명을 보라). 바울은 다른 서신에서 그리스도의 죽음을 본받아 신자가 서로 관계를 맺을 수 있음을 분명히 언급한다. "그러므로 내 형제들아 너희도 그리스도의 몸으로 말미암아 율법에 대하여 죽임을 당하였으니 이는 다른 이 곧 죽은 자 가운데서 살아나신 이에게 가서 우리가 하나님을 위하여 열매를 맺게 하려 함이라"(롬 7:4).

현대 독자는 신 중심적이고 그리스도 중심적인 메시지의 의미를 깊이 숙고해야 한다. 이 메시지는 하나님 가정의 지체로서 각자의 주장이 갖는 함의를 탐색하게 함으로 개인의 삶에 영향을 미친다. 바울은 빌레몬의 직접적 관심사가 아닐 수 있는 이런 차원에 관심을 돌리게 해서 새로운 실재의 우선성을 상기시킨다. 매일 일어나는 일상의 문제로 씨름하고 있는 우리 역시 하나님의 나라를 먼저 구하라는 말씀(마 6:33)을 들을 때 동일한 반응을 보여야 할 것이다.

CHAPTER

14 빌레몬서 1:17–20

문학적 전후 문맥

이 단락은 오네시모에 관한 요청을 다룬 큰 단락(8–20절)에 속해 있다.[1] 바울은 8–16절에서 오네시모와의 관계를 기반으로 빌레몬에게 호소했고 오네시모를 자신의 "아들"(10절)이자 "심복"(12절)이라고 소개했다. 이것은 바울이 오네시모를 얼마나 중요하게 생각하는지 보여준다. 또한 이것은 빌레몬에게 오네시모에 대한 그의 대우가 바울과의 관계를 바라보는 빌레몬의 생각을 반영한다는 바울의 인식을 분명히 밝힌다. 여기서 나아가 바울은 오네시모의 유익함(11절)을 강조하고, 감옥에 갇힌 자신을 섬기도록 그를 계속 곁에 두고 싶다고 말한다(13절). 이 단락은, 오네시모를 "이후로는 종과 같이 대하지 아니하고 종 이상으로 곧 사랑받는 형제로"(16절) 대하라는 바울의 요청에서 절정에 이른다.

빌레몬서 1:17–20에서는 바울의 요청이 훨씬 선명해진다. 이 단락은 8–16절보다 내용상 진전을 보인다. 이 사실은 8–16절에는 명령형이 나오지 않는 반면, 이 단락에서는 세 개의 명령형('영접하라', 17절; "계산하라", 18절; "평안하게 하라", 20절)이 나오는 데서 가장 잘 드러난다. 앞 단락은 오네시모가 바울에게 어떤 의미인지와 그의 유익함을 확인했다. 한편 이 단락은 바울을 대하듯이 오네시모를 받아달라고 빌레몬에게 직접적으로 요청하면서 시작된다(17절). 이 때문에 어떤 학자들은 8–16절이 이 단락의 배경이고, 17절이 바울의 실제 요청이라고 생각한다.[2] 17절이 "빌레몬서만의 특이한 요약 구절"이라고 주장하는 이들도 있다.[3] 어떤 경우이든 이 절의 핵심적 중요성을 부정할 수 없고, 그 중요성은 앞에서 바울이 새로운 시각으로 오네시모를 소개한 부분에서 이미 예고되었다고 할 수 있다.

바울은 17절의 명시적 요청에 이어 오네시모 때문에 생긴 빚이 있다면 갚겠다고 약속하는

1. 이 편지의 본론이 지닌 한계를 둘러싼 논쟁에 대해서는 1:8–16에 대한 '문학적 전후 문맥'을 보라.
2. 김찬희, *Form and Structure of the Familiar Greek Letter of Recommendation* (SBLDS 4; Missoula, MT: Society of Biblical Literature, 1972), 124.
3. Allen "The Discourse Structure of Philemon," 91.

데(18-19b절), 동시에 빌레몬 역시 그에게 빚이 있음을 상기시킨다(19c-d절). 또한 빌레몬에게 자신의 마음을 평안하게 해달라고 마지막으로 간청(20절)하는 것은, 앞에서 바울이 오네시모를 자신의 심복으로 소개(12절)한 부분을 떠오르게 한다.

다음 단락(21-25절)에서 바울은, 빌레몬이 자신의 요청에 순종할 것을 확신한다는 말(21절)과 앞으로 방문할 때 자신을 위해 방을 준비해달라는 더 구체적인 지시(22절)로 편지를 마무리한다. 그러나 두 언급 모두 동일한 기능, 즉 빌레몬이 부탁받은 대로 실행할 것을 강조하는 역할을 한다. 다른 바울 서신처럼 빌레몬서도 안부 인사(23-24절)와 송영(25절)으로 끝맺는다.

III. 오네시모에 관한 요청(8-20절)
　A. 바울과 오네시모의 관계에 근거한 호소(8-16절)
➡ **B. 바울과 빌레몬의 관계에 근거한 지시(17-20절)**
IV. 마지막 인사(21-25절)

주요 개념

바울은 빌레몬이 사역의 동반자라고 말한다. 그리고 그에게 자신을 대하듯이 오네시모를 받아달라고 지시하는 동시에 빌레몬이 이렇게 받아주지 않을 이유가 없음을 확인한다.

번역

빌레몬서 1:17-20

17a	조건	그러므로 네가 나를 동역자로 알진대
b	권면	**그를 영접하기를**
c	방법	내게 하듯 하고
18a	조건	그가 만일 네게 불의를 하였거나
b	조건	네게 빚진 것이 있으면
c	권면	**그것을 내 앞으로 계산하라**
19a	19b의 보증	나 바울이 친필로 쓰노니
b	주장	**내가 갚으려니와**
c	내용	네가 이 외에 네 자신이 내게 빚진 것은
d	설명	내가 말하지 아니하노라

20a	간청	**오 형제여 나로…기쁨을 얻게 하고**
b	영역	주 안에서
c	출처	너로 말미암아
d	권면	**내 마음이 그리스도 안에서 평안하게 하라**

구조

앞 단락들과 이 단락이 맺는 관계는 두 가지로 설명할 수 있다. 첫째, 접속사 "그러므로"(οὖν, 17절)는 앞 단락과 이 단락을 연결하고, 바울은 빌레몬에게 자신을 대하듯이 오네시모를 받아달라고 구체적으로 요구한다. 둘째, 조건절도 이 요청과 앞의 내용을 연결하는 역할을 한다. "네가 나를 동역자(κοινωνόν)로 알진대"(17절)는 바울이 빌레몬의 믿음의 "교제"(ἡ κοινωνία)를 언급한 6절과 연결된다. 빌레몬에게 그가 수용하고 인정하는 믿음과 행동의 일치를 보일 것을 지적한 바울은, 이제 구체적으로 요구할 준비를 마쳤다.

17절은 매우 강력한 요청이다. 바울은 빌레몬에게 바울 자신을 대하듯이 오네시모를 영접하라고 요청한다. 이 문장의 조건절에서 언급한 것처럼, 이 요청은 바울과 빌레몬이 동역자 관계라는 인식을 근거로 한다. 그런데 이것은 오네시모를 자기 아들이자(10절) 심복(12절)이라고 명확히 밝힌 앞의 논증의 확대편에 해당한다. 왜 빌레몬이 오네시모를 받아주어야 하는지 일련의 이론적인 논증을 제시하는 대신, 바울은 자신을 논의의 중심에 놓기 때문에 이 논의는 다시 개인적 성격을 강하게 띤다. 그러므로 바울 자신이 논증의 설득력을 제공하는 핵심이 된다.[4]

18-19절은 바울이 앞에서 제시한 요청과 논증의 확대판으로 여겨진다.[5] 여기서 바울은 오네시모 때문에 생긴 빚을 모두 갚아주겠다고 약속함으로 빌레몬의 긍정적인 반응을 막을 만한 장애물을 제거한다. 그런데 이 약속에 바로 뒤이어 빌레몬도 바울에게 진 빚이 있음을 강조하는 내용이 등장한다. 따라서 이 약속은 바울이 마땅하다고 여기는 방식대로 빌레몬이 행동해야 한다는 또 다른 강력한 논증이다.

빌레몬이 바울의 마음을 평안하게 해야 한다는 마지막 요청 역시 개인적인 차원을 강조한다. 바울의 "마음"(σπλάγχνα)에 대한 언급이 여기서 특별히 중요한 이유는, 앞에서 오네시모를 그의 "심복"(heart, σπλάγχνα)으로 언급했기 때문이다. 따라서 빌레몬이 바울의 마음을 평안하게 해주는 것은, 그의 종의 마음을 평안하게 해주는 것과 같다. 나아가 바울은 7절에서 이미 "성도들의 마음이 너(빌레몬)로 말미암아 평안을 얻었[다]"라고 말했다. 이제 바울

4. 바울의 논증의 전체 맥락에서 이 절이 그리스도의 모범을 암시한다는 부분은 '적용에서의 신학'을 보라.

5. Church, "Rhetorical Structure and Design," 28.

은 마무리를 지으면서 빌레몬에게 모든 성도의 마음을 평안하게 한 것처럼, 자신(그리고 오네시모)을 평안하게 해달라고 촉구한다.

석의적 개요

➡ I. 바울과 빌레몬의 관계에 근거한 지시(17-20절)
  A. 빌레몬과 바울의 파트너십에 기반을 둔 구체적 요청(17절)
  B. 빌레몬에게 진 빚을 모두 갚아주겠다는 약속(18-19b절)
  C. 빌레몬이 바울에게 진 빚을 환기(19c-d절)
  D. 바울의 마음을 평안하게 해달라는 빌레몬에 대한 마무리 간청(20절)

본문 설명

1:17a 그러므로 네가 나를 동역자로 알진대(Εἰ οὖν με ἔχεις κοινωνόν). 바울은 다시 빌레몬과 자신의 동역자 관계에 호소하며 앞의 요청을 이어간다. 그러나 이번에는 이 파트너십의 조건적 성격을 강조한다. 접속사 "그러므로"(οὖν)는 이 절을 앞 단락과 연결하는 기능을 한다. 이 문장은 "편지 전체의 핵심"[6]으로서 앞의 논증들을 기초로 하고, 그 논증들을 완성하고 있다. 오네시모에 대한 태도를 다룬 긴 문장과 비교할 때(16절), οὖν은 17절과 15절을 연결해서 오네시모를 대하는 적절한 태도의 문제를 다시 논의한다.[7] 나아가 새 단락을 시작하는 역할을 하는 이 접속사의 기능은 8절의 "이러므로"(διό)의 기능과 유사하다. 두 접속사 모두 빌레몬서의 본론에서 사고가 진전되는 것을 알린다.[8]

이 조건절(if절)은 포함된 주장을 사실로 볼 수 없는 제1조건문에 해당한다.[9] 이 절이 다음 요청의 근거로 작용하기 때문에 바울이 여기에 내포된 주장을 사실이라고 여길 가능성이 없지는 않다. 하지만 앞에서 바울이 빌레몬으로 하여금 이 파트너십에 참여하도록 기도했다는 사실(6절)은, 이 주장을 분명한 사실로 받아들이기 어려움을 보여준다. 그러나 바울은 이 문맥에서 단순히 가정에 기초한 추상적 시나리오를 제시하는 것이 아니다. 오히려 이 조건문으로 "수사의 초점이 바울 자신에게서 빌레몬이 인식하고 중시하는 내용으로 이동한다."[10] 이렇게 초점을 이동함으로써 그는 빌레몬에게 자신과 맺은 파트너십이 지속되기 위한 조건이 있음을 인식하도록 도전한다. 바울과 계속 동역하고 싶다면, 모

---

6. Russell, "Strategy of a First-Century Appeals Letter, *JOTT* 11 (1998): 20.

7. Lohse, *Colossians and Philemon*, 203; O'Brien, *Colossians, Philemon*, 298.

8. Allen "The Discourse Structure of Philemon," 87.

9. Stanley E. Porter, *Idioms of the Greek New Testament* (2nd ed.; BLG 2; Sheffield: Sheffield Academic, 1994), 256-57; Daniel B. Wallace, *Greek Grammar beyond the Basics: An Exegetical Syntax of the New Testament* (Grand Rapids: Zondervan, 1996), 690-91.

10. Petersen, *Rediscovering Paul*, 105(강조체 원저자).

든 인간 관계를 변화시키는 복음의 요구에 맞게 빌레몬이 변화되어야 하는 것이다.

여기서 "동역자"(κοινωνόν)는 바울이 6절에서 사용한 동일한 단어군의 용례("교제", ἡ κοινωνία)와 연결해서 해석해야 한다. 6절에서 이 단어는 사역의 파트너십을 가리켜 사용되었다("네 믿음의 교제"). "동역자"는 보통 1세기 헬라 파피루스 문서에서 "사업 파트너"라는 뜻으로 사용되었지만,[11] 여기서는 하나님 나라를 위한 사역의 상호 동참을 가리키는 비유로 기능하고 있다.[12] 사역에 대한 이런 초점은 이 조건문 앞의 구절에 언급된 "주 안에서"(16f절)라는 구절에서 확인된다.

바울의 논증에서 파트너십에 대한 이 언급은 특별히 중요하다. 첫째, 바울은 6절을 토대로 이제 최소한 다른 이들에게 보여준 것과 같은 정도의 호의와 사랑을 자신에게 보이라고 빌레몬에게 요구한다.[13] 더 중요한 것은, 바울이 노예 오네시모를 자신과 빌레몬의 관계를 이어주는 데 꼭 필요한 사람이라고 여긴다는 것이다. 그러므로 오네시모에 대한 두 사람의 관계는 주의 사역에 서로 동역하는 기준으로 작용한다.[14] 이런 연관성 때문에 빌레몬은 바울의 요청을 진지하게 받아들일 수밖에 없고, 오네시모의 위치는 바울의 동역자들의 교제 영역에 (간접적으로) 영향을 줄 만큼 중요한 사람으로 격상된다.

1:17b-c 그를 영접하기를 내게 하듯 하고(προσλαβοῦ αὐτὸν ὡς ἐμέ). 이 귀결절에서 바울은 요청 내용을 알린다. 빌레몬이 오네시모를 '영접하는' 정확한 방식에 대해서는 신중하게 접근해야 한다. 바울 서신에서는 상대방을 판단하지 말고 받아줄 것을 강조할 때, 이 동사(προσλαμβάνω)가 사용된다(참고. 롬 14:1, 3). 이 동사가 의도한 뉘앙스가 이것이라면, 오네시모의 과오나 심지어 오네시모가 직접 빌레몬에게 저지른 잘못을 기억하지 말고(참고. 18절) 받아주라는 뜻이다. 그러나 이것이 사실이라면, '그를 영접하고 용서하라'와 같이 이 주제에 대해 더 상세한 설명이 나와야 할 것이다.

이 구절은 바울이 신자에게 "서로 받으라"(προσλαμβάνεσθε ἀλλήλους)고 권면하는 로마서 15:7의 용례와는 약간 차이가 있다. 이 빌레몬서 문맥에서 '영접하다'라는 단어는 오네시모를 믿음의 가정의 일원으로 받아주라는 뜻으로 사용된다.[15] 오네시모의 회심 혹은 재헌신을 언급하는 10절의 내용과 "사랑받는 형제"로 다시 맞아주라는 16절의 요청이 이 해석을 지지한다.

만약 이곳에 16절에서 조금이라도 진전된 내용이 나오고 명령형 '영접하라'의 용례에 구체적으로 강조하고자 하는 부분이 있다면, 그것은 "내게 하듯 하고"(ὡς ἐμέ)라는 구절에 모두 포함되어 있다.[16] 이 구절은 바울의 아들로서 오네시모의 위치(10절)를 드러내고, 따라서 사도 바울의 명예로운 대리자로서 그의 위치를 보여준다. 이런 영접은 단순히 한 가정의 새 구성원으로 환영하는 데서 그치지 않고, 빌레몬보다 권위 있는 사람을 영접한다는 의미도 포함되어 있다(참고. 8, 19절). 그렇다면 이것은 귀한 손님을 대할 때의 영접을 가리킨다.[17]

---

11. 참고. Arzt-Grabner, *Philemon*, 226-29. 가정 단위에서 파생한 소시에타스(*societas*)의 로마식 개념과 연결해서 이 용어를 해석한 것은 J. Paul Sampley, *Pauline Partnership in Christ: Christian Community and Commitment in Light of Roman Law* (Philadepphia: Fortress, 1980), 11-20을 보라.

12. 이 단어의 이런 용도는 6절의 기도가 이루어질 수 있는 구체적 방법을 강조하는 데 목적이 있다. 참고. Josef Zmijewski, "Der Philemonbrief: Ein Plädoyer für die christliche Brüderlichkeit," *TTZ* 114 (2005): 222-42.

13. 특히 Pearson, "Assumptions in the Criticism and Translation of Philemon," 273-74를 보라.

14. 이것은 또한 이 파트너십이 바울이 빌레몬을 "사랑을 받는 자요 동역자"(1절)로 보는 데 꼭 필요한 근거라는 의미일 것이다. 참고. Polaski, *Paul and the Discourse of Power*, 66.

15. 참고. Fitzmyer, *Letter to Philemon*, 116; Wilson, *Colossians and Philemon*, 157.

16. 헬라어로 이 구절은 문자적으로 'as me'로 읽히고, 종종 'as you would me'로만 번역된다(NASB, NAB, NJB, NKJV, HCSB, NET).

현대 독자는 이 단어에서 저녁 파티를 주최하는 단순한 행위를 연상할 것이다. 그러나 1세기 독자들에게 이 말은 나그네를 주인의 가족의 일원이자 지위상 동등한 사람으로 인식하는 접대 미덕을 떠올리게 한다. 우정은 지위가 동등한 사이에서만 존재할 수 있다. 오네시모를 영접하라는 이 요청은 바로 다음과 같은 말이다. "그가 돌아오면 그에게 '내 집이 네 집이다'라고 말해주라."[18] 그렇다면 이 구절은 오네시모를 "사랑받는 형제"로 언급한 앞의 내용에서 명백하게 한 단계 진전된 내용이다. 여기서 바울은 "빌레몬이 그를 귀한 손님으로 대함으로써 형제나 배우자 혹은 자녀를 대하는 이상으로 받아주기를 열렬히 기대하는 것이다."[19]

1:18 그가 만일 네게 불의를 하였거나 네게 빚진 것이 있으면 그것을 내 앞으로 계산하라(εἰ δέ τι ἠδίκησέν σε ἢ ὀφείλει, τοῦτο ἐμοὶ ἐλλόγα). 바울은 빌레몬이 오네시모를 제대로 맞아준다면 기꺼이 대가를 치루겠다고 약속한다. 이 조건문은 오네시모와 빌레몬이 헤어진 이유에 관한 여러 추측에 따라 다양하게 해석되어왔다. 오네시모를 도망 노예라고 보는 학자들은, 이 문장이 오네시모가 주인의 것을 훔쳐서 결국 도망치게 되었음을 암시하는 매우 명백한 진술이라고 생각한다. 조건절에 잘못에 대한 언급이 함축되어 있다고 해도, 이 해석을 지지하는 사람들은 "빌레몬이 불평할 이유가 없음을 바울이 알았다면 이런 언급을 한 것은 매우 이상하다"라고 주장한다.[20]

한편 브리기아 노예가 부도덕하고 악한 것으로 악명 높았다고 지적하는 이들이 있다. 이런 평판은 오네시모가 주인에게 해를 입혔을 것이라는 해석을 더욱 뒷받침한다.[21] 그러한 경우 이 조건절은 바울의 마음에 불신이 있음을 암시하기 위해서가 아니라, "단순히 다소 미묘한 주제를 전략적으로 거론하는 방편의 일환일 뿐"이다.[22] 또 다른 학자들은 이 조건절이 매우 확실한 비판을 함축하고 있다고 주장한다.[23] 비판적 내용임이 확실하다고 주장하는 이들은, 전략적인 조건문의 진술을 바울이 오네시모의 잘못에서 자신의 관대함으로 초점을 옮기는 방식이라고 이해한다.[24]

그러나 이런 해석들은 추측에 불과하다. 바울은 제1 조건문에서 이 조건절이 제시한 가상적 시나리오가 진실로 입증되었다는 어떤 암시도 주지 않는다.[25] 그 내용이 진실이라고 주장한다 하더라도 오네시모가 빌레몬에게 어떤 '불의를 행했는지' 전혀 알 수 없다. 이 동사는 한 개인에게 "손실"을 입힌 모든 행위를 가리킬 수 있다.[26] 동사 "빚진"은 "금전적인" 손실뿐만 아니라 "사회적이고 도덕적인" 기대의 빚까지 그 범위가 넓다.[27] 그러므로 이 '손실/빚'이 실제로 일어난 일을 가리킨다고 해도 반드시 절도를 가리키지는 않는다. 오네시모가 빌레몬에게서 도망함으로 말미암아 생긴 노동력의 손실일 가능성은 있다.[28] 오네시모가 채무로 인한 노예라면, 손실

17. Barth and Blanke, *Letter to Philemon*, 475를 보라. 그들은 사도행전 18:26에서 이 용례를 볼 수 있다고 주장한다. "브리스길라와 아굴라가 듣고 데려다가(προσελάβοντο) 하나님의 도를 더 정확하게 풀어 이르더라."

18. Bratcher and Nida, *Translator's Handbook*, 129.

19. De Vos, "Once a Slave, Always a Slave?" 103.

20. Wright, *Colossians and Philemon*, 187; Stuhlmacher, *Der Brief an Philemon*, 49.

21. 참고. Derrett, "The Function of the Epistle to Philemon," 67.

22. Wilson, *Colossians and Philemon*, 358; 참고. Lightfoot, *St. Paul's Epistles to the Colossians and to Philemon*, 343.

23. Fitzmyer, *Letter to Philemon*, 117. "바울은 그 문제를 가정법을 이용해 지적하지만 그것이 절대 사실이라고 깨닫는다. 오네시모가 빌레몬에게 어떤 잘못을 저질렀음을 그는 알고 있는 것이다."

24. Nordling, "Onesimus Fugitivus," 110.

25. Wallace, *Greek Grammar*, 690-91.

26. BDAG, 20. 이 동사를 'defrauded'(NET)로 번역하는 것은 이 동사의 의미 범위를 부당하게 제한하는 것이다.

27. BDAG, 742.

28. Ryan, "Philemon," 248. '도망 노예' 가설을 주장하는 이들은 이 '손실'이 바울이 도망 노예를 숨겨줌으로 노동력 손실의 책임이 있음을 가리킬 수 있다고 주장한다. 참고. Ralph P. Martin, *Colossians and Philemon* (NCB; London: Oliphants, 1974), 167. 그러나 여기서 사용된 언어는 바울이 사과를 하거나 미안해한다는 어떤 암시도 주

을 갚아주겠다는 이 약속은 오네시모를 자유인으로 해방해주거나 적어도 바울을 섬기도록 소속을 옮겨주려는 간접적인 시도일 수 있다.[29]

이 조건문을 오네시모에 대한 간청을 위해 제기될 수 있는 모든 근거를 다루려는 수사학적인 언급이라고 볼 수도 있다. 반대를 예상하는 것은 유명한 수사학적 전략이므로,[30] 이것을 빌레몬서의 시나리오를 재구성하는 핵심적인 기둥으로 생각하는 것은 문제가 있다.[31] 나아가 "내 앞으로 계산하라"(τοῦτο ἐμοὶ ἐλλόγα)는 요청에 주목해야 한다. 바울은 "계좌에 달아두다"[32]라는 의미를 내포한 상업적 법률 용어를 선택하여 모든 손실을 갚을 책임을 스스로 떠맡는다. 감옥에 갇힌 상태에서 매일의 생계를 타인에게 의존하는 바울이 어떻게 구체적으로 빌레몬에게 빚을 갚아줄 것인지는 실제적인 문제이다.[33] 그의 약속이 수사적인 의도에서 나온 것이라면, 바울이 손실을 갚아줄 여력이 없다는 점은 크게 문제가 되지 않는다. 바울은 거짓 약속을 하는 것이 아니라 물질적 손실을 사소한 문제라고 생각했을지 모른다.[34] 그러한 경우, 이 언급이 조건문으로 되어 있다는 점도 무시해서는 안 된다.

나아가 빚이 있다면 갚아주겠다는 약속 덕분에, 바울이 복음을 위해 자신을 섬기도록 오네시모를 돌려보내라는 무언의 요청을 할 수 있었으리라는 해석도 가능하다.[35] 이 경우 어떤 빚이든 책임지고 갚겠다는 것은, 빌레몬이 오네시모를 노예 신분에서 해방하도록 준비하게 하는 행동이라고 볼 수 있다.[36] 그러나 이 절에 이런 주장들이 명시되어 있지는 않다.

1:19a-b 나 바울이 친필로 쓰노니 내가 갚으려니와(ἐγὼ Παῦλος ἔγραψα τῇ ἐμῇ χειρί, ἐγὼ ἀποτίσω). 빌레몬을 직접 대상으로 하는 명령형 동사가 집중적으로 사용된(17, 18, 20절) 이 단락에서 바울은 강조의 1인칭 대명사 "나"(ἐγώ), 자신의 이름인 "바울"(Παῦλος), 강조의 1인칭 소유대명사('나 자신의 손으로', τῇ ἐμῇ χειρί, 개역개정에는 "친필로"-역주)가 포함된 문장을 삽입한다. 이렇게 자신을 언급하는 것은 빌레몬에 대한 약속과 짝을 이루는데, 그것은 또한 강조의 1인칭 대명사로 시작된다. 강조의 어조가 담긴 이 진술은 바울을 대하는 것과 같이 오네시모를 받아달라는 요청(17절)의 엄중함을 강조한다.

오네시모를 마치 자신과 한 몸인 것처럼 소개하는 내용은, 빌레몬이 오네시모를 받아주면 바울의 "마음"이 평안할 것이라고 말한 다음 절에 다시 등장한다. 오네시모는 바울의 "심복"(12절)이나 마찬가지이다. 이 문맥에서 바울이 자신에게 반복해서 초점을 맞추는 것은, 단순히 기꺼이 빚을 갚아주겠다는 심정을 강조하려는 목적이 아니다. 오히려 이것은 바울이 오네시모를 자신처럼 여긴다는 사실을 부각하므로, 제시한 요청의 수사학적 효과를 강화하는 것이 그 목적이다.

'나는…쓰노니'(ἔγραψα)로 번역된 과거 동사는 서신용 과거 동사의 또 다른 예를 보여준다(참고. 골 4:8).[37] 바울

지 않는다.

29. 노예 해방을 협상하는 문서를 보면 노예의 주인에게 빚을 갚아주겠다는 약속이 종종 등장한다. 참고. Adolf Deissmann, *Light from the Ancient East: The new Testament Illustrated by Recently Discovered Texts of the Graeco-Roman World* (trans. Lionel R. M. Strachan; Grand Rapids: Baker, 1965), 330-32.

30. Anaximenes, *Rhet. Alex.* 36; 참고. Martin, "The Rhetorical Function of Commercial Language," 330.

31. Church, "Rhetorical Structure and Design," 29-30.

32. MM, 204. 또한 NRSV도 보라. "그것은 외상으로 달아두라."

33. 예를 들어, Fitzmyer, *Letter to Philemon*, 118-19; Moo, *Letters to the Colossians and to Philemon*, 428을 보라.

34. 물론 바울이 물질이 아닌 다른 것으로 갚아줄 수 있다고 볼 수도 있다. 참고. Lohse, *Colossians and Philemon*, 204.

35. Marshall, "Theology of Philemon," 179-80.

36. 노예 해방 과정에 제삼자가 법적, 금전적 문제에 개입하는 문제에 대해서는 Bartchy, *First-Century Slavery*, 121-25; Laura L. Sanders, "Equality and a Request for the Manumission of Onesimus"를 보라.

37. 참고. Wallace, *Greek Grammar*, 563. 또한 다음을 보라. Stanley E. Porter, *Verbal Aspect in the Greek of the new Testament* (New York:

이 친필로 쓴다는 언급은, 친필로 서명하는 서신의 다른 결어(고전 16:21; 갈 6:11; 골 4:18; 살후 3:17)와 비교되어왔다. 어떤 학자들은 이것이 서신을 마무리하기 위한 "요약용 추신"의 시작이라고 생각한다.[38] 그러나 또 다른 이들은 바울이 전체 서신을 직접 썼고, 친필로 썼다는 언급이 단순히 오네시모에 대한 그의 전폭적 관심을 강조할 뿐이라고 주장한다.[39] 바울이 이 서신의 나머지를 썼는지와 관계없이, 친필 서명은 바울이 한 약속이 법적으로 효력이 있다는 것을 가리킨다고 이해할 수 있다.[40] 바울은 자신의 서명으로 편지에 언급한 결정을 반드시 이행하겠다고 약속하는 것이다.

"내가 갚으려니와"(ἐγὼ ἀποτίσω)는 채무 증서의 내용에 해당한다(참고. 골 2:14). 이 번역은 바울이 빌레몬에게 빚이 있다고 착각하게 할 가능성이 있다.[41] 그러므로 어떤 이들은 이 동사를 "빚져 있는 것이 무엇이든 내가 네게 갚겠다"로 번역해야 한다고 주장한다.[42] 빚진 것의 정확한 성격에 관한 문제가 여기서 다시 등장한다. 배상을 한다는 의미로 이 동사가 사용될 수도 있지만(참고. 출 21:19, 34, 36; 22:11-13), 헬라 파피루스 문서에서 이 동사는 일꾼이 사라져서 잃은 노동력을 가리킬 때도 사용되었다.[43] 이 동사는 빌레몬이 당한 손해는 물론이고, 오네시모가 빌레몬을 떠나게 된 상황에 대해서도 정확한 답을 주지 못한다.

1:19c-d 네가 이 외에 네 자신이 내게 빚진 것은 내가 말하지 아니하노라(ἵνα μὴ λέγω σοι ὅτι καὶ σεαυτόν μοι προσοφείλεις). 이제 바울은 간청의 수사적 효과를 강화하기 위해 빌레몬이 자신에게 진 빚이 있다고 말한다. 이 절 첫머리에 등장하는 접속사(ἵνα)는, 18절의 명령문("내 앞으로 계산하라")이나,[44] "내가…에 대해 침묵하는 것은…을 언급하지 않기 위해서이다"[45]와 같이 간접적으로 암시된 문장을 수식한다고 해석되어왔다. 수식할 주동사 없이 동일한 구절(ἵνα μὴ λέγω)이 사용된 고린도후서 9:4의 평행 구절을 볼 때, 이것은 삽입된 것임을 나타내는 관용적 용도일 수도 있다. "…은 말할 필요도 없이."[46] 그렇다면 이것은 저자가 언급할 필요가 없다고 주장한 내용을 언급하는 역언법(*paralipsis*) 사례에 해당할 것이다. 이 수사적 장치는 "빌레몬의 입장을 채권자에서 채무자로 역전시킴으로 바울의 요청에 순응하도록 무한한 도덕적 책임을 지우는 데" 사용된다.[47]

복합 동사 "네 자신이 빚진"(προσοφείλεις)은 "…외에"라는 추가적 의미를 지닐 수 있다. 그러한 경우 "내가 갚아야 할 수도 있는 액수를 네가 내게 빚진 것 외에 너는 내게 네 자신도 빚지고 있다"라고 번역할 수 있

Lang, 1989), 228-29.

38. Randolph Richards, *Paul and First-Century Letter Writing Secretaries, Composition, and Collection* (Downers Grove, IL: InterVarsity Press, 2004), 173. Richards는 또한 이 추신을 이 마지막 단락에서 어조가 달라진 이유를 설명하는 유익한 단서라고 생각한다. 이 단락에서 바울은 더 직접적이고 솔직하게 자신의 요구를 드러낸다. "바울 서신의 다른 추신들(몬 1:19-25; 고전 16:22-24; 갈 6:12-18; 골 4:18)은 서신의 본론보다 어조가 더 엄중하고 돌발적인 경향을 보인다. "진짜 바울"이 퉁명스러워서 그의 공동 저자들(그리고 비서들)은 그의 어조를 부드럽게 조절했을지 모른다"(175).

39. Lightfoot, *St. Paul's Epistles to the Colossians and to Philemon*, 344. 그는 정확히 여기서 바울의 친필 서명이 있다는 점에 비추어 이 결론을 도출한다.

40. 참고. Arzy-Grabner, *Philemon*, 240-43.

41. 그럴 경우, '내가 되갚을 것이다'(ἀποδώσω)에 대해 다른 동사가 쓰이리라 예상할 것이다.

42. Bratcher and Nida, *Translator's Handbook*, 130.

43. P.Oxy. 2.275; Pearson, "Assumptions in the Criticism and Translation of Philemon," 277-78.

44. 이 문장을 다르게 끊어 읽기도 한다. "'네게 네 자신이 나에게 빚을 지고 있기 때문에'라고 내가 말하지 않도록 내 앞으로 계산하라." 참고. BDF §495(1).

45. Rupprecht, "Philemon," 641.

46. 많은 현대 번역본은 여기서 대시 기호(NKJV, REB, NJB, HCSB, TNIV, ESV, NIV)나 괄호(NASB, GNB)를 사용한다.

47. Barclay, "Paul, Philemon and the Dilemma of Christian Slave Ownership," 171-72.

다.[48] 재귀 대명사 "네 자신"(σεαυτόν)을 사용한 것을 보면, 이 빚은 물질적이거나 법적인 의무가 아니라 바울의 사역을 통한 빌레몬의 회심을 가리킬 수 있다. 바울이 여기서 빌레몬의 회심을 암시하면서도 오네시모와 달리(10절) 빌레몬을 그의 '아들'이라고 부르지 않는다는 점을 눈여겨 보아야 한다. 여기서 빌레몬이 바울에게 빚을 졌다는 언급은, 그가 마치 바울의 종이 된 것처럼 그의 위치를 격하시키는 역할을 한다. 그렇다면 이 글의 수사적 의도는 명확하다. 빌레몬이 바울에게 빚이 있다고 강요하지 않듯이, 빌레몬도 오네시모에 대해 소유권을 주장하지 말아야 한다는 것이다.

1:20a-c 오 형제여 나로 주 안에서 너로 말미암아 기쁨을 얻게 하고(ναί, ἀδελφέ, ἐγώ σου ὀναίμην ἐν κυρίῳ). 이제 바울은 7절에서처럼 다시 빌레몬을 "형제"(ἀδελφέ)라고 부른다. 바울이 빌레몬으로 하여금 하나님의 가정이라는 관계 속에서 생각하고 행동하도록 촉구하므로, 이 호칭은 '평안하게 하다'(ἀνάπαύω)라는 동사와 함께 빌레몬서의 본론(8-20절)의 골격을 이룬다. 나아가 구문상 "주 안에서"는 앞 단락(8-16절)과 마찬가지로 하부 단락(17-20절)을 마무리하는 역할을 한다. 앞 단락 역시 상전-주인에서 하나님의 가정으로 구도가 바뀌는 것을 볼 수 있다. "이후로는 종과 같이 대하지 아니하고 종 이상으로 곧 사랑받는 형제로 둘 자라"(16절).

"오"(yes, ναί)는 여러 가지 관련된 기능이 있다. 그중 가장 중요한 기능은 바울의 마지막 간청, 즉 앞에 나오는 일련의 명령형에 기초한 간청을 강조하는 것이다(참고. 마 11:9; 눅 11:51; 빌 4:3; 계 14:13).[49] 바울 서신의 다른 본문에서 이 분사는 "사랑의 간청"을 도입하는 역할도 한다(빌 4:3).[50] 암묵적이든 명시적이든 질문이 제기되는 경우, "오"는 긍정적 대답을 기대한다는 암시일 수 있다(참고. 롬 3:29). 여러 요청을 한 이 본문의 경우에도 "오"는 빌레몬의 긍정적인 반응을 하도록 격려하기 위한 목적일 수 있다.

비록 영어 번역으로는 강조의 의미를 담기는 어렵지만, "나로…얻게 하고"라는 구절에는 강조의 1인칭 대명사 "나"(ἐγώ)가 암시되어 있다. 이 강조를 부각할 수 있는 한 가지 방법은 다음과 같이 구절을 풀어 쓰는 것이다. "내가 이 기쁨(혜택)을 얻게 하라. 이것은 오네시모에게보다 내게 기쁨이 된다."[51] 바울은 오네시모의 입장이 되어 빌레몬에게 요청하고 있기 때문에, 이기적인 소망의 표현처럼 보이지만 실제로는 오네시모를 대신해 간청하는 것이다. 빌레몬에게 간청한 것에서 나타나듯 바울은 어떤 영예와 자산을 소유했든지 기꺼이 오네시모를 위해 사용할 수 있다.

여기서 "나로…기쁨을 얻게 하고"(ὀναίμην)로 번역된 동사는, "실현 가능한 소망"을 표현하는 희구의 동사의 독립적 용례에 해당한다.[52] 희구의 동사의 이런 용례에서 드러나는 신중함은 더 완곡한 표현으로 번역하는 것을 정당화한다. "이제 생각이 났는데, 나는…하고 싶다."[53] 오네시모('Ονήσιμον, 참고. 10절)의 이름과 유사한 이 동사는 바울이 의도적으로 언어유희를 사용했기 때문일 수 있다.[54] 그러한 경우 바울은 다시 간접적으로 "오네시모를 논의의 최전선에 두고 있을" 수 있다.[55]

---

48. Harris, *Colossians and Philemon*, 274. 또한 Cousar, *Philippians and Philemon*, 104도 보라. 그는 19-21절에서 바울과 빌레몬의 관계를 후원자-피후원자의 관계로 묘사하고 있다고 생각한다. 빌레몬과 그의 종 오네시모가 바울의 사역으로 그리스도 안에서 새 생명을 얻었으므로 두 사람의 공통점을 부각시키고자 하는 것일 가능성도 있다. 참고. Porter, "Is Critical Discourse Analysis Critical?" 60.

49. BDAG, 665; Barth and Blanke, *Letter to Philemon*, 485-86.

50. Lightfoot, *St. Paul's Epistles to the Colossians and to Philemon*, 344.

51. Moule, *Epistles to the Colossians and to Philemon*, 149.

52. Wallce, *Greek Grammar*, 481.

53. Wright, *Colossians and Philemon*, 188.

54. 이 동사가 신약에서 오직 이 본문에만 사용된다는 사실은 언어유희를 의도했을 가능성을 보여준다. 참고. Dunn, *Epistles to the Colossians and to Philemon*, 341; Barth and Blanke, *Letter to Philemon*,

이 언어유희는 '머물러 있게' 하고 싶은 바울의 마음이 간접적으로 표현된 것일 수도 있다(13절). 그렇다면 "나로…너로 말미암아 기쁨을 얻게 하고"라는 말은 '오네시모를 너로부터 보내서 내가 그와 있게 하라'는 뜻일 수 있다.

전치사구 "주 안에서"(ἐν κυρίῳ)도 유의해서 보아야 한다. 바울은 16절에서 이미 빌레몬에게 오네시모를 "주 안에서 사랑받는 형제"로 받으라고 간청했다. 이 표현은 두 문맥에서 두 사람이 동일한 하나님의 가정의 지체이므로 새로운 틀 속에서 행동해야 함을 가리킨다. 주의 주권을 강조하는 언어는 "하늘에 상전"이 계신다는 사실을 빌레몬에게 확인해준다(골 4:1).[56]

1:20d 내 마음이 그리스도 안에서 평안하게 하라(ἀνάπαυσόν μου τὰ σπλάγχνα ἐν Χριστῷ). 빌레몬이 성도의 마음을 평안하게 해주었다는 사실(7절)을 근거로, 바울은 이제 자신의 마음도 평안하게 해달라고 빌레몬에게 요청한다. 빌레몬이 바울에게 빚진 것이 있으므로(19절) 이 부탁은 매우 당연해 보인다. 이 단락의 세 명령 중 마지막 명령이 소개된다. 이것은 빌레몬의 결정과 행동이 바울과 오네시모와 빌레몬에게 미치는 영향을 명확하게 정리해준다. 첫 번째 명령('영접하라', 17절)은 오네시모의 삶에 미치는 영향을 강조하고, 두 번째 명령("계산하라", 18절)은 빌레몬이 더 이상 손해를 보지 않을 것을 확인해준다. 이제 이 절의 "평안하게 하라"는 명령은 빌레몬이 바울의 부탁에 긍정적으로 응할 경우 바울이 얻을 기쁨을 강조한다. 그러나 바울의 평안함은, 그의 소망의 성취가 아니라 오네시모를 우호적으로 대우하는 데서 생긴다.[57]

"내 마음"(μου τὰ σπλάγχνα)은 오네시모를 "내 심복"(τὰ ἐμὰ σπλάγχνα)으로 부르는 12절에 비추어 읽어야 한다. 그러므로 바울의 마음을 평안하게 하는 것은 오네시모를 평안하게 해주는 것이다. 여기에서도 바울이 오네시모와 자신을 동일시하는 것이 명확하게 드러난다. 또한 "마음"이라는 단어의 세 번째이자 마지막 등장으로 바울의 논증은 절정에 도달한다. 오네시모가 바울의 마음(12절, 개역개정에는 "심복"-역주)이고 빌레몬이 '모든'(개역개정에는 번역되어 있지 않음-역주) 성도의 마음(7절)을 평안하게 해주었다고 하므로, 빌레몬은 오네시모(즉, "내 마음", 20절)를 우호적으로 맞아주어야 하는 것 외에 달리 선택의 여지가 없다.[58]

여기서 "그리스도 안에서"(ἐν Χριστῷ)는 바로 앞의 "주 안에서"(ἐν κυρίῳ)와 대응 관계이고, 두 표현 모두 이 실재관의 우월성을 암시한다. 이 구절은 또한 편지의 본론 도입부(8절)와 동일한 관용 표현을 사용하여 바울이 빌레몬에게 한 부탁의 틀이 되는 인클루지오를 형성한다.

486; Moo, *Letters to the Colossians and Philemon*, 432.

55. Polaski, *Paul and the Discourse of Power*, 67.

56. 골로새서의 가정 규약에서 "주"를 반복적으로 사용함으로(골 3:18, 20, 22, 23, 24; 4:1) 최종적 권위로서 주 그리스도를 강조한 것에 대한 논의는 골로새서 3:18-4:1에 대한 설명을 보라.

57. 참고. "그리스도 안에서 나에게 이런 격려를 해달라"(NLT).

58. 7절에 대한 설명을 보라.

적용에서의 신학

1. 인격적 목회

이 짧은 단락에서 자신을 집중적으로 거론하는 바울의 모습을 보고 의외라고 생각하는 독자도 있을 것이다. "바울"(19절)이라는 자신의 이름을 명시하는 것 외에도 주격 1인칭 대명사 "나"(ἐγώ, 19, 20절)가 두 번이나 등장한다.[59] 이 대명사의 사격(oblique case) 용례는 바울이 오네시모와 빌레몬 사이의 문제에서 자신이 맡은 역할과 자기 자신에게 큰 관심이 있음을 확인해 준다(17, 19, 20절). 그러나 바울이 이렇게 자신을 부각한다고 해서 자신의 이익에 열중한다는 뜻은 아니다. 오히려 반대로 바울의 중재로 빌레몬이 오네시모와의 관계를 재고하도록 하는 것이 목적이다. 상당한 권한을 지닌 바울[60]이 자신의 명성을 더럽힐 위험을 무릅쓰고 한낱 노예를 위해 '정치적 자산'을 기꺼이 사용하려는 모습은 매우 인상적이다.

기꺼이 노예의 입장이 되고자 하는 태도는 이 단락 도입부의 조건문에도 반영되어 있다(17절). 빌레몬과의 "교제"를 강조하는 6절의 진술과 반대로, 여기서 조건문은 이 교제가 빌레몬이 오네시모를 제대로 맞아주는지의 여부에 달려 있음을 강조한다.[61] 바울이 오네시모를 대신하여 빌레몬에게 간청하는 입장이기 때문에, 오네시모는 그들의 교제, 즉 파트너십을 좌우하는 결정적인 연결 고리이다.

이런 수사학적 전개는, 고대 세계의 노예에 관한 유사 문헌의 접근 방식과 실질적인 차이를 보인다. 특정 노예나 일반 노예를 위해 간청할 때 그런 문헌들은 보통 두 가지 전략 중 하나를 선택한다. 어떤 이들은 노예 제도의 여러 측면을 둘러싼 도덕적 관심사에 관한 이론적 논증을 제시한다. 예를 들어, 세네카는 노예가 개인적인 권리와 의무를 지닌 인격체라고 인정하고, 따라서 주인에게 유익한 일을 비롯해 도덕적 행위를 할 수 있다고 생각한다(*Ben.* 3.18-20). 또 다른 이들은 도망친 노예가 뉘우치고 주인에게 돌아가야 함을 강조하면서 주인에게 호소한다(Pliny, *Ep.* 9.21; 9.24).[62] 그러나 이 편지는 이 중 어떤 전략도 선택하지 않는다. 바울은 빌레몬에게 간청하는 근거로 자신을 강조하는 '개인적' 논증을 제시한다. 바울은 일련의 이론적 논증을 제시하는 실력을 발휘해온 사도이고, 종종 개인적 책임의 중요성을 강조한다. 그런 그가 이렇게 자신을 강조한 것은, 목회자로서의 그의 마음을 표현한 것이자 자신의 영적 아들을 돌보는 데 헌신해야 한다는 깊은 신념을 드러낸 것이라 할 수 있다.

마찬가지로, 문화적이고 사회적인 분석뿐만 아니라 신학적 문제에 대해서도 전문적으로

59. 이 단락에서는 빌레몬의 이름도, 오네시모의 이름도 등장하지 않는다는 사실을 주목하라.

60. 이 본문의 수사와 관련해서 바울의 투옥은 약함이 아니라 강함의 표시이다. 바울의 강함은 궁극적으로 복음의 사도로서 그의 소명에 있으며, 그가 감옥에 있는 것은 정확히 바로 이 복음을 위해서이기 때문이다(참고. 1, 9, 13절).

61. 그러므로 오네시모가 그들의 파트너십을 결정하는 요인이다. Polaski, *Paul and the Discourse of Power*, 66을 보라.

62. '빌레몬서 서론'을 보라.

잘 훈련된 현대 그리스도인 지도자는, 다른 수사학적 전략이 솔깃하게 보인다 해도 인격적인 목회를 우선시해야 한다. 우리는 현 상태의 진단과 해결에 능숙한 전문 기술자 역할을 지양해야 하고, 객관적 관찰자나 중재자 역할에 머물러서는 안 된다. 그리고 직접 상황의 한가운데 뛰어들어 우리의 인격적 존재로 하나님의 사랑이 가시화될 공간을 만들어야 한다.

> 사람들을 돌보는 사역자는 잡부가 아닌 능숙한 사람이 되도록, 사기꾼이 아닌 지식인이 되도록 그리고 조작하는 이가 아닌 전문가가 되도록 부르심을 받는다. 사역자가 자신을 부인하고, 성실하게 행하며, 인간이 받는 고통의 의미를 이해할 때 돌봄을 받는 사람은 도움을 베푸는 사람의 손길을 통해 하나님이 따스한 사랑을 보여주심을 알게 될 것이다.[63]

이 짧은 편지는 기독교적 리더십의 풍성한 모범을 제공한다. 이 메시지는 단순히 목회자와 전임 기독교 사역자들에게만 해당하지 않는다. 장로, 집사 그리고 다른 그리스도인 리더에게도 해당한다. 성직자는 아니지만 거룩한 말씀의 중재자로서 말과 행동으로 학생들을 섬기는 주일 학교 교사들을 생각해보자.[64] 그들은 많은 아이에게 그리스도의 대리자이다. 이 단락은 목사 안수식에서부터 집사나 장로의 임직식, 주일학교에 이르기까지 기독교 사역자와 평신도 지도자에게 교훈을 일깨워주는 강력한 지침을 제공한다.

그리스도를 통한 하나님의 선행 사역에 의지하지 않는다면, 이런 목회는 사람들을 조종하는 또 다른 행위가 될 수 있다. 이제 우리는 하나님이 먼저 행하신 사역에 의지해야 한다.

2. 그리스도를 본받기

일반적으로 바울이 빌레몬에게 보내는 편지에는 신학적인 내용이 거의 없다고 생각하지만,[65] 그 밑바탕에는 전체를 아우르는 신학적 틀이 분명히 존재한다. 바울은 빌레몬이 바울을 대하듯이 오네시모를 받아주도록 기꺼이 오네시모를 대변했고(17절), 오네시모를 자신의 "심복"(12절)이라고 밝힌 후 빌레몬에게 자신의 "마음"을 평안하게 해달라고 요청했다(20절). 이 사실은 바울이 노예를 자처하는 것을 보여준다. 또한 복음을 위해 갇힌 자라는 자신의 상태를 거듭 강조함으로(1, 9, 10, 13절) 자신의 입장을 재확인한다. 청중은 바울의 모습을 보고 성육신하신 그리스도에 대한 그의 묘사를 떠올렸을 수도 있다.

63. Henri J. M. Nouwen, *Creative Ministry* (New York: Doubleday, 1971), 65.

64. 예를 들어, Martin Marty, "The Sunday School: Battered Survivor," *ChrCent* 97 (1980): 634-36의 논의를 보라.

65. 예를 들어, Jouette M. Bassler, ed., *Pauline Theology*, vol. 1: *Thessalonians, Philippians, Galatians, Philemon* (Minneapolis: Fortress, 1991)을 보라. '바울의 신학'이라는 제목에도 불구하고, 데살로니가 전후서, 빌립보서, 갈라디아서를 다룬 장들은 있지만 빌레몬서를 다룬 장은 없다. 빌레몬서가 빠진 것은 이 짧은 편지에서 '신학'이라고 할 만한 내용이 없다는 전제가 깔려 있다.

"오히려 자기를 비워 종의 형체를 가지사 사람들과 같이 되셨고"(빌 2:7, NET).

바울은 빌레몬과 오네시모 사이에 서서 그들의 관계를 중재하는 역할을 한다. 이와 같이 중재하는 역할은 빌립보서 2:8에서도 비슷하게 설명된다.

"자기를 낮추시고 죽기까지 복종하셨으니 곧 십자가에 죽으심이라"(NET).

가장 중요한 것은 18절에 내포된 구속의 언어일 것이다. "그가 만일 네게 불의를 하였거나 네게 빚진 것이 있으면 그것을 내 앞으로 계산하라." 한 노예의 빚을 기꺼이 갚아주겠다고 말하는 바울의 모습은, 죄에 매인 자들을 기꺼이 구속해주시는 그리스도에 대한 설명을 생각나게 한다.

"그리스도께서 우리를 위하여 저주를 받은 바 되사 율법의 저주에서 우리를 속량하셨으니 기록된 바 나무에 달린 자마다 저주 아래에 있는 자라 하였음이라 이는 그리스도 예수 안에서 아브라함의 복이 이방인에게 미치게 하고 또 우리로 하여금 믿음으로 말미암아 성령의 약속을 받게 하려 함이라"(갈 3:13-14).[66]

그러나 언어학적 평행 구절이 없기 때문에 바울이 자신을 그리스도와 같은 인물로 묘사할 의도가 있었다고 성급하게 단정할 수 없다. 하지만 다른 본문에서 그리스도의 구속 사역을 강조한 점과 비교해보면, 자신에 대해 이런 암시를 했을 가능성이 전혀 없지는 않다. 최소한 바울이 복음에 신실하게 부응함으로 그리스도를 본받고자 했다는 점은 분명하다.[67] 바울은 노예의 역할을 자처하고, 복음의 진보를 위해 노예를 구속하겠다고 제안한다. 이러한 모습은 그리스도 중심의 복음을 삶으로 증명하는 일이 바로 매일의 삶에서 실천하는 것으로 이루어진다는 사실을 보여준다(13절).[68]

현대 그리스도인은 그리스도의 사역에 대한 바울의 적용을 어떻게 받아들여야 하는가? 절

66. 참고. 롬 3:24; 7:14; 8:12-13; 엡 4:30; 골 1:14. 그리고 Martin, "The Rhetorical Function of Commercial Language," 335-36도 보라. 18절을 구체적으로 언급하지 않더라도, 이 편지의 틀을 이루는 메타내러티브는 구속의 드라마로 여겨져도 무방하다. "바울은 빌레몬에게 이렇게 말하고 있다. 지금까지 잘해왔듯이 하나님의 구속 드라마에서 네가 맡은 역할을 계속 잘 감당해라"(Kevin J. Vanhoozer, "Imprisoned of Free? Text, Status, and Theological Interpretation in the Master/Slave Discourse of Philemon," in *Reading Scripture with the Church: Toward a Hermeneutic for Theological Interpretation* [ed. A. K. M. Adam et al.; Grand Rapids: Baker, 2006], 85).

67. 이 편지에서 그리스도의 삶을 암시하는 것으로 보이는 다른 내용들에 대해서는 다음을 보라. Kirk D. Lyons Sr., "Paul's Confrontation with Class: The Letter to Philemon as Counter-Hegemonic Discourse," *Cross Currents* 56 (2006): 125-26. 그는 22절에서 사도로서 방문하겠다는 바울의 언급을 그리스도의 재림에 대한 간접적 언급이라고 본다.

68. 빌레몬서에서 20절과 다른 구절(8, 23절; 참고. 6절)에서 여러 번 언급된 "그리스도 안에서"(ἐν Χριστῷ)라는 표현은, 바울의 논증에서 기독론적 근거의 중요성을 계속 상기시키는 역할을 한다.

마다 바울이 적용한 내용을 일일이 확인할 필요는 없다. 대신 빌레몬서 전반에 드러나는 바울의 모범을 살펴보고, 그리스도를 통해 하나님이 먼저 행하신 사역과 바울이 그 사역 덕분에 그렇게 처신할 수 있었음을 기억해야 한다. 또한 이런 처신은 빌레몬에게 하는 간청의 근거가 된다. 빌레몬 역시 이 복음 메시지의 실재에 맞게 살아야 한다. 죄인으로서 죄의 속박에서 구속함을 입은 그리스도인인 우리도 삶을 통해 복음을 선포하는 중재자로 섬기고, 무력한 자들을 대변하며, 스스로 낮아짐으로 이 은혜를 사람들에게 나누어야 한다. 매일의 실존은 우리의 신학을 알리는 장이 된다. 바울이 강조한 것처럼 "내가 그리스도를 본받는 자가 된 것 같이 너희는 나를 본받는 자"가 되어야 한다(고전 11:1, NET).

CHAPTER 15

빌레몬서 1:21–25

문학적 전후 문맥

빌레몬서의 본론에 대한 논의에서 지적한 대로, 21절을 이 서신의 마무리 단락의 도입부로 보는 것이 가장 설득력이 있다.[1] 앞의 하부 단락(17–20절)은 바울과 빌레몬의 관계를 주축으로 하여 바울의 요구 사항을 소개한다. 이것은 1인칭 대명사가 여러 번 사용되는 것에서 부각된다(19, 20절 '나는'; 모든 절 '나를/나의'). 바울은 빌레몬에게 서로의 파트너십에 어긋나지 않게 행동하라고 촉구한다. 또한 빌레몬에게 모든 빚을 갚겠다고 제안하는 동시에 그 역시 바울에게 빚이 있음을 상기시킨다(18–19절). 그는 빌레몬에게 자신의 마음을 평안하게 해달라고 부탁하는 것으로 마무리한다(20절; 참고. 7절).

이제 바울은 빌레몬이 그의 요구와 요청에 긍정적으로 반응할 것이라는 확신을 피력하는 것으로 마지막 단락을 시작한다(21절). 이 확신의 피력은 앞의 전체 본론 내용을 확신한다는 의미로서, 마무리 단락이 시작되는 것을 알려준다.[2] 22절에는 바울이 빌레몬에게 앞으로 있을 방문에 대비해 방을 준비해달라는 또 다른 구체적 지시가 등장한다. 어떤 학자들은 이런 구체적인 지시를 근거로 22절까지가 빌레몬서의 본론이라고 주장한다(참고. GNB, CEV, NEB, HCSB, NET, NLT, ESV).[3] 그러나 22절의 지시는 17–20절의 당부와는 분명히 성격이 다르다. 첫째, 17–20절의 지시 내용은 모두 오네시모에게 초점을 맞춘다. 물론 바울은 그 근거를 빌레몬과 자신의 관계에서 찾는다. 하지만 22절에서 지시한 내용은 바울의 방문에 초점을 맞춘다. 둘째, 바울이 방문할 때(22절) 17–20절에서 언급한 모든 당부 사항이 완료되어 있어야 한다. 이 역시 두 단락의 불연속성을 암시한다. 마지막으로, 앞으로 방문할 것이라는 언급은 바울 서신에서 자신의 여행 계획을 논의한 여러 단락과 일치한다(참고. 롬 1:8–15; 15:14–33;

1. 1:8–16에 대한 '문학적 전후 문맥'을 보라.
2. 앞 단락에서 명령형이 집중적으로 사용된 반면, 이 단락은 분사('확신하는', πεποιθώς)로 시작된다. 따라서 강조의 초점과 어조에 변화가 있음을 알려준다는 사실 역시 주목해야 한다. Allen, "The Discourse Structure of Philemon," 92.
3. Wright, *Colossians and Philemon*, 178–79; Rupprecht, "Philemon," 635; Arzt-Grabner, *Philemon*, 192.

고전 4:14-21; 고후 12:14-13:13; 갈 4:12-20; 빌 2:19-24; 살전 2:17-3:13).[4]

III. 오네시모에 관한 요청(8-20절)

➡ **IV. 마지막 인사(21-25절)**

A. 추가 지시(21-22절)

B. 바울의 동역자들의 인사(23-24절)

C. 송영(25절)

주요 개념

바울은 빌레몬이 순종할 것이라는 확신을 표현하고, 자신의 임박한 방문을 언급함으로 앞의 논증들을 보강한다. 이 편지는 일련의 안부 인사와 마지막 송영으로 마무리된다. 이로써 교회론적이고 신학적인 포괄적 문맥을 언급하는 내용이 편지의 틀을 형성한다.

번역

빌레몬서 1:21-25

21a	방법	나는 네가 순종할 것을 확신하므로
b	주장	**네게 썼노니**
c	내용	네가 내가 말한 것보다 더 행할 줄을
d	원인	아노라
22a	간청	**오직 너는 나를 위하여 숙소를 마련하라**
b	22c의 수단	너희 기도로
c	내용	내가 너희에게 나아갈 수 있기를
d	설명	바라노라
23a	동격	그리스도 예수 안에서 나와 함께 갇힌 자
b	주장	**에바브라와[…가 문안하느니라]**
24a	동격	또한 나의 동역자

4. 양식 비평 용어로 이것을 '사도적 임재'(apostolic *parousia*)라고 부른다. 참고. Robert Funk, "The Apostolic *Parousia*: Form and Significance," in *Christian History and Interpretation: Studies Presented to John Knox* (ed. W. R. Farmer et. al.; Cambridge: Cambridge Univ. Press, 1967), 249-68.

b	명단	마가,
c	명단	아리스다고,
d	명단	데마,
e	명단	누가가 문안하느니라
25	소망	**우리 주 예수 그리스도의 은혜가 너희 심령과 함께 있을지어다**

구조

바울은 편지의 본론(8-20절)을 마무리하고 나서 그의 요청대로 실행해야 할 필요성을 강조하는 지시를 추가한다(21-22절). 명령하기보다(8절) 사랑으로 빌레몬에게 호소하고 있음을 강조한 앞부분(9절)과 달리, 바울은 빌레몬에 대한 기대감을 드러내면서 "순종"(21a절)이라는 단어를 사용한다. 나아가 그는 빌레몬이 이 편지에 쓴 내용 이상으로 행할 것을 기대한다고 말한다(21c-d절). 이 진술이 내포하는 의미가 무엇인지 정확히 확인하기 어렵지만, 바울의 기대가 빌레몬서 본론에서 명시한 내용에 국한되지 않는다는 점은 분명하다. 이 미묘한 암시는 빌레몬으로 하여금 바울이 요청한 수준 이상으로 행동하게 하는 것이 목표이다. 그렇게 해야만 빌레몬은 고백한 믿음에 신실하게 부응할 뿐만 아니라, 바울과 맺은 파트너십에 대해서도 신실한 자세를 유지할 수 있다.

다음에 방문할 경우를 대비하여 숙소를 준비하라는 지시(22절)도 중요한 수사학적 효과를 낸다. 바울은 이 편지에서 명시적으로 혹은 암묵적으로 요청한 당부를 빌레몬이 책임지고 이행할 것을 강조한다. 현대 영어로는 잘 드러나지 않지만, 단수 동사를 쓰다가 복수 대명사를 사용한다는 점을 주목해야 한다. "오직 너는 나를 위하여 숙소를 마련하라(2인칭 단수 동사) 너희(복수) 기도로 내가 너희(복수)에게 나아갈 수 있기를 바라노라"(22절). 이런 변화는, 더 큰 공동체의 신자들이 증인이 되어 빌레몬이 적절한 반응을 하게 하는 바로 뒤의 안부 인사를 예고한다.

바울은 마지막 인사에서 먼저 에바브라의 안부 인사를 전하면서 그를 "그리스도 예수 안에서 나와 함께 갇힌 자"(23절)라고 소개한다. 골로새 교회의 설립자로 보이는 에바브라(참고. 골 1:7; 4:12)는 마지막 안부 인사에서 단연 두드러지는 인물이고, 이 편지가 단순히 사적인 편지가 아님을 다시 확인해준다. 나머지 사람들(마가, 아리스다고, 데마, 누가)은 모두 바울의 "동역자"(24절)로 소개된다.[5] 바울은 다른 서신에서와 같이 마지막 송영으로 끝맺는다(25절).

5. 네 사람 모두 더 자세한 설명과 함께 골로새서에 등장한다(4:10, 14).

석의적 개요

- ➦ **I. 마지막 인사(21–25절)**
  - **A. 추가 지시(21–22절)**
    1. 빌레몬이 순종할 것을 기대(21절)
    2. 바울의 방문을 준비하라는 요청(22절)
  - **B. 바울의 동역자들의 인사(23–24절)**
    1. 바울과 함께 갇힌 에바브라의 인사(23절)
    2. 바울의 동역자들의 인사(24절)
       - a. 마가(24b절)
       - b. 아리스다고(24c절)
       - c. 데마(24d절)
       - d. 누가(24e절)
       - e. 요약(24a절)
  - **C. 송영(25절)**

본문 설명

1:21a–b 나는 네가 순종할 것을 확신하므로 네게 썼노니 (Πεποιθὼς τῇ ὑπακοῇ σου ἔγραψά σοι). 바울은 사도로서 권위에 호소하기를 거부하면서도 빌레몬이 자신의 요청에 순종할 것이라는 확신을 피력한다. 어떤 학자들은 "주제상 눈에 띄는 변화가 없다는 이유로" 이 진술이 앞 단락의 절정에 해당한다고 해석한다.[6] 그러나 이것은 여러 곳에서 강조의 초점과 어조의 변화가 있다는 점을 무시한다. 첫째, 이 문장 첫 머리에 나오는 완료 분사의 용례('확신하는', πεποιθώς)가 중요한 이유는 17–20절 이후에 처음 사용된 비정형 동사이기 때문이다. 22절에 명령형이 등장하기는 하지만, 이 부분은 빌레몬에게 제시한 구체적인 지시 내용에 더 이상 포함되지 않는다.

둘째, 앞 단락에서 바울이 사랑의 간청에 초점을 맞추었는데 여기서는 "순종"이라는 단어를 사용한다. 이런 어조의 변화는, "순종"이라는 개념을 어떻게 이해하든 유의해서 보아야 할 점이다.

마지막으로, "내가 말한 것보다"라는 언급 역시 바울이 이제 한 단락이 끝나고 새 단락을 시작함을 알린다.

'확신하다'(πεποιθώς)로 번역된 단어는 '설득하다, 신뢰하다, 순종하다'라는 뉘앙스를 내포한다. 완료 시제일 경우 "어떤 것을 신뢰한다는 사실을 너무나 확신하는" 행위를 가리킬 수 있다.[7] 대부분의 현대 영어 번역본은

6. Bratcher and Nida, *Translator's Handbook*, 131.

7. BDAG, 792.

이 동사를 '확신을 가진'(KJV, ASV, NASB, NKJV)이나 단순히 '확신하는'(NRSV, REB, TNIV, ESV, NIV)으로 제대로 번역한다.[8]

빌레몬의 "순종"(τῇ ὑπακοῇ)을 기대한다는 언급은, 특별히 (사도적) 권위에 호소하지 않은 앞 단락에 비추어 볼 때 다소 의외의 표현이다(8–9절을 보라). 바울에게 이 용어는 종종 하나님에 대한 신자의 순종(롬 6:16; 15:18; 16:19)[9]이나 그리스도에 대한 순종(고후 10:5)을 가리키며, 논리상 복음 메시지에도 확대 적용된다(롬 1:5; 16:26). 어떤 학자들은 여기서 "순종"은 "순응"[10]이나 "묵인"[11]이라는 더 약한 의미로 보아야 한다고 주장한다. 그래서 어떤 이들은 여기서 의미상 순종의 대상이 "그리스도의 명령",[12] "하나님의 뜻"[13] 혹은 "복음"[14]이라고 생각한다.

신자가 궁극적으로 순종해야 할 대상은 하나님과 그분의 아들임이 분명하지만, 여기서 바울의 역할을 무시할 수 없다. 이 절의 후반부에는 빌레몬이 자신의 요청에 순종해야 한다는 언급이 암시되어 있다. "네가 내가 말한 것보다 더 행할 줄을 아노라." 이런 해석은 빌레몬에게 간청할 때 바울이 자신의 역할을 반복해서 강조한 사실과 부합한다(참고. 17–20절). 바울은 다른 본문에서 하나님의 중재자로 자처할 때, 유사한 언어를 사용한다. 그러므로 그는 "순종"(고후 7:15의 ὑπακοήν; 참고. 빌 2:12)을 받을 만한 정당한 자격이 있다.[15] 정경 밖의 자료에서는 이러한 '확신의 관용 표현'의 언어가 심지어 동년배 사이에서도 사용되는 경우를 볼 수 있다.[16] 나아가 8–9절에서 빌레몬에게 권위를 강요하지 않겠다고 주장한 것 자체가 자신의 권한을 주장한 것이나 마찬가지이다. 이를 통해 바울은 빌레몬의 순종을 간접적으로 요구하고 있다. 그러므로 빌레몬을 향한 간청의 절정 부분에서 바울이 다시 권위적인 언어를 사용하는 것은 예상 밖의 일이 아니다.[17]

"네게 썼노니"(ἔγραψα)는 '서신용 과거'로 보아야 한다. 그러나 19절에서 동일한 동사형이 사용되었으므로, 일부 학자는 이것이 액면 그대로의 쓰는 행위를 가리키지 않으며, 따라서 "내가 네게 이 편지를 보낸다"라고 해석해야 한다고 주장한다.[18] 어떤 경우이든, 이것은 편지를 쓰고 보내는 이가 바울이므로 이 편지가 권위를 지닌 것을 암시한다.

1:21c–d 네가 내가 말한 것보다 더 행할 줄을 아노라(εἰδὼς ὅτι καὶ ὑπὲρ ἃ λέγω ποιήσεις). 또 다시 원인을 가리키는 상황의 완료 분사로 시작되는 절이 나온다. 이것을 통해 바울은 의미를 명확히 알기 어려운 모호한 요청을 다시 제시한다. "내가 말한 것보다"라는 구절이 무엇을 말하는지를 두고 여러 주장이 제기되었다. 많은 학자는 "…보다"가 "법적 구속력을 갖는 오네시모와의 세속적인 관계를 새로운 교회 지체 관계라는 사회 구조적 토대와 일치시키는 일, 아마 오네시모를 법적으로 해방하는 일"을 말할 것이라고 확신한다.[19] 어떤 학자들은 이런 모호함이 빌레몬서에 제시된 신학적 틀에 빌레몬이 주도

8. 이 분사는 원인을 나타내는 상황의 분사로 일부 번역들은 이 점을 잘 드러낸다. "내가 확신하므로"(HCSB; 참고. NET).
9. 아버지를 향한 그리스도의 완벽한 순종에도 이 단어가 사용된다(롬 5:19).
10. 예를 들어, Harris, *Colossians and Philemon*, 277–78를 참고하라(또한 NJB; NAB도 보라).
11. Fitzmyer, *Letter to Philemon*, 121–22.
12. Wilson, *Colossians and Philemon*, 364.
13. O'Brien, *Colossians, Philemon*, 305; Barth and Blanke, *Letter to Philemon*, 491.
14. Moo, *Letters to the Colossians and to Philemon*, 435.
15. 참고. *Martin, Colossians and Philemon*, 168.
16. 참고. Ps. – Demetrius, *Typoi* 1; Stanley N. Olson, "Pauline Expressions of Confidence in His Addressees," *CBQ* 47 (1985): 289.
17. Richards (*Paul and First-Century Letter Writing*, 175)는 어조의 변화에 주목하며 이것이 편지 본론을 쓸 때 바울이 비서를 이용한 또 다른 예에 해당한다고 주장한다. 그는 이 편지 마무리 단락에 나타난 담대한 모습이 진짜 바울의 모습이라고 본다.
18. Bratcher and Nida, *Translator's Handbook*, 131.
19. Petersen, *Rediscovering Paul*, 97–98. 이 구절이 노예 해방에 대한 요구를 암시한다고 보는 이들로는 Wright, *Colossians and Philemon*, 189; Martin, *Colossians and Philemon*, 168; Stuhlmacher, *Der Brief*

적으로 부응할 수 있도록 배려하는 바울의 방식이라고 생각한다.[20] 또 다른 학자들은 바울이 어떤 행동을 추천해야 최선인지 확신하지 못했기 때문에 이런 식으로 표현한 것이라고 극단적으로 해석한다.[21]

바울에게 해결책이 없다는 주장은, 이 편지 본론의 정교한 구조를 제대로 감안하지 못한 것이다. 바울은 편지의 본론에서 빌레몬이 지침으로 삼을 수 있는 신학적 시각을 섬세하게 제시한다. 그러나 이 절이 오네시모가 노예 신분에서 벗어나게 해달라는 의미를 함축하고 있는 것 같지는 않다. 바울은 16절에서 이미 오네시모의 법적 지위라는 제한적 관심을 넘어섰기 때문이다. 이 편지에서 구체적인 해결책을 제시한 구절을 찾는다면 13절이다. 여기서 바울은 오네시모를 계속 곁에 두고, 자신과 자신이 전하는 복음을 섬길 수 있기를 바란다고 명시했다. 그러한 경우, "…보다"는 빌레몬이 오네시모를 (해방해서) 바울에게 돌아와 복음 사역을 위해 더 봉사할 수 있게 해달라는 요청이 함축되었다고 볼 수 있다.[22] 오네시모는 단순히 빌레몬의 집에서 자유로워진 데서 그치지 않고, 하나님의 집에 소속되어 새 사람을 지어가는 하나님의 선교에 참여해야 한다. 따라서 노예 신분에서 해방되는 것만으로 충분하지 않다(참고. 골 3:11).

1:22a 오직 너는 나를 위하여 숙소를 마련하라(ἅμα δὲ καὶ ἑτοίμαζέ μοι ξενίαν). 바울은 곧 방문하겠다는 언급으로 빌레몬을 향한 당부를 마무리한다. 이 책에서 채택한 번역인 '동시에'(ἅμα, 개역개정에는 번역되어 있지 않음-역주)는 "동시에 사건이 발생한 것을 알리는 역할"을 한다.[23] 이 표현을 "그리고 한 가지 더"(TNIV, NIV; 참고. NRSV)로 번역하는 것은, 이것을 바울에게 떠오른 우연한 생각으로만 이해하지 않는다면 그렇게 잘못된 것은 아니다.[24] '동시에'라는 분사는 바울이 이 서신을 마무리하는 시점에서 이 요청과 앞의 요청의 연관성을 드러내는 데 기여한다.

일상 헬라어에서 "숙소"(ξενία)는 "손님 접대"라는 의미로 매우 자주 사용되는데,[25] 신약에서 이 둘은 손님을 접대하는 행위를 하는 장소를 가리킬 때 쓰인다(참고. 행 28:23). 하지만 특별히 바울이 단순히 일시적인 숙박을 위한 공간을 언급하는 것이 아니라 "친절한 응대를 수반하며 모든 편의 시설을 제공하는 친절한 환대"를 언급하는 이 문맥에서, 이 두 용례가 완전히 무관하다고 볼 수는 없다.[26] 믿음의 "동역자"(17절; 참고. 6절)로서 바울은 감옥에서 나와 빌레몬을 방문한다면 환대의 필요성을 느낄 것이다.

빌레몬에게 숙소를 마련해달라고 한 요청은 여러 가지로 해석할 수 있다. 고린도전서 4:21의 언급과 비교할 때, 이 요청이 모호하다는 견해가 있다. "너희가 무엇을 원하느냐 내가 매를 가지고 너희에게 나아가랴 사랑과 온유한 마음으로 나아가랴."[27] 어떤 학자들은 이것을 바울이 자신의 파트너를 방문할 날을 고대하면서 하는 약속이라고 본다.[28] 바울이 앞에서 제기한 논증의 수사적 효과와 빌레몬에게 "사랑으로써"(9절) 호소하겠다는 결심을 감안하면, 빌레몬이 앞에서 소개한 신학적 틀에 맞게 처신하기를 기대하며 온건한 압력을 행사하고 있

an Philemon, 53-54가 있다. 어떤 이들은 바울이 '신적 드라마의 관점(*sub specie theodramatis*)으로' 계속 살기를 빌레몬에게 기대함으로 윤리적 강조에서 종말론적 강조로 초점이 이동하고 있다고 생각한다(Vanhoozer, "Imprisoned of Free?" 87).

20. Lohse, *Colossians and Philemon*, 206.

21. Barclay, "Paul, Philemon and the Dilemma of Christian Slave Ownership," 161-86.

22. O'Brien, *Colossians, Philemon*, 306; Dunn, *Epistles to the Colossians and to Philemon*, 345; Barth and Blanke, *Letter to Philemon*, 492.

23. BDAG, 49.

24. Wright, *Colossians and Philemon*, 190에서 "오, 그런데…"라고 풀어 쓴 구절은 마치 우연히 생각난 것처럼 이 구절을 번역한 것이다.

25. BDAG, 683.

26. Osiek, *Philippians, Philemon*, 142.

27. Petersen, *Rediscovering Paul*, 267.

28. Wright, *Colossians and Philemon*, 190.

다고 보는 해석이 가장 설득력이 있는 듯하다.[29]

1:22b–d 너희 기도로 내가 너희에게 나아갈 수 있기를 바라노라(ἐλπίζω γὰρ ὅτι διὰ τῶν προσευχῶν ὑμῶν χαρισθήσομαι ὑμῖν). 바울은 하나님이 신자의 기도에 응답해주시는 은혜를 베푸셔서 빌레몬을 방문할 수 있게 되면 좋겠다고 말한다. 어떤 이들은 '내가 바란다'(ἐλπίζω)까지 포함해서 "사랑"(5절)과 "믿음"(5절)과 함께 사랑, 믿음, 소망의 삼각형이 완성된다고 주장한다. 하지만 이 동사가 바울의 여행 계획(참고. 롬 15:24; 고전 16:7; 빌 2:19, 23)을 묘사할 때 사용되는 경우 반드시 '불확실성'을 암시한다. 바울이 그리스도 안에서 발견하는 소망을 가리켜 이 동사를 사용한 다른 용례에는 이런 의미가 나타나지 않는다.[30] 여기서 바울이 기도를 언급한 것은, 자신의 장래 계획과 운명을 궁극적으로 결정할 분이 하나님이라고 생각한다는 것이다.

이 절에서 2인칭 복수 대명사 "너희"(ὑμῶν)와 "너희에게"(ὑμῖν)가 다시 등장한다. 기본적으로 이 복수 대명사는 빌레몬의 가정 교회에 속한 공동체가 자신을 위해 기도하고 있다는 바울의 믿음을 반영한다(참고. 롬 15:30).[31] 또한 앞뒤 문맥으로 볼 때, 이 대명사는 이 가정 교회의 나머지 지체들과 리더들이 빌레몬이 받은 요청에 책임이 있다는 사실을 환기한다. 이 복수 대명사는 성도들에 대한 바울의 마지막 인사의 예고편에 해당한다.

이 절은 바울이 빌레몬의 가정 교회의 다른 지체들을 언급한 서두(1–3절)를 암시하기 때문에, 이 절이 "강력한 요약의 기능"을 하는 것을 볼 수 있다.[32] 따라서 바울은 이것이 개인적인 편지가 아님을 다시 한번 보여준다. 나머지 교회 지도자들이 바울의 요구와 빌레몬의 반응에 대한 증인이 되어줄 뿐만 아니라, 그들과 전 공동체 역시 빌레몬의 결정에 영향을 받을 것이다.

"내가 너희에게 나아갈"(χαρισθήσομαι)은 종종 '은혜로운 공급하심'(참고. 롬 8:32; 고전 2:12; 갈 3:18; 빌 1:29; 2:9)이라는 뜻을 내포한다.[33] 그리고 이 수동태는 특히 "기도"가 언급된 문맥일 경우 신적 수동태로 보는 것이 가장 적절하다. 그러므로 어떤 번역본들은 이 동사를 "내가 너희에게 다시 주어질 것이다"(NASB, NET)나 "은혜로 내가 너희에게 주어질 것이다"(ESV)라고 번역한다. 이런 번역은 이상하게 보일 수 있다. 어떤 경우이든, 바울은 방문 자체가 아니라, 바울이 빌레몬을 방문하도록 인도해주실 하나님의 은혜에 초점을 집중하고 있다.

많은 학자는, 골로새의 빌레몬을 방문하고 싶다는 바울의 언급이 빌레몬서가 로마가 아닌 에베소에서 쓰인 강력한 증거라고 주장한다. 특히 바울은 로마에 갇힌 후 스페인으로 가고 싶다는 심경을 피력한 적이 있다(참고. 롬 15:24, 28).[34] 그러나 이 구절만으로는 그것이 맞다고 결론 내릴 수 없다. 첫째, 이 언급의 수사적 의도가 강조되어야 한다. 빌레몬을 방문하고 싶어 하는 바울의 진정성을 누구도 의심할 수 없지만, 이 언급은 빌레몬에게 편지 내용을 엄중하게 받아들일 필요성을 일깨워준다. 나아가 이 절처럼 방문을 언급한 목적은, 순회 일정을 개략적으로 설명하려 하는 것이 아니라, 편지의 수신자와 함께 있고 싶다는 마음을 표현하는 것

29. Lightfoot, *St. Paul's Epistles to the Colossians and Philemon*, 344; Jefftrey A. D. Weima, *Negleted Endings: The Significance of the Pauline Letter Closings* (JSNTSup 101; Sheffield: JSOT, 1994), 256. 이 논쟁에 구애받지 않고 단순히 바울의 요청을 "그리스–로마 세계의 서간 형식에서 볼 수 있듯 의도적으로 사용한 의례적 표현이다"라고 주장하는 이들이 있다(Martin, *Colossians and Philemon*, 169). 그러나 바울은 그리스–로마식 서간 형식에 얽매이지 않는다.

30. Dunn, *Epistles to the Colossians and to Philemon*, 346.

31. Michael A. G. Haykin, "Praying Together: A Note on Phliemon 22," *EvQ* 66 (1994): 331–35.

32. Weima, *Neglected Endings*, 256. 또한 여기서도 2인칭 복수 대명사('너희에게', ὑμῖν, 3절)의 용례를 볼 수 있다.

33. 용서의 행위를 가리키는 내용에서 이 구절의 확장된 용례를 확인할 수 있다(참고. 고후 2:7, 10; 12:13; 엡 4:32; 골 2:13; 3:13).

34. Wright, *Colossians and Philemon*, 190; Wilson, *Colossians and Philemon*, 365.

이다. 마지막으로, 정경과 초대 기독교 전승 중 바울이 로마에 투옥되었다가 아시아로 돌아갔다는 강력한 전승에 비추어보면, 그가 갇혀 있는 곳과 빌레몬이 있는 곳의 거리가 이 논의에 결정적인 요인이라고 여길 필요가 없다.

1:23 그리스도 예수 안에서 나와 함께 갇힌 자 에바브라와[…가 문안하느니라](Ἀσπάζεταί σε Ἐπαφρᾶς ὁ συναιχμάλωτός μου ἐν Χριστῷ Ἰησοῦ). 바울의 다른 편지들처럼(예를 들어, 롬 16:3-16, 21-23; 고전 16:19-20; 골 4:10-15; 살전 5:26) 빌레몬서 역시 인사로 마무리된다. 이 단락의 가장 가까운 평행 구절은 골로새서 4:10-15인데, 여기에도 에바브라, 마가, 아리스다고, 데마, 누가가 언급된다. 이런 유사성을 염두에 두는 동시에 이 마지막 단락과 골로새서의 마무리 단락(4:7-18)의 차이점도 유의해야 한다. 첫째, 골로새서 4:18에 나오는 바울의 서명이 빌레몬서에는 생략되어 있다. 물론 빌레몬서 1:19에 친필로 쓴다는 언급이 있고, 이것은 골로새서 4:18의 서명과 유사한 기능을 할 수 있다. 19절에 대한 설명에서 언급했듯이, 바울이 직접 이 짧고 더 개인적인 편지 전체를 썼을 수 있다.

둘째, 골로새서 4:7-8절에는 편지 전달자인 두기고가 언급되어 있지만, 빌레몬서에는 그러한 언급이 전혀 없다. 이런 생략은, 골로새서에서 두기고를 소개한 목적이 바울이 처한 형편을 설명해줄 자로서 그의 역할을 강조하기 위함이었다는 사실로 설명할 수 있다. 빌레몬이 그런 정보를 이미 받은 골로새 교인 중 하나라면 굳이 두기고를 다시 소개할 필요가 없다. 나아가 오네시모가 직접 이 편지를 전달할 가능성이 있으므로 또 다른 편지 전달자가 필요 없다.[35]

셋째, 골로새서에 나오는 명단은 유대인과 이방인으로 구분되지만, 여기서는 그러한 구분이 나타나지 않는다. 이런 차이는 골로새서가 하나님 백성의 화합과 일치를 강조한 반면(참고. 골 3:11), 빌레몬서는 민족성의 문제가 전혀 관심사가 아니라는 사실로 설명할 수 있다.

마지막으로, "유스도라 하는 예수"(골 4:11)가 여기서 생략된 점도 유의해야 한다. 어떤 이들은 이 절의 마지막 단어에 파이널 시그마가 있어야 하고, 그러한 경우 그리스도가 아니라 다음과 같이 이 "예수"를 언급한다고 주장한다. "에바브라, 그리스도 안에서 나와 함께 갇힌 자가 네게 인사하며, 예수도 그러하다"(ἀσπάζεταί σε Ἐπαφρᾶς ὁ συναιχμάλωτός μου ἐν Χριστῷ, Ἰησοῦς).[36] 이런 주장은 그럴듯해 보이지만, 이것을 뒷받침할 사본상 증거가 전혀 없다. 따라서 왜 이 "예수"가 안부 명단에 빠졌는지는 여전히 불확실하지만, 전통적인 해석을 따르는 것이 최선으로 보인다.

"에바브라"가 가장 먼저 거론된 이유는 골로새 교인 사이에서 그가 중요한 위치에 있기 때문일 것이다. 에바브라는 골로새 지역에 복음을 전한 사람이므로(참고. 골 1:7; 4:12) 그의 이름이 빌레몬에게 무언의 압력으로 작용하리라는 것은 확연하다.

"함께 갇힌 자"(ὁ συναιχμάλωτός)라는 표현은 문자적으로도 이해할 수 있고, 은유적으로도 해석할 수 있다. 문자적 해석[37]에 찬성하는 학자들은, 왜 골로새서에서는 에바브라가 아니라 아리스다고에게 이 표현을 사용하는지 설명해야 한다(골 4:10; 참고. 롬 16:7).[38] 그러나 빌레몬서의 경우 "그리스도 예수 안에서"라는 구절이 사용된 것은, 이 호칭이 이곳뿐만 아니라 골로새서 4:10에

35. Llewelyn and Kearsley, "Letters in the Early Church," *NewDocs* 7:52.

36. 최근 이런 해석을 주장하는 이들로는 Lohse, *Colossians and Philemon*, 207이 있다. 그는 "그리스도 예수 안에서"라는 구절이 바울의 다른 서신에서 한 번도 사용된 적이 없다고 주장한다.

37. 참고. "에바브라 또한 여기 감옥에 있다"(CEV; 참고. GNB).

38. Moo, *Letters to the Colossians and to Philemon*, 438. 그는 그들이 바울의 투옥 시기에 각기 시간대가 다르게 바울과 감옥에 있었다고 주장한다. 에베소의 감옥에 있었다고 주장하는 사람들 역시 동일한 난제에 부딪힌다. 참고. Jerome Murphy-O'Connor, "The Greeters in Col 4:10-14 and Phlm 23-24," *RB* 114 (2007): 416-26.

서도 은유적으로 해석되어야 함을 암시한다.[39] 나아가 이 용어는 문자적으로 "함께 전쟁 포로가 된 사이"라는 뜻이지만,[40] 바울은 실제로 이 범주에 해당하지 않는다. 또한 1절에서 자신의 투옥을 가리켜 다른 단어군("갇힌 자", δέσμιος)을 쓴 것도 이것을 문자적으로 해석해서는 안 된다는 사실을 보여준다.[41] 그렇다면 바울이 다시 이 심상을 떠올리게 해서 빌레몬이 복음을 위해 자기 권리를 기꺼이 포기한 사람들을 본받으라고 촉구한다고 보는 것이 가장 타당해 보인다.

1:24 또한 나의 동역자 마가, 아리스다고, 데마, 누가가 문안하느니라(Μᾶρκος, Ἀρίσταρχος, Δημᾶς, Λουκᾶς, οἱ συνεργοί μου). 앞 절에서 헬라어 문장의 가장 처음에 나오는 '너희에게 문안하다'라는 구절은 각 이름들에 적용된다. 대부분의 영어 번역은 "and so do"나 "as do"를 삽입하여 두 절의 관계를 명확하게 드러낸다.

네 명의 이름은 골로새서의 마지막 인사에 모두 등장한다(골 4:10, 14). "마가"는 골로새서 4:10에서 "바나바의 생질"로 소개된다. 그는 1차 선교 여행 때 바울과 바나바와 동행했지만 도중에 포기하고 밤빌리아에서 그들을 떠난 마가 요한일 가능성이 있다(행 15:38). 바울과 바나바는 이 일로 결별한 적이 있다(15:39). 골로새서와 이곳에 그가 등장한다는 것은, 바울과 마가가 화해했을 가능성을 보여주고 바울과 바나바도 화해했음을 암시한다. 화해를 강조하는 편지에서 이 이름이 등장한 것은 의미심장하다.

"아리스다고"는 사도행전에서 바울의 여행 동반자였다(행 19:29; 20:4). 마게도냐 출신(참고. 27:2)인 그는 에베소에서 폭동이 일어났을 때 바울과 함께 있었다(19:21-41). 골로새서는 그를 바울과 "함께 갇힌" 자로 묘사하는데(골 4:10), 이것은 그들이 그리스도와 복음에 헌신했음을 반영한 내용일 것이다.

마가와 아리스다고(골 4:11에서 "할례파"로 소개됨)와 달리 "데마"와 "누가"는 이방인일 가능성이 크다. 성경은 데마(골 4:14을 보라)가 나중에 바울을 버리고 떠났다고 언급한다(딤후 4:10-11). 그러나 누가를 누가복음-사도행전의 저자이자 사도행전의 "우리" 본문(16:10-17; 20:5-15; 21:1-18; 27:1-28:16)에 등장하는 인물로 볼 경우, "누가"는 오랫동안 바울과 함께했다고 이해할 수 있다. 골로새서 4:14에서 그는 또한 "사랑을 받는 의사"로 언급된다. 바울은 유대인과 이방인을 함께 묶고, 오래 함께한 동역자와 비교적 최근의 동역자를 묶으며, 때로 실패한 사람들과 언제나 신의를 지킨 이들을 함께 거론함으로써 복음 사역에서는 사회적인 위계라는 경계가 작동하지 않음을 강조한다.

이 네 사람은 바울의 "동역자"(οἱ συνεργοί)로 언급된다. 다른 곳에서 이 단어는 바울과 함께 사역하는 사람들을 부를 때 사용된다(참고. 롬 16:3, 9, 21; 고후 8:23; 빌 2:25; 4:3; 골 4:11)[42] 그런데 이 편지의 마지막 단락에서는, 1절에서 바울이 빌레몬을 동일하게 자신과 디모데의 "동역자"로 밝힌 사실에 비추어 읽어야 한다. 이 언급이 편지 전체를 감싸고 있으므로, 빌레몬이 맡은 소임을 감당할 때 "공동의 행동과 책임"을 져야 함을 강조한다고 보아야 한다.[43] 역시 이 개인적 편지가 띠는 공적인 성격은 중요한 수사적 기능을 한다. 나아가 빌레몬을 바울의 다른 중요한 동역자들과 같은 부류로 포함한

39. Moule, *Epistles to the Colossians and to Philemon*, 136-37; Harris, *Colossians and Philemon*, 280.

40. 참고. LSJ, 45.

41. 특별히 Harris, *Slave of Christ*, 117을 보라. 그는 바울이 문자 그대로 그의 감방 동기들을 가리키는 것이라면 συνδεσμώτης라는 표현을 사용했을 것이라고 주장한다.

42. 바울은 또한 자신과 동료들을 "하나님의 동역자들"이라고 밝히기도 한다(고전 3:9; 살전 3:2).

43. Stanley E. Porter, "A Functional Letter Perspective: Towards a Grammar of Epistolary Form," in *Paul and the Ancient Letter Form* (ed. Stanley E. Porter and Sean A. Adams; Pauline Studies; Leiden/Boston: Brill, 2010), 29.

것은, 빌레몬이 순종할 경우 그 역시 복음 사역에 참여하는 사람으로 인정받을 수 있음을 보여주는 것이다.[44]

1:25 우리 주 예수 그리스도의 은혜가 너희 심령과 함께 있을지어다(Ἡ χάρις τοῦ κυρίου Ἰησοῦ Χριστοῦ μετὰ τοῦ πνεύματος ὑμῶν). 다른 바울 서신에서처럼 은혜를 구하는 송영에는 종종 세속 편지에서 사용되는 '작별용 기원'을 대체하려는 목적이 있을 것이다.[45] 바울 서신에서는 다양한 형태의 송영을 볼 수 있는데, 여기서 바울이 사용한 형식은 빌립보서 4:23과 동일하다. 이런 송영은 성격상 일종의 관용 표현에 해당하지만, 바울이 논의를 마무리하는 그 자체의 문학적 맥락에서 중요한 의미가 있다. 여기서 "은혜"(ἡ χάρις)는 서두의 "은혜"와 "평강"의 송영(3절)을 떠오르게 한다. 바울은 은혜와 화해의 신학으로 논의의 틀을 형성한다. "주 예수 그리스도의"[46] 은혜의 계시가 없다면, 바울이 설명하는 변화는 성취할 수 없는 이상에 불과할 것이다. 그러나 그런 은혜가 실재하기 때문에 이 변화는 십자가의 복음이 요구하는 필연이 된다.

"너희 심령(spirit)과 함께"(μετὰ τοῦ πνεύματος ὑμῶν, 참고. 갈 6:18)는 단순히 "너희와 함께"로 해석해야 한다.[47] 여기서 "심령"은 정관사가 있지만 하나님의 영이 아니라 인간의 영을 가리킨다. 마무리 송영에서 이 단어를 사용한 정확한 이유를 여전히 알 수 없지만,[48] 단수 "심령"과 복수 "너희"를 조합한 점은 주목할 필요가 있다. 이런 조합은 모든 신자에게 신적 은혜가 개별적으로 임한다는 점을 강조하는 것이라고 볼 수 있다.[49] 바울이 이런 편지를 쓰고 빌레몬이 마땅히 요구되는 반응을 할 수 있게 하는 것은 바로 이 신적 은혜이다.

적용에서의 신학

1. 순종과 책임

마무리 단락에서 바울은 지금까지 당부한 내용에 대해 적절한 반응을 보여야 할 필요성을 강조한다. "순종"(21절)이라는 단어가 사용된 것은 특별히 중요하다. 앞에서 언급한 것처럼 이 단어는 하나님이나 그리스도에 대한 순종을 가리켜 가장 많이 사용된다. 이런 용례들에 비추어 볼 때, 바울이 "순종"을 사용한 것은 빌레몬이 그리스도와 하나님께 순종해야 함을 강조한다는 암시일 수 있다. 그런데 바울이 여기서 이 단어를 사용한 것은 빌레몬서 내용의 엄중함을

44. 참고. C. Clifton Black, *Mark* (ANTC; Nashville: Abington, 2011), 52.
45. 골로새서 4:18에 대한 설명을 보라.
46. 이 구절은 주격 소유격으로 해석하는 것이 가장 좋다. 따라서 자기 백성에게 이 "은혜"를 허락하시는 분은 바로 "주 예수 그리스도"이다.
47. 일부 학자가 "너희와 함께"라고 써야 한다고 주장하는 이유는, "영어에서는 최소한 '너의 심령과 함께'가 바울이 이 단어를 사용할 때 뜻하지 않은 의미와 암시를 전달할 수 있기 때문이다." Bratcher and Nida, *Translator's Handbook*, 133.
48. Gordon Fee, *God's Empowering Presence: The Holy Spirit in the Letters of Paul* (Peabody, MA: Hendrickson, 1994), 469처럼 어떤 이들은 이 송영에서 이 단어를 사용한 것이 바울의 감정이 상당 부분 이입되었기 때문이라고 주장한다. 그러나 이 "심령"을 언급하지 않은 다른 송영들은 감정적 이입이 되지 않은 것이라고 해석해야 하는지는 분명하지가 않다.
49. Weima, *Neglected Endings*, 82.

더욱 강조한다. 빌레몬이 그리스도와 하나님께 실제로 순종하는 삶을 사느냐는 이 편지에 실린 구체적인 당부와 지시에 순종하는지의 여부로 평가된다. 그러므로 빌레몬서에 기록된 내용은 하나님의 뜻을 구체적으로 표현한 것이다.

바울은 자신을 당대의 도덕적 철학자와 구분하므로 그의 가르침에는 순종을 요구하는 권위가 실려 있다. 이 권위는 "그리스도 예수"로부터 기인하고, 바울은 그분을 위해 "갇힌 자"(1절)가 되었다. 이 편지에서 바울의 담화 방식은 "사랑으로" 하는 간청(9절)이지만, 이 간청의 기원과 근거는 그리스도 예수이시다. 따라서 이것은 가볍게 여길 수 없는 실질적인 무게를 지닌다. 바울의 편지를 접하는 현대 독자는 이 편지에서 강조하는 복음에 복종하도록 부르심을 받는다.

이 편지에서 순종이라는 단어가 특별히 중요한 이유는 이 단어가 종종 상전과 종의 관계에 대한 논의에 등장하기 때문이다(참고. 엡 6:5; 골 3:22). 다른 본문에서 바울은 이 비유를 사용하여 죄의 노예와 의에 대한 순종을 대비적으로 보여주었다.

> "너희 자신을 종으로 내주어 누구에게 순종하든지 그 순종함을 받는 자의 종이 되는 줄을 너희가 알지 못하느냐 혹은 죄의 종으로 사망에 이르고 혹은 순종의 종으로 의에 이르느니라"(롬 6:16).

노예제라는 문제가 전면에 부각된 빌레몬서에서 이런 용어를 사용했다는 점이 특별히 인상적이다. 바울은 빌레몬에게 복음에 순종하라고 요구함으로 그가 오네시모와 전혀 다를 것이 없는 존재라고 확인해준다. 두 사람 모두 더 높은 권위자의 종이기 때문이다. 나아가 그들은 바울과도 전혀 다를 바가 없다(1절). 바울 역시 그리스도의 종이다. 이런 사실은 빌레몬과 오네시모와의 관계를 상대화해서 이 세속적 관계를 올바른 시각으로 바라보게 해준다. 그러므로 순종이라는 단어의 용례는 세속 상전에 대한 바울의 권면과 비교할 수 있다. "상전들아 의와 공평을 종들에게 베풀지니 너희에게도 하늘에 상전이 계심을 알지어다"(골 4:1).

바울은 이 순종이 단순히 개인적이고 개별적인 반응이 아님을 분명히 밝힌다. 순종은 성도의 전체 공동체에서 볼 수 있는 특징이 되어야 한다. 여기서 신자가 서로 연결되어 있다는 사실이 부각된다. 첫째, 바울은 숙소를 마련해달라고 빌레몬에게 당부하면서(22절) 빌레몬이 앞에서 부탁한 요청에 순종하기를 기대하고 자신의 존재를 다시 확인시킨다. 둘째, 그의 "동역자"의 인사(24절)는 이 편지의 공적 성격을 암시한다. 바울은 개인적 문제가 전체 성도의 공동체와 관련되어 있음을 전적으로 인정한다. 따라서 이 마무리 단락에서 바울은 하나님과 그리스도와 그분의 복음으로 정의되는 도덕적 공동체가 되기를 요구하고 있다.[50] 바로 이 공동체 속에서 복음 메시지는 생생히 살아 있는 실재가 될 수 있다.

복음을 치료의 개념으로 이해하는 시대를 살아가는 우리는 "순종"이라는 개념을 교회에 다시 도입해야 한다. 개인으로서 우리는 기록된 말씀에 나타난 하나님의 뜻에 순종해야 한다.

또한 하나님의 백성으로서 우리는 그리스도의 몸이 자라도록 애쓰고 서로에게 책임을 지는 공동체로 발전해 나가야 한다. 그리스도인 지도자는 스스로 경고와 견책에 기꺼이 마음을 열고 받아들이는 동시에 양떼를 훈련하거나 징계하는 일을 주저해서는 안 된다. 서로를 책임지는 공동체를 만들고 참여함으로 하나님께 끝까지 신의와 충성을 다해야 할 필요를 늘 되새기며 살아가겠는가? 기꺼이 성장함으로 지역 성도의 공동체가 그리스도 안에서 성장할 수 있게 하겠는가?

2. 복음 사역의 우선성

바울은 여기서 다시 그리스도와 그분의 복음의 우선성을 청중에게 일깨워준다. 그는 자유와 노예제의 문제로 다시 돌아가서 자신이 사슬에 묶여 있으므로 감옥에서 나올 수 있도록 기도해달라고 요청한다(22절). 그러나 감옥에서 방면된 이후의 계획은 감옥에 갇힌 이유와 전혀 다를 바가 없다. 그가 감옥에서 풀려나 자유의 몸이 되어도 "그리스도 예수를 위하여 갇힌 자"(1절)라는 그의 위치는 전혀 달라지지 않기 때문이다. "그리스도 예수 안에서 나와 함께 갇힌 자"(23절)라는 에바브라의 호칭을 비유적 의미로 사용함으로써 바울은 복음 메시지의 궁극적 목표는 자유가 아니라 순종임을 강조한다.

"기도"에 대한 언급(22절)은 바울이 하나님의 뜻에 의지하며 복종하는 것을 암시한다. 이 편지를 마무리하면서 언급한 "주 예수 그리스도의 은혜"(25절)라는 어구는 그가 편지를 마무리할 때 항상 의도적으로 선택하는 용어이므로 일종의 공식처럼 쓰인다. "은혜"가 아니면 바울은 선포할 복음도 없을 것이고, 바울이 기대한 대로 빌레몬이 행동할 것이라는 희망도 품을 수 없을 것이다. 이 모든 것이 가능한 이유는, "은혜에 의하여 믿음으로 말미암아 구원을 받았으니 이것은 너희에게서 난 것이 아니요 하나님의 선물"(엡 2:8)이기 때문이다. "은혜" 때문에 아들을 통한 하나님의 우주적 화해의 사역에 참여할 수 있다(골 1:6; 참고. 1:15-23). 두 개인이 놀라울 정도로 기존과는 완전히 다른 방식으로 관계를 형성할 수 있는 것도 바로 이 "은혜" 때문이다(참고. 몬 1:15-16). 이 두 편지와 이 책의 독자들은 오직 하나님의 은혜만을 의지하며 복음의 메시지에 부응하는 삶을 살고자 노력해야 할 것이다.

50. 오직 하나님께만 복종하는 도덕적 공동체로서 하나님의 백성에 대한 규정은 다음을 보라. Patrick D. Mailler, "The Good Neighborhood: Identity and Community through the Commandments," in *Character and Scripture: Moral Formation, Community, and Biblical Interpretation* (ed. William P. Brown; Grand Rapids: Eerdmans, 2002), 63-65.

빌레몬서의 신학

"신약 연구에서 빌레몬서에 신학적인 내용이 거의 혹은 전혀 없다는 인식과 같이 높은 수준의 의견 일치를 보이는 경우는 거의 없다"라는 지적이 그동안 꾸준히 제기되었다.[1] 실제로 바울 신학을 다루는 논문 중 많은 분량을 할애해 빌레몬서를 다룬 연구는 전무하다시피 하다.[2] 이런 결과를 초래한 요인은 여러 가지이다. 상대적으로 짧은 빌레몬서의 분량, 개인적이고 사적인 성격, 명시적인 신학적 논증의 부재를 들 수 있다. 많은 사람에게 이런 요인은 신약 신학은 물론이고 바울 신학의 중요한 자료로서 이 편지의 가치를 무시할 수 있는 충분한 정당성을 제공한다.

더 나아가 이런 의견 일치는 현대의 바울 신학 연구를 통해 정립된 범주에 비추어 빌레몬서를 평가해야 한다는 가정에 근거한다. 이 편지는 이신칭의, 성부 하나님의 공의와 자비, 그리스도의 대속적 죽음, 그리스도의 한 몸으로서 유대인과 이방인의 하나 됨과 같은 주제를 명시적으로 다루지 않는다. 빌레몬서를 조직 신학자의 논문에 단골로 등장하는 범주로 평가하고자 하는 이들은, 이 편지에 관련 신학, 기돈론, 성령론, 교회론 혹은 종말론이 집중적으로 언급된 부분이 없다고 쉽게 단정할 것이다.

그러나 빌레몬서의 신학적 기여도에 대한 평가는 먼저 본문에서 출발해야 한다. 그렇게 해야 1세기 신자가 바울의 편지를 이해할 때 사용한 틀을 재구성할 수 있다. 재구성하는 작업을 할 때는 서로 관련이 있는 두 가지 측면에 초점을 맞추어야 한다. 그것은 바울의 간청이 제기되는 이면의 전제들과[3] 이 편지에 소개된 다양한 주장의 이면에서 확인할 수 있는 내러티브이다.[4] 이제 이 '신학'의 개괄을 소개하고자 한다. 여기서 신학적 사상의 심오한 보고를 발견할 수 있을 것이다.

1. Marion L. Soards, "Some Neglected Theological Dimensions of Paul's Letter to Philemon," *PRSt* 17 (1990): 209.
2. 이것은 Bassler, ed. *Pauline Theology*, vol.1에서 가장 잘 알 수 있다. 여기서는 빌레몬서를 아예 다루지 않는다.
3. James D. G. Dunn, "Prolegomena to a Theology of Paul," *NTS* 40 (1994): 407–32.
4. Ben Witherington III, *Paul's Narrative Thought World: The Tapestry of Tragedy and Triumph* (Looisville: Westminster John Knox, 1994), 1–5.

성부 하나님

"하나님"을 몇 차례 언급하는 것은 본격적인 논의의 주제로 삼기에는 무리가 있지만 다른 바울 서신에서 강조되는 내용과 부합한다. 서론 단락에서 "하나님"은 "우리 아버지"(3절)로 소개된다. 이 호칭은 다른 바울 서신의 서론 단락에서 흔히 볼 수 있다(롬 1:7; 고전 1:3; 고후 1:2; 갈 1:3; 엡 1:2; 빌 1:2; 골 1:2; 살후 1:1; 2:16). 또한 하나님은 바울의 감사 기도의 대상이기도 하다(4절). 이 사실의 중요성을 과소평가해서는 안 된다. 바울은 하나님이 유일하신 예배의 대상임을 기본적으로 전제하며 글을 쓴다.

감사하는 행위는 예배의 행위이다.[5] 바울은 이 행위로 하나님 중심성을 확인할 뿐만 아니라, 그분의 더 큰 계획 속에서 인간의 상호 관계들을 바라본다. 바울은 빌레몬이 모든 성도를 향해 품은 '사랑과 믿음'(5절)에 초점을 맞춤으로 하나님과 빌레몬의 관계를 가장 중요한 관심사로 내세운다. 그러므로 이 편지는 철학적 윤리에 속한 담화가 아니라, 참되신 한 분 하나님을 섬기겠다는 결심에 어긋나지 않도록 살아가야 한다는 빌레몬에 대한 당부로 읽어야 한다.

"하나님"이라는 이름의 등장과 더불어 두 개의 수동 동사는 역사를 다스리는 주권자이신 하나님을 강조한다. 오네시모가 빌레몬을 '떠나게 되었다'는 15절의 주장은 신적 섭리에 대한 주장으로 해석해야 한다. 인간적인 의도가 개입된다고 해도 사람에 대한 하나님의 계획은 더 넓고 크다. 22절에서 기도에 대한 언급과 함께 "너희에게 나아갈" 것이라는 바울의 말은 자신이 신적 뜻에 복종할 것이라는 의미이다.[6] 이 편지에 소개된 하나님은 역사 속에서 사역하시고 인간이 책임을 다해 섬겨야 할 대상이시다.

다시 "우리 아버지"라는 호칭으로 돌아가서, 빌레몬서에서 가정의 비유가 두드러지는 점을 볼 때, "우리 아버지"라는 호칭은 특별히 중요한 의미가 있다. 하나님 아버지는 온 집안을 다스리실 권한이 있는 가장(*paterfamilias*)이다. 가장이신 하나님의 권한에 대한 언급은, 책임이라는 암묵적 요청을 수반한 적절한 시각을 소개한다.[7] 일부 학자는 로마 황제가 아니라 하나님을 우주적 가정의 궁극적인 머리로 여겨야 하므로 여기서 반제국주의적 주장을 볼 수 있다고 말하기도 한다.[8]

---

5. 바울 서신의 서두의 감사 단락들과 감사에 대한 바울 신학의 관계는 다음을 보라. David W. Pao, "Gospel Within the Constraints of an Epistolary Form: Pauline Introductory Thanksgivings and Paul's Theology of Thanksgiving," in *Paul and the Ancient Letter Form* (ed. Stanley E. Porter and Sean A. Adams; Pauline Studies 6; Boston/Leiden: Brill, 2010), 101–28.

6. Soards, "Some Neglected Theological Dimensions," 215도 보라. 그는 "이로써 네 믿음의 교제가…역사하느니라"(6절)는 바울의 기도 내용이 하나님의 적극적 사역에 대한 믿음을 반영한다고 생각한다(6절에 대한 설명을 보라).

7. Burtchaell, *Philemon's Problem: A Theology of Grace*, 48–49는 이 편지에 소개된 하나님이 사랑의 하나님, 곧 "그분이 사랑이시기" 때문에 "필연적으로 우리를 사랑하시는" 분으로서 하나님을 부각시킨다. 그러나 하나님이 "진노하시지 않는 아버지"라는 그의 주장은 성경의 증거와 모순된다.

8. S. Scott Bartchy, "Undermining Ancient Patriarchy: The Apostle Paul's Vision of a Society of Siblings," *BTB* 29 (1999): 76은 다음과 같은 사실을 강조한다. "그리스도인들이라면 '지상의 그 어떤 인간도 아버지라고 불러서는 안 된다. 심지어 황제라도 아버지라고 부르면 안 된다. 많은 그리스도인이 가정의 가치를 이렇게 근본적으로 재규정하고자

그리스도 주

그리스도의 지고한 존재론적 위치에 초점을 맞춘 편지는 아니지만, 빌레몬서는 그리스도를 수없이 언급하고 바울은 그리스도를 자신의 간청의 근거로 삼는다. 그는 자신을 "그리스도 예수를 위하여 갇힌 자"(1절)라고 소개하며 편지를 시작한다. 이런 소개의 중요성은, 9절과 23절에서 이 내용이 다시 언급된 것과 자신이 투옥된 사실을 여러 번 언급한 데서 다시 확인된다(10, 13, 22절). 바울은 예수님이 모든 사람이 복종해야 할 주가 되신다는 고백을 삶으로 보여준다.

그리스도의 주 되심은 3절에서 "주 예수 그리스도"라는 호칭을 통해 명시적으로 언급된다. 그리스도와 그분의 복음에 순종하도록 빌레몬에게 촉구하는 편지에서[9] 주 되심의 강조가 특별한 의미를 지니는 이유는 빌레몬이 이 고백에 맞게 행동해야 하기 때문이다. 편지 본론의 두 하부 단락 말미에(16, 20절) "주 안에서"라는 구절이 등장하는 이유가 이것으로 설명된다. 바울은 그리스도의 주 되심이 전체 논의의 골격을 이루게 해서 빌레몬에게 '하늘에 상전/주'가 계심을 일깨워준다(골 4:1).[10] 자신의 권한과 권위를 이렇게 상대화할 수 있기 때문에 바울은 종을 대하는 빌레몬의 태도를 바꾸라고 권면할 수 있다. 특별히 바울은 '그리스도 안에서 담대함'으로 빌레몬에게 '주 예수에 대한 사랑과 믿음'을 계속 표현(5절)할 수 있고, 동시에 그에게 그리스도의 주 되심에 순종하라고 명령할 수 있다(8절). 주 예수 그리스도를 이렇게 언급하기 때문에, 이 편지는 그리스도 중심적이며 그리스도가 바울의 간청의 근거이자 목표가 되는 것이다(참고. 6절). 바울은 그리스도가 아니면 빌레몬에게 간청할 아무 근거가 없으며, 빌레몬이 오네시모를 형제로 받아야 할 이유도 없다.[11]

구속과 화해

그리스도에 대한 명시적 언급 외에, 바울이 화해의 중재자로서 쏟은 노력을 통해 그리스도의 구속 사역도 간접적으로 언급된다.[12] 바울은 일련의 도덕적 논증을 제안하는 대신 오네시모와 빌레몬 사이를 중재하며 화해를 시도한다. 그는 오네시모의 입장에 서서 빌레몬에게 자신

목숨으로 값을 치러야 했다."

9. 그리스도와 그분의 복음의 밀접한 관련성은, "그리스도 예수를 위하여 갇힌 자"라는 호칭(1, 9절; 참고. 23절)과 "내 복음을 위하여 갇힌 중"(13절)이라는 표현이 이 편지에 공존한다는 점으로 설명된다.

10. 이 본론의 골격을 이루는 또 다른 표식은 "그리스도 안에서"라는 표현이다. 이것은 이 단락의 처음(8절)과 마지막(20절)에 등장한다.

11. Still, "Philemon among the Letters of Paul," 137. "빌레몬서에서 그리스도는 편지의 씨실과 날실의 일부일 뿐 아니라, 바울을 빌레몬과 오네시모와 묶어주는 분이기도 하다. 바울은 그리스도가 성도들을, 심지어 서로 상전과 노예 관계의 성도들을 하나로 엮어주실 수 있는 분이라고 확신한다."

12. 더 자세한 논의에 대해서는 1:17–20에 대한 '적용에서의 신학'을 보라.

을 대하듯이 오네시모를 받아달라고 요청한다(17절). 바울은 오네시모가 자신의 "심복"이라고 말한다(12절; 참고. 20절). 이런 태도는 17절의 조건절이 강조하고자 하는 내용과 일맥상통한다. 이것은 빌레몬이 오네시모를 받아주는 것이 자신과 파트너십을 이루는 조건이라는 바울의 생각을 드러낸다.[13] 이렇게 함으로써 그는 거룩하신 하나님과 불순종하는 인간을 중재하신 그리스도의 화해의 사역을 모방하고 실천한다. 나아가 그리스도가 종의 역할을 자처하셨듯이(참고. 빌 2:6-11), 바울은 자신의 자유를 포기하고 "그리스도 예수를 위하여 갇힌 자"로서 복음을 섬긴다(1, 19절).[14]

18절에서 바울이 구속의 언어를 선택한 것은 매우 인상적이다. "그가 만일 네게 불의를 하였거나 네게 빚진 것이 있으면 그것을 내 앞으로 계산하라." 이렇게 적극적으로 속전을 지불하고 노예의 자유를 사주려는 모습은 십자가상의 그리스도의 구속 사역과 흡사하다(참고. 갈 3:13-14). 바울은 이 화해에 대가가 요구된다면 직접 속전을 지불할 각오로 양측을 중재한다.

이런 태도는 바울이 다른 곳에서 보인 태도와도 일맥상통한다. 예를 들어, 로마서 후반부를 보면 그는 유대인에게 구제 헌금을 전달하고자 예루살렘으로 돌아갈 계획을 밝힌다(롬 15:25-29). 그 돈은 유대인과 이방인의 화합과 일치를 상징했으므로 꼭 전달해야 했다(참고. 갈 1:9-10; 고전 16:1-4; 고후 8-9장).[15] 예루살렘을 방문할 경우 목숨이 위태로울 수 있었지만, 바울은 교회의 하나 됨을 위해서라면 기꺼이 위험을 무릅쓸 각오가 되어 있었다(참고. 롬 15:30-33). 나아가 예루살렘에 돌아가고자 하는 계획에 대한 논의는 로마서 앞 단락, 즉 신학적 논증이 담긴 장에서 제시한 논증의 정점에 해당한다.[16] 빌레몬서에서 바울이 한 말과 로마서에서 한 말이 비교될 수 있다면, 빌레몬과 오네시모를 기꺼이 중재하려는 그의 마음은 그리스도가 행하신 십자가의 구속 사역에서 정점에 이르는 더 포괄적인 신학적 논증에 비추어 해석해야 한다. 그러므로 명시적으로 신학적 표현이 나오지 않는다고 해서 신학적 깊이가 부족하다고 생각해서는 안 된다.

새로운 실재관

그리스도를 통해 하나님이 먼저 행하신 사역을 근거로 바울은 근본적으로 새로운 실재관을 제시한다. 이 실재관에서는 인간관계의 완전한 변화가 하나님의 구원 사역의 능력을 입증한

13. 빌레몬이 바울 자신을 받아주는 것을 오네시모를 받아주는 것에 비교한 22절도 보라. 참고. Polaski, *Paul and the discourse of Power*, 70.

14. Lyons, "Paul's Confrontation with Class," 125-26을 보라. 그는 그리스도의 성육신에 대한 모방적 실천으로서 바울의 자기소개를 자기부정, 기존의 위계적 사회 구조에 대한 도전, 구속적 희생, 파루시아에 대한 기대라고 생각한다.

15. 바울의 헌금에 대한 신학적 의미에 대해 논의하고자 한다면 특별히 다음을 보라. Dieter Georgi, *Remembering the Poor: The History of Paul's Collection for Jerusalem* (Nashville: Abingdon, 1992)을 보라.

16. 이 점은 로마서 15:9-12에서 구약 인용문 네 개가 등장하는 데서 확인되고, 이 인용문들은 바울이 앞에서 논의한 논증의 절정을 형성한다.

다. 그리스도의 죽음과 부활의 능력을 세밀하게 설명한 골로새서와 달리(참고. 1:15–23), 바울은 여기서 그 사건들에 함축된 의미에 초점을 맞춘다. 그럼에도 이 서신에서 "바울의 전제는 다름 아닌 그리스도의 부활이다. 새 창조가 이루어짐으로 모든 만물이 새로워졌다"라고 주장해도 틀리지 않다.[17]

이 새로운 실재를 제시하는 한 가지 중요한 방법은 가족 관계와 관련된 용어를 사용하는 것이다. 첫째, 무엇보다 중요한 부분은 하나님을 "아버지"로 부르고 예수 그리스도를 "주"라고 부르는 것이다(3절). 가정이라는 배경에서 두 호칭은 가장을 가리키는 호칭이다. 이 구절은 바울 서신에서 고등 기독론을 강조하는 본문 중 하나이며, 바울은 그리스도가 하나님 아버지와 동일한 지위를 차지하신다고 생각한다. 이 가정의 구성원들은, 하나님의 머리 되심과 아들의 주 되심 안에서 상위의 권위에 복종하면서 관계를 형성해야 한다.

하나님과 그리스도가 이 가정의 머리가 되심으로 형제라는 비유가 의미를 갖는다. 바울의 동역자인 디모데는 "형제"로 소개되고(1절), 빌레몬이 속한 공동체의 한 지체가 분명한 압비아는 "자매"라고 불린다(2절). 이런 구도 속에서 빌레몬을 "형제"(7, 20절)로 밝히는 부분이 중요한 이유는, 그가 하나님의 가정 안에 있는 한 지체로 인식되기 때문이다. 이런 호칭들은, 빌레몬에게 오네시모를 "종과 같이 대하지 아니하고 종 이상으로 곧 사랑받는 형제"로 받아주라고 요청하는 16절의 예고편으로 볼 수 있다.[18]

이런 실재관은 신학적으로 중요하다. 첫째, 혈통으로 규정되어온 하나님의 백성은 이제 그리스도의 복음에 참여하는지 아닌지로 규정된다. 유대인뿐 아니라 이방인도 이제 하나님의 "장자"(출 4:22)와 "딸"(애 2:13)이라고 불린 이스라엘에 참여할 수 있게 되었다.[19] 하나님을 "아버지"로 그리스도를 "주"로 부를 수 있는 "형제"와 "자매"로서 그들은 합법적 상속자에게 허락된 유산을 받을 특권을 얻었다(참고. 골 1:12).

둘째, 실재가 재구성됨으로써 공동체의 천민이나 노예가 하나님의 가정에서 합법적 위치를 주장할 수 있게 되었다. 바울이 빌레몬서의 서두에서 "[우리] 자매 압비아"라고 언급한 것은 놀랍지 않다. 그녀는 무력한 자들이 하나님의 강력한 은혜를 경험할 수 있는, 전복하는 복음의 증인이다.[20] 이 편지는 노예에 대한 처우 문제만을 다룬 협소한 차원의 논문이 아니다. 빌레몬서는 더 포괄적인 실재관, 그리스도의 복음의 능력으로 형성된 실재에 관심을 둔 편지이다.

---

17. Vanhoozer, "Imprisoned or Free?" 85.

18. 빌레몬서에서 "나이가 많은"(9절)과 "자식"(10절)과 같은 용어에 대한 더 자세한 논의는 9–10절에 대한 설명을 보라.

19. 특히 Stephen C. Barton, "The Relativisation of Family Ties in the Jewish and Graeco–Roman Traditions," in *Constructing Early Christian Families: Family as Social Reality and Metaphor* (ed. H. Moxnes; London/New York: Routledge, 1997), 81–100을 보라.

20. 예를 들어, Sabine Bieberstein, "Disrupting the Normal Reality of Slavery: A Feminist Reading of the Letter to Philemon," *JSNT* 79 (2000): 115를 보라. "정확히 여기서, 곧 사회적 정상성이라는 것이 무너진 바로 여기서 빌레몬서는 여성인 압비아를 증인으로 소환한다. 그녀는 신자의 초기 공동체들의 관계 구조를 우리 눈앞에 대령한다. 이 관계 구조 속에서 노예 오네시모와의 새로운 관계 구축이 시도된다." 아킵보가 빌레몬의 아들이라고 주장하는 이들은 그가 가정의 소외된 지체를 상징한다고 생각한다. 참고. Mary Ann Getty, "The Theology of Philemon," *SBLSP* 26 (1987): 506.

셋째, 바울은 이 지역교회가 새로운 실재관을 실행할 수 있는 적절한 환경이라고 생각한다. 믿음의 공동체에서 이 실재관은 더 이상 이론적인 본보기가 아니다. 이 공동체가 변화시키는 복음의 능력을 입증하기 때문이다. 이 편지는 여러 직책의 책무를 논하지 않지만, 지역교회에 대한 가장 강력한 시각을 제시한다. 우리는 바로 이 교회론적 배경에서 새 시대의 종말론적 실재를 경험할 수 있다. "그런즉 누구든지 그리스도 안에 있으면 새로운 피조물이라 이전 것은 지나갔으니 보라 새것이 되었도다"(고후 5:17).[21] 이제 우리는 이 교회론을 붙들어야 한다.

새 시대의 공동체

새 시대의 도래와 함께 바울은 하나님 백성의 공동체가 새로운 실재를 삶으로 입증하기를 기대한다. 이러한 기대의 자연스러운 연장선상에서 교회는 새로운 인류를 대표해야 한다. 새로운 인류는 사회적, 민족적 장벽을 초월하는 복음의 강력한 역사에 대한 증거이다. 이 편지를 동일한 지역의 성도에게 보낸 골로새서와 함께 읽어야 한다면, 골로새서의 이론적 논증이 빌레몬서에서 주장하는 행동들의 합리적 근거가 된다고 볼 수 있다. 골로새서 3:11에서 새 사람은 놀라울 정도로 보편적 용어로 규정된다. "거기에는 헬라인이나 유대인이나 할례파나 무할례파나 야만인이나 스구디아인이나 종이나 자유인이 차별이 있을 수 없나니 오직 그리스도는 만유시요 만유 안에 계시니라." 빌레몬서는 빌레몬에게 이 실재를 삶으로 살아내라고 촉구한다.[22]

이렇게 더 폭넓은 시각에 비추어보아야 빌레몬서의 공적인 성격을 제대로 이해할 수 있다. 바울은 빌레몬서 서두에서 (공식적) 호칭과 함께 다양한 개인을 소개하고(1-2절), 말미에서 여러 동역자의 안부 인사(23-24절)를 전한다. 이로써 바울은 개인적 문제를 다루고 있지만, 이것이 전체 성도 공동체와 관련된 공적 문제임을 분명하게 보여준다.[23] 그러므로 바울은 개인의 덕성에 대한 관심 외에 "하나님 우리 아버지와 주 예수 그리스도로부터 은혜와 평강"(3절)으로 개별 지체들이 하나 되는 공동체에 초점을 맞추는 것이다. 개인적 우정을 초월하는 이 편지의 근거와 이러한 강조는, 바울 서신과 당대의 도덕 철학자의 저작물을 구별해준다.[24] 바울이 여기서 "사적인 문제가 아니라 전체 교회의 관심사에 대해 말하고 있기"[25] 때문에, 현대의

21. 그리스도 안의 하나님의 사역의 최종적 완성에 한정해 '종말론'을 이해할 경우에만, 이 편지에서 '종말론'을 확인할 수 없다는 주장이 인정받을 수 있다. 참고. Still, "Philemon among the Letters of Paul," 138.

22. 어떤 이들은 한 걸음 더 나아가 이 새 사람이 참 아담으로서 이스라엘의 역할, 하나님의 참 사람으로서 역할을 감당해야 한다고 주장한다. 참고. N. T. Wright, "Putting Paul Together Again: Toward a Synthesis of Pauline Theology," in *Pauline Theology*, vol. 1: *Thessalonians, Philippians, Galatians, Philemon*, 204.

23. "네(빌레몬) 집에 있는 교회"(2절)라는 명시적 언급을 참고하라.

24. Steele, "Releasing the Captives," 81을 보라.

25. Calvin, *Commentaries on the Epistles to Timothy Titus and Philemon*, 348.

청중에게도 이 편지는 여전히 유효하다.

바울은 개인적 문제를 전체 교회 공동체와 관련된 문제로 인식함으로써 개인의 행동과 교회 생활의 연관성을 강조한다. 바울은 빌레몬이 그동안 베푼 사랑을 언급하면서 그를 통해 '성도들의 마음이 평안을 얻은 것'(7절)과 그런 친절한 행동이 '주 예수에 대한 그의 믿음'의 발현이며 "모든 성도"가 그 수혜를 입었음을 말했다(5절). 이런 말들은 빌레몬의 환심을 사기 위한 수사적 장치가 아니다. 이것은 개인의 행동이 어떻게 모든 성도의 삶에 영향을 미치는 하나님의 도구가 될 수 있는지 강조한다.

개인의 행동과 기독교 공동체의 연관성을 시종일관 주장하는 가운데 바울은 책임성의 문제를 강조한다. 이 편지에 언급된 동역자들은, 바울의 권위와 빌레몬이 그에 걸맞게 반응해야 할 필요성을 증언하는 증인이다. 자신의 임박한 방문을 마지막으로 상기시키는 바울의 발언(22절)에서 이 중요성이 두드러진다. 공동체 내부의 책임성에 대한 강조로 새 시대의 실재를 실현하고 경험할 수 있는 여지가 생겨난다. 이렇듯 전체 사회의 기득권 체제의 유지를 반대하는 바울의 모습에서 이 편지의 변증적 성격이 드러난다고 보는 사람도 있다.[26] 바로 이런 의미에서 이 편지는 하나님의 종말론적 백성에 포함되지 않는 사람들에게 반문화적 시각을 제시한다고 여겨질 수 있다.

회심에서 선교로

바울은 공동체에 새로운 실재관을 제시하는 동시에 회심의 중요성을 강조한다. 이 새로운 시각은 바울이나 다른 교회 지도자들을 통해 외부에서 강요되지 않는다. 오히려 각 개인이 예수 그리스도의 복음으로 변화됨으로 내면에서 형성되는 것이다. 이 편지는 회심의 효과를 다룬다. 빌레몬과 그의 가족의 회심과 오네시모의 회심의 결과에 관심을 둔다. 회심한 빌레몬은 완전히 다른 준거 틀 속에서 살고 행동해야 한다.[27] 바울이 간청하는 실제적 의도는, 빌레몬이 온전히 "우리 가운데 있는 선을 알게 하고 그리스도께 이르도록"(6절) 하는 것이다. 이런 측면에서 빌레몬서는 초창기 기독교적 교리 문답식 교육의 역할을 한다고 볼 수 있다. 이를 통해 새 신자가 새로운 정체성을 삶으로 실현하는 법을 배우는 것이다.

이 편지 본론의 첫 단락(8–16절)에서는 오네시모의 회심이 부각된다. 빌레몬이 복음을 영

26. Bieberstein, "Disrupting the Normal Reality of Slavery," 112. "공동체의 이 공적 차원은 바울과 빌레몬의 사적 영역뿐 아니라 국가와 사회의 공적 차원에 대해서도 균형추 역할을 할 수 있다. 국가와 사회는 노예제를 정상적인 현상으로 용인할 뿐 아니라, 실제로 그 체제를 유지하기 위해 자유인과 비자유인으로 국민을 분리하는 제도를 필요로 했다."

27. 에바브라가 골로새 도시에 복음을 전하며 전도 활동을 할 때 빌레몬이 복음을 영접했을 가능성이 있다(참고. 골 1:7). 에바브라를 이 편지 말미에 언급한 이유도 이것으로 설명된다(23절). 그럼에도 불구하고, 19절에 따르면 바울 역시 빌레몬의 회심에도 관여했던 것으로 보이고, 그래서 빌레몬이 그에게 빚이 있다고 보는 것 같다.

접하면서 그의 온 집이 개종했다고 본다면, 오네시모가 바울과 함께 있을 때 '회심'했다는 사실은 그가 개인적이고 독자적으로 복음에 헌신했음을 의미한다. 바울이 거듭난 오네시모를 자기 "아들"로 소개하는 것은 그가 하나님 가정의 일원이 되었음을 보여준다. 이 호칭은 애정을 표현하는 애칭이 아니다. 새로운 탄생이라는 회심의 유대적 시각을 반영하는 호칭이다. 이 편지에 가족 용어가 두드러지는 점을 감안할 때, 회심은 또 다른 의미를 지닌다. 오네시모는 단순히 영생을 얻은 것이 아니다. 이제 하나님을 아버지로, 예수 그리스도를 주로 섬기는 공동체의 일원이 된 것이다.

빌레몬과 오네시모가 모두 회심했기 때문에, 두 사람의 관계는 더 이상 과거의 관계로 돌아갈 수 없다. 빌레몬은 오네시모를 "종과 같이 대하지 아니하고 종 이상으로 곧 사랑받는 형제로"(16절) 다시 받아주어야 한다. 이 말은 두 사람의 관계가 재설정되어야 함을 가리킨다. 회심의 신학을 논의할 때 이어지는 구절인 "육신과 주 안에서"(16절)도 동일하게 중요하다. 바울은 별개의 두 실존 영역을 주장하는 것이 아니라, 개인의 육신적 실존과 영적 정체성이 서로 관련되어 있음을 강조한다. 빌레몬과 오네시모가 이제 은혜에 기반한 동일한 공동체 안에 있는 지체라는 사실은, 영적 친족이라는 새로운 지배 원리에 따라 그들의 관계가 바뀌어야 함을 말한다.

바울에게 회심은 선교와 분리할 수 없는 문제이다. 우리는 회심으로 영생의 기쁨을 누리는 것에서 만족하지 않고 하나님의 계획에 동참하도록 부르심을 받는다.[28] 그러므로 오네시모의 회심을 언급하고 바로 그가 '유익한' 존재라고 말한 것은 전혀 놀랍지 않다. 오네시모는, 갇힌 상태에서 그리스도를 섬기는 바울을 섬기고 있기 때문에(13절) "유익"하다. 바울이 "네가 내가 말한 것보다 더 행할 줄을 아노라"(21절)는 말을 통해 빌레몬에게 복음을 위해 섬기도록 오네시모를 풀어달라고 부탁하는 것이라면, 이 편지는 선교와 하나님의 구원 계획의 실현에 초점을 집중하는 것이다. 이는 빌레몬서가 정경으로 인정된 이유를 부분적으로 설명해준다.

정체성, 선교, 도덕적 생활

빌레몬서 전체가 도덕적으로 중요한 문제인 노예제에 초점을 맞춘다고 여겨지지만, 이 편지에는 기독교 윤리를 독자적으로 다룬 단락이 없다. 바울은 노예제라는 문제에 대해 체계적인 논증을 제공하지는 않는다.[29] 하지만 신자의 삶과 처신에 대한 몇 가지 일반적인 원리는 살펴볼 필요가 있다.

첫째, 바울에게 윤리는 신자의 정체성과 하나님의 더 넓은 구원 계획에서 신자의 역할과

28. 갈라디아서 1:13-17에서 회심과 소명에 대한 바울의 설명도 보라.

29. 노예제에 대한 바울의 입장에 대해서는 '빌레몬서 서론'을 보라.

밀접하게 연관이 되어 있다(앞에서 살펴본 것처럼). 바울은 추상적인 윤리적 원리를 제시하기보다 십자가의 복음에 대한 개인의 반응에 집중한다. 나아가 윤리는 각 개인의 행위에 국한되는 문제가 아니다. 이것은 신자 공동체 전체의 기능이나 안녕과도 관련된다. 그러므로 윤리는 새 시대의 도래로 시작된 실재를 삶으로 체현하는 방식이다.

바울은 더 구체적으로 개인의 행위의 근거가 복음 자체라고 본다. 이런 시각은 5절의 교차대구 구조로 잘 설명된다. "모든 성도에 대한…사랑"은 '주 예수에 대한 믿음'과 밀접하게 관련된다. 사랑의 행동으로 표현되는 믿음은, 모든 성도와 마찬가지로 빌레몬이 올바른 행동 과정을 좇도록 결정하는 요인이다.[30] 이런 포괄적인 틀에서 용서, 화해, 자비, 정의, 존중, 책임과 같은 특정 주제가 의미를 갖는다.

마지막으로, 감사 기도(4-7절)와 송영(25절)으로 이 논의의 골격을 형성하는 바울은 예배와 윤리의 이분법적 접근을 거부한다.[31] 바울이 일련의 행동 과정에 관심을 갖는 이유는 그것이 복음 메시지와 관련되고, 역사 속에서 이루어지는 하나님의 계획에 참여하는 길이기 때문이다. 그러므로 '올바른' 행동은 역사 속에서 하나님의 강력한 역사를 증명하는 행동이다. 또한 이 증명은 그리스도를 통한 하나님의 사역이 선포되는 찬양의 행위가 된다.

권위와 순종

빌레몬서의 신학에 대한 논의는, 자신의 권위에 대한 바울의 인식과 빌레몬이 순종하리라는 기대를 언급해야만 마무리될 수 있다. 바울은 빌레몬에게 "네게 마땅한 일로 명할" 권위가 있음을 상기시킨다(8절). 이는 바로 이어지는 "사랑으로써"(9절) 하는 간청을 가볍게 여겨서는 안 된다는 사실을 분명히 보여준다. 이 권위는 사도라는 그의 소명에 근거하고 소명의 결과, 즉 그리스도와 복음을 위해 갇힌 사실을 언급한 부분(1, 9, 23절)에 암시되어 있다. 나아가 바울은 자신이 '나이가 많고'(9절), 오네시모가 "아들"이며(10절),[32] 빌레몬은 오네시모의 "형제"(16절)라고 밝히면서, 하나님 "아버지"와 예수 그리스도 "주"(3절)를 대신하여 말하고 있음을 보여준다. 그의 특별한 권위는 가장의 뜻을 반영하므로 새로운 실재의 중요한 일부이다.

바울은 빌레몬에게 일종의 절대적 "순종"(21절)을 기대한다. 오늘날의 청중 역시 빌레몬서의 중요성과 이 편지가 지닌 권위를 명심해야 한다. 바울의 말은 일련의 우호적인 권고가 아

30. 참고. Marshall, "Theology of Philemon," 186. 이 편지의 윤리적 의미에 대한 일반적 논의는 William J. Richardson, "Principle and Context in the Ethics of the Epistle to Philemon," *Int* 22 (1968): 301-16을 보라.

31. 그런 예전적 언어는 이 편지를 해석하는 적절한 배경이 공동체적 예배임을 보여준다. 따라서 이 논의는 전체 공동체의 예배 생활에 관련된 논의로 성격이 바뀐다. Getty, "Theology of Philemon," 504.

32. 오네시모를 자기 아들로 소개한 것은 바울을 맞이하듯 그를 대해야 함을 보여주기 때문에 그의 권위에 대한 선언이나 마찬가지이다. 아버지의 거울 이미지로서 아들을 생각하는 논증에 대해서는 Cassius Dio 56.3.4를 보라. 참고. Chris Frilingos, "'For my Child, Onesimus': Paul and Domestic Power in Philemon," *JBL* 119 (2000): 100-101.

니다. 그의 말에는 하나님의 뜻이 포함되어 있다. 그리스도인 지도자는 그리스도의 주 되심에 복종하고, 바울의 이 짧은 편지를 비롯한 하나님의 말씀을 선포하는 일을 포기하지 않고 지속해야 한다.

성구 찾아보기

잠언

이사야

로마서

고린도전서

고린도후서

갈라디아서

에베소서

빌립보서

골로새서

데살로니가전서

데살로니가후서

히브리서

야고보서

베드로전서

베드로후서

요한일서

유다서

요한계시록